McGraw Hill Education

"十二五"国家重点图书出版规划项目

工商管理经典译丛

New Products Management

(ninth edition)

Merle Crawford　*Anthony Di Benedetto*

新产品管理 (第9版)

(美) 默尔·克劳福德　安东尼·迪·贝尼迪托　著

王彬　徐瑾　翟琳阳 译

东北财经大学出版社
Dongbei University of Finance & Economics Press
大连

图书在版编目（CIP）数据

新产品管理：第 9 版/（美）克劳福德（Crawford，M.），（美）贝尼迪托（Benedetto，A. D.）著；王彬，徐瑾，翟琳阳译．—大连：东北财经大学出版社，2012.5
（工商管理经典译丛）
书名原文：New Products Management，Ninth Edition
ISBN 978－7－5654－0706－2

Ⅰ．新… Ⅱ．①克… ②贝… ③王… ④徐… ⑤翟… Ⅲ．产品管理 Ⅳ．F273.2

中国版本图书馆 CIP 数据核字（2012）第 013059 号

Merle Crawford，Anthony Di Benedetto：New Products Management（ninth edition）
Original ISBN：0－07－352988－5

辽宁省版权局著作权合同登记号：06－2008－403

东北财经大学出版社出版
（大连市黑石礁尖山街 217 号　邮政编码　116025）
教学支持：（0411）84710309
营 销 部：（0411）84710711
总 编 室：（0411）84710523
网　　址：http：//www.dufep.cn
读者信箱：dufep @ dufe.edu.cn
大连图腾彩色印刷有限公司印刷　　东北财经大学出版社发行

幅面尺寸：185mm×260mm　字数：558 千字　印张：25 1/4　插页：1
2012 年 5 月第 1 版　　2012 年 5 月第 1 次印刷

责任编辑：李　季　　责任校对：纳　新
封面设计：冀贵收　　版式设计：钟福建

ISBN 978－7－5654－0706－2
定价：54.00 元

序 言

对于学术界与实务界来说，新产品总是令人感兴趣，在大学里系统地教授新产品管理这门课程可追溯到20世纪50年代。在90年代，新产品管理这门学科就已形成。产品开发与管理协会（Product Development & Management Association）拥有来自30多个国家的2 000多名会员。其中，有300多个学院已开设以新产品为主题的课程，同时这个领域的专业杂志《产品创新管理学刊》（Journal of Product Innovation Management），现在已经成功地发行了24年。如今，设立新产品经理或主管的职位变得越来越普遍，而担任该职位的人也比15年前更加年轻化。我们同时也看到，这一职业也为从业者塑造了更高的职位。产品开发与管理协会现在提供一个实务者的认证——新产品开发从业资格证（New Product Development Professional，简称NPDP），它得到了国际上的高度认可，同时也做了许多其他领域没有办法做的事，也就是，将教授们的理论思考与实务者的实践经验结合起来。

本书如何看待新产品管理领域

公司对新产品经理或主管的需求的爆炸式增长意味着我们需采取不同的方法来教授有关新产品的主题——营销方面的、技术方面的、创新方面的、设计方面的等等。本书则从营销的视角讲授新产品的管理。在任一组织（包括工业、零售、政府、教堂等）中都会有这样一个人或一群人，他们或博学或平庸，他们的职责是将新的物品或服务（本书统称为产品）推向市场。如今，越来越普遍的情况是，这些人或者是新产品经理，或者是项目经理，或者是团队领导者。他们以总经理的视野和管理能力领导着由不同部门人员组成的小团体，以相对独立的形式在公司内运作。他们必须承担全部的任务——战略、组织、理念产生、评估、技术开发、营销等等。在公司赋予这个团队的新产品的目标（通常以销售额或利润指标来衡量）尚未达到以前，他们不算完成任务，也意味着在新产品最终摆上货架之前他们的任务也不算完成。

我们尽可能避免以职能为中心的短视观点，现今很少会听到“营销告诉每个人应做什么”或“研究与开发就是我们所有与新产品有关的活动”。当某个职能部门的专家被任命为一个新产品团队的领导者时，他必须具备总经理的视野，不过在他成为一名新产品团队的领导者之前，他通常是已经获得成功的新产品团队中的一个职能人员。对营销人员来说，不管是新产品团队中的普通成员还是团队领导者，都需要了解本书所提供的各种信息。

指引撰写这本书的一些基本信念

使用过本书前8版的人一定了解本书关于这个领域的独特视角。但是对于本书的新读者，当然所有的学生都是新读者，我们在此介绍本书的一些基本观点：

1. 产品创新是组织的业务活动之一。它包括许多部分（战略、团队、计划等），但这些部分都只是产品创新这一整体业务的不同方面。任何部分的独立运作都会使这项业务丧失整体优势。

2. 这一领域相当新颖，所以缺少系统化的语言。这使学生的学习具有一定的难度，因为他们已经习惯了这样一个模式：一个术语对应一个定义，并仅限于这个定义。所以，本书通篇使用一致的术语并敦促学生使用这些术语。自然而然的，新术语来去自如，有的留存至今，有的则消亡了。

由于在快速成长的领域会产生术语不统一的问题，每个术语在第一次使用的时候需要被清楚定义并且由索引指引读者至相应的部分。一些读者认为一个术语的定义应在正文中加以描述，而不是单独地列在词汇表中，我们采纳了读者的建议。（词汇表在产品的开发与管理沟通网站中是非常有用的）

3. 一个观念学习了之后没有应用，只会短暂停留在你的心中。要变成你自己的，一个概念必须被应用，不管是何种应用方式。因此，本书准备了应用流程、短篇案例及其他使用所学习的概念的机会。在教师使用手册中，我们建议让学生练习使用新产品开发的项目。本书在所有重要主题上，有来自于商业世界及最新参考资料的许多案例。

4. 我们非常喜欢标准程序，同时很认真地试着发现标准程序，但无论是对产品发明者，还是对日用消费品、耐用消费品、工业品、服务等的制造商和供应商，不存在标准化的程序。就像营销计划一样，每一特定情况都有与之相对应的最合理的计划。经理人必须仔细观察情况，然后将一组工具与适用这个情况的运营方法结合起来。所有的大公司都使用数十种不同方法，而非一种。

5. 接下来，要说到一种光环效应（halo effect），它是存在于新产品领域的一个问题。下面一条陈述解释了光环效应："对我们而言，这一定是好的事物——因为3M这样做，或GE这样做，或HP这样做。"这些都是非常卓越的公司，但它们卓越的原因是，它们花费大量的时间与金钱进行研究、向他人学习。它们在产品创新上有庞大的训练计划，同时它们引进每一个能给它们提供好的新产品管理构思的专家。它们假设它们所做的每件事情都是错的，并且是可以改进的。你们也应该这样做，本书也是这样做的。书中引用这些公司的行动作为案例，而非建议。这些著名的公司有许多事业部，同时数以百计的新产品正在开发。一般来说，经理们不可能知道也不必关心别人在做什么。每个团体都想优化现状，因此，他们会环顾四周并看看其他人在相似的情况下做了什么（公司的内部与外部），找到并选择适合于其所面临的情况的做法。在某种程度上，存在一些概括性的东西（例如，存在某些形式的战略），这些会在你的学习过程中凸显出来。但是采取何种战略，更精确地说，应如何去制定战略——这应视情况而定。

6. 这方面的一个例子是：有人认为新产品战略或以技术为基础或以市场为基础，而这一观念已遭到反对。这个问题已经争论了很多年。但是大多数公司想要实现二者的优化，就必须采取双重战略。当然，前面的论点也是正确的，公司视情况决定将产品建立在技术或市场基础上。例如，杜邦的平台计划用于寻找一种超强纤维物质；凯芙拉或汽车零部件公司依赖于工艺工程开发来满足原始设备制造商的要求。在此，杜邦的工作是保持技术领先，而汽车零部件制造商则是改善它们在研究与开发上的运作。

7. 我们认为，学生应该挑战性地去思考他们已经学到的概念。这本书包含各个时期的知识列表，但这些列表只是供思考的资源。上述所说的寻找最佳解决方法需要视情况而定，需要以分析、考虑、讨论及应用为基础。业务活动中所用方法的多样性并不是说明管理者无知，而是说明需要经常思考。现在我们所面临的大部分问题是，聪明的人在许多不同的解决方法面前能够保持冷静。决策也是一样——在制定决策时，它们并不一定是对的或错的。而是，经理人在制定这项决策之后，必须要努力让这个决策变成对的。执行的质量比决策的质量更为重要。这种现象的一个例子是，当我听到经理人说"我们正寻求真正伟大的构思"时，我们会感到悲哀。产品创新的经理人让构思伟大——但他们并不是这样做的。

8. 最后，我们试着更明确地阐述有两项工作是必须做的——产品计划与营销计划。还有两个串联的开发过程要进行。营销战略最初就开始进行，然后与技术工作同步进行，并在技术开发完成后持续进行。

第 9 版的改变

本书之前的阅读者会发现本版的重大改变。事实上每一章都有一些改变，其中较大的改变如下：

1. 由于最近一版的发行，一些新的主题成为热点：开放式创新、用户创新工具包、全球产品研发团队、激进创新的产品开发、诸如温室效应与快餐营养问题等公共政策热点。

2. 当公司认识到在加速新产品开发过程中，产品的创新性、加快市场导入速度、团队角色的战略重要性时，这些主题将持续成为新产品开发的重要问题。因此，我们在第 2 章针对新问世产品开发做更深入的讨论。我们完整地讨论如何调整一般的新产品开发过程来进行根本性的创新，例如使用探索与学习的途径（probe-and-learn approach）。虽然如此，我们一再强调所有的新产品开发过程开始于一个新产品战略或产品创新章程（product innovation charter）。由于加快市场导入速度与新产品团队角色的战略重要性，我们也在第 2 章对之加以介绍。

3. 加入了许多新的案例，新案例都是从最新的商业报纸杂志上撷取下来的。我们已将各章后的案例进行扩充，现在各章后不止一个案例。新的案例从新的低糖点心糕饼（在第 2 章）及 MINI Cooper 的设计（在第 13 章）到 Levitra 的市场导入管理（在第 19 章）。一个连续性的讨论计算机产业的感知图的新案例，代替原有旧的 Magicphone 连续性案例。一些旧案例也已经功成身退了，其他的则加以更新，包括 Merck 案例提到最近的 Vioxx 召回事件。

4. 除此之外，在整本教科书任何可能的地方更新了大量的案例。我们试着在任何可能的地方使用能够引起学生共鸣的描述性案例。例如，iPhone 被当作产品设计的例子，在卫星广播业描述了市场潜力预测。当然，我们敬请读者提出批评与改进建议。

5. 一些新的研究仍然进行着，涉及新产品战略计划（第 3 章），创造力和创新（第 4 章），团队组织、管理热点和全球产品开发（第 14 章），品牌股票和品牌战略（第 16 章），市场测试与测量（第 18 章）以及公共政策热点问题（第 20 章）。我们试图在上述所有领域保持最新的成果。

6. 在本书中我们持续搜集有趣的参考网站（从产品开发与管理协会及消费者产品安全委员会，到提供失败产品或不良设计的网站），我们还加入了新的网站。我们选择将这些网站的网址在本书正文中适当的地方做介绍，而不是一次性列出这些网站的网址清单。

我们仍然使用分析性的模型去整合新产品开发过程的各个阶段。就如在前一版中，在新产品开发过程早期的概念产生阶段就介绍了感知图分析，但是这项分析的结果可能会影响组合分析中属性的选择。组合分析结果可以被使用于概念产生或评估，以及提供一组顾客期望的属性，以供质量屋分析使用。戴尔电脑公司（Dell Computer）的 3 个连续性案例可以说明这些分析性的模型如何与新产品开发过程结合在一起。如同前一版，许多其他的概念——产品创新章程、A-T-A-R 模型、评估技术、新产品管理的多功能的本质——在整本教科书中，都用来整合其他相关的主题。

总而言之，这些努力的目标是要让本书逐渐与用户产生关联。我们将这本教科书视为一种“新产品”，给我们提供让本书以顾客为导向的机会。学术界的同仁基于他们使用前版书的经验，提供了许多考虑周全的建议，这些建议成为新版中许多改变的驱动力。

我们感谢由 Irwin/McGraw – Hill 所聘请的细心与有建设性的校阅者：

Lynn Marie Earl，Wright State University

Paul Lane，Grand Valley State University

John Farris，Grand Valley State University

Dwight Scherban，Central Connecticut State University

Doron Goldman，University of Massachusetts

我们也感谢 Stonehill College 的 Geoff Lantos 提供了许多的评论与建议。

我们对于新版内容的改变感到非常兴奋，诚挚地希望这些改变能符合你的需求。你可以通过 Irwin/McGraw-Hill 的业务代表来取得全新的教师手册。

对实务者

因为这本书采取管理的观点，并且进行了广泛的更新，因此它对新产品经理也有帮助。这本书可被用于高层管理者的培训计划。我们呕心沥血地准备了产业的“应用实践”。

致谢

我们感谢这么多年来学生提供给我们的视角、评论及建议，也感谢我们家人的支持与鼓励。

C. M. C

A. D. B.

目 录

第I篇 机会的识别与选择

第1章 导论

第2章 新产品过程

第3章

机会的识别及选择：新产品的战略规划

第Ⅱ篇 概念的提出

第4章

概念产生的准备和可行方法

第5章

基于问题的构思：寻找和解决顾客的问题

第6章

属性分析法：导论与感知图

第7章

属性分析法：综合分析与定性分析方法

第Ⅲ篇 概念/项目评估

第8章

概念评估系统

第 9 章 概念测试

第 10 章 全面性筛选

第 11 章 销售预测与财务分析

第12章

产品协议

第Ⅳ篇 开发

第13章

设计

第14章

开发团队的管理

第15章

产品使用测试

第V篇 市场导入

第16章

市场导入战略规划

第17章

市场导入战略规划的执行

第18章

市场测试

第19章

市场导入管理

第20章

公共政策问题

第Ⅰ篇　机会的识别与选择

本书分以下几个篇章：（Ⅰ）机会的识别与选择；（Ⅱ）概念的提出；（Ⅲ）概念/项目评估；（Ⅳ）开发；（Ⅴ）市场导入。以上安排与一般的新产品开发过程相吻合，本书将在第2章图表2—1中说明。我们稍后将会看到，这些过程并没有依照一定的顺序，或划分成各个步骤或阶段，而是相当不固定且相互重叠的。

在每一篇的开头都有一个简短的概述（以罗马数字表示），以及用图示说明每个部分的内容纲要（请见图表Ⅰ—1）。概述是简要地说明在接下来的章节中所包含的新产品开发过程的几个方面。图示说明可以提供关于新产品开发过程中各个阶段详细的信息，并显示前后衔接的阶段。例如图表Ⅰ—1，详述了机会的识别与选择的过程，以及第3章的主题——产品创新章程。因此，这5个部分的图表（图表Ⅰ—1、Ⅱ—1、Ⅲ—1、Ⅳ—1、Ⅴ—1）实际上可组成一个较长的、详细的新产品开发过程，如图表2—1中的简单说明。

在介绍机会的识别与选择之前，本书的第Ⅰ篇安排了两章导论性的内容。首先，依照惯例，本书开始于“导论”的介绍，试图为本课程最常见的问题作出解答。其次，会介绍整个新产品开发过程，并说明本书剩余章节的安排。第2章也介绍了一些根本性创新的主要概念、新服务的开发、加快产品市场导入的速度，以及上述这些概念会如何影响新产品开发过程，请见图表2—1。

第3章说明了机会的识别与选择，而这部分正是新产品战略规划的基础。它引导着一个新产品小组或团队，就像公司或战略性事业单位的战略引导整个公司或单位一样。图表Ⅰ—1介绍了机会识别的过程，以及产品创新章程（PIC）的发展过程。能够转变成具有巨大潜力的新产品机会的创新构思有许多来源：公司所拥有的、购买的或尚未充分利用的资源，或是公司对内部或外部要求所作出的回应。然而，当机会来临时，应该对其是否符合公司的产品创新战略，以及其经济和技术上的可行性进行审慎的评估。如果市场机会“通过”了上述评估，一个正式的产品创新章程应该就会被开发出来。第3章介绍了发展产品创新章程的细节。产品创新章程被视为引导新产品开发团队的战略陈述：说明新产品的范畴、目标与目的，以及其他考虑事项。

从图表Ⅰ—1可以看出，一旦决定了产品创新章程，下一步就是提出产品的概念。这个问题将在本书的第Ⅱ篇做介绍。

图表Ⅰ—1 机会的识别与选择

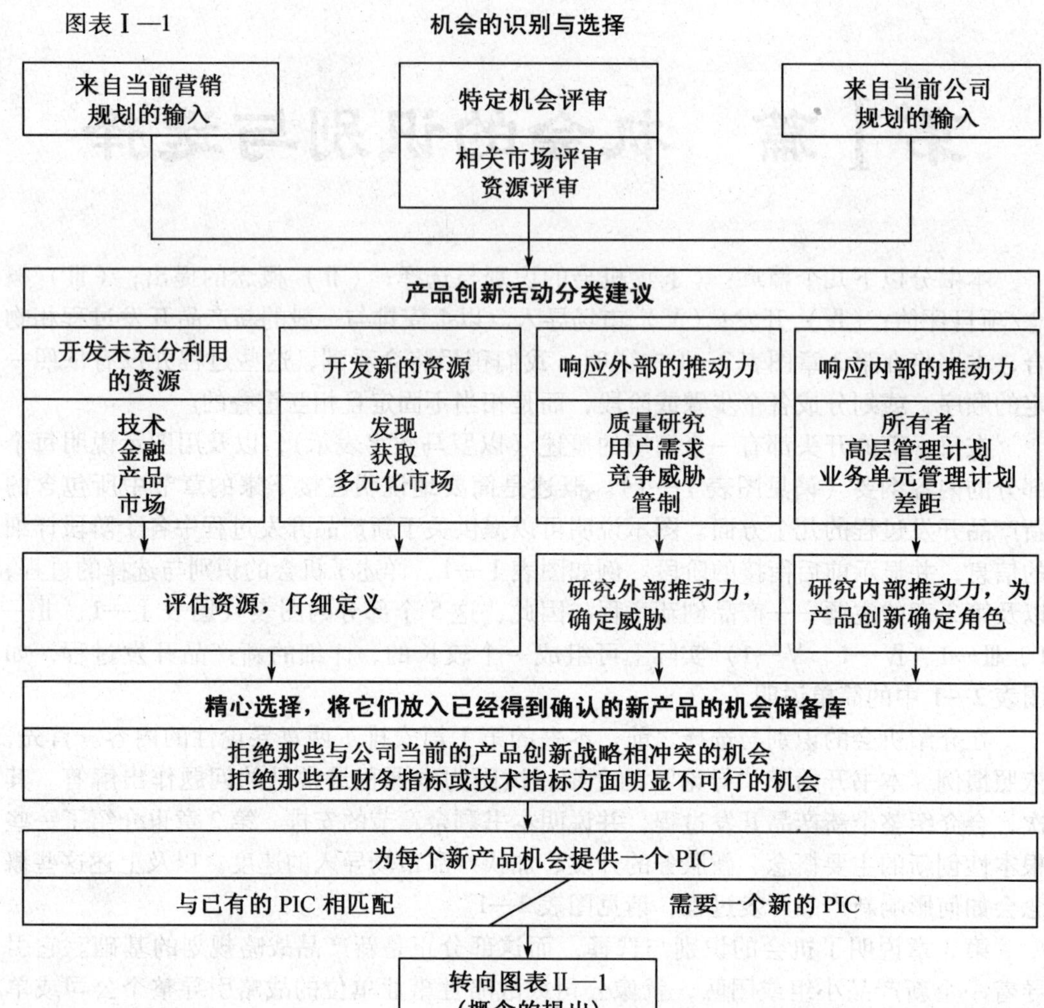

第1章 导论

1.1 引言

一提到新产品，人们通常就会想到技术——iPods、iPhones、视频网站、虚拟现实、光纤等。但大部分的新产品却要简单得多，如低卡的可乐、新电影、新乐团、快餐，以及新口味的酸奶。实际上，新产品覆盖了从尖端技术产品到第 n 代的圆珠笔这样如此宽广的范围。

读者也许在探究这些新产品是如何产生的，可能认为这些新产品都是有序过程的产物，都是由精通产品创新且有经验的专业人士来管理的。有些确实是这样，但有些并不是。几年前，Art Fry 发现他的赞美诗集上的纸条一直脱落，就有了 Post-it 便签的构思，他本人也因此轰动业界。不过，即使 Post-it 便签很快就在办公用品中成为第二大消耗品，但他在说服 3M 的其他人员相信这个构思值得在市场上销售时，却吃足了苦头！另外一个例子是关于 James Dyson 的。他是一位工业设计者，当时他对商用工业吸尘器的性能不太满意，于是就开始着手创造更好的吸尘器。经过 5 年的努力，在制作了约 5 000 个产品原型后，他创造了 Dual Cyclone 无滤网的真空吸尘器。但是，在接下来的 8 年，他无法引起真空吸尘器制造商或风险投资者对新产品的兴趣，因此大家常说他只是个设计者，却对制造与营销的相关事务不甚了解！在 1985 年近乎破产之际，Dyson 找到一位对该产品非常有兴趣的日本投资者，并于 1993 年在英国（Dyson 的母国）设立了 Dyson Appliances。从那时起，Dyson Appliances 在全世界卖出了价值超过 20 亿美元的真空吸尘器。

你可能会对本书中存在的不确定的内容感到困惑。如果是这样，欢迎来到这个创造性探索的园地。在这里，我们努力发掘新事物，不仅仅局限于讨论这些新事物将会是什么样、成本是多少、有哪些客户需要、我们要用什么销售渠道及怎样销售它们，还要讨论政府的规定对其有什么影响等问题。我们确实要知道许多关于如何开发新产品的知识，但在一本教科书中所谈的理想状况很难与实际运作相吻合。经理人所面对的一个真实的世界并非他们所想要的——现实中存在着诸如裁减人员、控制行动、竞争对手的动向、新互联网科技所带来的冲击，甚至个人疾病等许多问题。

有人称此种活动为产品创新管理（product innovation management），有些人则称它为产品规划（product planning），甚至有些人（以较极端的观点）称它为研发（R&D）或营销（marketing）。在本书中，我们以营销经理人的观点为基础使用最能够描述此种活动的名称，称它为新产品管理（new products management）——也就是说，在本书中我们主要关心的是营销在整个新产品开发活动中所扮演的特殊角色。

本书第 1 章称为“导论”，因为在本章集合了学生在学习本课程中经常会提出的各种问题。

1.2 为什么这是值得研究的重要领域?

首先，本课程所涉及的是个庞大的商务活动。每年仅仅投放到技术研发阶段的资金就高达几千亿美元。并且每年都有数不清的新产品在市场上销售，假设我们将每个新网站都视为一种新产品，则这个数字或许会高达几百万。每个网站可能经营几百种产品，成千上万的人以生产与营销新产品为生。

许多经理人意识到在创新上，尤其是在根本性创新上的投资对公司日后的发展，甚至是对公司的生存都是至关重要的。这里所说的根本性创新是指那些取代或者抛弃现有产品的创新（或者是创造出了全新的产品项目）。最近，来自工业研究机构的研究认为："加速的创新"和"通过创新带来的公司业务拓展"是科技领导者所面临的最大挑战。著名的商业作家 Gary Hamel 认为根本性创新所带来的创造力是当下最重要的公司问题。

我们应该通过这些数字了解到更深刻的内容，而学习本课程的真正原因是：新产品是大多数组织所面临的很多问题的症结所在。竞争对手在下列情形中是最具威胁的：(1) 我们的产品与竞争对手的产品几乎没有差异导致了削价竞争，降低了每家公司的边际利润，或者是 (2) 竞争对手有市场需要的新产品，而我们没有。一个公司出现利润下降，不外乎出现下列一个或多个问题：(1) 我们得到的边际利润不能很好地补偿投入的成本；(2) 顾客不再对我们的产品有偏好；(3) 新的竞争对手以较低的价格或更优越的产品特性进入市场；(4) 市场管制者对我们施加压力，不让我们在市场销售某个计划中的新产品或改变一个已在销售的产品；(5) 客户服务必须扛起所有重任而不是仅仅辅助产品本身而已；(6) 我们最优秀的技术员工开始流向竞争对手；(7) 我们没有足够的经费从事有关制造系统创新的工作，以至于产品质量受影响；(8) 我们的产品开发团队很久没有提供令用户"行动"的产品。

事实上，一个成功的新产品对于营利性组织的重要性胜过其他任何事情。一个组织存在的根本原因是：它的运作提供给用户的利益或价值，高于用户所愿意付出的价格。而且，在这个竞争激烈的世界里，这意味着我们所提供的物品与服务至少在某些时候必须比其他竞争对手优越。这个真理适用所有的组织，包括医院、教会、大专院校，甚至是政党团体。你可以试着观察一下在这些领域成功的组织，并问自己它们当中哪些具有更高的知名度和更好的成长性。

公司期望通过新产品获得高销售额与高利润。一份由产品开发与管理协会（Product Development & Management Association）所进行的研究显示，一般而言，约有 1/3 的公司销售额来自在过去 5 年内所发布的产品。近来，一份由 Robert Cooper 所做的最佳实务的研究显示，具有高绩效表现的公司的营业额中超过 49% 来自于新产品。这份研究也显示出新产品的获利能力：在研究成功的新产品时，有一半的新产品的投资回报率超过 33%，有一半的新产品在两年之内能够回本，且有一半的新产品能够获取至少 35% 的市场份额！

新产品值得研究的另一个原因是，新产品的开发过程相当困难。数百名的人会参与到一种产品的创造性工作中，然而他们都是来自不同的部门（销售、工程设计、制造部门等），而这些人都有自己专门的工作要做。当一个产品不幸地失败了，它常常会被大肆报导，并给公司带来很大的困扰：像 New Coke、Premier 的无烟香烟、Gigli 与 Pluto Nash 电影等都是。这一结果使得我们高估了失败率。当然，新产品实际的失败比率只有约 40%，并不是我们常听说的 90%，且这个百分比是将物品与服务都包含在内的。高效的产品开发公司善于进一步改善它们的想法：一般的公司为了创造出一种成功的产品需要提出 9 种思路，而高效的公司通常只需要 4 种思路，这是因为高效的公司善于在早期就摒弃那些糟糕的想法。

平均 40% 的新产品失败率并未考虑产业的差异性：类似于食品加工的一些产业的失败率是比较高的，在这些产业中，失败率高达 60% 也是可以接受的。还有一些产业组织将其失败率标准定为不高于 10%。而在另外的一些产业里，过低的失败率可能意味着，公司过于依赖安全、较原先产品变化不大的创新，而不进行突破性（风险性高的）的创新。本课程的目标是要将失败的损失降至最低（避免彻底的失败），并从中吸取教训。无论你实际上所面临的失败率是多少，在新产品开发中，所投入的赌注与所冒失败的风险是非常高的。

最后，新产品管理是丰富多彩的生活。也许研究这个领域最好的原因是它既有趣又刺激。例如有很多新产品（请见图表 1—1），竞争对手之间斗智斗勇，新产品市场导入后的营销战争，市场上只有少数成功者坦承为公司赚了数亿元。随着各领域科技发展的脚步加快，专业的预测家预言不久的将来会有更加激动人心的新产品问世。

图表 1—1　**一些热门的新产品**

Apple's iPod nano——超薄外形，颜色鲜亮的宽屏幕，4G 内存，它能够从互联网下载上千首歌曲。

Motorola Pebl cell phone——椭圆形设计，按钮翻盖，拿在手中非常舒适，包含一个变焦照相机和浏览器，只需 300 美元。

Yamaha Morphous scooter——长低款设计，拥有一个超乎想象的非常大的行李箱，踏板延伸设计使用户感觉舒适又平稳。

Microsoft Xbox 360——沙漏设计，高清晰度，可以连接到家庭网络。

Coppertone spray sunscreen——Coppertone 喷洒设计的防晒霜使手不至于弄得油乎乎的，而且还可以喷洒到自己的后背。

Kodak EasyShare-One camera——柯达公司携数千家快速冲印店即刻进入网络世界，这款傻瓜照相机可让您在家中直接上网向这些店家提交数码照片，实现网上冲印，不再受时间、空间的束缚。

Plantronics Discovery 640 Bluetooth headset——这款手机耳机的设计除了外观漂亮外，还可以很容易地通过手机或者 AAA 电池充电。

Touchless Trash Can——无触摸垃圾桶，就像这个名字所说的那样，只要你的手靠近垃圾桶，它就会自动开关。

Dyson Root 6 Hand Vacuum——看起来像射线枪一样的吸尘器，使用起来可以自动地多角度转动，它的体积并不大，但吸力比普通吸尘器强。

Mio Digiwalker H610——GPS 定位导航 MP3，手掌大小，却能提供 GPS 的独特功能，比如你刚经过急诊室，GPS 就会马上提醒您。

续表

Gardasil——Merck 公司在 10 月 6 日公布了该公司疫苗产品 Gardasil 的最新临床数据。Gardasil 是该公司开发的用于预防人乳头瘤病毒（HPV）感染的重组疫苗。
Mazda CX-7——一款小型节油并且价格低廉的运动型汽车。
Cisco Telepresence meeting system——高清视频会议系统，你可以与你的视频会议的对象进行交谈，并且可通过一个巨大的屏幕非常真实地、清晰地看到他们。

当你亲眼看到一项新发明问世，看到一个关键的用户或产业客户的需求得到满足，看到一项新的服务第一次运行良好，或是当你获邀参加公司晚宴，看到 CEO 与你的同事握手以嘉奖他们过去一年开发的专利，看到经销商抢着发运公司新产品，以及看到公司的新产品首次上电视，那是多么有成就感并激动人心啊！基于不同的原因，新产品经理的贡献与得到的金钱报酬间总是不相称的（娱乐业除外）。但是成功者是需要嘉奖的。他们个人的名字经常出现在公司的大事记中并且会获得总经理的嘉奖，他们也因这些有意义的成就而自豪。

当然，这是有风险的，包括个人风险与公司的风险，但我们没有必要因此而忧心忡忡。事实上，我们花费很多的时间来寻找我们可以降低某些风险的机会，就是为了追求那种使新产品经理认为值得为之奋斗的境界。俗话说："没有勇气冒险的人就可能一无所获。"

图表 1—2　　**未来的产品**

根据两位专业的"趋势观察家"的预测，这里有一些在不久的将来将出现在我们的生活中的技术。

- 智能冰箱将能够监控食物存货，自动打印购物清单或发送电子订单给家政服务公司。
- 智能壁纸将一面墙转变为电视，或者是计算机显示屏，或者是艺术作品等。
- 机器人除草机将在任何指定的范围内修剪草坪。
- 藏在泰迪熊里的"Nanny-cams"，让父母能看到在托儿所的孩子；此监视系统将能够照看脖子上挂着钥匙的独自在家的儿童。
- 全息摄影储存装置将被用来储存和检索家庭影像。
- 激光与预防蛀牙的口香糖和牙膏将使牙医使用钻牙器的机会降至最低。
- 机器人可被用于加油，且知道你所偏好的汽油等级。
- "灵巧型"心脏起搏器将佩戴在手腕上。

1.3　作为学生，应该注意哪些特别的问题？

一般来说，新产品团队的所有成员（通常包含领导者）都来自于组织内部的不同的职能部门。营销人员应该帮助整个团队获得成功，所以我们必须跳出所在职能部门的限制，并摒除一些职能部门内的偏见。我们需要学习如何与科学家、工程师、律师、生产部主管等人一同工作。我们可能来自营销部门，而且我们在这个项目结束后就返回原来的工作岗位。但是，现在我们全都是新产品团队的成员，应与其他所有的部门人员一同工作，并摒除主观的成见，不应对其他人有任何偏见。一位营销人员可能完全不欣赏研究者或科学家的严谨态度，而该科学家可能也不欣赏营销人员的热情——这种热情有时会让科学家认为这位营销人员给出的结论过于草率和不可靠。现在，给你提供了一个很好的机会——一个努力学习总经理的思路与能力的机会。

图表 1—3 **作为全球过程的产品开发**

P&G（宝洁）：据 P&G 的官方网站所述，P&G 的产品是作为全球研发工程来开发的。P&G 在 13 个国家共有 27 个研究中心，这样它可以吸引到来自世界各地的专家。P&G 的 Swiffer mop 就是全球化商品的一个最好的例证。这个新产品得到了来自美国和法国两个国家的研究中心进行的市场研究以及市场测试的结果的支持。

Apple（苹果）：在开发 iPod 的过程中，苹果公司与来自世界各地的 10 家不同的公司和独立承包人合作，并且分别在美国和日本明确了产品设计与顾客需求的定义。

Ikea（宜家）：瑞典的家具零售商知道它的目标市场（发奋的中产阶级）是跨越国际和洲际线的，所以它在全球以一种“简约的时尚”的方式运作。它首先识别顾客的潜在需求（它所设计的一款在给定价格下的风格独特的桌子），随后公司的内部成员以及外包设计者为了最好的设计展开竞争，然后来自全世界的生产合作伙伴展开对其制造资格的竞争。最后，该公司卓越的物流将物品价值传递给消费者。

Bungie Studios：现在，这个在微软旗下的精品软件开发公司，在美国开发了 MS Hola 游戏软件。但是，它的产品测试却是在亚洲和欧洲完成的。就像上例中 Ikea 的顾客一样，游戏玩家也是遍布全世界。

本书研究的中心是新产品的创造过程中的强有力的创新贡献，这不仅仅是指创造新产品概念。做到这点并不难，事实上很多公司已经在这样做了。本书所强调的创造力是如何最优化地开发并在市场上营销新产品，它可以是修正现行的概念测试方法，可以是筛选一个公司从未面临过的全新构思，可以是找出如何有效地使工程师融入商业展览摊位中的办法，可以是怎样去定位产品以创造一个全新的产品类别的建议，可以是如何利用现有的机器设备等进行生产的建议，可以是如何命名新产品才不会造成与顾客沟通上的混淆的建议等等。本书并无标准答案可寻。我们将无从得知这些决策是否正确，也不知道这一组决策是否能够达到预期效果。

富有创造性，意味着我们是在没有路标的道路上前进。我们的大多数决策是建立在粗略且不确定的事实的基础上的。我们并非不清楚需要哪些事实或如何更好地预测它们。这些事情我们平常都在做，唯一制约我们的是我们没有充裕的时间或资金。最糟的是，当我们在市场上导入一项新产品，在 1 月份看起来很确定的事情，到了 6 月份却又变了。

因此，我们做了几件使得许多人感到紧张的事。首先，我们运用启发式（heuristics）规则——一些公司发现的非常有用的经验法则：“约有 30% 的人听过这个新品牌，因此，值得一试。”或是：“当来自研发部门的产品工程师与来自制造部门的工程师意见不合时，最好是听取制造工程师的意见。”启发式规则有时留给我们的只是一个“空袋子”；但如果没有它们，公司的项目就不能如期地顺利进行。

另外一种技术是运用简单的直觉——对事物的直接地、本能地感受。这能解释为什么大多数的经理人要求新产品人员在着手进行新产品开发工作之前，将时间花在正在进行的业务上。

另外一种解决此问题的方法是选择值得信任的人才。就像一个被歪曲的谚语，

“建议的内容不重要，谁提出的建议才重要”。这样做能建立密切的团队关系，就像在运动、政治、外科手术这些领域中，必须在相当艰难的情形下作一些具有挑战性的决策。

这一点也显示出本课程与其他课程的差异：我们的研究对象是处于巨大压力下的人们。例如，在1980年，家用计算机的萌芽时期，IBM把一个15人的团队从Armonk送到Boca Raton。同时要求他们在1年内创造出一项新产品并推向市场，这个新产品就是IBM个人计算机。这是一个涉及投资金额达数10亿美元的风险项目——如果成功则可成为一个新市场的主导者，如果失败将完全错失良机。事实上，团队成员每天必须做出像上述决策一样重要的决定。当我们研究战略如何指导团队完成项目，或研究公司怎样取消在某一市场细分区进行的产品测试而直接批量进入区域市场的时候，应该要考虑上述的决策压力。

你也可能同时在学习一门关于过程创新（常称之为服务业的运营管理）的课程，而且你可能会思考过程创新与产品创新有何差异。过程创新通常运用在职能部门，尤其是制造或销售过程，而每样新产品都从这种创新中获益。而产品创新是指一项新产品的开发与销售的整体过程，且其中包含所有职能过程的创新。

最后一个值得关注的区别是在应用方面。有时新产品开发过程几乎是个偶然——我们称之为意外发现新奇事物的运气（serendipity），意思是说机会是留给有准备的人，就如同图表1—4所示。但是这些偶然事件并非真的是靠运气得来的。在Alexander Fleming研制出青霉素之前，至少有24位科学家已观察到霉菌抑制细菌繁殖的现象。所以，我们必须不断实践。你不能通过属性分析或空隙分析法来学习如何开发一个新产品概念。你必须试着去做。在产品的使用测试、定位、应急计划等其他领域都是这样。本书每章后面会有简短的案例以供练习，让你有机会在市场的情况下思考该章的内容。

图表1—4　**并非所有的新产品都是预先规划好的——不过一旦经理人遇到它们，就能识别出来**

一位Raytheon的工程师在进行雷达实验时发觉巧克力棒在他的衬衫口袋融化了，然后，他又依样“烤制”了些爆米花。这家公司后来开发了第一台商用微波炉。

化学家G. D. Searle在准备翻页前，舔了下手指，并感觉到了甜味，这味道让他想到先前实验所溅出的一些液体，经过检验后，他制作出糖精（NutraSweet）。

3M公司的一位研究员不小心弄倒一杯工业用混合液体，后来她发现她的鞋子被泼到的部分仍然保持相当干净，于是织物漂白剂诞生了。

DuPont的一位化学家因为一种不溶于一般溶剂，且在高低温下都没有反应的实验性冷却剂而感到困扰。该公司花了不少时间来确认，后来就发明了特氟纶（Teflon）。

另一位科学家——Bendix先生因为无法让塑料均匀混合而成型为汽车组件，心情极为烦躁。在他晚间离开时，就把钢丝清洁刷扔到火炉里。之后，他发觉钢丝能迅速传导液体的热度，使其能均匀地冷却并保持混合均匀。于是Bendix利用新材料发明了许多如刹车线等新产品。

其他——如防雨布、炸药、疏松剂、麦芽糖、麻醉剂、青霉素、晕船药、X光、脉冲仪等。

在以上这些例子中，有准备的头脑总会发挥作用。

1.4 什么是新产品？新产品如何获得成功？

新产品（new product）一词对不同人有着不同的意义。图表1—5显示新产品包括新问世的（new-to-the-world）（有时又称为全新的（really-new））产品，还包括对产品作了小幅的重新定位与成本的降低的产品。在图表1—5中包含你可能忽略的事物。例如，我们能否对已有产品重新定位而成为新产品（告诉顾客它是另一项新产品）？Arm & Hammer就这样试验了很多次，最后推出一种新的冰箱除臭剂、新的地毯清洁剂、新的排水管除臭剂以及一些类似的新产品。这些都是用一包小苏打制成的，甚至都用相同的品牌名称。这些可能会被认为是新产品，但公司探索与开发的过程都是相同的。同样的产品可能会在完全不同的产品部门中被发现另外一种新用途（尤其是在工业公司中）。例如，DuPont将纤维运用在许多不同的方面，满足从技术应用到消费应用的各种需求。金融公司将其数据库运用在不同的市场中。同样地，品牌名称经常被用作拓展生产线的平台。例如，24种盒装香皂都在用“多芬香皂”这个名称，大约相同种类数的沐浴液也用这个名字。

图表1—5中的所有类别均被视为新产品，但我们可以很清楚地看出产品之间风险与不确定性的差异，并且需要用不同的方式管理不同种类的新产品。一般而言，如果一项产品是新问世的，或是对公司而言是新的（前两类产品），公司所面临的风险与不确定性较高，其开发与市场导入的成本也随之提高。例如，Gillette将第1个三刀片式刮胡刀（MACH3）导入市场的成本，会比将Sensor系统（女性专用的Sensor与SensorExcel）的升级版产品导入市场的成本高。要将最具创新性的产品成功导入市场，公司通常需要有更多的人力与财务资源作保证。

图表1—5　**什么是新产品？**

新产品可依据对世界或对公司的新颖程度进行分类。一套普遍的分类法如下所示：

1. 新问世的产品，或全新的产品。这些产品是创造出一个新市场的发明。例如：Polaroid的相机，Sony的随身听，Palm Pilot、HP的激光打印机，Rollerblade的滚轴溜冰鞋，P&G的Febreze与Dryel，这些产品种类只占所有新产品的10%而已。

2. 对公司而言是全新的产品，或新的生产线。能够使公司跨进新的产品领域的产品，虽然该产品对市场而言并不是新的，但对该公司而言却是新的。例如：P&G的第一瓶洗发水或咖啡、Hallmark的礼品、AT&T的Universal信用卡、Canon的激光打印机。此类产品大约占所有新产品的20%。

3. 现有生产线的新增产品。现有产品线或者市场的扩展与延伸。例如：P&G的Tide洗衣液、HP的LaserJet 7P（是家用计算机专用的平价激光打印机）。此类产品大约占所有新产品的26%。

4. 对现有产品的改良与修正。将现有的产品做得更出色。例如：P&G的Ivory肥皂与Tide洗衣粉都经过相当多次的改良；此外，还有无数种新产品是属于这种类别。此类产品大约占所有新产品的26%。

5. 新定位。将已有产品重新定位于拥有新用途或应用方式的产品。例如：Arm & Hammer的烘干苏打被重新定位为排水管除臭剂、冰箱除臭剂等；阿司匹林被重新定位为能够对心跳的维护起作用的药品。此类产品大约占所有新产品的7%。

6. 成本的降低。取代现有生产线中的产品，并以较低的成本提供给顾客相同效果的新产品。在设计与生产阶段开发更多的“新产品”带来成本降低的幅度比营销阶段要大。此类产品大约占所有新产品的11%。

我们应该注意到，并不是所有在图表 1—5 中的新产品类别都是必要的创新。有时，产品线的扩展是由公司希望增加展示空间和货架空间的欲望带来的，就像是上文提到的多芬香皂系列，或是不同口味的 Oreo 曲奇饼干。来自 Technomic（一家食品行业的顾问公司）的 Bob Golden 说过："许多提出产品线扩展的公司为了增加产品种类，将现有品牌进行拆分。"但是，产品线扩展并不是真正的"创新"，经理人应该认识到真正的"创新"是指那些给能给顾客带来更大的价值的创新，而这点也正是公司长久的竞争优势。

新问世的（new-to-the-world）产品是对现有产品类别做根本性改变，或全新定义一种产品。它们最需要消费者的学习和新科技的融入。拥有文字处理软件的台式计算机，被界定为把电子与手动打字机淘汰的新产品类别，那些靠打字为生的消费者必须经过一段学习过程才能掌握。例如，HP 的激光打印机在该产品类别里也经历过相同的事情。CD 的市场导入，要求相关产品（CD 播放器）在零售店内布置和销售渠道方面做出很大的改变。其他类似的例子有 Iomega Zip Drive、多功能汽车、Sony 的随身听，甚至 Swatch 手表，这些都说明在新问世的产品里运用了新科技。因此，制造商必须克服所意识到的风险与先前经验之间的不协调，或其他关于消费者在采用产品上的障碍等（有更多相关的问题会在第 16 章说明）。

当然，推出一项全新的产品就意味着公司要承担风险；这种风险也必须从最高层的管理层开始，在公司的上下进行大肆宣扬。在具有高创新力的 Intel 和 Gillette 等公司，高管甚至要放弃自己约 1/4 的薪水来确保公司各事业部都把精力放在创新和其他一些长远的战略计划上。

在图表 1—5 中的新生产线（new product line）引发模仿产品的问题，即一种严格意义上的"跟随"产品。如果一家公司发布一个清淡啤酒的品牌，而这个品牌对公司而言是新的，但对现有市场而言却不是，那这算是新产品吗？答案是肯定的，此产品对公司而言是全新的，且它需要经过新产品开发的过程。Canon 并不是第 1 个激光打印机制造商，Coca-Cola 并不是第 1 个橙汁瓶装商，而 P&G 并不是第 1 个在咖啡业的竞争对手。但是，从经营管理上说，这些对公司来说都是新产品，也被这些公司将其作为新产品来管理。

近来，有证据表明，将注意力集中在全新的产品和新的生产线上比集中在已有产品上更容易。2004 年的一项调查显示：新生产线能够适应这两类产品的比例下降了，分别从 1990 年的 20.4% 和 38.8% 下降到 11.5% 和 27.1%。新产品专家 Robert Cooper 认为下降的原因是：公司仅需对产品做较小的改进，就能增加市场份额，并且将产品微调作为真正的创新。

图表 1—5 显示许多新产品可以是现有生产线的新增产品，或是对现有产品的改良与修正。有许多非常成功的"新改良"产品：Tide 洗衣液、Bud Light、Apple iMac 计算机。然而，有些研究仍显示最具创新性的产品类别更能促进产品的成功。最近的一项研究表明，最具创新性的两个新产品类别只占新产品市场的 30%，不过却占最成功产品的 60%（当然，这个百分比会因产业的不同而不同：高科技产业中最创新的新产品的比率会比较高）。事实上，我们已经发现在创新程度与成功率之间有 U 字形的关系：最具创新性的新产品类别和最低创新性的产品类别（重新定位与成本的

降低）在财务绩效、投资报酬率与最终的市场份额上，胜过中等创新性的新产品类别！这些结果可以提示许多公司在作项目选择的决策时，必须重新思考创新性新产品的重要性与潜在贡献。在第3章，我们会看到如何在不同创新性产品类别中抽取能够达到均衡的战略性产品组合。

我们已经看到，即使在顶尖的公司，也会有一些产品开发失败的案例，而本书主要介绍开发成功的新产品，所以较难回答“什么因素造成新产品成功”这个问题。不过，近年来针对此问题的许多研究已经得出较为一致的答案：首要因素就是独特且优越的产品。此外，一般失败的原因包括“对该产品没有需求”，以及“顾客有某种需求，但新产品却未能满足其需求”。换句话说，该产品并不独特也没有优越的性能。并且，相对于用户所花费的成本与使用情况，该产品未能提供他们充足的附加价值（value added）。而附加价值是在新产品开发的过程中必须谨记的重要观念。

1.5 什么是新服务、商务产品与全球化产品？

各领域的专家经常使用与众不同的术语。我们也一样，最明显的例子就是“产品”这个术语。一般大众常说产品与服务（products and services）。但许多新产品的专家（并非全部）都说物品（goods）与服务（services），且这两者都是产品。原因很简单：现在在市场上销售的东西几乎都具有有形的（tangible）与无形的（intangible）两部分。传真机是有形的，但提供的服务却是无形的。汽车在销售前后，公司都必须提供服务。一个人是享受无形的剪发服务，还是获得一个新发型？保险公司提供严格的书面保单将其无形服务表达出来。事实上，有些服务业者认为将有形的成分纳入无形的服务中，以便让用户能看到并感受到，是十分重要的。

有些人更进一步地说：只有服务存在。我们所买的每样东西，都能够帮我们做一些事情（不管是食物、机器还是布道），且如果我们记住这一点，我们就能够了解将最终用户的意见纳入在新产品开发过程中的重要性。所以，最简单的方式就是用新产品一词，无论物品与服务在其中的比重有多少。例如银行，一般都会由产品经理来负责其营销与服务创新的活动。

有些人认为服务不同于一般意义的物品，因为其创造过程中都需要用户的参与，并且许多工业品是与用户共同开发出来的。还有一些人指出服务不能够储存，所以并没有销售系统。然而，那些提供服务的设备可以储存也必须被销售（例如：窗户清洗的工具或汽车旅馆的床）。

商务产品（business-to-business products）与消费品（consumer product）之间的差别也是很模糊的。比如，从一端为核能发电设备到另一端的口香糖产品谱系之间，并没有明确的分界点。人们都会购买家用计算机，无论他们是保险代理商还是对教育小孩感兴趣的父母亲。那么，计算机是商务产品还是消费品？公司用户购买打印纸，同样家庭主妇也会购买，有时还在同一家店购买。那么银行提供的退休计划呢？或者是当地一家印刷公司设计并生产的防伪标志呢？商务用品与消费品间真的有差别吗？

有时二者之间的差异是谁来购买产品：商务产品是由群体所购买的，而消费品是由个人所购买的。但是，价值上亿美元的工业品是由个人所购买的，并且大部分是电子订购系统依据最低库存点下订单的。而且，大多数消费者为一群家庭成员，他们购买房屋、汽车、价值 10 000 美元的旅游行程及大学教育。

至于全球（global）化新产品开发，我们并不关注新产品是为当地消费者而开发的还是为世界各地消费者开发的。我们所关注的是，最终用户距离越远，风俗习惯与偏好的差异越大，创新的工作将越加困难。但最近世界上发生的一些事情告诉我们，即使在同一国家内，也几乎没有所谓的同质性（homogeneity）可言。现在，越来越多的公司都在努力使自己公司全球化，它们更加依赖全球化的新产品开发团队。这么做对他们来说既是机遇也是挑战。我们将在第 14 章进行详细介绍。

因此，关键在于我们必须做符合特定情况的事，就像一位木匠必须针对所要完成的作品来选择必须使用的材料与工具。通常情况下，一把特种锯与一张砂纸并没有什么用处，但在完成一件特定的工作上——无论是制作教堂大门、工厂大门还是洋娃娃玩具房屋的门，它们可能非常重要。相同的道理也适用于新产品开发过程，不同的计划应该使用的工具组合也不同。关键在于：产品创新的类型不同，使用的方法也不同。管理者的工作是，根据手上的案例决定最恰当的方法及工具的独特组合。尽管我们总是喜欢放之四海而皆准的解决方案，但新产品领域内并不存在一套“商务产品创新者的成套工具”或“服务开发人员的成套工具”。

附带一提，同样的思考方式也可以应用于所谓的高科技产品以及非营利组织。有很多宗教、艺术、音乐，以及社会服务组织也会指派人员参加 Kimberly-Clark 与 3Com 等公司主管所参与的新产品训练课程。

1.6　此领域是由什么基本想法或概念所组成的？

运作与决策的复杂性是产品创新最重要的特征。新产品经理人经常扮演协调者的角色。从来没有一个新产品开发的运作是简单的：数十人甚至数百人参与其中；而对他们多数人而言，新产品只不过意味着更多的工作。一位新产品经理人说：“我们已经找到优秀的人员在公司工作了，因此我的工作就是尽可能不让工作发生差错。”他的意思是说，任何事情都有做错的时候，即使是有能力的人也是一样。

此领域的另一项特征，也是令人遗憾的事实：产品创新是由人推动着进行的（如同所有的创新）。创新并不是自然发生的事情（unnatural human event），无论是个人还是组织，我们常常抗拒它。所以，新产品经理人必须花费极大的心力来推行变革。此外，对变革产生的恐惧与抗拒心理，即所谓的变革恐惧症（kainotophobia）像所叙述的现象一样复杂。Chrysler 曾经在市场上销售一个新的折叠式孩童座椅，因为过于受欢迎以至于未能制造足够搭载该座椅的车体。但是，新产品经理 Ron Zarowitz 用了两年的时间让管理层对该座椅产生兴趣，并用了四年多的时间克服了公司内部的抗拒。

另一项特征是产品创新者要面临一连串相互冲突的管理需求。这种困境如图表 1—6 所示。我们必须使产品具有价值（符合最终用户的需求），还要保证设计和制造的产品是高质量、（有竞争优势的）低成本，并缩短市场导入时间。这些要求有时候是可以同时做好的（如：有些公司已发现，当它们加快生产速度，就能将事情做得更好，而其他公司宣称提高设计质量，可降低实际的生产成本）；不过这些要求可能也会产生冲突。营销活动可以对这3个要求都做出贡献——例如：市场研究能够告诉产品开发团队顾客需求的内容与急迫性；产品测试研究会指出设计和制造过程还有待改进的地方；而且有许多营销研究技术能够帮助我们更好地理解价格（成本）与产品特色之间的关系，并在两者之间寻求平衡。

1.7 大多数真正的创新不是来自小公司与发明家吗？

根本性创新（请参考图表1—6所举的例子）是相当困难且常令人失望的；这就像是盲目地钻探石油似的。发明家必须承担极大的风险，小公司的老板也是如此。但是大公司的老板通常不会有上述的情形，所以我们发现圆珠笔并不是由制笔公司发明的；平装书籍也并非来自大型出版商；隔日送达的快递服务也并非来自运输公司；喷射引擎也并不是由汽车公司发明的。有些大公司支持技术上的研究，并且常推出新问世的产品——Merck、DuPont ，以及Corning都是这么做的。今天，对任何规模与形态的公司而言，技术都是至关重要的因素之一。

图表1—6　**改变我们生活的根本性创新**

1. 家用计算机	2. 微波炉	3. 复印机
4. 袖珍计算机	5. 传真机	6. 避孕药
7. 家用录像机	8. 通讯卫星	9. 条形码
10. 集成电路	11. 自动柜员机	12. 答录机
13. 尼龙搭扣	14. 按键电话	15. 激光手术
16. 阿波罗月球太空船	17. 计算机硬盘	18. 器官移植
19. 光纤系统	20. 纸尿裤	21. 硬盘作业系统（MS-DOS）
22. 磁共振图像	23. 基因组合技术	24. 显微手术
25. 摄录机	26. 太空飞船	27. 家用烟雾警报器
28. CT扫描	29. 液晶显示器	30. 计算机辅助设计/管理

这张表汇编于20世纪90年代早期。今日如果你重做这张表，毫无疑问，互联网或全球信息网将会排在前30名。你想加入哪些产品？表中哪些产品是你想删除的？

1.8 新产品管理是一门艺术还是一门科学？

我们深深地相信新产品管理是一门综合艺术与科学的学科。艺术本质上是基于直觉、经验、预感或本能的感觉——这时主管缺乏做出理性决策所需的经验或信息。管理者常常说某个新产品计划是“以前从没作过的事，所以没有这方面的书可供参考”。

然而，管理者不应该放弃使用能产生更加完善产品的分析技术的机会。例如，有三项测试对产品创新而言是相当关键的：概念测试（判断未来的用户是否真的对此产品概念有需求）、产品使用测试（了解所开发的新产品是否能符合用户的需求）、市场测试（用来判断我们的营销计划是否有效）。

这些营销科学领域的工具（例如用于销售预测的组合分析与数学模型）是由一些营销学者所开发出来的，但它们并非仅限于学术领域。今天，它们在一些世界顶尖的公司被实际运用，但是其运用范围并未达到它们应有的普及程度。在本书中的许多地方，你都将看到这些分析工具或模型的应用。

本书并不想批评艺术——这个领域中由直觉而得出的伟大成果比比皆是 。但是，花时间、金钱与能力去利用分析性方法的人也同样可以获得成功。我们也坚信：创新是可以传授的。从高层主管研讨会和大学中的课程，以及此领域的研究中，我们都可以看到这一点。每一件新产品种类都可以从新产品管理课程中所介绍且已被验证过的方法中获益。

1.9 这个领域有专有词汇吗？

是的，确实有。这是由以下两个原因决定的。第一，这是个正在扩张中的领域，承担这项新的任务并需要用新的方式去解决。第二，这是个包罗万象的领域，涉及科学家、律师、广告制作、会计师、营销策划人员、公司战略制定者、组织行为学家等专业人士的语言。因为这些人说的是同一件事但都使用不同的词汇来表达，所以就常发生沟通上的问题。解决之道是对专有名词或术语达成共识，并对所出现的每一个新的概念或行为进行命名并加以推广。我们正在努力地做这件事，本书也始终贯彻这样一种思想。

但是，在你学习新产品管理的过程中，可能会被这些尚未解决的问题弄得晕头转向。例如，对发明（invention）与创新（innovation）这两个术语的理解上，一直存在着混淆。对管理者而言，发明具有独特的维度（the dimension of uniqueness）——某事物的形式、结构与功能，且通常是可以申请专利的。创新指的是一项发明转换成能卖给目标顾客且能获利的产品的整个过程。发明所花的时间可能较短，因此，我们拥有的发明数量远远大于创新。同样，每个人可能都会认为“产品构思”、“产品概念”、“产品原型”甚至是“产品”这些术语都表达同一个意思。在本书后边的内容中，我们将对这些术语做具体的区别分析，并且你也将会发现它们并不相同。最详尽的关于产品术语的介绍请参考由发展和管理协会所编写的在线词汇表（请登录 www. pdma. org）。

从全球范围看，这个问题就更为严重了。以设计（design）这个术语为例。美国的新产品工作中，设计基本上指的是工业设计或（制造前）工程设计；然而，在欧洲，设计指的是从最初的规格设定到产品出货（shipping dock）整个技术创造功能。对有些设计人员而言，这个术语表示整个产品创新的功能。

在新产品领域，并没有术语定义的权威，这点不像会计、法律等领域。近来，美国营销协会（American Marketing Association）发行了第二版的术语解释用书，书中许多新产品的术语是由本书其中一位作者所提出的。但我们还有很长的路要走，而现在我们只能尽量做好我们应该做的事。

1.10 新产品的领域提供就业机会吗？

答案也是肯定的，尽管给从大学毕业的学生们准备的职位并不多。一般而言，公司管理阶层要求新产品相关人员深入了解该行业（像之前提到对顾客需求的了解），以及公司中不同领域的运营（先前也提到的多方面、协同性的工作）。因此，大多数负责新产品工作的新产品经理是从某个职能部门调过来的。例如，一位科学家认为与营销和制造人员一起工作相当有趣，营销研究人员擅于找寻市场缝隙，销售人员擅长提出好的新产品概念。上述中的每一个人都可能作为从事新产品工作的候选人。

在这个领域有 3 种较特殊的工作职务。第一种职务是团队的职能部门代表（functional representative），有些是全职的，但大多是兼职的。例如营销研究员或是生产计划员。这些人员可能同时参加多个团队，也可能只在一个团队。第二种职务是项目经理（project manager）或团队领导者（team leader），他领导着来自各个职能部门的代表。第三种职务是新产品开发过程经理（new products process manager），负责协助项目经理开发与运营新产品开发过程。

以下是我们听到的一些关于该领域职业机会的要求：

1. 有多个职能部门的就职经历，而不是仅限于某一职能部门。换言之，应具备不止一种职能部门的经验（营销、制造等）。所经历的领域越广越好。

2. 应成为一个风险承担者，为了把产品推向市场而愿意做任何必要的事情，包括面对同事们的嫉恨。

3. 像总经理一样思考。科学家与销售经理能够领导新产品团队，但他们始终只能是科学家或者销售经理。

4. 集乐观主义者与现实主义者、积极进取者与团队成员、领导者与跟随者于一身。

5. 在新产品概念与待人接物的新方式上发挥自己创造性的才能。

6. 应使自己能在混乱与困境中自我调适。应学习与抑郁的人、愉悦的人，以及那些毫无感情的人一起工作。

幸运的是，很多经理已这么做了——而且数目还在不断增加。我们希望你能成为他们的一份子。

1.11 本书做了哪些工作？

从第 2 章中我们可看出本书总的体系——完整的产品创新过程。它是从组织的战略规划（strategic planning）开始；例如，Intel 在芯片上想获取领导地位、Microsoft 想主宰整个信息/通讯市场，而 Bell 公司想让顾客购买他们的电缆线与玻璃光纤。上述这些目标能让新产品计划更加具体化，有助于新产品项目的形成。

当某新产品达到预期的目标时，整个新产品项目就算完成了。现在有许多学生认为当新产品销售出去时，该新产品计划就算结束；许多商业人士也是这么想的，而且他们认为当新产品市场导入时，必须将新产品移交给“常规（regular）”的职能部门人员接手。但是，只有在该新产品的销售情况足够好，获利足够多，拥有足够的市场份额，或是有效地遏制某个竞争对手等等一系列新产品项目启动时所设定的目标达成之后，这个项目才算完成。再者，从一个逐渐被大家接受的新观点来看，新产品项目中任何人都不能提早离开。直到新产品目标达成之后，新产品人员才能卸任。

如果把新产品项目比喻成一项1英里的接力赛，那意味着是4人一起跑完一英里的比赛，而不是4个人各跑1/4英里比赛。当顾客买了一项新产品，抱怨在收到产品时外形破损，制造与（或）销售人员最好能够出面解决这个问题。在一些认为产品创新是一个线性的过程（一项接力赛跑）的公司，销售人员不得不独自处理顾客所提出的问题，而其他支持人员则忙于其他的项目。

在第2章对新产品开发过程概述之后，我们将一步一步地介绍新产品开发过程的各项任务。第一，是战略（strategy），识别出市场机会，并针对最好的机会制定初步的战略陈述，以引导后续的工作。第二，是产品概念的提出（concept generation），即我们要怎样想出新概念。第三，我们即进入产品概念/项目评估（concept/project evaluation）的阶段。我们在这个阶段及接下来的各阶段，要不断地试图去评估这些概念的价值。第四，是开发（development）阶段，包括同时进行的营销开发活动与技术开发活动。在这个阶段，成本的估算转变成预算，制造过程转变成工厂中的过程，以及销售计划转变成实际的销售。虽然在这个阶段，上述这些活动是同步进行的，而且是一种真正跨部门的形式，我们必须先关注设计、团队管理，以及其他相关的组织问题，再进行产品使用测试。然后再进入市场“导入”这个阶段——实施和管理以开发产品的计划及原型的商业化过程。

接着，在了解了这整个过程后，我们将讨论公共政策（public policy）的问题——我们应该怎样处理被社会中的某些人认为我们不该推出的产品？例如，内燃机引擎的汽车、采用不能生物降解材料包装的规格为60克大小的马铃薯片。

在每一章的最后都有一个“应用实践”专栏，每个专栏包括4个应用。这些都是在求职面试时，公司总裁提出的（这些问题大多数是由求职的学生提供的，都是他们在求职面试后总结出来的）。这些都是谈话的题目，但是他们都出自于最高的管理层。她要的是答案，而不是借口。如果你不知道这位总裁在谈些什么，你可以从相应章节的内容中寻找线索。

最后，如果你的课程学习要求你进行新产品管理的实践（个人或团队的项目与其他类似的任务），那么对你而言，每一章可能会有一些挑战。如果没有要求你做实践报告，在你学习到本书第4章到第7章的时候，也请试着提出你自己的新产品概念，然后通过这门课程的后续学习对这些概念展开进一步的工作。你可以自己做概念测试，做成战略性营销策划等。

1.12 这些工作真的有用吗？

如果你想进一步了解在公司界最好的产品开发人员当下所进行的努力，请登录产品发展与管理协会（Product Development&Management Association）的网站（www. pdma. org）。其中，PDMA 赞助了一项“杰出公司创新者奖”。这个奖项并不是为了某项卓越的新产品而设置的，而是为了表彰促成新产品成功的持续项目而设置的，这个项目要超过 5 年。而得奖者必须告诉该协会的年度与会者，自己是如何成功的。就像我们之前所提到的，创新是可以传授的；而来自顶尖创新公司的经理人就在会议中扮演指导老师的角色。在大多数的案例中，他们在公司内设计正确的新产品管理系统正如本书所述。得奖人从 Merck、Hewlett-Packard、Dow Chemical，以及 Maytag 到 New Pig、Keithley Instruments、Bausch&Lomb，以及 Harley-Davidson 都有。

PDMA 这个网站也提供它学术期刊的链接——《产品创新管理期刊》（the Journal of Product Innovation Management），以及它专门为实务界人士出版的新闻通讯刊物——《视野》（Visions）。当你学习这门课时，还有上面提到的专业术语。你可以去查阅一下这些出版物，以阅读新产品开发与创新领域的最新文章，你也可以从中找到新产品开发专业人员目前所关心的问题。

1.13 本章小结

本章向读者综合介绍了新产品管理这个领域的一些基本概念。你可以了解到新产品活动在所有的组织中是（或应该）怎样进行的，而不只是商业组织。你也已经了解到这门课程与其他课程之间的关联性，了解到什么是真正意义上的新产品，以及了解到服务与商业产品应包含的内容，而不仅仅是蛋糕、录像机及汽车等消费品。再者，你也已经了解新产品管理在今天是指哪些领域、新产品活动的特征、新产品领域专有术语的问题，以及未来可能的职业机会。第 2 章将直接带领各位进入新产品开发过程。

1.14 应用实践

在每一章的最后都有 4 个“应用”问题，这些问题在求职面试时被一次又一次地提出来（或可能提出来）。求职者是一个学习过新产品管理课程的学生，而面试者则是公司中的一位高层管理者（这里假定为总裁）。这些问题都是在谈话中很自然地提出来的，并且有一定难度。通常，提问者并不期望这些问题能够在谈话过程中得到确切的回答。偶尔，他会给出一点建议，然后停下来观察求职者的反应。每一个问题或意见都与该章的某些内容相关。

现在，假设你就是被面试的求职者。你不能对这些问题避而不谈，也不能说“我真的不知道”。事实上，如果你确实不知道的话，你可以重新浏览这一章中的内容，重新阅读被你遗漏的内容。与学习这门课程的其他同学交换意见也是一个好办法，因为大多数问题都需要思考或阐述，而不仅仅是事实的复述。

（1）“我非常相信自己有不经意发现新奇事物的天赋，我们依靠这样的运气已经获得了多次巨大的成功。尽管如此，我还是一直在思考：怎样管理好公司的某项运作以获得更好的效益。你怎么看？”

（2）“当你开始讨论承担风险的问题之前，我想知道你谈的是谁的钱。我在加利福尼亚认识的一个朋友坚持认为：所有的新产品团队中的成员都在花自己的钱来做项目。虽然5万美元不是什么了不起的大事，但我打赌你在那种情况下肯定会回避风险，而不是去发现风险。”

（3）“我曾经听说过某个事业部经理的战略是：仿制其他公司的产品。这虽然很好笑，但是它确实令我很沮丧。现在，我知道很多公司都在自发地运用模仿，但我的公司不会。你认为应该去模仿吗？”

（4）“我认为：应该有尽可能多的人来支持创新。但是我知道：无论我们多么需要创新，公司中有些人对此就是没有积极的反应。请你告诉我，你认为我应该如何找出这些守旧的家伙，并且如何对付他们呢？”

第2章 新产品过程

2.1 引言

在第1章中，读者对公司现存的新产品管理问题和本书有了一个感性的认识。现在我们开始讨论如何进行新产品管理，但是如果你与本书看待问题的角度和方式不同的话，我们的努力就失去了意义。所以我们将从新产品的整个过程开始，它综合了步骤、行动、决策和目标，如果执行，公司将会得到大量它所需的新产品。图表2—1所显示的新产品过程可以作为本章以及其他章节的框架。而在本书中共有5篇，每篇都有一张图（如图表Ⅰ—1、Ⅱ—1……）详述这个部分所要介绍的内容，如第Ⅰ篇的介绍，图表2—1将这5个部分简单地呈现于新产品管理的5个阶段中。

我们从一个简短的新产品故事开始，来帮助我们了解新产品过程的全貌与定义许多关键活动。这将把有关新产品过程及其管理问题的讨论引入更深的层面。特别地，我们还会介绍跨职能部门团队的概念并讨论加快推入市场速度的压力会如何影响新产品过程。

2.2 荧光笔的故事

Betty负责Omni Manufacturing公司所占领的高校市场的销售工作已有3年，荧光笔产品是该公司众多办公用品中的一条生产线。这条生产线包括不同的颜色、宽度、规格与外形的荧光笔。这个市场对Betty的公司来说是一个重要的市场，Omni与Trion Inc两家公司位居这个市场的领导地位。但Betty知道这个市场已经进入了成熟期，产品的生命周期已经过了快速增长阶段。此外她已从Kinsville College的采购代表那里，听到Trion正在开发一款新的荧光笔。Trion打算在荧光笔中加入一种透明的液体，当这个液体与墨水产生化学反应后，就会使每一个字显现更宽、更深且更亮。但是，Trion在这一概念上遇到困难，而Betty则担心未来她在Omni生产线的佣金会不会因此减少。

图表2—1　　基本的新产品过程

阶段一：机会识别与选择　（图表Ⅰ—1）
伴随着业务运作的进展、新的产品建议、营销计划改变、资源的改变以及市场需求的变化，产生了新的产品机会。将这些机会（而不是特定的产品概念）进行研究、评估、确认与排序，然后针对主要机会拟定初步的战略陈述，以引导后续的新产品工作。
阶段二：概念的产生　（图表Ⅱ—1）
选择一个具有巨大潜力或者是迫切的机会，开始顾客参与工作。搜集一些符合上述机会的现有新产品概念，提出若干新的新产品概念。

续表

阶段三：概念或项目评估 （图表Ⅲ—1）
根据技术的、营销的与财务的标准评估每个新产品概念（当其开始进入此阶段）。将其排序并选择2—3个最好的新产品概念。当完成产品定义、项目团队、预算、开发计划的纲要与最后产品创新章程（PIC）时，申请项目计划的执行许可。
阶段四：开发 （图表Ⅳ—1）
A. 技术任务 详细说明完整的开发过程以及应该完成的工作。着手设计原型；根据协议来测试与验证原型；针对最好的原型来设计与验证生产过程；为满足进行产品与市场测试的需要，逐渐提升生产规模。 B. 营销任务 准备营销计划中的战略、战术与市场导入的细节，准备运作计划并取得批准，设计产品的附加定义（服务、包装、品牌……）并做好有关准备。
阶段五：市场导入 （图表Ⅴ—1）
将开发阶段的计划与原型产品商业化；开始进行新产品的分销与销售（或许限制其规模），管理市场导入计划以达成产品创新章程（PIC）所设定的目标（如同在最终运作计划中的修正）。

因此，Betty与新上任的办公室用品产品经理David联络，说出了她所听到的以及担心的事情。于是David要求市场研究部门尽快分析荧光笔市场的概况——包括销售、市场份额、利润以及关于创新的传闻等。可以确定的是，荧光笔市场已经相当成熟，竞争对手与顾客也已经饱和。而市场研究部门也揭示了Trion公司新产品的一些情况，并给人留下深刻印象。

于是David与营销副总讨论当前的情形，认为这对办公室用品的销售量将会有重大的威胁。Omni的总经理确定荧光笔对公司的未来很重要，并要求David对于市场自身的成熟性与竞争需要的创新问题提出一项解决方案。

幸运的是，产品管理团队采用"头脑风暴法"，结合两个技术人员新颖的创意，引进固体荧光笔的概念。一开始没有人确定这样的概念行得通（从空气中抽出液体），但是基本原理应该是可行的，而且在几次有针对性的专题研讨会上，办公室员工与学生都对这种产品表现出极大的认可。之后，技术人员再次重申了产品的可行性，并且这个产品与公司其他方面的适配程度（安全性、生产设备等）很高，其初步的财务分析也显示该产品没问题。

因此，David身为产品管理者、项目的负责人，他决定建立一个4人团队，进行运作、市场研究并制定能为顾客带来利益的新产品的工作日程与安排时间表，使这项新产品能比Trion的新产品更早市场导入。技术人员针对固体材料概念进行研发，而David则开始思考这项产品的最好营销战略。在一次实验室视察中，团队技术人员Phyllis将前一晚才刚完成的初步原型给David看。David将这个原型向一些客户展示，他们都非常喜欢这个概念。因此，Phyllis便继续进行下去，写出了最后的产品规格说明，并且把一些半成品交给David，然后送到办公场所及学生宿舍进行较大规模的试用，与此同时，制造部门则继续考虑设备的改进与一个新的工艺过程。

有了这些信息，David就可以进行财务分析，包括产品成本与营销预算的初步估计。管理层批准这项产品并决定将其导入市场。接着进行产品现场测试以取得用户对产品的全面反应，据此微调产品配方；制造部门也加入新产品过程并购置设备；在销售部门的协助下，营销部门则与广告公司共同着手制订营销计划。

当所有的事都准备就绪后，David 就可以开始最终产品的生产，并在大西洋海岸中部沿岸市场（Trion 最强势的地区）与 Quebec 省推出该产品。他与一位市场研究分析员在这些地区实际生活近一个月。因为他们知道顾客可能不了解如何使用产品，所以他们准备了费用较昂贵的店内展示品，以便给予消费者更好的使用说明。结果证明，展示是需要的：问题得到了解决，销售情况良好，同时产品也逐步销往美国的其他地区、加拿大与部分欧洲市场。Omni 是幸运的，因为 Trion 也准备大约在同一时间将产品市场导入。突然之间，一个非常成熟的市场又再次变得令人神往。

2.2.1 在刚才的故事中发生了什么？

我们只花了几分钟就读完了一个整年的活动。当然，这个故事不是真的，但是情况却是典型的。故事以公司在运营过程中遇到的问题开始，然后研究问题，在符合公司总体产品战略的前提下提出解决问题的方案并执行。各个开发与评估步骤依次进行，营销计划逐步发展，新产品先在有限的（小部分）市场中导入，并且项目经理必须预测可能出现的问题，从而能够快速且成功地处理它。当你阅读完本书时，你也许会对 David 的决策与行动有一些评论。

这个情况就是典型的新产品开发过程，通常这个过程并非是从新产品的构思开始的。在某些传说中，某个人会在某个地方，在午夜中醒来，脑中产生了一个伟大灵感。这种事情确实可能发生，但是成功的新产品计划不能建立在这样的希望上。假设构思自发产生那当然好，但是新产品过程通常开始于战略评估——成熟市场与竞争对手的活动对 Omni 的威胁。如果这与管理层的看法一致，活动便开始进行。

同时，也请注意另外一个方面，新产品开发无法发生在封闭的研究室中，这中间还要进行许多匹配与进度检验。而且，营销并非在产品研制成功时才开始，它通常在新产品构思酝酿的时候就开始了，就像这个案例一样。

最后，新产品的发布并不意味着这个过程的结束。通常在推广过程中进行一些修正之后（例如：店内演示之后），新产品才真正获得成功，只有这个时候新产品过程才算结束。

现在让我们来看一个完整的过程，包含许多并未出现在荧光笔故事中的步骤与选择。有时候，故事中的新产品概念也许看来很疯狂、愚笨或不可能。但是大部分好的构思在初次呈现时都显得糟糕至极，但是我们会有很好的方法将它们挑选出来。

2.3 基本的新产品过程

图表 2—1 以简单的方法呈现新产品过程。如果你回想上面的荧光笔故事，你便可以定义出图表 2—1 中的阶段。仔细地研究这个过程——理解每一个阶段所进行的活动。

许多领先公司使用与图表2—1相似的新产品过程（new products process）。有些人视其为一种阶段—关卡的过程（stage-gate process）。在这里“关卡”特指阶段之间的评估任务。这个任务简单来说就是要进行一个艰难的决策：这个项目到底是继续还是停止？（就是说，该项目是否有足够的资格进行下一阶段）。在本章与本书中，我们将关注测试的类型（从概念测试、使用产品测试到市场测试），利用这些测试搜集信息作为项目评估的依据。采用这种类型新产品过程的公司显示出其在产品团队工作的改善、降低返工率、提升新产品成功率、提早识别出失败、改善市场导入过程与最高缩短30%的周期时间的能力。但是，另外有一些研究显示：许多声称要进行一个新产品开发过程的公司要么放弃了这个过程，要么就是很糟糕地进行着，因此，这些公司有很大的提升空间。

图表2—2　　在新产品过程中的评估任务

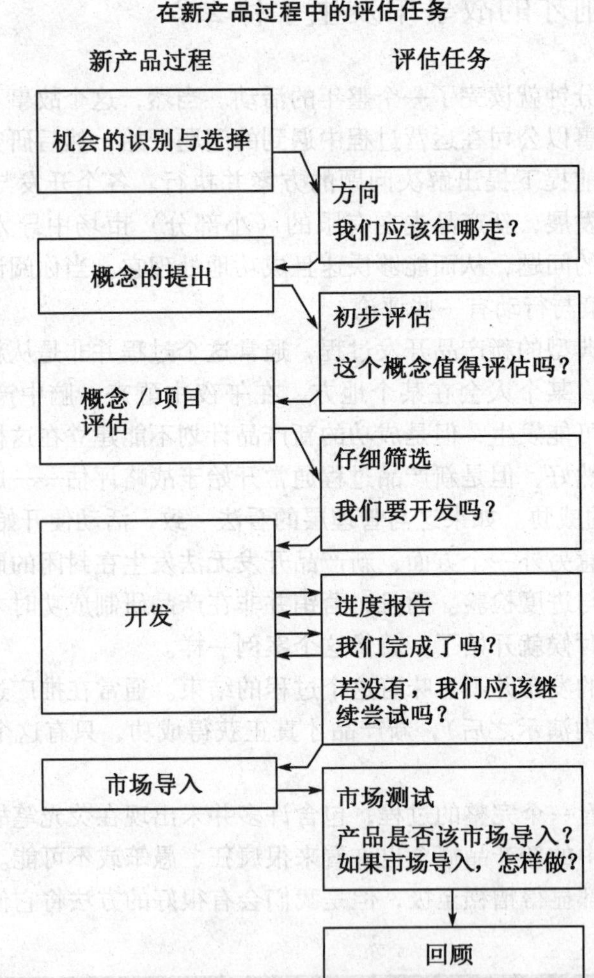

图表2—2说明在新产品过程中遇到的评估任务或关卡。如图表所示，在不同阶段后需要问不同类型的问题。例如，一旦概念产生，每一个概念都要接受初次审查：这个概念好在哪里？是否值得进一步研究？在概念评估阶段，需要仔细的筛选，当概念经过这个阶段之后就要开始进行开发，并开始产生大量的成本。在开发阶段，诸如“我们完成了吗？”与“若没有，我们应该继续尝试吗？”等问题最好通过进度报告来

回答。最后，在市场导入阶段，主要的问题是关于产品是否应该市场导入，以及市场导入之后的情况与预期是否相同。我们将在后面继续图表2—2的讨论，在第8章中，我们将更深入地讨论在每一个新产品过程阶段中，什么样的评估技术是最有效的。

需要读者注意的是，如图表2—1所显示的简洁、线性的阶段并非典型的新产品过程。事实上活动并不是依次进行的，而是相互重叠的。例如，在项目的初期，大部分应该专注在战略方面——这个项目应该如何与我们的使命陈述一致？我们是否有基本的兴趣与能力来进行这项项目？我们期望从这项项目中获得什么……与此同时，技术人员开始进行技术开发，营销人员也在考虑如何使有关活动帮助这个生产线中的其他产品。对公司而言，缩短新产品市场导入的时间（accelerate time to market）是有许多压力的，并且在加速新产品市场导入方面（后面会讨论更多），将这些阶段重叠是一项重要的工具。

在图表2—1中还包括了另外一些重要信息。不要对每个阶段的标题产生误解——它们并不是指5种职能或5个部门。虽然技术人员主导了开发技术部分，但是一些其他非常活跃的人员也会参与其中——包括营销研究与销售人员。市场导入听起来像是一种营销活动，但是许多营销工作已经在更早的阶段完成了，而且在市场导入阶段，制造人员也忙于建立生产能力，法律人员在厘清品牌名称，实验人员正在对早期产品进行测试等。显然这不是一场接力赛。现在的产品开发是一个多职能部门计划（multifunctional program），将所有职能部门（同时，逐渐地也包含顾客）以一个跨职能部门的团队（cross-functional team）集合起来，以完成所要求的任务。

除此之外，当不同的公司用不同的方式来区分新产品活动时，新产品活动的阶段就可能多于或少于5个。但这不是一个需要关心的问题。本书并没有将新产品过程视为数个不连续阶段，为了方便，本书向读者展示了一个范围更大、逻辑上渐进展开、满足通用要求的新产品开发过程。本书之所以将它划分为多个阶段，部分原因是为了能够更清楚讲述新产品过程的“故事”。而不同的公司会用不同的方式划分相同的新产品过程。

下面让我们花多一点的时间来看看图表2—1的5个阶段以了解基本原理。

2.3.1 阶段一：机会的识别与选择

第一阶段本质上是战略性的，但是描述或定义这一阶段的工作却很困难。最好的方法可能是告诉读者这个阶段到底应该做些什么事情，然后向读者显示公司是怎样提出这些战略以指导整个公司的。

新产品战略规划至少需要3个主要的活动，如下所示（每一种都含有一个例子）：

- 进行中的营销策划

例如：每年CD-ROM生产线的营销计划都需要扩充生产线以抵御新产品竞争对手在价格上的冲击。

- 进行中的公司规划

例如：高层管理者采用的战略是：要么占有市场（就是说不是获得第一就是第二的市场份额），要么就放弃它。这就要求公司在所有还处于劣势的市场上展开有关新产品的各种行动。

• 特殊的机会分析

指派一个或更多人员（公司内或顾问公司）去核查公司资源（人员、设备、声誉等）。例如：一家在汽车领域的公司要求进行制造作业上的核查。结果是，制造工艺过程已被忽略或不受重视。而这方面的技能本来应该作为一个新产品计划的基础。

根据上述这些活动，自然地将机会识别分成如下四种类型：

• 未充分利用的资源

例如：一个存在“瓶颈”的运营、一项强势的经销权或制造工艺过程部门拥有的优势地位。

• 新的资源

例如：DuPont 发现 Surlyn 这个有多种潜在用途的材料。

• 外部的推动力

例如：停滞的市场结合竞争的威胁，如荧光笔的故事一样。

• 内部的推动力

例如：公司的长期规划经常是建立一个 5 年以上的销售目标，并且新产品人员经常要填补现有销售额与目标销售额之间的差距。这个任务即称为产品创新（与/或获得）缺口（product innovation（and/or acquisition）gap）。其他常见的内部压力纯粹是高层管理者的期望造成的。

创造性地发现这些机会的过程称之为机会识别（opportunity identification）。在进行机会识别时，首先需要小心和仔细地描述这些机会，然后分析以确定销售潜力确实存在。David 做的第一件事情就是下令分析荧光笔市场。

当然，没有公司想要开发所有的机会，这是由于有些机会比另外一些要好。其中一些可能不符合公司技能，有些风险太高，有些要求的财力超出了公司所能承受的范围。因此，大部分公司的现有战略（ongoing strategies）包括了产品创新。例如：Waterford 有一种战略可以使任一新产品都不会危及公司的重要形象。Cincinnati 的战略则要求任一新产品都具有高度的创新，而不是复制品。

一旦机会被采纳，经理们就转向不同的技术以引导新产品人员进行开发。我们将此称之为产品创新章程（product innovation charter，PIC），其将在第 3 章中做解释。

2.3.2 阶段二：概念的产生

在一些案例中，仅是机会识别，几乎就能解释市场需求什么（例如：一个为旅行者准备一个小瓶装的防臭剂的机会）。然而，大多数的机会并不是如此清楚，因此许多帮助构思产生的工具便应运而生。创造性地提出新产品构思——通常又被新产品人员称为产品概念（product concepts），并不一定像看上去那样的简单有趣又好玩。

最丰富的构思形成出自于研究人员或业务所遇到的问题，并且提出的解决方案。例如：如果机会聚焦于“进行远距离搬家的人”，则构思产生的第一步即是研究这些人，并找到他们所面临的问题是什么。发现问题并解决问题的过程已变得相当复杂，它不再只是一群人围着桌子阐述自己的构思。

在系统化的基于问题构思的过程中，那些并不复杂的想法也可以以电话、邮件与电子邮件的方式得到。这些想法可能来自潜在的顾客、过去的顾客、员工（特别是销售、技术与运营部门的员工）与其他每一个可能的来源。而收到这些构思的人将会简略地再一次评估这些构思，随后再看其是否与公司以及公司的战略相关。然后他们会将这个来自于问题解决活动的构思保存到构思库中。

概念产生将在第Ⅱ篇（第4章到第7章）详细介绍。

2.3.3 阶段三：概念或项目评估

在新构思开始以前，需要评估、筛选、挑选这些新构思。这个活动有时候称为筛选（screening）或技术开发前的评估（pretechnical evaluation），它的变动极大。但是大部分公司或多或少都会遵循一连串的程序，快速浏览以计算现金流量与净现值的评估。这个快速浏览是必需的，因为新产品概念的数目是庞大的——许多公司都有数千个。毋庸置疑，你要对荧光笔构思进行一个这样的快速筛选，不管你喜欢或不喜欢它。

接下来将进行第一次的正式评估。根据被评估的产品的构思，可以进行最终用户筛选，也可以是技术筛选，又或者二者同时进行。这个工作可能很昂贵并且非常困难，也可能简单到只需播几通电话。在荧光笔的故事中，实际上，技术人员针对竞争对手的问题提出了一个解决方案，并且提供一个概念测试（concept test）来看潜在顾客对荧光笔的想法。最后，将这些观点会记在一起，进行所谓的全面性筛选（full screen）。它使用某种评分模型来做出最终的决定：是继续还是放弃。

如果决策是继续开发，那么评估则进入项目评估（project evaluation）。在这个阶段我们不再评估构思，而是评估我们利用构思所提出的计划。包括准备一份文件，说明新产品满足哪些需求。使用质量功能配置（quality function deployment）的公司（项目管理与控制的一个方法）把这个视为顾客需求的第一份清单。一些更常见的说法是产品描述（product description）或产品定义（product definition）。在本书中我们把它称做产品协议（product protocol）。协议意味着达成一致，并且在大规模的技术工作进行前，形成一个跨小组的协议，这是相当重要的。这个协议应该是关于新产品所能产生利益的陈述，而不是新产品的特征说明。

缺乏又好又严谨的信息会使所有的技术开发前的评估复杂化。事实上，前3个阶段（战略规划、概念产生、特别是概念或项目评估）构成了一般所说的（在新产品过程中）模糊的前端（the fuzzy front end）。这并不是指我们的想法是模糊的，而是产品概念是模糊的。项目进行到最后，大部分的模糊将被消除，但是现阶段，我们只能依靠自己的胆量，而并非搜集到的一些数据进行决策。有关各种技术开发前的评估活动我们将在第Ⅲ篇（第8章到第12章）再做详细介绍。

2.3.4 阶段四：开发

这个阶段将产生开发项目的最终形式——可见的物品或是由一系列特定的资源与

行动所组成的无形服务。这个阶段也是营销计划（marketing plan）大体成形并逐渐确定的过程。尽管各种商业活动中新产品开发的内容各不相同，但我们还是能够从它们中找出以下一些共同点：

资源准备

新产品经理往往会低估一个重要的步骤——资源准备（resource preparation）。对于产品改善与某些生产线拓展来说，通常可以省略这一步，这是因为公司拥有与这些项目相互匹配的资源。例如正确的公司文化，更加可靠的市场数据，以及项目经理也准备好来处理工作。但是，某个特定的创新章程也许超出公司熟悉的领域，因而产生资源匹配的问题。如果公司想要开发全新问世的产品（本章稍后将会对此有更多的介绍），此时团队也需要特别的训练、新的奖励系统、修订公司内惯用的项目评估系统与特定的批准。如果一个项目没有足够的资源准备，那么，公司就不会获得它所希望的更多的资源优势。

开发工作的主体

实际的开发工作是以前面所有的工作为基础来展开的，它不是指某个单方面的工作，而是产品或服务本身、产品或服务的营销计划以及该项目最终获得批准所需的商业（或财务）计划书等3个方面工作的综合。产品（“概念”这个说法或许更好）开发的流程包含工业设计与制造工作（物品）或系统设计（服务）、产品原型（prototypes）、产品规格等。这些工作贯穿于产品制造、测试与成本结算的整个过程，直到开发人员所期望的产品完成。

在技术开发人员进行开发工作的同时，营销策划者则忙于进行定期的市场调查（持续追踪外在市场的变化）以及尽早制订营销决策——首先是战略上的，然后是战术上的。营销决策已完全与技术决策交织在了一起，它们包含包装设计、品牌名称选择与暂时性的营销预算。一项技术性的失败，可能会使生产线舍弃早期包装设计、名称甚至所有方面的工作。但是我们必须支付那些费用，而且我们不能等待每一阶段确定后才进行下一阶段。

概念评估一直按照这种方式持续进行下去，那些经过评估被认为足够好的概念得以进入开发阶段（前面已讨论过），但是我们必须持续评估技术与营销策划的结果。我们首先评估原型，以确定技术的开发符合顾客的需求与期望，并能为他们创造出价值，同时在商业上我们也要能获利。随着这个阶段接近尾声，我们需要确定新产品真的能够解决我们一开始提出的那些问题。

全面商业分析

如果产品开发完成且顾客喜欢它，一些公司则会在产品市场导入前进行全面的商业分析（business analysis）。虽然财务分析仍不够坚实，但是却足以使管理层相信这个项目值得一做。在产品市场导入阶段，财务将逐渐地受到重视，决定项目是否继续的关键点随着行业的不同而不同。一种新食品可能等到签订电视广告合约前才获得审批，但是一项新的化学产品，由于需要新的制造设备，所以必须更早决定是否要继续进行，而药品产业实际上做出是否进行的决策是在其着手进行新产品开发的10年之后，亦即投入5 000万美金的研究费用之后。开发阶段将在第Ⅳ篇（第13章到第15章）再做详细的介绍。

2.3.5 阶段五：市场导入

传统上，市场导入（launch）或商业化（commercialization）一词系指公司决定销售一项产品（是否进行市场导入）的时间或决策。我们把这个决策与建设厂房或授权经销商及进行千万广告的活动联系在一起。

不过，现在的情况变得更加微妙。与其他决策相比，市场导入决策更多的是一个态度问题。即使在测试市场阶段，公司也可能会放弃新产品项目，因此有些人认为事实上大部分的项目并没有一个继续或者是放弃（Go/No Go）的决策。不论如何，发布新产品计划前后的几个星期或几个月，是真正的市场导入阶段。在这个阶段，新产品团队能够享受到产品即将成功的乐趣（或不幸地，他们在压力下生活）。每件事都很紧急，并且每件事都很关键。制造部门此时正逐渐提高产量。此时，营销策划者正在深入拟定许多市场导入所需的战术细节，尽管他们在新产品机会出现的时候就已经很好地把握了目标市场。关键的一步是市场测试（market test）（如果一家公司采取这一步骤的话），它是营销计划与产品的第一次在市场上的共舞。这个步骤是纯粹的测试，而且此时经理们希望能够发现所有问题，并且能在测试与正式销售之间解决。如果没有，那么正式销售则必需延后。在给定的时间压力下，管理者必需提出许多新方法以尽快完成可靠的市场测试，要完成所有相似的市场测试（test market）可能会消耗非常多的时间与成本：我们将在第 18 章中讨论更多的市场测试技术。

这些准备活动迟早（希望）都能使新产品公开发布（public announcement）——广告、销售等诸如此类的活动。发布通常称为市场导入（launch），意指市场导入发生在某一天或甚至某一小时。市场导入是引人注目的，但是现在大部分的公司都渐渐地花费好几周的时间将新产品推向市场——包含将供应商拉进生产线、对销售人员进行培训、让分销商进货并对其培训，以及教育一大批的市场支持人员（作家、科学家、政府人员甚至更多）。这些事情不可能在一天之内完成，也不可能保守秘密——市场导入细节是能够被保密的，不过新产品的出现是不可能保密的。

在这个时点有一件通常被忽略的事是市场导入管理（launch management）的规划。每个人都知道当航天飞机离开佛罗里达的发射台时，经过精心设计的一套追踪程序已经准备完毕。当“休士顿控制中心”在执行这项追踪计划时，追踪每一个被发现的小毛病，并且希望能够提前发现以备好解决方法。新产品经理也经常做相同的事情，有时候是正式地，但经常是很不正式地。市场导入阶段将在第Ⅴ篇（第 16 章到第 20 章）再做详细介绍。

2.4 概念生命周期

你现在可能注意到，新产品过程本质上是将机会（真正的开始）转变成为利润（真正的结束）。它始于非产品形式（即机会），并随着另外一种非产品形式（即利润）结束。产品来自于某个事件，转化为某个结果。

然而，我们拥有的是一种演进产品（evolving product），或者更准确地说是一个发展中的概念，最后如果它成功，那么就会变成产品。甚至可以说一项新产品的市场导入发布只是告诉世界一个概念，如果幸运的话则会成为赢家，但是事实上这些都只是新产品的暂时形态。在这个过程中，人们都在观察，看产品哪些方面还需要做进一步的修改，以防止它偏离预订轨道。

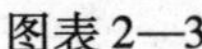
图表 2—3　　概念生命周期

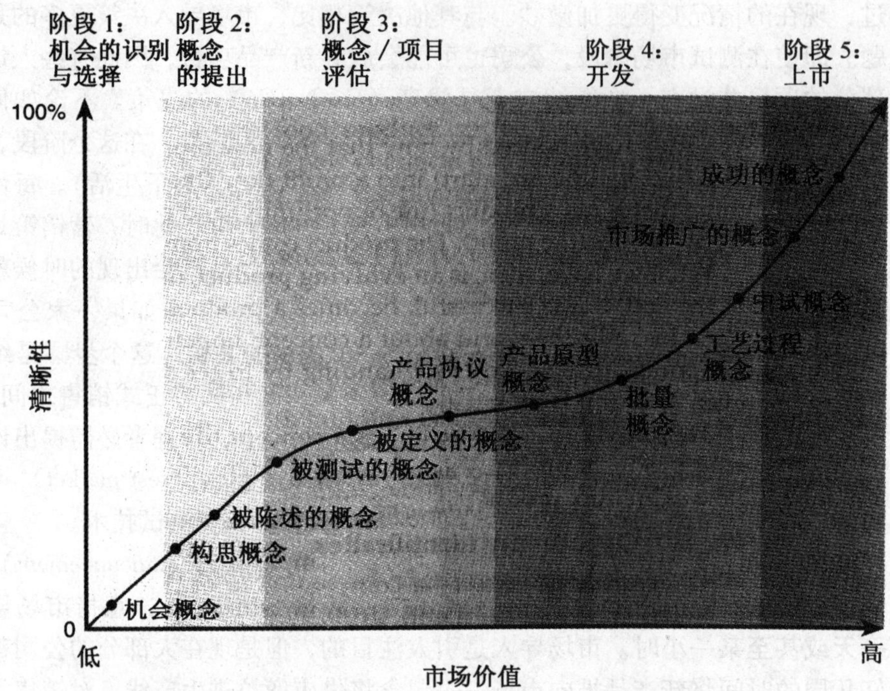

我们可以将这样的发展视为一个概念生命周期（concept life cycle），其与新产品过程的各个阶段连接（见图表 2—3）。下面我们就以一个新的脱脂牛奶产品为例，说明概念生命周期各个阶段：

阶段一：机会识别

- **机会概念（Opportunity concept）**——这时的概念是 一家公司的技能或资源，或一位顾客的问题（假设脱脂牛奶饮用者告诉我们他们不喜欢看上去像水的饮料）。

阶段二：概念产生

- **构思概念（Idea concept）**——这时的概念是构思的初次出现（也许我们可以改变颜色……）。
- **陈述概念（Stated concept）**——这时的概念是一个形式或一项技术，加上一个清楚的利益陈述。（见第 4 章）（利用我们公司的专利方法将蛋白球破坏，可能使液体更稠）。

阶段三：概念或项目评估

- **测试概念（Tested concept）**——这时的概念已通过了最终用户的概念测试，且已确定需求（顾客说他们可能非常喜欢喝这样的牛奶产品，并且提取这些牛奶的方法听起来很好）。

• **全面地筛选概念（Fully screened concept）**——这时的概念已通过与公司情况相适应的测试。

• **协议概念（Protocol concept）**——这时的概念是一项产品定义，包含目标市场用户、问题认知、一种水分较少的脱脂牛奶该有的利益，以及任何被要求的特征（我们的新产品必须尝起来与现有的脱脂牛奶一样或更好，并且其必须要有完全相同的营养价值）。

阶段四：开发

• **原型概念（Prototype concept）**——这时的概念是一种暂时性的实体产品或系统程序，包含特征与利益（供应少量味道较浓的脱脂牛奶，可被饮用，虽然尚未进行批量生产）。

• **批量概念（Batch concept）**——这时的概念已经完成了与制造过程首次的全面的匹配性测试，应该可以制造。产品规范已经完成，准确定义了产品，包括特征、特性与标准（脱脂牛奶成份：维他命A、脂肪、纤维……）。

• **过程概念（Process concept）**——全部的制造过程完成。

• **中试概念（Pilot concept）**——一项新产品的供应，由中试生产线进行更多数量的生产，以提供给最终用户进行实地测试。

阶段五：市场导入

• **市场概念（Marketed concept）**——从中试进入大规模生产——实际被销售的牛奶产品，既是用于市场测试的产品，也是全面市场导入的产品。

• **成功概念（例如：新产品）**（successful concept）（i. e.，new product）——达到项目开始所设定的目标（New Full Body Skim 产品的市场份额已达 24%，获利颇丰，且竞争对手已正在跟我们协商，希望取得我们的技术授权）。

那种认为新产品是从研究发展中突然产生的观点是完全错误的（像鸡由蛋而来）。事实上，通过本书我们将讨论分析技术如何应用到整个新产品过程：从早期构思产生与概念评估，到筛选和定位、市场测试与市场导入管理。

2.5 加速产品的市场导入

现今最常被讨论的产品开发管理目标之一，就是加速产品开发（Accelerated Product Development，APD）或加速产品市场导入。当我们让开发过程延迟、或者花费太长的时间让新产品市场导入，那么我们将失去在市场上的竞争力。第一个将新产品推向市场的公司享有巨大的短期优势，如果这家公司后续的开发继续有力的话，那么这个优势则会持续好几年。卓越的公司包括 AT&T、Honda Xerox、Hallmark 与 Chrysler 已缩短 50% 的开发时间，而且开发时间的缩短并没有影响新产品成功率。

如果速度这个管理战略是来自于早期技术阶段，那么营销人员便要更早进入新产品过程当中，并且能够在加速市场导入时间上扮演重要的角色。同样，我们也与经销商（供应商、零售商及类似转售者）一起工作，尽早取得他们的投入与合作，让双方真正结合成为团队并共同合作，这样将会对双方都有益。

周期度量系指管理层测量市场导入速度（或是市场导入的时间），通常是指“使从最初的构思到最后的交货给顾客整个过程速度更快”。这是假设技术开发已完成——研发中的研究已经成功完成。但从技术开发的观点来看，市场导入速度的成功不仅是指运送给顾客的时间，亦指交货给顾客之后的技术性速度：例如，公司服务（例如：法律的与环境的）到位了吗？相同地，如果公司度量“成功时间”而不是“交货给顾客的时间”，那么营销在缩短周期上扮演更重要的角色。营销能加快市场导入的速度（例如：更快地进行市场预测试或通过联营加快产品覆盖市场的速度），也可以加快市场导入发布之后的速度（例如，加快赠券的回收或使销售人员更快地进入市场）。

现在，更有价值的说法叫领先印象份额（first to mindshare），而不是第1个进入市场。在一个特定的产品类别中，采取领先印象份额战略的公司是指目标市场顾客看到该类别产品就会联想该公司，并且已经由竞争对手建立起了竞争的标准（例如：Intel 微处理器或 Hewlett-Packard 的激光打印机）。那些致力于获得领先印象份额的公司，想的不是个别产品开发或市场导入的速度，而是重视是否给顾客留下了深刻的印象。

2.5.1 缩短市场导入时间的技术

如图表 2—4 所示，许多技术都有助于缩短新产品开发的周期，包含跨职能团队、并行或同步过程、降低产品复杂性、对模糊的前期工作投入更多的人力物力，以及构建广泛参与的领导范式等。

图表 2—4　**加快新产品项目速度的一些技术**

组织阶段

1. 使用项目化——项目矩阵与创业团队。
2. 使用小组模式或其他技术以杜绝官僚主义。
3. 授权团队、激励团队（提供奖励与报酬）并保护团队。
4. 避免地盘划分与地域的观念。
5. 确定支援性部门随时准备好接受呼唤。
6. 在共享部门有清晰的可追溯的记录（过程惯例）。

有力的资源保证

1. 整合供应商；必要时减少供应商数量。
2. 整合其他技术资源。
3. 整合经销商；必要时减少经销商数量。
4. 整合顾客；降低数量，即使在困难情况下给他们产品的速度要加快。
5. 使用同时/并行/同步工程。

加速的设计

1. 计算机辅助设计与快速建立原型的其他做法。
2. 设计辅助制造；降低零件数量、注意现有制造过程的相容性、设计模块、单向装配。
3. 在不同的产品族中推广公用组件。
4. 产品要易于测试。

续表

5. 设计时将质量纳入考虑，以形成快速的试用——具有相对优势等。
加速制造的准备
1. 简化文件。
2. 使用标准化过程计划。
3. 使用计算机辅助制造。
4. 追求原料与零部件的及时供应（弹性制造）。
5. 整合产品使用测试，且及早开始。
加速营销的准备
1. 采用首次展示，而不是市场测试。
2. 在营销前先建立公司的声誉。
3. 采取能快速取得市场知名度的推广方法。
4. 尽可能让试用性购买更容易。
5. 在产生需求之前，让顾客服务能力能够提早到位，并加以测试。

图表 2—5　**具有短的开发周期的公司的关键特征**

1. 在新产品过程的早期阶段就广泛地让顾客参与进来，捕捉“顾客声音”。公司与用户间的接触是非常频繁的，通常是每星期一次。这将使用户的需求更好地融入产品定义中，并且使公司能更早将原型交予用户测试。所以，市场导入时间的缩短就是把最终产品的错误降到最低。
2. 跨职能团队专注于新产品。发展有效的团队领导者、平衡团队与个人的报酬、使团队成员得到充分授权，不论是哪种阶级或职能，都同时愿意做任何需要做的事。总之，最好的公司不会轻易地将不同背景的员工放在一起并称其为“团队”！
3. 供应商广泛地参与。当今趋势是包含更多的联盟、更多的合资，对少数供应商给予更强烈的承诺（就像 Motorola 与 Ford）。甚至供应商的人员直接参加到新产品团队中。在资源稀少的环境中，与供应商保持长期、紧密的关系有助于保持运作的弹性。
4. 公司采取高效率的设计和实践。公司认知到，设计阶段的决策会决定多达 80% 的总成本，并且在生产阶段的一个改变要比设计过程中做出改变的成本高上千倍。再者，一个好的设计可能会是未来产品的一个平台。
5. 最内行的公司擅长于组织学习。员工不断地分享经验，并把知识从一个项目带到另一个项目中。举行市场导入之后的讨论，并把前一个新产品项目学习得来的教训都将运用于现行的项目中。

图表 2—5 显示出公司使用这些缩短周期技术是真的有效的。

跨职能团队，是由公司中的营销、研发、制造与其他职能部门所组成的，在实践中应用于高度创新的公司。我们将用一整章（第 14 章）来讨论跨职能团队的运作，并且值得注意的是，跨职能团队是快速将产品推向市场的关键所在，因此公司应该在早期阶段就要关注这个团队（团队的成员、团队的组织、团队的资源）。

在许多不同的产业背景下都证明跨职能团队对加快市场导入速度有极大的贡献。软件开发就经常由于接近期限而面临密集的“危急时刻”，而且在这个产业中，许多公司都依赖小型、团结的核心开发团队，在不影响质量的前提下达成时间目标。

并行处理（Parallel Processing）或各阶段的战略性重叠，都会发生在许多产业的整个新产品过程当中，例如汽车制造。在车身设计工作开始前，Acar 的驱动系列也许只设计70%或80%（而不是100%）；早期原型（而不是最终的汽车）也许已经完成，并且准备进行试车调整。有些观察者已经注意到日本汽车业对并行处理的使用，是他们能够在全球市场大显身手的最重要的原因。

产品设计问题：公司可以通过对产品原型进行适当的管理达到加快产品开发的目标。例如：高层主管可能坚持用一半的时间开发出低成本的原型，而要达成计算机辅助设计的改进计划，需要营销与研发之间更多、更有效的对话。事实上像 Gillette、General Electric、AT&T、Hewlett-Packard、3M 等公司，其原型开发与管理，以及加速产品开发，都是其竞争优势的关键来源。我们将在第 13 章中讨论产品设计时看到更多 CAD 与相关软件的使用。

高层主管在加速产品市场导入中扮演一种决定性的角色。对高层主管来说，只是简单地说“现在开始有效的缩短50%的周期时间!”是不够的。员工将可能把这种空泛的陈述理解为一种主管要员工为工作付出两倍努力的命令。在缩短周期的计划中必须保证资源的供给。缩短周期专家 Preston Smith 指出，许多公司期望过程是快速且简单的。执行者有时候要求在一个缩短了的周期中，只用一两天时间进行培训，并且认为这些培训是足够的。这种想法并不是要跳过新产品过程的一些关键步骤（我们将在下一个部分讨论）。更确切的说，这种目标是要指出怎样才能在保证质量不下降的条件下使过程的进行速度更快。在 1990 年早期，Chrysler 花费超过 10 亿美元建造开发中心，这样做是为了能让项目团队在同一个地方工作，同时它也在新的 CAD 系统、团队培训与供应商发展上进行了大量投资。

高层主管也知道战略联盟在获得技术与市场资源以及帮助方面的重要性。联盟的对象可能是上游供应商、下游经销商与顾客，甚至是一旁的竞争对手。例如：Apple 求助于 Sony 帮助它加快速度开发 PowerBook 的笔记本电脑。

2.5.2 加快市场导入速度的风险与指导方针

毫无疑问，虽然大多数的公司都能从加速开发过程中获得利益，但是也将会带来一些问题。在加速开发过程中蕴含了大量的成本，这些成本虽然并不明显，但有时可能会造成灾难。在面对竞争强度的增加、技术的迅速改变，以及市场人口统计资料的快速改变时，一些公司可能会想只开发简单的有增值空间的产品或者是跳过新产品开发过程中的一些关键步骤来缩短周期。但是，公司必须忍住这样的想法，因为如果公司这么做，就会失去获得重要顾客信息的机会，又或者会开发出一项技术上的劣等品。在面对高度动荡环境时，一种较好的处理方法就是尽可能保持产品开发的弹性：直到最后一刻都不要冻结产品概念，但是同时，必须要让新产品开发过程后面阶段的工作与概念发展同步进行。

另一点必须考虑的是：加速产品市场导入可能会导致将仍存在问题的产品推入市场的情形。当公司处在开发的风险低但却有较高的机会成本（例如：新的计算机家用计算机）的情况下，加速开发过程是最优的选择。当 Boeing 开发一种新型飞机并推入市场开始销售时，机会成本相对较低（较少直接竞争对手）但却面临较高开发风险。在这个案例中，做到产品“100%正确”是更恰当的选择。管理层过分专注于市场导入速度还会导致另外一个风险——公司投入了开发全新产品的资金，得到的却是一些仅仅做了一些简单的、无关痛痒的小创新的产品。因而新产品开发努力就违背了原有的战略性平衡。

一些在周期时间加速的其他考虑事项的摘要请参考图表2—6。

图表2—6　　**加速开发过程的其他考虑事项**

在第一时间把工作做好。早期阶段多投入一点时间，能够节省许多后面的时间，特别是节省重复工作（rework）的时间。

追求大量的进步，而不是一个大型的解决方案。这是指留心每一个步骤、每一个行动、每一个会议；从每个小细节当中慢慢累积。

对参与工作的所有人进行培训。那些没有足够的技术知识就获得任命的人，是不可能了解他们的工作的，更不可能知道如何加快速度。

沟通。大量的延迟可能会是因为某人、某处正等待一项工作信息。电子邮件与互联网已经能使协同更简单与快速，加快了沟通的速度。

弹性。寻找可以做多种工作的机器、可以适应不同工作的人员并寻找随时能施予援手的供应商等等。态度也很重要：一项新产品可能要求寻找一位能接受更多新思想的设计者。

快速制定决策。管理者知道，与不做事情相比，有时人们会更容易由于他们所做的事情而受责备。重新培训员工能够尽可能合理且快速地制订决策，并且用不降低其积极性的方式进行管理，是加速项目的一个关键步骤。

明智地放弃某些东西。一般来说，公司通过将所有零部件削减10%来适应预算降低10%的要求。但是一个更好的方法是，在非关键的步骤削减50%，而在关键步骤则保留全部零部件。这些都是有风险的，但是我们为什么不选择一种风险更小的办法呢?

P&G采用了多种上述技术，成功地缩短了80%药品开发的时间，同时质量提高了60%。新产品人员将产品开发中所有的工作活动仔细地记录下来，并且设定积极的目标以缩短时间——“这个活动应该只花费平常50%的时间”（适度的目标只须通过少数的改善就能达成）。同时，他们制定了一个持续的目标：在两年内将开发时间缩短75%，在第一年缩减50%，并且在第二年在第一年的基础上再缩减50%。他们也运用许多本章与先前一章所述的技术：以清楚的目标设定激励团队、授权与报酬机制以及高层管理的承诺。

2.6　什么是新服务?

在我们结束新产品开发过程的主题之前，让我们关注一种看起来没有任何技术成分要开发的产品类别——服务（services）。服务与物品通常这样分类：（1）纯粹的服务，（2）服务为主，物品为辅，（3）物品为主，服务为辅，（4）纯粹的物品。举例来说，按照顺序是律师、保险、汽车、与糖果条。只有第一类产品提供者没有有形的实体来进行研发，但是它们种类非常少。

即使是纯粹的服务占主导的公司中，也有有形的辅助形态，例如广告、保证书、保险单与说明书。它们需要设计与生产。事实上这些任务也许会交给广告代理商，但那些仍然是无法避免的，因为电子煞车控制的设计与生产也可能外包给其他公司，但是仍然需要签订合同。

而服务产品的开发可以对照物品的开发系统。所有的工具（如产品创新章程、问题基础构思形成、产品概念产生与筛选、协议、原型、营销计划发展、资源准备）都适用。或许这些概念必须更有创造力的运用，但是道理仍然是相同的。的确，根据一项研究显示，成功地开发出创新服务的公司都使用一种具有系统性、全面性的服务开发过程，过程中具有明确定义的阶段与正式的评估与了解——基本上和我们在本书中所呈现的新产品过程相同！

反复修改在服务开发过程的成本较低（没有实体部分可供改变），因此变动会更加频繁；并且，大部分开发都很快进入原型。而且不同的人员很可能会参与跨职能团队的运作。例如，银行营销人员不需要与制造工程师打交道，但是他们确实有许多实力雄厚的分行，众多的服务就是在这些分行里被“制造”出来的。

但服务产品与物品产品有一项被经常提出的差异：那就是服务是无法储存的，因为服务是在消费的同时产生的。从技术的角度看的确如此。但是新产品人员看到二者之间的一个联系——在服务业我们“储存”服务能力。拿 McDonalds 为例——它们提供“便利停车”的服务，但是，这种“便利”是在停车场建好时才创造的。

即使上述提到的纯粹服务的顾问例子，也让我们了解到，顾问在拜访客户时也必须要开合适的车子（不管昂贵的或便宜的）、提着合适的公文包、穿着得体的服装。所有的服务都有一项挑战：无形服务如何被顾客所接受与使用。并且这些辅助性物品，毫无疑问也是新产品创新任务中的一部分。

在一项罕见的工业新服务开发的研究中，发现如果由受过训练的专业人员进行递送，或者如果它们对于市场而言是全新的且恰好符合市场需求的，或者如果改善对用户的服务经验水平，简言之，如果是一项专门化的、优质化的服务（顾客认知）的提供，那么服务则会趋向于成功。失败的新服务则是那些“又快又恶劣”、仅附加少许顾客价值的服务，或者是无法提供顾客新的利益跟进服务。另一项近期的服务开发研究发现，服务公司可以通过使顾客参与其中并开发符合顾客需求的服务来使工作进行得更顺利。

加快市场导入速度对金融服务提供者与对制造物品生产者是一样重要的。市场导入速度不会增加市场份额或利润，因为创新容易被模仿并且只有很少方法保护市场。然而，速度能够提高公司声誉和形象，并增加顾客忠诚度。

2.7 什么是新问世的产品？

就如第一章所看到的，新产品可指新问世的产品，也可以指现有产品的延伸，或是介于两者之间的任何产品。但是对于新问世的产品来说，由于其具有更大的技术与市场的不确定性且具有伴随风险，图表 2—1 所介绍的过程对这些产品来说可能并不适用。有研究证实了这些风险的存在：最早提出全新产品并将新产品推入市场的公司的长期市场存活率，可能比那些后进入新产品市场公司的低。也就是说，那些最早推出改良的新产品公司的长期市场优势比最早推出全新产品的优势要大。但是，这些新问世的产品却拥有较大的市场并且要较高的边际收益，因此，全新产品的较低的市场存活率可以由高额的利润来弥补。

虽然新问世的产品开发面临的挑战不同，但是却应用相同的一个阶段——第一阶段必须是机会识别与战略陈述的发展。后面的阶段也许是完全不同的，这取决于是什么样的新问世的产品，但是这些必须以战略规划为起始点。在根本性创新与高层主管所宣示的战略愿景之间必须要有清楚的联系。没有高层管理者的鼓励，一个新产品开发所需要的业务部门通常只关注提高运作效率，而不愿意去接受根本性创新产品的工程，因为当环境非常易变且混乱时，对新产品人员参与公司战略规划也许有较大的需求。所以，为了推动根本性创新工作的前进，一些公司的高层管理者设立了“过渡管理”团队。这个团队承担着将研发的创新性活动上升到公司管理的位置。高层管理者会给这个团队提供适量的基金，帮助以及照顾。图表2—7说明了Eastman Kodak公司的“过渡管理过程”。

图表2—7　　Eastman Kodak公司的“过渡管理过程”

在2001年，Eastman Kodak公司成功地引入了过渡管理过程。该过程的实施更有效地将研发过程推进到各业务部门，并最终提高了产品的创新速度。为了获得所需的承诺，Eastman Kodak公司成立了几间过渡管理的工作室，并且中心概念系统（system concepts center，SCC）团队的程艳直接参与到过渡管理的任务中来。研发部门的高层管理者和各部门的管理者都被叫来协助完成创新过程，同时，SCC的高层直接参与业务部门的战略开发。到2003年，比以往都多的工程被成功地过渡到了Eastman Kodak公司的各业务单位，并且这个数目也满足了Eastman Kodak公司最开始提出的商业化要求（与书中所提到的新产品过程的第一阶段类似）。尽管Eastman Kodak公司设计这个根本性创新过程的目的是为了便于过程转移，但是它同时加快了将渐进创新机会推进到开发工程的速度。

新问世产品开发中的领导公司，倾向于在预算的支持下，使用一种非正式的过程作为新问世新产品项目构思的选择。由于联盟伙伴可提供较大的贡献，他们将更多的努力与时间花费在识别最佳伙伴上，以求获得资源并协商彼此间的关系。

对于一个新问世产品来说，与市场相关的基本问题是：市场最后是否会认为此新产品具有价值。请潜在顾客对新问世产品提供可能接受度（或认知价值）等有用的信息，通常是非常困难的，因为顾客找不到可以比较的对象；他们可能根本不能想像其潜在价值。（例如：微波炉花很久的时间才让顾客了解与接受，尽管它给顾客带来了很大的方便。）如Alexis Girard在Future Image Report中所述“99%的技术突破在开始的时候，并没有人对它们的出现提出要求”。因此，评估市场机会是具有挑战性的，而且传统的市场研究也许不像预期的那样能提供帮助。考虑一下个人数据助理（PDA，掌上电脑）的例子。当大部分的人可能描绘出他们梦想中的汽车或船时，却很难想像有人可以描绘出从未见过的PDA！问题的复杂性在于，事实上新问世的产品通常要求公司大量投入资源与技术，还要数年或数十年的研发工作。然而PDA的案例中，产品开发继续进行并且相当的成功。

不过，这并不表示新问世的产品开发没有考虑合理的顾客需求，尤其是考虑到高财务风险与大量资源投入的存在。为了在技术突破与市场需求之间架起桥梁，公司要擅于洞悉市场。尽管这个过程至今仍然没有被很好地理解，一些公司还是把重点放在了“应该做什么”的分析上——识别未来事情将如何变化，然后想出到达那个境界的方法。例如：Black&Decker 的高层主管要求提出下一个大构思并给予足够的预算进行：蛇灯（Snake Light）因而出现。在这个案例中，开发过程更具有探索性，并且随着产品的进一步的变形和开发，新产品开发将变得越来越以顾客为导向。公司技术可能有突破，但在顾客应用上就不能只凭猜测。

显然地，对新问世的产品而言，顾客声音（voice of the customer，VOC）应尽早参与到新产品过程之中。事实上，顾客可能早在概念产生阶段就参与进来了，提供给营销人员与研发部门一些信息。一个关键的问题是：识别出正确的顾客，并让其参与新产品的开发，例如：一家要开发新一代诊断机器的医疗器械制造商，可能会想要寻找一个领先的医院中心参与其新产品的开发，希望能确认新产品应具备什么样的功能特征。在这些医院的研究者，已发现顾客不满意于现有产品，并且可能已经在内部开发出自己的产品原型。设备制造商可以得到什么好的指引呢？识别这些顾客并与他们合作是领先用户分析（lead user analysis）的核心，我们将在第 5 章对此进行更完整的讨论。

新问世产品的早期顾客参与有时候是通过焦点原型（focused prototypes）的使用来完成的：在早期，顾客可能试用并评论具有部分功能的原型版本。在 1994 年早期，Iomega 的 the Zip Drive 第 1 个内部开发原型是一个具有轻弹即开盖子与简朴外观的灰盒子（有点像 CD 播放器）；早期焦点小组不喜欢上述盖子的特征，并且想要一些“个性化、可携带的且更强大的”特征。几天后，研发人员更改为前置式设计（有点像软盘）；并做出 50 多个原型用来测试许多不同的构思，最后才挑选出一种原型。Zip Drive 最终由 Iomega 使用了现在大家熟悉的前置式托盘，并且实现了真正的个性化（漂亮的蓝色塑料盖子），可携带（小到足以置于公事包中）且更强大（能够贮存 100 MB 的资料）。图表 2—8 叙述一台电动脚踏车如何使用焦点原型完成开发。

图表 2—8　**电动脚踏车的原型开发**

最初的机会似乎是非常明确的：有健康意识的美国人想要一台电动脚踏车，它要比现在在美国市场所销售的日本制的电动脚踏车更好。在 1996 年，Charger Electric Bicycles，LLC，开始发展一项“快速又有趣”的电动脚踏车项目，那就是“Mercedes-Benz of electric bikes”。设计师将所有的零部件组合在一起：不同的发电部分、旧的脚踏车框架等。主要设计者 Peter Zwaan 使用木材、泡沫材料模型与塑料模型，做出了许多无法运作的脚踏车模型与零部件（例如：驱动系统与动力组）。利用这些不能运作的原型，设计者能够对产品的外观、性能、重量与成本取舍进行评估。

一个粗糙的原型在 8 个星期内完成——让这个团队可以“继续进行下去”。许多原型是在稍后得到改善，一台改善过后（虽然仍粗糙）的脚踏车在做好之后交给潜在用户进行测试。在这个早期的原型测试中可以搜集到许多信息，并在晚期原型的设计将它们考虑在内，晚期的原型会在国际自行车及零部件商展（Interbike）中展示。最后的技术与装饰取舍是从不同的原型中取得最好的零件与配件。脚踏车从产品项目的开始到生产仅花费短短的 18 周，并获得许多设计大奖。

应用到这个脚踏车的过程并没有任何的传统阶段或关卡，而是以连续的原型制作来进行——有人称之为“探测与学习”的过程。设计者有灵感去探测、试验与创作，以及最后完成一些优秀的构思。

在这些例子中使用的新产品过程有时候被称为探测与学习（probe and learn）：通过与顾客的互相影响，使设计者有灵感去探测、试验与创作，甚至最后完成一项成功的新问世产品。有时也会用另一个名词来描述这个反复的过程，也就是 lickety-stick：开发团队从许多不同的新产品构思中开发原型（lickety），最终选定顾客所喜欢的原型（stick）。因此，根本性的新产品过程也许比图表 2—1 所示的过程，更非线性并且具有更大的弹性：在概念产生前制作并测试许多焦点原型的版本！

General Electric 的 X 光断层扫描仪（CT）是使用顾客声音大量协助所开发出的新问世产品。原先是要开发出一个头部扫描仪，之后版本的新产品包含乳房与全身扫描仪。在每个案例中，医师都说产品的运作并不好。第 4 次的尝试，GE 开发出8 800 全身扫描仪，其在市场导入时非常成功，最后得到 68% 的市场份额。GE 并不只是为一个问题提出一个明确的解决方案——那意味着没有战略。GE 是有战略的：为医疗诊断应用开发一项突破性的扫描仪技术，并且从早期试验中了解到什么样的应用对他们的医生顾客是最有价值的。

2.8 对新产品过程的最后思考

许多公司采用的新产品开发过程都与本章所介绍的过程相类似，虽然说细节并不相同。一项有关过去十年的研究显示：有 60% 到 65% 的公司采用一些适宜的、分阶段的新产品开发过程。另外，约 47% 的公司在每个阶段完成后，都用明确定义的评估准则进行评估。有超过 40% 的公司任命一个项目经理来监管新产品开发过程。我们所采用的所有方法中，绝对没有一个可以让我们全面采用的最佳方法（见图表 2—9）。一些最佳技术都被最成功的新产品公司广泛的运用，但是许多仅被少数公司所使用。从最近的 PDMA 所进行的研究可以发现，新产品开发表现最好的公司确实有相应的新产品过程，他们遵循由开发、测试到商品化的过程，使得产品获得较高的成功率。汽车工业记录了一些十分令人振奋的发展。在最近的一项调查中，将近一半的汽车工程师说他们公司采用了一个传统的新产品过程，1/3 的人说他们将过程进行了改良，并在保证产品新颖的情况下提高了效率。采用一个改良的过程缩短了一般的市场导入时间，并且产品的质量和新颖度也没有下降。

图表 2—9 **新产品过程步骤的使用率**

步骤		公司的使用率（%）			
		PDMA 会员	加拿大	澳洲、英国与比利时	PDMA 会员与其他
1	详细的市场研究	未回报	25	57	未回报
2	概念搜寻	90	未回报	未回报	57
3	概念筛选	76	92	96	55
4	概念测试	80	未回报	未回报	未回报
5	商业分析	89	63	76	59
6	产品开发（技术的）	99	89	93	64
7	顾客实地（使用）测试	未回报	66	78	未回报

续表

步骤		公司的使用率（%）			
		PDMA 会员	加拿大	澳洲、英国与比利时	PDMA 会员与其他
8	市场测试	未回报	23	34	61
9	使用测试或市场测试	87	未回报	未回报	未回报
10	试验生产的设定	未回报	49	70	未回报
11	独立的营销计划	未回报	68	未回报	未回报

许多管理者反对让新产品过程变得紧凑与严密。他们说精确的日期与步骤关卡不是必要的。在一份有关这个问题的工业实践方面的最新研究报告指出，新产品过程最大的成功是在该研究中所描述的第 3 代的阶段关卡——那些模糊且具有弹性的关卡。特别是在新问世的产品案例中，高层主管的角色不能被忽略。在最近的 PDMA 会议中，Exxon Mobil 的前研发副总裁 Al Lopez 谈到公司的许多新问世的产品，包含高强度的输油管钢铁、低硫燃料过程、改进的催化剂等。高层主管用以下几种主要方法支持有生产力的研发：识别与建立公司的核心技术与能力、促进全公司的知识流动（内部与外部）、发展有效且顺畅的工作过程、明确地将基础知识与应用研究联系起来，以及奖励学习与成就以确保一个令人兴奋的工作环境。

最后，我们会问到是不是公司可以将以下两个方面做得同样好——开发全新产品或对已有产品进行改良。当然，要做到这两方面都是有障碍的，如品牌稀释的担忧，渠道冲突或者是一个“我们经常这样做”的公司文化。同样，资源配置也存在问题：将资源投资在能够创造出全新产品的技能开发上意味着要放弃将这些资源用在完善已有技能的机会。这些都是那些具有高的创造力的公司认真考虑的问题。为了避免这些问题的出现，公司将一个高项目风险分离出来，使其作为一个独立的组织单位来从事根本性创新。14 章会对这个方面进行详细的讨论。

2.9 本章小结

在这一章中，我们着重研究了一件事情：在开发与营销新产品的过程中经历的阶段与活动体系。我们以荧光笔的故事为例，对整个新产品过程做了简要的描述。然后，我们逐一详述了基本过程中的各个阶段，解释每一个阶段的活动。在这些解释中，我们指出了办公用品公司的人员所采用的和没有采用的那些行动。最后，你已经知道有些应该如此的事却通常不是如此，同时通常有非常好的理由。别认为新产品过程是刻在石头上的。它是一张指南与综合，不是一种束缚。

我们现在进入第 3 章的学习，以及过程中 5 个主要阶段的第 1 个阶段——机会识别与选择。这章包含不同形式的战略内容，在它们的引导下，对可行机会进行评估。这将让我们为概念产生的学习做好准备。

2.10 应用实践

在你的面试中，公司总裁提出了更多问题：

1. “下个月我们在达拉斯有个演讲，这个演讲是 SMU 会议的一部分，主题是机会识别（OI）。他们希望我们介绍一个问题：为什么有时候机会识别会比头脑风暴法或者其他产生概念的技术更为重要。而对我来说，实际情况可能并不是这样。你对此有什么看法?”

2. “我在一家金融服务公司工作，我们一直都在从事新产品的开发工作，其中很多是改良的新产品。就类似于将信用卡直接与储蓄账户绑定在一起，将储蓄账户与货币市场账户绑定在一起，增加个人退休账户的一个投资选择。你能解释一下这个新产品过程是怎么与我所从事的行业和公司产生作用的吗？这个过程似乎是为有形产品量身定做的。这其中是不是存在什么误解呢?”

3. “我们正在逐步增加对真正的新产品的投入——我们把这些新产品看作公司未来的希望。你能够再为我们解释一下新产品过程吗？我不能确定你所说的新产品过程是不是适用于我们的产品。看上去它好像适合于改良的新产品，而不是需要更多新点子的新产品。”

4. “有一天，我们的德国办公家具分公司的一位科学家告诉我，他实际上同时参与了 6 个我们正在推广的新产品的开发。这位科学家说它们是最终产品的‘先驱’，我想他的话是对的。科学家甚至说他不知道我们最终会推广哪一种产品。他的这些话到底是什么意思呢?”

2.11 案例：Tastykake Sensables

多年来 Tastykakes 一直是费城地区周边最受欢迎的点心食物之一。当地的 Tasty Baking公司约在 90 年前创立，每天生产大约 500 万个点心蛋糕、派、饼干和甜甜圈。然而，近年来的销售却是停滞的。创下最高销售额的一年是 2001 年，当时 Tasty Baking 的销售额达到 1. 66 亿元，净利润 600 万元。在这个时候，新的 CEO Charles Pizzi 向股东宣布在 2004 年，将会有一条崭新的生产线市场导入。虽然这并不是唯一设计的用来提升绩效的公司行动，但这条新的生产线将会是重要的一步。

在点心产业里，过去十年就发现有转向健康食品的趋势。20 世纪 90 年代初期，Nabisco SnackWell 的低脂蛋糕和饼干便是一个著名的例子。Tastykake 也在此时推出了低脂的产品。在 90 年代晚期，由于低糖 Atkins Diet 的流行，产生了一种新的低糖食品的饮食观念趋势。截至 2003 年，几十家食品公司已经推出了大约 600 种低糖食品，并且有益健康的、低糖的食品趋势并没有衰退的迹象。Tasty Baking 的新生产线在所有人的关注之下将会是 Tastykakes 的低糖食品版本，这似乎很合理。如营销经理 Vince Melchiorre 所说的：“它是一个趋势，而我们想要驾驭它”。如果成功了，低糖 Tastykake 将会是以各种健康观念为目标的几条新生产线中的第一名。

Karen Schutz 出任 Tastykake 的营销经理之前，在 Campbell Soup 有将近 20 年的营

销经验。2004 年 1 月，公司要求她负责制造 Tastykake 的低糖食品。并且给的期限很短，产品必须在秋天来临前制造出来。以过去在 Campbell 的经验，她意识到这是一个挑战。这类新的消费品大概需要 12 到 18 个月的时间来进行产品规划、货架空间评估、市场测试和广告规划。同时，公司还有一个附加的规定，新的生产线必须使用现有的设备和人员进行生产。

在 1 月中旬之前，Tasty Baking 的研究经理 John Sawicki 从原料供应商那里取得第一批试产的低糖饼干和甜甜圈，并且安排包括 Schutz 在内的 Tasty Baking 管理者们在公司总部进行了非公开的试吃。Schutz 和她的同事喜欢这个味道（她原先担心甜甜圈吃起来像是“仓鼠饲料”），并且认同供应商的混合比例是一个好的开始。这个秘密项目的代号为：Greta（代表“Greta Carbo”）。

Sawicki 和他的团队在 2004 年 1 月 27 日开始了低糖巧克力饼干棒的开发。以一种由糖类萃取出的麦芽糖醇（maltitol）来代替糖，并且改良玉米淀粉来代替混合面粉。同时，Melchinorre 要求 Schutz 是否能把 Greta 做成无糖的点心。他解释道，“我要让那些从小吃 Tastykakes 长大，却因为健康因素而不能再吃的顾客群有另一个选择。这对公司好，对他们也好。”Schutz 知道这很困难，就像糖在牛奶、莓果和其他的成分中难以去除一样。她发电子邮件给 Sawicki 看看这是否能够实行。Sawicki 回应说：“很有可能。不过这要看是哪一种产品。我们应该锁定这个目标吗?”

对于 Schutz 和 Sawicki 来说，令人兴奋的事情即将发生。在 2 月时，高层管理者将 Greta 原本的市场导入时间改成 6 月下旬——比预期早了 3 个月。但是从低糖的观点来看，早期的研究结果是有希望的。初期的一批低糖巧克力饼干棒只包含 7 种净糖类成分（低糖减肥者所使用的统计数值），与 Atkins 的低糖饼干的含量相当。Sawicki 把这些连同巧克力饼干和蓝莓松饼，带到了 Schutz 和同事们的试吃会。他们吃起来觉得不错，但是产品的形状以及上面的酱料还需要再商定。Schutz 强调这个产品要好看，并提醒这个团队“顾客是用他们的眼睛去食用的”。

她也知道在即将来临的 3 月 10 日的董事会中，低糖饼干、松饼和甜甜圈是要被勘查的。考虑到甜甜圈的材料尚未准备好，蓝莓还没嵌入松饼，饼干棒需要糖衣等，她觉得将这些产品带入到董事会中是非常困难的。但是，Sawicki 为了这个会议将这个团队团结了起来，并在服务的托盘上放上了这些点心，而董事会感谢 Schutz 以及 Greta 团队如此快速的开发产品。

在那天之后，Schutz 与一位供应商谈话，那位供应商偶然提到他无法食用含有麦芽糖醇的产品，因为麦芽糖醇会在小肠中产生副作用。研究结果显示，有些人会对麦芽糖醇更加敏感。她在隔天早上把这件事告诉 Melchiorre。Melchiorre 也同意麦芽糖醇的标准必须减少，因为他也有相同的不适症状。除此之外，在两天后的董事会中，FDA 宣布他们将会监视，看诸如 carb free 或是 reduced carb 之类的字眼是否出现在了产品标签上，并且他们会处罚违反规定的公司。

Schutz 和 Sawicki 打算快速地解决这些问题。一种包含 polydextrose 和 glycerin（一种比麦芽糖醇副作用更小的糖精）的新饼干已经在准备中。它们的用量标准也降低了。为了避免 FDA 的低糖管制网，Schutz 选择将 Greta 定位为一种无糖的产品，低糖则成为第 2 种属性。这个产品也得到一个名字：“Sensables”，这个名字可唤起人们适当的对饮食的认知，并可能在其他具有不同健康利益的点心产品上被重复使用。

在5月12日之前，公司将Sensables推荐给Tasty Baking的区域销售经理。由于这个团队无法解决蓝莓松饼的问题（蓝莓中含有太多的糖分），所以使用橘子和巧克力薄片蛋糕去替换它们。生产线剩下的产品是原味及巧克力味甜甜圈和巧克力及巧克力饼干条。Schutz和他的团队已开始重新设计生产来避免对肠道产生副作用。在她的简报中，Schutz强调了Sensables的特点：无糖、低糖和部分控制（portion control），以及宣布产品将会在7月15日上架。在她的陈述结束后，听众都起立喝彩。这对于区域销售经理会议来说，是非常罕见的。宾州区域销售经理Jim Roche说：这个产品将是获胜者。

在Sensables介绍给销售人员之后，消费者味道测试已经着手开始。根据Schutz所说，他们对一些产品进行了适度地修改：在巧克力手指蛋糕和饼干条中加入更多碎片，加重了橘子手指蛋糕的橘子口味。他们放弃了巧克力甜甜圈，因为顾客不喜欢它的味道或是外观。消费者测试将市场导入时间延迟了数个星期。一旦最后的生产线调整完成，Sensables将在2004年8月10号在费城和费城周围市场导入。费城地区报纸以及新闻电台对市场导入活动进行了报道。

问题：与本章所讨论的新产品过程相比较，你认为Sensables开发的过程怎么样？你是否对Tastykake所做的每一件事情产生质疑？你认为Sensables生产线会成功吗？为什么？

2.12 案例：The Levacor 心脏泵

自1982年以来，在第1个人造心脏被植入Barney Clark的心室后，医药器械公司就一直在探索能让心力衰竭人更幸福的办法。这个目标对病人来说是独立存在的。Clark医生需要借助于一系列大型的外置仪器来帮助他的“心脏”工作。这样做的话，他的寿命可以延长112天。当然了，现在他们的目标是将仪器变得越来越薄，以便它们能够植入到病人体内并且能让他们正常生活。在人们所使用得超薄iPods，RAZR电话等类似产品的启发下，医疗器械工程师希望用类似的技术来开发一种小型的心脏辅助系统。

美国心脏协会的数据显示：大约有8 000万的美国成年人都患有这种或那种的心血管疾病，并且有500万的人心力衰竭。当在考虑哪些人对心脏辅助器械有需求时，正在衰老的婴儿潮一代不能忽视。设计师Allan Cameron说：“这群积极生活的老年人‘希望自己活下去，并且他们希望有一个充实的、丰富的生活’……现在，我们有药品的消费者了，而药品市场在20年前是根本不存在的”。这群目标用户都十分愿意接受这个即使心脏出现问题的时候，也能帮助他们享有长期的自由、独立的产品。实际上，心脏泵行业正处于扩张阶段，而且盈利状况也不错。在2005年，心脏泵的领头制造商Thoratec生产的Heart Made XVE的销售额高达2.01亿美元。有分析人士认为：这个市场仍将扩大，尤其是在医药保险宣布允许更多的医院进行心脏泵的植入手术。

近来，人们将更多的努力放在了开发能够协助自己心脏工作的可植入心脏仪器上，而不是发明可以替代自己心脏的医疗设备。这些仪器中，最有前景的是 Levacor。它是在 2006 年末，在加利福尼亚州奥克兰市的 WorldHeart 基地研发出来的。截止到那个时候，Levacor 只在欧洲进行了几个月的可行性测试，在美国进行了临床测试（最终获得了 FDA 的认证）。但是，这些都离未来很遥远。Levacor 最与众不同的特征是：它使用了磁悬浮的旋转技术来驱动心脏泵。

在 20 世纪 90 年代早期，（在 World Heart 公司将其并购后）就开始研制 Levacor。Pratap Khanwilkar 和他在 Medquest 公司的团队一起研究当时已有的心脏泵，并且发现了它们在应用中出现的问题。它们的尺寸决定了它们作用的有限性：一个矮小的成年人、青年或孩童不能承受一个与高大的男人相适应的心脏泵。另一个问题是它们的使用寿命很短，所以不得不经常对这些心脏泵进行替换。而这样做可能会使病人必须接受一次又一次手术，给他们带来了很大的风险和压力。而这个问题正是那些需要靠心脏泵来维持自己几十年生命的年轻人考虑的内容。在医学界，称那些一经植入就不用再更换的设备为“终身替代治疗”。他们关心的另外一个问题是心脏泵实际运行情况：心脏泵必须是十分柔软的，这样才不会造成血细胞的破裂。并且它只能引起很小的震动，不能消耗太多的电量。

为了解决这些问题，Medquest 团队采用了磁悬浮技术，并利用磁场的平衡使叶轮悬浮在泵的内部，所以叶轮在旋转的时候就不会碰到其他部分，因而也就没有摩擦和热量积聚以及轴承磨损问题了，提高了心脏泵的耐用性。磁悬浮技术在一些诸如动力涡轮机等大型工程中使用过，但是却很少见其在小型的商业应用中，而在心脏设备中从来没用过。在 LauchPoint Technologies 工程公司的协助下，Medquest 开发了一个小的，拥有专利的磁悬浮系统来将血液压出心脏并输送到全身。悬浮在“空中”的叶轮给心脏泵的运作带来了明显的优势：由于溶血的减少，致命的血栓的发生率降低了。开发团队利用 CAD 技术，设计了一个三维的泵的效果图。并且，利用这个效果图和快速成型技术，做出了一个真实尺寸的塑料原型。然后，通过使用血液代用品，团队观察了液体在这个原型中的流动。

2006 年初，他们制造出了一个钛合金的工作原型。这个原型和冰球大小差不多，且只有 WorldHeart 公司原有模型的 1/4（没有采用磁悬浮技术时的模型）。这个心脏泵具有完全的能动性：它被植入病人的肚子里，而它的外置设备是一个小型的电池组以及通过患者皮肤连接到外置控制装置。第 1 个使用这个心脏泵的患者是一个 67 岁的希腊人，在植入这个泵 50 天后，他已经可以自己上楼了，过了不久，他就出院回家了，并且开始了完全正常的生活。同时，WorldHeart 公司和 Lauchpoint 公司也在为婴儿设计一款更小的仪器。

在 2007 年初，磁悬浮心脏泵是不是符合长期的行业标准仍然不清楚。但是，Khanwikar 先生（到现在为止仍是 WorldHeart 公司负责叶轮系统和商业开发的副总裁）持乐观态度。

基于这个案例的描述，将 WorldHeart 公司采用的新产品过程与本章所述的过程进行对比。有哪些不同和相似之处呢？马上产品就该进入市场导入阶段了，产品在市场导入时会遇到哪些领域的问题呢？这个时候，还存在哪些不确定性呢？公司现在可以做什么来应对这些不确定性呢？

第3章　机会的识别及选择：新产品的战略规划

3.1　引言

在第2章我们讨论从机会识别到市场导入之创造及营销新产品的过程。第3章我们将讨论此过程的第1个阶段。详细地讨论第Ⅰ篇图表Ⅰ—1中的过程：这些步骤引导我们制定所谓的团队战略的各个阶段，或产品创新章程（PIC）。战略是新产品管理的基础，是整合所有用来产生新产品的人员与资源的一个宽松的约束。我们首先讨论团队在战略陈述中需要什么及要从哪取得投入——也就是公司战略、平台战略及许多其他资源的影响。接着更详细讨论团队中的PIC—其动力，长、短期目标与运作规则。

3.2　为什么需要战略规划

让我们看看一个正着手开发小型、便携式打印机的团队。一位成员正考虑要使用一项新电池技术，其他的团队成员则专注于那些在有电源插座的环境下工作的潜在顾客！市场研究人员计划对产品进行广泛地前期测试，但制造工程师则认为时间是最关键的，且从一开始就在设计最终的生产能力！

一个拖拉机设备的供应商几乎每天都得跟团队领导者进行商讨，因为团队并未完全决定打印机的功能或其目标用户！同时团队受到业务部门的指引，业务部门目前正在设法取得小公司的订单，但事实上，此打印机最大的销售潜能应来自于大公司及政府！但是这个团队尚未开发出新产品的战略。

团队的工作的导向，如同公司或战略性业务部门（SUB）的导向一样，部分来自于战略的形式。它的目的是聚焦并整合团队力量，以及给予授权。当Bausch & Lomb的经理长期过于专注于改善旧产品时，Bausch & Lomb几乎失去它的市场定位，并且差点错过了诸如长效隐形眼镜等新产品开发的机会。在重新审视战略之后，他们发现了更多的机会并且开始为这些机会投资（例如，一次性隐形眼镜）。

但请注意：并非所有产品的创新是由团队来达成。许多创新是通过非常小的公司完成的，大型的竞争对手都羡慕小公司经理人的专注、擅于沟通与合作的能力，并且清楚知道成功所依赖的因素。大公司使用团队的目的就在于：他们将团队作为效仿小公司的一个工作单元。

3.3 “公司中的公司”战略

负责某一新产品开发的小组就犹如公司中的公司。他们可能在一次会议中随意结合起来，或可能是全职经理被派遣到 Skunk Works 中的某处负责一项困难的工作。无论它的确切形式是什么，这个小组具备所有必要的部门职能，小组的领导被称为团队领导者、团队经理或项目经理。他们以小组的方式，执行整个公司所有要做的事：设计及分配预算、财务分析及规划、分派及执行任务与责任等。

对这些人员而言，新产品战略将起到几个方面的作用。它规定了团队的方向——必须朝哪个方向走及不该朝哪个方向走。它也说明小组的长、短期目标且定义某些运作规则。在考虑特定产品之前，许多成功的创业投资家会最先考虑应该在什么样的市场领域寻求新的事业，正如新产品研究者 PeterKoen 最近所说的，产品创新表现最佳的公司的经理人会问：“我该加入哪个细分市场的竞争中?”我们首先讨论新产品战略的输入——我们称为产品创新章程（PIC）——接下来我们将详细说明 PIC 的组成及讨论建立 PIC 的方式。

3.4 新产品战略的投入

公司领导者作出许多战略陈述。图表 3—1 列举一系列的陈述，读者可以看出对新产品团队来说它们有多么重要。

图表 3—1　**公司的优势**

下面的例子来自于真实的公司，其优势被管理层要求用来差异化该公司的新产品。这个章节将讨论许多其他例子。这些名词能用来完成诸如“公司的新产品应该……”等以下句子。

技术

Herman Miller：出于我们优秀的家具设计师之手

Braun：在每一件产品中运用创新设计

Otis Elevator：以一个新的服务水平作为关键利益

Coca Cola：通过装瓶系统来获利

White Consolidated：用自己的装配线制造

市场

Gerber：用于婴儿，且只适用于婴儿

Nike：全力服务于所有的运动，而不只是鞋子

IBM：包括所有使用计算机者，而不只是专家

Budd：用来满足 Ford 的工程师需求的特殊设计

准则

Rubbermaid：扩增生产线

Lexus：提供真正的价值

Polaroid：创造几乎不可能的事

Cooper：从不当市场先驱者

续表

Ford Tractor：不违反管理规定
Bausch&Lomb：利用内部研发
Ganz：打入困难市场
Kodak：对于我们与顾客都有很大的价值
Toro：解决外在环境的问题
Sealed Air：以较少原料提供更多的保护
Argo：以低价复制 Deere 公司的产品

这些高层级的陈述引导整个公司的发展方向，且部分有时被称为使命陈述（mission statements）。回想 20 世纪 80 年代，当 Kellogg 的总裁坚持公司是生产谷类产品的公司，而且应只专注于谷类产品的生产时，每一组新产品团队不得不将这个限制放入任何团队的使命陈述中（就如同在本章的最后所见，Kellogg 公司已更改了近几年的公司战略）。

3.4.1 产品平台的规划

在许多产业中，公司战略影响产品平台（product platforms）及个别的产品项目。产品平台战略将影响与公用平台有关的所有项目。所以，新产品团队所制定的战略一些来自于公司，一些来自于平台及公司的其他部分，还有一些则由团队自己制定。在此案例中，PIC（当然，为产品项目层次）将包含公司层次的要求及产品平台层次的要求。

尽管平台（platform）长期在汽车产业使用，但是它在 Chrysler 与 LH 汽车平台（它是来自于 Concorde 及 Intrepid 模式）成功之后，平台一词才获得广泛的使用。请注意平台可能是一个技术、设计、子系统——任何可以被一个或多个产品系列分享的内容。在出版产业，在封面明显秀出名作家的名字可视为平台的一种形式！由于市场快速变化及许多顾客要求产品变化，许多公司发现发展单一产品并不具效率。例如，开发新车款可能花费高达 3 千万美金，所以汽车制造商努力寻找各种途径，试图将成本分摊在数种车款上。对于汽车制造商及其他制造商而言，以产品系列的方式进行开发，并分享在设计上、开发上或生产过程上的相似之处是相当合理的。

下面举了一些具有代表性的例子：

• Sony 在 1980 年到 1990 年间，为随身听发展 4 个平台，并从中衍生出约 160 种随身听产品。

• Toyota 的 U. S. Camry 平台，至少开发了 5 种不同的美制汽车。

• Boeing 根据同一个设计制造了客机、货机、短途飞机、长途飞机，共享许多相同的部件。

• P&G 用一组公用的原料，为欧洲、美国及日本市场分别开发 LiquidAriel、Liquid Tide 及 Liquid Cheer。

• 软件公司 Visio 发展单一平台，这个平台可以加以拓展，它针对的是特殊市场及细分的用户群。许多产品最终是从单一平台衍生出来的。

• Intel 开发一个微处理器平台，接着致力于开发衍生产品，例如，MMX 或速度加倍的科技。

在许多产业中产品平台很常见。一份研究报告指出在飞机、消费性电子、微处理器、电动工具、提款机及其他产业中都存在平台。许多公司展示出令人满意的结果。Black&Decker 重新设计其电动工具，形成了新的产品族，以便使用更多共同零件。例如，过去在消费性电动工具上使用 120 个不同的电动机，现今使用单一的通用电动机。使用平台降低了 50% 的产品成本，并让 Black&Decker 在这类产品中拥有最高的市场份额。IBM 在所有 ThinkPad 产品上使用标准的零件组合，同时削减一半的零件数目与基本制造成本。

平台在服务业和制造业一样是可行的。利用单一平台来管理健康照顾服务，服务业者可提供许多衍生的保险产品：个人保险、团体保险及额外险。

在此会存在一个取舍：顾客（或细分市场）想要独特的产品，但通用产品在生产上最具成本效益。为了寻求最佳的平衡点，制造商必须决定标准化的程度（亦即设计或过程哪里要标准化，哪里要定制化）。假定产品团队正在为一条新的汽车生产线设计仪表板。当然，仪表板要具备什么属性是取决于所设计的汽车种类。一个运动型汽车的购买者可能会喜欢像跑车那样的仪表板，但家庭房车购买者会偏好功能性的外观。一旦关键属性确认后，团队考虑仪表板的零件：HVAC、电灯、操控系统、收音机、绝缘体等，并决定哪些可以作为通用部分。电灯及收音机的设计可能可以共享，某些 HVAC 零件也相同（只有空调输送管的末端可能需要调整）。为了体现这两种车设计之间的差异，操控系统需要完全不同，隔音系统也将会不一样：某种隔音系统是专门为跑车设计的，这样就可以让更多外部的声音进入车内！

产品平台规划的确是一项困难的工作。为了确保每个人都同意此平台框架和为满足细分市场顾客需求而进行的适应性调整，都需要非常好的跨部门沟通及高层主管认真参与和支持。非常明显地，公司在平台规划上可以有不同的哲学观。在汽车产业里，Volkswagen 运用单一平台来构成它最低价的 Skoda Oktavia 车种及 Audi TT 跑车；Ford 在 Jaguar 与 Lincoln 两种车种上使用通用平台，但没有与较便宜车种共享此平台；BMW 由于认为分享通用平台会降低车子的吸引力，BMW 坚持为每个车种开发不同的平台；通过与 Suzuki 的战略联盟，GM 取得使用小型车的平台及低成本制造技术的资格；Suzuki 获得 GM 的低成本全球汽车零件供应来源，以及非传统能源动力系统技术。

品牌平台（brand platforms）也同样具有战略上的重要性，因而被广泛运用。品牌可能是具有千万元价值的资产，所以许多品牌平台只能通过 CEO 个人掌握。当 Robert Siegel 接管 Stride Rite 公司时，他确认 Top Siders 及 Keds 为这家公司要建立的品牌。他把公司从产品制造者变成品牌塑造者，并说："他们想要拖鞋，我们就卖拖鞋。" 品牌可作为许多产品的跳板，所有拥有共同的品牌的产品也具备应用该品牌的任何战略。当 Kodak 销售 FunSaver 时，Kodak 建立一个新平台，从这个平台衍生出许多产品：Weekender（一种闪光的版本）；FunSaver II；Portrait；Weekender II 及其他版本，所有产品或许从一开始就已经规划好了。然而值得注意的是，任何使用品牌平台的团队一定要符合此品牌的战略；在 Waterford 玻璃的案例中，所有产品必须具备高品质。

品牌所建立的价值称为品牌权益（brand equity）。市场研究能衡量出任一品牌在任一市场的价值（例如，Duracell 品牌，如果它拓展至一条工业用电池的生产线会如何），这样的衡量的确能评估出某项新产品利用这个品牌能够获得多少的免费推广与声誉。这样的价值评估有时可能有很大的错误，一个不好的产品概念只靠好的品牌名称不但不会成功，反而还会损害这个品牌的权益。我们将在第 16 章再讨论管理品牌权益的问题。

另一个共同平台是类别平台（category platform），包括产品类别和顾客类别。现今大部分的营销工作是针对一类群体进行的——一个关于蛋糕组合、DIY 工具、或大学的财务课程等的整体计划。例如，DuPont 公司在汽车产业、船舶产业及家具产业，都有特定的完整平台。在这些行业中任何一个战略改变都会影响在这个类别下的所有新产品的开发。奇怪的是，虽然 Intel 将其芯片（例如 Pentium）当作公司的战略平台（记得“Intel inside”吧?），但这些芯片并非是新产品平台，因为每一个芯片都是一个产品，不是一组产品。反而是 Intel 的顾客，如 Gateway，使用最新的 Intel 芯片作为一条生产线的平台。

以战略性事业单位（strategic business unit）为一个平台，例如 GeneralElectric 的工业钻石事业部门。一个商务渠道（trade channel）也是一个平台，例如 Kraft 的慈善性的食品运作。而且，几乎在每一个公司里都有着差异，例如，Marriott 除了具备非常严谨的适用于整个公司的顾客满意战略之外，也就是展示其“乡村庭院”的价值平台战略，还拥有新名胜度假服务（每一个都大到拥有自己的新产品团队）的声誉平台。在“乡村庭院”平台下建立及运作的名胜度假，会不同于声誉平台所建立及运作的名胜度假。

所有这些都说明了一点：新产品团队在开始制定产品创新章程，并寻求管理层认可时，最好审视一下公司及平台战略的特点。他们大多数都希望像 Calvin Klein Cosmetics 团队一样幸运，在 Calvin Klein Cosmetics 中 CEO 的规定就是“没有规定”——他认为正是这样，公司才设计了第 1 个（也非常成功）男女皆宜的香水。

3.4.2 机会的识别

许多公司有专职的人员找寻新的机会。他们实际上在审核公司及公司相关的环境。公司人员都会在执行工作期间发现新机会——销售人员得知顾客正进入一个新市场，科学家在某个混合物中发现未预期到的活动，财务副总裁留意到基本利率的下降，主管要求我们仔细地观察环保署正在做什么。例如，一项新法令可能限制石油合成品的使用，CEO 可能要求所有部门寻找新产品主动地利用来规避这条法令。

如同图表 I—1 所示，新机会有许多不同的来源：未充分利用的或者是新的资源、公司承受的外部压力（新法令的限制）、或内部压力（可能来自新上任的公司领导者）。图表 3—2 建议采取许多方式识别出在新市场成长的机会，尤其是当现有市场的表现不如预期时。

图表 3—2　　　　　　　　**识别“新市场”在哪**

1. 寻找其他位置或地点。虽然 McDonald 在美国已占有传统快餐餐厅最佳的地段，但是它仍持续在 Wal-Marts 内部、各运动场及其他地方开店进行扩张。Starbucks 则通过在超级市场销售咖啡豆及冰淇淋来完成咖啡店的销售任务。
2. 在新的活跃的市场提升公司的优势。Nike 最近进入高尔夫及曲棍球市场，Honeywell 正寻求进入娱乐业的机会。
3. 发现快速成长的需求并使产品适应这个需求。HP 追随“完全信息解决”的需求，让它能将计算机及通讯产品引导至世界杯及其他体育赛事的市场。
4. 发现一个“全新”产业：P&G 的药物、GE 的广播（NBC）、Disney 的旅行、Rubbermaid 的园艺产品——他们通过各种方式来做到这一点：联盟、收购或内部发展。

机会搜寻的建议：

1. 找寻新兴趋势：物流全球化的增加，意味着 FedEx 公司拥有更多的全球机会。
2. 发现正成为主流的边缘市场：最近的例子是美食家咖啡、极限运动、家用一氧化碳测试，它们为许多公司带来机会。
3. 在交易过程中发现瓶颈，并找寻排除它们的方法。3M 开发了健康信息系统（Health Information Systems）事业，以便以较好的方式对医院病人记录进行追踪。
4. 寻找商业机会上的“连锁反应（ripple effects）”。市场对“及时化”趋势的需求导致了有电子银行及 24 小时餐厅的产生。而对健康的注重也开启了瘦身产品、维他命及健身房等商机。

事实上，这些机会没有止境，每一个机会都可能会带来更多的新产品机会。不幸的是，每一个机会需要花时间及金钱来发掘，所以我们并不会随心所欲地去发现各种机会。

3.4.3 非公司层次的战略规划

虽然战略规划的主要推动力是来自于高层（公司及平台战略发展），大部分的战略规划也是来自于公司中各个职能部门的主管——营销部门、技术部门、制造部门、财务部门的主管等。除此之外，还包括来自供应商、顾客及其他渠道的战略。这些群体常具有权力来影响新产品工作。例如，造纸需要靠大型而昂贵的机器，所以这些公司常有这样的战略陈述：“与纸张有关的所有新产品，必须用我们目前的生产线制造出来。”财务状况可能会成为限制因素，例如“新产品的资本投资不可超过三百万美金”。原料供应商（例如，化学制品或金属）常会要求公司（通常是较小的公司）去购买及使用他们所生产的原料。但最多的职能投入是来自营销部门——该部门需要做持续的规划，并运用一系列技术做明确的市场聚焦及新的定位。

例如，见图表 3—3。它是传统产品—市场矩阵（product-market matrix）的变形。这些单元格显示出创新风险的差异，这些风险包括：公司引进新产品类型或技术的风险（运营或营销模式的改变，在图表上方），购买或使用市场产品的用户改变的风险（在图表左方的使用模式）。一个简单的变化（产品改善）可能会涉及很小的风险或没有风险，但是如果把组装一条计算机生产线换成医疗现场面对面的诊断（计算机服务公司的多样化经营），对服务的提供商而言将涉及巨大的风险（这需要在技术及使用模式上有巨大的改变）。

图表 3—3 **不同创新程度的战略性风险**

<table>
<tr><td colspan="2" rowspan="2">风险</td><td colspan="3">运营或营销模式的改变</td></tr>
<tr><td>无</td><td>一些</td><td>很多</td></tr>
<tr><td rowspan="3">使用/用户模式的改变</td><td>无</td><td>无</td><td>低度</td><td>中度</td></tr>
<tr><td>一些</td><td>低度</td><td>中度</td><td>高度</td></tr>
<tr><td>很多</td><td>中度</td><td>高度</td><td>危险</td></tr>
</table>

应用说明：此矩阵曾有许多名称：产品/市场、技术/应用、市场的创新/公司的创新矩阵。尽管名字不同，讨论问题是创新的风险。我们对用户风险和对公司内风险的关心程度一样。每一个新产品都能在这张图表中找到定位，且如果当它被列入项目时，这个定位则相当重要。选择一个最适当的定位是拟定战略的重点。

3.4.4 其他不同的来源

公司平台采用的是自上而下的方法，部门（战略）采用的是横向方法，与它不同的是，有些输入开始于较低的层次，尤其当新产品相当成功时，它会驱使整个公司战略改变，这时自下而上施加影响。例如，一家有道德的药厂过去无意间销售一件非常成功的新专利食品，结果便创立一个新的事业部门（为了将消费者广告活动与其余部门隔离开来）及有效利用这个机会的新战略。

有时候，缓慢而渐进的业务重组可能会影响新产品战略，但几乎没有人意识到这一点。例如，我们已经看到服务性产品增加有形性，以及有形产品（物品）增加（或强调）服务的趋势。McDonald 突出其拱形标志，Prudential 长期都使用岩石标志，Federal Express 通过员工及手中的计算机增加有形性。

3.5 产品创新章程

上述所有的投入（公司使命、平台规划、战略匹配等）可能被使用在公司新产品战略的开发中。因为这一步极其重要，它推动着所有新产品后续的开发活动，我们为这种战略制定一个特别的名称：产品创新章程（the product innovation charter, PIC）。PIC 提醒我们，战略是针对产品并非过程或其他活动，它是为创新服务的，且的确是一个章程（定义为一种详述组织在何种情况下运作的说明书）。PIC 可以被认为是对一种使命的陈述，但应用在公司中较微观的层次，并根据新产品活动做调整。在其所议定范畴活动内，它允许授权，融资，同时可分派工作给员工。对于即将进入一个完全陌生领域的新团队来说，此章程是无价的。

大多数公司都有 PIC，但可能不会使用上述这个名称。事实上，某些公司宣称他们没有战略，但其所进行的项目管理方法却是战略性的。一份关于 PDMA 会员经理人的实证研究指出有 3/4 的样本公司有某种形式的正式新产品政策（即至少是 PIC 的一部分），其中有 29% 的公司具有正式及以书面形式呈现的 PIC。最新的一项研究显示，高层管理者发现采用详细具体的并得到公司一致认可的 PIC 的公司，其创新率显著地要高于其他公司。并且，公司目标在 PIC 中陈述的越详尽，公司高层管理者的战略目标会越清晰地呈现在员工面前，从而新开发的产品的性能也会越好。

图表 3—4 说明了 PIC 的组成。在 PDMA 的研究中，超过 80% 的公司已将部分构成要素标准化。两个真实的 PIC（虽然公司是匿名的）说明例子如图表 3—5 所示。在后续内容中我们会给出 PIC 的许多细节及发展，但现在让我们首先讨论有助于管理者作战略决策的各种投入。

图表 3—4　**产品创新章程的内容**

背景（Background）
关键构思来自于情势分析；如同管理格言中的特定影响力；此时准备新 PIC 的理由。
焦点（Focus）
至少有一个清楚的技术方向及一个清楚的市场方向。它们要保持一致并且要有高度潜力。
长期目标—短期目标（Goals-Objectives）
项目将达到什么样的短期目标与长期目标，以及相关的评估测量方式。
准则（Guidelines）
任何由形势或高层主管所制定的“规则”和要求。包括创新性、进入市场的顺序、时间、质量、成本等内容。

战略陈述的形式几乎像准备 PIC 的公司一样多，但这些公司倾向建立图表 3—4 所提供的结构。PIC 可以使针对整家公司的（假设公司是非常小的），或针对大公司中活动的现有平台的（例如，Black&Decker 的工具品牌），或一个特定项目（例如，HP 的 6L 激光打印机）。一般来说，PIC 是针对一个机会（焦点），并不是还未被创造的特定产品。Oscar Mayer 曾经开发过“大香肠”，但后来发现在美国市场上还需要 Big&Juicy 公司 6 种不同的香料。当然，当产品非常复杂时（如 Saturn 汽车；亚洲市场的空中快递服务；国家的新健康计划），一个产品由整个团队来处理。

PIC 应该用书面方式呈现，但由于多种因素而常常导致没有这么做。此外，它应该让所有的参与者了解，但也常常没有做到。这很不幸，因为如果只是一种机密或存在于个人心中，战略就无法被拥有 30 位成员的团队所执行。

图表 3—5　**两种产品创新章程**

一个化学产品的 PIC

焦点：XYZ 公司承诺将一个特殊化学产品的创新方案运用在汽车及其他金属制造上，目的是成为市场份额的领导者及在 3 年期的股息基础上获得 35% 的投资回报。我们想要成为在金属加工上最具技术竞争力的公司。

长、短期目标：通过建立目前的研发技术及尽可能地运用这些技术开发新产品，以达到长期目标。这些新产品可以展现公司内部优越的技术，且只有必要时，才依赖外部资源。公司愿意投资必要的资金，以实现这些技术突破。

准则：需要引起注意的是，在新的开发中要定位于获得专利保护的项目，并且增加顾客、公司员工的安全感。

一个现场服务的 PIC

焦点：新现场服务的主要成长机会是由过去几年已经购买新计算机系统的小型办公室带来的。因

续表

为这些新系统随处可见，而且这些小型办公室希望能够长期使用所采购的这些计算机设备，因此产生了一个独特的服务需求。这个机会将会通过：（1）我们的系统分析技术，（2）我们的现场的服务能力，来加以把握。 长、短期目标：这个活动的长期目标是：（1）由该业务部门克服有关服务水平的所有合理的主观因素；（2）从这些新服务的销售来确保我们净营业收益每年至少增加1 800万美金。 准则：通过目前现场服务的资源而创造独特服务的方法，来实现这些目标，最好能阻止竞争对手的快速模仿，同时又不会扩大公司内部或外部的开发支出，并且开发时间要短。

3.5.1 PIC的背景部分

此部分的PIC是在回答“我们究竟为什么要制定这个战略”这个问题。这部分需要在必要的范围内进行扼要、重点地分析描述。

3.5.2 PIC的竞争范畴（焦点领域）部分

在今天竞争激烈的市场上，大家都很重视让创新释放出人们所需的力量。如同激光可以用于无害的照明，也可以用作致命的射线，承诺也是如此。外送比萨事业或网页建立的过程将有限的资源转变成一股强烈的竞争力量。正如一位开发人员所说的：“我们想要加入与我们方向一致的领域。”

近几年，我们常听到核心竞争力（core competencies）。核心竞争力是用来找寻章程中竞争范畴的最佳出发点。营销人员通过市场细分与锁定目标市场的方法来逐步缩小注意力的范围。技术人员常受限于时间、工具设备及金钱而不能引入其他的聚焦机制。但新产品竞争范畴的构思，或焦点领域都正在成长。聚焦一般是通过4种优势或能力的运用来达成：技术（AT&T的卫星技术或Kimberly-Clark的纸处理技术），产品经验（Stroh专注于啤酒事业），顾客特权（木工手中有决定Stanley Tool的特权），最终使用的经验（Chase Manhattan的国际部门）。通过授权（licensing）或收购（acquisition）来获得技术或市场优势，公平竞赛也可以成为战略选项。在1997年中，Star Wars领导人George Lucas让玩具制造商对Episode 1的授权进行竞标。其中有些权利金高达十亿美元。

只依赖技术是具有风险的，因为没有人知道技术性产品是否是顾客所想要的东西（例如，Polaroid的Polavision即时电影，Iridium的卫星电话）。同样，以顾客的需要来推动产品创新也未必会成功，除非在市场上有许多未满足的需求及反应缓慢的竞争对手。最近一项报告指出了两个PC制造商在（新产品）驱动力上的差异。其中一个，Fujitsu赌上技术但失败，而NEC则是将赌注下在了顾客需求上，并获得了成功。像这样的赌博在今天来说其代价实在是太昂贵了。所以消费品巨头Frito-Lay与P&G有大量的实验室研究机构，技术驱动的HP也宣布在每一个新产品计划的背后都有巨大的市场投入。这些公司已经了解到最佳的选择是平衡或双重驱动（dual-drive）的战略。让我们分别来探索技术及市场驱动，接着了解当两者结合时所产生的价值。

技术驱动力

最普遍的技术优势表现在实验室里。Corning 公司曾经说过，公司将开发，并且只开发那些能利用该公司先进玻璃技术的产品。今天，全球竞争使得 Corning 要在其定义得如此宽泛的技术上保持优势地位更加困难。

有时会发现一家公司拥有一个有价值的非实验室技术。Avon 公司具备有效处理小量订单的技术。其他一些运营技术包含汽水销售装瓶系统及 White Consolidated 的高效率设备生产线等。Deloitte & Touche 的顾问部门基于其财务信息的分析与解读能力建立了新服务。对于一个拥有较高专业技能的公司来说，采用双重驱动的战略意味着将技术条件融入到能够满足市场需要的产品特性中。来看一个生产半导体产品的公司案例。这个公司已经拥有了让产品变得更小，更高效，高电阻的能力（技术条件）。这些他们自己拥有的技术条件对顾客和最终用户来说可能没有任何意义，但是他们确实提高了产品的性能和优势，例如更长的电池寿命，低温运作和低生产成本和低维修费用，这些对公司来说都是非常有用的。公司必须首先考虑在现有的诸如可以被手机，便携式电脑，PDAs 以及其他的电动机使用的芯片等技术的基础上，它们可以开发出哪些产品？然后考虑哪些特定的细分市场会对这个产品感兴趣。这里，公司需要使他们所提供产品的特性和优点符合未满足的市场需求。手机，便携式电脑或者 PDA 的用户可能会要求具有更长的续航时间和更长的电池使用寿命，而电动机用户却要求产品要更轻，成本更低并且能够低温运行。将技术条件转换为产品特性和优点，市场需求的满足的过程被称为 T-P-M 联动。

更多难以引起人们注意的是营销工作中的技术。例如，某些商品包装公司将它们的产品管理部门视为技术部门（如果它们的产品管理体系非常好，它们就会找到最适于这种组织的市场机会）。其他例子包含实体配送系统、顾客技术服务或广告创意部门。

市场驱动力

双重驱动战略的另一半也来自两个市场因素：顾客群体（Customergroup）及最终使用（end-use）。最好的新产品构思是建立在顾客的问题之上的，这些问题被视为概念产生过程的核心，概念产生过程将在第 4 章讨论。

Hoover Company 曾经针对已经拥有真空吸尘器的顾客，提出开发新真空吸尘器的战略———一家两个真空吸尘器的概念（现在它们可能致力于 5 个真空吸尘器家庭!）。其他公司把人口统计资料作为公司聚焦领域的依据，例如，Toro 的年轻夫妇、Olivetti 的银行及法律办公室。还有一些更为抽象的例子，如 Hallmark 致力于“具有足够关怀而想要传递关怀的人”。一间生产诊所及医院专用的高科技医学仪器的制造商 Welch Allyn，曾经说：不开玩笑，假如你有蛀牙，我们希望帮你治疗；如果你没有蛀牙，我们就做一个。上述的战略焦点的后半部分让它们开发出移除非侵入性胆囊癌细胞的仪器。

提供服务的公司发现：由于它们的运作会涉及顾客，顾客实际上是服务的共同创造者（coproducer），所以以顾客为中心是非常有益的。这个安排的逻辑已在所有产业的许多服务公司得到了应用，它们把顾客视为一个整合后的合作者引入新产品过程中。

在少数情况下，公司会专心于单一顾客：例如，汽车零件公司可能为 Ford 或 General Motors 制造新零件。单一顾客的另一个形式是大规模定制

（masscustomization）——提供所有顾客个人化选择的产品。例如，Marriott 公司的“乡村院落”在汽车旅馆产业执行的相当成功。我们将在第 16 章进一步讨论大规模定制。

聚焦市场的第 2 种方法是关注特定的最终使用（end-use），例如体育或滑雪。用户（前面已讨论）及最终使用（这里讨论的）听起来很像，但其实是截然不同的。例如，聚焦滑雪者或滑雪都需要提供新的设备，但聚焦滑雪还会产生新旅馆、新坡道、新旅行背包，或针对旅店顾客的服务（即使他可能不是滑雪者）。工业品公司则运用了最多的最终使用。你可能会问：我们怎么知道什么时候使用哪一个呢？这个答案在前期进行的机会分析中——你研究市场、市场中的人、他们的行为。你选择一个已有的机会是因为你认为这个构思适合公司的能力。

市场驱动力的另一种形式是分销商——生产者开发新产品来满足零售商的需求，或来实现零售商的经销利益。Hallmark 的小礼物生产线最初是用来开发帮助它们的卡片零售店经销商增加利润的。Anheuser-Busch 的 Eagle 点心是为了“使批发商满意”（阅读、注意及兴趣）而开发的。

结合战略：双重驱动

现在，将市场驱动与技术驱动结合在一起，产生一个清楚精确的焦点领域。University Microfilms International（UMI）一直将使用微缩胶片的技术及教育产业市场的活动作为它们原本的业务支柱，但之后加入学校需要的复印机及律师事务所需要的微缩胶片阅读服务。

Penn Racquet Sports 转换了市场，把它们的网球制造技术用到创造小狗玩具网球的生产线。Toro 最近利用双重驱动战略已取得了一系列的成功，其中一项是全球卫星技术及高尔夫课程管理员。

Signode Corporation 建立一系列的 7 项新产品投资业务，且要求每一个小组选择一个公司技术及一个配合公司优势的市场机会。第 1 个团队选择注塑技术（来自 Signode 主要的皮革材料业务）及食品制造市场。这个团队的第一件新产品是可放入微波炉的装食物的塑料器皿。

Gap 使用双重驱动战略在欧洲风格及美国女装事业上获得了非常大的成功。虽然两个驱动都很普遍，但它们造就了美国迄今为止最成功的服饰零售商。

3.5.3 PIC 的长期目标及短期目标部分

任何致力于产品创新的人应该要了解目标，因为假如目标改变，则工作中的许多方式要改变。PIC 使用标准的长期目标与短期目标的定义——长期目标（goals）是指长期的、业务活动的最终的方向，但短期目标（objectives）是短期成就的具体衡量指标。所以，PIC 有助于锁定市场优势（为长期目标），同时有助于第一年 25% 的市场份额（为短期目标）。

长期目标及短期目标都有三种：（1）利润，可以有一种或更多的方式定义；（2）增长，通常是出于控制条件下的增长，虽然有时也会使用一个章程来帮助公司缓解或阻止下降的趋势；（3）市场地位，通常指所增加的市场份额。许多高层管理者坚持认为：新产品团队在进入新市场时，要有统治新市场的计划。但美国收音机制造商

RegitelCorporatio 指定的目标是成为市场中的第三名，尽管母公司的总方针是成为第一名。将市场份额作为新产品目标，一直以来都存在很多的批评，但最近所取得的数据分析显示：它仍然是一个普遍的短期目标。例如，Wendy's，Burger King，Dunkin' Donuts 和 Starbucks 公司都在 2007 年开始供应早餐，为了抢占由麦当劳控制的巨大早餐市场的较大份额。

3.5.4 PIC 的特定准则部分

至此，我们已充分描述 PIC 形式的 3 个部分。我们知道团队的焦点领域及它们应该完成什么。但是，研究发现几乎每一个新产品战略都有第 4 个部分——某些准则或运作规则。它们是主管强加于新产品战略之上的或是团队成员的一致共识。它们必然具有战略性。没有任何调查研究显示这些准则应该是什么，但我们有许多研究表明公司都加上了这个部分，不管是对还是错。

创新的程度

管理层希望一个特定群体有多大程度的创新性（innovative）呢？它的选择范围覆盖了从最先进入市场（无论是合成纤维或飞盘）到完全模仿。

最先进入市场（first-to-market）是一个具有风险的战略。它有一些其他名称，如开拓者。它有 3 种方式，第 1 种是通过最先进的技术突破。制药厂大多使用此方式。其他通过这种方式产生的产品包含磁泡存储器、起搏器、光碟机及电视。但大部分最先进入市场的产品没有充分使用最先进的技术；反而是利用新的方法来使用技术。第 2 种方式，有时被称为杠杆效应般的创造力（leveraged creativity），是最为普遍的最先进入市场的种类。例如，DuPont 研究员发现合成原料的特性（例如耐用性或抗油性），例如 Surlyn 与 Kevla 接着想出将创造性应用到创造新产品中。Surlyn 的抗油性应用于肉类的包装产业。第 3 种方式成为最先进入市场的方式，是应用工程（applications engineering），在此技术可能无法改变，但可使用全新的技术。例如，Loctite 已多次通过在电子及汽车产品上使用黏合剂来取代金属扣件。

比开拓者战略更常见的是开发改良产品（adaptive product）的战略。改良是指将自己拥有的或竞争对手的产品在某些方面加以改进。改进可能是技术性（个人电脑的光盘驱动器）或非技术性的（17 寸的个人电脑显示屏）。这种方法也许会很有用，但也许会价值不大。当公司需要快速的获利时，改良会应用得特别普遍。

一些改良者寻求一切可以用于广告宣传的变化。其他则是所谓的最佳追随者。改进是为了取得优势，如果可能的话，追随者希望控制整个市场。Maytag 在 1998 年成为 Leonard Hadley 领导者之前，该公司多年来一直遵循这个战略。另一方面，Leonard Hadley 进入其他公司已开拓的市场，并使用其重要技术 know-how 稍微改进产品，以创造一个细分市场。该公司的董事长说 Harris 试图在技术上保持强大并选择合适的时机进入产品领域。

只有改良也是有风险的。开拓者通常能获得一个永久的优势。如果其他状况不变，新市场的第一件新产品一般能获得大约 30% 的市场份额。但如果第 2 个公司改进产品且足够好的话，它可以接收市场并在这类产品上获胜。通常，公司进入开拓者的市场，将追随开拓者成功地进入模式，并使用较少创新的改良延伸或直接模仿，给竞争对手开启一个机会窗口。

创新的第3种是模仿（imitation）或仿效（emulation）。像Cooper Tire&Rubber、Matsushita、及White Consolidated（器具）等公司刻意地观察从开拓者及早期采用者中获胜者的出现。模仿也具有风险：公司不能等待太长时间进入市场，因为到那时，最先进入的公司已建立良好、忠诚的顾客基础，并且已经确定了供应商及分销渠道。再者，现有公司可能以创新者的姿态控告你违反专利、商标、或版权受侵犯。商标的保护将在第16章讨论。

时机

这个项目的准则有4种类型：首先进入、快速的追随者、缓慢进入及最后进入。首先进入的决策就是前面讨论过的“开拓者”。快速的追随者试着取得一个好的市场，占有第二名的地位，但是产品没有显著的改进，或只是靠足够的推广而已。这个战略是非常难的，因为这种公司必须在创新者成功或已进入市场之前作出进入市场的决策。如此使得快速的追随者变成预测者——创新者将会多么成功？等待的风险使追随者被定位为侵略性的竞争对手。致力于缓慢进入则比较安全，公司知道开拓者努力的结果并且有时间来创造更有意义的改进。但是，好的市场机会可能被快速的追随者取得。最后的时机选择是最后进入，通常是凭借制造技术以低价格进入。

各种各样的准则

无数的特定准则可以在产品创新章程中发现。有些是令人惊讶的。HP正试着决定如何将新的数码摄影技术运用在打印机及扫描仪上。但要让技术人员说服HP的打印机部门去跟Kodak竞争是很困难的。因为一个多年来不成文的准则禁止这种做法。

一些公司认识到了这些不足。例如，一家大型采矿机器公司告诉它的产品创新人员要开发不需要强力营销的产品。这家公司从未得到这样的产品并且不愿意投资以获得这样的产品。一家制药公司说：“新产品必须能够获得专利。”一家小型计算机公司说到所有新产品必须是系统的一部分，而一家更小型的计算机公司说：“新产品不一定是系统的任何组成部分！”一家食品公司说：“不要将任何Frito-Lay可以放入袋子里的东西放进罐子里。”Twentieth Century Fox，Rupert Murdoch曾经这样说：“我们不在电影上做庞大、昂贵的投资。”等等。

另一个准则是产品完整性（product integrity），意味着所有产品的观点是内部一致的。例子：Honda在使用新四轮驱动系统方面非常成功，因为Honda将这项创新置入具有跑车形象的双门敞篷车中，然而，当Mazda将这项创新置入定位在安全及耐用的五门轿车时，却遭到失败。

3.6 如何准备产品创新章程

开发一份PIC的过程重点在于其内容。第一，我们一定要寻找机会，不管是公司内部的还是外部的。每一个战略都必须符合公司拥有的某项优势。没有公司可以在任何事上都很强大。第二，我们必须将优势加以评估、评分及排序。第三，我们可以开始编写 PIC 的表格——聚焦领域、长期目标及准则。通常，PIC 各部分的分析内容都不能缺少——就像任何营销情势分析一样。

考虑第 1 个步骤：机会识别。技术性或市场位置的潜在成功机会似乎难以被发现，但它们就在我们身旁。图表 3—6 显示了部分的名单。该表中的每一项至少有一次可作为团队创新品分配的基础。

图表 3—6　**市场及技术上的机会**

市场的机会		**技术的机会**	
用户（类别）	批发商	产品类型	原料
用户（产品）	代理商	特殊产品	个人
顾客（购买者）	使用	基本包装	管理系统
影响者	应用	次要包装	信息系统
潜在用户	活动	设计过程	分析技能
非用户	经销权	生产过程	专业系统
人口统计	位置	分销过程	项目控制
心理描绘	竞争对手	包装过程	质量达成
地理区域	管制者	专利	项目设计
零售商		科学	

第 2 个步骤非常的困难，是机会评估及排序。事实上，产品创新中一项最有价值的创造技能之一就是观察一栋建筑、一项业务、一个人或一个部门的能力，且想像它怎样以一种新的形式去运用这种能力。这项技能可以开发并且需要实践。对于一个小型制药厂的医药化学部门，不仅仅是缺乏量化衡量的工具，也包括政治，因为有人参与其中。然而不幸的是，在看到事实之后去思考技术或市场的潜力比较容易。以 Amazon. com 为例。许多人说到它利用互联网贩卖书的构思是多么容易想到啊，但当 Amazon. com 股票一股售价 10 美元时，说这些话的人又到哪里去了呢?

为了解决这些争论及达成一致的 PIC，公司需要对自己的实力、长期目标、优势、与顾客进行评估。图表 3—7 描述了一家真实的公司中极富创造力的问题解决小组——Buffalo，制定自己 PIC 的过程。此图表显示了对一系列问题的评估，连同一些在 PIC 讨论会中的公司经理人的回答。最终所发展的 PIC 显示在此图表的下方。

本章的最后是两个案例，研究对象是 Kellogg 及 Microsoft。在每一个案例中，给你们的作业是写出 PIC 可能是什么。这样的作业有助于解释一些我们谈论过的困难，因为你必须重复有关它们的知识及过程。

图表 3—7　**富于创造力的问题解决小组——Buffalo 的 PIC 发展**

我们是谁？我们做什么？

- 我们提供专业服务及资源
- 激发创造性的潜力
- 引导创造性改变
- 达成创造性的成果

续表

我们要充分运用什么样的技术或核心竞争力？ • 了解通过创造性解决问题的方法、帮助人们领导等 • 了解技术路线的设计 • 了解评估技术 • 人性接口及高度接触 顾客是谁？ • 人力资源的专家 • 事业单位及生产线的领导者 • 资深经理人 • 研究员（潜在） • 教授（潜在） • 新产品专家 成长预期是什么？ • 每年 40% 营销计划是什么？ • 以一个新的分销程度作为目标 想要达到什么结果？ • 填补现有生产线的空缺 • 维持或改进市场形象 • 将现有产品推入新市场 • 强化品牌名称 客户的人口统计特征是什么？ • 西欧及北美 • 锁定全球的工业化国家 • 组织中的专家（营利、非营利、政府） 将承担多少风险？ • 努力整合及综合目前的业务 开发人员的行为特征是什么？ • 工作上有想法 • 对研究有兴趣 • 个人承诺 • 开朗 • 正直及诚实 • 愿意协同及合作 应如何选择时机进入市场？ • 越快越好 其他重要因素考虑 • 留意专利 依据以上的问题及回答，开发的 PIC 如下：极富创造力的问题解决小组——Buffalo 提供专业的服务及资源，以帮助激发人们的创造潜力、引导创造性改变、达成创造性的成果。这些服务及资源使用在培训课程、学习规划以及与创造力和变革相关的顾问公司中。我们的顾客在组织里是资深的专家，对影响改变及增加创造力具有浓厚的兴趣。这些顾客主要位于西欧、北美，且在全球的工业国家中正逐渐增加。现有及潜在顾客与伙伴将成为主要的销售渠道。

续表

我们希望通过增加我们的努力及为合作伙伴提供更多的回报，期望取得每年40%的增长。新产品将弥补我们现有生产线的不足及改进形象与进行品牌识别。 通过提升我们的品牌及声誉，我们将投入现有产品及新产品进入新市场。整合及综合是我们的主要方法，且当产品有成效时我们将会投入产品到新市场中，我们将通过版权、专利、商业秘密以及商标尽可能保护新产品。

3.7 新产品的战略匹配

至此，新产品经理已经能够完成 PIC 的编制了，不是吗？但是，它并没有说明高层管理层必须批准 PIC。重要的是，新取得许可的产品必须要与公司整体事业战略的一部分相匹配。在给这种产品分配任何稀缺的财务资源之前，它应与其他现有产品间取得一个适当的平衡。许多公司利用产品组合的方法（product-portfolio approach），让管理层通过几个战略性维度分配研发及利用其他稀缺资源。这个方法与熟悉的 Boston Consulting Group 模型有某些相似，但在维度的选择上允许更有弹性，包含：

- 战略目标，例如是保护现有产品的基础还是拓展这种基础
- 项目类型，例如基础研究、过程改进或维持项目
- 短期或长期项目
- 高风险或低风险项目
- 市场熟悉度（现有市场、现有市场延伸或全新的市场）
- 技术熟悉度（现有平台、现有平台的延伸或全新的平台）
- 开发的难易程度
- 市场的地理位置（北美、欧洲、亚洲）

现在，要计算每个类别的支出并与预计的支出做比较（可能用总金额或比率加以表达），进而做出调整。所以，当其在战略上应该去承担一个风险较高、获利潜能较高的项目时，公司并不会分配资金给另一个与原产品相似、价值低的产品项目。

现在，大多数企业都对战略投资组合进行管理，以便维持一个可靠的，持续的产品流，如医药企业、生产农药企业以及其他被严格管制的企业。项目经理面临着难以想象的困难和挑战：非常低的成功率，高的开发和管制成本，有限的财力和人力，甚至是提出新产品构思的极大困难。另外，这些企业需要在适当的时机将符合市场需求的产品推向市场。所以，很容易理解为什么这些企业中的管理者要借助于复杂的决策模型来帮助他们管理自己的产品组合。

一个 Exxon Chemical 的战略性事业单位（SBU）在资金分配上使用战略组合方法，运用两个维度：产品创新性及市场创新性（见图表3—8）。假如分配到现有产品的改进资金总数超过预定的35%，则此类型的其他产品项目将不太可能获得资金。这个战略性事业单位宁可投资在具有更高产品创新性或市场创新性的项目中。Eastman Chemical 及 Dow Corning 两家公司也使用相似的技术及市场创新性维度来定义它们的战略类别。另一个例子是，Allied Signal 拥有 3 个战略类别：平台项目、新

产品、次要项目，在每一个类别中维持一个投资组合。P&G 运用了一个与第 2 章所讲相类似的分阶段的新产品过程，同时结合一个包含所有新产品构思的投资组合来确保各产品间的均衡及产品组合。这个投资组合的想法使其为每一个生产线都建立了一条新产品的流水线（有关面部的、嘴唇的、眼部的产品），并在最恰当的时候释放或改进原来的生产线。在 P&G 最近推出的产品中，Prilosec OTC 和 Crest White Stripes Premium Tooth Whiteners（佳洁士的白色条纹高级牙齿增白剂）是胜利者。

高层管理者也可以利用组合图来确定战略投资组合是否处于战略性平衡。当有许多维度可以用来建构图表时，图表 3—9（类似 HP 的一个事业单位所使用的）的例子使用产品变化的程度及过程变化的程度。同时两个维度的小幅改变会带来产品的改变；在产品维度有大幅的改变会变成突破性（或全新）产品。下一代的产品及新产品平台也呈现在图表中。如果太多的产品在图表中某一区内，表明出现了某种不均衡，必须加以矫正。持续性在使用投资组合技术中是非常重要的：许多公司声称它们并没有很好的执行投资组合，并导致了表现较差的渐进创新过程以及缺乏效率的资源配置。

图表 3—8　**Exxon Chemical 的 SBU 之战略组合模型**

	低度市场创新性	高度市场创新性
低度产品创新性	现有产品的改进（35%）	增加现有生产线（20%）
中度产品创新性	成本降低（20%）	新生产线（15%）
高度产品创新性	重新定位（6%）	全新问世的产品（4%）

图表 3—9　**组合图例子**

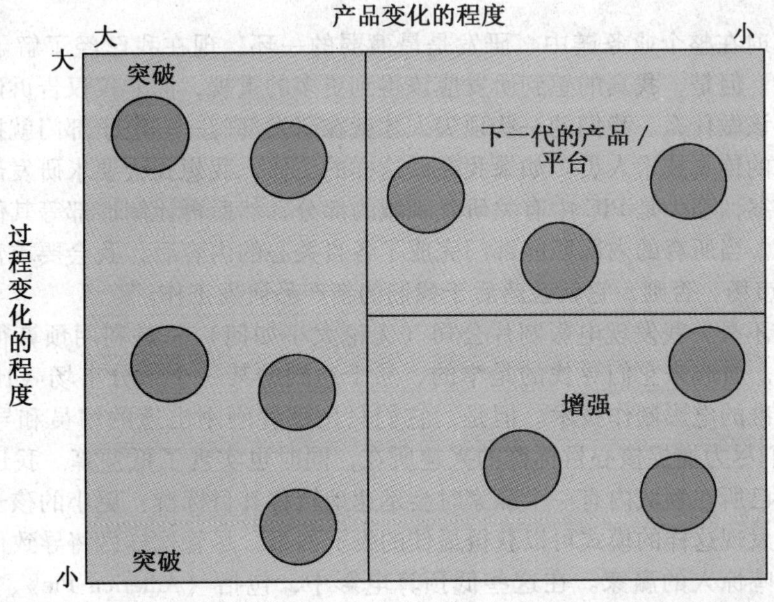

3.8　本章小结

第 3 章讨论了整个新产品过程中最重要且最困难的一步：制定一个健全的战略来指引公司中的公司——负责开发新产品的一组人员与资源。战略将此小组变成一个小型公司，就像整个公司的缩影。

我们首先讨论此战略指导方针的定义——在此称为产品创新章程。接着我们讨论产生章程所需要的机会及要求，以及章程如何变化。本章结尾，讨论了新产品战略经常发生的一些问题。

我们接下来开始讨论第Ⅱ篇中4个章节的主题——概念的提出。

3.9 应用实践

在你的面试中，公司总裁提出了更多的问题：

1. “在你谈到创新问题的时候，我恐怕不能完全接受你的解释——创新意味着开拓者、改进者、快速的追随者。看起来你总是能够提出一些新的东西，或者简单地否定一些东西。我相信，我们都同意刚才讨论过的赢家市场独特的地位和上好产品的概念。再者，如果你得到了某个新的东西，为什么你会希望作为一个追随者？这样你将失去你独特的地位。听起来好像实践太少，把问题复杂化了。”

2. “另一方面，我必须承认：在谈到战略和政策的时候，我是反对公开化的。有些事情还是不说出来最好——这就能在发现错误的时候给以更大的回旋余地而不至于太尴尬，这样也可以尝试更多的机会。不，我想我不能同意新产品战略必须形成书面文件的说法，这种战略根本就不应该到处宣扬，因为那样竞争对手可能就知道了。”

3. “有时在整个业务链中，研发是最薄弱的一环。现在我已经了解了那些有关战略的争论。但是，我真的感到研发应该得到更多的重视，而非仅仅告诉研发人员该做什么或不该做什么。我们的一些顶尖人才就在研发部门——电子部门就拥有一群世界上最优秀的传真技术人员。如果我在做这样的工作，我想我会要求研发部门拟定一份 PIC 的草案，至少是 PIC 中有关研发领域的部分，然后再让制造部等其他一些部门的人来补充。当所有的内部职能部门完成了各自关心的内容后，我会要求营销部门使 PIC 更贴近市场。否则，它就会落后于我们的新产品研发工作。”

4. “前不久，我发现电影制片公司（无论大小如何）总是利用预算很低的电影来寻求利润。看起来它们寻找的是窄的、易于达到的某一个细分市场（比如儿童），他们使用标准的电影制作技术。但是，它们只用那些刚刚出道的演员和导演（因为便宜）。它们尽力捕捉核心目标群的兴趣所在，同时也实现了低预算。我还看到，它们在发现自己所在领域内有一个赢家时会迅速地转移其目标群：更小的孩子或更大的孩子。它们发现这样的模式可以获得最佳的投资回报，尽管这样做将导致他们回避了某个偶然一鸣惊人的赢家。在这些低预算电影中，包括《America Pie》、《There's something about Mary》、《Rush Hour》和《The Wedding Singer》。其中，最后一部电影关注的是男孩和男人，但是，它们通过加入 Drew Barrymore 的一个爱情故事把女性也请进了影院。现在，你能够支出这些电影的 PIC 的全部内容吗？这种做法的不足在什么地方？”

3.10 案例：Kellogg 的新产品战略

在密歇根州的巴特克里市的 Kellogg 公司自 1906 年起就开始生产谷类脆片(cereals)。每年销售额约 90 亿美元，它是谷类脆片和其他便利食品（蛋糕、饼干、糕饼、冷冻华夫饼等等）行业中处于领先地位的公司。除了广为人知的 Kellogg 谷类脆片之外，公司品牌还包括 Keebler（最近并购的）、Pop-Tarts、Eggo、Famous Amos、Kashi 及 Morningstar Farms。Kellogg 的广告有项长期特色就是卡通人物代言人，例如 Tony 虎、Toucan Sam 及 Snap、Crackle 与 Pop，即 Rice Krispies 小精灵。Kellogg 在 19 个国家生产且在超过 150 个国家销售。许多 Kellogg 的品牌在欧洲特别受欢迎。在当地，花生、巧克力口味及原味的谷类脆片一同在商店货架上销售。

长期位居谷类脆片制造者龙头的 Kellogg 直到 1999 年才被 General Mill 超越。很多因素造成 Kellogg 谷类脆片市场份额的衰退（从超过 40% 到 31% 左右）：新产品市场导入很少成功、价格高及广告预算的大幅削减。与此同时，它的众多竞争对手正思考新的竞争手法，例如 General Mills 成功将生产线进行拓展，Money Nut Cheerios、Post 专注于成人市场，Quaker 通过换成大包装而降低价格。

Kellogg 的 CEO Carlos Gutierrez 在 1999 年上任，通过让 Kellogg 重新思考公司的战略，来回应竞争对手的挑战。在他的领导下，Kellogg 在不忽略它的核心谷类脆片产品下，已将重心转向点心产品上。Kellogg 通过强力的广告与推广活动（像是在 Special K 的抽奖活动中，提供与名模 Cindy Crawford 见面的机会，并在特殊标记的盒内置入 Beanie Babies 玩偶）建立传统的谷类脆片事业。同时，利用它家喻户晓的谷类脆片与点心产品去增加点心食品市场的份额。新的点心产品不在采用为人所熟知的谷类脆片的商标（Snack’Ums 小吃是可放置在小罐子中的大型的 Froot Loops 的商标），新口味的点心持续被测试（例如奶油糖果 Rice Krispies Treats 与 S’Mores Nutri-Grain Bars）。最近 Kellogg 并购 Keebler 也快速增加了 Kellogg 的点心产品组合。当公司以诸如 Nutri-Grain Bars 的产品渐渐地攻占便利食品市场时，他预测谷类脆片在 Kellogg 总体营业收入中将很快低于一半。如同 Gutierrez 说：“点心是全世界食品行业前进的方向”。

到 1999 年底，Kellogg 的点心生产线已经显示销售额和利润有明显的增加。Kellogg 的新产品开发工作的中心放在了新点心产品上，其中有许多是我们所熟悉的 Kellogg 点心生产线的延伸。韩国泡菜与海藻口味的 Rice Krispies Treats（两者都锁定在海外市场，两者最后都未市场导入）就在这些测试产品之中。另一个则是 Krave，一种补给性点心棒，希望作为午间的点心。Krave 有 200 万美元到 300 万美元的广告预算的支持；在包装上 Krave 的“K”类似红色手写字 Kellogg 的 K。同时，Kellogg 主要的谷类脆片品牌诸如 Special K 也有非常高的广告和促销预算：一段时间内，公司将 Beanis Babies 放在 Kellogg 谷类脆片的纸盒中。

到 2002 年，Kellogg 重新取得领导地位，最主要的原因是成功的新产品与精明的营销投资。2003 年，更多的新点心市场导入：E. L. Fudge in Butterfingers 及各种 S’Mores。维持生产线拓展战略，新的点心包括 Special K Red Berries 与 Special K Vanilla Almond 以及 Maple Brown Sugar Frosted Mini Wheats 与 Tony’s Cinnamon Crunchers。

2004 年，低糖的 Frosted Flakes 与 Froot Loops 以及 Fruit Twistables（一种点心）市场导入。Kellogg 也充分地运用授权，像最近取得“海绵宝宝（SpongeBob SquarePants）”的授权，并将其运用在一些产品上，例如 Pop-Tarts、Eggo 华夫饼与 Cheez-Its。

问题：就你对谷类脆片产业的了解及以上所提供的信息，选择一种 Kellogg 销售的产品或生产线（它可以是一个老品牌或一个新市场导入产品）并试着写出它在 1999 年的 PIC。请遵循图表 3—4 的格式。保证将 PIC 所有各部分内容都要完整写出，并且在你的 PIC 背景的部分中，必须包含发展 PIC 之前的高层次的战略规划。作为进一步的挑战，试着去思考 PIC 未来产品及/或生产线应该是什么？这对于 Kellogg 新产品开发而言，可能是一个非常吸引人的方向。

3.11 案例：Microsoft Windows 95

在 1995 年 8 月 24 日星期四，史上最伟大的营销事件发生了。不只在美国而是在全世界各地。数千篇文章写着有关 Windows 95 的消息。但是，在那天，超过 500 名记者聚集在华盛顿州的 Redmond，去听世界上最富有的人宣布这个消息，尽管这项产品在超过 2 000 个 beta 试点测试已长达两年了。在第一波的公共活动的造势中，当天花了约 1 亿美元用于广告、飞在高空的气球、帝国大厦被聚光灯包围着、从百老汇到新西兰的各种舞蹈与音乐会以及在 23 号晚上 11 点 59 分开始排着长长的队伍等待提早拿到一份产品——其中包括许多在当时不是特别需要这产品但却想要参与这市场导入盛会的人。用滚石乐队的摇滚歌曲《Start Me Up》做这次推广活动的背景音乐再合适不过了！

同时，在盛会之后，产业观察家从其他角度进行思考。他们看到的是这项产品的市场导入，但思绪在他们身旁的事物上。Microsoft 在过去几年做了很多事，文字中已泄露未来数年将有许多更重大的事件发生。Windows 95 毫无疑问将占领统治地位，并成为主导产业的新标准，是以计算机为主的一般通讯领域中这一波巨大变革活动的一部分。内部资料处理与空白计算机程序在 PC（家用计算机）上是相当重要的，但一般认为行业利润的增加主要是集中在 PC 之间的通讯以及 PC 与计算机周边产品如打印机与电话之间的通讯上。

很多观察家说道，Microsoft 并不只是在销售一个操作系统（Windows 95），而是一套体系，这套体系最终将组成一个由服务器和网络的管理者来运作公司的市场。这些人需要各种形态的通讯。Microsoft 已经推广了它的一个互联网系统 Windows NT。另一个新产品结合 Windows NT、Windows 95 和其他工具预定在 1996 年推出。另一个产品将用于工作组运算（当时这个领域中 IBM 公司的 Lotus Notes 还处于摇摆不定的地位）。Gates 已经承认，他与 Ted Turner 及 NBC 的人员谈论过有关新闻服务的问题。对于有些人来说，他们似乎尝试去服务所有想运用信息高速公路的非技术人员。使用便捷（Ease of use）已经成为普遍的阶段性特征。

在接下来的几年里，Microsoft 推出了几款操作系统，如 Windows XP 等，都延续了这种大肆宣扬，直到 2007 年 1 月 Windows Vista 操作系统最后推出。经过 5 年的开发，数十亿研发经费的投入，以及一大笔营销经费的投入，Microsoft 隆重推出了 Vista 系统（尽管赶不上 Windows 95 的推出场面宏大，例如，这次没有滚石乐队的助阵）。《财富》个人电脑的评论员称其是“这是迄今为止 Microsoft 开发的最好的操作系统”并号召 MAC 用户“停止讥笑”。Micosoft 生成 Vista 系统提供了数百种先进的特征，包括一个更好的图形用户界面（提供了一个简洁的和更具吸引力的屏幕显示），加强后的搜索功能，新的多媒体创作工具（用来协助媒体库和照片库）和重新设计的网络、音频、输出系统。它还具有共享文件与数据媒体，这正是当今市场的最重要的特征。另外，它还能与 XP 系统甚至是 Windows 95 系统兼容。除了上述优点外，Vista 系统比 XP 系统和其他 Microsoft 的操作系统安全性更高。这对于家庭用户或是 IT 管理者的来说真是佳音啊，因为他们以前都必须面对恶意软件和计算机病毒的侵袭。

但是，Vista 系统并不是没有缺点的，尤其是当用户想要将自已的 PC 机升级到新的版本时，这些缺点更是暴露无遗。第一，用户的 PC 必须支持 Vista 系统，并且如果客户希望使用其先进的功能，用户的 PC 机则必须支持 Vista Premium 版本。（这通常意味着，如果用户的电脑已经用了一年了，那么升级到 Vista 系统是毫无意义的。）第二，升级是非常耗时的——或许对一些家庭用户来说这并不是个问题，但是对 IT 管理者来说却非常麻烦。第三，Microsoft 希望随着人们将其电脑换成装有 Vista 系统的电脑，Vista 系统也发生转换。

早期对 Vista 的评论都是非常正面的，尤其是对其更高安全性特征以及其非常吸引人的图形用户界面，评价很好。行业分析员 Ron Enderle 说，与 Windows 95 系统不同，它或许不值得你排一夜的队参加一个当地电脑零售商的推广活动，你只需排到街道的最前面就行了。他补充到：“不要让我出错，我已经用它一段时间了。它是一个好产品，但是我更想睡个好觉。”

Vista 系统的推出距离 XP 系统已有 5 年时间，这是 Windows 版本历史上间隔时间最久的一次升级。事实上，之所以有这么长的时间间隔，一部分是因为 Microsoft 需要将提高 XP 系统和 Windows Server 2003 的安全性的时间协调好。另一部分原因是它必须放弃已经写了几个月的程序并重新编写程序来提高其性能。和 Microsoft 的其他产品一样，它还需要进行大量的 β 测验以及成百上千家公司和用户自愿者来测试各种版本的产品，公司称这种测试为“社区技术预览”。

问题：请遵循图表 3—4 的格式，试着写出 Windows 95 和 Vista 系统的产品创新章程（PIC）。其中在章程的引言部分要包含协助发展这个章程的高层管理者的战略规划。接着，考虑 Microsoft 后续市场导入的产品（Windows 98、XP 等等）。你所拟的这个 PIC 与实际上这些后续的新产品之间有何差异？关于这些差异你是如何解释的？

第Ⅱ篇　概念的提出

第2章指出了新产品产生的全部过程，过程首先要做好战略规划的准备，这是因为公司应该搜寻对自己而言最好的新产品。

构思形成是不断地进行的。每个组织中会有许多的员工具备提出新产品的可能性，然而这种创造力的行为绝不会局限于一个过程图之中。而这也是新产品领域内有趣的一点！然而该领域内有许多共同的方式，我们需要管理它们。

参见图表Ⅱ—1。由最上方开始，我们看见第4章的标题：概念产生的准备。当然直到我们“做好准备”之前，不论公司内部还是外部的人员都不应该阻碍构思的形成，不过假如我们将管理创造力的工作指派给极具创造性能力的员工，那么经过管理，创造力将更为成功。接下来，我们会先着重于问题和需求。运用一种或多种方法，我们试图识别与理清一个或多个创造力可以聚焦的特定问题。识别问题以及寻找具有创造力的解决问题的方式是第5章的主题。虽然在第Ⅱ篇大部分内容与此有关，但仍然存在许多其他的构思形成方式。

这些活动在5个领域中产生，如图表所示。在图的左半部分，大部分的公司都有技术运营的活动（研发、工程等），以探索全新的技术（如：Kevlar、OCR）。技术人员也会协助解决早期所识别的问题，在图的右半部分，最终用户（更确切地说，市场上的所有利益相关者）也独立进行构思活动，而且有些真的在自己设计产品、制作产品原型并且做成真正的产品。例如，牙医或X光技术人员或许会通过这个方式做出产品。他们同时也会对我们已识别的问题提供解决办法。

在图的中央，公司内部从事这个项目的团队或小组，同时也在解决他们自身的问题，并且会参与生产出“奇异”产品的其他活动（第6章和第7章）。这些当然不是受到问题的驱动，因此他们必须找出是否有人遇到了符合该“解决方式”的问题。在所有这些活动进行的同时，每个人都会告诉我们他们的构思——如整个公司内部的员工、他们的家人、陌生人等。他们呈现在图下半部的左边与右边。如此一来的结果便得到了构思的集合，我们称之为概念（concepts）。而搜集这个集合是第4到第7章的主题。我们将会在本书的第Ⅲ篇讨论概念评估与细化的问题。

值得注意的是：构思形成是一个广泛的主题，同时存在许多不同的方法。在此讨论的是一些公认的最好的方法，而其他经常使用的方法则如附录B所示。在比萨饼上行的通的方法并不一定适用于光纤感应器。而且在创造力这个领域我们仍然无法研究得很透彻，所以大多数的公司会运用可以满足他们需求的方法来产生创意。

图表Ⅱ—1　　　　概念的提出

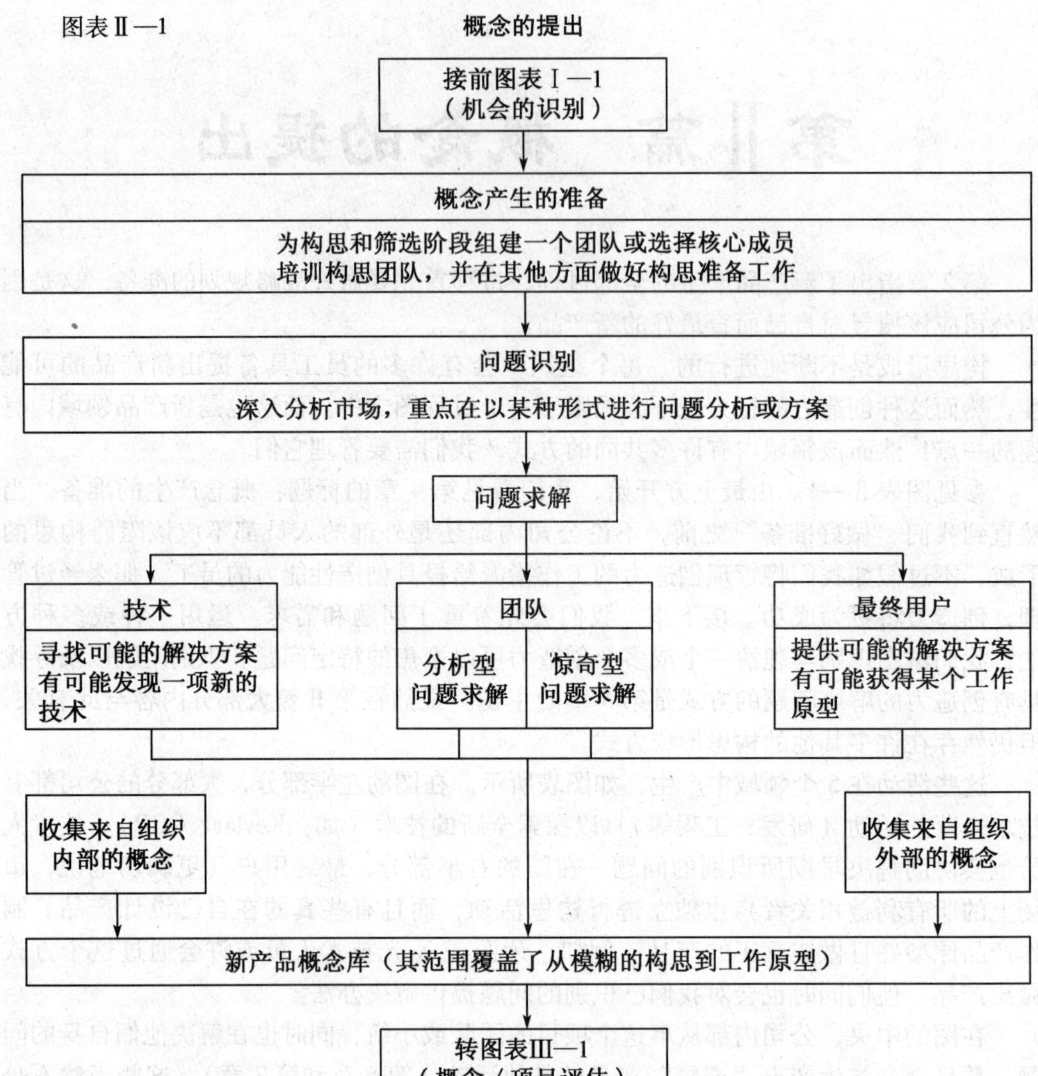

接前图表Ⅰ—1
（机会的识别）
概念产生的准备
为构思和筛选阶段组建一个团队或选择核心成员
培训构思团队，并在其他方面做好构思准备工作
问题识别
深入分析市场，重点在以某种形式进行问题分析或方案
问题求解
技术
寻找可能的解决方案
有可能发现一项新的技术
团队
分析型
问题求解
惊奇型
问题求解
最终用户
提供可能的解决方案
有可能获得某个工作原型
收集来自组织
内部的概念
收集来自组织
外部的概念
新产品概念库（其范围覆盖了从模糊的构思到工作原型）
转图表Ⅲ—1
（概念／项目评估）

第4章　概念产生的准备和可行方法

4.1　引言

本章带领我们讨论许多主题。第一点：对经理人而言，要带领公司做好构思形成的准备任务，即是图表Ⅱ—1的第一步。这个步骤意味着要找到适当的人员，将他们安置在正确的环境，总的来说就是让他们准备好进入构思形成的过程中。第二点：有创造力的人员必须知道要寻找什么，也就是说，了解什么是概念，以及如何寻找并识别它们。第三点：经理们需要探究并开发一个特别的主动式（非被动）概念产生的具体系统，将各种使用的策略融入该系统内。本章中将会讨论在这个系统中让员工和非员工搜寻现成的概念部分；而其他的部分将会在第5、6、7章中提出。

4.2　概念产生的准备

许多人认为产品创新是从一个新产品的构思开始。但是在第3章中指出，在竞争开始前选择一个特定的领域以及制定某些规则（订出战略）将会更加适当。

4.2.1　产品创新章程

试想某家制造浴缸的公司的一个假想章程（第3章）中的几个要项：

- 我们的新产品概念对于有年长者和其他生理残疾人应该是有帮助的。
- 从这些概念而来的新产品必须要利用公司强有力的设计能力，而且必须是铜制的。

在产品创新章程已经良好的建立情况下，任何一位想要为公司提出新的浴盆构思的人，最好清楚竞争的计划，否则创造出的构思将是错误的。而战略可以帮助做到这点。

4.2.2　寻找正确的人员

P&G的资深经理人Craig Wynett将创造力描述为：“创造不明显连接的日常任务。”像P&G这类因为创新产品计划而知名的公司，也一定会因为雇用极富创造力的员工而出名，正是这些员工创造了高度可用性的构思。强力胶（氰基丙烯酸酯黏合剂）的发明者Harry Coover就是一个极富创造力的人。他一直研究用来制造枪支精密瞄准器的塑料材料。他注意到自己制造出来的塑料可以黏合在每个东西上，并且破坏了他研究所使用的折射器。他也是第一位提出“强力胶可以被医生用于人体组织”这个构思的人。

大多数人一直重复地思考先前解决问题的方法。极富创造力的天才们是在富有成效的思考，反思如何将问题具体化。诺贝尔物理学奖得主 Richard Feynman 将这称为“开创新思考模式”。例如，13 的一半是多少？我们大多会说是 6.5。但是在重新定义问题后，我们可以有其他的答案。

- “thirteen” 的一半是 “thir”
- “1－3” 的一半是 “1”
- 将 XIII 从中间水平对分可以得到 VIII

你还能想出其他方法吗？关键是持续观察，即使你已经发现了其他解决方法！所有行业中极富创造力的天才们在其一生中表现出来了一些共同的“思考策略”。（参见图表 4—1）

图表 4—1　**天才的思考战略**

1. 天才善于从不同的视角看待问题。如爱因斯坦和达·芬奇就是因为能从许多不同视角看待问题而知名。
2. 天才将他们的思考可视化。达·芬奇著名的绘画以及伽利略的行星图让他们能将信息可视化，而不仅是依赖数字的分析。
3. 天才具有生产力。爱迪生每 10 天就会有一个发明。莫扎特是最多产的作曲家，尽管他的生命很短暂。
4. 天才创造新奇的组合。爱因斯坦找到能量、质量和光速间的关系（$E=mc^2$ 方程式）。
5. 天才善于在不同对象间建立联系。他们可以创造别人无法创造的关联。凯库勒梦到一条蛇在咬自己的尾巴，立即获得启发，推断出他正在研究的分子形状（苯）是环形的。
6. 天才会反方向思考。这样通常会联想到新的观点。物理学家波尔认为光线既是波束也是粒子。
7. 天才会富有想象地思考。拜尔想到与耳朵构造类似的可动钢膜片，而引领了耳机的开发。
8. 天才会为机会先做准备。佛莱明并不是第 1 个看见盆栽上霉菌的人，但是他却是首先研究霉菌的人，而最后发明了青霉素。

研究指出有创造力的人的两种不同类型：有艺术创造力的人以及有科学创造力的人。但是新产品创新类型（实际上称为发明家）需要上述两项能力，如图表 4—2 所示。没有接触过艺术的工程师与没有科学优势的艺术家大多无法在新产品创意中取得成功。工业设计领域是一个艺术与工程明显结合的领域，以至于在大学中一直存在着应该将其设在哪个学院的争议。如果感性与逻辑、直觉与观察、感性驱动与坚忍同时存在，并不代表发明者的想法不一致。

图表 4—2　**创造力的三种形式**

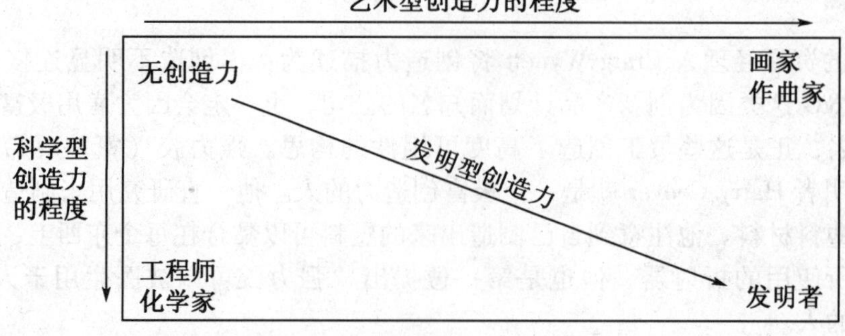

一般我们对有创造力的人的印象就是古怪。然而大多数有创造力的人并不古怪，他们通过一生进行创造性工作来证明自己。他们就像小孩一样创意无穷。这是我们的最低要求，因为我们可以通过评价一个人过去的经历来考虑是否让其加入新产品开发队伍。没有留下生命足迹的人通常会怪罪于不公平的环境、令人无法忍受的老板、有限的机会等因素。

我们可以使用标准的MBTI（Myers-Briggs Type Indicator）创造力指标来测量创造力。这个指标是依照MBTI个人特征测量工具，用4个个人特征（直觉—感知、察觉—判断、外向—内向、思考—感觉）来评估个人的创造力。MBTI创造力指标使用个人特征得分来评估其创造力：创意类型者相较于其他人更依赖直觉、察觉、外向和思考。最近关于新产品开发人员的研究发现，有较高MBTI创造力指标得分的人完成的新产品计划也较多，而且他们所确认的新产品开发机会相较于其他人员而言更能获利！这便说明了选择正确的人以及让他们在新产品过程的早期阶段就加入团队，可能与过程本身一样重要！

4.2.3 管理层在提高创意人员效率中所扮演的角色

员工培训有益于有创造力的人。员工培训计划包括了传统“头脑风暴”的入门课程到包含游戏及玩闹的精致的场景培训。某些热门的创造力培训师使用一些让人意想不到的技巧，包括不同颜色的帽子游戏和“引导式幻想”。但很显然，我们通常忽略了在公司产品、产品市场、竞争市场、科技使用和诸如此类的培训上。

新诞生的构思是极度脆弱的，这与整个过程之中约有80%有力的、几乎没有障碍的概念正好相反。也正因为如此，许多构思常常是来源于一个或几个更有“能力”的人。因此如果我们对这些人严苛，没有对他们的构思表达赞赏或提供特殊的鼓励，他们便会单纯地让该构思溜走，并发誓“不再将我的好点子浪费在这些呆子身上”。或者他们不会再花时间使得这些构思能更为实用或在外观上令人更满意。之前担任喜剧演员，现在是培训顾问的John Cleese开玩笑说：“不会再有错误产生，因为你已经玩完了！”这句话激起了有创造力的人的兴奋感，而且没有什么比兴奋更能推动创新活力的前进了。Dell的CEOMichael Dell认为，让员工不怕失败是很重要的，因为他认为创新包含从失败中学习。

因此管理层要做的工作有两类，一类是鼓励创新，另一类则是移除阻碍创新的障碍物。

4.2.4 鼓励创新的行动

如今的经理人认知到创新者是与众不同的，需要特别对待，也就是对他们要“包容”。我们不能让创新者随意违反规则。但是，了解他们的个性、容忍某些异常，以及在压力下给予支持等等却是不错的选择。Apple的前CEO John Sculley说：“我会担心组织里不存在一点混乱。这就像砒霜一样，微量时会有药效，但太多的话则会致命。”

同时，管理层应该给予创新者跟其他类似职位的人交往的自由。这里提到的自由，除了扩展到所有的职能部门之中，同时也扩展到公司外部，并不局限在小空间内。管理层也应该允许创新者协助选择要开发的计划，虽然这通常非常困难。工作指派应该是有挑战性的，有创造力的人从不会缺乏自信，事实上通常会认为目前的工作指派是在浪费时间。这意味着他们会自己判定一份工作是否有价值——没有人能够告诉他们答案。

某些公司会蓄意创造竞争团队，并规定期限让他们竞赛。Bell&Howell 的管理阶层曾经捏造一条“即将发生的具有竞争力的科技突破”的假新闻，用来催促他们的科技团队加快进度。另一个技巧是时间上的自由，某些公司甚至可以有 20% 的自由时间。3M 公司就是一个运用这个技巧的公司（便利贴便是受惠于此）。弹性工作时间是另一个类似的技巧，但是对于有创造力的人而言，这意味可以让员工把工作带回家，或是如果他们愿意的话，可以通宵工作。

出人意料的是，轮调有创造力的人也会起作用。有创造力的人需要新奇的经验，同时会想要改变一下环境。

下面，让我们来看一看一些企业为鼓励创造性活动开发出来的许多奇特技巧，特别是那些取得了创意成就的招数。例如，Texas Instruments 曾有过一个叫做 IDEA（识别、开发、探索及行动）的计划。TI 内部有 60 个 IDEA 代表，他们可以对没有足够能力通过正常渠道筹措到资金以开发项目的人员，给予资金援助。Speak&Spell 和 Magic Wand 就是这类资金提供下两个值得一提的成果。对于不适合业务结构的创新性新计划，3M 同样也给予高达 3 万美元的补助。Polaroid 的 SX-70 系统也是以这个方式开始的：该计划实际上是在 Polaroid 的正式组织结构外开发的“第 70 号特殊实验”。Sony 和 Toshiba 给予团队一个 6 个月的预算，让他们以小规模的方式完成从新产品概念到开发一直到进入市场的整个过程。这个投资不只给予团队开发的资源，同时让公司能建立技术标准并且识别出市场上的早期采用者。

3M 公司的创新有很长的一段历史，我们对于该公司总裁说过的一句话应该不会感到惊讶：“我们确实将错误视为事业运作中一个正常的部分，但是我们期望我们的错误都有‘创造力’”。在美国加州帕罗奥多市一家非常有创意的产品设计公司 IDEO，采取了几个特殊的方式来建立一个鼓励创造和创新的文化。他们招募热爱产品设计的人，在具创意吸引力的城市（例如：芝加哥、旧金山、波士顿和东京）中建立办公室，并且允许员工职位和工作地点的经常变动。为了激发出构思的产生，IDEO 设计人员会拆解东西，并可能参观诸如飞机废物堆积场或是 Barbie 名人纪念馆等地。他们搜集各式各样东西的零件与部件，并放在技术盒子（Tech Boxes）中，然后在公司内部互联网上发布。技术盒子管理员每周会召开一次电话会议。

具有创造力的公司通常使用计算机化资料库，或是“构思库”，储存或是记录这些早期、未进行的新产品项目中的构思，以便于再次使用。这些构思可能来自于市场研究或市场测试结果、项目审计、设计计划、工程纪录或各个地方。为了帮助转换信息，在早期计划中参与的管理者可以被指派到可能会再使用该构思的项目当中。Guinness Breweries 是定期了解其构思库并将其视为新产品过程中概念形成阶段一个重要元素的公司。一家计算机周边设备制造商 Oce 称这个资料库是他们“构思的冰箱”。一般来说，创造力活动应该在有益于交换构思的地方进行，办公室的布置应该使员工感到舒适，而分散注意力的事应该被降到最低。互联网的创始公司 Idealab!，以及 IDEO 的办公室的布置都希望让员工能够听见彼此的问题，同时进行交流。

这些公司积极主动地鼓励员工进行创新活动，并得到了满意的结果。举例来说，Design Continuum 这家公司设计了一个新的脉冲式清洗伤口的装置（一个能够以盐水清理伤口的产品）；电动水枪是其灵感来源。这家公司在研究过使用于玩具、汽车和医疗产品中的活栓后，也创造了一个新的厨房水龙头设计。在早期，Design Continuum 负责过 Reebok 的 Pump shoe，并将该构思应用到充气垫、气囊以及气阀中。

4.2.5 特殊奖励

创造性成果的价值应该是毋庸置疑的。但是具有创造力的人通常不会被团体（group）奖赏感动。他们认为团体的贡献绝对不是相同的，尤其是当该团体是全公司员工时更是如此，因为许多有创造性活动都受到了严重的轻视。这是不公平的；大部分成功的创造力现在来自于团体，而且我们现在知道更多评估团体成员贡献的方法。但是创造性就像称赞个人一样，最好以更直接的方式进行。IBM 著名的 Thomas Watson 通常都会随身带一些钱，以便在听到好构思时随时可以给予奖励。

Campbell Soup 设有卓越总裁奖。许多公司会举办年度晚餐表扬在该年度获得专利权的员工。在 IDEO 并没有组织章程或是职称：宴会或奖品取代升职成为对卓越表现的奖励。最戏剧化的奖励制度之一，就是 Toyota 和 Honda 让他们的优胜者跟着新产品一起离开原有的部门，并且接手这个新产品全部管理工作。

4.2.6 排除障碍

图表 4—3 列出一些扼杀创造力的措辞。这些措辞很容易就出口，我们在日常对话中时常听见。虽然这些措辞本身并没有恶意，并且可能对某个事件来说是正确的陈述。但是他们会严重阻碍尚为脆弱的构思，而只有管理阶层主动的努力才有可能阻止它们的负面影响。

部分公司使用一种叫做分项列表应答（itemized response）的手段。所有受训者都必须自我练习。当一个构思出现时，听众首先必须举出所有的优点。然后指出缺点，但必须抱有积极的态度。指出一个缺点的建议说法是：“好的，现在来看什么方法是解决这类问题的最好方式。”必须注意到，这种建设性的批评是假设问题是能够解决的，这样，听众就会愿意提供协助。为了鼓励创造性活动，一些公司故意把某些员工放在同一个团队，并且鼓励冲突。例如，一个不切实际而有创意的人和一个实际的人一组。这个技巧有时被称作创造性的摩擦（creative abrasion）。

经理人必须了解小组创造力的障碍。就定义上来说，新产品团队是跨职能部门的团队，这就意味着团队中存在大量不同的观点，所以要达成所有人都能接受的解决方法是有困难的。除此之外，如果团队成员间存在着紧密的人际关系，便可能缺乏创造性的摩擦：团队成员们很轻易就达成友善地协议。图表 4—3 描述了在激发团队创造力时，一些必须克服的障碍。

图表4—3　　　　　　　　　　**公司创造力的障碍**

1. 跨职能的差异（Cross-functional diversity）。一个多样性的团队代表着多种观点并且更能激发创造力，但是同样可能导致解决问题的困难和信息的超载。 **2. 对自身职能部门的忠心（Allegiance to functional areas）**。团队成员必须要有归属感，而且觉得自己与团队成功间有利害关系，一旦没有上述的感觉，团队成员只会忠于本身的职能部门而非团队。 **3. 社会化凝聚力（Social cohesion）**。假如团队成员间的人际关系太紧密的话，真诚的辩论可能会被友善的协议所取代，导致产生较不具创新的构思。 **4. 高层主管的角色（The role of top management）**。假如高层主管着重在持续性的改进的话，那么团队可能会局限在熟悉的产品开发战略中，并只发展渐进式改变。高层主管应该鼓励团队勇于冒险并且尝试较新的构思。

4.3　概念

在拥有了具备创造力和充满激情的人员之后，我们到底要创造什么？概念到底指的是什么东西？概念与产品到底有什么不同？概念会在什么时候产生？

我们试着从最后，也就是由一个成功销售的新产品开始，然后往前倒推。一项新产品要能成功销售才真正成为新产品——也就是说，当它达成 PIC 中制定的长短期目标时。当它市场导入的时候，它还是以暂时性的形式出现，因为要使得一个新产品成功，仍须做非常多的改变。因此我说它仍然是概念，一个仍未实现的构思。

在技术工程完成之前，该产品仍然只不过是一个概念罢了。为使读者了解这一点，了解它是如何与构思形成相联系的，我们必须了解构思形成所需的 3 个投入要件：

● 形式（Form）：形式是指创造出的实体产物，以服务来说，是指服务被创造出来的一连串步骤。例如，对于新的合金钢来说，形式便是原料原本的棒状或条状物。如果是新的移动电话服务，则包含接打电话所需的元素，包括硬件、软件、人、程序等等。

● 技术（Technology）：指获得形式所采用的资源。因此对于合金钢而言，钢本身和其他用来铸成合金的化学原料、冶金技术、产品塑形机器、切割机器等都包含在内。技术在产品创新中被定义为能够发挥作用的力量，你可以回想第 3 章所讲的。在大多数的案例中，每一个创新都有一个明确的技术作为基础，而该技术成为 PIC 中焦点领域的技术维度。有时候会有两个技术做基础。

● 需求/利益（Need/Benefit）：只有当一个产品可以提供消费者需要或渴望的利益时，该产品才会有价值。

我们用以下的方式将上述三要件结合：技术让我们开发出来一种能带来利益的形式。假如上述三要件缺少任何一项，便不可能有产品创新；除非是购买现成产品并且未加改变的加以转售。即便如此，在服务的维度中仍会有某些改变，如销售地点、服务方式等。即使是复制品也会增加价值，虽然只增加金钱上的价值罢了。我们甚至会听到计算机爱好者说类似下列的话：XYZ 制造的复制品比 PDQ 做的好多了！

图表 4—4　　新产品概念

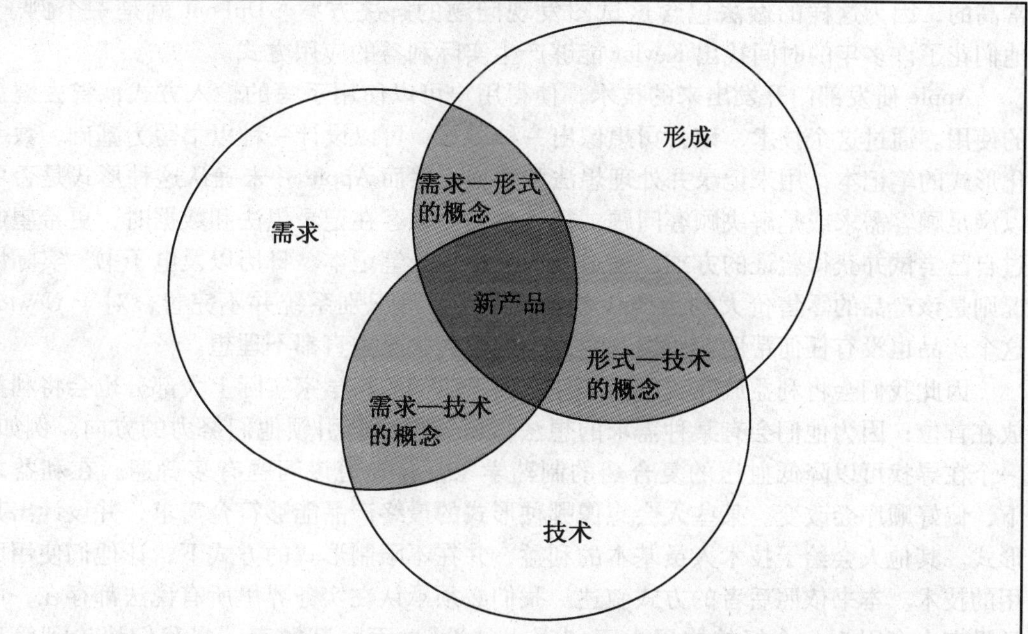

概念："满足计算机使用者学习需求的最好方式是，利用调制解调器在线系统使他们用先进的软件观看培训录像。"（在这句描述中，有众所周知的需求/利益，也规定了所需要的几种技术。但是，准确地说，这种服务到底如何实行仍然有待开发。）

另外一种陈述上述概念的方式可能是："XYZ 公司拥有全国性的通讯网络，也拥有录像出租连锁店。很明显，我们能够以某种方式利用 XYZ 公司的这种能力来满足家用计算机使用者对于培训的需要。"再次说明，这里有市场需求，也有技术，但是缺乏方法/过程，也就是服务产品形式的等价物。（要注意，新产品的概念的正确陈述与产品创新章程所聚焦的领域是多么的接近。）

这里有两段听起来像是、但明显不是新产品概念的陈述：

"让我们想办法满足个人电脑使用者在家中接受培训/教育的需求吧。"（有需求，但是没有形式，没有技术。只有愿意，就像"治疗癌症"的一句口号一样。）

"我认为我们应该开发一系列辅导录像节目。"没有特定的市场需求/利益，没有形式，只有利益。

特别的是，创新的过程可以从上述 3 个维度中任何一个开始，后续发生的步骤可能会不一样。这里是 3 个主要的方法（我们将在本章稍后提出 the Designer Decant 的案例）：

公司发掘出顾客的一项"需求"。公司利用自己的"技术"来生产出一个"形式"，接着销售给顾客。

公司拥有一项适合特定市场群体的"技术"，接着找出该群体的"需求"，并用一个特定产品"形式"来满足该群体的需要。

公司想像一种产品的"形式"，并使用"技术"创造该形式，接着将该形式销售给顾客，以发现是否有任何“利益”。

上述3个方法都可启动该过程，接着进行剩余两者中的任何一个。或许现在你会说：那有什么差别呢？其中的差别便在于成功或是失败。将利益放在最后的风险是非常高的，因为这样的做法包含这试图发现问题的解决方案。DuPont 就是一个例子，他们花了许多年的时间找出 Kevlar 能够产生实际利益的应用方式。

Apple 研发部门开发出来的技术，使得用户可以使用手写的输入方式，省去键盘的使用。通过这个技术，该公司想像出一种形式：可以设计一种以书写为基础、数字化形式的笔记本，用来记录并处理想法和数据。然而 Apple 并未确认这种形式是否可以满足顾客需求或是解决顾客问题。很显然的，顾客在记录想法和数据时，更希望通过自己尝试并获得验证的方式：通过纸和笔、随身笔记本、日历以及电子书。实际情况则是该产品的零售价大约为800美元，而且手写识别系统并不完善，对于 Newton 这个产品也没有任何帮助。所以这个产品的销售状况一直都不理想。

因此我们会将利益放在首位。即使是技术驱动的科学家实际上大部分也会将利益放在首位；因为他们会有某种需求的想法，而该想法会引领他们努力的方向。例如，一个在寻找可以降低血压的复合药的制药学家，会知道该问题有多普遍。在利益之下，偏好顺序会改变。某些人会想像哪种形式的最终产品能够符合需求，并设计出其形式。其他人会给予技术人员基本的利益，并在不限制形式的方式下，让他们使用可用的技术。本书依照后者的方式叙述。我们必须承认在实务界里所有说法都存在，而且没有人会因为一个好的构思由于“误入歧途”，而将其抛弃；当我们谈论到管理时，这个事实仍然存在。一般说来，当某人尝试进行产品创新时，最好的方式是先有利益，接着是技术，最后则是最终的形式。

先试着想像马桶刷的例子。老式的刷子可以进行清洁工作，但是或许有某人（也许是一个考虑周全的顾客或是清洁剂公司的化学研究员）有一个新的、改良的马桶刷的构思，便可以使得马桶清洁工作更简单，而且这个新构思可能大卖。注意到我们在这边说的是“构思”而不是“概念”，因为到现在为止我们拥有的只是需求：一个能提供方便性的新刷子。这意味着什么？比较长的手把吗？一次性的刷毛吗？或许不是。那么，一把能为顾客提供方便，并且附有可填充且容易更换的清洁剂的刷子怎么样呢？当我们有了以技术运用为基础（适合擦洗马桶的清洁剂）的需求（便利的刷子）时，便会有类似于一个简单的产品概念的东西产生。在2003年到2004年间，至少有3家公司想到相同的概念。但是这些公司各自开发并发行了在形式上非常不同的产品。Reckitt Benckiser 生产了名为 Lysol Ready 的刷子——一种附有喷雾式清洁剂罐子的刷子。当用完清洁剂时可以更换那个罐子，而刷子并不是一次性的。SC Johnson 的产品是刷子——在这个产品的末端有一块附有 Scrubbing Bubbles 清洁剂的一次性衬垫。Clorox Toilet Wand 类似于 Fresh 刷子，但是以圆形、一次性的海绵来取代那块衬垫。把这试想为某种解读的过程：在每一案例中构思都被发展成为概念，然而这个概念被3种不同的方式解读，产生了3种不同的产品，而这3种产品提供给顾客的利益几乎相同。在市场上，这3种产品哪一个会卖的最好？它是否是提供给顾客最大利益的产品？你觉得是哪一个呢？

在第5章里，我们将会讨论如何接近顾客并且找出他们的问题所在。在第10章我们将会讨论在进行技术开发前，先写下来的一种产品描述（称为协议）；这个描述主要是陈述利益。当某些特征看上去绝对重要时（例如法律有规定），特征（形式）才会被加进产品描述内。

现在我们将上述的讨论都归纳在一个简单的案例中，或许可以让这个问题变得更清楚一点。

4.3.1 低咖啡因构思的例子

许多年前，咖啡只不过是咖啡罢了。某人会在早餐或是午餐时间去最喜欢的餐厅、路边餐车，点一杯便宜的普通咖啡。一般而言，在北美卖的咖啡都是较便宜的咖啡豆混合冲泡的，而且就是这样的咖啡而已。随着 Starbucks 和其竞争对手的出现，意外地改变了北美的咖啡饮用文化。以意大利咖啡吧模式为基础的精致咖啡吧，如雨后春笋般在各地出现，而且意大利式的浓咖啡突然间受到大家的喜爱。例如卡布奇诺和拿铁这种调合式浓咖啡的售价，通常都是普通餐厅咖啡的 3 到 4 倍，而且成为卖得最好的咖啡。想像一下，我们目前在一家大型咖啡烘焙公司中工作。同时想像有 3 个人在一周内的不同时间走进开发新咖啡的办公室，并且每个人都有一个新产品的构思。假设每一个人都不知道其他人将会出现。

第 1 个人说："我们最新的顾客满意报告指出，他们想要一种尝起来和一般浓度咖啡一样的低咖啡因咖啡，而且这种咖啡还能做出香浓的卡布奇诺的味道。目前没有低咖啡因的咖啡能提供这种利益。第 2 个人是产品经理，说："上周我都在思考关于我们和竞争对手的咖啡，并且发现到他们的颜色和浓度大致相同。我想是否可以大量生产一种倒出来比较浓、而且颜色比较深的，就像土耳其咖啡一样（形式）的浓咖啡。"第 3 个刚从技术研讨会回来的科学家说道："我听到了一种新型化学萃取过程的讨论，这个新过程可以有效且低价的从食物中分离并提取化学成分；或许可以应用到咖啡因萃取过程中来。"

其中每一个人都萌生一个构思，但是作为概念，每个人的建议都并非真正有用。第 1 个人提出的东西几乎和癌症的治疗是一样的——有利益，但是没有满足的方法。产品经理不知道顾客是否喜欢颜色较深、较浓的浓咖啡，也不知道该如何制造。科学家并不清楚该项技术在咖啡上是否有效，或是顾客是否想要这种改变。

假如第 1 个人遇到第 2 或第 3 个人的话，就可能会产生一个新产品的概念。如果他遇到第 2 个人，他们可能会要求实验室研发出一种可以产生他们需要的形式与利益的技术。如果他遇到第 3 个人，他们可能会埋首于实验室，并试图找出这项新技术的准确形式（例如，应该所有的咖啡因或是部分的咖啡因被萃取；外观是否较深或较浓；是多深或多浓。）

关于一个概念从创造出来直到形成一个新产品，最好的总结就像一位经理人说的："不要浪费你的时间去寻找一个完美的新产品构思；我们的工作是去取得一个原始的构思，并且将它变成一个成功的新产品。"

4.3.2 概念陈述

构思、概念、新产品等等都是经常使用的字眼。但就像在所有的学科中，我们必须清楚的定义它们以便于了解。医学书籍在一般感冒、鼻塞、上呼吸道感染等之间划出清楚的界线，然而身为病人的我们并不在意其中的差别。

图表4—5表明，3个维度（形式、利益、技术）中任何两个的集合可以形成一个概念，也就是可能的产品。将3者结合起来便产生一个有可能成功或失败的新产品。通常而言，产生出的概念差别很小。例如，发明家经常会带着产品原型拜访公司。这是一种已经实际完成的概念，基于某项技术它具有形式，而且你可以确定的是发明家知道它所提供的利益。当然，公司通过过去的经验非常清楚了解发明家通常会高估利益，技术也存在缺点，让它难以在工厂的实践中使用，在粗糙的作坊中工具简陋、布置凌乱，生产出来的形式是非常脆弱的。

在另一个极端的情况中，一个新产品最初的想法可能非常不完整，以至于无法做出任何东西。例如，科学家从技术研讨会回来，只具有能力——对于咖啡烘焙公司的任何人而言，并不具有价值。

当一个拥有上述3个维度（技术、形式、利益）中任2个的概念出现，我们必须在着手开发之前对它进行筛选。这部分的过程会在第9章讨论，而且将会需要我们所说的产品概念陈述（product concept statement）的形式化表达。技术人员以及有购买意愿的顾客必须告诉我们这个概念是否值得开发。假如这个概念告诉他们什么是他们在做判断时所需要知道的事，那他们对于概念陈述的评估便可使我们知道概念是否值得开发。如果一个概念陈述拥有3个基本要素（技术、形式、利益）中的任2个，它的概念陈述将会经常被安排做这样的评论。

假如你被问到“你有多喜欢零卡路里的冰淇淋”的话，你可能无法回答。你可能会发现自己已经在思考那尝起来是什么味道、那是用什么做成的、卖点是什么？为了做概念测试，我们需要符合这些信息要求的概念陈述。去问一家出租车公司经理，他们是否会喜欢每英里只要10美分的出租车，这只是在浪费时间。他们可能会说“当然”，但是那个答案可能会在我们告诉他们准备使用履带式拖拉机的技术后，立刻就改变了。

有时候技术会告诉我们关于概念的有用的信息：一个闪光灯比一般的灯要明亮10倍，因为它使用了电弧焊技术。或是使用光纤技术的灯泡，该技术是将线圈缠绕在木制线轴上。或者，使用棱锥形反光器（而不是圆锥形反光器）的闪光灯。每一个陈述都提供了或多或少的信息，都会让你产生或好或坏的反应。

因此，概念是一个口头的和/或产品原型的表达，这个表达说明了将发生什么改变与顾客如何从中获益（和损失）。在新产品早期阶段，信息非常不完整，但是当产品销售时概念已经（希望）是完整的。任何没有与潜在购买者沟通利益与损失的产品，仍只是一个需要加工的构思。

当著名的玩具发明家Eddy Goldfarb被问到他是如何发明玩具时，出现了一个有关上述3维度概念来源的有趣陈述。他说：“注意你家的小孩在玩什么，并且努力找到（那种东西）缺少了什么。”他也说自己喜欢寻找新的制作方法和原料，“以及突破口——你知道的，市场上缺乏的某些产品。”这些陈述依次提到了利益、技术和形式。

这3个维度在各产业的重要性不同。这3个维度其中之一通常不需要特别的注意，因为在大多数行业它早已成为基本常识。制药产业的新药开发人员并不需要去测试市场上是否有解除血管阻塞或是消灭癌症的需求。此外，制造任何新药物所需的医学专家都可以找到，所以技术是唯一不明确及需要关注的焦点。另一方面，食品产业的领导公司认为厨房和工厂能将顾客想要的任何东西结合，因此利益（如通过口味测试的调查）变成主要的变量。在汽车产业内，汽车制造商主导着新产品过程，以至于只需告知零部件供应商顾客想要的利益是什么，供应商便能开发出这项产品创新所要的技术或形式。

在上述3个不同产业的情况下，与这些新产品开发人员讨论后，便可指出他们公司或产业内关键的创新途径。而且那些差别并非毫无意义的——它们提供了激发构思过程的方向。这仍需要包含了所有的3个维度。如果一个计划终止了，那可能是某个执行简单任务部门的错误。例如，有一家电视制造商的市场研究指出了消费者想要的电视——可以在房间噪音升高时增加音量或是在房间噪音消失时降低音量的电视。该研究产生了新产品的构思，因此新产品过程可能是由需求所引导的。但是实际上在公司的技术部门则面临了最棘手的工作。

与此相反的是，位于密歇根州的一家小公司想要寻找网状玻璃碳纤维这个新开发产品的市场。很明显，这个公司在技术上已经取得了重大突破；然而，具有讽刺意味的是，压力竟然落在营销方面：必须找到用户以产生有利可图的销售量。他们没能做到这点，公司失败了。

4.4 两个基本的途径

现在，假设我们在用语上达成了一致，我们可以回到最原始的问题：我们怎样做才能开发新产品概念？在本书第Ⅱ篇一开始的图表Ⅱ—1指出了5种路径：技术、最终用户、团队、组织内部其他人，以及组织外部其他人。其中两种是接受其他人所创造的产品构思，另外3种是由团队进行管理的过程。两者的区别在于造成管理上的差异，这正是本书所要讨论的内容。就像一件新衣服，我们可以买现成的或是自己动手做。本章将会讨论现成的来源，而在第5章到第7章则是自己动手的部分。

当然，大部分的公司会同时使用现成的和自己制作的资源。但在任何一个产业内，哪一种有较高的成功率都是有共识的。例如，食品制造商通常都不会去阅读顾客寄来的新产品建议。他们自己通常有足够的概念，而顾客的建议不是重复率高就是老旧的构思，况且光是每年看一眼成千上万的构思就几乎是不可能的事。

然而在某些产业内（如玩具和机械工具），发明家人气很旺。甚至会有发明家集会，在集会中发明家被邀请来展示他们的创意。就定期地举办 Great American Toy Hunt 他们会邀请全美各地的玩具发明家来展示他们的产品原型。在 Haystack 评判之前，每个人有15分钟的时间来展示自己的产品。约有100位可以参加最后的决赛，而且Haystack最多选择10种产品来开发和销售。Haystack的共同创办人Dan Lauer认为这家最大的玩具公司忽略了最好的和最具创造力的玩具构思，而偏好拓展市场已经稳固的品牌（例如芭比娃娃），或是取得电影的授权。事实上大多数的大型玩具制造商常常会拒绝“外来者”的构思，并且忽略了它们的潜在价值。Lauer以自己在大型公司中试图推销一个自创的玩具构思（新颖、有趣的浴缸玩具）的经验得出结论：“我必须要自创一家公司来生产我想要的东西。”

某些制造商有员工和顾客构思大赛。即使是在食品产业中，一家名为Pillsbury的公司发现，通过每年举办年度烘焙竞赛的方式来获取上千种可能使用的新食谱是有利可图的。NordicTrack巨大的成功几乎是完全依靠发明家构思，他们自己没有内部的研发。某些发明家变得出名，例如典型怪人Andrew Toti就有好几百个专利。AkPharma公司的负责人Alan Klingerman似乎有构思减轻人们痛苦产品的本领，已开发了Lactaid（低脂牛乳）和Beano的胃胀气药丸，虽然他认为这些产品的成功部分应归因于幽默的名字。Lactaid和Beano两项产品最后都卖给了大型制药公司。每项产品都衍生出至少一种副产品：CatSip（猫咪的低脂牛奶）和CurTail（Beano某种给狗使用的产品）。Klingerman声称，一直有许多产品在开发中，并将档案柜填满他所说的“构思和题材”。

毫无疑问，概念的提出应该是一种积极主动而不是被动反应的过程。我们没有时间摆出像Maytag维修人员的高姿态。

4.5 收集已经存在的概念

产品创新领域内的经验表明，有40%到50%新产品构思是已经存在的，至少部分来自员工、供应商、最终用户、其他利益相关者，以及公开信息（详见图表4—5）。最近除了上述来源之外，还有工程顾问公司以及在构思开发上拥有专门知识的小型公司。后者包括一些小型的生化科技公司，他们拥有从事早期阶段制药研究的专门知识，但是欠缺完成大规模开发、测试或商业化的资源及技能。大型制药公司向这些小型生化科技公司寻求新产品构思的丰富来源。前面提到的IDEO产品设计公司，通常扮演着为大型公司在其他产业内寻找市场或技术机会的“侦察”角色。

许多公司开发出能够更系统化地让用户群体（user group）参与构思产生过程的方法（如专题研讨会、拜访顾客的工厂等），因为这些群体是相当有生产力的。ARCO在华尔街日报登全版的广告，而这个广告引发社会大众提供好的建议给公司，并且激发出更多的建议。

附录A列出最常见的构思来源，并加以讨论。这些来源都不相同，而且有不同的特性。在这些来源中值得特别关注的是“最终用户（顾客或消费者）”。使用产品的人通常会有改进该产品的构思，但可惜的是，他们的构思有时候过于简单。据报道Black&Decker的某项新产品曾收到上千条的建议，后来这项新产品成为DustBuster捕虫器。

图表4—5　　现成的新产品概念来源

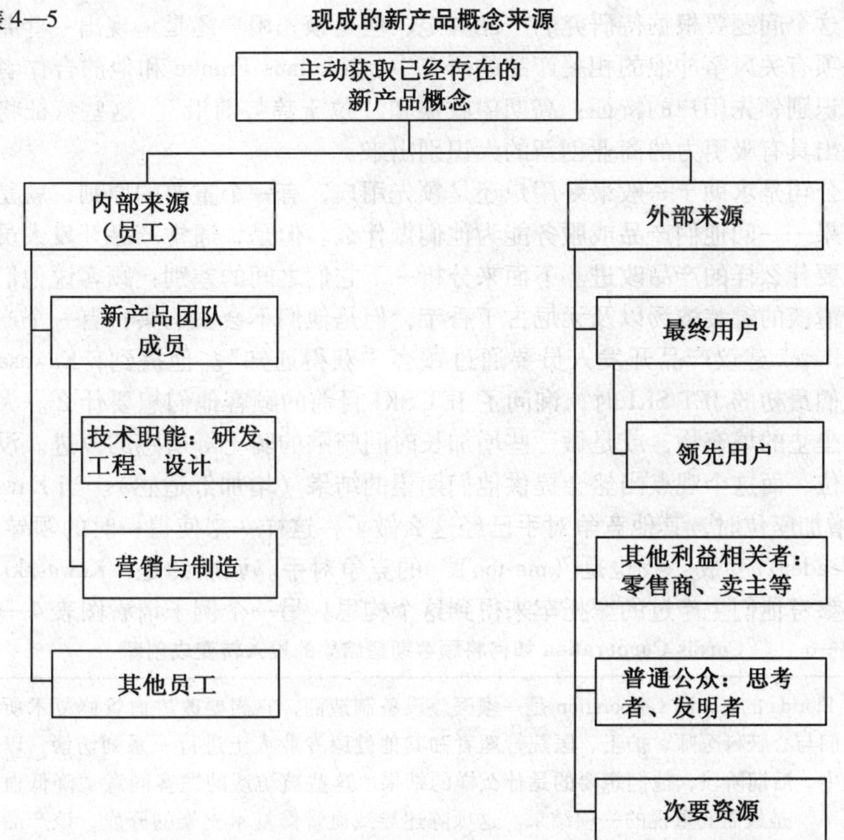

消费者提议的概念即使是新的，大多仍是关于产品改进而非全新问世的产品。此外，一般用户不可能想出容易开发成为可行产品的构思：产品开发专业人员（或是较有经验的用户）对于是否可行会有比较实际的看法。最终用户的角色也会因产业的不同而不同。例如，科学仪器和工厂加工设备的制造商指出，他们大多数成功的新产品最初都是来自顾客。在其他产业，如复合工程及塑料的化学添加剂产业，顾客则提供很少帮助或是根本没有帮助。

4.5.1 领先用户

许多公司从领先用户中寻找新产品构思，领先用户（lead users）是代表了目前重大趋势（通讯业中的光纤）的顾客。领先用户公司（或是个人）站在趋势的最前沿，对于所面临的问题有最好的了解，并且期望能从那些问题的解决方案当中获得最大利益。虽然他们通常很容易识别，但领先用户也可能是门外汉或并非我们的老顾客。况且如果他们真的是领导者的话，他们或许会认为自己已解决了问题。但是在趋势演进当中，他们的解决方法并不是一成不变的；产品开发人员可以与他们一同工作以期望发现他们接下来的问题。领先用户对产生新产品构思特别有帮助，因为他们的工作流程是“遇到问题——发掘原因——加以解决”，这个方法在下一章会特别强调。在运用领先用户分析时，产品开发人员遇到的一个问题是：怎么样识别领先用户。尽管这个问题要根据待研究的产品决定，但是领先用户还是呈现出一些基本的特征。在一项有关风筝冲浪的相关产品的研究中，Nikolaus Franke 和他的合作者发现了两个可以识别领先用户的特征：高期望收益和“位于趋势前沿”。这些特征将那些非常可能提出具有吸引力的商业创新的人识别出来。

不论公司是求助于一般最终用户还是领先用户，有一个重要的原则，就是询问顾客最终结果——问他们产品或服务能为他们做什么。但是，通常产品开发人员询问顾客他们想要什么样的产品改进。下面来分析一下它们之间的差别：顾客说他们想要低脂快餐、清淡的罐装浓汤以及无尼古丁香芋，但是他们不会去购买！有一个产品专家 Anthony Ulwick 建议产品开发人员要通过顾客“获得通知”。他提到，Kawasaki 在寻求改善他们最初的 JET SKI 时，询问了 JET SKI 目前的顾客他们想要什么。大多数人建议增加坐垫的填充物，或是做一些增加长时间骑乘的骑士舒适感的改进。没有人建议增加座位，而这个观点当然会提供他们期望的结果（增加舒适感）。当 Kawasaki 为 JET SKI 增加座位时，其他竞争对手已经这么做了，这样一来使得一时的领导者（the one-time leader）变成“我也是（me-too）”的竞争对手。讽刺的是，Kawasaki 当时也可以通过参考他们生产过的摩托车来得到这个构思！另一个例子请看图表 4—6。

图表 4—6　Cordis Corporation 如何将顾客期望结果的投入转变成创新

位于 Florida 的 Cordis Corporation 是一家医疗设备制造商，它想要改进血管修复术所使用的气球。他们与心脏科医师、护士、医院管理者和其他健康专业人士进行一系列访谈，以确认手术的前、中、后期阶段，他们想要的是什么样的结果。这些被访谈的顾客同意“降低血管阻塞复发的几率”是最需要重视的一项结果。这项陈述导致血管修复术支架的开发，该产品在当时成了史上成长最快速的医疗装置，在第一年内便获得了大约 10 亿美金的收益。其他期望结果获得了一些可能的细分市场：有些是被医师高度评价的“精准定位的设备”，有些是其他人想要的“加速完成手术过程”。

从与用户的直接交流以收集概念的过程中可以确定一个特定行业是否能够获益，我们只需询问顾客是否是“发烧客（inkerers）”。例如，牙医就是一例；内科专家和农夫也是。在这些行业中，参与者不只有好的构思，同时也有产品原型，甚至可能已经通过为他们的朋友做产品原型的方式着手进行形式的制造。

据报道，Chrysler 观察到，许多收割机的司机都要自己安装大型的水杯搁架，于是公司产生了在他们的 Ram 小卡车上增设 32 盎司杯架的构思。有时候观察顾客可以发现顾客留给公司去寻找解决方案的问题。一个 Chrysler 的工程师观察到他老婆努力地在小卡车上设置儿童安全座椅，这让他想到在火车座位系统中集成一个儿童车座。Chrysler 应用了这个设计，并且非常受欢迎。将你自己作为一个竞争对手产品以及自己产品的顾客，你同样可以发现顾客问题和需求。一家制造收银机扫描系统的公司，每年有几天，他们员工的工作就是变成结账的顾客，以便获得使用产品的真正感觉以及发现可能存在的问题。GM 要求他们的员工在洽谈公事时租用 GM 的汽车——但是如此一来却会错失在实际使用的情况下，将自己产品与竞争对手汽车比较的机会。

许多公司从新产品过程的最初阶段，便通过有效地让最终用户参与到新产品团队中获取他们对于新产品构思的投入（参见第 14 章）。如此的做法直接将他们的需求和问题搬上台面。但在有些公司中，他们不会等着顾客提出问题——而是直接动手做，而且原型会表达他们的构思。现今一个新的实例就是在信息科技领域中，特别是计算机和通讯产业，最终用户已经变得非常复杂了。

一些制造厂商

另一个能够指出好的构思可以从四面八方而来的简单实例，就是 Joe Boxer Corporation 创立者 Nicholas Graham 的案例。作为一个摇滚歌手他无法负担房租，所以他把脑筋动到有大胆图案的领带上。该产品卖得很好，而 Macy 百货提出那些图案印在拳击短裤上或许也会很好看。他便生产出来，而该产品也卖得很好（很显然的，不论男性或女性短裤），他很快地就变成一位百万富翁。

4.6 本章小结

第 4 章介绍新产品的概念产生。首先我们提到为概念的提出做好组织准备是管理层的任务。这包括了运用产品创新章程的战略引导方针，寻找和培训有创造力的人员，以及为他们创造一个能激励生产的工作环境。

接着是了解概念本身，它是什么、它不包括什么以及它是如何产生的。概念是由技术、形式和利益 3 个维度，并且通过向潜在购买者传递计划中的产品究竟是什么以及其是否有用来做测试。

在提到有两种能获得良好的新产品概念的途径之后，我们讨论其中之一，寻找已存在概念的方法。许多公司大量使用这个方法，而且所有公司多多少少都会利用这一方法。这里当然有一些法律问题，而本章最后概述一些可遵循的步骤来管理来自于最终用户、领先用户、新产品过程外部的员工等等的构思。

这为我们了解创造新产品概念的最困难方法（但至少目前为止是最好的方法）来做准备——基于问题的构思形成。这是第 5 章的主题。

4.7 应用实践

在你的面试过程中，公司总裁提出了更多的问题：

1. “你提到了 Nicholas Graham，就是他把五颜六色的图案印在拳击运动员的短裤上的。我那时无法想象这会这样，但是，一天晚上我乘 Virgin 的飞机到伦敦，该公司有一群人站起来，开始分发印有眼镜和微笑的黄色短裤。他们邀请所有人穿上，然后排好队在走廊里唱歌。不管你信不信，有许多人都这样做了。现在，我发现 Virgin 公司的英国老板也拥有了 Joe Boxer。因此，当你告诉我那个伟大的创意来自一个痴迷的购买者时，我不由得大笑起来。在我看来，那些伟大的短裤更像是代表促销的成功而不是创新产品。有 Joe Boxer 公司那样的营销人员，谁还需要那些伟大的新产品概念呢?”

2. “我们中有许多人试图从外部人员那里得到优秀的新产品创意，但是他们必须小心谨慎以保证其合法性。我回想起去年秋天在澳大利亚之行中发生的一些事情。当时我碰到了一个人，我们公司的职员称他为职业间谍代理人。他雇用了许多做过飞机的人来搜集国际航班头等舱中的趣闻，然后他卖掉这些信息，就这样他每年的收入都会超过 100 万美元！我想要知道应该在员工备忘录中提出什么建议，以便把竞争者偷窃我们新产品信息的几率降到最低。”

3. “公司内部的发明家难以对付。我们现在拥有一位物理学博士，她是一个真正优秀的聪明人，但是创新能力却相当糟糕。自从她 4 年前加入公司后，只有不到 11 条创意得以应用。尽管她的薪水很高，与其他研发人员共同分享年度红利，甚至去年她还得到了一笔 5 000 美元的特别奖励，但是她仍然觉得我们没有给她合理的奖励。坦白地说，如果我们没办法将她的创意与位置挂钩，我认为她会离开。你认为她会争论什么呢，如果我要这样做，应该如何安排呢？”

4. 在这个构思满天飞的年代，一位名叫 Reuben Ware 的人的事业确实令我非常吃惊。此人是 Georgia 州 Savannah 的家具室内装饰的退休工人，他重新激活了一个自己从未涉足过的商业领域——生产并销售具有特别配方的地毯香波。看上去他已经发明了一种配方，能够清洗地毯、衣服甚至窗帘上的任何东西（血迹、口红、污点，等等）。这种香波销售了一段时间后，就停卖了。但是人们强烈要求购买，因此，Rich 的超级市场便资助 Reuben Ware 开发了更多的产品。他说他已经给产品选好了名称，即 Aunt Grace's，因为他要给商标代理人按小时发工资，所以就接受了这个首先推荐的名称。当人们质疑他并不是个化学家时，他答道：“爱迪生是电工专家吗？”说真的，在当今世界上，除了昂贵的研发实验室的人之外，一个来自这些实验室之外的人，能够发明出比这个产业的任何一个实验室都更好的配方吗？在 Reuben Ware 的第 1 个配方于 1965 年问世以来，他是如何保持领先的呢？

4.8 案例：玩具产业的概念产生

玩具产业在近几年来有起有落。产业分析家通常会说玩具产业是最难预测的产业之一。这些年来，像是 Teenage Mutant Ninja Turtles 或是 Tickle Me Elmo 被认为是年度轰动作品。在 20 世纪 80 年代早期，Speak & Spell 是非常大的公司，主要是因为它塑造出了电影《外星人》的玩具。但接下来几年，都没有热销的玩具，竞争对手仅仅在销售旺季拼命工作。许多玩具产品只是短期内受到欢迎，这让事情变得更糟。虽然一些积木玩具（像是 Lincoln Logs）和图板游戏（像是 Monopoly）看似会长盛不衰，但孩子们会把许多其他的玩具视为是过时的。

在 20 世纪 80 年代期间，教育玩具市场开始升温。制造业者（已设立和新创立的）快速地设计电子玩具和单字卡卖给那些迫切希望他们的孩子在学习上领先的父母，像是专门生产教育玩具的新零售商 Enchanted Village，如雨后春笋般涌现。在 1990 年初，许多分析家说这个市场表现得就像是一个典型的达到顶峰的成熟市场。一位股票市场分析员把教育性玩具称为死亡之吻（the kiss of death）。“寓教于乐”这个词已走到尽头。喜欢在孩子的婴儿床前放置动画卡的狂热父母们，已经明显地减少，或者已经去尝试其他方法了。Enchanted Village 和其他的专业化零售商也因此都关门大吉。

能够想到的几部分原因是：一些教育家的热诚已经减少，开发人员有时候会产生产品是否正确的困扰，而儿童成长专家有时候告诉父母们应该让孩子自己去玩。也许更糟的是，玩具的基本用意（父母应当在他们认为孩子们在玩耍时，使用玩具哄他们的孩子进入学校）已不再发挥作用。由于孩子成长迅速，许多的寓教于乐的玩具当然不再具有娱乐性。

并非所有的教育玩具生产者都愿意认输。有一些制造商将他们的注意力集中在学龄前儿童身上，其他则是试图将真正好玩的玩具与教育性的人物角色相结合，像是Big Bird 及 Cookie Monster。许多竞争对手发觉到真正的问题是，他们很少能够找到一个真正的好构思。一旦他们找到好的构思，销售就会很好——平均一年教育性玩具占所有玩具销售额的5%，产生7.5亿美元左右的收入。然而，最大的问题在于，如何产生足够多而且好的新产品概念。

世界各地的业余发明家在一年中产生数百种有关于教育玩具的构思，并将其提供给玩具制造商。或许这些构思应该要更仔细的研究。除此之外，大型制造商拥有的员工可以提出上千种构思，这些构思来自于这些员工目前所在的生产线的生产。实际上，一些大型的竞争对手确实拒绝了所有来自于街头发明家的点子。他们觉得这些人通常高估他或她发明的游戏价值，而且他们拥有自己内部的玩具设计师，对于一项构思提供的教育及娱乐价值能够更好地了解。然而，这些方法总是有用的，正如一个制造商所说的，“看看我们身处何处!”

一位玩具开发人员说她想要从创新这个新维度入手——生产出真正有趣的、对孩子有足够吸引力的，并且有内在教育性的玩具。但是要如何做到，她并不知道。她知道不可能直接调查小孩们，询问他们有什么问题。如果能想出一个新的方法的话，她对于自己的创造力还是充满信心的。可以想象，具有创造力的人能够提出新的事物，包括创新的方法。

问题：假如你是一位要帮助玩具开发人员的创新顾问，那么你会如何产生满足玩具开发人员渴望的新产品概念?

第5章 基于问题的构思：寻找和解决顾客的问题

5.1 引言

第5章将讨论我们所知道的最有效的概念产生系统——从顾客那里发现问题，并提出解决问题的方法。这种方法看上去简单明了。问顾客他们的问题是什么，然后由一位科学家提出解答。但是，实际运作并非如此简单。

请顾客参与创新就很难，如果请他们来识别他们反映最多的问题就更加困难了，部分是因为他们通常并不知道问题所在。公司中的许多部门都可能会涉入，而不只是技术部门而已。你可能要回顾在第Ⅱ篇导论的图表Ⅱ—1，其简洁地描绘出针对问题进行概念构思的方法，以及这种方法如何与其他的收集新产品概念的方法相结合。

询问产品经理，你会发现他们很积极地在识别顾客的问题和想出如何用最好的方式解决问题，对他们来说，这样的工作是充满乐趣和令人兴奋的。试想一家玩具公司。最富创新的公司察觉到，公司不能只是询问孩子们，他们在玩玩具是否遇到过问题，而是观察在有很多玩具的房间玩耍的孩子，观察出他们缺少什么玩具，以及他们会如何处理（例如，使用箱子当作玩具车的车库。）

5.2 内部概念构思的完整体系

每一个构思形成都是针对特定的情况，而且会由于公司的能力以及公司的顾客、产品和可取得的资源等原因而改变。不过，一般认为，针对问题进行概念构思的方法通常是最有效的，而且能够根据实际状况来修改。

其步骤以图表5—1来表示。

这一流程是从研究当前情况开始，使用许多问题识别的技术，去筛选产生的问题，最后获得这个概念陈述（concept statements），然后进入评估的阶段。整个系统建立在多个小组的密切合作基础之上，主要是利害关系者，其中包含最终用户，当然还包括建议者、资本家、顾问，可能还包括建筑师、医师及其他专业团体，或许还包括经销商，甚至是目前的弃权者，必然也拥有对我们有利的信息。

回顾第2章，新产品失败的主要原因是缺乏对最终用户需求的认知。如果我们在开发过程，一开始就了解最终用户遇到的或是他们认为是重要的问题或需求，那么我们能对那些最困难的问题做出应答。幸运的是，今天的组织已经更接近其利益相关者。但是，对于高度机密的新产品，与利益相关者进行整合特别困难。因此我们要告诉读者应该怎样做，正如管理者如何让顾客满意的道理是一样的。例如，Martin-

Marietta 在美国维吉尼亚州的 Reston 拥有一个日本人称为“触角商店（antenna shop)”的展示系统，这个系统共有 33 个大功率工作站分布在该城市中，随时准备着接待用户前来参观、试用公司最新的软件，并告诉公司人员软件存在的问题，这些设施给新软件的开发提供了一个捷径。

图表 5—1　针对问题进行概念构思

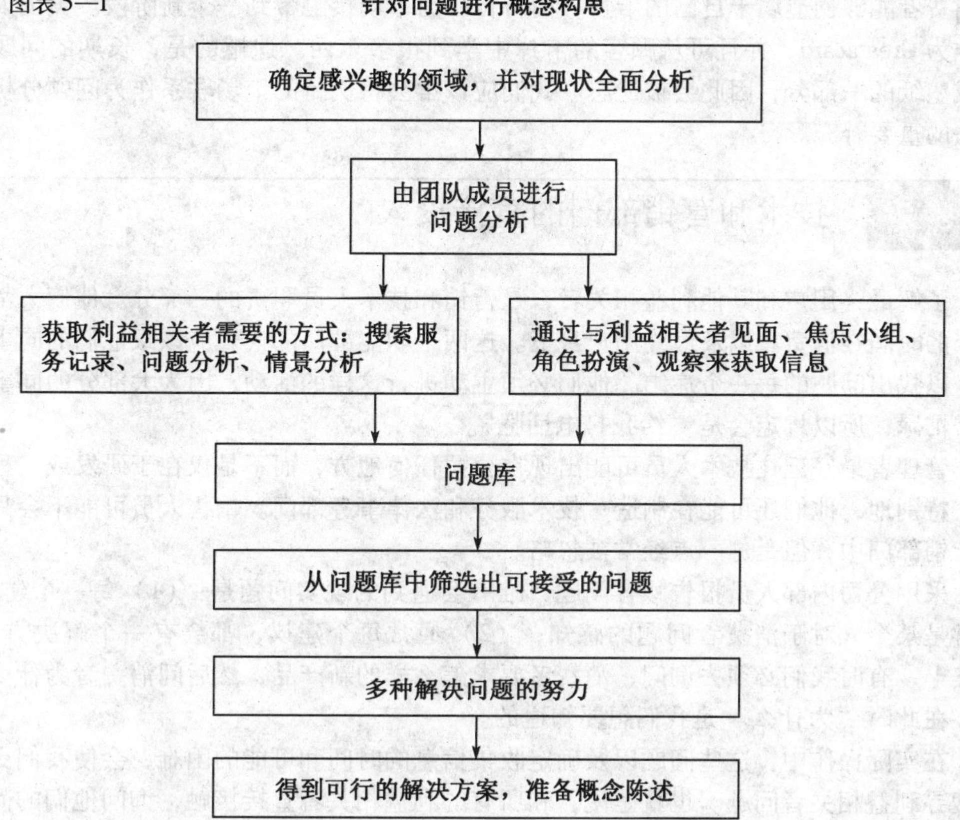

5.3　收集问题

图表 5—1 列出利益相关者需求和问题的 4 个来源：公司内部记录、技术部门和营销部门的直接投入、问题分析（problem analysis)、情境分析。

5.3.1　内部记录

通常，一个组织在市场中与用户及其他人的日常联系，是该组织了解利益相关者的需要和问题的最常见的来源。每日或每周的销售需求报告，是从顾客或技术服务部门的发现，例如经销商的劝告。销售文件中充满顾客与经销商的提议和批评，质量保证文件会显示问题所在。正如进行全面质量管理团队的工作文件一样，对顾客满意度研究是有用的。

工业产品的用户与家庭用品的用户通常误解产品，并将他们要追求的利益错误地投射于产品的使用上。投诉文件因此成为一个反映用户心理预期的一种手段。一个管理用户投诉的方法是热线或者是免费电话。这样的方法帮助消除批评的危险并且能够导致新产品的产生。最后，公司的研发人员真正地站在消费者的立场，直接聆听消费者的问题。Hallmark 和 American Greetings 通过在购物商场设置信息便利站（kiosks），让消费者能够创造属于自己的卡片，而将自己与市场接触带到一个新阶段。美国人称这样为 Createacard，并且可从顾客的卡片中学到很多东西。遗憾的是，长期的问题会变成壁纸的一部分，因此会被遗忘。我们应该学会将例行的市场联系作为问题分析的方法的重要补充。

5.3.2 技术和营销部门的直接投入

了解最终用户和其他利益相关者，是营销和技术人员职责的一部分。他们大都花多年的时间在消费者以及最终用户身上。这两个职能部门的代表应该跟他们的同事讨论，以找出问题的每一个症结。他们必须主动进行这样的活动，因为大部分的同事都非常忙碌，所以肯定会是“给我打电话吧”。

管理者最好记住技术人员可能出现在公司任何地方，而不是仅在于研发或工程部门，特别地，他们还可能在制造、技术服务和法律事务部门。销售人员可能不会只呆在营销部门中，但是这一点经常被忽略。

采用公司内部人员报告顾客问题，唯一会遇到的现实问题是：（1）每一个建议，通常是某个人对于消费者问题的感知；（2）通常每个建议，都会有一个解决方案。事实上，有时我们必须去询问，消费者要求怎么样的新产品，然后问消费者为什么需要？在此时“为什么”是我们想要知道的。

在实际操作中，这些问题以及确定收集信息的时间和可能的困难，会使我们更主动搜寻利益相关者问题。也就是说，和所有的利益相关者直接接触，询问他们的问题是什么和他们的需求是什么？虽然上述所有的市场联系和问题搜寻能帮助我们收集有用的问题，不过，在下面将讨论的问题分析中，将更多地采用与用户直接联系的方法。

5.3.3 问题分析

每一个产业、公司或著名商人的故事中，似乎都曾有过这样一个（或一些）关键时期，在这个时期中，正是他（他们）对其他人还没发现或感觉到的某个问题进行投资而产生了一项新的产品或服务。但是问题分析不仅只是单纯地汇编用户的问题。虽然，我们通常采用问题库（problem inventory）这个属于描述这类技术，但是，进行问题汇总只是个开始，分析才是关键。

就如同一家广告代理商主管曾提到：如果你询问群众，在一个新房子里面，你们想要有什么，并且问他们目前的房子有什么问题，你会发现两份清单有明显的差异。如果你之后观察他们随后的行为，你会更清楚地知道，他们的问题清单的预测力会比期望清单的预测力更好。用户会以现有的产品来说明他们的需求，然而问题并不是产品本身。因此，如果你询问你需要或想要洗发水具备什么功能，答案则会是清洁头发、柔顺头发等，这些答案会反应最近进行的产品推广情况。但是如果你询问“你头发有什么样的问题?”，答案可能会延伸到许多与洗发水无关的范畴（例如，发型或颜色）。请看图表5—2 的移动电话的例子，列出了在问题分析中我们要提问的内容。

图表5—2 **移动电话的问题分析**

这里有24个手机问题，出现在消费者的研究当中。看你是否能将这些问题归纳为少数几个问题。然后，选择一个最大的问题，它听起来对移动电话新产品人员最有建设性意义。

保持电话干净	天线折断
容易摔坏	面板折断
电池续航力不足	我的手臂和耳朵疲倦
能在黑暗中找到	铃声通常都太响了，但是有时我却听不到
在我谈话进行到一半时没电了	手机是易破裂的机器
对方可以听到我	我不能看到脸部和肢体语言
电话断线（电话没有理由地被终止）	当打紧急电话时，会慌张
很难寻找电话号码	有人会在半夜打错电话
其他人的声音传进又传出	电话不能接通
关节炎患者很难握住电话	铃声有时让人害怕
我有听到关于健康危害的风险，这些是真的	避免“如果你想要接销售人员，请按1”等等
不能夹在耳朵和肩膀之间	知道何时打电话给别人是最佳时间

许多最近得奖的产品设计，都是运用问题分析而来。其中一个案例如下，许多家庭提出关于烟雾和一氧化碳侦测器的几个问题：很丑的设计、很难关闭（如果不爬在椅子上的话）、讨厌的警报、在紧急时刻对于该如何应对缺乏指示。因而Coleman公司开发出一系列Safe Keep Monitors，具有精美的外观设计，同时加入容易触碰到的开关。这个一氧化碳侦测器在激活时，能打开一扇门以显示应急使用指南。(因此在出现紧急事件时，就没有寻找使用手册的必要了。) 当开发Aptiva这条计算机生产线时，IBM派遣研究员去取得家用计算机的图片。他们发现对家用计算机用户而言，不能占用太大的空间，因为家里的桌子通常比办公桌小。研究也表明，IBM并不是一个令人喜爱的家用计算机品牌。因此Aptiva S系列电脑进行了时髦的设计，将光驱、磁盘驱动器和电源开关置于在书桌上的机箱里，计算机其他的部分就隐藏在书桌里面。音响内置于显示器中，避免占用更多的空间，键盘不使用时，能收纳在屏幕下面的操作台。通过设计来解决实际上消费者问题，Safe Keep和Aptiva S种类在销售上都获得了很好的成绩。在一个公司对公司的应用中，Cemex（一个大型的墨西哥建筑材料公司）进行了顾客研究，并且发现了存在的潜在问题：顾客对货物不能及时送达工地非常不满。Cemex抓住了这个机会，并将自己重新定位为一个及时送达的供应者——水泥行业的一个虚拟“Domino’s Pizza”。分析这个以及之前提到的例子可以发现：这些都取决于高管是否鼓励新产品开发团队在搜寻顾客问题时，要跨出他们的日常领域。

一般的程序

在进行问题分析时，会有很多的变化。但是一般使用的过程是反向“头脑风暴”

法（reverse brainstorming）。在这个程序中，参与者列出一个目前产品在使用上出现的关键问题的清单，然后将这些问题整合和分类，这样可以让产品开发能专注于最重要的问题处理上。一般的方法陈述如下：

步骤 1

确认适当的产品或活动类型。如果产品创新章程的焦点陈述中已有用途、用户或产品类别，这一个步骤就不需要再做了。

步骤 2

在所确定的产品或活动的类型中，识别一组重量级产品用户或活动参与者。重量级用户容易对问题有较好的了解，他们也代表在大多数市场上大量的潜在销售对象。另一种方法是研究非用户，看看是否存在一个可解决但却让他们离开市场的问题。

步骤 3

从这些重量级用户或是参与者那里，收集关于此类别的一些问题。研究整个产品使用或活动的系统。这是早期提到的清单阶段，不过比起只是询问受测者然后列出他们问题的方法而言，涉及更多的活动。一个有效做法是要求受测者评估以下内容：（1）他们想要从产品获得什么利益；（2）他们从产品已得到什么利益。从两者差异中找出问题。抱怨是正常的，并且人们对新产品总是有很多的抱怨。这是因为用户密切接触新产品，也就是说，用户经常接触到新产品的各种小问题，以至于他们首先提到了这些问题。一些公司对实际使用特定类型产品的消费者或是公司进行了成功的观察，例如，观察正从山丘滑下来的滑雪者，或正在处理邮件的办公室人员。在这短暂的时间里，会有许多东西值得观察。

步骤 4

根据问题的严重性和重要性进行排序。可以使用的方法很多，但是一般的方式就像图表 5—3 所示。它使用：（1）问题的严重性；（2）问题发生的频率，这个“麻烦”的指标，可以通过用户对于当前能够解决该问题的方案的了解来调整。这个步骤可以识别出对于用户来说是重要的，而目前还没有解答的问题。

图表 5—3　**评估问题的技术**

下面是宠物产品的制造商所发现的宠物主人的问题的简短清单。

问题清单	A 问题发生的频率	B 问题是令人困扰的	C A × B
需要经常喂食	98%	21%	0.21
有跳蚤	78%	53%	0.41
毛发脱落	70%	46%	0.32
产生噪音	66%	25%	0.17
孕育不想要的后代	44%	48%	0.21

在电影院内，糖果包装纸的噪音是一个存在多年而未被解决的问题。NBC《今日秀》的 Gene Shalit，在节目中抱怨糖果包装纸的爆裂声。Hercules 公司的一位经理，听到他的抱怨，便询问实验室是否能制造出无声的糖果包装纸。聚丙烯就是这种糖纸的材料，它同时还具备耐热性、防水性和不透气的功能。

Toyota、Mitsubishi 和其他汽车制造商最近重新设计他们的 SUV 车的发动机，以便提升对美国市场的吸引力。通常，这些改变发生在先前 SUV 车款销售失败之后。Toyota 的 T100 车在美国销售状况不好，消费者研究认为主要的原因是这辆车看起来太小。全尺寸的 Tundra 有完整的 V8 引擎和足够大的乘客空间容纳“戴超大牛仔帽的乘客”问世了。

H. J. Heinz 公司注意到小朋友是番茄酱的重要的消费者，所以对小朋友进行研究来找到改进番茄酱的方法。并且在包装的重新设计上有一些大幅变动：采用更软、更易弯曲的挤压瓶能够挤出细条状的番茄酱（以便吸引小朋友）。真正的突破点来自于直接对小朋友进行询问，他们回答“想要有不同的颜色”。很明显，没有一个大人想到要改变番茄酱的颜色（番茄酱自从 1876 年 Heinz 大量生产后，就是红色的。）令人惊讶的是，小孩子喜爱的颜色，竟然是大人所讨厌的绿色。通过调整颜色，Heinz 提出一个值得关注的新产品概念：在 2000 年秋天，推出红色的 EZ Squirt 番茄酱及绿色的 Blastin，该产品在市场受到年轻消费者的狂热欢迎。Heinz 在第一次成功之后，又推出紫色的番茄酱。（对于一开始持怀疑态度的家长，Heinz 在所有的 EZ Squirt 彩色番茄酱中添加了普通番茄酱所欠缺的大量维他命 C，于是获得认同。）

使用的方法

问题分析的一般结构依然涉及如何去收集消费者的问题清单。应该有许多可以运用的方法，但是这项工作进行起来确实困难。消费者/用户通常难以把问题很好地表达出来。还有，即使了解问题，用户可能不想用言语来表达（有许多理由，包括害羞）。在新技术中，人们研究出许多复杂方法来专门处理这些问题，这些将会在第 6 章讨论。

专家

我们已经提到向专家求助——把他们作为最终用户的代理人，这是基于他们在该产品类别的研究经验。专家可以是销售人员、零售商，支持产业的专家——建筑师、医生、会计师和政府当局与贸易协会的人员等。如动物专家提出大象的管理员在修剪这种大型动物的指甲时，可能会在无意中被大象压死。所以在今日，Elephant Hugge 提供服务，先抓到大象，让大象滚到一侧并固定起来，此时再由照顾者修剪指甲。之后据此也有创新者想到束缚长颈鹿的装置。在另外一个例子中，芬兰的 Nokia 拥有 8 000人的研发团队，经理人则从事收集无线通讯的环境信息和确认主要目标的工作。这有助于 Nokia 在该市场通过引入创新和成功的新产品来获得持续增长。

公开的资源

如同前面所提到的，公开的资源通常是有用的——如产业研究、公司自身对合作项目的研究、政府报告、社会批评者进行的调查，以及大学的科学研究等。

接触利益相关者

第 3 条途径也是最有效的是，通过访谈、焦点小组、直接观察或角色扮演，来询问家庭、单位或公司/产业顾客。

访谈

目前最普遍的方法是进行一对一的访谈。这可以是一种大规模、非常正式并且科学的调查。也可以是与领先用户进行讨论，我们在第 4 章已经讨论到概念产生的方法。领先用户通常是最先感觉到问题的群体，并且，部分会去回应这个问题，也可能会在商业访谈中跟一些关键客户朋友们交谈，因为一个问题的陈述可能会只来自一个人，然而它对我们来说是非常重要的。电话访谈也是取得新产品概念的一种快速有效的方式，能让我们确保目标受测者（例如，专家或一位高层主管）能认真回复，而不是一分钟的草率填答。许多最终用户对于他们所使用的产品并没有想很多，通常只是将这些产品视为生活的一部分。在商展中或是电话中一个很普通的讨论都能让顾客重新思考，进而想到平常不会想到的部分。

焦点小组

焦点小组（focus groups）是用来进行探索性及深度探询的问题讨论方法，不但容易进行，而且不需花费昂贵成本。如果出现错误，也没有实质的影响。如果在案例中，我们不去寻求事实或结论，而只是讨论问题所在，那么焦点小组方法就能有效鼓励他人说出平常不愿意在一对一访谈下说的意见。当在这个小组中的某些人已经承认他们自己也有问题时，那么要他们谈论其他人的问题就更加容易了。但是，即使是只进行一场焦点小组访谈，它的成本计算也有一定的欺骗性。典型的一场焦点小组访谈花费的成本从3 000 到10 000 美元。即使成本是在3 000 美元，在一场两小时的10 人座谈中，每一个参与者都会有十分钟的谈话时间。因为人均成本是300 美元，换句话说每一分钟谈话值 30 美元，或一个小时值 1 800 美元，所以这场座谈真的非常好。虽然焦点小组的方法是常用的，但是结果并不是总是成功的，甚至通常都是失败的。焦点小组是一种质化研究（qualitative research）方法。与传统的调查不同，焦点小组依靠深度的讨论，而不是数字上的研究。在问题分析时，一个焦点小组应该要被问到：

真正的问题是什么？也就是说，如果这类产品不存在的话，会怎么样？

目前焦点小组成员对于这类产品的态度与行为是什么？

焦点小组成员所要的产品属性与利益是什么？

他们的不满、问题以及需求是什么？

他们的生活方式中正在发生哪些与新产品类别相关联的变化？

在一个典型的例子中，Nissan 进行 8 到 15 岁美国儿童的焦点小组访谈，希望得到一些有关储存空间、水杯架、及其他特征的构思，以作为预定在 2003 年市场导入的小型房车设计的一部分。

其他帮助保证焦点小组研究结果有用性的建议，是去邀请科学家及高层主管到讨论会中，而且避免某些称为“祈祷”小组（prayer groups）的人参与。经理人坐在镜子后面祈祷听到他们想听的意见，而不是真的在聆听用户的谈话。必须保证焦点小组的人数规模，这样才能保证获得成功的互动与协同，而且别指望焦点小组成员会喜欢你的产品！焦点小组的主持人知道不能够让座谈冷场，要让参与者觉得舒适，并且让他们自我介绍——根据经验，对待参与者要像对待在舞会中的陌生人一样。主持人必需真心地喜欢与人互动，问一些避免冷场的问题、分享自己的经验与作法，以便让参与者放得开与产生信任感。

观察

观察法源自于社会科学研究，其中包含观察顾客（或非顾客）在他们所处的环境中如何使用产品。摄影或是拍照有时候会被用来纪录观察到的数据。新产品团队仔细地观察动作、肢体语言等等，并试着去解读顾客的需求与需要，而新产品的构思也许能够满足这些顾客的需求。

在为化学产业发展一个革命性的手持设备时，Fluke公司参加了化学产业的商展以及顾客的工厂，直接与最终用户进行非正式的谈话（机械工程师）。这个技术在业内被称为“飞上墙头的研究（fly on the wall）”或“生命中的一天（day in the life）”的研究。在另一个例子中，Ziba设计公司注意到人们在使用专门清洗窗户的橡胶滚轮时，都是握住横杆的地方，而不是它的握把。因此，这个公司设计出一款新的无握把式橡胶滚轮，只留有一个圆形的支架以便于拆除橡胶。

当Ford公司在重新设计其热卖的SUV Explorer时，派遣设计师团队到停车场去观察人们如何使用他们的车辆。这些研究者的职务有点像那些观察动物自然生态的动物学家，事实上，这份工作在业内被喻为是“大猩猩研究”。在许多构思中，这个研究建议将Explorer改造得更容易进入车内。同样的，Honda的工程师以及高层主管拜访那些拥有Ford SUVs的美国家庭，他们惊讶地发现许多家长将他们的小孩以及邻居的小孩放在前两排座位，而将狗则放在第三排座位。如果这个研究在日本进行，那么研究者就不会了解美国人对狗的热爱，而可能因此将乘客空间做得太小。

角色扮演

虽然角色扮演在心理学长期被用来增进创造力，但很少有证据显示它成功地用于新产品构思的产生。这个方法在产品用户不能将他们反应具体化或用语言表达出来的情况下可能会有价值。当消费者容易情绪化而导致他们不能或不愿表达自己观点时，这个方法也应该有价值——例如，在个人卫生保健领域。

遗憾的是，虽然用户是构思形成的最佳起点，问题分析的方法也被广泛采用，但是多数的公司仍然未拥有系统化的制度，来充分利用这个来源。例如，Levi Strauss在1837年从内华达州的一位用户身上，得到使用铆钉牛仔裤的构思，人们一定想知道为什么会这样。

另外一个产生概念的方式是利用产品功能分析（product function analysis）。产品能够用两个词来表述，一个动词，一个宾语（例如，牙膏在“清洁牙齿”）。思考动词与宾语的结合可以产生一个新产品功能。利用这个方法，可以产生上百种的两个字的迷你概念（mini-concepts），通过计算机展示给受测者，并让其根据兴趣进行评估。这样，就能识别出评分最高的概念，然后进行深度访谈，进一步去探索感觉与构思。食品加工产业在应用此方法时，许多新奇的迷你概念产生（欢乐食物、触觉食物），然而也有许多是非常差的概念（海绵食物、蒸发食物）。为了进一步发展这些概念，需要了解这些迷你概念受欢迎的原因。

5.3.4 情景分析

到目前为止，我们已经谈到公司的技术和营销人员寻求在顾客问题上的构思，也谈到搜寻许多档案和顾客记录以发现到顾客关心什么，讨论了问题分析方法的原理和应用。第4种显示在图表5—1的常用方法——情景分析（scenario analysis）——也会产生效用，因为我们所要发现的理想问题是一个顾客或最终用户现在自己都不知道的问题。就像冰球明星 Wayne Gretzky 所说的“我不是滑往冰球所在的位置，而是滑到其可能在的位置。”相同地，我们也要领先顾客一步，预测到他们的问题。

未来的问题，将会是个好问题，因为大部分我们在访谈和焦点小组中发现的问题，也已经告诉竞争对手和任何一个想知道的人。商品与服务的供应商一直致力于发现未来的问题，例如易碎的乐谱架和浴室镜子的蒸气。我们有时间去解决一个未来的问题，一旦时机成熟就可以将已有的解决方案推出到市场上。

遗憾的是，最终用户通常并不知道，他们未来的问题是什么。而且他们通常并不十分在意，至少目前不会。所以在访谈中他们并没有多大的帮助。这就是为什么情景分析有价值的地方。接下来，我们就来讨论它的基本原理。

如果我们描述 20 年以后的公寓生活，我们可能会看到公寓有了许多的窗户，阳光洒进来。如果家具制造商进行这样的情景分析，分析家就能够立即发现一些问题，例如，这些公寓居民会需要：（1）新型防日光的室内装饰品；（2）新型的椅子，能够让住户继续社交与饮食活动，并且享受阳光照射带来的益处。

情景分析的流程很清楚：首先，描述一个情景，第二，针对用户的问题和需要，研究情景，第三，评估这些问题，并开始尝试去解决最重要的问题。理想的情况是一个“标准化的描述”，也就是，必须像一个故事：描绘一个清楚的未来状况的图像，包含“情节”或是一连串可信的事件。描绘一个情景并不直接产生一个新产品的概念，其只是那些必须解决问题的来源。事实上，如果能描述许多未来情景，通常对概念的提出是非常有用的。然后有创造力的人员能够将注意力放在最可能的情景，或是可能尝试一个多重涵盖战略（multiple coverage strategy），并且针对每一个可能的情景，都有一个专门的战略来加以应对。汽车制造商如果对未来主流并不清楚，可能会同时发展许多不同选择方案的引擎技术（汽油/电子混合、氢电池等等）。

情景（Scenarios）有许多不同的形式。首先：（1）拓展当前，来了解未来可能会如何；（2）跳进未来，然后选择一段时间进行描述。两者都使用目前的趋势进行一些拓展，当然，跳跃方法并不受限于这些趋势。例如，（假设）一个趋势研究可能为：目前，房屋拥有者正以每年 0.9% 的比率，从个人套房转换至公寓大厦。如果这样的趋势持续 20 年，这样将会使用 700 万单位的公寓大厦，即意味着在主要公寓大厦领域需要 25 万个汽车旅店，以容纳这些无法留宿在亲友小套房家中的访客。这种乌托邦式的思考方式有时会被使用。相反地，一个跳跃的研究可能为：描述在 2020 年在德国的主要城区的生活，并与在同样背景下的法国生活进行对比。

跳跃式研究（Leap studies）可以是静态或是动态的。在动态跳跃式研究中，焦点是在如果跳跃情景真的发生，现在和随后将会发生什么改变——过渡时期是有意义的焦点。在静态跳跃中，我们并不关心是如何达到那个情景的。图表 5—4 显示一个和汽车经销商有关的一段动态跳跃期间，在这个期间结束时，假设汽车经销商提供的服务已经不再有问题了。跳跃式研究打破了现在和未来的时间界限，以快速产生达成这个理想条件的技术突破。作为另外一个例子，一个专业预测者对于 21 世纪的技术与我们生活形态做了许多大胆的预测（见图表 5—5）。这些预测可被视为在不久的未来的跳跃情景：这些情景（如果不会过于牵强）可能提供许多新产品的机会。（有哪些是给你的建议？）

图表 5—4　　动态跳跃情况的关联树模式

跳跃式分析开始于图表顶部（它代表了未来某个时期的理想状况）。由此向下分解，每一层都描述了达到它的上一层的对应条目所必需的条件。在关联树中，将所有的分枝向下分解直到已经存在这样的条件。在分解过程中，如果某个地方（也就是在那个分枝上）还不存在这样的条件。那么，它就提供了在今天进行产品创新的机会。在下面这张图中，只有几个分枝是完整的。对于一些企业来说，这很明显地存在一些机会，他们可以为汽车经销商开发更好、更便宜的诊断系统以供其使用（下图中的分析仅作为示例）

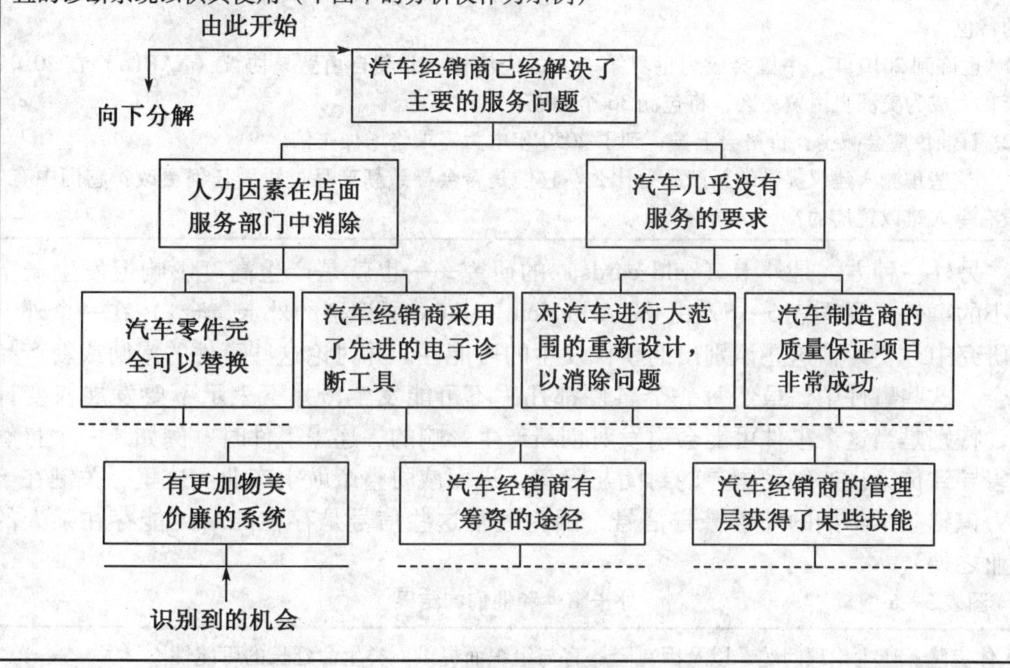

图表 5—5　　一个专业预测者对 21 世纪的观点

Graham Molitor 是一个专业的预测者，他依靠许多的来源来发展他的预测：普查文件、政府统计资料、贸易期刊和类似的出版品、周刊新闻杂志，以及他自已 40 年的经验。这里有一些他预期的 21 世纪趋势和预测：

1. 对通讯的投资会让更多的人在家工作；在 2020 年远程办公和视频会议会大幅度地取代面对面的商业会议。

2. 2011 年的微处理器芯片，性能会比在 1990 年代的芯片强一百多倍。在这个时候，卫星传送会成为广泛使用的传输模式，意味着发展中国家不用投资在硬件线路的基础建设。

3. 互联网的使用会继续快速地成长，美国人花在计算机上的时间，会超过电视。手持可视电话在 2005 年会达成商业化。

4. 医学技术的突破将持续发生：改进的克隆技术会延长人类生命，电脑控制的健康监控器将小到可以随身携带。

5. 与健康和生活形态有关的伦理和社会问题将会继续的盛行：这些包括安乐死、克隆、基因交换与生命工程。

6. 传统核心家庭将成为过去式。到 2020 年平均家庭的人数会下降到 2. 35 人。

续表

7. 到2050年，超过1/4的美国人口会超过65岁。大字书、有声书以及能被灵活度差的人所驾驶的汽车会变得普遍。 8. 到2100年，欧洲裔的美国人口会减少而成为少数群体（也就是少于50%的人口）。通过移民的增加，持续地引发多样性和多元文化论。 9. 在遥远的未来（2200年到2500年），生物工程学和相关生命科学产业，会代替观光业成为美国主要的吸纳劳动力的产业。 10. 制造业进一步全球化，更多资本密集产业的外包，以及更多的电子商务将成为商业和工业的特色。 11. 也许到2010年，中国会成为世界第一大的经济体。北美自由贸易协议（NAFTA）在2010年扩大成为美洲自由贸易区，将包涵36个国家。 12. 石油供应会减少，价格会上扬；到了2050年电力需求将增加4倍。 这些预测所建议提供的新产品是什么？它们是否会导致新产品过程做任何更改？它们中有没有令人难以置信的？

另外一种方式是外卡（wild cards）的研究——也就是产生高度影响但发生概率很小的事件（见图表5—6，由 the Arlington Institute 所识别的外卡集合。）在一个外卡的研究中，要评估这些识别出的事件发生的可能性，并讨论这些事件的威胁或新产品机会。这些事件中，虽然每一个事件都几乎不可能发生，并不表示不要发展权变计划，特别是当这个事件可能会引发对创新产生影响的一连串事件时。例如，一个自然灾害导致传染病，触发国界的封闭与隔离，进而威胁整个航空产业。这里，关键在于努力识别一个早期的外卡警告信号，因为通常这些信号是存在的（可能存在某人的专业之外）。

图表5—6 **外卡事件和他们的结果**

人体克隆：产生伦理问题，以及因克隆器官与组织而提供人类生命延长的可能性。 **无碳政策**：全球变暖可能会造成政府对矿物燃料采取高税额制，提高对其他替代能源的需求。这样改变了在替代能源研发投资的分配，可能造成新“能源致富”国家的产生，以便给每个人较干净的环境。 **利他主义者的爆发**：这是一项普施善行的活动——解决社会问题，而不是只将它留给政府。学校和其他机构会因为社区行动而复兴，也许城市能够重新获得活力。 **冷核聚变**：如果一个发展中国家能获得这项免费的能源，将会一夜繁荣。通过成为能源输出国，这个国家将获得更多的优势。 **在这项研究所识别出的其他外卡**：包括美国内战、大都市贫民区造反、电脑黑客勒索美国联邦储备系统。西方国家的分裂、联合国的崩溃等黑暗面。幸运的是，也许这些都不会发生，但是这些可能性不应该被忽视。

情景分析能培养优秀的学习能力和洞察力，但是很难做得很好。一个良好的情景分析应该遵循以下这些指导原则：

1. 把握现在。参与者必须对现在的状况和动态有很好的了解，否则他们对未来的想像会不切实际或对构思的产生不是真实有效的。

2. 简化。参与者可能很难理解真正复杂的情况。

3. 仔细选择小组成员。一个小组有6个人，拥有对立或是互补的观点与先前的经验，会运作得比较好。

4. 执行 8 到 10 年的预测。如果时间太远，参与者会进行猜测。时间不够远，参与者只会将目前的状况进行延伸。

5. 定期总结。这样能保持这个小组运作正常，避免产生矛盾。

6. 结合造成改变的因素。情景不能由一个因素而决定。

7. 在最后，检查适应性或一致性。

8. 一旦完成情景分析，要制订计划以多次使用它。因为情景分析可能会很昂贵。

9. 重新使用小组。他们进行越多的情景分析，就越能乐在其中，做得更好。

5.4 解决问题

一旦识别出一个重要的用户问题，那么我们就可以开始解决。大部分的问题都是由引导概念产生工作的新产品小组成员解决。从他们听到问题的那一刻起，就本能地去解决这个问题。并没有任何方法能够量化或描述他们使用的方法，这些方法大部分是来于直觉。对于小组来说，一次解决一个问题大概是最好的方式——否则在现实世界如果谈论太多可能会造成困惑并且使沟通更加困难。

许多的问题被汇总到技术部门以发掘系统性解决方案。在这里，科学与直觉是最有效的。有些公司认为必定要通过研发或工程来解决问题，要解决问题则需通过某种特殊的技术。一个公交线路的问题可能通过增加公共汽车数量来解决，而一间银行可能会通过借款来解决问题。除了技术人员以外，营销人员的创造天分也经常同时被运用。

要特别注意的是，必须要仔细地具体指定问题的本质，以便于找到一个完美、创新的解决方案。据传闻，P&G 的产品开发人员花了数月的时间努力去解决一个问题“我们怎么用一个绿色条纹的肥皂来从 Irish Spring 那里抢回销售额?”他们将注意力专注于一个新问题上，“我们怎么能使这个肥皂的外观在清新、造型以及颜色方面都优于 Irish Spring?”最后开发出 Coast（一种蓝白色螺旋状，更加椭圆形的肥皂），并且取得胜利。

5.4.1 小组创造力

新产品人员用个人的努力来解决问题，但是大部分人认为小组创造力（group creativity）更有效。部分科学家认为这是不正确的，过度夸大了小组的协作能力。一般而言，个人比小组更能掌控真正的新构思，并且较容易找到解决问题的本质。有些人认为，小公司会比大公司更具创新性，是因为小公司通常都不使用小组创造力。

回到 1938 年，广告 CEO Alex Osborn 写了一本有关头脑风暴（brainstorming）技巧的书。所有的小组构思形成技术被开发出来，即使在当时这些只是他构思形成过程与具体化构思的副产品。一个人表达一个想法，另外一个人对这个想法做出反应，而另一个人再对这个互动做出反应，如此一直持续下去。这种表达/反应的连续动作赋予小组创造力新的含义，后来开发出许多不同的技术仅仅只是改变构思表达出来的方式或如何做出反应。

5.4.2 头脑风暴

就是因为头脑风暴这个名词深深融入了我们的语言里，因此才会被滥用。对于新产品人员来说，对于不好的头脑风暴有所认知是件好事，因为不好的头脑风暴真的没有效益。IDEO 设计公司的 Thomas Kelly 制定出了几条使头脑风暴法更有效率的原则，包括：（1）记住规则（努力获取大量的构思，不急于下结论，不允许讥笑）；（2）限制数量（在 1 小时内你能碰到 100 个构思吗?）；（3）跳出小组并重新建立（当小组达到了一个平稳阶段，组织者应该提出一个新的方向）；（4）具体化（在 Carpet Flick 案例中，用各种零碎物品建立产品模型和原型）。

在过去 20 多年的时间里，问题解决实务的最大变革是将头脑风暴法与其他创造的工具加以结合使用。我们仍然试图去避免火箭筒效应（陈述一个只为了让某个人认同的构思），但也要避免把上百种“构思”胡乱涂在众多图表上。就如同一位团队创造力者的说法，画架上的图标应该是“充满着意大利面”——许多亮眼的构思都有许多缺陷，头脑风暴通常只能让你将那些在脑海里的所有东西倒出来。相反，小组的深思熟虑是探索性的，以一个具有建议性的观点进行评估，时间较长（与 20 分钟的头脑风暴会议相比），并且能够提出一些明确的、看起来可行的解决方案。IDEO 设计公司利用头脑风暴结合“lickety-stick”原型开发技巧（见第 2 章）来加速创新。

目前有许多方法都尝试与“头脑风暴”的基本概念相联系，它们在某些方面进行了修改以克服头脑风暴中存在的问题。在头脑风暴中，参与者画出而不是用文字写出他们的构思。某些证据显示，当出现新构思时，头脑风暴可以帮助参与者将先前的构思进行组合。其他常见的技巧请参见附录 B。

5.4.3 电子头脑风暴与计算机辅助创造力技术

尽管头脑风暴很普遍，但是它还是有许多缺点。除了一次只能有一个人说话，还可能产生集体偷懒（social loafing）。再者，某些人可能还是担心因提出不受欢迎的构思而受到批评。电子头脑风暴（Electronic brainstorming），一个由小组支持系统（group support systems，GSS）软件所辅助的头脑风暴形式，它可以克服传统头脑风暴的限制，因为它们允许所有参与者一次同时回答，同时可以匿名回答。

GSS 支持的头脑风暴会议可在一个装备有计算机终端互联网的场所举行。参与者坐在终端前回答由使用 GSS 软件主持人所提出的问题。GSS 软件收集所有参与者的回答，然后再将他们的回答投射房间前面的一个大型屏幕上，或是显示在参与者的计算机屏幕上。这样，参与者看到回答激发出更多的构思并引发随后的讨论。GSS 同时也会自动记录所有的会谈，因此不会发生任何的遗漏或抄写的错误!

GSS 也不会受到单一地点的限制。GSS 可以同时在许多地点进行活动（通过计算机连线或是视频会议）并且控制数百个小组。GSS 在举办会议上变得更加地受欢迎，而有越来越多的证据显示，在效率与提出独特构思的产出方面，电子头脑风暴比起传统的头脑风暴有更好的绩效。

有越来越多的公司都使用计算机软件，例如 Mindlink、Mindfisher、和 NamePro 来帮助他们产生构思与管理的创造力活动，同时也将它们应用于其他创造性的任务上，例如品牌名称的产生及挑选。即使它们的形式各异，但它们大多是从词汇、短语或是图片的大型数据库中进行挑选，并鼓励用户进行横向思考（收集不相关的想法，并且试图将它们与手上的问题相联系）。这些软件大都非常简单并且容易使用。而且许多也可以在 GSS 下使用。

5.4.4 跨领域小组

几家处于领先地位的新产品咨询公司认为，创造力小组应该致力于去解决问题，而不是只是谈论问题，特别是在需要显著创新的情况下。他们的方法是将所有相关领域的专家一起找来，并且让他们讨论问题，就如同跨领域小组（disciplines panel）。一个研究包装新鲜蔬果的新方法的小组也许包括家庭经济学、心理学、营养学、医学、生态学、罐头制造技术、营销、塑料制品、化学、生物学、产业工程、农业、植物学以及农业经营学等专家代表。跨领域小组也许也包括外面的专家。一个洗发香波产业的小组原本将注意力放在顾客的一项需求上：如何让护发剂能够真正改善头发的分叉。其中一位研发人员发现，现今所有的产品都能够做到这点。这个意外的评论，让大家转而将新产品的重点放在其他产品忽略的部分，并且最后的这个新产品十分成功。

5.4.5 实用的提出概念的技巧

本章提供许多能够使用来产生概念的创意激发技术（creativity-stimulating techniques）：附录 B 提供更多的技术。在这整章，我们提供了许多公司成功使用这些技术的例子。这里还有一些最近的例子，展现了一些被成功运用但或许不太普遍的其他技术。

1. 使用道具

Life Savers 公司想要开发新口味的产品。它聘请的顾问将一个房间放满水果的样本、各种香水及数十种味道的冰淇淋，进而开发出该公司的 Fruit Juicers 生产线。而 P&G 的 Duncan Hines Pantastic party 蛋糕则来自一场将贺卡作为使用道具的构思激发会议。

2. 角色扮演

Bausch and Lomb 的聚合物技术部门，让一对高层主管分别扮演眼球和隐形眼镜，而产生将缓冲材料涂在镜片表面的构思。在进行这个角色扮演时，演员必须要去思考如何让隐形眼镜不要伤害眼球。

3. 仿效自然

山羊吃自己的排泄物并且排出一颗颗小球状的大便。这个现象激发了 Whirlpool 开发垃圾粉碎机的灵感。

5.5 本章小结

第 5 章我们开始讨论许多由概念创造家所开发出来的技术。最通用的方式是基于“发现问题、解决问题”的范式，需要公司内许多人和利益相关者，以及公司外部的其他人的参与。然后，我们看到许多用来界定问题的技术。这些包括（1）技术和营销部门的投入；（2）销售电话、产品投诉、顾客满意度研究等内部记录的搜寻；（3）最终用户和其他利益相关者的问题分析；（4）了解未来问题的情景分析法。要能发现问题，才能解决问题；不管是在办公室或是在实验室，大多数都是通过个人的思考和分析。有许多技术都叫做小组创造力；这包括很多种方式，但是大都是头脑风暴的变化形式。

接下来，我们将讨论一些称为属性分析的方法，这些方法存在多年，当营销经理等着接收“问题——发现——解决”方法所产生的果实时，这些方法用来帮助营销经理寻求改进。这种概念产生方法先从形式（form）开始，接着看看这形式是否有需求（need），然后再开发这形式所需的技术（technology）。

5.6 应用实践

在你的面试过程中，公司总裁提出了更多的问题：

1. “我最近碰到佛罗里达州一所大学的校长，他曾经对硅谷一些公司新产品运营进行过专门的研究。他对所研究的工作没有太多的印象。他说，销售代表们被反复地告知要从用户那里得到建议，并把建议形成报告。但是，结果却是什么事情都没有发生。很明显，负责销售和营销的上一级的经理们很少和用户联系，也不利用销售人员与用户进行联系。我应该如何确信我们公司的众多分部中不存在这种情况，你对此有何想法?”

2. “我个人喜欢观察趋势并从中预测一些新产品。举个例子，看看你在创造性思维方面的表现。这里有一些我最近在刊物上注意到的趋势，你能从每一个趋势中想出 2 个可能的产品吗?”

a. 崇高的目标总是会让位于真正的个人愿望；很少有社会学意义上的全球一体化，焦点总是关注内部；对许多社会项目（例如环境主义）的支持明显地处于衰落。

b. 散装食品呈现快速增长，比如我们自己吃的桶装食品，同时，在外吃饭呈现压倒性的趋势（家中没有食物准备）。

c. 美国电话电报公司告诉人们，长途通话将很快消失。所有的电话将按距离和时间来收费，即使在同一个城市内也是如此。通话将比现在便宜，实际上，许多通话将以数字形式通过计算机网络进行处理。

d. 生活越来越围绕着名人——体育界、电视节、政治界等等。人口是如此庞大，以至于人们只能认识那些著名的面孔和名字。他们所做的一切都让人感觉有趣，并吸引上百万的人们广泛参与进去。

3. “我相信问题分析法——因为那是核心，但我却一点也不喜欢那些焦点小组。去年我参加过一次这样的小组，所有的人都在聊天，看起来毫无作用。第二个人结束之后，我询问了主持人，她承认存在有许多‘漫游’。她继续谈论了我们所发现的知识的精华——一般威胁，我想她确实说了。可是说实话，那难道不是地地道道的鬼话吗？然而，她说她认为焦点小组在东欧将会特别有用，那里有很多商机，我们必须保证抓住最为关键的机会。我在想，我们的瑞士卡车分部需要利用焦点小组来帮助他们并为东欧开发出新设备吗？”

4. “我想，你对 PDA 了解很多。你是否能以 PDA 市场为例，与我一起进行问题分析？我们的电子分部正要进入 PDA 市场，在这个市场上有一个直接竞争对手 Palm 公司，我非常急切地想请你看一看我们还有哪些问题没有得到解决。”

5.7 案例：Campbell 的 IQ Meals

在 1990 年，Campbell Soup 毫无疑问是美国汤类产品制造商的龙头，拥有 75% 的市场份额。然而，浓汤的销售量下滑了，所以该公司的高层主管正寻找相关市场的成长机会。像是 ConAgra（Healthy Choice 的品牌）和 H. J. Heinz（Weight Watchers 的品牌）的竞争对手在他们强调饮食利益的冷冻食品生产线有很大的销售量与利润，这似乎是一个让 Campbell 产生新产品构思的好市场。

此时，美国大众开始对饮食与疾病预防之间的关系产生兴趣。每天似乎都会发现一种食物对健康有益，而引起如燕麦麸横扫全国的风潮。Campbell 的研发部门很快地转向饮食与疾病间关系的研究，并把重点放在了那些可以预防像是糖尿病或是心血管疾病（包括高血压）的食物上。5 800 万的美国人有心血管疾病，另外 1 600 万的美国人则有糖尿病，所以将注意力放在这个方面似乎很合理。很快，初步的构思产生了：那就是一条具有医疗功效的食品生产线。这个初步的构思还需要更进一步地发展。

发展一条食品生产线的挑战在于，不只是扮演预防疾病的角色，也要能被美国大众所接受与采用。Campbell 的技术长 R. David C. Macnairru 博士建立一个由最好的营养师、心脏疾病及糖尿病专家所组成的顾问团队（advisory board），这些顾问可以用科学的方法分析新产品。在那时，Campbell 的 CEO David W. Johnson 百分之百赞成这个具有医疗功效食物的构思，他说这构思具有“爆炸性的潜力”。很快地，他参加了这个顾问团的会议，并说道，“难道你不会因为有这个机会可以跨出一大步并开发出一个可以改善世人健康与增进营养的产品而感到惊讶吗？”

在 Campbell CEO 的支持下，这个项目开始在一个明确的目标的指引下进行：将这个健康、富含维他命与矿物质的食物概念转化为实际的行动。根据 Macnair 博士的描述，Campbell 的食物技术人员发现这是个具有挑战性的任务，因为在此之前，一个富含纤维的卷饼产品“市场的表现十分糟糕”。然而，到了 1994 年秋天，有 24 道通过早期口味测试的餐点已经准备好进行临床试验以确定其保健作用。500 多个实验对象食用这些餐点长达 10 周，并且报告指出大部分的受测者的胆固醇、血压与血糖水平都获得改善。没有任何受测者说有副作用，并且许多受测者指出他们喜欢这种口味。同时，Johnson 在新泽西 Camden 的总公司成立 Campell 营养与健康中心，并雇用 30 个营养专家与科学家。

接下来就是市场测试了。Campbell 的营销人员将产品命名为“Intelligent Quisine”(或 IQ Meals)，用蓝色的盒子或罐子来包装。这计划是由 UPS 驾驶将每周 21 个餐点（大部分是冷冻，少数是罐装的）送到受测者的门口来进行测试。在 1997 年 1 月，这产品在俄亥俄州进行市场测试，同时进行一个平面广告的宣传活动及一个 10 分钟的购物频道广告以刺激消费者拨打免费电话向 Campbell 订购。Campbell 也雇用兼职药品销售代表将 IQ Meals 推荐给医生，并与知名医院如 Cleveland Clinic 合作以销售 IQ Meals 并发送推广素材。事情看起来进行得不错！

第 1 个问题的信号出现在电话部门。来电者发现一周的样本套餐组合要 80 美元，而且一个完整疗程（十周）要价 700 美元。固定收入的家庭发觉此定价过高。在美国心脏学会（American Heart Association）的哥伦布市办公室，Campbell 赞助一场午餐以推介 IQ Meals 的好处，但并未给许多出席的营养学者留下印象。此外，华尔街分析员也提出质疑，其中一人写了一篇报导，标题为“UPS 的送餐员会带来好产品吗?”。

很快，Campbell 主管们也对 IQ Meals 同样感到怀疑。顾问们被叫去评估方案的可行性，国际与特殊食品部门主管 Dale Morrison 大幅削减了 IQ 的预算。1997 年 5 月在俄亥俄州的市场测试的销售量非常糟糕，并衍生出另一个问题：那些自 1 月份就按计划食用该产品的人健康得到了改善，但是，现在却有许多人指出他们已经厌倦一再地重复食用这 9 种相同的餐点。

1997 年 7 月 Campbell 公司内部大改组彻底结束了 IQ Meals 的命运，它最大的支持者 Johnson 交出了 CEO 的职位（同时变成 Campbell 的董事长）。Morrison 升任总裁兼 CEO，并拟定了一个扩充国际销售量与专注在主要品牌上的计划。Swanson、Vlasic 及其他 Campbell 的品牌被分割独立出来——同时 IQ 的营销与推广也被终止（尽管临床试验仍在继续）。公司重新安排了营养与健康中心的研究人员。在 1997 年秋天，Campbell 宣布了出售 IQ Meals 生产线的计划。

问题：IQ Meals 似乎成为了一个经典的案例。它在提出概念方面看上去无懈可击，抓住了市场机会与相关的人口统计趋势。就公司的核心竞争力及其扩张进入成长领域的意愿来说，Campbell 似乎是一家适合来掌握这个新产品概念的公司。这条生产线在临床试验与早期顾客测试都表现得很好。但是，无论怎么说，在这个转换中有些事情被遗漏了。并且，很明显，这不是一个孤立的意外事件。是哪里出了问题? Campbell 的产品开发人员或高层主管在哪些做法上有差异？或者该产品是否一开始就注定会失败?

5.8 案例：赢取公司的认同

在此案例中，你与你的同学将扮演一家公司营销部门的员工，并参与新产品的开发。你的公司正致力于设立产品开发团队，并且在过去的几个月里，有几个营销人员已与研发、设计、制造部门的人员组成团队。过去的经验表明，这对你与你营销部门的同事并不一定是有利的。你感觉到营销一直被排除在主要团队决策之外，而且当团队内发生冲突时，高层主管看上去比较同情工程师。你怀疑部分的原因是在你们公司大部分的高层主管都拥有工程师背景，能更好地了解工程师的观点与决策制定模式。你认为，营销部门对产品开发有很大的贡献。公司有一个卓越的营销研究部门，通过使用最新的设备对消费者行为提供快速回馈，同时销售力量也是产业中首屈一指的，并且他们会定期搜集重要的市场信息与情报。这里有几个非常有创造性的人员，他们产生了一些非常具有潜力的构思，公司开发出来的许多成功市场导入的新产品都来源于此。

其中一位具有创造力的同事在产品开发上，建议用一个基于问题产生构思方法，这方法通常用来产生新产品的构思，并期望能让高层主管更重视营销部门。理想情况下，你希望他们赏识你的能力、训练与经历，并使他们能使用你在新产品过程中所带来的独特信息。你简洁地陈述了你的问题：

“我们如何把营销部门的价值和潜在的贡献同高层主管进行有效沟通，以使他们更重视我们?”

你和你的同学可以使用附录 B 介绍的构思形成的技巧，针对这个问题，提出有创意的解决方案。首先，产生至少 6 个不同的构思。头脑中要保持一个基本法则：没有什么不好的构思——越多越好。然后，由你们的老师作为小组的助手，从这些构思中提炼出 4 或 5 个最佳构思，并且，通过小组讨论精炼这些构思。你的目标是得到一个或几个清晰的、经过深思熟虑的构思，然后付诸行动。另一个法则是：运用你的想象力！这是一个真正意义上的可以让你发挥想象力的练习。虽然你可以尝试附录 B 中的每一种技巧，但是下面一些技巧你可能发现是特别有用的：

情景分析：识别出一组趋势（流行、生活/工作的热门地方、名人、令人兴奋的新产品等）。想想看，从这些趋势可以得到什么启发或可以联想到什么。

创造性激励：看看在附录 B 提供的这些激励性文字，并且随机选取其中的一部分。问问你自己这些文字能够对你有何启发，以帮助你解决问题。要具有创造性。

强迫联系：暂时完全忘记你的问题。选择一本杂志，随机翻到一页，看这页中的图片。（假如没有图片，翻到杂志的下一页直到你看到一张图片）这张图片给了你什么启发？快速记下至少 6 个想法。现在回到你的问题，并用刚刚产生的想法去帮助你做创意思考，想出可能的解决方案。另一种方式，也可以使用一本字典、百科全书、或黄页电话簿，然后随机挑选一页或随机找一个词。

利用荒谬的构思：想想你可以想到的最荒谬的构思。然后问自己，它是否提示出一个不那么荒谬的新构思?

第6章 属性分析法：导论与感知图

6.1 引言

在第5章里，我们讨论了一种识别用户问题并提出解决方案的概念产生方法。这种问题导向的方法是最有效的，因为通过识别问题——提出解决方案的路径所获得的产品概念，对用户来说应该是最有价值的。

不过，我们也会使用另外的一些技术。这些技术既是从识别问题到提出解决方案这一阶段工作的一部分，同时也独立于概念产生方式（请见第2篇开头的图表Ⅱ—1）。每一个参与商品和服务的创新与销售的人，包括一些根本不知道他们所从事的是正式的概念产生工作的人，都能够运用这些技术。这些技术能够创造出关于某种产品的与众不同的观点——这些观点虽然看似不可思议，但却是十分严谨的。当这些技术的应用产生效果时，绝对是相当幸运的事，但是，这些技术在很多情况下是非常有用的，并且确实产生了一定的效果——例如，在一包长袜内加入第三只长袜、速干墨水，以及具有录放图像功能的电视机。但事实上，这些技术是相当严谨且有意义的，并且能够提供新的发现——这些意外的发现来自于那些知道自己所求为何的人。我们将这些技术称为属性分析技术，它们正是我们在第6、7章所要讨论的。

6.2 了解顾客为什么要购买产品

产品是一群属性的集合。

何谓产品属性（product attribute）？图表6—1有详细的说明。一个产品无非就是由属性所构成，任何产品（物品或服务）都能通过其属性进行描述。属性可分为3种：特征（features）、功能（functions）、及利益（benefits）；其中利益又可以划分为无穷多的种类——使用情形、用户、可与哪些产品搭配使用、可用于那些地方等。概念的提出是一种极富创造力的工作，所以拥有自由的挥洒空间是此工作领域是不可或缺的。本书中所作的分类系统是个尝试，这样安排只是为了对它们进行研究。在此，重要的是，我们应该认识到从多个不同的角度定义属性是有道理的。例如，一双鞋可视为一群属性的组合；一个人购买这双鞋是因为他喜爱它皮质的外表（特征），或是因为非常适于行走（功能），或是因为穿起来非常舒适（利益）。（如果你不同意这个将属性分成特征、功能与利益的分类法，也无可厚非！）

图表 6—1 **属性的分类**

A. 产品属性（为了我们的目的）有三种形式：

特征	功能	利益

特征可以是：

尺寸	美感	零部件
原料来源	制造过程	材质
服务	绩效	价格
结构	商标	其他

利益可以是：

使用情况	所感到的乐趣	经济收益
省时省力	非物质的福利	其他

利益不是直接的（如洁净的牙齿）就是间接的（如洁净牙齿所带来的浪漫气氛）。

功能是指产品如何运作（如一支笔如何将墨水印在纸张上），是非常多样性的，但它并没有利益与特征使用得那么频繁。

B. 属性分析方法运用不同的属性来分析：

维度分析法运用特征

列表法是运用所有的属性

综合分析法运用决定性的属性

附录 B 中列出了其他几个运用到功能与利益的方法

一支汤匙是一个附有把手（特征）的、小的浅碗（另一特征）。这个浅碗使得汤匙具有盛放和运送液体的功能。汤匙的利益包括喝完液体物质的节约与干净。当然，汤匙还有许多其他特征（包括形状、材质、反射亮度，以及式样），以及许多其他功能（正如学校自助餐厅经理所知道的，它还有撬开、捅、搅拌等功能）。此外，汤匙还有许多其他利益（如对所有权及身份地位的象征，或是餐桌的整洁）。

理论上，这 3 种基本类型的属性的发生是有先后顺序的。即某产品的某一特征让它产生某种功能，而这种功能可为用户带来某种利益。例如，洗发水可能含有某种蛋白质（特征），洗发时涂抹于头发上（功能），洗完后，头发闪亮动人（利益）。

6.2.1 分析产品属性以进行概念的提出与评估

属性分析技术（analytical attribute techniques）让我们能通过改变或增加现有产品的一种或多种属性，来创造新产品概念，并能让我们评估如果这些概念发展成产品，其可行性是什么、价值有多少。也就是说，这些技术不仅可以运用于概念的提出（本章稍后将会讨论到），也可以运用于概念评估，甚至也能运用于新产品过程的后续阶段，这些在后面的章节中将会涉及。假如我们运用各种可能引起变化的方法改变产品的每一个属性，或是将许多额外的属性纳入产品中，我们最终会发现该产品可能出现的所有改变。其他的方法则是侧重于利用某一属性与另一属性的关联（或者与环境中的其他事物的关联），强制形成某些关联而不管这些关联是正常且合理的，还是奇怪的且没有预料到的。正如你所看到的，它们都能够运作。而且它们也可以被运用在所有的产品种类中：从 Kodak 的所有聚合物处理技术，到 Chrysler 的最新汽车生产线，再到眼镜与麦片。

属性分析技术在西方文化世界似乎比在东方文化世界更为有用。西方思想（尤其是欧洲与北美）着重于将事物重新安排，而东方人（亚洲人）则是倾向于重新进行一项工作。日用品是这种技术的主要关注对象，因为轻微的改变就能够与竞争对手产生差异，这样就能够制订更高的价格。

现在，已有各种不同的定量与定性的属性分析（attribute analysis）技术。在本章中，我们所要讨论的是一种常用的定量分析技术：感知式空隙分析法（perceptual gap analysis）。在介绍过决定因素空隙图后，我们将讨论诸如因素分析与多元尺度分析（MDS）的感知图描绘技术，是如何被用来描绘出感知空隙图的。这些技术常被运用于概念提出的过程和新产品开发过程中。实际上，在整个新产品开发、推广过程中，甚至在此之后，都会经常使用到这些方法。我们在着手进行新产品开发的过程中，应常回顾这些技术。第7章将会讨论第二种普遍的定量分析技术：组合分析，以及许多如维度分析、列表法、关系分析法及类比法等定性分析技术。还有许多技术请参考本书的附录B。

6.3 空隙分析法

在某些情况下，空隙分析法（gap analysis）是个非常有效的统计技术。通过不同产品在市场感知图的定位，市场感知图可用于分析不同产品被用户感知的程度。在地图上，纽约比洛杉矶到匹兹堡更近。但在近海图中，纽约就在洛杉矶的旁边。在任何图上划出的产品认知点可能在不同地方集聚成群，这样在群与群之间就产生了开放的空间。这些空间就是所谓的空隙，而显示有这些空隙的图就是空隙图（gapmap）。

因为一些公司偏好简单的空隙图，而另外一些公司用比较复杂的空隙图得到了最大的成功，因此，本书将介绍不同复杂程度的空隙图。空隙图有以下3种绘制方法：（1）管理者运用自身专业知识与判断描绘出产品定位，绘制决定因素空隙图（determinant gap map）；（2）管理者运用来自用户对产品的属性评分的数据，绘制AR感知空隙图（AR perceptual gap map）；（3）管理者运用来自用户的整体的相似度数据，制成OS感知空隙图（OS perceptual gap map）。

6.3.1 决定因素空隙图

图表6—2是一张由试图进入“点心”市场的新产品团队成员所绘制的点心空隙图。这张图包含两个维度（团队经理个人认为酥脆度与营养价值是点心的两个重要属性）。这两个因素的程度大小都是由低到高排列，这位经理根据这两个因素对市场中的每一个品牌进行评分。

尽管评分看起来武断且易受管理者偏差的影响，但决定因素空隙图仍是个好的起始点。不过，有一点需要记住，概念的提出是在战略（PIC）已选好目标市场或用户群体之后才发生的。这时，公司要么在该市场有从业经验（一种优势），要么已经调查过该市场。每一个品牌会根据其评分进入这张图中（图表6—2）。这样做的结果即是这些品牌的感知图，每个品牌都在这两个因素上跟其他品牌产生关联，可以绘制许多的感知图，并且每张图都各有不同的配对属性。感知图也可以是三维的。由经理人提供资料并绘制决定因素空隙图，在该产业并不是第一次；他们所拥有的宝贵的且有用的信念与判断，对引导概念的提出可能非常有帮助。（当然，他们仍可能是错的。你同意图表6—2中任一产品的定位吗？请看仔细！）

一般而言，用于空隙图的属性应该是有差异并且十分重要的。消费者通过点心的酥脆度与营养价值区别不同的产品，而这些属性对于购买点心而言是非常重要的。点心也有不同形状的美感，但通常不用这样的属性来区分产品。即使经理人认为美感是可用来区别的维度，但大多数人却认为它并不重要。

同时具备差异性与重要性的属性称为决定性属性（determinant attributes），因为它们能帮助消费者决定要买哪种产品。在一项乙烯基墙板的工业研究中，一些被识别出来的决定性属性是：外观/身份地位、维修保养/日晒雨淋承受度、应用/经济，以及耐冲击性等。运用决定性属性来绘制感知图的重要原因是，在此方法中，我们的目的是要在体现新产品潜在价值的空隙图中找到一个点，在这一点上，消费者会发现它所代表产品的不同与趣味。

图表6—2　　点心产品的空隙图

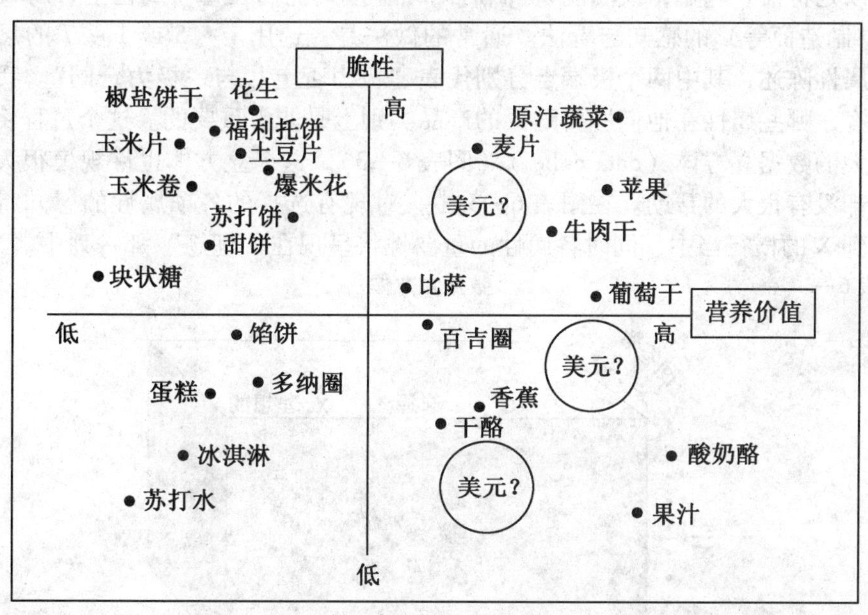

例如，图表6—2的点心产品的空隙图中标有“美元?”的圆圈即是所谓的空隙，也是公司可以推出新产品的机会。请注意，市场上已存在多个品牌的小吃点心，属于这位新产品经理的空隙又少又小——例如，在酥脆度与营养价值都算中上程度的空隙附近就有燕麦棒、苹果、牛肉干，以及苏打饼干。

决定因素空隙图的绘制具有快速、成本低的优点，但其缺点是只以公司管理者的判断来决定。顾客的感知可能与他们有所差异。再者，经理人在品牌感知上能否作出正确判断也是一个问题。在图表6—2中，我们可能都同意洋芋片比起燕麦棒更缺乏营养价值，但对于不同品牌的燕麦棒顾客是如何认知的呢？顾客们真的认为Nature

Valley 是最有营养的、味道最好的，或热量最低的吗？而且当顾客形成偏好时，这里的每一项属性对顾客而言有多重要呢？搜集顾客感知，并将它用于开发空隙图绘，管理者从这样的技巧中能获得非常规的（而且或许令人惊讶的）洞察力。现在我们将要讨论两种常用的感知空隙图。

6.3.2 以属性评分为基础的感知空隙图

不像决定因素空隙图的分析方法，属性评分（AR）感知空隙图的绘制基础是：要求市场参与者（购买者与产品用户）能够告知其心目中的产品属性是什么。例如，产品用户可能会认为块状糖的营养是很高的——也许这会令人怀疑。但若是如此，在发现感知空隙时，任何将块状糖置于低营养价值下的感知图都是不正确的。决定因素图是在新产品经理（或是公司的研发人员）所观察到的事实的基础上建立的。感知图，顾名思义，是以市场上顾客对事实的感知为基础的。上述两种绘图分析技术能够互补，且在我们的工作上都非常重要。

在 AR 感知空隙图的绘制中，首先从一组能够描述所讨论产品种类的属性（这些属性可以是特征、利益，或功能）。然后向顾客搜集他们在每项属性上，对现有选择（品牌、制造商等）的感知与看法。通常的做法是，选用 1 ~ 5 或 1 ~ 7 的尺度来衡量每项属性陈述，其中两个极端点分别代表“极力否定”与“极力赞同”。我们也会询问顾客，哪些属性在他们所要购买的产品类别上是非常重要的。这个过程将会产生一个巨大的数据立方体（data cube）（图表 6—3），这个立方体也许规模很大，但对经理人却没有很大的帮助。在图表 6—3 中，对现有选择的各项属性的感知将出现在品牌 1 到 X 的横行当中，同时各属性的重要性将呈现在“理想”那一列中。

图表 6—3　　**数据立方体**

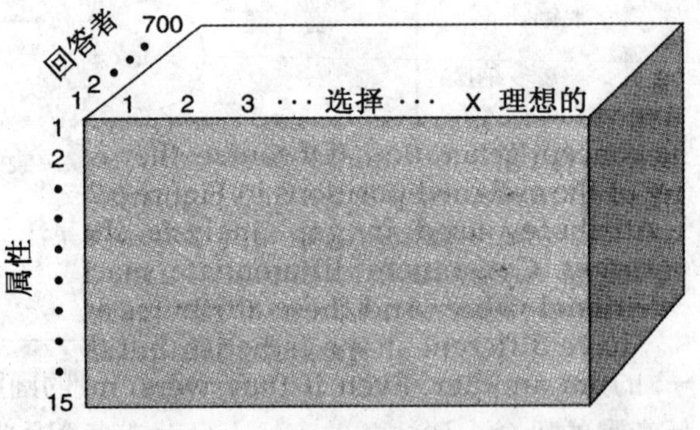

接下来的挑战是，我们必须缩小数据立方体，使之成为更加易于管理的感知图。现有电脑软件工具包中的统计软件的因素分析（factor analysis）方法，它通常用来把种类较多的属性缩减到数量较少的几个基本维度（或称为因素），然后再将这些维度作为感知图的坐标轴。其他技术则超出本书的范围，例如多重判别分析，也可以使用。聚类分析（cluster analysis）（将在后边的章节讨论）方法，是基于受访者的偏好将相近的受测者聚集在一起，形成不同的利益区隔。

例如，假设你是一位女性泳装公司的产品经理。基于你所拥有的从业经验与市场知识，开发出顾客常用以评估、比较泳装的一组属性。你为此进行了一项调查，在这项调查中，要求女性受测者识别出所有她们所熟悉的泳装品牌，并且使用1～5分的Likert量表评估每个品牌在每个属性上的表现（见图表6—4）。这些受测者亦会被问到，在决定要购买哪个泳装品牌时，每项属性的重要程度，一样是运用1～5分的Likert量表来评分。每个品牌的每项属性的平均分数显示在图表6—5的蛇形图当中。

图表6—4　　**属性感知问卷**

针对你所熟悉的每个品牌就下列叙述进行评分：

	不同意				同意
1. 吸引人的设计	1	2	3	4	5
2. 时髦	1	2	3	4	5
3. 穿着舒适	1	2	3	4	5
4. 时尚	1	2	3	4	5
5. 当我穿着它时，感觉良好	1	2	3	4	5
6. 游泳时很不错	1	2	3	4	5
7. 设计师品牌	1	2	3	4	5
8. 便于游泳	1	2	3	4	5
9. 有风格	1	2	3	4	5
10. 出色的外观	1	2	3	4	5
11. 穿它游泳非常舒适	1	2	3	4	5
12. 这是个让人向往的品牌	1	2	3	4	5
13. 穿上令自己满意	1	2	3	4	5
14. 我喜欢它的颜色	1	2	3	4	5
15. 适合游泳时穿	1	2	3	4	5

图表6—5　　**品牌评分的蛇行图**

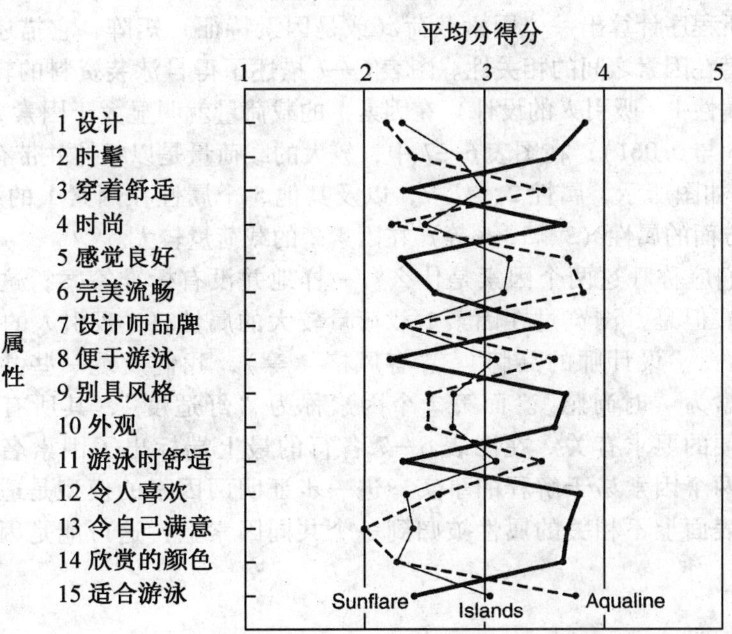

蛇形图（snake plot）（这个名称是指将各点连起来的线像蛇的形状）显示出一些有用的信息。例如，受测者倾向认为 Aqualine 比起 Sunflare 的泳装穿起来更舒适与更便于游泳（属性3与8）。不过对于要帮助识别出一个有利可图的空隙而言，图表6—5 中的内容太多了，与图表6—2 中的简单明了的表达相比，图表6—5 这样的表达看来差得太远。

对图表6—5 进一步的观察表明，这些数据可能存在某些潜在特征。例如，我们发觉在“吸引人的设计”属性获得高分选择（或品牌），在“时尚”、“设计师品牌”等属性也获得受测者很高的评分。因此我们可以说这些属性似乎可以整合在一起。同理，另一方面有些属性（“穿着舒适”、“便于游泳”，以及“穿它游泳非常舒适”等）也似乎可整合在一起。可能存在少数的基本维度或因素能够解释图表6—5 中大部分的感知变异。如果我们能够识别出这些因素，我们就不再需要所有的属性：我们可以使用少数几个因素来描述我们所了解的顾客感知的大部分。我们应用计算机软件中的因素分析方法对顾客感知数据进行处理，以识别出这些因素。

我们所面对的第1个挑战是决定要在模型中保留几个基本因素。之所以是挑战，是由于很少能够把它做得完美。第1个经验法则是描绘如图表6—6 所示的增量型被解释方差的百分比。此图显示，因素1与2都解释了很多方差，但因素2及3，并未对这个模型施加太多影响。这提供了应该保留两个因素的证据。这个过程称为碎石陡坡检验（scree test）。（碎石指的是山脚下的一堆岩石。图表6—6 就像是一座山的斜坡，而截断点是在陡坡上。）因素分析过程也为每一因素提供了一个有用的统计量（称为特征值），而这与被解释的方差总量在数学上是相关联的。第2个经验法则是保留特征值大于1的因素。图表6—6 显示前两个特征值都大于1（分别是6.04与3.34）。因此，陡坡碎石检验与特征值法则都表明，保留两个因素是令人满意的答案。

因素分析程序计算出一个因素载荷（或是因素特征）矩阵，它描述了属性的初始集合与其潜在因素之间的相关性。图表6—7 描述了得自泳装资料的转置过后因素载荷矩阵。属性1（吸引人的设计）在因素1的载荷量就明显大于因素2（其载荷量分别是0.796与0.061）；在图表6—7 中，较大的载荷量是以粗体并带有下划线的字形来表示）。如图所示，属性2、4、7，以及其他5个属性在因素1的载荷量较大。同理，另一方面的属性（3、5、6等）在因素2的载荷量较大。

所以我们应称呼这两个因素是什么？一样地并没有标准答案；这是分析员技巧的一部分。但是，浏览过在因素1载荷量较大的属性（“吸引人的设计”、“时髦”、“时尚”、“设计师的品牌”、“有风格”等），我们发现一些共同点。我们会称这个因素为“时尚感”。而第2个因素称为“舒适度”，其所有属性都与穿着舒适或简便的要求有关。在图表6—7 各行的最上端标出了因素名称。附带说明一点，这两个因素易于解释的事实，进一步证明两因素的模型是适当的。有时会发现许多表面上不相关的属性被归到一个共同因素上：这可能是因为选择的因素太少了。

图表 6—6　　陡坡图与特征值检验

因素	特征值	解释性方差的百分比
1	6.04	40.3
2	3.34	22.3
3	0.88	5.9
4	0.74	4.9
5	0.62	4.2
6	0.54	3.6
7	0.52	3.5
8	0.44	3.0
9	0.40	2.7

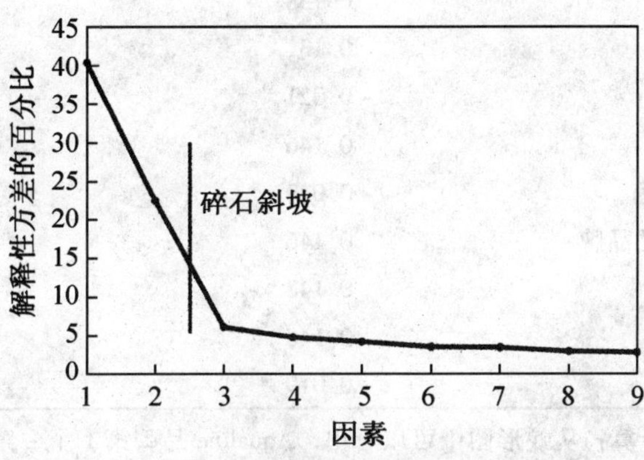

图表 6—7　　游泳因素载荷量矩阵的资料

属性	因素 1“时尚感”	因素 2“舒适度”
1. 吸引人的设计	**0.796**	0.061
2. 时髦	**0.791**	0.029
3. 穿着舒适	0.108	**0.782**
4. 时尚	**0.803**	0.077
5. 当我穿着它时，感觉良好	0.039	**0.729**
6. 游泳时很不错	0.102	**0.833**
7. 设计师品牌	**0.754**	0.059
8. 便于游泳	0.093	**0.793**
9. 有风格	**0.762**	0.123
10. 出色的外观	**0.758**	0.208
11. 穿它游泳非常舒适	0.043	**0.756**
12. 这是个让人向往的品牌	**0.807**	0.082
13. 穿上后自己满意	**0.810**	0.055
14. 我喜欢它的颜色	**0.800**	0.061
15. 适合游泳时穿	0.106	**0.798**

此程序亦可计算出因素得分的系数矩阵（请见图表 6—8）。得到的结果是回归系数，它们把属性度量值与因素得分联系起来。因此，由于我们知道了针对每个个体属性的每个选项得分的规律（这个信息可从蛇形图得知），可以用此因素得分系数矩阵计算出各个品牌在这些基本因素的得分。这些估计值即称为因素得分，据此进而可以

描绘出如图表6—9的感知图。

图表6—8　　**因素分析系数矩阵**

属性	因素1“时尚感”	因素2“舒适度”
1. 吸引人的设计	0.145	-0.022
2. 流行	0.146	-0.030
3. 穿着舒适	-0.018	0.213
4. 时尚	0.146	-0.017
5. 当我穿着它时，感觉良好	-0.028	0.201
6. 游泳时很不错	-0.021	0.227
7. 设计师的品牌	0.138	-0.020
8. 便于游泳	0.131	0.216
9. 有风格	-0.021	-0.003
10. 出色的外观	0.146	0.021
11. 穿着游泳非常舒适	-0.029	0.208
12. 这是个令人向往的品牌	0.146	-0.016
13. 穿上后自己满意	0.148	-0.024
14. 我喜欢它的颜色	0.146	-0.022
15. 适合游泳时穿	-0.019	0.217

因素得分的样本计算：从蛇形图中可以看出，Aqualine品牌第1个～第15个属性的平均得分是2.15，2.40，3.48，…，3.77。将Aqualine品牌的每个属性的平均得分与因素得分系数矩阵中对应属性的因素系数相乘再求和，就得到了Aqualine品牌的对应因素得分。例如，对于因素1（时尚感），Aqualine品牌的得分是（2.15×0.145）+（2.40×0.146）+…+［3.77×（-0.019）］=2.48。同样的，对因素2（舒适度），Aqualine品牌的得分经过计算是4.36。其他品牌的因素得分可以用同样的方法计算。

该感知图显示出Aqualine的泳装被认为是穿起来最为舒适的（在因素2的得分是4.36），但时尚感的得分则较低（在因素1的得分是2.48）；Sunflare的泳装被认为是最具时尚感的，但舒适度则较低；Splash的泳装被认为在时尚感与舒适度都是较低的，而其他两个选择则在感知图中占据了中间位置。值得注意的是：这是根据顾客对产品感知的信息而来的，这可能会与管理者之前的认知有所不同。

所以我们已从较为复杂的图表6—5的蛇形图得到图表6—9的感知图。虽然此感知图并未包含蛇形图中的所有信息，不过我们已保留最重要的两个因素（从被解释方差方面来看），它们暗含着顾客感知。因此，我们便获得了一幅简单、可视的感知图，方便管理者的使用与理解，而且包含了我们一开始时的大部分信息。

我们刚建立的感知图就像是图表6—2的点心感知图，而空隙的寻找就像之前所说明的一样。由于此感知图是基于实际顾客感知的数据所建立的，图上所发现的任何空隙更有可能会引起潜在用户的兴趣。例如，此感知图提示我们，顾客认为有些泳装穿起来非常舒适，有些则更具时尚感，但却没有公司提供高舒适度与高时尚感的泳装（图表6—9的空隙1）。祝贺你——你已经发现一个市场空隙了！

图表 6—9　　游泳品牌的 AR 感知图

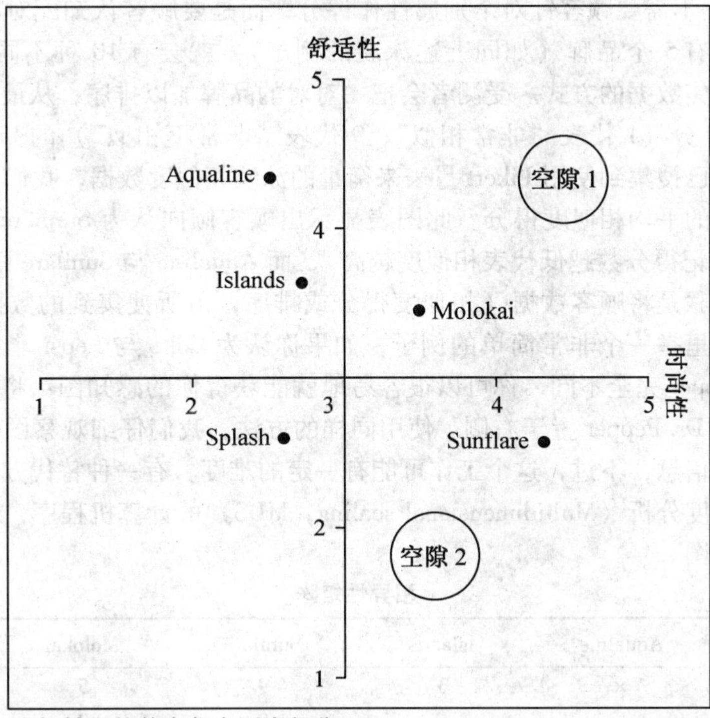

坐标轴上的数字代表因素得分

6.3.3 以整体相似度（OS）为基础的感知空隙图

AR 感知图早期遭受到一些批评，因而发展成另一种被某些产品创新者所偏好的方法。问题是，用户有时会用他们无法识别的属性作为购买决策的根据。这些虚幻的属性并不会显现在调查问卷上，也没有包含在感知图的维度里，由于缺乏这些属性而扭曲了分析的结果。再者，由于焦点小组的背景、隐私等多方面原因，纵使他们知道有这些属性，有些用户还是难以对属性评分。本质上，AR 的方法视产品为一组属性的结合。为了保证 AR 的方法的有效性，这组属性必须要完整。（如果我们在上述的分析中忘了考虑与舒适度相关的属性，则结果会产生非常大的差异与错误!）总而言之，顾客也应根据这些属性来制定其购买决策。例如，在像是古龙水的产品类别中，顾客的决策可能更会受品牌形象、美感，或其他对他们而言难以用言语表达的属性所影响。

DuPont 举出一个有关虚幻问题的早期例子。这家公司经营枕头的填充材料，试图找出最佳样式与类型的填充物，以提升枕头制造商的销售额。但 DuPont 的市场分析员发现，消费者未能清楚地描述枕头的属性，也无法表达他们想要的枕头属性。所以，该公司创造很多不同样式的枕头，然后一次拿 3 个枕头给消费者看并询问这个问题，“哪两个是最相似的，或哪一个与另外两个最不相似?” DuPont 的研究是比上面这个问题更复杂，但是，基本上，该公司现在是使用计算机将相似度的数据转换成感知图以显示不同产品间的相似性，而事前并不需要知道产品间的相似性是由哪些属性创造出来的。

OS 方法并不需要顾客针对个别属性作评分，而是要顾客认知配对品牌间的整体相似度。如果有 5 个品牌（如同上述泳装的例子），就会有 10 种不同的配对组合。有许多能够搜集数据的方式。受测者会把一对对的品牌加以排序，从最相似到最不相似，或以 1 ~9 分（1 代表“非常相似”；9 代表“非常不相似”）的 Likert 量表来评分。如果我们已搜集到使用 Likert 量表来衡量的泳装相似度数据，我们可能最后产生如图表 6—10 的平均相似度得分。此图表显示出顾客倾向认为 Sunflare 与 Molokai 之间有些相似（记得分数越低代表相似度越高），而 Aqualine 与 Sunflare 则非常不相似。

下一个步骤是将顾客数据（相似度得分或排序，由所搜集到的数据而定）转换成感知图。这里举一个非常简单的例子，如果你认为 Coke 与 Pepsi 非常相似，且两者都与 Dr. Pepper 完全不同，你可以很容易地就能获得你的感知图：将 Coke 与 Pepsi 置于左侧，将 Dr. Pepper 置于右侧。使用同样的方法，我们仔细观察图表 6—10 中的评分所传递的信息，不过，这个工作可能有一定的难度。有一种替代方法，我们可以使用如多元尺度分析（Multidimensional scaling，MDS）的计算机程序，通过相似度数据来获得感知图。

图表 6—10 **相异性矩阵**

	Aqualine	Islands	Sunflare	Molokai	Splash
Aqualine	×	3	9	5	7
Islands		×	8	3	4
Sunflare			×	5	7
Molokai				×	6
Splash					×

MDS 试图将所有得分绘制在同一图中，而相似度可被很好地保存下来（也就是说，被认为相似程度高的泳装在图上就会聚集在一起）。图表 6—11 显示从相似度评分的数据中绘制出来的感知图。

以 MDS 为基础的感知图似乎和基于因素分析的图表 6—9 非常类似。事实上，这些泳装品牌的相对位置并没有太大的差异。然而，真正的差异是以下这个重要的不同点：MDS 感知图并没有定义坐标轴的名称！MDS 感知图只呈现各品牌的相对位置；之后的分析必定会将坐标轴作明确定义（有可能超过两个轴），并决定其相对位置的意义是什么。一个熟悉特定产业的经理人可能能够推测图上各点所在位置的意义。例如，由于 Aqualine 品牌被认为是穿起来最舒适的泳装品牌，而 Splash 与 Sunflare 普遍被认为不太舒适，因此南北方向可能代表舒适度（越往北则越舒适）。同样，看起来越往右边的泳装品牌越时尚，意味着东西方向代表着时尚感。

作为替代方案，如果已从受测者获得特定属性的测量值，计算机程序可以协助我们对坐标轴命名。其中最普遍的是 PROFIT（PROperty FITting），它能够找到合适的向量最好地反映认知图中泳装位置。例如，如果要求顾客对每个品牌在舒适度与时尚感上进行评分，PROFIT 将找到适合的向量来反映图表 6—11 所示的这些属性。其中最具时尚感的泳装会在标明时尚感向量的方向上。

图表 6—11　　泳装品牌的 OS 感知图

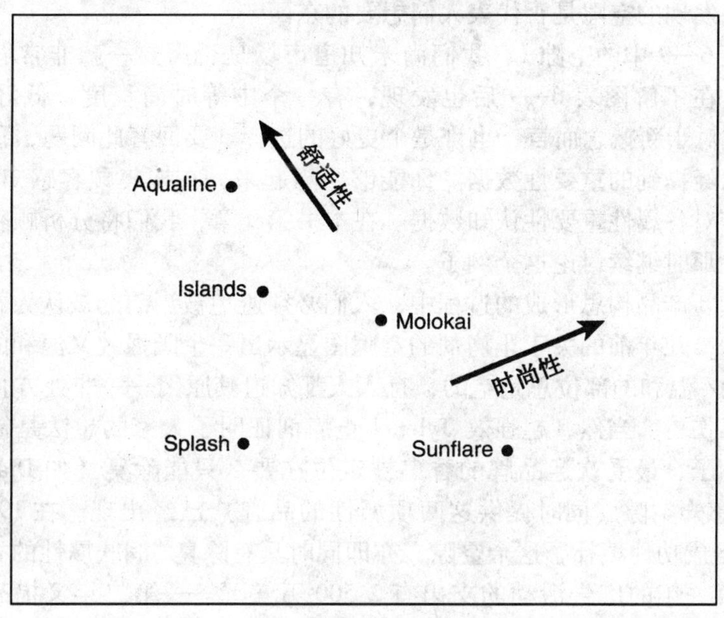

图表 6—12　　AR 与 OS 感知图绘制的比较

AR 法	OS 法
所需要的投入	
对特定属性的评分	对整体相似度的评分
属性必须事先定义好	受测者运用自己对相似度的判断
通常使用的分析过程	
因素分析；多重判别分析	多元尺度分析（MDS）
坐标式图解的输出	
在坐标轴上显示产品位置	显示产品之间的相对位置
坐标轴可作为潜在的维度（因素）解释	坐标轴将通过之后的分析而取得或必须由研究者来诠释
使用场合	
能够方便清晰地表达或可视表达属性	受测者难以清晰表达或可视表达属性

图表 6—12 比较了 AR 与 OS 感知图描绘方法的优缺点。这两种方法已经成为易于使用的商业软件包中的一部分，而且能够以非常低的成本获得详尽的结果。

6.3.4 对空隙分析法的评论

所有空隙图的绘制都有争议，特别是感知图。输入的数据都来自受测者对“为何有不同选择”这个问题的回答，忽略了细微的空隙和变化、内部联系和完整性、概念构思发生跳跃的创造性活动的影响等。例如，在 19 世纪早期，空隙分析法可能让人们饲养跑得更快的马或配有更大型车轮的马车来运货，但可能无法产生像汽车这样的创新。

最大的问题是，空隙分析法能够发现空隙，但是它却并非所要的。空隙存在需要好的理由（例如，阿司匹林口味的冰淇淋）。因此，新产品开发人员仍必须要到市场上去看看他们发现的空隙是否代表人们想要的东西。

回到图表 6—9 中的空隙 1，我们尚未知道市场是否需要一款非常舒适又兼具时尚感的泳装。在了解图表 6—9 后也发现，有一个中等时尚程度、低舒适度的位置（空隙 2）。这对于新概念而言，也许是个更好的选择。要回答此问题，我们必须求助于我们早先已经提到的重要性数据。你能够回想起来，在搜集顾客感知数据的同时，也搜集了顾客对各属性重要性认知数据。在本书第 9 章，我们将分析顾客偏好并识别出利益区隔，那时继续讨论这个例子。

在所有的新产品构思形成的过程中，人们必须避免被当前的被认为不可能的事情所限制。例如，几年前的关于止痛剂的空隙图显示出一个既强效又温和的大空隙。该空隙图上强效/ 温和的部位总是空的，且人人都知道其原因——非处方止痛剂不可能做到强效却不伤胃。当然，超强效 Tylenol 止痛剂证明了大家的想法是错误的。还有最近的一个例子，最受欢迎品牌的香皂被定位在要么只能除臭（如 Dial）要么润肤（如 Dove），感知空隙（同时提供这两项属性的品牌）已经出现。在 1991 年，Lever 2000 香皂相当成功地填补了这个空隙，亦即同时具有除臭/ 润肤属性的香皂已经市场导入了，在第一年的广告活动的支出有 2 500 万美元——第二年又提高为 4 000 万美元!

6.4 本章小结

在本章中，我们已讨论了空隙图在识别潜在产品概念的运用。就如同我们先前所提到的，这一方法更多运用于新产品过程后期阶段，也就是当我们开始探测顾客偏好并定位（重新定位）我们新产品过程。我们已深入讨论了属性导向以及整体相似度导向的感知图描绘，这两个方法都各有其优缺点存在。

其他基于属性的方法也可运用在概念产生的阶段。第 7 章将介绍综合（取舍）分析法，还将讨论其他几种定性分析方法，这些都能够运用于产生有获利潜能的产品概念。

6.5 应用实践

在你面试的过程中，公司总裁提出了更多的问题：

1. “我对你所提到的一种研究方法非常感兴趣，但由于种种原因，我还无法使用。它就是空隙分析法，尤其是画图的想法。我们最好的几个事业部都在生产和销售服务产品。空隙图方法能运用于服务业吗？你能以高等教育市场为对象绘制一幅空隙图吗？我知道，我的经理能够在办公桌上完成它，尽管如此，即使我们拥有所有的技术数据，以及其他资源，它还是不可能近乎精确。但是你能试试吗?”

2. “运用一系列统计工具，能够绘制定位图。你对这一神奇的方法做了描述。然而，我对此并不信服，你做出来的图会比我和我的高级职员们完成得更好或更有效吗？毕竟，我们非常了解本产业！”

3. “好吧，你已经在你的示例中看出泳装市场的某个空隙。有些顾客喜欢时尚型的泳装，有些则喜欢舒适型的，这些我们早已知道了。因此，应当把泳装设计得又时尚又舒适，难道这还不明显吗？然而，你能从空隙分析中获得哪些属于你自己的真知灼见呢？”

4. “几年前，大部分花生酱的销售是建立在人们对它们的感知质量（知名品牌/商店品牌）和脆性的基础之上的，竞争者之间没有很大差别。在当时，Skippy 公司（CPC 竞争者）开始冲击这个市场，它们宣称自己的产品要比其他品牌的更健康，理由是它们的产品用盐更少。它们并没有按照市场上的传统属性来定位自己的产品，你的空隙图如何解释这一点呢？”

6.6 案例：Dell Computers（A）

Dell Computers 是由 Michael Dell 在 1984 年所创立，总公司位于德州的 Round Rock。近来的年销售收入已经超过 400 亿元，而且 Dell 在世界各地雇用的员工将近 48 000人。Michael Dell 最初的愿景是将计算机系统直接销售给顾客。通过跳过零售商而直接销售给顾客，Dell 能够更了解新兴的欲望和需要，并提供最好的运算解决方案以满足顾客的需求，在这同时可以减少时间和成本。每套计算机系统都是接单后生产，以有效回应顾客的需求。Dell 比依靠传统销售流程、间接销售的竞争对手能够以更快的速度推出先进的技术。事实上，Dell 宣称它的存货每三天周转一次！

Dell 是通过互联网来销售计算机的先驱者之一。Dell 的网站，www. dell. com，早在 1994 年就开始启用，并在 1996 年增加了电子商务的功能。在 1997 年之前，Dell 每天的线上销售额已达到 100 万美金，并成为第 1 个达到此水平的公司。现在，Dell 的网站每 15 分钟会收到来自 84 个国家超过 10 亿个网页浏览的请求。Dell 也允许公司与机构客户使用其 Premier Dell. com 网页进行线上交易。

家用计算机的市场已经快速成长了好几年，似乎看不到成长的尽头。在 2000 年结束时，全世界大约售出了一亿两千万台计算机。接下来五年产业销售量的计划如下表所示：

年度	2001	2002	2003	2004	2005
市值（百万美元）	136	152	168	184	200

家用计算机行业里有 4 个主要的竞争对手：分别是 IBM、Dell、Compaq 及 Hewlett-Packard（HP）。这 4 个竞争对手都制造并销售具有竞争力的终端家用计算机，即给家庭或者是小型公司专用的家用计算机，要价大概 1 000 美元。Dell 每单位的变动成本总共大约 800 美元，而且他相信竞争对手也面对一个类似的变动成本结构。Dell 的 Executive 计算机的定价是具有竞争力的，价格水平大约在 1 000 美元左右。

一项有关家庭/ 小型商用的家用计算机市场的近期研究发现，当顾客在选择家用计算机时，大部分最关心的两个非价格属性是适用性和性能。在这里，适用性指的是一部计算机家用计算机能够执行多个不同种类软件的能力，能够轻松的连接打印机和其他周边产品，适合商业和教育或游戏使用等等。相对地，性能是指互联网的连接速度、内部运算、支持最高层软件程序、及运算的可靠性及准确性（这个结果在恶名昭彰的 Pentium 芯片的“错误（bug）”被发现之后发现的，这项研究会造成很小比例的数值运算上出现小的差错）。顾问通过使用常见的顾客调查方法来进行这个研究，并发现这四种主要品牌在这两个关键的非价格属性上的认知定位。研究结果摘要如下（定位尺度在 ±2 之间）。

品牌定位	属性 1（性能）	属性 2（适用性）
Dell	1	-1
IBM	2	-1.5
HP	1	3
Compaq	0.5	0.5

使用本案例中现有的信息，为这个产业绘制感知定位图。讨论 Dell 的 Executive 与其主要竞争对手，在适应性和性能这两种关键属性上的相对定位。跟竞争对手相比，你认为 Dell 的定位好吗？哪个是 Dell 最应该顾虑的竞争对手？为什么？现在，你想要获得哪些更多有关竞争对手与/或市场方面的信息？一个看起来似乎不具威胁性的后进竞争对手（即是在两个关键属性上与 Dell 有不同的定位），会怎样减少 Dell 的市场份额？（假设竞争对手在这个时点进入市场，同时 Dell 的 Executive 仍将会留在市场上至少好几个月。）

第7章　属性分析法：综合分析与定性分析方法

7.1　引言

前面一章所呈现的市场研究方法，经常使用于分析顾客感知与取舍，从而提出有前景的产品概念。本章我们会开始介绍其他有用且常见的数量方法：综合（或联合）分析（trade-off（or conjoint）analysis）。这些方法将运用在后续的新产品过程中，并且在某种程度上，这些方法的应用也是为了保证新产品开发的连续性，并引导着开发过程（也就是说，在这里所产生的顾客感知与偏好的数据可以写入产品协议规范中）。

接着，我们将讨论几种本质上偏向于定性的属性分析法。这些方法，虽然很少采用量化形式，但是它们也能帮助顾客以及让管理者运用创造性方法构思新产品概念。定性与定量方法在概念产生与发展上是彼此互补的。例如：维度或关系分析（dimensional or relationships analysis）有助于识别那些决定性属性，这些分析的结论被用于随后AR空隙分析；或者说，这些分析方法产生的结论，可能有助于诠释AR或OS空隙分析方法所产生的感知图。

7.2　综合分析

综合分析（也常称为组合分析），是一项概念评估的常用方法，我们将在第9章再一次讨论它。但是，在概念开发阶段，应用这个方法也能对那些具有高潜在价值的新产品概念进行评估，故我们将在此介绍它。虽然这两个术语（综合分析、组合分析）是不可互相替代的，不过你可能会同时遇上。综合分析谈论的是，顾客会基于品牌的属性或特征，进行品牌的比较与评估过程的分析。组合分析是常用的分析工具之一，它被用于对某个折中决策进行评估取舍（很像因素分析是用于发展感知图的一种工具）。因此综合分析是一个范围较广的名词。在本书中，当我们指出特定的评估取舍方法时，我们将使用“组合分析”。

回想一下，在找到决定性属性（造成现有产品差异的重要属性）之后，我们会运用空隙分析法将现有产品绘制于图中。在使用组合分析时，我们假设我们能以一组属性来呈现一项产品。组合分析将所有的决定性属性组合在一起并形成一个新的集合，然后识别哪一个属性集合是顾客最喜爱与偏好的。事实上，AR空隙分析法的结果，可运用于组合分析中的属性选择。

图表 7—1　　　　　　　因素效用得分——以咖啡为例

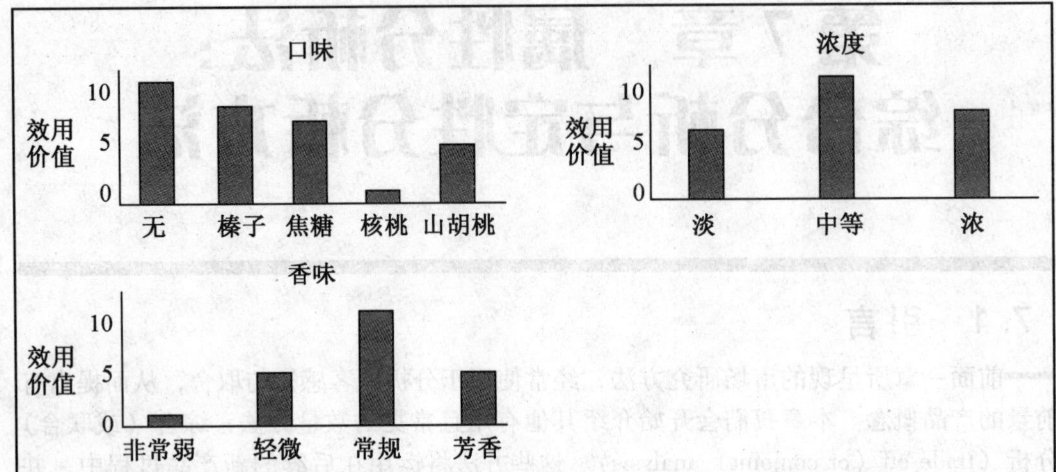

注：坐标刻度是统计上的“效用”值，其范围从 0 到 10。在综合分析中，由顾客来做出有关的判断。它告诉我们消费者非常偏好原味、中等浓度且正常香味的咖啡。如果要开发新的咖啡时，可以试着去制造出一种榛子味、浓度高且香气浓郁的咖啡。如果无法加入榛子味，那么下一个最好的组合又是什么呢？

7.2.1 使用组合分析产生概念

假设咖啡有 3 项决定性属性：口味、浓度与香味浓度。如图表 7—1 所显示的，每项属性都有许多不同的水平。如果我们以某种方式，在每一项属性上取得顾客的偏好（或效用（utilities）），我们就可以使用每个属性的最佳水平所对应的属性值，然后将所有的这些属性值组合后，形成一个整体上受顾客喜爱的产品。就像图表 7—1 所显示的，顾客偏好中等浓度、无（添加）口味与正常香味的咖啡。如果这个特定的组合还没在市场上出现，我们将以此作为我们的新产品概念。另外，其他高潜力的概念也会出现在图中，例如：浓的榛子味咖啡也可能是一个不错的构思。

一家 Sunbeam Corporation 在试图将厨房用具扩展至全世界其他国家时，采用了综合分析。这家公司定义出 3 种属性——外型、特征与效益。他们界定了每项工具的决定性属性及其可选范围。外型就有 10 种组合——低 VS 高、坚固 VS 风格化等等。

Sunbeam Corporation 准备好代表新产品的卡片，来呈现新产品在外型、特征与效益上的特定组合。接着不同国家的消费者被要求根据其偏好从高到低对这些卡片进行分类。如果一个人想要一个有矮小而结实的外形、变速范围宽、非常安静的引擎与用于半流体功能的厨具，可以为他设计这样一张卡片，在该卡片上可能描述出合适的外型、速度和噪音，但是不能用于液体的厨具。另一张卡片上可能描述可用于液体，并且有相同的外型与声响，但是只有 3 段速度的厨具。如果要选择一种，这位消费者将必须在多段可调速度与可使用于液体两者间进行取舍。如果有数百位消费者都做这样的取舍，就可对每项属性有更好的认识，最优化过程就可以开始。

上面的例子是关于消费品的，下面的例子则是关于一种工业性服务的——销售给金融机构的信息检索服务。对于这个服务产品，人们认为有 12 个属性是重要的，并且给出了每项属性的值的测试范围。在此介绍这 12 个属性中的其中 3 个：

输出特性	传递的速度	输出形式
仅仅被引用	在数小时内	影印复制
带有书面说明	在数日内	缩微复制
带有解释		

研究公司采用了与 Sunbeam 公司相同的研究过程。他们将一组代表不同版本服务并涵盖这 12 项属性的所有因素的卡片放在一起。然后，他们走访了众多的金融机构，要金融机构对卡片评分，接着确定服务效用函数，并计算出理想的服务，然后交给金融机构进行评估。

因为商务购买者倾向于对产品特征进行一项更理性的分析，所以综合分析对工业性产品创新的价值逐渐增加。其应用范围（尽管不一定成功）包含动力雪橇、健康保健系统、飞机、吊车与计算机软件。Marriott Corp 在设计与发展其 Courtyard 连锁饭店时，运用组合分析来建立同时满足商务客户与休闲旅客的需求的服务。

7.2.2 组合分析应用

我们首先介绍一下完整资料的组合分析法，也就是我们得到了全部产品的所有属性的可能水平。我们稍后将讨论这种方法的替代方法。

假如你管理一家食品公司的 Salsa 酱生产线。你正在考虑增加产品品种来拓展生产线，为此你在寻找能够用于产品开发的新的概念。基于你对市场的了解以及最近的消费者研究，你已发现顾客在选择 Salsa 酱品牌时，在顾客心中有 3 个属性是最重要的：(1) 辣度（微辣、中辣或特辣）；(2) 颜色（绿或红）；(3) 浓度（一般、较浓或特浓）。在所有可能组合这些不同水平的属性的方式中，可形成 $3\times2\times3=18$ 种不同类型的 Salsa 酱（例如：微辣、绿色且较浓的 Salsa 酱）。

我们一开始设计了 18 张卡片，每一张卡片上都有图例与/或每一种组合的文字描述。然后要求每一位回答的顾客将卡片从 1 到 18 进行评分，1 是指最喜欢，而 18 是指最不喜欢。这个任务也许是一种挑战，我们可以建议受测者先将卡片分成 3 堆（喜欢、中等与不喜欢）。在每一堆中大约有 6 张卡片，这样就很容易分类了，然后每一堆中可以合并起来并进行最后排列顺序的调整。我们将一位受测者的评分列于图表 7—2 中（图表 7—2 也给出了由模型估计的评分，现在可暂且不看）。

假设一位顾客喜欢特辣的 Salsa 酱。就会有几张卡片在同一堆里（精确来说是 6 张卡片），这堆卡片都描绘与其他属性结合的特辣的 Salsa 酱，他会给这些卡片排出他喜欢的名次（也就是说，他给它们较低的得分——得分越低，表明他越喜欢）。如果他或她真的喜欢特辣的 Salsa 酱，我们可以预期几乎所有特辣的 Salsa 酱卡片都会——也就是在打分排序中将会清楚表现出一种规律。如果顾客不在乎 Salsa 酱是绿色的还是红色的，我们就可以预见到，红色 Salsa 酱与绿色 Salsa 酱的排序没有差异——没有什么特殊规律表现出来。

组合分析使用 MONANOVA（monotone analysis of variance）的数据分析方法，通

过对评分顺序的分析来发现统计意义上的规律。也就是说，我们定义出顾客的潜在价值系统：哪种属性是重要的，以及哪种重要属性水平受到喜爱。为了做到这一点，我们使用得分排序去估计每位顾客在每一项属性水平的效用（有时候称为部分评价）。图表 7—2 数据的组合分析的图示结果呈现于图表 7—3（a）中。

图表 7—2 **一位受测者的偏好顺序**

浓度	辣度	颜色	实际评分排序*	模型估计排序
一般	微辣	红色	4	4
一般	微辣	绿色	3	3
一般	中辣	红色	10	10
一般	中辣	绿色	6	8
一般	很辣	红色	15	16
一般	很辣	绿色	16	15
较浓	微辣	红色	2	2
较浓	微辣	绿色	1	1
较浓	中辣	红色	8	6
较浓	中辣	绿色	5	5
较浓	很辣	红色	13	13
较浓	很辣	绿色	11	11
特浓	微辣	红色	7	7
特浓	微辣	绿色	9	9
特浓	中辣	红色	14	14
特浓	中辣	绿色	12	12
特浓	很辣	红色	17	18
特浓	很辣	绿色	18	17

*1 最喜欢，18 最不喜欢。

在图表 7—3（a）中，我们用图形表达了各项属性的相对重要性。效用变动范围最大的是辣度——分派给微辣与特辣的效用分别是 1.667 与 -1.774，变动范围为 3.441——因此，辣度对这个人而言是影响喜欢与不喜欢 Salsa 酱的最重要属性（运用相同的逻辑，颜色是最不重要的）。图示结果也指出每一项属性中的哪一个水平受到喜爱。如图显示，微辣的 Salsa 酱比中辣或特辣的 Salsa 酱还受到喜爱，其他亦同。对这位特定顾客而言，与一般和特浓的 Salsa 酱相比，他比较偏好浓度较浓的 Salsa 酱，并且喜欢绿色 Salsa 酱的程度稍微比红色的多一点。

图表 7—3（b）以百分比呈现这 3 个属性间的相对重要性。我们可以看到，辣度对这个人而言，它的相对重要性几乎占 60%。浓度也是相对重要的（几乎是 34.5%），然而这位受测者似乎不在意颜色。有一件事应牢记在心的是进入分析的属性水平选择是什么，对分析结果的影响非常大。如果选择是红色、绿色与混合色的话，这位顾客也许不会认为颜色是没有差异的。

我们的模型在预测顾客选择模式的估计结果又如何呢？为了检验预测精度，我们可以将构成这 18 个选择的各项属性的效用分数加总起来成为整体偏好的估计。例如，特浓、微辣且红色的 Salsa 酱的估计可以这样计算 -1.074 + 1.667 - 0.161 = +0.432。然后，我们将这些偏好作为模型预测值加以排序，并把它们与受测者实际作出的评分做比较。就如图表7—2所显示的最后一列，此模型的估计几乎完美地预测出这位顾客的实际偏好顺序，并且轻易地识别出最受欢迎与最不受欢迎的组合。

图表7—3　组合分析的输出——Salsa食品数据

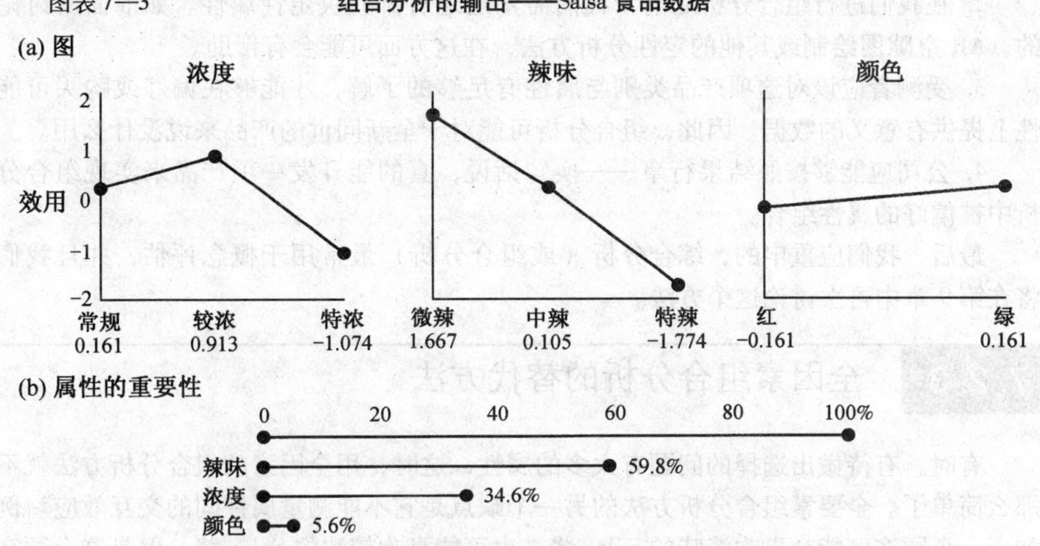

综合分析的典型应用，是让管理者识别出哪一项属性是最重要的，以及这些属性的那一种水平是最受欢迎的。假设有一个含有许多人的大样本承担了综合分析的任务，同时在图表7—2中显示的排序数字是样本所有人的平均评分排序，而不再是某个人的回答。在此例中，我们可能会专注在开发一种较浓、绿色且微辣的Salsa酱（注意，这些属性水平是图表7—3（a）中具有最高效用的）。

显然，存在有细分市场。也有可能在市场中有一半的消费者喜欢微辣的Salsa酱，且有一半的消费者喜欢特辣的Salsa酱。如果我们只看平均，我们可能评断中辣是最好的，尽管实际上可能没有人喜欢它！因此，下一个分析步骤是以效用为基础来识别效益细分（benefit segments）。这个我们将在后面的第9章讨论。

在这个简单案例中，评分排序的任务是相对容易的，因为你所操作的只有18张卡片。如果你已考虑要纳入更多的属性与/或水平，又该会如何呢？例如，除了上面所说的3种属性，你可能需要考虑容器的形态（玻璃罐VS塑料桶）、容器的大小（10盎司VS16盎司）、组成成分（有机VS无机）与3种不同的可能品牌名称。那是$3\times2\times3\times2\times2\times2\times3=432$种不同的卡片相当于包括大小王在内的8副扑克牌堆在一起！应该没有受测者会有耐心地去进行这项评分排序任务。

幸运的是，不需要将全部的卡片排序。通过运用部分因子设计（fractional factorial design），只使用一小部分的卡片子集合，我们仍然可以估计所有可能产品的相对偏好。由于使用部分的卡片集合，大多数的受测者将不能找到他们想要的确切组合。所以，他们必须通过取舍较想要与较不想要的属性方式，选择与他们喜好最接近的组合。当商店内没有我们喜欢的品牌，并且我们必须找到一项接近的替代品时，我们就是这样做的。

一些运用组合分析的实践指导方针包含如下：

1. 这个产品必须能被一组属性详细描述。就像我们第6章所讨论的因素分析，这做起来通常有一定的难度，尤其是香水这样一类的以想象力为主的产品，其属性对受测者来说可能较难表达。

2. 在我们进行组合分析之前，我们需知道还有哪些决定性属性。如前面所讨论的，AR 空隙图绘制或其他的定性分析方法，在这方面可能会有帮助。

3. 受测者应该对这项产品类别与属性有足够的了解，才能够在偏好或购买可能性上提供有意义的数据。因此，组合分析可能对于全新问世的产品来说没什么用。

4. 公司应能够按照结果行事——换句话说，真的能开发一项产品来实现组合分析中被偏好的属性组合。

最后，我们应重申的，综合分析（或组合分析）最常用于概念评估，并且我们将在第 9 章中再次讨论这个方法。

7.2.3 全因素组合分析的替代方法

有时，有待做出选择的问题有太多的属性，这时，用全因素的组合分析方法就不那么简单了。全要素组合分析方法的另一个缺点是它不能测量属性间的交互效应。例如，一个顾客可能会喜欢淡味的 Salsa 酱，也可能喜欢较浓的 Salsa 酱，但是这个顾客可能更喜欢的是淡味的并且是中等浓度的 Salsa 酱——并且这种程度可能超过了你在组合分析中的想象！但是，改进的全因素组合分析方法可以克服这些缺点。

Sawtooth Software 提出的改进的组合分析法，每次只展示给受测者几个属性，并随着组合分析的进行，根据受测者的进行方法进行改进。在这个改进的方法中，首先问受测者他们觉得哪项属性最为重要以及他们最喜欢或最讨厌这个属性中的哪些水平，然后将配对的选择展示给这些只关注自己最喜欢的属性或水平的受测者。在一项汽车设计中，如果受测者认为汽车车门的数量以及产自哪个国家是最重要的话，然后，就可以问他/她是更喜欢美国产的四门汽车还是日本产的两门汽车。问过受测者一系列问题后，提供给他们一个校正概念——即由他/她所陈述的最可能买的汽车所具有的属性的组合，并让他们在 0 ~ 100 的数值范围内评分。（例如，在一个跨度为 100 的评分体系里，100 可以代表了“确定购买”，那么你买一款美国产的，红色的，两门的，后轮驱动的，价格为 16 000 美元的汽车的可能性有多大呢?)

有时也可采用另一个替代方法——基于选择的组合分析法，在这个方法中，提供一些产品让受测者选择，然后问他们更喜欢哪个（如果没有他们喜欢的，那么他们就可能回答“以上均不是”）。举例来说，一个受测者可能会被问到，在以下的几个车型中，他/她更喜欢哪一辆：

- 一辆美国产的，红色的，两门的，后轮驱动的，价格为 16 000 美元的汽车；
- 一辆日本产的，蓝色的，四门的，前轮驱动的，价格为 18 000 美元的汽车；
- 一辆德国产的，绿色的，两门的，前后轮驱动的，价格为 20 000 美元的汽车；
- 以上均不是；

这两个替代方法都减少了每个受测者都面临的属性和水平的数量。请记住，还有其他可用的简单的，能促进概念形成的综合分析方法，这些方法与前面讨论的只要求有数据而不需要使用任何软件的组合分析方法相类似。

7.2.4 组合分析近期的改进

除了前面讨论的方法外，有时也采用其他一些方法处理属性。在一个资产保险的例子中，分析员通过在每个属性的效用中加入成本与积蓄的方式，重新建构一种称为SIMALTO的传统的组合分析评价体系。然后，他们给予消费者一定的预算对他们进行偏好调查，并因而确认许多与支付意愿相关的变量。他们维持了进行综合分析使用的属性的原始集合的有力的效用，并没有使用组合分析的数据删减方法。

近期的研究讨论了一些实践上的困难以及在概念测试所遇到的事情。由于概念测试通常在新产品过程的早期阶段进行——经常在提供原型给顾客测试之前，在这个阶段，受测者是否能够好好的将产品及其使用加以概念化？如果不能，这个方法是否仍然能够产生有效的结果？最近一项简单生产线拓展的研究（一种小苏打的牙膏）指出，顾客只能看到产品概念的组合分析与顾客被允许实际试用产品的组合分析，两者结果非常类似。因此对于产品最后是否成功，至少对产品拓展来说，组合分析的结果是一项有效的早期指标。当然，组合分析与感知图以及产品试用法，都是新产品过程后期顾客信息的丰富来源。

在一些重大创新的案例中（例如新计算机或电信技术），没有具备专家级水平的知识与经验的顾客可能无法评估创新的利益，并且概念测试结果也可能无法有效地评估创新的利益以及估计真实的产品表现有多好。一些人已经建议，即使对较小的创新产品，至少要使用具有中等专业知识水平的顾客来进行组合分析。再者，在概念测试期间受测者如果学习到更多原本不熟悉创新产品的属性或设计时，他们的偏好可能会改变。有一种称为互动概念测试（ICT）的替代方法，研究顾客的偏好如何形成。这个测试有希望成为一般组合分析的互补方法。

7.2.5 概念测试中的虚拟原型方法

虚拟原型方法一样可以用于进行概念测试。这些既可以是静态的原型图片，也可以是模拟的动态产品录像片段，还可以通过互联网的方式呈现在受测者面前。这些虚拟原型当然远低于生产的成本，并且其测试成本是比实际实体原型低，使公司能快速又便宜地测试到许多概念。

在虚拟现实（virtual reality）中，计算机与录像技术的改善，给营销人员提供了许多令人兴奋的新方法来对消费者进行概念测试。一项近期开发出来的称为信息加速（IA）的测量方法，第一次应用是在 General Motors 测试其新型电动车概念。IA 的特征是，将受测者带进一个虚拟的购物环境，该环境模拟了存在于一般实际购买情况中的信息。通过录像机与激光影碟播放机的使用，受测者可以看到广告并阅读汽车杂志，并且可以从销售人员那里听见产品的陈述与顾客的口碑评论。在模拟环境中还运用了替代驾驶技术，顾客能在经销商的演示大厅“漫游”，体验虚拟的、计算机化的汽车原型。

尽管 IA 方法需要的设备非常昂贵（一项应用可能花费 100 000 到 300 000 美元），

但是，IA 对现存概念测试方法来说是一项有价值潜力的替代方法。那些简单的概念图或描述，也许不能提供足够的信息让顾客能制定一个实际的购买决策，特别是在一个诸如新的电动汽车的非常复杂的产品案例中。IA 方法也能够测试许多同一基本概念但不同版本的虚拟产品概念。随着录像技术的改善，IA 将变得更便宜，并且可进一步的运用于未来的延伸（例如：受测者也许可以虚拟的方式开车）。

7.3 定性分析方法

上面的讨论表明，我们可以使用一些定量分析方法将顾客融入到概念产生过程中。就像本章开始所介绍的，这些定量分析技术间也有其他方法作为自己的补充，这些就是我们现在将开始探索的大量定性分析方法。

由 MDS 或因素分析所产生的奇特结果具有一定的迷惑性，尤其是当人们不熟悉这些内容时更是如此。然而，管理者应避免受这些结果的影响，并且不要以表面的价值作为结果。下面所呈现的定性分析方法对于假设的挑战是非常有帮助的（例如：什么属性是真正具有决定性的），这些方法的构成是复杂的，并且可以经常给管理者提供一些在其他方法中容易忽视的观察结果。尽管我们对于这些方法的讨论较为简短，但是他们在概念产生上绝不是不重要或没有用处的。

7.4 维度分析

维度分析（dimensional analysis）使用所有可能的特征，而不是只有维度的测量（例如：空间特征——长度、宽度等）。进行维度分析时，首先要列出某种产品类别的所有特征。产品概念的创新就是由每一个这样的特征列表所引发的，这是因为，在列举特征的过程中，我们要本能的思考这些特征将会如何变化。而当列表清单够长时，维度分析中即可发现值得进行的属性。因此，它要经过许多工作，才能将原来的东西推得更远，并让其他看不见的维度显现。

一些最有趣的特征常是那些从未见过的特征。例如，汤匙可能以气味、声音、弹性、弯曲程度等术语描述。当然，气味是难以察觉的，声音（在片刻）可能是零，并且弯曲程度可能只有在使用老虎钳时才看得出。但是每一种特征都可提供一些改变。你认为汤匙可以在孩童将食物移入嘴巴时，音乐响起会引起他们的注意吗？如果汤匙可能因触摸挤压而“弹奏”出声音，会是怎样的情形呢？如果汤匙闻起来有玫瑰花香，又会是什么情形呢？

下边列出许多不常见的特征。图表 7—4 显示出一张较为简短的清单，但是它可能令人联想到什么是必需的。一些成功的用户宣称，只要举出一个独特维度便可激发构思形成，所以应该相信：必须运用这项技术。

图表 7—4　　　　手电筒的维度属性

运用维度分析，下面列出了 80 项维度，而原本在分析员的清单上有将近 200 多项。如果在这些清单上的任一项，发生了改变，也许会形成一支新的手电筒。

综合：	接缝数量	**灯泡：**
重量	防水	数量
防锈	直径	形状
平衡	耐洗	大小
可手持	金属部分的质量	气体类型
防震	易爆性	穿透力
切断	气味	长度
耐热	标签数量	灯丝形状
绝缘材质	障碍物	电线大小
自动闪光	密封材质	灯丝材质
手动闪光		粉碎点
可见距离	**镜片：**	穿透深度
长度	材质	电流强度
可悬挂	不透明性	
防污	颜色	**电池：**
防寒	强度	数量
柔性	结构	大小
绝缘颜色		限制形态
透明度	**弹簧：**	方向
光束聚集	数量	蓄电力
关闭形态	材质	
内层材质	长度	**反射：**
轻快	强度	深度
易燃性	风格	直径
展延性		形状
可压缩性	**开关：**	耐用性
反射率	数量	外观
表面面积/颜色	压力	颜色
关闭安全	噪音	温度限制
外壳材料	类型	
颜色	位置	

7.5　检查表方法

检查表方法（checklist）自早期的维度分析形式演化而来，是今天最为广泛运用的一种概念产生技术。最广为人知的检查表方法是由头脑风暴法的创始者所给出的下列清单。

它可以调整吗？　　　　它有没有一些替代品？

它可以修改吗？　　　　　　它可以扩大吗？

它可以倒置吗？　　　　　　它可以变小吗？

它可与任何东西组合吗？　　它可用一些方法重新安排吗？

这8个问题是非常有用的，并且他们确实是能够引领我们找出有效地形成构思的方法。如果你想了解更多，请参考附录C；它包含了在许多类别中的112个问题，每一个问题都有例子。

商业与工业品的分析员使用这种方法分析能源、材料、操作容易、部件与替代零部件（图表7—5为激发工业品构思的问题检查表）。

图表7—5　　　　**激发工业品构思的问题检查表**

我们可以改变这项材料的物理、热力、电气、化学与机械特性吗？
有新的电力、电子学、光学、水力、机械或磁力学来做这件事吗？
为相似问题寻得新的类比。
这个功能真的必需吗？
我们能为其建个新的模型吗？
我们可以改变其电源形式使其运作更好吗？
标准配件可以替代吗？
如果改变过程的顺序，结果将会怎么样呢？
如果做得更紧凑，结果将会怎样？
如果对它加热、加固、合金化、消除、冷冻、电镀会怎么样呢？
有其他人可以使用这个装置或其结果吗？
每个步骤能被尽可能的计算机化吗？

检查表分析产生许多潜在的新产品概念，其中大部分都是无用的。在选择清单时需要花费许多时间与努力。其他许多产生新概念的技术，可用某种特别的方法系统地操作现有产品的属性。例如，一项属性可能受另一项属性的影响，例如：如果水温太热，那么儿童的浴室踏垫就会变色。一项属性也可能移除，形成一个几乎完全不同的产品。例如，移除PC上的内部软盘变成超薄的模型。在图表7—6显示运用这种方式产生创造性新概念的4种战略。

图表7—6　　　　**创造力的样板**

Goldenberg与Mazursky列出许多“创造力样板”，它可用于熟练运用产品属性组成的知识库，进而发现创新的新产品。步骤：从确认决定性属性开始，然后以这个创造力样板来熟练运用这些属性。样板是：

1. 属性相依样板：在两个独立变化属性间找到一种功能性相依的关系。其交互影响可能形成一种具有创造力的新产品。例如：咖啡杯上的墨水颜色是随内盛物品而改变，例如：如果饮料太热就会显示出一个警告信息。
2. 取代样板：移除产品的一种成分，并且从另一个环境中找到一个替代品。移除成分所形成的功能由其他成分替代。例如：随身听的天线由头戴式耳机替代。
3. 移除样板：移除一项基本的成分及其功能，这样就可改变产品的功能。这可能为新市场创造新产品。例如：移除软盘并将CD装入台式计算机使PC变薄。
4. 成分控制样板：识别并创造产品内外部成分间的新联系。例如：加入洁白剂的牙膏或增加肌肤保湿功能的防晒乳。

7.6 关系分析法

我们前面讨论了提出概念的一些方法，它们都是以事物之间的比较为基础的：例如感知图是在比较属性，小组创造力是通过从已知推论到未知的方式刺激创意。但是，这样的对比用于复杂一些的问题时，通常会表现出偶然性。下面将讨论两种属性分析技术，它们都聚焦于这样一点——强制将一些事物放在一起思考。这两种技术是二维矩阵（two-dimensional matrix）与形态矩阵（morphological matrix）。两者都是关系分析（relationships analysis）的例子，因为他们要求受测者发现维度间的关系以产生新产品概念。

7.6.1 在关系分析法中的使用维度

回想图表 6—1，我们已经知道，产品的属性是特征（例如：长度）、功能（例如：用蛋白质涂在头发上）与利益（例如：经济性与健康）。但是产品的其他方面定义并不总是包含在属性中——例如，不同使用地点、用户职业或其他产品相关项目。关系分析技术也使用这些定义。我们寻求所有有帮助的维度，并且这些维度中并无固定的集合。希望本章中所提出的例子能够在应用关系分析法时如何思考问题方面对你有所帮助。

7.6.2 二维矩阵

研究关系最简单的形式如图表 7—7，它描述了保险的两种属性集合。这里只列出了两项维度（被投保的事件与被保险的人员/动物）的部分的清单，但是只有这两项就提供了 50 种考虑项目。注意在这个矩阵中，我们是通过将一些属性强制地建立关系来制定有针对性的政策的，例如：首次做父母的人，如果偶然把孩子弄丢了，将能够获得保险赔付；或者提供新婚夫妻因过分庆祝他们的蜜月而花费过多的保障。在保险的例子中，我们从第 1 列开始研究，然后是第 2 列等等，以此类推。

图表 7—7 **用于新保险产品的二维矩阵**

	被保险的人员/动物									
被投保事件	新生儿	天才	问题小孩	富翁	狗/猫	热带鸟	咸水鱼	新的从业人员	新婚夫妻	新父母
火灾伤害	1	2	3	4	5	6	7	8	9	10
走失	11	12	13	14	15	16	17	18	19	20
正常死亡	21	22	23	24	25	26	27	28	29	30
被侮辱	31	32	33	34	35	36	37	38	39	40

续表

被投保事件	被保险的人员/动物									
	新生儿	天才	问题小孩	富翁	狗/猫	热带鸟	咸水鱼	新的从业人员	新婚夫妻	新父母
被绑架	41	42	43	44	45	46	47	48	49	50

新产品概念例子：

一项保单可以提供给首次做父母者小孩走失的保障（20），或提供新婚夫妻于蜜月期间遭受绑架的风险保障（49），或提供天才受到侮辱伤害的保障（32）。偶然了解法最常产生没意义的想法，但是像其他的方法一样，二维矩阵是在深思熟虑的基础上得到有意义的结论。

与研究这个问题的多数方法不同的是，关系分析法可以直接形成一项新产品构思（例如：喷雾冰淇淋罐）。在关系分析法中，二维矩阵的属性数目是几乎无限制的。罗列与观察矩阵中不同元素，直到获得满意的新产品机会，或直到确定那项技术“对我是行不通的”。

一种稍微不同的关系分析法是使用产品的效用水平（产品如何影响顾客的生活）与购买者经验周期（产品在哪一时点影响顾客）作为其维度。改变其中一种或两种维度可能产生成功的新产品构思。图表 7—8 显示，许多公司利用延伸一到两种维度的方法，提出了产品构思并获得最后的成功。

图表 7—8　**维度分析的其他形式**

WC. Kim 与 R. Mauborgrle 提到，公司可以通过考虑两个关键维度来提出获胜的新产品构思：

- 效用水平：产品将如何影响顾客的生活（例如：简单、有趣/形象化、环境友善、降低风险、方便与效率）。
- 购买者经验周期：在哪个阶段产品会影响顾客（购买、递送、使用、补充、维护、处置）。

下面正是公司通过改变一项或两项维度产生出好的新产品构思的例子：

- 典型的快餐餐厅提供便宜的咖啡，它们聚焦于在购买阶段，提供给顾客方便或效率。Starbucks 也以购买阶段为目标，但是运用流行的咖啡吧台与独特的混合，增加有趣/形象化的效用水平。
- 计算机制造者在使用阶段提高效率带来的效用。Dell 的创新就是通过递送阶段与通过直接交货来提高效率带来的效用。
- Phillips Alto 生产的可随意丢弃的日光灯炮提供了一种在丢弃阶段的环境友善效用。

注释：除了效用与经验周期阶段的创新组合之外，公司也必须制订一个战略性价格以增加成功的可能性。

7.6.3 形态或多维矩阵

下一个方法，形态矩阵，可以同时组合多于 2 个的维度。这个矩阵可能包含许多维度。多年前，一位科学家曾经试图进一步开发形成飞机引擎时，提出了这一技术。

图表 7—9 列举了关于开发一种新咖啡机的一个例子。图表中列出了 5 个维度，并且为了给出更好的例证，给每个维度列出了 3 个替代选择（在实际情况中，可能会有更多的可替代性选择）。

新产品经理的任务就是将这些维度组合起来并建立相关联系。常用的技术是用计算机把所有可能的组合打印出来，然后搜寻感兴趣的集合。

其他分析员，采用逐行阅读这种简单的、机械的方法。最上面一行说的是：一个带有自动加热器的咖啡壶——当你用勺子把研磨好的咖啡加入到滤纸中，然后保温材料将会保持咖啡的温度。可以打开咖啡壶下边的开关，咖啡就会流出。这些构思你都不喜欢吗？还有许多其他的组合！在讨论完每行后，分析员再系统地用一行的物品代替另一行物品，以此类推。所有的属性分析技术都会产生“噪音”，而它却是好构思的来源。但是最初表现为噪音的对象却可能是一个极有价值的新的构思，如果不借助这样的矩阵，就没有人能轻易想到它。

无论如何，图表7—9中的结构必须要遵循。从本节开始时，我们已经讨论了如何创建这样的列。每一列中项目的数量可以这样确定：（1）可以是全部集合，如前述的调查；（2）也可以是代表全部项目的一部分选择。例如，一项游戏车的研究可能会有一列为轮子数量（number of wheels），它的行数可能是2、3、4、5与6；但是高度（height）那一列可能只有6英尺、8英尺与12英尺这3行（低、中与高）。

图表7—9　　**关系分析：形态矩阵技术——与新咖啡机有关的维度**

维度				
加热的方法	添加咖啡豆的方法	过滤方法	保持咖啡的温度	倒咖啡
1. 壶内自带的加热系统	1. 用勺子	1. 滤纸	1. 保温（绝热）技术	1. 咖啡壶下边的开关
2. 用火在壶下边加热	2. 有自带的量杯	2. 多孔陶瓷过滤器	2. 壶内自带加热功能	2. 按压咖啡壶盖
3. 微波加热	3. 自动添加	3. 离心分离法	3. 外部加热	3. 浓缩咖啡机的方法

7.7　类比

我们可能经常从观察一些其他对象来获得一个更好的构思——类比（analogy）。类比是一种非常有用且普遍的方法，所以，它因作为基于问题的构思方法中问题解决的步骤（第5章）的一部分而被广泛应用。在普通的PC术语中有许多这样的类比：剪切与粘贴、回收站、浏览器、冲浪、公文包、文件夹与许多其他我们在非计算机领域中熟悉的术语，并且在计算机领域下使用这些术语，对PC用户来说会显得非常直观。

这里有一个有关类比的好例子，一家厨房用具与其他设备制造公司，对飞机供餐系统进行研究。在飞机上准备、服务与使用餐点明显地是从家中类比来的，并且这家公司为家庭厨房的新过程（与设备）创造出许多好的构思。游乐园设计者看到小牛的放牧而产生了让游人排队等待受欢迎设施的许多构思。

自行车的类比可能是驾驶汽车——两者都包含驾驶、移动、减速、转弯等。但是汽车载运更多乘客，有4个轮子获得稳定性、有可变的动力、内置通讯设备、在面板上显示车况诊断与矫正行动等等。每个差异都可能启发另一种新型自行车的产生；这些类比中的一部分是已经可行的。自行车也可能与飞机、滑雪、潜艇、游泳进行比较，甚至在极端情况下与在迷宫尽头的老鼠做比较。

当然发现一个有用的类比情况的奥秘经常是困难的。类比应遵循以下4项准则：

1. 类比的事物应当鲜明，有其自身的确定内容。
2. 应是完全的具体形象。
3. 应是一事件——一种变化或活动的过程。
4. 应是广为人知的活动并易于想像与描述。

飞机供餐系统与汽车驾驶很容易被人理解。下面的这个类比也许会令人惊讶：机枪的弹药带的类比有助于种子公司开发人员思考将种子嵌在一卷可自然分解的传送带上，这样可以把种子精确地埋在地里。

7.8 本章小结

在本章与前一章，我们已经回顾许多属性分析技术。定性分析方法包含非常简单却具挑战性的维度分析，并且有更多改进的方法，例如形态矩阵。定量方法包含空隙分析法与综合分析方法。这些分析可以是互补的：如上面所看到的，定性分析方法可以在数字模型分析之前使用（去明确说明或再次检验分析中的属性），或在它们得出结果之后使用（帮助诠释结果）。

在每一个案例中，属性分析的本质是让我们从不同角度来观察产品——以取得新的观点。我们通常使用固定的方式去认知产品，有时由于我们常使用这样的认知方式，所以让我们脱离这样的认知模式是非常困难的。如果你阅读这些案例是为了准备进行特定的构思形成活动，应该要仔细阅读在附录B中的40多项的其他技术。

至此，我们完成了对提出概念的有关讨论，希望它能提交几个好的概念以供在昂贵的技术开发前的严格审查与评估之用。我们将在第Ⅲ篇（第8到11章）讨论评估，篇名为概念/项目评估（Concept/ Project Evaluation）。我们也将发现在这一部分有关章节遇到的许多分析技术，将有助于评估顾客偏好、明确产品设计的特征，甚至超出了新产品开发过程。

7.9 应用实践

在你的面试过程中，总裁提出了更多的问题：

1. “我想，我最喜欢检查表方法——它们对我来说易于理解和使用。我从不小看它——哦，4页纸的方法。真的全都必要吗？难道就不能用一页纸把工作做好吗？附带说一句，我得承认我被这些术语搞昏了头。请告诉我，我所喜爱的检查表方法和你所称的维度分析法之间有什么不同？”

2. “你可能马上会说，我是一个受过训练的工程师，在我的训练和你从事的工作中总是喜欢围绕着某一种形式的属性分析法。我们将此称之为属性延伸，它是指我们能预测某个产品的任何一个重要的特性在未来的变化。你也知道，这就好比 PC 机中的内存的容量。最近，我要求我们的有线电视事业部提出有线电视服务的 5 个维度，并尽可能对每个维度进行扩展，然后告诉我他们所得到的构思。我已经提到了频道的数目和付费的种类。你是否能够按照相似的思路继续我的工作，也就是说，请你提出有线电视服务的 5 个维度，并将它们加以拓展？这将帮助我做好准备，已参加他们周四的报告会。”

3. “你可能会回想起我早先提出的关于新的泡泡糖的构思——将泡泡糖做成 3 英寸 CD 的形状，用一个微型塑料盒包装，上面写着最近流行的 CD 名字。这个构思的重点在于改变包装盒子，让其成为收藏物品——如同泡泡糖卡片一样。我想知道，你是否能为我展示一下用于泡泡糖的二维矩阵。我确信能得到比 CD 这个构思更好的，我只是惊奇哪种方法究竟会以什么形式工作。”

4. “我们有几个事业部正在致力于女性服装市场。正如你所了解的，这些年他们都是专业化的，有这样或那样的细分市场。发现一个新的、且有一定规模的、并有市场认同的细分市场已经变得越来越困难了，因此，当你谈到我所喜欢的形态矩阵时，我就想到了妇女服装。一条创新的途径就是开发全新系列，或者设计套装。尽管我们了解婚礼、赛马或野餐，并且能够提供相关的服装，但是，我们还是要对它们进行分类。还要对这些服装及其配饰的包装进行分类。肯定还有许多我们现在没有想到的内容，形态矩阵方法对其有效吗？”

7.10 案例：Rubbermaid Inc.

Rubbermaid 是一家管理良好并持续获奖的公司。《财富》杂志（Fortune Magazine）在 20 世纪 90 年代初期，连续三年都列出了该公司。报导指出这家公司即使在不景气的时期，平均每年仍有 15% 的增长率，新产品对此做出了重要贡献。每年大约有 200 件新的产品导入市场。有一些是生产线的延伸，也有一些新产品则进入甚至开创了新市场。

公司成功的很大部分原因就是由于在创造和生产用于家庭、办公室、工业、及农场的高质量、功能强大的塑料产品，再加上一些特殊产品，例如玩具、教育性质和娱乐性质的产品，以及家具。近年来产品覆盖面涉及了从小铲子到高尔夫球课堂用的冷却器，以及从儿童用的 15 磅重迷你车到户外用具。该公司的产品大类的品牌包含了 Little Tikes、Gott、Blue-Ice、Sunshine 等等。

公司制造了近 50 万种产品，在新产品方面有 90% 的成功率，并且每年营业额至少有 30% 来自于市场导入少于 5 年的产品。

公司的新产品战略是要满足消费者的需求。新产品推出率高，产品的多样化受到欢迎。这家公司是市场驱动而不是技术驱动，尽管公司近年来发明了从旧轮胎中回收新塑料的技术，这项技术也正在寻找市场的机会。这项为特定技术寻找机会的实践将会增加，因为公司目前放弃了同步产品开发。

在概念产生上，Rubbermaid 依靠顾客发现问题，并把其整合进战略规划过程。

公司可以用许多种方式来发现问题，主要的方式是焦点小组法。这家公司也利用来自于顾客的使用评价及抱怨，例如 CEO Stanley C. Gault 听到一位曼哈顿大楼管理员在将灰尘扫入 Rubbermaid 簸箕的抱怨，后续的调查确定了这位管理员希望簸箕的底部唇边要薄一点，这样扫过的地方才会留下较少灰尘。最后，他得到了他想要的新簸箕。

顾客的每一个抱怨都被营销人员记录在文档中，高层主管也被鼓励要去阅读这些抱怨。其中一个抱怨来自于小家庭的顾客，他发现传统的碗盘架子体积太大而不便存放，这个抱怨带来了一个精简、单片式的碗盘晾干器。Little Tikes 玩具事业部还在每个玩具上都铸上了免费电话号码，以鼓励顾客抱怨并提出建议。当然，他们必须要注意合法的程序，他们可能需要构思提供者签订放弃他们构思的弃权证书。公司通常通过焦点小组法中的问题分析来找到问题的根源，并且从内部解决这些问题。他们偶尔也会使用情景分析来发现问题。但是情景分析没有问题分析有用，因为前置时间总是很短；他们的新产品周期使得他们必须要专注在现有的问题上。通过促进员工间的跨职能结合，这家公司不断创造出新的构思。公司鼓励所有层次的员工采用发现问题并解决问题的方法。

其他出现过的新产品有：

为那些害怕在游泳池旁边使用玻璃杯的人们而创造的 Bouncer 杯。

餐桌中调味料旋转盘和其他天井式家具产品来自于生活方式改变的研究。

在家里工作的人提到一些问题而带来了一系列家庭办公附件的生产线，其中包含“汽车—办公室”，它是一个绑在汽车座椅上并固定笔与其他办公室用品的便携装置。

公司还有日间托儿项目，研究人员可以观察小孩对于玩具的问题并测试他们的新玩具。

通常，Rubbermaid 公司的新产品构思并没有太多利用属性检查表方法和其他一些幸运的扫描方法，包括各种映射方法。它发现产品生命周期模型很有用，并密切追踪那些富有竞争性的新产品介绍。

不过，Rubbermaid 公司一直在努力寻找新的方法以产生优秀的新产品概念。例如，它的经验表明，公司需要寻找新的途径以使用问题—发现—解决的技术，也许那些偶然的扫描法将会比现在感受到的具有更大的作用。

第Ⅲ篇 概念/项目评估

在第Ⅱ篇中，我们讨论了产生新产品概念的几种方法。接下来的任务是对这些概念进行评估。评估可以由不同的人以不同的理由和方式在不同时间来进行。因此具备一个评估系统尤其必要，这个观念我们将在第 8 章进一步讨论。

接着，在第 9 章的一开始，我们将讨论评估系统的各个阶段（见图表 III—1）。概念测试是最主要的工具，我们也将在第 9 章讨论。第 10 章包含被称为全面性筛选活动的常见任务，在这个阶段，将评估测试后的概念与公司的营销优势相互匹配的程度。一旦项目在全面性筛选阶段澄清了概念中包含的众多高度不确定的问题，这个项目就得以立项，从而为进入下一个阶段做好了准备。第 11、12 章聚焦在特定主题上——在图表 III—1 的最后一个方块：财务分析。这是确定项目与产品创新章程的匹配性检查，以及与产品协议的发展相互适配的检查。至此，开发工作可以开始了，开发团队也可以组建了（如果他们还尚未成立），接着我们将进入本书的第Ⅳ篇。

在第Ⅲ篇讨论的评估工具是在开发以前进行。一旦着手订立协议或服务配置，就要重新进行评估。这时，首先进行产品用途测试，稍后是市场测试及更多的测试。这些评估工具都包含在之后的章节中。在评估时的所有评估工具本身都是重要主题，所以我们的讨论必须具有选择性。但不幸的是，实业界以不同的方式使用多种工具，所以他们在不同工具的分界线上的认识越来越模糊。例如，原型的概念测试是否会变成产品的用途测试呢？他们不清楚。

同样，实业界经常将 2 种或 3 种工具组合在一起使用。例如，在一些产业中，准备原型是非常容易的，所以这些产业中的某些公司可能提早作顾客调查，调查中部分是市场分析，部分是概念测试，部分是原型测试，尤其是当构思首次以原型的形式出现时，更是如此。最后，产业中的开发人员都喜欢发明新术语。由于某些术语并不能够被所有人接受，所以我们必须进行专门用语的标准化。

图表Ⅲ—1　　概念/项目评估

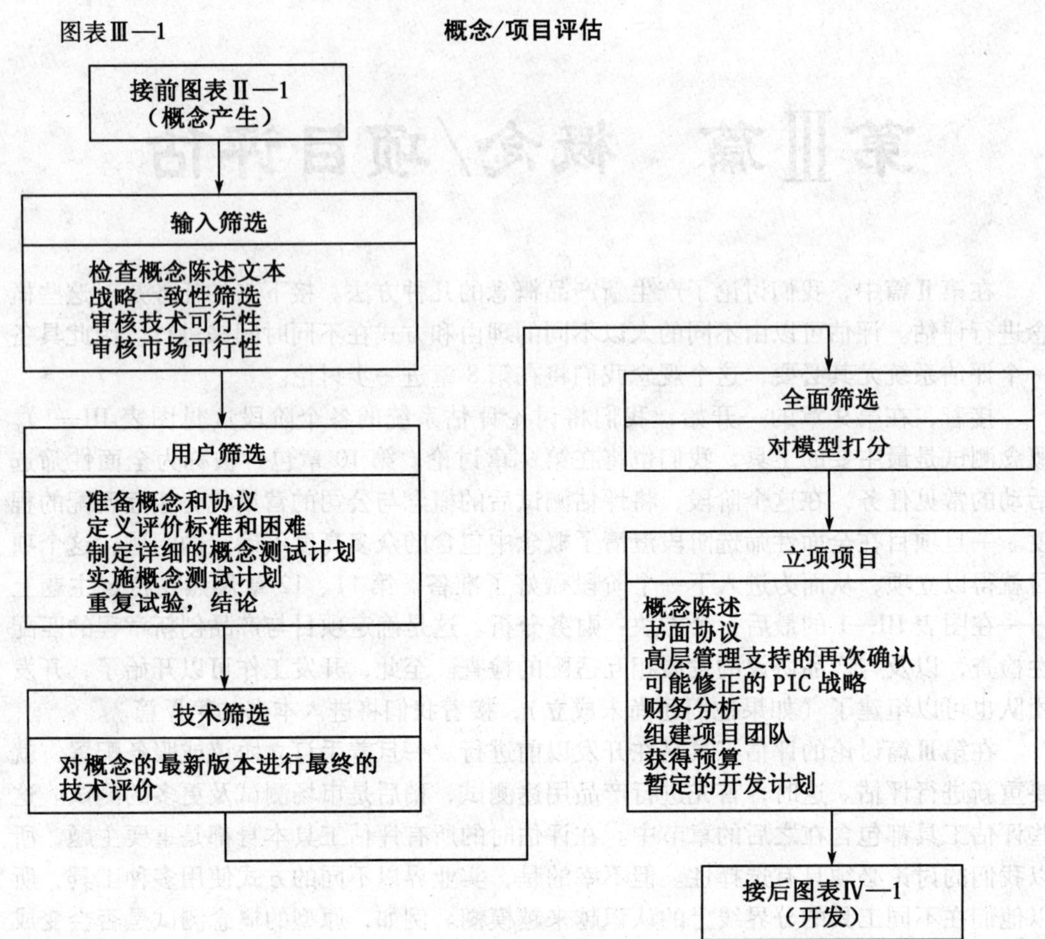

接前图表Ⅱ—1
（概念产生）
输入筛选
检查概念陈述文本
战略一致性筛选
审核技术可行性
审核市场可行性
用户筛选
准备概念和协议
定义评价标准和困难
制定详细的概念测试计划
实施概念测试计划
重复试验，结论
技术筛选
对概念的最新版本进行最终的技术评价
全面筛选
对模型打分
立项项目
概念陈述
书面协议
高层管理支持的再次确认
可能修正的PIC战略
财务分析
组建项目团队
获得预算
暂定的开发计划
接后图表Ⅳ—1
（开发）

第 8 章　概念评估系统

8.1　引言

在讨论各种用来评估新产品概念的特定技术之前，我们需要先做一个概述。在整个新产品开发的过程中，我们都在进行评估，在新产品过程的各个阶段都有相应的评估技术。再者，这些技术中没有一个可以贯穿整个过程或者适用于所有场合。第 8 章是概述，提出了如累积支出曲线及 A－T－A－R 模型，它们能帮助我们决定使用哪一个评估方法。本章还包括产品创新过程中的陷阱及替代因素的其他观念。在第 9、10 章，我们将更深入讨论仅适用于第 III 篇（概念/项目评估）的概念评估及全面性筛选技术，并在第 11、12 章完成销售预测、财务及战略分析以及产品协议说明书的讨论。

回顾第 2 章的讨论，新产品失败的原因是（1）没有潜在用户所感受到的基本需求；（2）在考虑所有缺点之后，新产品没有满足他们的需求；（3）新产品的构思没有和潜在用户进行沟通。简言之，潜在用户不需要新产品，新产品无法发挥效用，或用户无法得到任何信息。当你观察评估系统是如何运行时，要考虑这些原因。

8.2　新产品过程需要做哪些工作?

实际上新产品开发的方式如同河流一般。大河是由支流所组成的系统，而支流之下还有更小的支流。看似复杂的物品只是外形、包装原料、流动性、价格等多种元素的组合。汽车生产是一个很好的例子，它的主要的装配线是由许多分散在世界各地的辅助装配线来支持的，各辅助装配线制造一种零部件，而这种零部件又是其他零部件的一个部分，最后各零部件在主装配线上组成一部汽车。

在汽车零部件工厂中，每个零部件在进行到下一个阶段之前，质量控制人员都要先对这个部件进行质量评估，如果你能对这样的过程进行一番想象，那你就知道新产品的评估系统（evaluation system）的一些内容了。新产品首先是以文字或图片形式表达的构思或概念，因此我们首先评估概念。当工作人员将概念转成一个钢板、软件、或预备提供新服务的新场所时，我们接着会对其进行评估。当市场计划者提出一个营销计划，营销计划的各个部分将分别被评估（如同汽车的小零件），接着再评估整体，评估整体之后运用到新产品上。

我们将产品及产品的营销计划视为独立的及可分割的部分进行评估，可使我们进一步缩短开发的过程。过去有一段时期，我们一步步地进行新产品的开发，在某一步完成之前不会进行下一步。但现在，我们可以在实际完成此产品开发之前，进行包装设计；在商标被批准及定型之前，可以拍部分的广告；或在电影完成最后的剪接以前，提前时间准备好预告片，来推广即将上映的电影。

有时，这样做会出现一些返工，但其成本会低于延迟推出产品的成本。然而，这当然需要我们仔细地、系统地思考新产品的整体开发需求。以及哪些需求是重要的，有哪些是不重要的。任何评估系统都必须涵盖这些重要的需求。

8.2.1 基本的新产品过程的评估系统

虽然评估的整体目的是要给我们带来有利可图的新产品，不过每一个单独的评估阶段都有其特定目的，是要为接下来要发生进行的工作定好基调。回想图表2—2，它显示不同的评估任务所适合的新产品过程中的特定阶段。图表8—1呈现了相同的信息，但增加了运用在整个过程中最普遍的评估技术。构思变成概念，概念经过精炼、评估和认可后，开发项目开始执行，最后产品市场导入。在这整个这个过程中，需要回答不同的问题，且需要不同的评估技术提供所需的答案。例如，最初的评估是在产品概念之前——事实上，它发生在第一阶段，即识别及评估机会时。少数几个人就可以决定公司所拥有的优势技术，或非常难得的市场机会，或严峻的竞争威胁等等。如同在第3章讨论的战略，假如公司做了这样的判断，也就是试图在一个地区开发一个新产品，这个判断有可能成功。这个早期的评估步骤（方向）显示在图表8—1最上方。我们应该朝哪个方向进行，我们应尽力开发什么，我们应该与什么对象竞争？这项工具是机会识别及评估，我们也在第3章讨论过。当获胜机会很小时，这项工具提示我们不要继续开发；换言之，这项工具会确保我们是在占有优势的领域里开发新产品。这个方向是由产品创新章程所提供的。

现在继续向图表8—1的下方来看，我们就会看到：当我们进行基本的新产品过程时，评估任务如何改变。在开发过程的第2阶段（概念产生），构思开始出现，而评估的目的改变——现在的目标是避免大量的损失或一定发生的损失。我们把它们剔除，且不再花更多的时间及金钱在它们身上。当然，我们有时会出错，但有时是正确的，如果我们要把有限的资源集中在值得开发的概念上，则此步骤是必不可少的。

图表 8—1　　　　评估系统，包含一般的技术

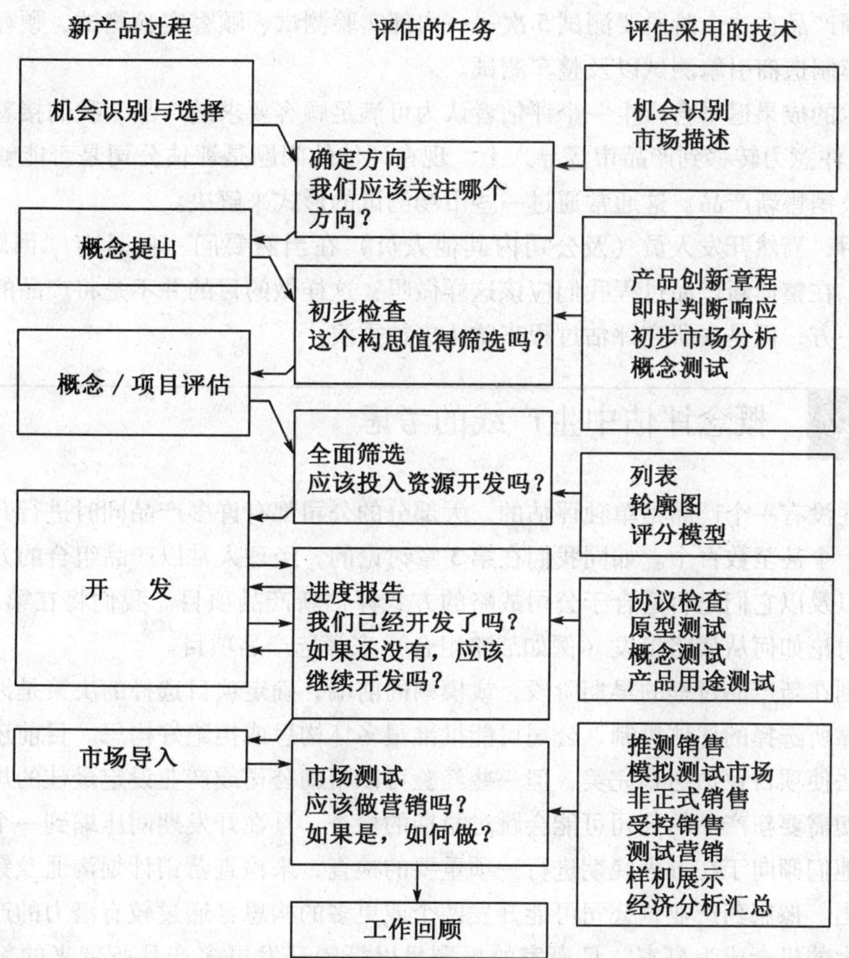

评估活动的初步检查工作是试图寻找那些潜在的大赢家。大部分好的概念就只是差强人意而已。很少有概念是很优秀的，所以我们想要尽可能地识别这些很优秀的概念。这就需要更多的努力，并且通常是以非常复杂的概念测试形式以及开发程序的形式进行。

接下来，开发过程进入第 3 阶段（概念/项目评估），以及决定是否将此概念转化为全方位的开发。如果后续开发的资源投入非常大，使得这个阶段的评估决策成为一项重要的决策，那么应用最完善的评分模型将有助于制定正确的决定。我们应努力去开发此概念吗？

开发过程的第 4 阶段是制定开发决策，其中一个部分是要完成同时进行的技术活动及营销活动（如图表 2—1 所示）。在此阶段的整个期间我们不断地问道：我们已获得想要的东西了吗？这个部分准备好了吗？系统的各个部分是否能清楚使用？这项软件不只能运作，还能提供顾客所需吗？通过协议检查可告诉我们是否准备好开发一个将要进行严格的现场测试的产品。

开发本质上是反复的：一项新发现引导至另一项发现；研究方向被改变了；一旦

某方面失败，就必须退回去。一家工业专用纸张制造公司 Hollingsworth&Vose，它的某个垫圈产品在这个阶段要测试 5 次——内部实验测试、顾客实验测试、顾客引擎测试、汽车制造商引擎测试以及整车测试。

技术的成果迟早会产生一个评估者认为可满足顾客要求的产品。我们接着进入第 5 阶段，注意力转移到产品市场导入上。现在评估的问题是评估公司是否能够大规模地制造及销售新产品。这通常通过一些市场测试的形式来解决。

稍后，当然开发人员（及公司内其他人员）在当然要问一些具有“回顾性质”的问题：在整体新产品过程我们应该这样做吗？这样做的目的并不是将产品的失败归咎于哪一方，而是去研究评估过程来防止事情重演。

8.2.2 概念评估中生产线的考虑

记住没有一个产品是单独评估的。大部分的公司都有许多产品同时进行开发，有时是数十个甚至数百个。如同我们在第 3 章讨论的，经理人常以产品组合的方式进行思考，以及以它们是否适合于公司战略的方式评估新产品项目。我们将在第 11 章更详细地讨论如何从战略出发（例如战略组合）来筛选产品项目。

特别在新产品过程的早期阶段，或模糊的前端，确定项目选择的决策是涉及风险的。依靠所选择的评估机制，公司可能批准很多坏构思或拒绝好构思。目前还没有准确的方法使项目评估达到完美，但一些经验可以帮助公司或产业设定最佳的规则。例如，迫切需要新产品的公司可能会跳过早期的检查，且在开发期间压缩到一个或两个选项。他们倾向于在过程晚期进行一项重要的检查，来检查营销计划沟通及销售系统是否适当。像制药产业，公司可能开发两个或更多的构思：通过较有潜力的产品，公司有更大的机会成为赢家，且赢家的报酬足以抵销开发更多产品所带来的额外成本（见第 2 章的 Merck 案例）。克服开发过程中存在的一些大的障碍，可能会降低失败率，但会导致新产品市场导入出现时间较长的、成本很高的延迟。假如公司生产产品生命周期非常短的产品（例如计算机游戏），它必须时刻控制大量的、排队等候开发的产品数量，以便产品及时能够获得开发资金。

8.3 累积支出曲线

如同我们所见的，新产品评估随着产品开发而进行。对任何活动做怎样的评估（重要程度、成本支出），主要取决于后续活动发生的一切。图表 8—2 显示任何评估系统设计的关键投入：在此图的中间，是一条逐渐向上倾斜的曲线，代表典型新产品项目从开始到完整市场导入的累积成本或支出。

图表 8—2 **累积支出——全行业平均水平与特定阶段的比较**

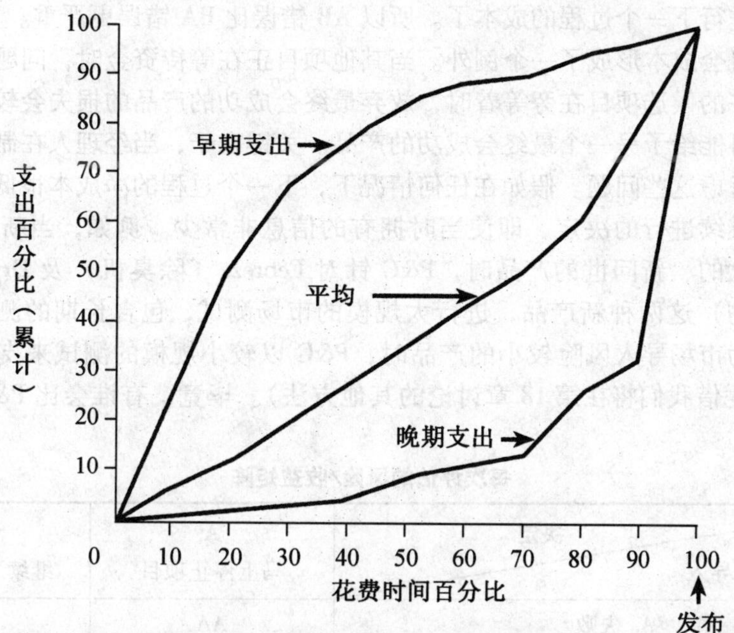

这个曲线是许多年来在各种研究的基础上归纳得到的，只是一个平均水平，它不代表任何一家公司，但它是许多耐用消费品、非技术性商务产品以及服务的典型代表。与平均曲线一起显示的另外两条线：早期支出曲线与晚期支出曲线。早期支出曲线是技术密集型企业产品开发的典型代表，例如药物、光学产品、计算机。研发成本是成本的一大部分，而营销成本相对较小。图表中下面那条曲线显示一种完全相反类型的产业，如快速消费品产业。技术性的支出可能较小，但在市场导入阶段需要庞大的电视广告支出。

这些是一般的情况，但也有个别例外，例如当 P&G 花了许多年开发一个叫做 Olestra 或 Upjohn 的基因药品系列，这是脂肪的替代物。无论是谁发展一个概念评估系统，重点是他需要知道此评估系统的适用场合。没有任何评估决策是不用考虑接下来要执行什么、将花费多少、或在何时会没有利润回收等问题。一句中国俗话说："好钢用在刀刃上。"

8.3.1 风险/收益矩阵

图表 8—3 应用这些想法在风险/收益矩阵（risk/payoff matrix）。在新产品过程中的任何一个评估点，新产品经理人面临 4 个情况。假设评估产品概念有两个最终结果（成功或失败），这两个最终结果都具有两个决策选择（推动或放弃项目），在这个矩阵里会有 4 个区域。

AA 区域及 BB 区域是良好的：我们放弃了最后会失败的概念，或我们持续进行最终会成功的概念。另外两个区域产生管理上的问题。AB 是错误：最终会成功的概念被放弃了。但 BA 也是错误：最终会失败的概念继续进入到下一个评估。

哪个错误是经理人最想要避免的呢？答案取决于金钱。首先，放弃一个最终会成功的概念的代价非常高，因为来自成功产品的最终利润一定多过所有开发成本总额，更不必说是进行下一个过程的成本了。所以 AB 错误比 BA 错误更严重。

当然，机会成本形成了一个例外。当其他项目正在等待资金时，问题会是什么样呢？当一个好的候选项目在旁等着时，放弃最终会成功的产品的损失会较小，因所转移的资金将可能给予另一个最终会成功的产品。关键在于，当经理人在制定评估决策时，他必须考虑这些问题。假如在任何情况下，下一个过程的净成本很低，那么评估可能会做出继续进行的决定，即使当时拥有的信息非常少。例如，当新产品被 P&G 视为风险较大的、新问世的产品时，P&G 针对 Febreze（除臭机）及 Dryel（可让你在家干洗衣物）这两种新产品，进行大规模的市场测试，包含长期的测试营销。当新产品被视为市场导入风险较小的产品时，P&G 以较小规模的测试来支持洗洁剂生产线延伸（凭借我们将在第 18 章讨论的其他方法）。毕竟，有谁会比 P&G 更了解洗洁剂呢？

图表 8—3　**每次评估的风险/收益矩阵**

决定 / 假如产品市场导入	A 马上停止项目	B 继续下一个评估
A. 失败	AA	BA
B. 成功	AB	BB

一个运用风险矩阵的好例子是，Pillsbury 宣称在一年内有 3 个重要的新消费性产品市场导入失败，而该公司的 Totino 的酥脆冷冻比萨却市场导入成功。冷冻比萨第一年的销售就超过 6 000 万美元，而失败的产品没有一个花费超过 100 万美元。此案例中与员工士气有关，因为没有一位开发人员会愿意让新产品失败。同时研发人员非常了解失败产品是由内部进行开发，可是冷冻比萨主要是来自于一个并购的公司。但没有人能从这 4 个决策组合中厘清 4 个新产品的财务结果。

大致上，新产品团队应该考虑 4 个基本风险战略：

规避（Avoidance）：完全排除具有风险的产品项目，即使会产生机会成本。（假设他们通过这项项目并且项目最后成功会如何？）

降低（Mitigation）：把风险降低到可接受、门槛的标准，可能通过重新设计产品来包含更多预备系统或增加产品可靠度。

转移（Transfer）：将责任转给其他组织，例如以合资或转包形式。其他组织可能具有较强的处理风险的能力。

接受（Acceptance）：立刻发展一个权变计划（主动接受）或当风险发生时再加以处理（被动接受）。

8.3.2　衰减曲线

风险/收益矩阵的决策引出了衰减曲线（decay curve）的观念，如同图表 8—4 所示。此图描绘任何公司的新产品概念在开发过程中存活的百分比，从概念测试之前的百分之百开始到即将市场导入的 2%（基于许多研究的估计）。98% 的构思在开发过程中的不同时点被放弃，它们会在哪个阶段被放弃是由风险矩阵分析来决定。

图表 8—4　新产品构思的死亡率——衰减曲线

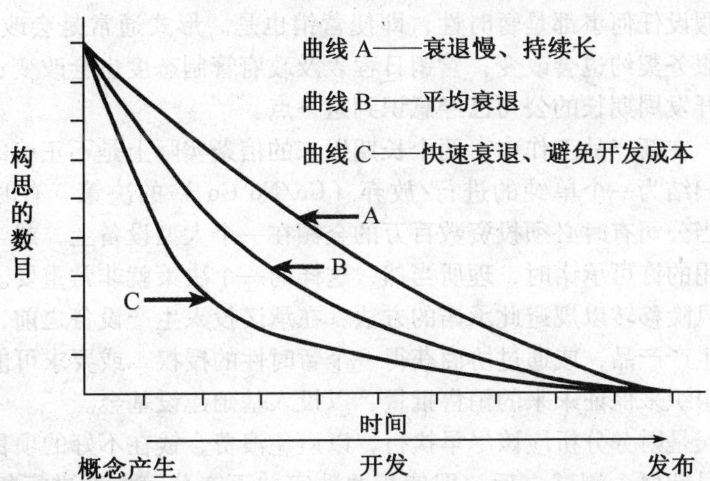

衰减曲线 C 形状大体上是来自于一家纸类产业的领导公司，这家公司想要尽早终止所有可能的失败的项目，且只花时间开发这些有市场价值的提案。这是它们的战略，它们的评估系统很好地执行这项战略。衰减曲线 A 代表一家开发成本非常低的服务公司，这家公司只在有足够的证据反对该项目时，才会终止该项目。这家纸类公司在进行技术性工作之前，花费时间作仔细的财务分析；这家服务公司开始进行一项项目且持续进行这项项目，直到有具体反对证据时才停止这项项目。

因此，衰减曲线一半反应的是计划，一半反应的是结果，二者是同步的。作为一个管理上的观念，衰退曲线的价值在于帮助管理者认识到需要针对每个开始要发展的新产品概念去思考整体开发过程的成本及其风险/收益矩阵（上述）。当衰退曲线观念被运用时，你将听见一些陈述，例如“对于这个芯片，如果我们可以制造的话，要先确定顾客会不会想要；花了很多钱然后发现没有买家，就太糟糕了”。或者像是，“此时不用担心 Ed 的置疑；假如有必要的话，我们可以在最后一分钟改变施肥机的定位，甚至可以改变几项关键属性。现在让我们开始行动吧！”

8.4 评估系统的规划

先前的考虑有助于管理层制定一个适合特定新产品概念的评估系统的决策。除此之外，还有 4 个与之相关、但很少用到的概念，这些观念帮助我们决定是否要进行概念测试，进行现场测试所需要的时间长度，是采用首次展示或迅速在全国市场导入，需要怎样的财务分析。

8.4.1 任何事都是暂时性的

可以想象建立一个新产品就如同盖房子一样——首先是地基，接着是框架，再接着是盖第一层。遗憾的是，产品的开发很少有这种固定的方式。产品的开发，有时候技术过程主导开发，或是从别人手中取得半成品，或是存在着立法或产业政策的要求。

我们通常假设任何事都是暂时性，即使营销也是。形式通常是会改变的；成本、包装、定位及服务契约也会改变；营销日程表及政府管制态度也会改变；顾客态度也会改变。那些开发周期长的公司已经意识到这一点。

这意味着，在新产品工作中，两个长期以来的信条实际上是不正确的。第一个是任何工作都可归结为一个单纯的进行/放弃（Go/No Go）的决策。有时会有这样的情况，例如，当公司有时必须投资数百万的金额在一个大型设备上，或当公司取得给予大笔财务费用的许可承诺时，理所当然，这样的一个决策就非常重要。但许多公司正在寻找通过风险移转以规避此承诺的方法：在承诺投入生产设备之前，一段时间先由其他供应商生产产品，或通过协商获得一个暂时性的授权，或要求可能的顾客加入某个临时合同组织来保证未来的销售批量，以投入基础建设基金。

另一个谬误是财务分析应该尽早执行，以避免浪费金钱在不好的项目上。这个观念导致公司在早期概念测试之后，即使相关数字并不充分，立即进行复杂的财务分析。图表 8—4（曲线 C）描述了某造纸企业的衰减率，这家公司早期的财务分析扼杀了许多构思。但是，在此之前该公司就已经淘汰了上百个构思，而这些构思在日后通过进一步开发，可能会是非常不错的。财务分析最好像产品本身一样一个阶段接着一个阶段地进行。我们稍后将讨论财务分析。

其他暂时性问题是营销日程表的确定。实际上，营销在开发过程的早期就开始运作（例如，在进行概念测试时，询问采购人员是否他们公司会对新产品有兴趣）。如今，首次展示（在第 18 章讨论）已经非常普遍，以至于很难清楚地说明全面性的营销是从何时开始的。营销不是有人按下开关后就会立即开始。我们常偷偷地进行营销，这样的营销活动会明显地影响评估系统。在某些案例中结果会变成一种循环性的评估。要持续地评估项目，要用数据说话，要避免过早下定论，参与者要避免预先存有好或坏的心态。在某种程度上，这是通过接受或放弃的战略来处理风险。我们知道产品开发项目是有风险的，所以我们要进行评估，如果评估的结果认为可以进行下一个阶段，再进行。在整个过程中我们要持续地改进可用的信息质量，目的是使失败的机会降到最低（减缓），以及预期到可能的变化以及当变化发生时的处理方法（接受）。

8.4.2 坑洼

产品开发人员的一个关键技能是预期主要困难，也就是产品创新的坑洼（potholes）。在驾车旅行中，路面的凹凸不平总是存在的，但当我们来不及放慢速度或绕过坑洼时，代价就会很大。相同的思考应用在新产品上：我们应自习地识别真正破坏性的问题（深陷阱），当我们决定要做评估时，要把它们放在心上。如果陷阱太深，开发团队可能必须谨慎地考虑风险避免的选择：放弃项目！

例如，当 Campbell Soup 公司试图开发一种新的罐装浓汤时，机会也对这家公司有利。但经验显示在此过程中两个关键问题可能造成失败。如果失败了，产品就很难销售得好了。这里存在的第一问题是制造成本——不是质量，那是公司突出优势之一。但总有一个问题是：所选择的原料组合是否能满足市场驱动的成本目标。第2个问题是，顾客是否会认为它的味道很好。所以这家公司的评估系统的设定永远不能忽略这两点。

一家面粉厂曾说它的最大陷阱是，竞争对手通过削价来迅速进入，这是因为面粉产业实际上没有专利保护或其他进入障碍。他精心规划着每个新产品项目，且没有获得答案之前不会先进入。一个软件开发人员说他的最大陷阱是，顾客不愿意花时间学习使用复杂的新产品。他有一些有开发价值的产品因此作废。制药公司面临的“坑洼”是FDA批准的不确定性：基于这个原因，公司可能让两个类似产品同时进入审批的过程，希望至少其中一个产品能够获得批准（见第2章的Merck案例）。事实上，假如经理人仔细地思考整个问题（事先的审查），那么所获得的利益会比仅仅依靠评估系统所得到的要大得多。

8.4.3 人员方面的考虑

产品开发人员应该清楚地认识到，他们的工作也要与人打交道，而且有些问题也容易出现在人身上。例如，虽然研发工作人员在新产品开发的早期是充满热诚的，但是此构思可能得到较少的除开发部门以外的人的支持；新产品构思是脆弱且容易被扼杀的。在开发周期的稍后阶段，应有更多人被带入且支持这个概念，因他们扮演着让构思进展到这一阶段的角色。最后，这样一个强有力支持的开发计划很难被终止。

这意味着评估系统应包含受支持程度的早期测试。事实上，概念测试有时称为概念发展（concept development），目的是强化并协助新产品构思的开发，而并非扼杀某个构思。在产品开发的后续阶段，各种障碍通常是有非常的影响和市场的，因此不可轻易置之不理。一家公司指派它的市场研究主管作为筛选主管。他的任务是制订绝对性筛选准则，例如：一项新食品产品在本国测试时，与该产品类别的领导者相比，它的认可率必须达到70%。若低于70%，则终止此产品。这听起来似乎很严厉及武断，但它显示，有时在新产品开发后期要放弃某个产品是多么困难。其他人的问题是有关于个人风险。所有新产品工作都会面临很多的风险因素——工作的风险、晋升、奖金等等。最后，有些人对新产品任务感到畏怯。我们总是处在某些人的权威下，如雄心壮志的老板、吹毛求疵的法规、富有攻击性的竞争对手、虎视眈眈的批发商、在公司大权在握的批评者等。而一个好的评估系统，是建立在完全了解新产品的基础上，能够在完成开发的过程中使开发人员免于上述这些压力。此系统应受到员工支持并且让开发人员觉得可靠（一旦批准）。

8.4.4 替代性问题

获取真实信息的时间通常是我们难以左右的。例如，我们想要知道顾客对概念的早期反应，如果可能，我们甚至希望在开发产品之前获得这样的信息。但是直到产品完成并给予顾客试用之前，我们无法真实地知道他们的反应。所以，我们寻找替代问题，以便于顾客给我们提供一些我们想要知道但无法得知的信息。以下是4个我们难以得知答案的问题，及4个其他能提早得知答案的问题（这就为实际问题提供了线索）：

实际问题	替代问题
消费者会喜欢吗？	消费者是否保留我们所提供的原型产品？
成本具竞争力吗？	成本与我们的制造技术相匹配吗？
竞争会更激烈吗？	上次竞争对手做了什么？
卖得出去吗？	产品在现场测试中表现好吗？

要注意的是，对于替代性问题的回答，除了将有助于回答那些无法直接回答的关键问题外，本身并不具备太高价值。

替代性问题通常随着评估过程的不同时期而发生改变。例如，让我们回到上面一个问题：成本具竞争力吗？在项目的不同时期，使用的替代性问题可能是：

时期1：它符合我们的技术吗？

时期2：技术可获得吗？

时期3：在制作原型时，我们将有什么困难？

时期4：原型看起来如何？

时期5：制造过程看似有效率吗？

时期6：早期的生产成本如何消化？

时期7：我们现在能看到降低成本的途径吗？

时期8：最终的成本包含了哪些科目？

时期9：什么样的成本才具有竞争力？

只有当我们了解我们的最终成本及竞争对手的成本时，我们才能回答原先的问题。但是，借助于替代性问题，我们将能够判断后续工作是否会遇到困难。

8.5 A-T-A-R 模型

最后一个我们用来设计项目评估系统的工具是基于我们对新产品销售额与利润的预测。这项估计的形式更像是预计的收入（income statement），它是一组数据，它使我们能够获得在产品开发过程的任一阶段的利润表现的信息。

基本公式显示在图表8—5，是基于营销领域中的A-T-A-R概念（A-T-A-R concept）（关注（awareness）—试用（trial）—可获得性（availability）—重购（repeat））。它运用了创新扩散（diffusion of innovation）的原理：个人或公司要变成创新的固定购买者/用户，首先必须关注创新，接着必须决定尝试此创新，然后个人必须发现这项新产品可以买得到，最后必须喜欢此产品，从而导致他采用，或反复使用该产品。

图表 8—5 **A-T-A-R 模型**

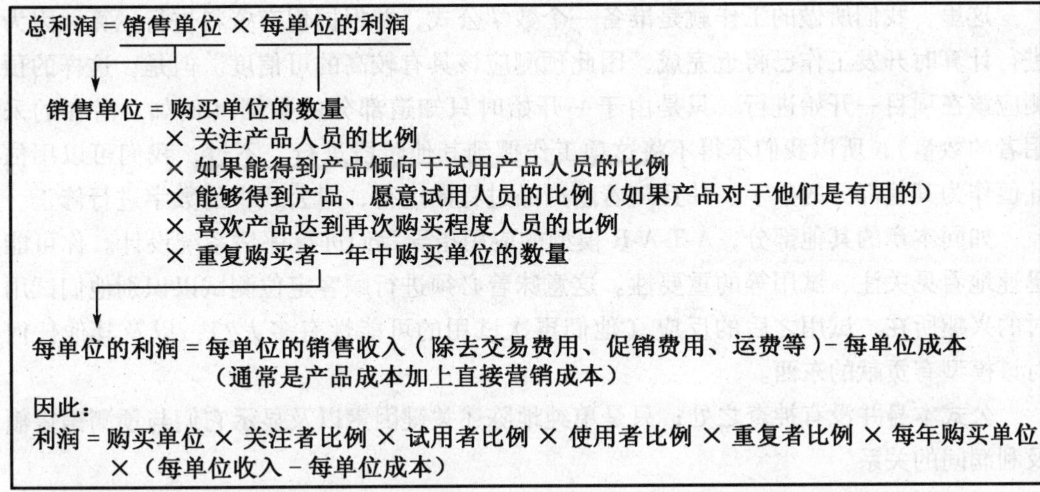

我们想要使用此公式来估计获利的所有方式，因此我们将此公式做了拓展，包括：目标市场规模（潜在的采用者）、每一采用者订购的数量、运作的经济性。但此估计的核心是 A-T-A-R 模型。

举一个简单的例子来解释公式如何应用：假设我们正开发一个带有微型照相机的视频手机：这是一个具有小型视频显示的一般大小的手机，它可以传送发话者的图像及声音；手机也像相机可拍数码照片并通过手机数据线进行发送。我们假定此产品类似于现有的视频手机（即是，此新产品将在多方面与这些手机类似：相似的价格、相似的目标市场、提供相似的利益）。接着，大略估计现有类似产品的市场规模（在 11 章，有更多有关于类似产品的使用预测）。为了应用 A-T-A-R 模型，我们需要以下的（假设）数据：

• 视频手机拥有者的数量：1 000 万

• 第一年，我们认为我们可让市场上视频手机拥有者关注我们新照相手机的比例为：40%。

• 第一年内关注者决定试用这款新手机且开始寻找的比例为：20%。

• 在市场导入期间我们能说服消费性电子零售商引进新手机的比例为：70%（为了让事情简化，假设潜在购买者可能不止在一家商店寻找，指导他们在某个零售商那里找到为止）。

• 实际试用者喜欢这个新产品且购买第二支手机（也许一个产品在家使用，另一个产品在办公室使用）：20%。

• 扣除经销商利润及推广折让之后，制造商每一支手机可获得收入：100 美元。

• 预期销售量下的单位成本：50 美元。

依据 A-T-A-R 模型，利润贡献的预测为：

利润贡献＝潜在顾客数量 × AW × T × AV × R × 边际利润

＝10 000 000 × 0.40 × 0.20 × 0.70 × 0.20 ×（100－50）

＝5 600 000（美元）

其中 AW = 关注者比率，及 AV = 使用者比率。

这里，我们所做的工作就是准备一个数学公式，并根据现有资料进行运算。因为进行计算时开发工作已将近完成，因此预测应该具有较高的可信度。但是，这样的预测应该在项目一开始进行。只是由于一开始时只知道部分的数据（例如，潜在的采用者的数量），所以我们不得不将这项工作挪到其他阶段进行。不过，我们可以用估计值作为其他部分的数字，并且随着新产品过程的进行，对公式中的数字进行修正。

如同本章的其他部分，A-T-A-R 模型的应用指导我们进行评估系统设计。你可能迅速地看见关注、试用等的重要性。这意味着必须进行顾客定位测试以识别他们试用时的兴趣所在，试用之后的反应（他们再次试用的可能性有多大?），以及其他任何对该模型有贡献的东西。

公式本身并没有神奇之处；只是单纯地陈述关键因素以及显示它们与预测销售额及利润间的关系。

对于新用户而言，运用这一模型进行销售及利润预测有两个方面是非常重要的：

1. 每个因素都是由估计产生的，所以在每一个开发阶段，我们都努力强化我们估计的能力。例如，我们可能试着去检查在促销阶段引起顾客关注的能力，或者必须打多少折扣才能刺激顾客对新产品的首次购买。或者我们可能关心经销体系，到底需要怎样的经销体系才能够使得有购买意愿的顾客在寻找产品时找到它。

2. 一个不合理的利润预测只需靠改变其中一个因素来改善。例如：假如 560 万美元的利润不能达到目标，我们首先分析模型中的每个因素，看看哪些因素可以改变及改变的成本是多少。也许我们可能增加 5% 的零售商利润以取得额外 10% 的零售商进货。另一方面，也许增加广告会产生更多关注（awareness）。

除了定量的改变之外，定性改变（例如新广告题材）也可以进行。所提出的改变可再由公式重新计算，这样会产生不同的结果及一些改变等等。有时所提出的问题都是最基本的方面，这时，需要回到开发中的更早期阶段，这样做反而是更有效率的。模型中的数字是以电子表格的形式加以储存的，这样容易进行简单的模拟与假设性的测试（what - if tests）

A-T-A-R 模型是来自于消费性产品营销的术语。产业界传统上使用稍微不同的术语，因此，自然会有这样一个问题：“这个模型也可应用到所有类型的新产品中，包括工业品及服务吗?”这个答案是肯定的，虽然在不同的情况下每个术语的定义会稍微有所不同。

如同图表 8—6，术语的定义会有所不同。一个消费者购买单位（consumer buying unit）可能是个人或家庭。对办公室家具而言，购买单位也许是一个设备经理人；对工业性产品而言，购买单位大致上是一个采购或工程人员（团队的一部分）；对消费者银行贷款而言，它仍是个人或家庭。产品开发人员了解这些定义应该是什么；目标用户之所以被选择，部分原因是我们非常了解他们。

图表 8—6　　　　　　　　**A-T-A-R 模型所使用的定义**

购买单位（buying unit）是指购买点；可能是个人或参与决策的部门。 关注（aware）是指这样的事件，即：购买单位的某人得知新产品存在，它有与众不同的特征；在不同产业间甚至开发人员间存在差异。 可获得性（available）是指假如购买者想要尝试此产品并成功寻找到此产品的机会的比例；往往是“引进此产品的商店比例”。直销商有 100% 的可获得性。 试用（trial）的定义不尽相同；在工业情况里，它可能是样品的使用，样品的使用会产生成本；通常情况下，意味着实际购买并且至少进行消费。 重购（repeat）也有多种定义；对于快速消费品，是指至少购买一次以上（二或三次）；对于耐用品，可能意味着愉快及/或至少会推荐给他人。

如果没有准确的定义，就不可能存在有价值的度量。在每个案例中，关于某个术语的一些说明会告诉你如何定义它。对于“关注（awareness）”这个术语，我们想要知道是否此购买单位已被充分地告知，以激发进一步的调查及考虑试用。如果购买单位只有听过产品名称，那购买单位可能不会考虑购买。对于新产品的试用（trial），我们可以想象在一个商店内的情景，在这个情景中一位潜在的顾客戴起耳机并察看此产品是否满意。对于其他种类的新产品（例如装置在车里的新电子安全装置），你可能会纳闷潜在购买者如何试用此产品，可能的情景是，他会选择在窃贼常常光临的场所进行试用，等待小偷来挑战它。我们可以尽可能取得近乎完美的答案，但这有时需要天分。例如，Otis 电梯公司并不卖现成的产品——他们只需要带潜在的购买者带已经装好电梯的地方即可。试用虽不完美，但足以让顾客获得需要的信息。有时公司使用代理人试用（vicarious trial），让已经试用过的个人或公司与无法试用的人共同分享体验。但试用是必要的，Chrysler 曾经很想让顾客试用一个新产品，他们支付 50 美元给人们试驾（之后试用者在 1 个月左右的时间内就会订购新车）。因此，这项试用就应该进行。试用时，我们期望发生两个方面的事件：

1. 购买单位要以一定的代价取得新产品的试用权——假设没有成本，那么我们无法确定（试用者）对产品信息合表现的兴趣所做的评价。任何人都可以在超市试吃香肠，但不代表此尝试是真正意义上的试用。

2. 购买单位已经试用了足够多的新产品，这为他们评估我们产品是否有用建立了基础。

对于可获得性（availability）而言，我们想要知道，如果已决定尝试此产品的话，购买者是否能轻易取得新产品。这个更为标准化的因素，对消费性产品而言，通常是指我们的目标顾客在已经进货的企业进行购物的商业网点的比例。假如此公司进行直销，产品一定可以买得到（除非工厂有大量未出货的订单）。在公司对公司的产业中，常常使用某种分销商，它们通常被授权或半授权，同样地也要确认产品是否可以买得到。但许多小公司不能确保可获得性，而且花费大笔的营销费用在这方面的努力上。

重购（repeat）对于快速消费品来说是很容易的（通常会重复购买），但它的确代表试用是成功的——此购买单位非常满意。对于一次性购买行为（工业品或消费品），我们必须确定什么样的统计数字能告诉我们这样的信息。某些人使用直接的询问："你满意吗?"有时，一个非直接的询问会更好——例如"你曾向其他人推荐此产品吗?"。在照相手机的案例中，购买第二支手机会是一个好的方法。在任何案例中，公司应当确定一些有用的定义并且坚持下去，这样就能积累一些测度产品的经验了。

8.5.1 A-T-A-R 模型的数据来源

图表 8—7 一般情况下 A-T-A-R 模型的数据来源，及此模型如何将整个评估过程联系在一起的。虽然你还未熟悉该图中列出的各种测试，不过，当它们在后续阶段出现时，将会跟 A-T-A-R 模型相关联。虽然各种评估事件能有助于识别许多关键因素，我们通常对能产生最大贡献的事件有兴趣——图中标注为"最好"。并且，我们应知道哪些是在进行这项评估之前就应该做的工作。这样的话，我们将能够首先把有限的资金花费在"最好"的阶段上，若还有资金的话，再接着进行其他评估。并且，如果我们不得不跳过某个阶段（例如，概念测试），我们立刻可以发现我们遗漏了一个问题——如果用户能够获得新产品，用户是否会试用呢?如果我们正在进行产品使用测试，那么，正确的做法应该是先做概念测试，在这个过程中请参与测试者签约试用测试。它虽然晚于我们想要做的工作，但是，现在去做总比什么都没做好得多。

图表 8—7　**A-T-A-R 模型中各个项目有多个来源：滚动评估**

	评估 A-T-A-R 的各种来源				
A-T-A-R 项目	基础市场调研	概念测试	产品使用测试	成分测试	市场测试
市场单位	最好	有帮助	有帮助		有帮助
关注		有帮助	有帮助	最好	有帮助
试用	有帮助	最好			有帮助
可获得性	有帮助				最好
重购（采用）			最好		有帮助
消费	有帮助	有帮助	有帮助		最好
单位价格	有帮助	有帮助	有帮助	有帮助	最好
单位成本				有帮助	最好

说明：最好 = 这个项目的最好来源；有帮助 = 可得到一些知识；关注通常由广告代理测量；可获得性通常由销售管理部门估计，对有关数据的质疑是选择市场测试方法的关键；利润贡献中的成本部分是内部估计的，通常在实际启动开发之前进行。但是，真正有用的数据仅来自于某些关键的生产活动之后。

8.6 A-T-A-R 模型进一步运用

本章中，我们概述 A-T-A-R 在概念评估的早期使用，并视为是一个粗略预测的工具（也就是说，此产品的潜在利润贡献是什么？这样利润令人满意吗？如何提高利润?）A-T-A-R 模型在概念评估的早期阶段非常有用，它根据新产品的一些估计（也就是 A、T、A、R）提供一个早期销售及利润预测——它需要研究工作提供的数字，并基于管理学的原理应用这些数字。在新产品过程的后续阶段我们将再使用 A-T-A-R，因此本书将会不时地重复提到它。在第 11 章里，我们将利用 A-T-A-R 作为某些更详细的销售预测模型的基础。毫无疑问，在整个市场发布计划的讨论中（第 16、17 章），都隐含地应用了 A-T-A-R 模型：对于营销工作来说，有什么比达成关注、激发试用、可获得性、促成重复使用还更重要的呢？最后，在第 19 章，我们再次提到 A-T-A-R，此时它变成评估市场导入的工具，识别问题在哪，纠正错误以按照计划前进。

8.7 本章小结

本章讨论有助于设计新产品过程评估系统的因素，评估系统设计的目的在提供许多信息以指引新产品项目进入市场。首先介绍的是累积支出曲线、风险/收益矩阵及衰减曲线。接着讨论多数场合都适用的一些信息。其中最重要的结论是：有关过程的任何情况是暂时性的。产品本身仍正在发展，至少直到它成功销售之前，当公司采用有限的营销策略，导致确切的市场活动日程会越来越不清晰，评估应该在构思形成之前的创新章程开始，且一个产品是许多构件的组合，每一个构件都需要有自己的评估。

最后，我们介绍了 A-T-A-R 模型，它告诉我们许多关键步骤的信息，并告诉我们如何将这些信息应用在预测销售及利润上，以及如何用这些信息来设计评估系统。

有哪些特殊工具？每一种工具的作用是什么？它们的缺点是什么？后两章介绍在新产品过程的第 3 阶段所使用的有关工具。其余的工具会在接下来讨论。

8.8 应用实践

在你的面试中，公司总裁会问你更多的问题：

1. “在最近的一次管理层会议上，我的两个事业部经理（两个人都在英国）在他们所使用的评估新产品构思的程序方面发生了争执。其中一人说他感觉评估十分重要，他想把它做得非常彻底，并且除非项目的前景非常看好，否则他绝不会让人们进一步的开发工作。另外一位经理则对此看法持反对意见，她说她想让产品迅速地进入市场，以节省评估所需要的时间，这段时间只不过是处理数据以使评估有意义。两个人看起来都有道理，因此我只好暂时搁置。你认为我应当说什么？”

2. “最近我正在阅读一篇有关Xerox公司的报道。它的总裁说他是多么期望能够尽早降低新产品成本、确定产品规范、消除重复劳动。而尽早让新产品进入顾客手中的主要目的是要更多地了解性能和成本方面的信息。运用评估系统的概念，你能像我解释你准备对那位总裁说些什么吗?”

3. “我不清楚商学院的教授们都会说些什么，但是，通常对我而言，即使我们不对新产品进行任何评估，它们的表现也会不错。只要生产出我们所信任的产品，它就会卖得好并且广受支持。让我们来看看吧——我们从来没有任何可靠的数据，每个人总在改变想法或主意。从没有如此多的人知道我告诉你的这些东西。”

4. “告诉你另外一个与评估有关的趣闻吧——看起来，尽管包含在其中的故事从没有使用本该有的事实或数据，但是，其中使用了一部分的替代数据。我并不明白，为什么你要旁敲侧击，为什么就不能在第一地点收集事实而非要用那些替代性问题呢?”

8.9 案例：Concept Development Corporation

1999年末，3位在美国南部一个大学城镇上打桥牌的朋友决定自己创业。Bob Stark在General Motors当地一条流水线上担任企划经理。Betsy Morningside在大学里担任语言戏剧学的教授。Myron Hite则是八大会计师事务所的会计师。

他们3位都极具创意又特别喜欢他们玩桥牌的聚会，因为他们有机会炫耀关于他们的新创作，并且能够听到其他人的新创作。这一切都仅限于娱乐而已，直到有一天晚上，他们认为该是停止娱乐，把他们这些构思拿出来赚钱的时候了。所以，他们辞掉了原本的工作，将他们的积蓄合在一起，租了一个有3个房间的小办公室，雇用了两个员工，设立了Concept Development Corporation，并且开始认真工作。

他们以“对当地的创业精神有所贡献”为由，请了一位大学教授设计一套系统来评估他们的构思。他们完全清楚，自身在创意方面的专长，不代表能客观地评估自己的创意。他们也察觉到他们的不足之处：人手少、资金少、做事经验不足、以及他们的积蓄可能在短时间内就会花完。

他们从两个产品领域开始。其中一个领域是玩具，广泛地定义为孩子们所玩乐的东西，又特别是具有教育性的活动。另一个领域则是写作的服务，虽然这是他们原本不打算做的工作，但他们所雇用的两个员工之一具有这方面的能力，只好成立这个暂时的新生意。写作服务主要包括为本地区公司设计和撰写说明文件（培训手册、说明书、指南——任何需要借助文字以指导人们做事的场所）。这位员工不仅具备一定的培训背景，并在写作和设计方面有一定的经验，所以他们决定在这项服务上再发展新的服务。

他们的战略是去发展独特但却不需要预先支付太多费用的玩具（举例来说，像是模具和包装设备）。他们3个都非常有创意，根本就不用去模仿。他们所创造出大部分的玩具都会具有一些游戏性或是竞争性的特征，不仅具有教育意义，并且包含纸张、颜色、数字以及类似内容。他们之初“大部分的玩具将会是给在12岁之下的孩子所使用的"。当然，他们还需要那种能够快速市场导入并热卖的产品。

写作服务比较被动，因为他们会去尽量满足他们顾客所提的要求。但是，有创造力的他们，也计划去创造出创新的服务——满足产业和公司需求的新方法。举例来说，他们想要提供一种特殊的测试/训练服务，这项服务是在培训手册或是说明书已经撰写好之后，找一些员工到一个特别的房间里，在那里让这些员工阅读这个手册或说明书，并根据这个手册或说明书进行操作，以测试这个手册与说明书。他们向客户所提交的结果已经被证明发挥了作用。他们有许多这方面的构思。

这位教授回到学校后，决定让一个正在学习新产品管理的班级协助完成任务。他要求这些学生思考这家新公司的情况、图表 8—1 的一般评估系统、及第 8 章中所讨论的各种结论和特殊的情况，然后为这家公司的玩具构思和其他新服务开发出一个评估政策的一般的指导性陈述。这些学生还没学习过特定的技术（像是概念测试），但是他们可以清楚地指出在图表 8—1 的 6 个主要阶段中，哪一个是最关键的？哪个阶段制定的决策是最好的？这位教授对于产品和服务的差异性特别感兴趣，所以他要求学生们尽可能具体说明实体商店（像是玩具）与服务的评估，两者之间有何差异？为什么会存在这些差异？以及利用这些评估技术和方法的结果是什么？

第9章 概念测试

9.1 引言

在进行技术开发前，可以使用多种工具去评估新产品（物品和服务）。我们将分2个部分来讨论这些工具，本章是第一部分。第9章将会包含构思产生之前进行的产品创新章程和市场分析活动，以及在构思产生之后立即进行的初始反应和概念测试。在图表Ⅲ—1中，我们曾经提到了全面筛选。在本章中，我们将要探索不同类型的作为全面筛选的输入，但不包括其中评估活动的步骤。第10章将会详细讨论全面性筛选。本章及第10章中所有的评估步骤应被视为一种投资——这些步骤所提供的额外信息，其价值远超过所需负担的成本，而且在从顾客那里获得早期重要信息的走捷径者，最后被证实是要付出惨痛代价的。

回想一下我们在第6章最后留下的一个没有解决的问题，就是顾客是否真的会购买我们所识别出的空隙的产品。我们需要能够将顾客需求和偏好与这些空隙联系起来，以确保我们不是在开发“错误”的产品。在本章中，我们将说明如何使用感知图及组合分析来分析市场需要和偏好、依据追求的利益差异去定义市场细分区隔，并测试我们的概念被市场接受的程度。

9.2 预评估的重要性

近几年在新产品过程中开发产品前的预评估阶段已经增加了很多活动。基于4个理由，尽管这些活动仍然是不够清晰，但实践活动还是呈现出一种增长趋势。其中3个来自于我们在第2章所讨论的主要概念——质量、时间和成本的协调，而第4个则来自营销。

新产品失败的最主要原因是来自潜在购买者无法感到对该产品的需求——缺乏目的、没有价值、不值这个价钱。在概念测试中，我们首先可以确认该概念是否能成为优质的产品。我们通过收集信息以及制定决策，来确保产品能够快速地进入开发过程，以最少的反复检查来修正某些问题，这样才能节省时间。在这里确实花费了一些时间，但是将节省整个过程的时间，而且也有足够证据能够证明这个论点。我们利用很多方法降低成本，其中之一是避开在第8章提到的上升的累积支出曲线——由于成本不断上升，避免变成失败者的最佳时间点是在曲线的起点。另一个节省成本的方法则是取消那些在主动出击型概念开发计划中自然失败的项目。在这时点喊停很困难，但我们必须做到，以使我们能用正确的方法进行。最后，在成本方面，这个阶段收集到的信息协助我们进行成本预测——我们开发的产品将面临怎样的竞争压力？我们需要多高的效率？

质量、时间和成本——没有什么比这三者能更好地解释我们在这个阶段采取行动的理由了。但与这高度相关的，则是该阶段也是我们依照公司背景制订基本营销战略的时间。我们确立目标市场（我们试着去确认和解决的用户需求），并选定一个产品定位陈述（该产品如何胜过其他市面上现存的产品）。这个定位陈述为后面其他所有的营销活动指明了方向。

因此，我们将考察这个阶段有哪些工作，公司在做什么以及人们将如何开始着手进行非常有效的方法——概念测试。

9.3 产品创新章程的重要性

一家公司最早进行的评估是关于公司本身和所处形势的评估。该评估产生了关于新产品提案的早期决定。公司在制定基本战略决策时须达到这些要求，就如我们在第3章的产品创新章程所讨论的一样。这些决策可判定最适合公司的新产品类型。例如：

Smith 和 Wesson 想把产品卖给警察机关。

Remington 寻找粉末金属技术的新用途。

Nabisco 在零食市场中寻找技术突破点。

产品创新章程本身能删除许多的新产品构思。在事先不知道概念的情形下，公司删除违反产品创新章程指导方针的构思。依据产品创新章程，公司应该抛弃以下类型的构思：

- 构思所需的技术公司并未拥有。
- 构思所聚焦的顾客，公司并没有详尽的了解。
- 构思的创新水平不合适（太多或太少！）
- 构思在其他维度有错：不能实现低成本，与某些竞争对手太相近等。

当用新产品创新章程来管理新产品时，它比其他所有评估方式的删除构思的总和都要多。在新产品过程一开始使用产品创新章程，因此，在那些不应该进行的计划被实施前，PIC 就将它们否决了，从而防止了它们占用开发资金。很多企业在实践中都是这么做的，包括了 Hallmark（他们的管理层几年前就否定了一些低质量的礼品产品）以及 Rucker（他们事先否决了不适用于油井的所有产品）两家公司。

9.4 市场分析

在概念出现之前的第二种评估方法，则是深入调查产品创新章程所选定的重点市场。这个调查应该在产品创新章程被批准后立即展开，而调查的深度则需要根据公司对于该选定市场的了解程度而定。在现行产品创新章程中会持续产生支持目前生产线的构思形成活动，而且不需要特殊的研究调查（在假设目前的产品经理能够正确地做好自己的工作下）。

在上述的 Rucker 公司案例中，新产品人员非常了解石油产业，但不意味着他们了解该产业的所有细节。此外，在该产业中他们的新产品也许能被发展作为其他特殊的新用途，但是该公司可能不太清楚这些新用途。不过，在大多数的案例中，想要全面性的了解产品创新章程所聚焦的市场是很困难的，此时市场分析将是有帮助的。

9.5 初始判断

有了市场分析，接下来就是提出概念。概念一旦提出，通常会非常快速地开始传递，而关于这些概念的意见会立即形成。但是大多数的公司会逐步开发某些特殊的技巧以更有系统的来对这些概念进行控制处理，这就是所谓的初始判断（initial reaction）。

在 Oster 这家公司内，由营销或管理部门形成的每一个构思首先会传达给业务副总裁，而由技术或生产部门产生的每一个构思则首先传达给工程副总裁。假如这些副总裁中有人批准某个构思，该构思才会传达给对方。假如双方都批准的话，该构思将会被提交到一个委员会，这时评估系统就显得非常规范。做出初始判断的这两个人，主要是运用他们在小规模设备产业中的多年经验来做出初步回应。

快速且低成本的初始判断必须避免“火箭筒效应（bazooka effect）”（构思建议在短期内迅速爆发）。这里，提出几点需要注意的事项：

1. **提出构思的人通常不参与初始判断的工作。** 提出构思的人可能会解释该构思或为该构思作辩护，但是他不应该在推动或放弃该构思的决策中有投票权。

2. **任何一个否决的决策中应当包含两个或两个以上的人员。** 提出这个要求，是基于第 8 章所讨论到的“新构思的脆弱性（fragility of new idea）”。在这个阶段，构思的否决比率比在其他任何阶段中都要高，但是如果两个或两个以上的人员作出判断，将会减少由个人偏见而引起的错误。Oster 公司的体制并没有这种预防措施，因为任何一个副总裁都可以否决构思建议。

3. **初始判断虽然快速，但不能仅仅建立在纯粹直觉的基础上。** 评估者必须受过训练而且有经验；我们应该保存评估记录，并对其加以评判；必须提供客观的协助。

在初始判断中运用的许多技巧之一就是产品创新章程。进行初始判断时，以下一些问题是通常需要考虑的，它们可以是：公司属于最先进入还是最后进入市场者；项目是高风险还是低风险；项目是内部开发还是外部开发；是放弃构思还是对构思做出快速的决定性行动。

许多公司也会利用思考捷径（经验法则）进行粗略筛选。例如，经理人要考虑所需的规模（是否会在我们的运作范畴中），我们必须面对的竞争对手，这构思所需的技术水平，以及与本身制造和营销活动的适配度。有人提出公司在做粗略筛选时，要评估以下 3 个因素：

- **市场价值：** 新产品对于目标顾客群体的吸引力是什么？
- **公司价值：** 管理层是否正面地看待该新产品项目？这个新产品项目是否会增加公司的竞争力？
- **抵御竞争：** 遭遇到竞争报复行为时，该产品的优势是否能够维持？

在初始判断阶段，某些经理人偏好使用小规模的非正式调查，特别是该提案的某些观点超出评估者的经验时。当然，这样的调查仅限于与专业同事的电话讨论。

9.6 概念测试和发展

多年以前，当 Alan Ladd Jr. 还是 Twentieth Century Fox 公司新电影剧本的高层决策者时，他透露，公司的产品提案评估系统在开始运作时就宣布失败了，他只需读一下剧本就能决定是否该将其拍成电影。他和他的小团队非常了解他们的市场、拥有导引性的产品创新章程，并会以个人判断结合他们的知识与该章程来做出决策。他们并未使用概念测试、全面性筛选、或是产品使用测试。Ladd 说："主要是依据我的直觉和经验。并不需要以图表或系统表达出来。"

或许有些人同意 Ladd 的说法，但是大多数人不会。多数的大公司经常使用概念测试（concept testing）。这在消费品的新产品过程已成为强制性执行的部分 。真正发明概念测试的是工业公司，其中也有越来越多的公司使用。公司对公司（B2B）的公司总是花费许多时间与用户谈论他们的需要和问题、他们有什么建议、他们对不同构思的想法等等。他们只是未将这些行为称为概念测试而已。

让我们来讨论概念测试的一些关注重点——有时候概念测试并没有帮助。首先，当主要的利益是一种个人感觉时，例如一个新食品的香味或口味，概念测试通常会失败。当缺少实际产品的展示时，概念测试的沟通是无法进行的。90 年代早期流行一种小孩子的口香糖（名叫 Cry Baby and Warhead 的酸口香糖），它很难吃，导致产品测试者（孩子们）都很不喜欢。但是当产品市场导入后，消费者竟自讨苦吃，口香糖的销售额几乎达到了每年 1 亿美元。

其次，呈现新艺术和娱乐性质的概念很难测试。Whistler 就无法使用概念测试来测试母亲画像的构思。摩天轮的发明者无法事先调查群众对于该产品的想法，兴奋的感觉只能够亲身体验。WB Network 最近决定停止利用观众测试来决定应该在主要时段播放何种 pilot show，因为不论在观众测试中的结果是好还是不好，80% 以上的 pilot shows 还是会失败。包括 Seinfeld、Gilligan's Island 和 All in the Family 等上映很久的节目在测试中的结果都不好，但是其他如 Gabriel's Fire 和 I'll Fly Away 等等在观众测试中夺冠的节目却从未流行过。Network 的经理决定：最好的方式是"跟着直觉走"。

第三点，当某些概念呈现用户无法想象的新技术时，概念测试是一种不具说服力的工具。当 Kodak 试图对新的激光相机进行概念测试时，他们意识到了这点。当 Alberto-Culver 第一次测试摩丝的概念时也是一样。习惯使用喷雾发胶的女性无法想象"将那样的东西放到头发上"。直到该公司开发出摩丝，并在美发沙龙内设立培训课程后，女性才愿意尝试使用摩丝。另一个例子则是医生会拒绝心脏起搏器的概念——在有关工作完成前，他们不知道这种产品的全部特性（以及风险）。同样的例子则是充气式棒球手套，必须等到小孩子戴上手套并发现非常舒适时，他们才觉得很棒。

第四点则是有时候公司对概念测试的管理不善，并且指责这个工具误导了他们。Coca-Cola 要求他们的顾客尝试 New Coke 的口味测试，并且得到了好评。但之后他们将该口味测试的结果解读为顾客会买这个产品是因为有了新名字。这实际上与心脏起搏器的问题相同——我们要求顾客在不知道事实真相的情况下预测他们的行为。他们做不到，但是在被询问时会愿意回答，而且那些粗心的开发人员会迷惑。另一个管理不当的例子，就是有些快餐连锁店会询问顾客是否想要低卡汉堡。这不只是在一个口味未知（同上）的情况之下，而且它也是选择了人们感兴趣的、有益的行为。然而，人们实际做的时候则可以完全不一样。这一点是人人皆知的。

第五点，消费者有时不知道自己的问题是什么。我们在以问题为基础的构思形成的那一章节中已经讨论过这个问题。例如，Steelcase 公司发现自己无法对团队使用的特殊家具进行概念测试。团队成员对于自己所缺少的东西缺乏感知，因此 Steelcase 观察他们的实际活动并想到一个解决方法：能让团队成员共同从事某些工作且处理某些个人工作的家具。微波炉则是另一个类似的例子——即使在微波炉市场导入之后我们还是不知道能用它烹调什么东西，而且对于询问我们不可能有效地回答研究人员有关“对于这个概念有何看法”的问题。

虽然存在着不少相反的证据，一些新产品人员对于商务用品和工业用品以及服务的概念测试仍有所怀疑。对于前者（商务用品和工业用品），如果一家公司坚持认为顾客能够做出判断，那么这些判断就是值得搜集的；但若重大技术突破便不符合这样的假设，我们将不得不承担风险。对于服务来说，如果人们能看到的话（但注意这是无形的），他们是否能够对他们认为有用的对象做出评价。毫无疑问，他们做得到。但因为通常很少有技术开发，概念测试的需求（need）也相对较少。假如从概念到完整服务的描述（一种原型形式）是简单明了的，那么提供服务的公司就能进行所谓的原型概念测试（prototype concept testing）。当然，这样的测试会更加可靠，因为它会尽量依赖实体原型来加以呈现。

在多数案例中概念测试通常是有用的，而现在的争论主要来自于那些想要跳过概念测试的人。遗憾的是，我们将在很长一段时间听到 CalFare Corporation。这家公司在没有进行概念测试的情况下，开发出一种有“特殊第五个轮子”的购物车，如果该购物车被客人推离限定区域，第 5 只轮子就会被锁住不动（在粗糙地面上）。该推车将只能在营业场所使用。但是大多数的商店都谢绝了。他们害怕会产生负面的影响，而吓跑了顾客。其中一个竞争对手对外界宣称，这种购物车常常无法控制方向，会让你在乳制品区绕圈子。开发人员对于这种非常负面的反应毫无心理准备。

9.6.1 新产品概念是什么？

韦氏字典上说，概念是一个构思或是抽象的想法。商业人士使用概念一词代表产品承诺、顾客主张以及为什么人们会买该产品的真正原因。当然，在第 4 章的时候，我们将概念描述为一种在产品特征（形式或技术）和消费者利益（需求）间的特定关系。这就是说，产品概念是关于所承诺的满意度的说明。

这个承诺存在着下列 4 种公开解释：

1. 生产者对于新产品特征的理解。
2. 消费者对于新产品特征的理解。
3. 生产者对于该组产品特征所带来的利益的估计。
4. 消费者对于该组产品特征所带来的利益的评估。

此时，这些只是预测或是猜测——即使手上已握有原型，仍不是事实。他们依靠的是猜测。

因此一个完整的新产品概念（product concept），是关于预期的产品特征（形式或技术）的陈述，将会产生相对于现存其他产品或问题解决方案的特定利益。如："这把新式电动刮胡刀的筛网很薄，因此，它比市面上任何一把电动刮胡刀刮得更干净。"

有时候，可对概念的某个部分做假设。例如，"一台复印机的速度是现有复印机的 2 倍"就是假设速度的利益是不言而喻的。

9.6.2 概念测试的目的

回想一下前面的讨论，我们知道概念测试是预筛选（prescreening）过程的一部分，在开始一连串的技术工作之前先准备一组管理团队来全面筛选构思。在第 10 章中，我们讨论有关信息在能协助筛选者使用评分模式以及写出产品协议的信息。

因此，概念测试的首要目的是找出非常差的概念，并删除它们。例如，如果音乐爱好者不知道光盘能永久保存，并因此而把它从手中扔掉。那么这个概念或许是不好的。

假如概念通过了第一道关卡，第二个目的是估计（即使是粗略地）该产品的销售量或试用率——即市场份额或收益的大概范围。有些人认为这种购买预测并没有价值。另一些人则声称，购买意愿和购买行为之间存在明确且正面的相关性。一位长期从事市场研究的人声称，有可靠的数据表明其相关系数大于等于 0.6。

购买意愿的问题几乎出现在每一个概念测试中。购买意愿的最常见的形式是经典的 5 点问题：如果我们制造这个产品，你有多大可能性会购买该产品？

1. 绝对会买
2. 可能会买
3. 不确定会买或不买
4. 可能不会买
5. 绝对不会买

绝对会买或是可能会买的人数通常一起计算且作为小组反应的一项指标。我们将这称作前两选项分数法（top-two-boxes），因为这是问卷里勾选最前边两项选项（绝对或可能）人数的总计。附带一提，Nabisco 公司说"试用"（而不是"购买"），这是因为实际上购买者此时仍然非常犹豫。

是否真的有这么多人购买产品并不重要。研究人员通常会调整他们的数据，因为他们知道假如最前两项选项合计为60%，实际的数据将会是25%。他们凭借过去的经验，剔除了人们在访谈情况下倾向于回答“买”的情况。直接的市场人员可以做到最好的调整，因为他们后来会将接受测试的产品销售给他们所调查的市场群体；他们可以准确地说明顾客实际行为是如何迎合在受访陈述中表达出来的意愿的。概念测试的最大供应商 Bases Group，他们的数据库能依照产品种类精确地调整客户公司的所有概念测试问题。作为代价，Bases 集团将客户的原始意愿数据转化为可能的意愿数据。

顺便提一下，有时候根据经验调整后的可能的意愿要高于受测者当时的回答。对于复杂的产品，人们在进行概念测试时通常会小心，但当他们有机会看见最终产品以及得知所有信息时，就会购买该产品（如先前人工心脏的案例）。

很显然概念的销售潜力与概念能满足顾客需求或提供顾客所需利益的程度息息相关。本章的后续部分我们将进一步地讨论如何在探索利益的基础上识别细分市场的分析步骤。了解现存的细分市场利益，公司将能够识别出特定市场缝隙或市场细分区隔所喜爱的概念。

概念测试的第 3 个目的则是协助发展构思，而不只是测试构思。概念很少在所进行的测试中产生。此外，一个概念陈述并不足以指导研发。科学家需要知道什么属性（尤其是利益）能让新产品符合概念陈述。因为属性间通常是相对或是相冲突的，因此必须进行权衡。当进行属性取舍时，最好要与目标顾客群讨论。在本章快结束时，我们将会看见在第 7 章所讨论的综合分析（组合）的技术在这个任务中如何经常使用。

9.7 概念测试研究中须考虑的事

9.7.1 准备概念陈述

一个概念陈述说明一种差异性，以及这种差异性如何给顾客和最终用户带来利益：“这个冰箱是用模块化部件组成的；因此，消费者能根据最适合目前厨房位置的方式组装这些部件，并且能再次重新组装以便放在其他位置。”假如你认为这听起来有点像是定位陈述，这就对了。假如是对当地潜在购买者的目标群体访谈，营销战略的主要工作——目标市场和产品定位就做好了。这与基本的新产品过程相一致，就是我们开发新产品和营销计划将同时进行。

概念陈述的格式

实际工作者强调，任何一个概念陈述应把新产品的差异性绝对清晰化，说明这些差异的决定性属性（在作出购买决策时有差异性），在某些顾客熟悉事物的方面提供情感上的认同，从而使顾客去联想这是完全可信和真实的。另外就是尽可能的简明，虽然在技术复杂的情况下，有些概念陈述长达3~5页。

这个信息通常以下列其中一种格式向潜在购买者做陈述：语言（口语）的形式、绘图或图表、模型或原型，以及虚拟现实格式。我们在这里讨论的所有测试技术，通常使用在公司对公司（B2B）的产品开发上，然而在那些案例中，提供概念的草图、模型或其他解释尤其重要，如此一来能够获得有意义且客观的回应。

图表9—1　　**邮寄的概念测试格式——产品（商品或服务）与其主要利益完全以语言叙述**

一家生产软饮料的主要厂商，希望得到你对一种新型低热量软饮料这个构思的反应。请在回答下列问题前仔细阅读框中的描述。

新型低热量软饮料

这是一种美味的碳酸饮料，解渴、新鲜，你可以品尝令人愉快的橙子、薄荷和西柚的混合味道。

通过降低对糖分和零食的渴望，有助于成年人（也包括孩子）控制体重。最好之处在于它完全不含卡路里。

它将以12盎司的听装或瓶装市场导入，每听（瓶）售价60美分。

1. 与市场上可以见到并可以类比的其他产品相比较，你认为这种低热量软饮料有多大的差异？

十分不同
有些不同
轻微不同
完全相同

2. 假设你试用了上面描述的产品并且喜欢它，你认为你多久会买一次？（单选）

一周多于一次
一周大约一次
一月大约两次
一月大约一次
很少买
根本不买

图表9—1提供了一个叙述格式的范例。某些人偏好非常简短的叙述，提供最少的属性并引导受测者提供其他的属性。其他人偏好完整的描述，就像图表或原型所能描述的那样。

图画、图表和草图是向受测者陈述概念的第二种方法。图表9—2是使用图画的范例。图画和其他类似的方法通常需要利用概念的描述来加以补足。图表9—2也显示出调查结果可能的趋势。如图表所示，5%的受测者说他们“绝对”会买该产品，而36%的受测者说他们“可能”会买，所以有利得分是5+36=41（%）。

图表 9—2　　　　**邮寄的概念测试——草图**

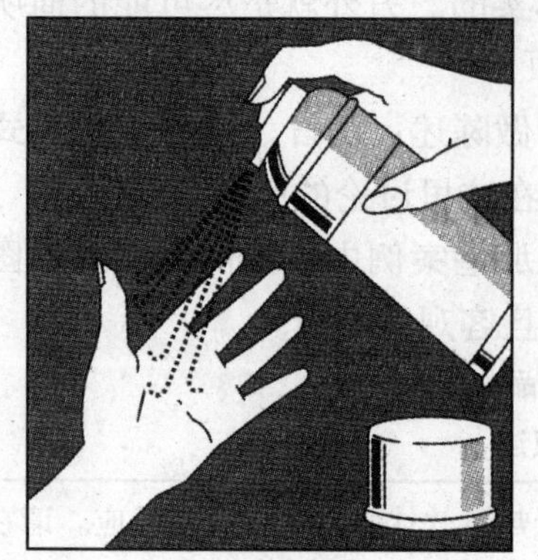

气雾洗手剂

大听装的气雾洗手剂能够完全清除处理鱼、洋葱、大蒜等所带来的经久不散的令人不快的气味。它并不是遮盖臭味！只需要按下按钮就能直接喷到手上，搓洗几下，然后在水龙头下冲洗干净。24 盎司装的气雾洗手剂可用数月，易于储藏。售价 2.25 美元。

如果在超市中可以买到，你对购买上面描述的产品有多少兴趣？

	单项	样本中的反应 (%)
我确定要买	□	5
我可能会买	□	36
我或许买或许不买	□	33
我可能不会买	□	16
我确定不买	□	10
	合计	100

原型或模型则是第三种，也是比较昂贵的概念陈述形式，因为在新产品原型中需要制定很多决策。在这个早期的阶段中，无论这个早期原型是由谁完成的，他都应该陈述这些信息。原型只有在某些特殊情况下有用，例如在容易准备的食品，或是在概念相当复杂，以至于只对购买者提供简单的叙述无法让他们有更多的了解时，他们将没办法做出回应。加拿大的一家公司试着得到购买者对车载医疗诊疗设备概念的反应，该车可以行驶到各个公司办公室进行健康检查。答案就是建造一个该装置的小型模型，展出内部陈列、设备等等。

第 4 个概念陈述格式是“虚拟现实”，它能够最大限度地发挥产品原型的优势。办公设备供应商 Steelcase 就拥有一套可以虚拟建构办公室概念的 3D 图像软件。受测者可以“真实地”在房间中走动，从任何一个角度观看事物。这个虚拟现实方式为他们赢得的亚特兰大奥运会的奥运村合约——组委会能够真实地看到，甚至是修改每个房间的布局。

真正的问题是“用什么与购买者交流，让他们知道我们已经拥有的概念”。从这一点来看，就变成较好的呈现方式所需的成本与预测购买意愿中所需信息的成本两者间如何取舍的问题。对办公家具而言，大多数的购买者都想要知道很多细节，但对酸奶酪产品来说，大概一句话就够了。

商业化的概念

在制定概念陈述的决策时，除了考虑用什么样的格式呈现概念，另一个应着重考虑的问题是：是否将陈述变成商业化的概念陈述（commercialized concept statement），即指所采用的陈述风格能够激起人们购买的意愿。比较下列两个概念陈述：

- Light Peanut Butter 是一种新形态的低卡路里天然花生油，它能增加大部分保健食品的美味。

• 在你的节食计划中，追寻美味的不可思议新方法已经被 General Mills 的科学家发现了——一种非常受欢迎的低卡路里花生油。提供从未尝过的美味而且通过天然过程制造，我们的 Light Peanut Butter 最适合控制体重的人食用。

这两个陈述在实质上并没有什么差异，然而他们将会获得不同的反应。商业化的格式创造较为真实的评价（指的是更大的接受度），然而他们冒着人们对广告海报产生或好或坏的评价偏见的风险。支持者说非商业化的陈述在现今商业化的时代里，无法引起典型的市场反应。批评者则说，我们在这个时间点想要的是对概念的回应，为什么要评估广告的成效呢？

没有一种形式一定比其他形式要好，而许多经理人追求的是一种妥协——一种将优点以利益相关者习惯的语言陈述的温和销售方式。某些实践者认为最重要的是维持构思的单纯，并让它们清晰且真实——切记吹嘘。如果你正在测试某些概念，记住要对这些概念使用相同的陈述格式以便你可以直接比较它们！

提供竞争信息

顾客对于目前产品和其他替代选择的了解比我们少得多。一个新的概念或许能很好地向顾客提供一个他们还没有意识到的新利益，那么这个概念才能说是新的。有一个解决方式是提供关于每一种竞争对手产品的完整资料表格。许多新产品经理人不愿意过多陈述概念，认为它将混淆信息，迷惑顾客。

价格

另一个问题在于是否要将价格放入概念陈述中。图表 9—1 和图表 9—2 的例子都提到了价格。Bases Group 坚持将价格加进概念测试中。有些人持反对意见，他们说我们想要的是对顾客概念的回应，并不是针对价格的回应。然而价格是产品的一部分（实际上，在消费者的眼中是一个产品属性），而且无法期望购买者在不知道价格的情况下会告知我们购买意愿。其中一个例外则是复杂的概念（例如上述的车载医疗检验装置），因为在知道成本以前需要制定许多决策。

9.7.2 定义受测者群体

我们希望能访谈所有决定是否购买该产品，以及能提供该产品改善方式的人。当新西兰羊毛检测机构思到一个新的羊毛测试服务时，他们必须要对流程中 3 个阶层的角色做概念测试——销售未加工羊毛的中间商、搜寻羊毛并为装船作准备的中介者以及销售羊毛给制造商的出口商。一家水泥制造厂，如果它想创造建筑用水泥的新概念，必须要向砖块制造商、墙板制造商、建筑师、施工人员、设计者、政府官员和其他人寻求建议，除此之外甚至还要询问要买建筑物的人。某些工业产品在每一个购买点可能选择 5 到 10 个不同的人员进行测试，而耐用消费品通常选择一个或一个以上的人进行测试。然而上述的花生油概念，有可能在一个家庭只测试一个人（实际购买的家庭主妇），它能达到目的吗？

这就是为什么我们提到利益相关者（stakeholders）——他们是在提议的产品中有利害关系的个人或组织。我们的新产品垃圾桶中充满了对于最终用户有意义但却不能给他们的产品，例如，当专业的公共卫生工程师拒绝认可新的废水处理系统时。

满足全部有影响力的人听起来很简单，但却是很复杂且昂贵的。某些人试着找出少数的领先用户（详见第4章），或是有影响力的人，或是大客户。这个方法成本较低，且可以同时获得更多的专家建议，但通常无法反映市场上的关键差异（还有误解）。在顾客有正确的理解、感知或偏好的情况下，这可视为一种好方法。我们当然应该寻找概念的批评者，寻找那些由于某个原因对这个概念持反对意见的人。一个想出能够解读心电图的机器的发明家，需要心脏病科医师的回应，但是明确的利益冲突却让这种访谈很棘手。

必须先吸引市场上创新人员及早期采用者的新产品人员，会完全将他们的概念测试集中在那些人身上。如果该群体有兴趣，那么我们可以假定其他人也会有兴趣。

9.7.3 选择受测情景

在这里有两个有关受测情景的问题：（1）接触受测者的方法；（2）如果对象是个人，要选择是单个还是在团体中接触他。

多数的概念测试通过个人接触发生，即直接访谈。调查样本传统上会多达100到400个人，然而工业品样本数通常会少得多。个人接触方式让访谈者可以回答问题，并且能询问受测者一个新构思或是其中不清楚的地方。我们已经看过邮件概念测试的例子，而公司也会通过较便宜的电话和互联网来进行测试。

某些市场研究供应商提供一种访谈的服务，在访谈中客户可以提出在成本共享基础上的产品概念。在Moskowitz Jacob的Omnibus计划中，拥有一套中央测试设备能够进行定期的访谈，该计划对每个概念所进行100个访谈的成本大约为3 000美元。其他研究公司则在购物中心的闲置区域采用模拟商店的方式。

第二个关心的问题则是概念测试的受测者是个人还是小组。两者都被广泛使用。当我们想要受测者听到别人的评论并做出反应，以及讨论要如何使用该产品时，小组（指的是焦点小组）是非常好的方式。

一种更新的方法是即时反应调查（real-time response survey），它会考虑大量产品概念的直接评价。该方法汇集了焦点小组和调查的最明显的特点，并且已经被证明在筛选新的消费者产品概念时反应调查法是有用的。简单地说，可能有100个参与者通过模拟广告，观看对于概念的价格、定位以及属性信息。主持人引导受测者通过计算机进行测验，他们在测验中使用键盘输入他们的购买意愿，对于所提出价格的反应，以及其他类似的数据使用的是含有11分度的量表。这些反应被送到中央计算机，可以被主持人和客户即时的直接解读。基于这些早期的结果，主持人可以发展最初的开放式问题，并在受测者还在场时询问他们答案。开放式问题的回答可以提出完全的新产品概念或是属性的结合，并且可以再被受测者进一步评估。我们可以确保实际的回答率；在一场3小时的会谈中，利用键盘回答的方式能够让我们轻易地询问数以百计的问题；而且许多概念能在一场会谈中被评估（因此可降低所需会谈的场数）。另一个在概念评估中使用的类似技术，则是在焦点小组情况下实行小组决策支持系统（GSS）软件（详见第5章），并且让参与者对不同版本的产品做出反应。以图表9—

2 的喷雾式手部清洁剂的例子而言，不同的雾状涂抹器（包装尺寸、有效程度、价格）都能被试验。小组的反应能被平均并且立刻显示在房间正前方，而且可以选出好的概念甚至直接在上面改进。

9.7.4 访谈顺序的规划

单纯的访谈情况可以陈述新产品概念并询问关于可信程度、购买意愿以及其他想要的信息。假如该产品是全新包装的商品，每一个产品概念的完整访谈可能只会维持 2 到 3 分钟，而我们真正想要的是关于购买意愿的答案。

通常我们能获得更多的内容。在这种情况中，我们先针对所关心领域探索受测者的实践活动，询问他们：如何努力去解决他们的问题？他们使用竞争对手的何种产品？以及他们对于那些产品的看法是什么。他们愿意改变的意愿有多大？他们想要什么样的特殊利益？他们在这些方面投入了什么？曾使用过的产品是否是系统的一部分？

这些背景信息帮助我们了解并诠释关于接下来会询问到的新概念的看法。一个即刻应该想到且重要的问题是："受测者了解这个概念吗？"为了获得理解，我们接着寻找其他的回应：

概念的独特性	它是否解决了问题
概念的可信度	他们有多喜欢这个概念
问题的重要性	他们购买的可能性
他们对概念的兴趣	他们对于价格的反应
是否实际、实用、有帮助	他们在使用中发现的问题

我们对于他们在概念中可能会做的改变、它被确切使用的用途以及原因、什么产品或过程会被取代以及在使用这个产品时还会牵涉的人特别感兴趣。

在这里你可以看见服务面临的一个问题。一项服务提供一种形象、一种感觉或是一种难以测量的便利性。这使得受测者难以给予我们刚刚列出的有用信息。

在所有的访谈中，要记住我们并不是在做民意调查，而是在探究人们在做什么和想什么。只有一些问题是使用标准形式，如列表那样。每一个新概念都在处理一个非常特殊的问题（或是说它至少应该做到这点），而我们需要知道在该新概念的背景下，人们对于该问题的想法是什么。在询问的过程中不需要太过拘泥于形式，除非是进行许多概念的测试并具有一个数据以做比较。

9.7.5 计划的变动

所有的程序都会有一些变动。上述的程序都假定与潜在购买者一对一接触。即时反应调查采用先前所讨论的小组决策支持系统（GSS），可以在分群的顾客堆呈现给他们的产品概念做出反应时，有效地提供购买意愿的信息。另一个例子则是 Avon 可以在每 60 天内销售 50 个新产品，而新产品开发周期是 3 个月。每隔两周，他们会与 150 个销售代表举行会议。通过电脑投影仪来展现许多构思，实现快速反应。公司吸引力与销售额同步增长，在某些情况下，它比现场消费者概念测试预测的更加精确。因为人的体型各不相同，因此必须注重量体裁衣。

9.8 分析研究结果

许多公司在进行概念测试时仅依靠前两个选项分数（或是基于行业经验，前两个选项加上30%）。但偶尔会需要更多信息。我们不能假定所有的顾客在做购买决定时，都会有相同的需要或是追求相同的利益。事实上，一家公司可以通过利益细分（benefit segmentation）来识别未被满足的市场缝隙并专注于开发符合这些细分中需求的概念。我们现在将重点转向可以识别我们所渴望的市场中的利益分区，以及开发最被关键的细分市场所喜好的产品。

9.8.1 识别利益分区

我们回到第6章的泳装案例上。回想一下，当我们在搜集受测者对现有泳装品牌的感知时，我们同时要他们在判定每一项属性在决定他们对品牌的偏好的重要性。这些重要性评分（importance ratings）可以被用来塑造对现有品牌的偏好，并且能预测新概念可能的偏好。

假设只有考虑两项属性：舒适度和时尚感。在如图表9—3的重要性感知图上，识别利益分区可能会变得非常简单。每一个顾客在这张图上都会依据她对于这两个属性重要性的认知用一个点来表示。在这个简单的案例中，出现3个大小差不多的明显利益分区：认为只有舒适度是重要的顾客，认为只有时尚是重要的顾客，以及认为两者都重要的顾客。

然而，像图表9—3这样的利益分区实在太少了。就像其他例子一样，本案例中顾客在形成他们的偏好时，重要的属性不只有这2项而已。我们需要求助于一种能够进行聚类分析（cluster analysis）的电脑程序，聚类分析可以将观测值（本案例中是个人）归到相对同质的小组内。与因素分析方法一样，聚类分析也是一种减少数据的方法。在第6章中，我们学到因素分析可以通过将许多属性浓缩为少数的基本因素，来简化数据立方体；聚类分析则是通过将许多个体集聚成为少数的利益分区。

由于没有正确的解答，所以可以使用不同的准则和经验法来选择市场中存在的最佳类别数（利益分区）。一般而言，实践检验或经验扮演重要的角色。举例来说，在本案例中我们可能会觉得不可能存在着5或6个利益分区。在用聚类分析方法分析泳装属性重要性的数据时，可以获得令人满意的3个利益分区的解。从概念上来说，尽管我们考虑了更多的属性，这与图表9—3并没有多大的差异：我们获得的3个类别多少与图中所描绘的有所关联。

图表 9—3　　重要性感知图绘出的利益分区

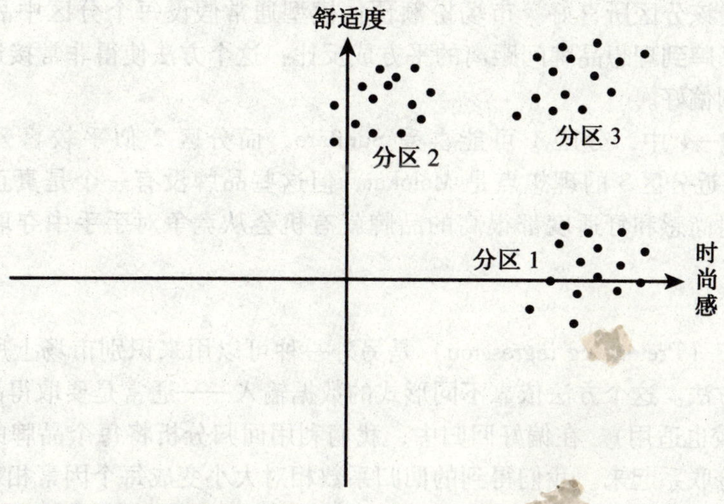

9.8.2　联合空间图

我们现在将利益分区结合在感知图上（先前在第 6 章建立的）。这就形成了联合空间图（joint space map），该图可以让我们评估每一个利益分区对不同产品概念的偏好。我们可以用理想品牌评分或是偏好回归来发展联合空间图。

理想品牌

最直接的方式是让顾客评估他们的理想品牌（ideal brand）在每个属性的得分。在使用因素分数系数矩阵（在第 6 章中，我们由现有品牌的感知所得到的）时，我们将理想品牌的评分转为因素得分，并且直接在感知图上点出理想品牌的位置。由这张图可观察出每个个体属于哪个类别——每个类别代表一个分区，而每个分区的中心点则是其理想品牌。如果像图表 9—3 所示有 3 个分区存在的话，图表 9—4 显示一幅可能的联合空间图。

图表 9—4　　理想点的联合空间图

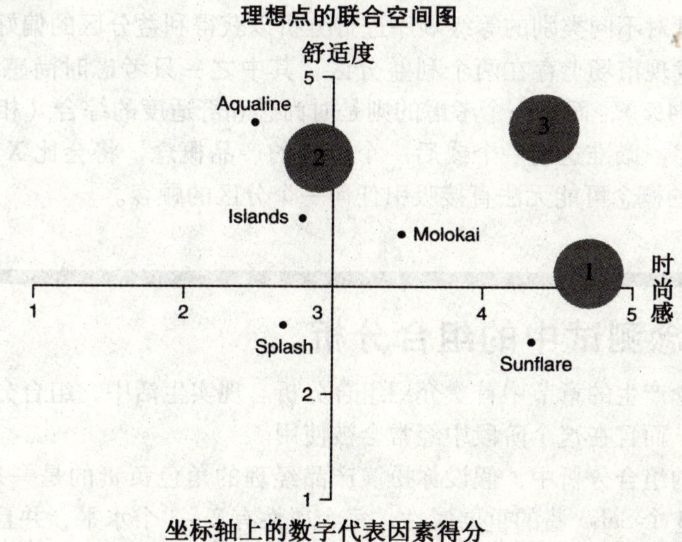

坐标轴上的数字代表因素得分

每个分区的偏好可以由图表9—4中看出。我们认为最接近某个分区理想品牌的品牌，将会受该分区所喜好。市场份额预估模型通常假设每个分区中品牌的市场份额，会与该品牌到理想品牌间距离的平方成反比：这个方法使得非常接近理想品牌的品牌高度受到偏好。

在图表9—4中，分区1可能喜爱Sunflare，而分区2似乎较喜爱Aqualine或Islands。最接近分区3的理想点是Molokai，但这些品牌没有一个是真正接近它。因此，一个在时尚感和舒适度都很高的品牌就有机会从竞争对手手中夺取大量的市场份额。

偏好回归

偏好回归（Preference regression）是另外一种可以用来识别市场上所渴望的最佳属性组合的方法。这个方法依靠不同形式的数据输入——通常是要取得品牌的评级得分（成对比较也适用）。在偏好回归中，我们利用回归分析将每个品牌的因素分数与品牌评级得分联系起来。我们得到的回归系数相对大小变成每个因素相对重要性的指标。偏好回归也可以使用属性分数来取代因素得分。

不再使用前面我们讨论的重要性分数，而是要求顾客对五个现有品牌进行打分排序，"1"代表"最喜欢"，"5"代表"最不喜爱"。首先，我们把评分顺序颠倒一下，以较高的数字代表比较喜爱的品牌。接着就可以解出回归式：

（颠倒过来的）偏好评级 = b_0 +（b_1 × 时尚感得分）+（b_2 × 舒适度得分）+ 误差项

假如我们忽略利益分区并将所有的受测者放在一起，可以得出 b_1 和 b_2 的值是0.28和0.21。因此，时尚感对顾客的相对重要性是0.28/（0.28 + 0.21）即57%，而舒适度的相对重要性是43%。由此可见，虽然时尚感是较重要的因素，但是我们不能忽略顾客在评估产品概念时，也会考虑舒适度的重要性。我们也将回归线画在感知图上，就如图表9—5所示。这条线也被称为理想矢量（ideal vector），因为它具体显示出市场上所渴望的最优组合。定位在回归线附近的产品概念，在图中的X点上，就是这个市场上所渴望的定位。

我们也可针对不同类别的等级顺序进行分析以获得利益分区的偏好回归。在这个案例中，可以发现市场上存在两个利益分区，其中之一只考虑时尚感（这个因素的相对重要性是94%），而另一个考虑的则是时尚感和舒适度的综合（相对重要性分别是30%和70%）。瞄准这前一个或后一个分区的产品概念，将会比X点上的概念更好，在X点上的概念可能无法直接吸引任何一个分区的顾客。

9.9 概念测试中的组合分析

我们在概念产生的章节中首次介绍组合分析。现实生活中，组合分析对于概念测试非常有帮助，而且在这个阶段中经常会被使用。

在第7章的组合分析中，假设你扮演产品经理的角色负责的是一条Salsa酱生产线。我们选定3个Salsa酱的重要属性，每个属性有2~3个水平，并且使用组合分析来找出具有高潜力的空隙：（a）顾客喜欢的属性组合；（b）尚未在市场出现过的。

在再次进行定量分析之前，在概念测试的阶段使用组合分析的方式应该是很明确的。该模型识别出顾客所偏好的重要属性水平，并确认从最喜欢到最不喜欢的可能组合的评分顺序。这些组合中的每一个都可以被视为一个概念，而得分最高的一个或多个概念就是拥有最高的潜力，而应该考虑做进一步的开发。当然这个模型同时也确认了真正的失败者！

正如前面所讨论的那样，在组合分析可以利用部分的卡片组合（a reduced set of cards）对许多属性和水平做最合理的测试。最喜欢的概念仍然将会排名在最前面，即使他们不包括在原始卡片的组合中。总而言之，组合分析在概念测试当中是非常有用的，就是因为它在揭示属性（特征、功能、利益）和顾客偏好两者关联程度的能力，就像 Salsa 酱例子中所阐述的那样。

因为我们处在新产品过程中非常早期的阶段，我们在一开始的例子当中使用一套产品描述卡片作为概念测试的引子（stimuli）。然而需注意到，组合分析能轻易地使用其他形式的概念陈述作为引子。在产品测试阶段，我们有本章先前讨论过的任何一种概念陈述形式（口语叙述、图表、草图、模型或产品原型，甚至虚拟现实的表现方式）。不管使用哪一种引子，分析方法都是一样的。

这里举一个例子：组合分析被用来评估纽约和新泽西的司机对于 EZPass 电子通行费收费系统的反应。在装上 EZPass 系统后，司机要将电子“标签”贴到他们的挡风玻璃上。当车子通过收费站时，该标签被高速无线电波读取，通行费就从司机的预付账户中扣除。当车子在移动时这个标签仍然可以被读取；因此 EZPass 不再需要司机在缴纳通行费时将车子完全停下来，最后应该可以降低在收费站的交通堵塞。交通管理层已经决定采纳 EZPass，但他们需要外部帮助以确定应当如何设计该系统以满足司机的要求。

以下是几个交通管理层认为重要的属性：

- 一位用户需要开设的 EZPass 账户数
- 如何申请账户以及付款
- 每个收费站应该设置的安装 EZPass 车道数
- 将 EZPass 标签在不同车辆间的可移动性
- 标签本身的附加成本及/或服务收费（假如有的话）
- EZPass 的收费价格
- EZPass 的其他用途，例如机场停车或加油

因为 EZPass 的调查在当时（1992 年）对大多数驾驶人来说是一个新的产品概念，这个系统的概念描述以一个长达 11 分钟的录像带以“真实操作”来表现。受测者收到一份录像带的拷贝以及问卷和 8 个情景卡片（每一张卡片描述的是上述属性的不同组合）的邮件。组合分析指出，最重要的属性是车道的数量以及他们将如何被控制，此外，收费价格、申请程序、附加成本也相对重要。组合分析也指出司机偏好每个属性程度。举例来说，4 个关于附加成本的选项的排列顺序如下：

1. 10 美元的押金，加上每年 15 美元的服务费（最受喜爱）
2. 每个月 2 美元的服务费
3. 10 美元押金加上每个月 1.5 美元的服务费

4. 40 美元的信用卡收费，如果没有退回标签，再加收年费 20 美元

组合分析的结果被用来设计 EZPass 系统的执行计划。该系统很快就被纽约和新泽西的司机所接受。到 1999 年，在高峰时段 EZPass 系统使用率已达到 60%，这两州大约有 200 万个司机加入这个计划，而且大约发出了 310 万张标签。

在组合分析中也可以识别出利益分区。回想一下组合分析识别每一顾客的价值体系，这指的就是属性对于每位顾客认知的相对重要性以及每个属性的偏好程度。我们在第 7 章先假设所有的顾客都有相同的价值体系，因此我们识别出中辣的绿色 Salsa 酱为最好的组合。

然而如同在本章前面所讨论的，或许会存在某些潜在的利益分区。我们在第 7 章提到过，将所有顾客的汇总可能会掩盖掉市场上一半顾客会喜欢特辣 Salsa 酱以及另一半顾客会喜欢温和口味 Salsa 酱的事实。我们可以对组合分析搜集到的重要性和偏好资料采用聚类分析技术，以识别有相近价值系统的顾客利益分区。例如，在第 7 章的工业服务案例当中，当所有的受测者加总起来时，价格变成是最重要的变量（具有 27% 的相对重要性）。随后的聚类分析指出最多会有 5 个利益分区，每个分区对于价格重要性的认知差异甚大。其中一个分区较关注绩效质量，而价格的相对重要性低于 9%；然而在第二个价格驱动的分区中，其价格相对重要性的数值大约是 35%！

对 Mobility Technologies 的 TrafficPulse 系统来说，潜在用户所寻求的利益可以使用另一种组合分析来评估。该系统让用户可以获得交通状况、旅游时刻以及自己偏爱的旅游线路的信息。该分析找出了 5 个利益分区，展现出对个性化系统、语音/ 无线系统以及单一互联网系统中不同偏好程度的组合。

9.10 结论

在全面性筛选之前，进行概念测试和开发有许多好处。它速度快且容易实施，提供给筛选者非常宝贵的信息以挑出没有价值的概念，它采用通过验证的市场研究技术，因此具有合理的可信度。在概念测试过程中，我们了解了许多关于购买者的想法，并且在概念发展的同时进行分区和定位。不幸的是，某些开发人员（特别是工业设计者）仍然拒绝概念测试。例如，Herman Miller 无法成功地将集厕所、水池和浴盆为一体的卫浴设备推向市场。它没有经过概念测试，而在该产品失败后，设计师宣称业界人士还不了解该产品。

除此之外，概念测试还是有点问题——容易发生错误而且成本很高。它还不是一个成熟的工具。有一些典型失败的例子，大多数都是通过了概念测试，如固体汤、白威士忌、透明苏打水等。咀嚼式抗酸片失败的原因是因为其概念测试误解了人们想要抗酸液的想法。3 位广告文案人员承担了某家公司的一个单一的新产品构思的概念测试，他们发现在概念测试中得到最高分的最重要决定因素竟是文案撰写人的编写技能。

人们发现：在没有学习阶段，作为刺激的概念陈述很简短，产品销售时许多情景变量将会改变，以及无法在概念测试中衡量某些属性等等情况下，对全新的概念做出

反应是很困难的——例如：毛毯的质地、淋浴喷头的冲击力以及下个季节会“流行”什么颜色等。或许最令人困扰的一件事，就是该技术本身的不确定性高，从而导致长久以来的产品冠军会经常对它的发现提出批评。

9.11 本章小结

这是讨论新产品提案评估工具的第1个章节。实际上由于评估在构思形成前就开始（也就是说决定去哪里寻找构思），我们首先讨论的是产品创新章程。通过把创造性活动集中于一定的方向，章程可以自动地排除所有其他的方向，这就有效地在评估过程中否决它们。

一旦战略方向明确，大多数公司就会对章程所描述机会进行市场分析。顾客应该是任一产品创新计划的主要参与者，而在战略方向被制定之后紧接着就是寻找这项输入的最佳时间。然后当构思不断出现，会进行一个初始判断——具有高度判断性的，快速的，主要被设计来清除没有价值的构思的过程。一旦构思通过该测试，更多严格的评估便展开。这个阶段采用的工具是概念测试，或是概念发展，现在有许多成功运用这些工具的案例。本章提出概念测试的全部程序，包括其目的、概念陈述形式的选择、受测者的选择以及访谈程序。概念测试的一项直接利益就是它向管理层提供在后续步骤中利用评分模型作出判断所需的信息：也就是概念的全面性筛选，这是第10章要讨论的主题。

9.12 应用实践

1. “你知道，我们的大多数新产品开发人员做了大量的市场研究——概念测试、态度调查等。还是让我读一段一位汽车设计人员对市场研究的看法吧。”（她接着从桌子上拿起一个黄色文件夹，读了起来。）

市场研究可能是现代商业中阻碍企业走向卓越的最大的幻象，它是那些没有远见、没有信心的经理们的拐杖。表面上看，它是最明智的：在你着手设计前，发现购买者确切需要的对象。但是，在实践中这是不可能的。公众在没有获得可供选择的对象前，根本就不知道想要什么，甚至他们的偏好背离了Kmart所引导的方向。市场研究提出需要一辆Malibus，它是装有Mercedes的金属护栏的鳄梨色的冰箱，以及包括所有东西的Big Macs。然而，你不能用这种方法生产出伟大创意的产品。

也许你对这段陈述已有自己的评论。

2. “去年，纽约有一家名叫Telesession的企业说，它已完善了一个电话会议的系统，在这个系统中可以将多部电话用作焦点小组。Telesession公司声称，已经把它用于专业团队和家庭主妇了。例如，医院实验室主管和电子工程师都已经使用过了。它甚至有秘密约定，把包裹邮寄到受访人（在他们同意参加后）时，还提交受访人一份提示以不让打开它，直到电话会议期间才允许打开。我在考虑我们的3个事业部——整形外科设备（拐杖、悬挂系统等）、用于装配线控制的先进电子系统，以及商用传真机。他们能有效地运用这个系统进行概念测试吗?”

3. “一个化妆品的竞争对手正在努力通过一个系统来加速口红方面的新产品开发工作,

这个系统使用了:(1)用来提出构思的头脑风暴法(最近一个阶段出现了392个构思);(2)同一组人对这些构思进行评估,只保留50个最好的构思;(3)运用焦点小组会议对这些构思进行概念测试,从保留的50个最好的构思中筛选出应该快速开发的极少数几个构思。你说这个系统有什么缺陷吗?”

4. “我非常好奇地想知道,是否能够用你的判断对我们最近一次构思大会所产生的一些新构思进行测试?这些新构思在最近的概念测试中是否能全部被消费者接受?这也正是我所担心的地方。继续开发这些构思会安全吗?”

a. 以汽油为动力的弹簧单腿高跷。
b. 衣物架和电熨斗的组合产品。
c. 装上晶体管的高尔夫球和电子搜寻器。
d. 印度式角力装置,使你能明白自己进行角力自我锻炼。
e. 电加热的浴室垫子。
f. 将巧克力糖放在用巧克力做的盒子中。

9.13 案例:Dell Computers (B)

回到第6章后 Dell Computers (A) 的案例。除了已有的竞争对手信息,Dell 的管理层也委托进行顾客研究。我们已汇集到顾客偏好的数据,这些数据是用来识别出“理想品牌”,以及评估市场上顾客利益分区的数目与每个分区的大小。结果识别出3个分区。分区1(大约占市场的20%)较喜欢高度适用性高的 PC,分区2(大约占市场的50%)喜欢高性能的计算机,分区3(大约占市场的30%)则喜欢两种属性兼具的计算机。

	属性1(性能)	属性2(适用性)	相对于市场的分区大小
各分区的理想品牌			
分区1	-0.5	3	20%
分区2	2	-1	50%
分区3	1.5	1.5	30%

将这些理想点加入第6章案例中你画的定位图上。在每个分区中哪一个是 Dell 最重要的竞争对手?这对竞争意味着什么?

第 10 章　全面性筛选

10.1　引言

如同在第 9 章我们所看到的，有多种不同的商务研究方法可完成预筛选任务。全面性筛选的步骤也有不同，因为筛选后各公司所要做的工作不同。某些公司只需要很少的技术工作，就能够提供适当的产品。对他们而言，比起完成产品的现场测试、产品使用测试等步骤来说，筛选是一个并不那么重要的活动。

对于其他公司而言，技术突破代表着全部；他们的研发可能需要数百万元，以及许多年的时间。全面性筛选是一个风险最低的评估，经理人希望它起到良好应用。因此，这一章不能描述一个特定公司应当做什么，这是新产品经理的工作。但是，我们会提出可供选择的范围和实际操作中适合大多数企业的中性主张。它能很容易地被修改。参照图表 10—1，看看筛选如何与概念测试以及随后的协议开发步骤相联系。

图表 10—1　　新产品概念通过筛选/协议过程的流程

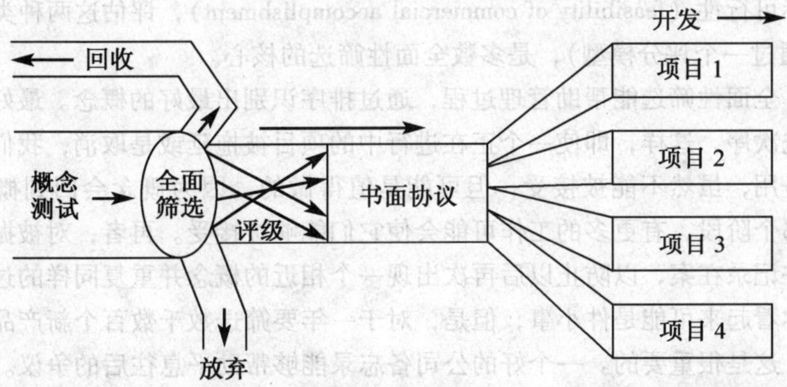

然而对你而言，这些步骤并不吸引人。它并不是每周的商务会议都要讨论的，而且直到你在本书中读到它之前，你可能从未听过全面性筛选步骤。但是业界的人已有所耳闻，而且也已实行许多年了。正如我们随后将会看到的，这方面的研究还在进行，并且在许多大型公司，像 P&G，也都认识到全面性筛选产生成功新产品的重要性。

10.2　全面性筛选的目的

回想在产品创新过程中我们所处的阶段。在原始构思出现后，我们选择某个概念陈述格式，将一个简短的陈述提供给关键人员以观察他们的反应。然后，通过概念测试让我们能够将潜在用户的想法加到市场集合中与自产品创新章程创建以来所搜集的其他信息的集合中。照着这样的方式，我们已经汇集了在公司中的关键职能人员——技术、营销、财务、作业及其他等等。

这些工作（视情况而定，可能要花上好几天到好几个月的时间）将一直延续着，直到全面性筛选（the full screen）阶段才到终点。“全面性”意指在产品进行技术性工作前，因为只有到这个阶段我们才可能拥有最多的信息。全面性筛选通常牵涉到评分模型（scoring model）的使用，这是一种包含权重（重要性）的因素检查表分析，本章我们将会看到这个模型的一些变形。

为什么要进行全面性筛选？事实上，全面性筛选要达成3个目的。首先，它帮助公司决定他们是该继续进行这个概念或还是停止。记住，如果概念通过全面性筛选，新产品过程的下一个阶段就是开发。概念将会变成一个新产品开发项目，并且将会需要大量财力与人力资源的保证。全面性筛选帮助我们决定技术资源（研发人员、服务的系统设计、工程等等）是否应该投到该项目上？如果要，那要投入多少。这个决策取决于是否我们能进行这项工作，或是否我们想要去做。“能做”代表可行性——技术达到了这个任务的要求。我们拥有这项技术吗？我们能负担起这项技术吗？“要做”代表我们能从项目中获得利润，市场份额，或者其他我们进行产品创新想要的事物。有时候，这些称为技术目标可行性（feasibility of technical accomplishment）和商业目标可行性（feasibility of commercial accomplishment），评估这两种类型的可行性（通常通过一个评分模型），是多数全面性筛选的核心。

第二，全面性筛选能帮助管理过程，通过排序识别出最好的概念。最好的概念能被排定优先次序，这样，即使一个正在进行中的项目被拖延或是取消，我们会有一些选择可以备用，虽然不能被接受，但可能是值得做的，因为概念会回到概念发展阶段，而在那个阶段，有更多的工作可能会使它们能够被接受。再者，对被抛弃的概念进行鉴定并记录在案，以防止以后再次出现一个相近的概念并重复同样的过程。最后这一点在你看起来可能是件小事，但是，对于一年要筛选数千数百个新产品概念的经理人而言，这是很重要的。一个好的公司备忘录能够帮助平息往后的争议。商业人士知道“一个成功的新产品的背后总是会有许多人给它提过建议，然而，失败的新产品总是无人问津。”在那些喜欢奖励创新的公司中，这样的备忘录有助于提供谁在什么时候建议了什么。

第三，全面性筛选鼓励跨部门的沟通。在筛选打分的过程中，人们会就相关问题爆发激烈的争论，像“为什么你在这个构思的这些因素上打这么低的分？”筛选程序是一种学习的过程，特别是让经理人更能掌握其他职能部门的想法的过程。而且它会让所有对于某个项目的基本争论（包括一直存在的政治活动）浮现出来，并加以讨论。这些争论将焦点放在这个概念在发展过程可能要面对的“陷阱”或障碍上，以及显示哪里可能需要新人员。

某些公司会跳过全面性筛选。只进行少数新产品工作的小型公司可能偏好民意调查的形式，也就是一人或多人对一些非正式的列表清单进行判断。在一些案例中，参与者也许会得到一份印好的评估列表作为记录，以便为后续的更加正式的列表提供相关数据。一些包装商品的公司的开发过程缺乏技术性（相同产品，以及对市场已有产品的简单变化），也可能会略过全面性筛选。这些公司的技术可行性以及产品营销能力是已知的，唯一的问题是，当产品被销售时，顾客是否会喜欢。为了弥补所缺乏的全面性筛选，这些公司可能会进行更完整的概念测试（第 9 章），以及他们称为销售前期测试（premarket testing）的销售预测模型，这些我们将会在第 12 章讨论。当技术可行性是主要的问题时（多半不是），连包装商品公司都不会只依靠概念测试，而将会采用以下我们将会讨论到的评分模型进行全面性筛选。

10.3 评分模型

评分模型是一个简单且非常有效的方法。让我们通过一位要做决策的学生观点来加以了解。

10.3.1 导入概念

假定一位学生正在决定这个周末要进行何种社交活动。他拥有几种选择，有时候可能会有更多的选择。

这位学生可以列出个人认为重要的决策标准：

1. 必须有乐趣。
2. 必须多于 2 个人。
3. 必须支付得起。
4. 必须是有能力做到的。

这 4 个标准（通常称为因素，但是请勿与因素分析中讨论的因素相混淆）列于图表 10—2 中。当然，在这位学生周末社交决策中，可能包含 20 或 30 个因素，但是我们只锁定 4 个。这些因素不是绝对的，它们都有一定的范围——一些乐趣或很多乐趣等等。图表 10—2 表示了用 4 分制描述的每个因素的分值。

图表 10—2　**学生活动决策的评分模型**

	分值			
因素	4 分	3 分	2 分	1 分
欢乐程度	很多	一些	很少	没有
人员数量	5 人以上	4～5 人	2～3 人	2 人以下
支付能力	容易	可能	或许	不行
学生能力	优异	不错	普通	劣等

续表

学生的评分	滑雪	划船	爬山
乐趣	4	3	4
人数	4	4	2
承受力	2	4	4
有能力	1	4	3
总分	11	15	13
决策：划船			

接下来，每个分值点需要用一个数字表示，这样我们才能将选项排序。进行完后，这个学生可开始评估每个选项（如图表 10—2 所指出的），以及将每个选项得分汇总求和。

最后决定去划船（虽然划船并没有很多乐趣），但是因为划船能够多人参与，很便宜，而且这个学生是优秀的划船手。

但是，假定这位学生反对这个决定，并且说“除了这个外，我仍有其他的选择!”如果我去爬山，就可以运动得更多，但是如果我去滑雪，有些人会更倾向加入这项活动。或者这位学生可能会认为支付得起比其他因素更重要，因为如果没有足够的钱，就不需要对其他因素进行评分。或者，这位学生可能说，“有乐趣是非常重要的，所以我们把乐趣的分数加倍。”然后，会有反对的意见，如“滑雪实在不够有趣、划船比你想象的要贵”等等。

我们实际在决策中使用的评分过程就像这样，不管我们是否意识到。这位学生的异议包含了新产品评分模型的基本问题，读者会看到，我们将如何处理批评意见使其成为优秀开发过程的一部分。

10.3.2 程序

开发一个评分系统需要占用一定的时间；但是一旦系统开始运作，微调工作就不付出太多努力。

明确评估对象

在上面学生的案例中，我们把评分模型建立在 4 个主观选择的因素的基础之上。在现实生活中，选择因素并不容易，同时我们对因素的选择不能仅凭偶然。首先，如果可能的话，我们会使用一个因素。这样一个因素同时涵盖技术和商业目标，用财务专有术语来说，它是考虑了全部的直接和间接成本及利益、从产品概念所得折现后收入的净现值（net present value）。确切的财务方式的说法是“这个产品损益表的账本盈余结算线，包含所有成本（技术、营销等等），然后将获利折算到今日的价值。”这个因素被显示在图表 10—3 中的第 1 层次的文字方块中。如果它发生了，我们能够进行非常好的估计净现值，就不需要其他的因素了。但是我们几乎永远做不到；因为在这个早期的阶段，所有的财务估计值是相当不可靠的。

图表 10—3　评分模型因素的来源

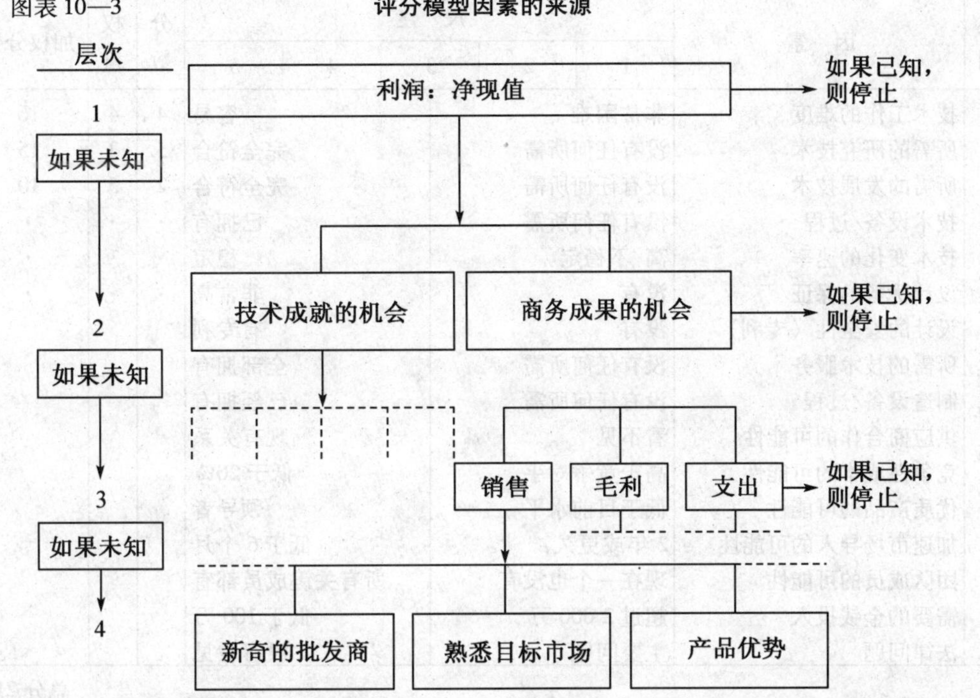

所以我们使用替代因素（surrogates）（或代理者）。图表 10—3 的第 2 层次，清楚地描述出 2 个替代因素：达成技术目标的可能性（代表是否我们能够创造顾客想要的东西），以及达成商业目标的可能性（代表产品的销售是否有利润）。所以在这一层次就没有其他的替代因素了。对这 2 个因素的估计将会预测第一阶层的财务意义上的成功。至此，我们就完成了评估工作。

遗憾的是，经验显示我们常常也不能够进行这两者的估计。所以我们尽力取得更多的替代因素，这次是在第 3 层次。为节省空间，图表 10—3 只显示 3 个代表商业目标的替代因素；如果我们知道销售额、销售的边际利润，以及营销和管理费用，我们就拥有了一半的答案。

然而，我们无法再一次达成目标；在开发过程的早期阶段，我们并没有非常好的确切数字。然而，值得注意的是，包装商品制造商开发少量差异的不同新产品，像上面所讨论的，在他们预测模型上，能够进行这些估计。而多数公司必须寻找第 3 层次因素的替代因素。这引领我们到第 4 层次，如同图上所进行的。第 4 层次的因素已经有答案，或至少这些答案比更高层次的因素有更好的估计答案。图表 10—3 只列出在这个层次诸多因素中的 3 个。

根据这些因素，推理过程是这样的：如果你告诉我新产品会进入一个我们已经非常熟悉的市场，我们可能可以和这个市场的买家沟通。这样可能增加产品得到好的销售机会（提高到第 3 层次），很好的销售产生能促进商业目标达成（提高到第 2 层次），结果，就创造了利润（第 1 层次）。所以，诀窍在于找出这家公司在这个特定产品概念上有助于技术与商业作业的第 4 层次因素。第 4 层次因素构成图表 10—4 中的评分模型。一些公司将利润、销售额等等也包含进去，即使他们的替代因素早已存在。

图表 10—4　　　　新产品概念全面性筛选的评分模型

类别	因素	尺度					分数	权重	加权分数
		1	2	3	4	5			
技术目标的达成	技术工作的难度	非常困难				容易	4	4	16
	所需的研究技术	没有任何所需				完全符合	5	3	15
	所需的发展技术	没有任何所需				完全符合	2	5	10
	技术设备/过程	没有任何所需				已拥有	·	·	·
	技术变化的速率	高/不稳定				稳定	·	·	·
	设计优势的保证	没有				非常高	·	·	·
	设计的安全性（专利）	没有				有专利			
	所需的技术服务	没有任何所需				全部拥有			
	制造设备/过程	没有任何所需				已经拥有			
	供应商合作的可能性	看不见				现有关系			
	竞争性成本的可能性	高于竞争对手				低于20%			
	优质产品的可能性	低于目前水平				领导者			
	加速市场导入的可能性	2年或更久				低于6个月			
	团队成员的可能性	现在一个也没有				所有关键成员都有			
	需要的金钱投入	超过2 000万				低于100万			
	法律问题	主要问题				没有看见			
									总分210
商业目标的达成	市场变动性	高/不稳定				非常稳定	2	3	6
	可能的市场份额	最好是排第四				第一	5	5	25
	可能的产品生命周期	少于1年				超过10年			
	产品生命周期的相似性	没有关系				非常接近	·	·	·
	销售团队需求	没有任何经验				非常熟悉	·	·	·
	推广需求	没有任何经验				非常熟悉	·	·	·
	目标顾客	完全陌生				密切接触/已有			
	分销商	没有关系				已有/牢固			
	零售商/经销商	不重要				重要			
	用户工作的重要性	没有关系				已有/牢固			
	未满足需求的程度	没有/已满足				完全未满足			
	满足需求的可能性	非常低				非常高			
	面临的竞争	艰难/富有攻击性				弱			
	现场服务的需求	目前没有能力				已准备好			
	环境影响	只有负面影响				只有正面影响			
	全球运用性	限于国内				适合全球			
	市场扩散性	没有其他应用				许多其他领域			
	顾客整合	非常不可能				顾客在寻找			
	可能的利润	最佳盈亏平衡				投资回报率大于40%			
									总分240

概念：　　　　全部总分450

筛选日期：

行动：

一般来说，公司必须从图表 10—4 的因素列表开始，去除那些明显不适用的因素，加入那些明显遗漏的因素，然后使用几次看看相关人员如何去评分的。随着时间的推移，应该尽可能地精简列表并保持可以变更的状态。这个系统中没有任何事情是一成不变的；毕竟，这只是决策的辅助。最近由工业研究机构（IRI）所开发的一个新技术项目的评分模型，利用这个模型能最有效地确认每个技术项目的成功。这个模型由 IRI 成员公司经理协助所开发出来，包含两个部分：一组技术成功因素与一组商业成功因素。对每个项目的每个因素进行评分，评分一共分为 5 个等级（分值为 1 ~ 5）。同时，每个成功要素的重要性权重也已确定。可以计算技术成功因素和商业成功因素的加权总分，总分最高的项目，最有可能成功。IRI 模型的因素显示在图表 10—5。

图表 10—5　　IRI 评分模型

技术成功因素

- 所有权地位：在要被研究的技术上，发展一个强有力、可防御的专利权。
- 竞争力/技能：可用的技术资源有竞争力以承担这样的研究项目。
- 技术复杂度：技术复杂度对产品成功的影响。
- 外部绩效的获取与有效权利：外部技术的可用性和公司成功使用的能力。
- 制造能力：关于公司是否具有内部或外部能力来制造产品或把过程融入它的运营中。

商业成功因素

- 顾客/市场需求：是否存在一个与这个项目相关联、为所产生的产品或过程准备好的市场?
- 市场/品牌认知：由于公司优势和/或形象，让这个产品会被市场接受的可能性。
- 进入市场的渠道：产品被导入市场与销售的容易程度。
- 顾客优势：产品会成功或失败的可能性是建立在顾客对此有兴趣的顾客力量的基础上。
- 原材料/零部件供给：主要零部件和材料可得性的影响。
- 安全、健康和环境风险：这些因素中的任何一方面都将阻碍项目的成功的几率。

评分

假定给定了如图表 10—4 或图表 10—5 所示的评分形式：首先，评估团队的成员会先有一个熟悉的过程段，以让他们了解每个提案（市场、概念、概念测试结果）。然后，每个评分者从第一个因素（在这个案例中是技术工作的难度）开始评估，并且针对每个因素在第三栏的语义陈述及其对应的分值，挑选最合适的分数给每一个因素打分。这些分数乘上重要性的权重，就得到了该因素的总得分。继续为其他因素评分，然后加总来得到每位成员对这个概念的整体评分。

在综合每个团队成员的评分通常采用不同的方法，而平均值是最常用的。有些公司采用奥林匹克竞赛的计分方法，即在进行平均之前，去掉最高和最低的评分。有些公司在公布平均分数后，进行公开讨论，所以个人可以发表与团队不一致的评论。许多公司发现，群组软件（groupware）（例如 Lotus Notes）可以对这个过程非常有帮助。

异常的因素

对于一些因素来说，分数过低就很容易将其否决掉。例如，在学生寻找周末娱乐活动决策案例中，如果缺乏金钱就拒绝了任何成本超过 30 美元的计划。这个问题要在一开始就讨论，以免将时间浪费在超过 30 美元的选择上。产业也是一样，产品创新章程的一个主要角色，就是指出这些排除因素。有些人称为淘汰因素（culling factors）。

另一个问题发生在当被评分只有“全部”或“没有”（all-or-nothing），“是”或“不是”（yes-or-no）的答案时。例如，“这个概念是否需要建立独立的销售团队?”这种类型的因素，是使用语义陈述对应的两端的分值（只用“是”或“不是”来回答），中间没有任何的选项。如果可能的话，这种因素的评分模型应当这样设计，例如，“为这个概念建立服务储备需要多少附加成本?”对应列的选择可能会是：“零”；低于10万美元；10万~30万美元等等。

评分员或鉴定者

选择评分团队的成员，就像选择一个新产品团队成员，公司4个主要职能（营销、技术、运营和财务）都应被包括在内，其他还有新产品经理和来自信息技术、销售、采购、公关、人力资源等等的专家，具体的组成取决于公司开发新产品的过程。

高层事业单位主管（总裁、总经理）应该在评分团队之外，当然，小公司例外。当评估公司自身能力时（例如，营销或制造能力），这些人在场会抑制所需要的坦诚讨论。有些CEO在这个任务上具备良好直觉，以至于总是不能把自己排除在外。

筛选中积累的经验是非常有价值的。公司积累的经验与在个人专长方面的经验也是。技术人员通常对可能技术的成功会更加容易感到乐观，而营销人员则较悲观。

涉及个人的问题就更加特别了。研究指出：（1）有些人总是乐观；（2）有些人有时乐观，有时悲观；（3）有些人是“中立者（neutrals）”，总是给中间分数；（4）有些人比其他人更可靠和精明；（5）有些人容易受小组影响而动摇；（6）有些人有能力，但是个性古怪。某些公司会根据过去每个评分员的准确性（定义为与整个团队分数的一致程度）对每位评分员的分数给予不同的权重。道琼斯工业指数使用计算机化群组软件方法，因为他们喜欢评分者是匿名的。

权重

对于评分模型最严重的批评是权重的使用，因为权重值比较多地由主观判断决定的（稍后讨论的一项新研究例外）。让我们回到学生寻找周末活动的例子。对一个谨慎使用金钱的学生来说，支付能力，应该比其他因素给予更多权重。但是要给多少权重？它的权重要赋予2，而其他因素要给1吗？因为权重的重要性，一些公司使用敏感度测试（sensitivity testing）来衡量其效果。评分模型实际上只是数学模型或者是方程，所以分析员能够改变评分或是权重，来了解不同的改变在最后分数中的差异。电子表格程序能很轻易地处理这样的工作，同时多数群组软件也可以。

10.3.3 剖面图

图表10—6展示出由于具备图示能力而被某些公司偏好的另一种方法。剖面图（profile sheet）利用绘图的方式表达出在不同因素上5个评级分数的表现。如果评分由鉴定人组成的团队完成，则剖面图使用平均分数绘制。实际上，这个方法的确是引起我们对形态的注意，像是在接近剖面图底部的高的因素分数比在接近顶端因素分数高（在图表10—6中）。

图表 10—6　　新产品提案的剖面图

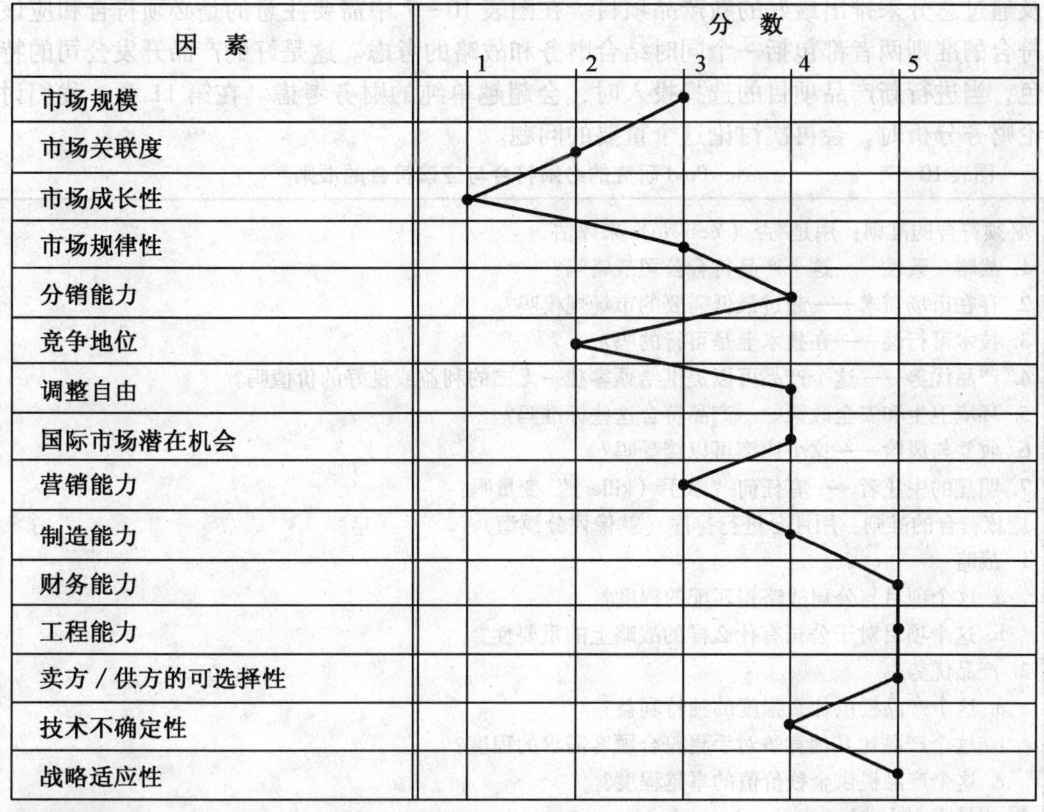

10.3.4 NewProd 筛选模型

NewProd 模型，一项讨论新产品成功与失败的大型研究，是 Robert Cooper 在 20 世纪 80 年代晚期所进行的。在原始的 NewProd 研究中，有 100 家加拿大工业公司共同合作，这些公司的产品经理识别出最近成功和失败的产品。受测者提供许多可能和产品成功或失败有关变化的信息。这项研究开发出来一个与上述的评分模型相似的原始 NewProd 筛选模型。这个模型可同时用于预测产品成功和失败的可能性，同时也可以识别出来在新产品项目被批准前应该改正的一些弱点。

从那时以后，通过更多公司数据和其他新产品经理的投入，原始的 NewProd 模型得以延伸与扩大。最近，Cooper 和他的共同作者已经提出一个两层次的筛选模型，其中结合了评分模型的检查表。准则的两个层次是必须符合（must-meet）和应该符合（should-meet）的准则。必须符合的准则涉及在项目和战略间具有良好的战略一致性，以及可接受的风险回报率；应该符合准则包含战略的重要性，对顾客来说，产品所具有的优势和市场吸引力。全部的准则列在图表 10—7 当中。你可能会想到，必须符合准则是设计用来删掉不好的项目和对新产品项目设置一个高门槛。事实上，作者建议使用一个简单的是—否（yes-no）的检查表，同时一个“否”的回答就可能足以筛选掉这个项目。应该符合的准则是指那些良好商业提案的所具有特性。没有一个项目在每一个因素上都能获得高分，所以作者建议使用一个评分模型来综合全部的准则，以及通过总分来排出最好的新产品项目。在图表 10—7 中需要注意的是必须符合和应该符合的准则两者都包括一个同时结合财务和战略的考虑。这是好的产品开发公司的特色，当进行新产品项目的选择投入时，会超越单纯的财务考虑。在第 11 章，我们讨论财务分析时，会再次讨论这个重要的问题。

图表 10—7　　NewProd 研究的必须符合与应该符合的准则

必须符合的准则：用是/否（Yes/No）来评估

1. 战略一致性——这个产品符合公司战略吗？
2. 存在市场需求——超过最低需要的市场规模吗？
3. 技术可行性——在技术上是可行的吗？
4. 产品优势——这个产品可以提供给顾客独一无二的利益或良好的价值吗？
5. 环境卫生和安全政策——产品符合这些标准吗？
6. 收益与风险——这个比率可以接受吗？
7. 明显的中止者——有任何“杀手（killer）”变量吗？

应该符合的准则：用评分进行排序（就像评分模型）

1. 战略
   a. 这个项目与公司战略相匹配的程度？
   b. 这个项目对于公司有什么样的战略上的重要性？
2. 产品优势
   a. 这个产品提供什么程度的独特利益？
   b. 这个产品比其他竞争对手更符合顾客需求的程度？
   c. 这个产品提供金钱价值的卓越程度？
3. 市场吸引力
   a. 这个市场规模有多大？
   b. 这个市场的成长率是多少？
   c. 竞争状况是什么？（竞争越是激烈并且以价格导向，则分数越低）
4. 协同增效效应
   a. 这个产品能够将自身的营销、销售或销售优势发挥到什么程度？
   b. 这个产品能够在多大程度上运用公司所具备的 know-how 技术或专门知识？
   c. 这个产品能够在多大程度上运用公司所具备制造或运营的专门知识？
5. 技术可行性
   a. 相较其他产品，技术缺口有多大？（缺口越小，分数越高）
   b. 产品技术的复杂性有多高？（越不复杂，分数越高）
   c. 技术不确定性的结果是什么？（越确定，分数越高）
6. 风险与收益
   a. 预期的利润（净现值）是多少？
   b. 回报率（内部回报率或投资回报率）是多少？
   c. 回收成本的时间——最初的投资会多快回收？
   d. 利润或销售估计的准确性有多高？（纯粹的猜测或高度的可预测）
   e. 产品降低成本的速度有多快？

10.3.5 层次分析法

另外一种产品项目筛选与评估技术，是层次分析法（Analytic Hierarchy Process，AHP）。AHP是在20世纪80年代由Thomas Saaty开发的，一种系统地收集专家的判断，并用来制订最佳决策的普遍技术。多年来，AHP已经被许多公司和非公司使用，并能够应用于全面性筛选，作为排列优先顺序和选择新产品项目的方法。当使用全面性筛选技术时，AHP搜集了管理者的判断和专门知识，来确认在筛选决策中主要的准则，根据这些准则对每个待评估的项目评分，并能按照符合程度对项目排列顺序。有些商业软件，例如Expert Choice，可以非常方便地完成这样的工作。

首先，产品经理建立一个层次决策树。层次决策树会将管理者最终的目标（在这案例中，选择最佳的新产品项目）显示在最上面。下一个层次，包含管理者认为在达到目标过程中的全部主要准则。在层次决策树的主要准则之下，可能还有几个层次的准则（第二、第三等）。最后，将所有选择方案（被考虑的新产品项目）汇总在层次决策树的底部。

接着，产品经理需要为决策树中每个节点提供成对的比较数据，这些数据应该是要素关于其上一个（高一级）层次准则的比较资料。也就是，准则依其达成目标的重要性来比较，同时选方案则以它们在每个准则的评分进行比较。AHP软件从这里开始接手。软件将比较数据转变为一组相对权重，然后这些权重会被加总，以得到每一层次中每个要素的综合排序。最后，这些可能的选择（新产品项目）会以产品经理的偏好来排列。

图表10—8提供一个运用AHP在新汽车项目筛选的真实例子。在这个案例中，美国三大汽车制造厂的一个产品经理，用4个主要准则来筛选项目：与核心营销竞争力的适应性，与核心技术竞争力的适应性，项目的全部资金风险，项目结果的管理不确定性（再一次，就像在NewProd基础的模型中，同时考虑的财务和战略准则，虽然特定的准则有点不同，这里的准则更倾向于汽车产业）。就像图中所显示，每个主要准则以位于由下一层次的多项准则的形式进行评估。例如，市场匹配考虑新产品与现有生产线、销售渠道、物流配送、市场时机战略、价格和销售团队间的预期匹配。最后，有4个新汽车项目（P1到P4）进行考虑，它们处在决策树的最下方。

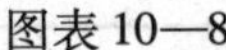

图表 10—8　　层级分析法（AHP）的应用

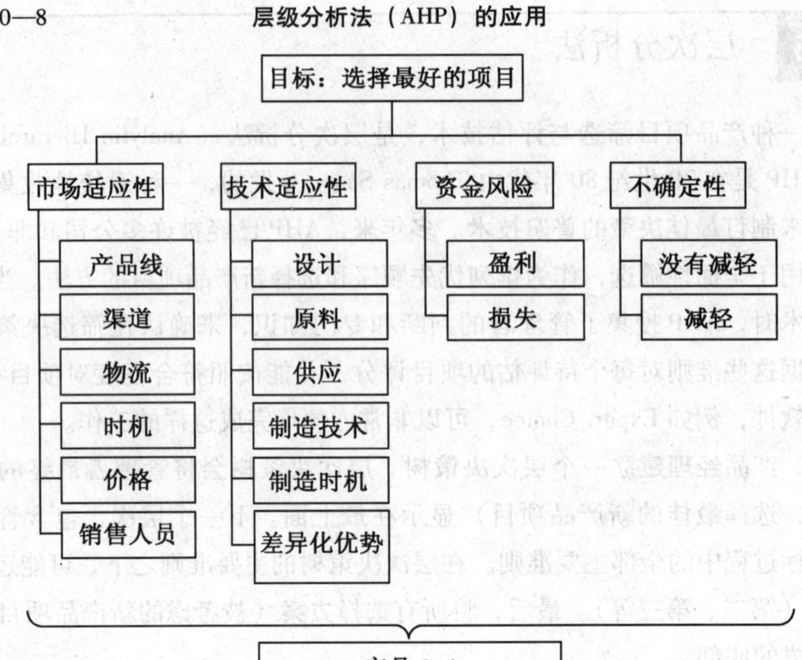

在决策树建立后，就能成对地进行比较了。一般来说，这件工作会先由产品经理评估主要准则间的相对重要性（例如，“营销竞争力的适应性跟技术竞争力的适应性相比，哪个比较重要?”），通常会采用 1 ~ 9 的刻度等级进行准则的成对（两两）比较。Expert Choice 提供许多其他方式，让受测者进行成对比较。接着，要取得第二层准则的相对重要性数据（例如，“生产线匹配跟销售渠道匹配相比，哪个比较重要?”）。最后，每个的新产品项目有关的第二层的每个准则的成对比较就完成了。

使用这些数据，AHP 软件为每个新产品项目，计算出整体的总权重。这些权重表明，每个选择方案对总体目标的相对贡献。AHP 的输出，显示在图表 10—9 的底部，清楚地显示 P1 是最被偏好的项目，有最高的整体总权重（0. 381）。P2 是次优的，有 0. 275，而 P3 和 P4 是落选者。

尽管在此不能显示全部的 AHP 结果，图表 10—9 的概述中还能得到一些主要的结论，以及提供一些 P1 为什么成为最佳的选择的注解。第 1 层次的权重，指出主要准则的相对重要性。产品经理将资金风险，看成是最重要的准则，接着是市场匹配、技术匹配和不确定性。类似地，第 2 层次的权重，指出每个第 2 层次的准则对管理者的重要性。例如，在与公司市场优势相适应的情况下，时机和价格的重要性被评为比销售团队或生产线匹配高。最后一列，列出了根据第 2 层次的准则进行评估后得分最高的项目。在大多数的第二层准则上，几乎是所有真正重要的准则上，（可由第 2 层次的权重判断准则的重要性）P1 的排序最高。P2 倾向于较好地符合技术匹配准则，但是这位产品经理认为资金风险或市场匹配比技术匹配更重要。所以，结果是 P1 排第一，P2 为第二，这也就很容易理解了。

图表 10—9　　AHP 结果和整体的项目选择

	第 1 层次的权重	第 2 层次的权重	排序最高的项目
资金风险	0.307		
收益		0.153	P1
损失		0.153	P1
市场匹配	0.285		
时机		0.094	P1
价格		0.064	P2
物流		0.063	P1
渠道		0.036	P2
生产线		0.014	P1
销售团队		0.014	P2
技术匹配	0.227		
差异化优势		0.088	P1
制造时机		0.047	P2
设计		0.032	P2
原料		0.027	P2
制造技术		0.023	P2
供应		0.010	P1
不确定性	0.182		
未减轻		0.104	P1
减轻		0.078	P1
可选方案的排序			
项目	整体总权重		
P1	0.381	××××××××××××××××××	
P2	0.275	××××××××××××	
P3	0.175	××××××××	
P4	0.170	×××××××	

10.3.6 其他需要特别注意的问题

关于评分模型，还有几个方面需要引起注意。其中之一就是“产品冠军”（将在第12 章详细讨论）。有时，我们需要产品冠军去化解过去常见的变革阻力，并且希望一个概念能在所有方面得到公正的聆听。产品冠军试着给予评分者所有有利的信息，并且还会争论道：公司方面这些标准化的表格不适于他们面临的特殊情况。

有些开发人员试图使用带有专家系统（通常称为基于知识的系统）的计算机技术。这样的系统，实质上是评分模型，是基于专家经验开发出来的因素。

最后，经验显示管理层通常误用评分模型。一个消费性产品制造商抛弃了评分模型系统，因为它：

1. 拒绝了本可以有助于生产线的产品。

2. 拒绝能抢先竞争对手进入市场的产品。

3. 销售部门认为，拒绝了太多产品。

造成前两个问题的原因，可能是因素选择错误，也可能是因素权重的错误，它们都比较容易解决。第 3 个问题的发生，是因为筛选分数设定得太高。评分模型需要强有力地去管理。

10.4 本章小结

如果一个构思通过早期的概念测试与开发进展到这个阶段，也就是成为完善的概念可供技术开发时，那么它必须进行全面筛选。筛选通常都是通过评分模型来完成的，此时公司是否具备成功开发与营销此产品的能力，必须进行评估。如果概念的评分良好，不论公司使用的标准是什么，那么它将进入技术开发阶段。

然而在这之前，一些公司尝试采用协议的形式——这样的协议是一系列达成一致意见的约定，其内容包括在技术开发与营销阶段必须交付的利益和其他需求。一旦团队认为这个协议中产品部分的约定已经完成了，那么概念就会转换为产品原型的形式。我们将这个原型带到现场进行进一步的概念测试。当概念以产品原型形式存在，那么概念测试会更有效率，虽然它也许会更昂贵，这是因为技术开发中投入了大量的资源。协议以及产品原型测试等主题，将会在第 11 章介绍。

10.5 应用实践

在你的面试过程中，公司总裁提出了更多的问题：

1. “我们有一个小型电子引擎事业部，最近，它废弃了一个他们认为相当完整的评分模型构成的筛选系统。看起来，这个模型一直在拒绝他们太多的产品构思，有些构思在高层管理会议上由个人对产品构思进行评估，不用做那么多的书面工作，看上去这个系统能够充分发挥比较好的作用。你对此有什么看法?”

2. “几年前，我们曾经试验过一个数字化评分模型——它就是无法工作。我们引入了所有的高层管理人员，有你所说的销售经理、产品经理。我们选择了与技术和商业的扰动有关的几个维度，与你所提到的评分模型没有太大的差异。我们给所有因素划分为 5 个等级，用 1 ~5 数值打分。你猜结果怎么样? 高级经理所喜欢的项目全部得了 5 分，他们都不关心的项目只得了 1 分，缺乏好的信息的那些项目打了 3 分。这就是我们得到的帮助! 你认为发生了什么问题?”

3. “还有，另一个试图给消费者提供电视节目和电影的新的服务构思更是遭到了广泛的批评。有一个叫 ASI 市场研究公司，它有一项服务叫 Preview House。这项服务是电影院观众接通中心系统，它通过免费电影的许诺从电话号码簿里选观众，它采用即时应答机制通过电话访谈获得喜好和厌恶的记录。有了这样的服务，电影院可以测试未上映的电影、整个电影（例如，如果他们已经测试过 *Heaven's Gate*，可能就省去很多烦恼）、纪录片等。当然，观众会对性、年轻人、小孩等有特别兴趣，然而，如果这些就是他们所喜欢的，也就是他们想要的。你对这个服务构思有什么见解？”

4. “如果碰巧我们的一个事业部必须使用你提到的评分模型，我会强烈地偏向你所说的美国电话电报公司的事业部所使用的那个模型。你知道，我们只是得到以下4个问题的答案，即：顾客关心吗？我们关心吗？我们能做到吗？如果我们能做，我们能保持领先吗？还有其他什么相关的问题吗？这个清单覆盖了技术可行性和商业可行性，是这样吗？”

第11章 销售预测与财务分析

11.1 引言

现在我们已完成产品概念的全面性筛选，我们知道该产品概念符合我们的技术能力（目前的技术水平或技术可以取得），而且也符合我们在制造、财务以及营销方面的能力。再者，我们也知道它不会引起法律纠纷等问题。因此，我们已准备好继续往前迈进了。

我们真的准备好了吗？大多数的经理人并不这么认为——他们对这一主张中的财务问题感兴趣。事实上，他们在项目一开始就对金钱感兴趣——回想产品创新章程，在那里我们谈到潜在市场的规模、市场份额和利润等短期目标。且当经理们回顾并计算整个项目是否值得进行时，他们仍对金钱方面感兴趣。此外，有越来越多的经理人意识到，仅仅从财务上的预测来评估是不够的：为了从被考虑的所有项目中挑选出最合适的选择，必须考虑到每个项目与组织战略性长期目标与能力的匹配程度。的确，在此阶段，公司所面临最大的问题之一是他们承诺了过多的项目，使得人力与财务资源显得相当分散而未能集中。也就是说，公司必须改善其项目选择的程序——对许多公司而言，意味着要比以前更大程度地考虑项目的战略适应性。

现在，应该从管理学方面进一步考察分析有关结论的好时机。我们要如何选择并管理一个新产品项目，使其能够达成合理财务目标，又能与 PIC 保持一致？在本章中，我们将注意力放在财务分析，特别是销售预测，它通常是营销对财务分析最重要的贡献之一。我们将重新考虑产品创新章程，以确定所考察的项目是否与公司的创新战略一致。这些活动组成了图表 III—1 中最后一个区块：它们是项目批准过程中的一部分。在下一章，我们将发展关于该项目的书面协议（written protocol）——到了那时，就准备好进入到产品的开发阶段了。

11.2 新产品的销售预测

首先，我们从销售预测（sales forecast）来进行财务分析。像是先前所提到的，这是典型新产品团队营销人员的责任。一旦预测了未来几期的销售状况，将能够评估成本、预测获利，并能够计算出主要的财务指标（一般是使用净现值（NPV）法、内部收益率（IRR）法、回收期间法等）。团队中的其他参与者（如制造工程师、研发人员、财务与会计的专业人员等）会提供关于成本和其他能完成财务分析的大量数据输入。

财务分析里最困难、最具挑战性的工作之一就是进行合理的销售预测，尤其是针对以高科技为基础的新产品。在 2000 年，未来学家就预测到 2007 年会有 3 600 万的卫星广播用户；但是在2001年，这一预测值减少到了1 600万。这个真实的数据是：截止到2006年年底，大约有1 100万的卫星广播用户，并且Sirius和XM卫星公司所得到的利润要远远低于预期。图表11—1是描述一些关于当今社会与产品的正面与负面的预测，是由一群专业的未来预测家在几十年前所作的预测。然而，图表中所描述的是，在预测到技术进步如何影响新产品方面，专家的确做出了非凡的贡献，即使是在30年前或者更早的时候，但前提是，他们得保持清醒的头脑。

图表11—1　**在1967年所预测未来的情况**

在1967年，科学、计算机以及政治界的知名权威人士都对未来的30年作了一系列的长期预测。其中有许多预测都有高度的准确性：

- 到1982年，我们会有人造塑料与电子的替代物替换人体器官；且到1987年，人体器官移植手术将会成功。
- 到1986年，信用卡将取代货币。
- 到1986年，激光技术将被普遍使用。
- 到20世纪80年代，将有很多人会待在家里工作，通过远程计算机终端与公司办公室联系。
- 到1970年，人类将会在月球上漫步。
- 到1986年，休闲娱乐方面的开支，将有爆炸性的增长。

这些预测中，大约有2/3的预测非常准确，也约有1/3的预测是完全错误的。例子如下：

- 到1980年，人类将登陆行星，且在1987年左右，能够在月球上建立基地。
- 到1986年，市中心将禁止行驶私人汽车。
- 3D立体电视将很快地在全球市场导入。
- 到1986年，原始的生物将在实验室被创造出来。

我们能从这些正确与错误的预测中学到什么？首先，将预测用于制订计划时，它不需要绝对的精确。回想古时候的船长使用包含许多错误的地图来行驶，但依然能够到达他所想去的地方。其次，不正确的预测大概分成2类：一些基本因素使得预测结果改变了，或是预测者对于开发的速度保持着过于乐观的态度。外太空探索的资金在1969年登陆月球后就被大幅地削减了，这就影响到有关未来空间大发展的预测。从现在开始几十年，3D立体电视可能会有很大的发展。当然我们所说的是20世纪60年代以后的可视电话。

当我们在发展销售预测时，我们必须牢记以下几点。第一，某产品可能有相当高的潜力，但也可能因为营销方面的努力不够而使得销售状况不如预期。广告可能没有引起足够的关注，或是分销做得不好使消费者未能买到该产品。在第8章所谈到的A-T-A-R模型将能帮助我们以关注度与可获得性为基础来调整销售预测。第二，如果我们能成功地让顾客来尝试产品，并使他们成为会重复购买的顾客；如果他们能把对产品的赞美之词告诉他们的朋友；如果有更广大的需求使得有更多的经销商引进该产品等，销售额必定会随着时间而增长。在过了这段成长期之后，销售额最终将稳定下来。所以，我们将对发展长期的销售预测或市场份额感兴趣。第三，我们应认识到，我们的产品销售状况将取决于竞争对手与公司自身的营销战略和计划。

在新产品过程的这一早期阶段，有几个普遍的方法被用来预测销售状况。在本章，我们将讨论几种常用方法，重点放在能够直接处理顾客输入的一些方法上面，如购买意愿，或试用与重购率等。要注意到有很多其他如图表11—2的标准预测技术也可运用在销售预测上。

图表 11—2 **普遍使用的预测技术**

技 术	时间长短	成 本	评 论
简单回归	短期	低	容易学习
复回归	中短期	中等	较难以学习与解释
计量经济分析	中短期	中等偏高	复杂
简单时间序列分析	短期	非常低	容易学习
高级时间序列分析（如平滑法）	中短期	低到高，视所用方法而定	难学，但容易解释
部门主管集体讨论法	中期	低	谨慎解释
情景预设	中长期	较高	可能复杂
Delphi 估算法	长期	较高	难以学习与解释

11.2.1 运用购买意愿来预测销售

回想第 9 章的概念测试，我们从受测者那里取得其购买意愿的资料。当我们做好产品概念陈述后，受测者会被问及（大多都是采用 5 个等级的评分刻度）：如果该产品正式市场导入他们会购买的可能性是多大。当时我们说，一般都看前两选项的总和（勾选绝对会购买与可能会购买该产品的顾客数量）。这个衡量可通过经验重新定义与修改。

例如，回顾在概念测试的章节中，图表 9—2 所示的喷雾式手部清洁剂，我们发现有 5% 的受测者绝对会购买，有 36% 可能会购买。基于过去已市场导入类似的产品所搜集到数据的平均数，那些说他们“绝对”会购买的人，约有 80% 会实际购买该产品，那些说他们“可能”会购买的，有 33% 的人会实际购买该产品。由此可看出，潜在购买者百分比的初步估计是（0.05）×（0.80）+（0.36）×（0.33）= 16%。此估计是假设产品有 100% 的关注度与可获得性，所以此值必须要往下调整。如果我们假设有 60% 的市场知道该产品，且在附近的零售商店能购买到，我们所预测的实际购买者的百分比是（0.16）×（0.6）= 9.6%。作为这种方法的练习，读者可以重新构思产品概念，并得到每种变化的独立购买意愿。例如，我们也可询问受测者，让他们陈述其对具有杀菌与清洁效果的喷雾式手部清洁剂的购买意愿，同样是使用 5 个等级刻度法来测量。

11.2.2 运用 A-T-A-R 模型来预测销售

在第 8 章中，我们讨论了 A-T-A-R 模型的一个简单例子，并简短地介绍了从那里可以获得该模型有关的部分数据。这个简易的模型可用来进行销售预测或利润预测，且市场研究者在很久以前就将早期、简易的模型发展成为更有效用的预测方法。而这些先进的研究模型主要是运用在消费性包装产品，这些行业累积许多新产品经验来发展模型的参数，以及调整他们从消费者那里得到的原始比例数据。

A-T-A-R 模型是许多模拟市场测试（我们将在第 18 章讨论）的基础。这是在新产品过程后期所运用的虚拟销售市场测试方法的其中一种，它的典型应用场合是有足够的实体产品让消费者带回家试用。然后消费者那里搜集试用后的数据，来当作此模型的输入数据。在新产品过程的早期阶段中，在产品的设计与原型的制作前，A-T-A-R 模型仍是有用的，它的输入数据可以是其他来源的数据，或是假设的。对于达成销售或利润预测所必需的试用数据与重购率，可以在早期阶段做出评估，并且当该产品向后续的阶段迈进且公司能掌握更多相关信息时，可以对早期评估进行调整。

首次的产品试用可能会运用上述的购买意愿方法来估计。对于经常购买的消费品而言，获得较好的顾客试用率与重购率估计是相当重要的，因为长期的市场份额（MS）能用下列式子来表示：

$$MS = T \times R \times AW \times AV$$

其中 T = 最终长期的试用率（至少试用过一次该产品的所有购买者的百分比），

R = 最终长期的重购率（在试用过该产品的购买者中，购买该产品的比率），

AW = 关注度的百分比，

AV = 可买得到程度的百分比。

只要取得类似产品的重购数据，可通过类推来取得重复购买率 R。这也可以运用一个转换模型来计算。我们可以将 R_s 定义为，当市场上买得到这个新产品时，那些愿意转向购买该新产品的顾客的比率，而将 R_r 定义为重购该产品的顾客的比率。此转换模型估计长期的重购率 R 相当于 $R_s/(1+R_s-R_r)$。若 R_s 与 R_r 分别为 0.7 与 0.6，则重购率应为 $0.7/(1+0.7-0.6)=0.636$。若关注度与可获得性分别为 90% 与 67%，且有 16% 的最终长期的试用率，所以长期的市场份额应为

$$\begin{aligned} MS &= 0.16 \times 0.636 \times 0.90 \times 0.67 \\ &= 6.14\% \end{aligned}$$

此外，如果此产品类别的购买总数是已知的，此市场份额可转换成长期销售量。如果购买总数是 100 万单位，该公司的长期销售量即 1 000 000 × 6.14% = 61 400 单位。市场份额的计算结果显示于图表 11—3 的直方图中。Y 轴代表总市场（100%）。此图形显示市场上有 90% 的顾客关注这个产品，67% “关注（aware）”的顾客（67% × 90% = 60.3%）同时也可以买得到这个新产品，16% “关注（aware）”且可买得到这个产品的顾客至少试用一次，其中这些至少试用过一次的顾客有 63.6% 成为重购者。

图表 11—3　　A-T-A-R 模型——以长条图来表示结果

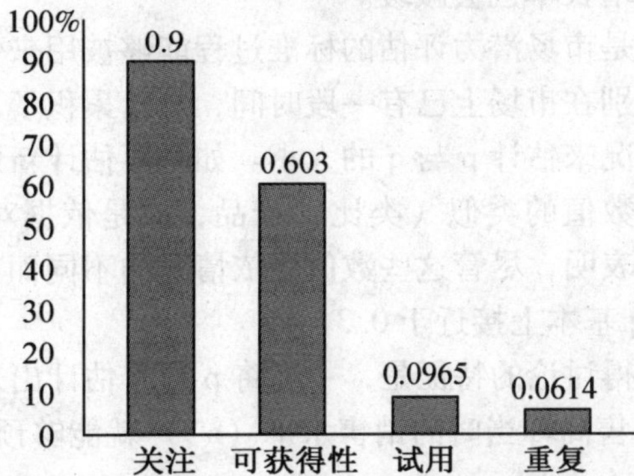

当我们拥有产品原型并已准备好要在稍后的新产品过程中对顾客作测试时，我们

将会回顾这样的A-T-A-R模型。

11.2.3 预测产品扩散的技术

创新的扩散指的是一种创新跨越时间与采用者类别在市场上散布的过程。我们将在第16章更详尽地讨论采用者类别（adopter categories），常称之为创新者、早期采用者、早期与晚期大众，以及落后者。理论上，较早期阶段的采用者将通过语言和其他影响过程对后续采用者的购买行为造成影响。产品扩散的速率将较难以估计，特别是目前处于新产品过程的早期，是因为我们不知道较早期采用者的影响力有多大。

为了了解一种创新性产品的成长潜力，我们可以运用类比法，将已有的产品当作指导。如果我们正在评估一个新型汽车轮胎的市场潜力（比如说，一种被扎破后还能安全行驶100英里的轮胎），我们可合理地使用辐射胎来作为类比物。这些轮胎被卖给相同的群体（汽车制造商与维修服务中心），且基本上提供相同的利益。因此，做一下粗略的估计，我们新轮胎的长期市场潜力可能相似于辐射胎的销售水平。关于我们新产品在管理上的判断，显示出实际的市场潜力会比最初估计的还要稍微高或低一点。

根据过去的产品销售水平，使用定量的创新扩散模型亦能够被用来预测未来某产品类别的销售额。一个被普遍运用于耐用品的扩散模型是Bass模型（Bass model），是用来估计在未来的某个时间点t，某产品类别的销售额s（t）为：

$$s(t) = pm + [q - p] Y(t) - (q/m) [y(t)]^2,$$

其中p是最初的试用几率，

q是扩散率参数，

m是潜在购买者的总数，

Y（t）是在时间点t之前的购买总数。

此Bass扩散模型是以某一群体所使用新产品的扩散曲线为基础。最初的扩散率（购买总数的增长）是基于创新者对产品的采用。在这些早期的购买之后，他们的宣传有助于新产品的推广及越来越多市场顾客的采用，使得销售额增长率有所提升。然而，当产品销售数量逐渐地到达了某一水平后，此时还没试用过产品的潜在购买者已经很少了，而使得销售增长率也会减缓。

管理上的判断，或是市场潜力评估的标准过程能够被用来估计m，即潜在购买者的数目。如果该产品类别在市场上已有一段时间，且已累积了几期的销售数据，即可运用这些过去的销售状况来估计p与q的大小。如果要估计新进开发的创新产品的数值，可能会参考有已知数值的类似（类比）产品，或是依据对此类模型的判断或先前的经验来决定。经验表明，尽管这些数值会依情况的不同而有所变动，不过，p通常是在0.04左右，而q基本上接近于0.3。

此增长模型有个值得讨论的特征是，一旦将p与q估计出来，达到销售最高峰所需的时间（t^*）以及销售高峰当时的销售水平（s^*）就能够预测出来。亦即：

$$t^* = (1/(p+q)) \ln(q/p)$$

$$s^* = (m)(p+q)^2/4q$$

譬如说你正在一家公司工作，这家公司正在评估一种新产品的可行性：制作混合卡布其诺的小型对流式咖啡炉。你认为此产品在拥有 2 500 万户家庭的地区中有长期的潜力（m）。对于你们公司过去曾销售过类似的小家电而言，该地区的创新率（P）与模仿率（q）分别大约是 2% 与 12%。图表 11—4 显示出这个新产品的销售预测，而这是基于将上述各参数估计值应用于 Bass 模型的结果。这个初步的预测显示销售顶峰将出现在第 4 年，而且在那一年产品的总销售量将略超过 400 万件。如果这些销售预测能够结合售价、成本，以及市场份额的预测，将能够评估该产品潜力预测对公司利润的贡献有多少。在本章后 Bay City Electronics 的案例中，有一组关于新产品（运用 Bass 或其他类似的模型）的销售预测，并引导你进行这些步骤，最后以 NPV 分析作为结束。

图表 11—4　新产品销售预测图

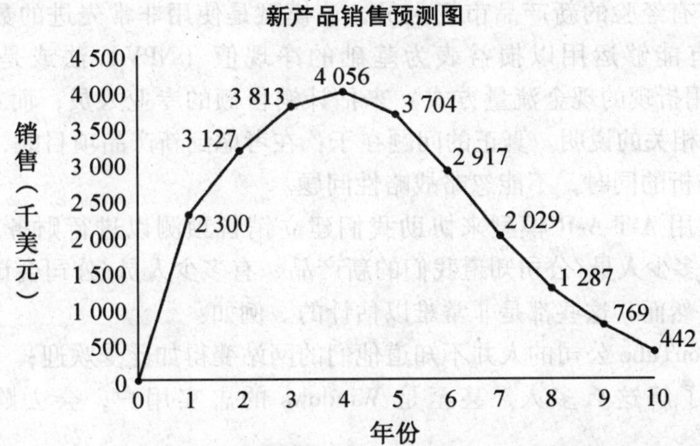

Bass 指出，虽然这模型非常简单，但该模型在预测许多耐用消费品（包括衣物烘干机、电视机、咖啡机、电熨斗等）到达销售顶峰的时间与数量仍相当有帮助。之后，Bass 模型的拓展已显示出它如何能够应用于必须考虑重购销售的非耐用消费品上。

11.2.4 对预测模型的观察

模型建构者正快速地累积经验并使其模型对于预测能更为准确，而这些模型早已被消费包装产品的创新者所采用，其花费比市场测试与首次展示（rollouts）要少，且能提供诊断结论以及进行敏感度的测试。

遗憾的是，这些模型成功应用需要大量的数据，并且必须建立在一些假设条件上，而且由于过于复杂以至于许多营销人员对此不得不格外的谨慎。这些模型在 20 世纪 50 ~ 60 年代就已开发出来，它们常有些已经不适用的假设——例如对大众媒体的依赖以及易于得到的分销渠道的依赖。但它们现在已是个成熟、前景广阔且能够获利的产业了。

有趣的是，成功的公司显然都使用最简易的方法，所需要的数据最少。在 BASES II 里，Burke（Nielsen 的一个部门）结合概念测试与产品使用的测试，以他们过去大量的研究文件为基础来校正试用率与重购率，并运用一组以经验为基础的思考捷径（经验法则）将那些比率数字转变成市场份额。

但消费品以外的产品创新者，如果要使用预测模型，大部分仍常使用在第 8 章中所讨论的简易版 A-T-A-R 模型。目前，有关研究工作继续向着改善所有销售预测模型的方向前进。

11.3 销售预测所产生的问题

销售预测看似没什么问题。现在已有许多的预测方法，就如同上述的图表 11—2。我们知道，在第 8 章所讨论的 A-T-A-R 模型是针对销售额进行预测。这个模型运作良好，对于富有经验的新产品市场人员，该模型是使用非常先进的数学系统的基础。各公司都有能够运用以损益表为基础的净现值（NPV）法或是内部收益率（IRR）法（使用折现的现金流量方式）来估计销售额的专业人员，而本章最后 Bay City 的案例中有相关的说明。真正的问题在于：在考虑到新产品项目时，获得所需的信息进行财务分析的同时，不能忽略战略性问题。

我们可以运用 A-T-A-R 模型来协助我们建立销售预测以进行财务预测。然而，A-T-A-R 需要有多少人员/公司知道我们的新产品、有多少人员/公司会试用该产品等可靠的估计值。然而，这些都是非常难以估计的。例如：

Google 和 YouTube 公司的人并不知道他们的网站变得如此受欢迎；

Apple 并不了解这么多人，甚至是 Windows 的忠实用户，会去购买 iMacs 或 iPods。

Amazon. com 并不知道我们会通过互联网来购买数百万的书。

Genz 并不知道充满动物的 Webkinz 会风靡小学校。

再者，该财务模型必须要有产品的成本、价格、货币的现值、未来所得的可能税赋，以及未来在这个产品上的投资的资本金额等信息。

即使在这个产品生命周期结束之后，这些信息也不一定能够确定。销售额是已知的，但我们可能已有更好的营销战略。成本总是只能估计。我们从未得知调拨销售损失究竟有多大。假如我们不在市场上导入此新产品，竞争对手或许会导入等等。

事实上，我们都依赖于估计值。管理层的任务就是尽可能让估计值符合实际状况，并妥善地管理该领域的不确定性，避免过高的风险。

只要对产品做微小的改进，我们就能做得非常好——拥有强劲发动机的新 Troy-Bilt 除草机，对于该公司而言，这并不是一种无目的的猜谜游戏。扩展相邻的生产线，我们也做得很好，但失误会相对多些。在全新的产品上，运用以前从未用过的技术，才是纯粹猜测的游戏。在一些商学院使用超过 30 年的 Polaroid 定价案例中，Edwin Land 试着决定顾客是否会支付 15 美元或 25 美元、甚至（梦想）50 美元来购买第一台拍立得照相机。结果有相当多的顾客付了最高的价格来买，使得 Land 成为一个非常富有的“财务和技术天才”。

最近许多经理人也有相同的经历。《财富》在 1995 年有一篇文章，竟然以“忽视你的顾客”作为标题。Compaq 拒绝放弃 PC 网络服务器，并因此赚进数百万美元。

Fox Television 的 Barry Diller 并不相信人们所说的不需要第 4 家电视台。一个以空运为基础的包裹运送系统呢？VCRs（卡式录放影机）呢？比邮寄文件速度还要快的传真机呢？或心脏起搏器呢？这些都是赢家，而且是大赢家。而且在 New Coke 的经典案例中，顾客不是说他们喜欢同时也会去买 New Coke 吗——当然我们都知道后来发生什么事！

《Fortune》的结论是，精明的公司是运用非传统的方法来取得销售与利润的估计值。Steelcase 并不问公司经理人他们想要什么样的团队专用办公室——他们到现场观察团队的运作，并回到实验室去设计他们认为较好的产品。这称之为 Personal Harbor，确实是如此。Urban Outfitters 并不运用焦点团体与调查——他们会到商家及顾客的住处观察他们的行动——他们正穿着什么以及他们会如何穿着。Urban Outfitter 的创办人说："我们并没有依照人们对产品的陈述，我们依照的是他们的行动。"

11.3.1 问题小结

是什么原因使得预测如此困难？首先，目标用户并不总是真正了解新产品：新产品将能为他们做些什么、新产品所花费的成本有多少，以及新产品的缺点是什么，甚至他们也已经没有机会来使用该新产品。而且如果他们知道，他们可能会不想让我们取得这些信息或是提供完全不实的信息。如果这个问题处理不好，对于潜在用户的市场研究通常做得不好——例如，有许多的焦点小组运用失当的案例。

同时，竞争对手是不会坐视不管的。事实上，他们会想尽办法破坏我们的数据，就像是我们也想破坏他们的数据一样。中间商、立法者，以及市场专家都是这个大潮中的成员。

也可能缺少营销支持方面的信息——例如，公司可获得什么类型的服务等信息——可能没有。没有销售经理能够在 1 年前保证未来的销售时间与支持。公司内部态度可能带有偏见，而且总是存在着政治行为。许多新产品经理人未能及时准备好展示新产品有多棒，所以他们试图延后正式的预测。

在将新产品快速推入市场的兴奋中，新产品经理人有时会遇到一些麻烦，为了快速推出产品，而放弃了新产品的现场测试。Steelcase 的管理层对于这些令人失望事情的回应是，现在要求对新的办公家具系统最终要在用户办公室进行全面测试。

最后，最普遍的预测方法是外推法（extrapolations），并在现有产品有很好的表现。新产品并没有历史。有些似乎跟历史数据无关的测试方法（使用领先指标与因果模型）也使用到过去已建立的关系。

11.4 经理人处理这些问题的行动对策

假设我们非常需要财务分析，而且好的分析是非常难以达成的，此时经理人该怎么办？

11.4.1 改善现行的新产品过程

前面所提到大部分来自商业杂志的凄惨故事会使得身在其中的经理人非常尴尬。其中大多数的经理人，都跳过了一个重要的步骤。在非常紧急的情况下，或是为了要实现项目内或项目外某人的信念，都可能会做出错误的估计。例如，New Coke 已进行深入的口味测试，但并非市场测试——也就是说，事实上没有人会被要求购买挂有新名称的产品，且在测试中也确实没有人被通知到，如果 New Coke 市场导入，Classic Coke 将立即停止销售。所以丧失 Classic Coke 所产生的情绪冲击完全没有被顾虑到。Chrysler 于 20 世纪 80 年代初期第一次在市场上发布一款小型卡车，是相当聪明的——他们知道消费者对小型房车持有消极态度，但只要工业消费者驾驶一段时间，消费者就会了解小型卡车的价值所在。所以他们确定顾客能学会驾驶这辆车，虽然车小了点，但操作起来就像是一辆车一样（因为它确实是依照一般汽车平台所制成的）。现在顶尖的新产品专家了解到好的新产品过程，但仍有许多人不清楚，他们缺乏信息而无法付诸实行。所有标准的形式都不能弥补关键数据的缺失。

11.4.2 运用财务分析的生命周期概念

公司有时会因为他们将财务分析集中在某个特定的时点上而出错（或许在阶段—关卡系统的某一阶段）。那一时点通常恰好是本书所说的全面性筛选阶段。另一个时点较晚，接近必须做出一些重要的财务承诺的时间，如建造工厂或批准一个昂贵的营销导入计划等。经理人在一个没有回报的时点进行商讨。这确实是一道阶段性的关卡、一个障碍，而新产品经理可能要花数周的时间来准备这个会议。

但这两个时点都被夸大了。技术性工作能够在公司未承诺进行庞大技术性支出之前就展开。通常可以通过将早期生产外包或是通过建立一个大型向导系统以供受限定的首次展示进行试验营销，来避免建造工厂。

对经理人而言，更好的对策是将其项目视为一个有生命的对象——一条在项目的生命周期中逐渐创立的财务基线（bottom line），它绝不可能完全准确，甚至在新产品市场导入之后，也是如此（请见图表 11—5）。而对于管理层来说，只有当他们相信技术与市场机会必须相互匹配，且能符合公司的战略与目标的情况下，产品创新章程才会被接受。PIC 描述出一个我们未能确定最终分数但我们应该能赢的主场赛事。概念测试的结果也不能确保财务上的成功，但它能告诉我们还有一个步骤需要去做——有意图的用户也赞同我们的产品概念——一些他们需要的东西，并想要试用。早期以产品原型的实地使用测试亦不能确保一定能成功，但可以说有意愿的用户喜欢他们所看到的事物。广告代理商或销售经理也不能保证成功，但他们能评估该新产品是否会吸引潜在最终用户的注意与试用。如果它传递给最终用户，产品就能卖得出去，且如果能够制造出消费者所想要的产品，那么该产品就能获利。在任何时点我们所做的最好的事情就是，询问新产品迄今的进展是否与成功的生命周期一致。

这与财务分析是相同的——我们当前所处的财务阶段，与我们所知道的事物与利润目标一致吗？有理由改变我们过去所作的预测吗？现今有些财务分析员较偏好在一开始就建立完整的财务报表，然后依据这些报表对照项目进度加以比较。起初有许多地方是空白的，但我们对情况有所了解后就能将数据填入空格中。但在报表最底部的利润金额不是当前的预测，而只是当前的目标。只要目前的进展与目标相符，我们就能继续进行下去。一次成功的可乐的口味测试，也不会是消费者最终试用的可靠指标。如果我们能使消费者愿意试用该产品，则口味测试可以说是让我们能够使消费者重复购买该产品的机会。

财务分析的生命周期概念使我们能避免建立单凭一次销售预测或成本预测做出决策的制度。

图表 11—5　财务分析就像是会演进的事物：评价的生命周期

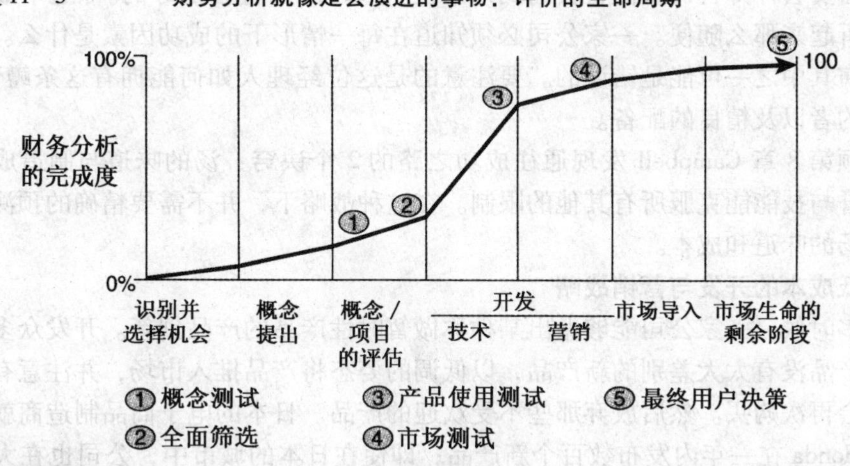

11.4.3 减少对不良预测方法的依赖

销售与利润的预测是非常困难的，有什么可以避免必须作预测的方法吗？答案是肯定的，虽然需要非常谨慎，仍有很多公司在使用这些方法。

预测你所知道的事物

这实际上是对预测的一种态度。如果没有合理的方法来预测，为什么还要试着预测市场上人们将会做些什么？报表中的空格能够填入某一范围内的估计值，来寻找当中的错误点在哪里。如果认为这是极其不可能的，那就继续往前吧。

改善情景，而不是数字

这是我们之前所提过的另一种变化形式。分析以发现成功的因素是什么，然后看看该情景是否具备这些因素。若有，则继续进行，要认识到虽然我们不清楚会有多大的成功，但成功应该是属于我们的。有一个极端的例子是，当年，Coca-Cola 的营销副总裁被要求预测若是能够取得在新的生产线使用 Coca-Cola 商标的许可，他将怎么做。他的回答是，当下我不知道，但取得该商标的使用权只是赚多少钱的问题（how much），而不是是否会赚钱的问题（whether）。

预测情况就像赛马一样；有些打赌的人把赌注押在骑师上而不是马上（关于骑师他们能够了解的是相当有限的）。有很多公司“赌”的是顶级的科学家、销售队伍、商标，或是声誉。

另一个情景变量是领导能力。有些公司鼓励使用冠军系统。他们期望冠军们能够使新产品通过严格的财务系统。对于评估团队和其领导者来说，冠军系统形成一个奇怪但相当有效的实际活动。这些公司不追求优秀的新产品；他们追求的是能够雕塑成为卓越新产品的概念。你可能要回顾第 3 章中的一位电影导演，他建立一群杰出、富创造力的团队，并依靠他们将普通的剧本变成惊奇的电影。竞争对手却投资在顶尖的剧本上。但两者都在避免依靠复杂预测与财务分析的必要性。

喜爱钓鱼的人们总是做这种事；他们花大钱来寻找并前往有大鳟鱼的溪流。最近有一位经理人说："若有一条溪流有很多鳟鱼，垂钓者的技术好而且配备又精良，我们就不需要会计师告诉我们将会钓到几条鱼。因为结果将会是好的。"这个战略并不是像它听起来那么随便。一家公司必须知道在每一情形下的成功因素是什么。那两位电影导演其中之一可能是错误的。要注意的是这位经理人如何能拥有这条鳟鱼溪流、这位垂钓者以及精良的配备。

回顾第 8 章 Campbell 发现通往成功之路的 2 个诀窍：汤的味道与制造成本。他们的声誉与技能能克服所有其他的限制。在这种战略下，并不需要精确的预测，而是要确定汤的味道和成本。

致力于低成本的开发与营销战略

很多时候，一家公司能够做出某种称做暂时性产品的产品创新。开发众多与市场上现有产品没有太大差别的新产品，以低调的姿态将产品推入市场，并注意有哪些最终用户会再次购买。然后放弃那些不受欢迎的产品。日本的电子商品制造商就经常这样做，Honda 在一年内发布数百个新产品；即使在日本的城市中，公司也在大肆宣传他们的产品，因为既然消费者也了解了新产品，所以营销成本就能保持低廉。

有了完整预测之后再前进，但要准备好风险对策

对于那些觉得事业常遭受"分析麻痹症"痛苦的经理人，这一战略有着特别的吸引力。有许多方法把风险放到产品创新中，同时管理得很好。有一个方法是隔离内部批评或使内部批评中立化（这是一个强烈的理由来设置项目矩阵与新事业部）。

另一个方法是将财务分析延至开发过程的后期进行。一家公司了解到，若在概念筛选时要求精确的财务分析，可能会扼杀了好的新产品概念。它没有数据进行精确的财务分析。另一个战略是运用市场测试的首次展示（请见第 18 章）。若财务分析看起来较差，但该构思似乎不错，那么可做一个小规模的试验，已找到可能的解决方案。这种思维可能会违反一些知名的管理理论（例如赋权的团队），但有时这可能是必需的。

由于我们知道公司要有风险才会有获利空间，因此管理风险在今日是个相当重要的领域。图表 11—6 显示在新产品经理人的评估活动中他们所面临的风险状况——他们知道其产品所带来的风险超越公司所遭受的平均风险，但超过多少呢？公司似乎不太清楚其真正面临的风险水平（第一条垂直线）。所以风险溢价（risk premium）在定量评估里不是非常有用。且期望回报率（required rate of return）的线往上移动且横跨这张图，这条线本身只是一种概念，而非一种测量。假设产品创新溢价有许多不同的角色，它可能会有许多不同的斜率。

图表 11—6　　　　　　　　**计算新产品的期望回报率**

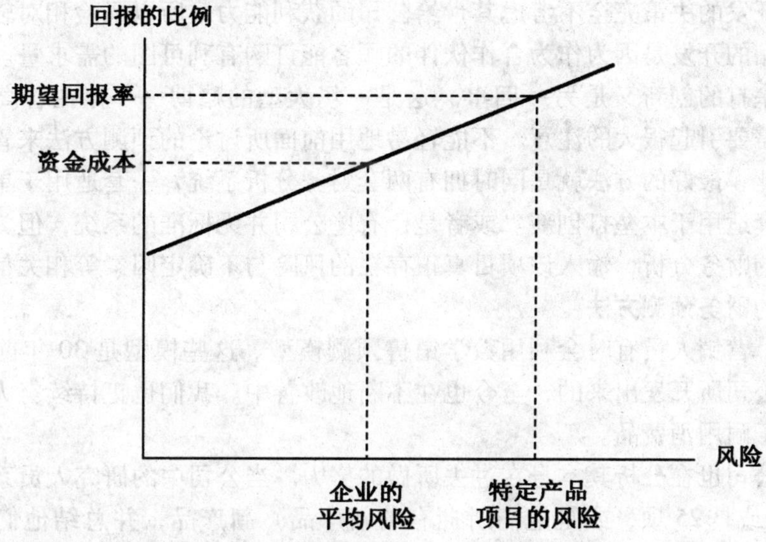

注：期望回报率 = 资金成本 + 新产品的风险金

图表如果把新产品的风险描述在同一幅图中（如图表 11—6），这样的风险描述只反映它的平均特征。在图表 11—7 中，来自 4 个新产品的平均期望利润都是相同的，但他们可能结果的分配却差异甚大。特别是 B 与 C 隐藏着某些主要风险。

图表 11—7　　　　　　　　**风险曲线——产出的分布频度**

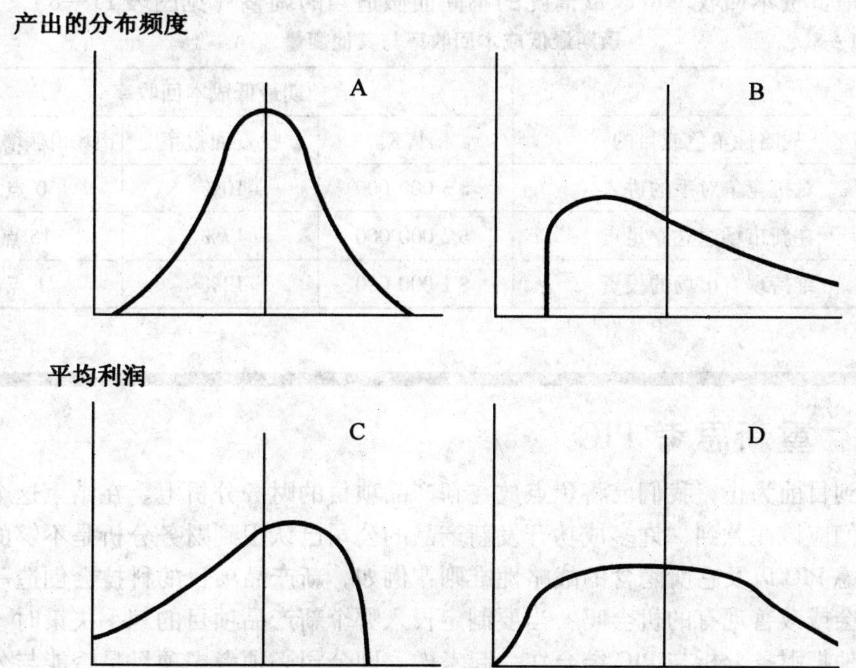

根据情况来运用不同的新产品财务分析的方法

大多数的产品创新都是单一的（以产品的绝对数量的表现形式），并非本垒打——产品的改良与相近的生产线延伸。这些创新是在运营体系内部加以管理的，没有授权的团队，没有巨大的技术突破。该产品只有关键的顾客或关键的渠道所需求的，而且开发的决策完全不考虑其带给公司的获利能力。所以风险相对较小；有时候像这种产品的开发是因为作为合作伙伴的顾客能订购有利可图的需求量。

而本垒打的创新又是另一回事。这是一场大型的赌博——存在着高风险、高回报。它们需要引起很大的注意，不能轻易地用前面所讨论的预测方法来管理这种创新活动。因此，最好的方法就是同时拥有两套财务分析系统，一套适用于单一产品的创新，另一套适用于本垒打创新。或者是，有些公司并无标准的系统，但为每个项目开发其专用的财务分析，输入该项目真正存在的风险与不确定因素等相关信息。

改善现有的财务预测方法

例如，营销人员有时会利用数学销售预测模型。这些模型是30年前专为消费包装型产品公司所开发出来的，至今也在不断地改善中。我们也正持续努力使这些模型更能适用于耐用消费品。

有些公司也在分析其本身在过去所做的努力。当公司中的研究人员系统地研究最近50项（或是25项，或是他们所拥有的新产品）新产品，并总结他们所使用何种财务分析方法，以及所预测的与实际结果的符合程度。这就是我们所称的成功/失败分析，且这会导致最佳实践。这在新产品工作的其他阶段也很常见——例如，回想第10章 Cooper 的 NewProd 筛选模型。最近会计方法已有部分改进，而且可能会有更多的改进。最后，有些新产品经理人共同呼吁所有的财务分析应该是能对公司或其他人提出忠告或建议的——不是固定的预期最低资本回收，而是关于潜在问题的警告。当然，预期最低资本回收率可以依情况的不同而做适当的调整（见图表11—8）。

图表11—8　**预期最低成本回收率与其他衡量**

		预期最低成本回收率		
产品	战略性角色或目的	销售额	投资回报率	市场份额增加幅度
A	对抗竞争对手的进入	$3 000 000	10%	0点
B	在新市场建立立足点	$2 000 000	17%	15点
C	维持现有市场的投资	$1 000 000	12%	1点

11.5　重新思考 PIC

本章到目前为止，我们已将焦点放在新产品项目的财务分析上。在结束这个主题之前，我们应该注意到，许多成功开发新产品的公司已认识到财务分析是不够的，必须重新考虑 PIC 以及它所隐含的战略性准则：例如，新产品项目的科技会创造一个新的市场机会或改善现有的机会吗？当要制定投入哪个新产品项目的棘手决策时，公司越来越多地把财务分析与 PIC 结合在一起考虑。即公司必须考虑项目是否能与公司的创新战略相互匹配。

正如前面所提到的，许多公司提到他们批准了太多的新产品项目，而人力与财务资源非常分散，分摊很薄。发生这种现象的原因有几个：太多的项目通过了简单的财务门槛比率（例如最低的 NPV），且全部都已获准；资源的限制未包含在 NPV 的计算里，所以这些项目间并没有做取舍；或是在模糊前端低质量的工作，降低了制定“项目进行/停止”的经理人获得的信息质量。此外，管理层批准许多小型的、能快速产生效果的项目，然而却拒绝发展一个重要的新产品平台或技术的机会。这些问题可能来自于公司仅依赖财务预测来选择项目。这些预测可能不可靠（尤其是在产品开发的早期阶段），而且明显没有提供任何有关项目是否与公司的产品创新章程相匹配程度的信息。

在第 3 章，我们已讨论关于投资组合管理的战略性组合模型。这是一个典型由上而下的（top-down）战略性方法——亦即该公司或 SBU 首先制定其战略，然后再分配资金给不同性质的项目。这种方法能够明确地应用于项目的选择上。例如，若该公司已经卷入到大量的快速冲击市场的项目中，战略性投资组合的考虑就表示新的资金应安排分配在长期、主要的技术开发上。

管理层也可通过在项目选择工具上建立战略性准则，而使用由下至上的（bottom-up）战略开发方法。事实上，具有高绩效的公司在选择项目时，通常都结合由上至下与由下至上两种方法，并同时考虑到战略及财务面的指标。

作为如何平衡战略因素与财务因素的组合考虑的例子，Robert Cooper 与他的同事使用了 Hoechst-U. S. 的评分模型（请见图表 11—9）。在图中显示的 5 个因素中，前两个明显是类似于图表 10—5 中模型的全面性筛选因素（技术与商业成功的几率），第 3 个因素是财务准则（报酬），而最后两个因素是关于公司的 PIC（事业与战略的匹配及战略性杠杆）。同样，Pfizer 的子公司 Specialty Minerals 运用一个 7 因素的评分模型，描述了财务与战略考虑的类似组合：

图表 11—9　　Hoechst-U. S. **评分模型**

主要因素	评分尺度（从 1 到 10）	
	1……………………4……………………7……………………10	
技术成功的几率	<20% 的几率	>90% 的几率
商业成功的几率	<25% 的几率	>90% 的几率
报酬	小	回本 <3 年
项目与战略的匹配	研发与商业战略无关	研发有力支持商业战略
战略性杠杆	“独一无二”/尽头	许多所有权的机会

- 管理层的兴趣
- 顾客的兴趣
- 竞争优势的持续性
- 技术可行性
- 商业情报优势
- 与核心竞争力的匹配性
- 获利能力与冲击

由在 Krezmarski and Associates 工作的 Erika Seamon 引入的一个工具，清晰地表明在决定将哪些概念发展成产品原型时，必须同时考虑战略准则与财务准则。

最后，举一个例子，一家真实的制造公司（隐去了它的名字）所运用的筛选准则包括：

- 净现值
- 内部收益率
- 项目的战略重要性（该项目与商业战略相配合）
- 技术成功的几率

此外，第 3 个准则是一个与 PIC 相匹配程度的评价（尽管是使用稍微不同的名称），而其他则是与技术可行性或财务目标相关的准则。这一课题的研究还在继续，但是到目前为止，结果显示当在评估新产品项目时，战略上与财务上的准则都是很重要的。

11.6 本章小结

本章讨论的内容是，要如何对新产品财务绩效进行判断。而且，也深入探讨了销售预测的相关问题，这是由于在这个领域中，一个新产品团队经常在很大程度上依赖于营销部门代表带回的专家信息。此外，也有一些很好的基本方法来执行财务分析（运用折现现金流量来计算净现值）与销售预测。大多数的公司每天都在运用这些分析及预测方法。然而，新产品经理人知道，他们常常未能取得应用这些复杂方法所需的数据。因此，他们可能也需要运用“降低风险的对策（risk-reducers）”——给予他们非量化的行动决策以引导他们通向成功。

执行财务分析的方法在本章后 Bay City 的案例中会说明。这个案例提供一个新的电子产品资料，并提供了探讨财务分析中一些非数据问题的机会。

新产品过程进行到这里，我们已经为第Ⅳ阶段（开发）做好了准备。

11.7 应用实践

在你的面试过程中，公司总裁会提出更多的问题。

1. “你仍然是一个学生。但是，当你告诉我有关新产品经理处理财务报表所遇到的问题时，你听起来就像我周围的这些人。他们抱怨所有的财务数字不可靠、是估计值、是猜测值等等。其实他们真正想得到的根本不是财务的评价，而是让他们放手去干。并且他们最终会带回利益——大块的利益。显而易见，那是不正确的——我们的财务评估确实有一、两个弱点。但是，如果没有它，我们又如何保证对非常重要的企业资源的使用进行合理的管理控制呢?”

2. “我确切知道的一件事情是——我不需要任何的销售经理或技术研究人员进行新产品测试。当我从这些人那里得到预测时，我感到从未有过的郁闷。销售经理要么是如此地热爱新产品，以至于他们认为新产品对所有人来说都是畅销的；要么认为新产品是无用之物，不用预测也能知道结果很糟糕。它们中间绝对没有客观性。再来说技术人员，他们是如此地倾心于自己的发明，以至于几乎丧失了所有的客观性。我所喜欢的是由独立人员来进行预测——也就是那些相互独立部门的项目经理或新产品经理。你有什么好的方法来把销售经理和技术研究人员排除在预测之外吗？你赞成他们被排除在外吗？”

3. “那天，我正巧在谈论我们最近的并购活动——在西海岸组建了4家连锁经营的大型医院。都是些私立医院，我们当然希望它们盈利。但是，我猜想，这是服务业，总归是会有些公共服务的成分，这并不以我们的意愿为转移。正如我在讨论评估新产品时那样，我关注的是这个新事业部如何能通过新服务计划的财务评估？我们产品事业部也面临同样的问题吗？”

4. “实际上，我同意你刚才所说的其中一件事情，它与人们喜欢在最低限度基础上进行财务分析有关。我觉得，在新产品开发中有许多未知的事情。作为公司的总裁，同时我也意识到我所看到的大部分财务计划都是虚无缥缈的。如果新产品团队能够使我信服，它至少要能卖出X件，若成本是Y甚至更低的话，我就倾向于继续开发。但是在我内心深处，我是不喜欢的——那些最低限度更加易受操作的影响，像更加结构化的NPV计划一样。你同意吗？”

11.8 案例：Bay City Electronics

Bay City Electronics的新产品财务分析通常是非正式的。Bill Roberts在1970年创立这家公司，因为他曾在另一家专业的家庭安全系统的公司工作将近7年，所以对住宅电子用品相当熟悉。但是他却从未接受过财务分析的培训。实际上，他所知道的全部财务知识就是每次去银行讨论信用贷款最高额度的时候，银行所询问的内容。Bay City大约有45个全职的雇员（加上季节性的工厂劳工），在邻近地区的销售额1 800万美元。所有的产品都与居家安全有关，并由他的销售经理来销售，这位销售经理与若干制造商业务代表一起工作，然后再一次拜访批发商、五金与百货连锁商店以及其他大型零售商。他做过一些广告，但不是很多。

然而，Bill具有发明的才能，并且主要通过提出新技术来创立事业。他最新的产品是可使用于家中任何一扇门的遥控电子门锁。这个电子门锁是可通过特殊的电话铃声启动：例如，如果用户想要在晚上9点以前留一道后门，就只要简单地在晚上9点打电话回家，等到电话响10次后，电子设备将会自动把门关起来。也可以用同样的方式把门打开。

银行喜欢这个构思，但是要Bill把财务分析做得更好一点，因此办理贷款的人员要他使用案例附录的表格，图表11—10和图表11—11。在一番努力之后，Bill能够填写这个关键的数据表格，他所填的表格显示在图表11—10。到目前为止，Bay City已花费85 000美元的费用给供应商和劳动力，让他们开发关门器，还在机器（资产）已投资了15 000美元。如果这家公司决定继续开发，就必须投资购买超过50 000美元的新设备，持续的研发以验证与改进这个产品，而如果事情按照他所预期来进行的话，在第3年需要再投资45 000美元以扩大生产能力。

他也必须填写图表11—11的财务报表；关于这个问题，他聘请一位在大学时期是主修财务分析的家族成员帮忙。这位成员依照案例后面所附的填写说明来完成这张表。他同时也警告 Bill 在计算时会有许多主观判断，“所以在细节上不需要跟银行的人员争论”。

当他在银行等待面谈时，他花了点时间思考着自己的情况。表中的数字能通过审查吗？有哪些是银行人员可能找麻烦且不可靠的数字呢？其中，他好奇的是，他的一位朋友在 Monroe 开了一间 LazyBoy 椅子公司，是否必须做相同事情？还有，他担心 3M 是否也会向他的女儿（正在为他们工作）也要求同样类型的表格？坦白地说，他并没有觉得他自己在贷款过程中了解到他所面临的状况，并且一直想知道，对他而言，是否已没有更好的方法去向银行保证他们的贷款是个良好的计划。

BAY CITY 附录：新产品的财务分析

新产品的财务分析需要分别进行两项活动：（1）搜集完整的数据及在此环境下其他的“假定（givens）”；（2）使用上述数据进行计算，以得到所需的财务报表。这两项任务分别显示在图表 11—10（关键资料表格）及图表 11—11（财务报表）。

图表 11—10　**用于财务分析的关键资料表格**

<table>
<tr><td colspan="2">财务分析目的：Bay City 电子公司遥控关门器
分析时间：______　上一次分析：______</td></tr>
<tr><td colspan="2">1. 相关的经济条件：
资本假定良好</td></tr>
<tr><td>2. 细分市场：
5%的固定增长率</td><td>3. 产品生命周期 5 年</td></tr>
<tr><td>4. 标价：90 美元
批发折扣：36 美元
生产商净价：54 美元</td><td>其他折扣：
促销：1 美元
数量：1 美元
平均单价：25 美元</td></tr>
<tr><td>5. 生产成本：
需使用特别制造的成本：
没有</td><td>直接制造成本的适用率：______
20%的直接成本</td></tr>
<tr><td colspan="2">6. 未来的支出，其他资本投资或特别支出：
建造生产设备：
研发费用；在开始后的 4 年内分别投入 15 000 美元、10 000 美元、15 000 美元、10 000 美元
在第 2 年进行的特殊测试：5 000 美元
在第 3 年扩大生产能力：45 000 美元</td></tr>
<tr><td>7. 运营成本：销售额的 35%
应收账款存货的 10%，补偿第 5 步的 80%
应收账款的 15%，补偿第 5 步的全部
应收账款现金的 10%</td><td>8. 可能的间接费用
公司：销售额的 10%
分销商：销售额的 －%</td></tr>
<tr><td colspan="2">9. 调拨销售员的净损失 10%</td></tr>
<tr><td colspan="2">10. 未来放弃项目的成本/收益：
现在的设备可卖 3 000 美元</td></tr>
</table>

续表

11. 课税扣除：
在积极的环境政策下，州与联邦的税率为 1%

12. 适用的资产折旧率：
厂房与机器等 25%，设备 33.33%

13. 联邦和州的所得税税率：34%
注释：

14. 资本成本率：16%
±贴水/处罚：高风险项目 8%
任何超过产品生产周期增加的成本？没有

15. 净现值（NPV）风险曲线　　　　是否标准 √

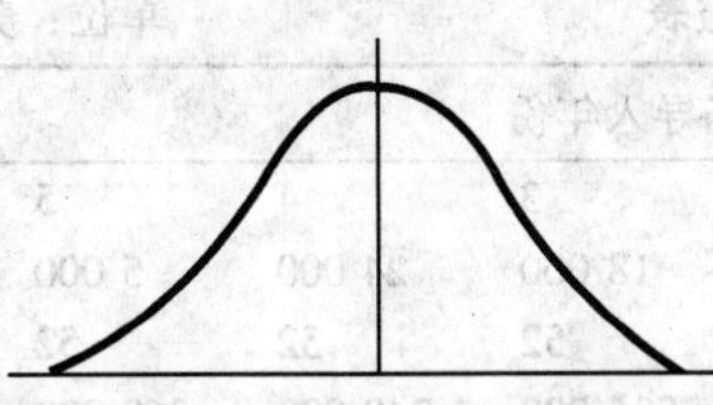

16. 给出的灵敏性测试的关键要求：（比如，销售、削价等）
（见下面）

17. 沉没成本：
过期消费：忽略不计
过期资本投入：15 000 美元

18. 与本目的相应的新产品战略要求：（如：更改委任、现金风险）
战备要求我们在变化的市场中壮大公司，而这正是这个产品要做的

19. 基本的销售与成本

年份	销售数量	每份产品 直接生产成本（美元）	营销费用（美元）
1	4 000	16	100 000
2	10 000	12	80 000
3	18 000	11	50 000
4	24 000	9	60 000
5	5 000	14	10 000

20. 最低预期资本回收率
毛利率 40%

21. 任何必须考虑的意外事件：无

续表

22. 其他的特殊假设或准则：
（1）总价值 1 101 000 美元的设备机器在完成生产后必须回收为 10 000 美元
（2）厂商有其他收入来弥补本项目的税收损失
（3）忽略投资税
灵敏性测试（计算下列对净现值的影响）：
（1）我们可以在第 3 年开始的时候把价格降为 34 美元
（2）我们对于直接制造成本的估价可能过于乐观。如果这个成本不能低于 16 美元以下会怎么样呢？
（3）竞争也许需要投入更多的营销成本，如果头两年我们需要投入预期值 2 倍的营销成本将会怎样呢？
（4）如果最坏情况——以上 3 点都同时发生将会怎样呢？

图表 11—11　**Bay City Electronics 的财务报表**　单位：美元

产品建议：遥控关门器	市场导入年份					
	0	1	2	3	4	5
单位销售额	0	4 000	10 000	18 000	24 000	5 000
每件收入	0	52	52	52	52	52
销售额	0	208 000	520 000	936 000	1 248 000	260 000
生产成本：						
直接成本	0	64 000	120 000	198 000	216 000	70 000
间接成本	0	12 800	24 000	39 600	43 200	14 000
合计	0	76 800	144 000	237 600	259 200	84 000
毛利	0	131 200	376 000	648 400	988 800	176 000
直接营销成本	0	100 000	80 000	50 000	60 000	10 000
利润贡献值	0	31 200	296 000	648 400	928 800	166 000
间接成本（含研发）：						
分销商	0	0	0	0	0	0
公司	0	20 800	52 000	93 600	124 800	26 000
合计	0	20 800	52 000	93 600	124 800	26 000
其他费用						
折旧	16 250	16 250	16 250	31 250	15 000	15 000
调拨费用	0	20 800	52 000	93 600	124 800	26 000
研发费用	0	15 000	10 000	15 000	10 000	0
额外费用	0	0	5 000	0	0	0
项目放弃费	3 000	0	0	0	0	0
合计	19 250	52 000	83 250	139 850	149 800	41 000
间接成本与费用	19 250	72 850	135 250	233 450	274 600	67 000
税前收入	(19 250)	(41 650)	160 750	414 950	654 200	99 000
税收：						
所得税	(6 545)	(14 161)	54 655	141 083	222 428	33 660
存款税	(65)	(142)	547	1 411	2 224	337
税收合计	(6 480)	(14 019)	54 108	139 672	220 204	33 323

续表

产品建议：遥控关门器	市场导入年份					
现金流量						
税后收入	(12 770)	(27 631)	106 642	275 278	433 996	65 677
折旧	16 250	16 250	16 250	31 250	15 000	15 000
生产设备	50 000	0	0	45 000	0	0
运营成本：现金	0	20 800	31 200	41 600	31 200	(124 800)
运营成本：存货	0	20 800	31 200	41 600	31 200	(99 840)
运营成本：应收账款	0	31 200	46 800	62 400	46 800	(187 200)
净现金流量	(46 520)	(84 181)	13 692	115 928	339 796	492 517
按现值计算的现金流量	(46 520)	(67 888)	8 904	60 803	143 725	168 001
净现值	$ 267 025					
内部收益率	73.7					
回收期	第 3 年 11 月份					
测试 1：净现值 = 88 885 美元						
测试 2：净现值 = 149 453 美元						
测试 3：净现值 = 196 013 美元						
所有 3 种情况下：净现值 = 99 699 美元						
最坏的情况为间接作用、沉没成本、残值均被忽略的情况，是最不希望发生的。						

关键数据的编纂

经济环境：大多数公司都会持续预测经济的走向，但是有时团队成员间的期望会有所不同。如果这样的话，应注意到这些差异。

市场或产品类别：对于新产品的“市场”要小心地定义，要注意增长率的假设。此外，总市场的销售量与销售额也要记录下来。

产品寿命：新产品的经济分析的寿命年数通常由公司政策决定，但任何特殊的项目可能是例外。

定价：从最终用户的标价开始，通过扣掉各种各样的贸易折扣之后得到工厂出货价格，然后再扣除任何计划的特殊折扣与津贴。单位产品的平均售价即是计算财务报表所使用的定价。

生产成本：这个项目有什么特别的对象需要“制造”吗？实际预期成本直接用于财务报表上。注明工厂的负担成本率。

未来的特别支出：这些通常包括工厂设备、许可权、一次性市场导入的营销成本、对供应商预先支付的费用、产品改良与生产线延伸的进一步研发支出以及当销售量增长时工厂扩充的费用。上述都是投资支出。

运营费用：这部分估计的金额包括现金、存货和支持销货所需的应收账款。这些资金要怎么收回？

设定的管理费用：有些公司只有分派“直接的”管理费用——这些通常是由新产品所引起的（像是一个扩充的销售团队或一个新的质量函数）。其他公司则认为管理费用是销售量的函数且会随着销售量而增加，这部分应该包括在内。

调拨销售的净损失：当新产品开始市场导入销售时，就会夺取原有产品的销售量，产生销售的损失。这个损失须从收入中扣除。部分专家相信如果我们不做，其他竞争对手也将做，因此他们会忽略它。

未来放弃项目的成本/收益：项目持续进行可能累积设备、人员、专利权、存货等等。如果现在放弃了，处置这些资产将产生收入，这些钱也就是放弃这个项目真正的成本（译注：亦即机会成本）。

课税抵减：联邦或州政府提供租税优惠，激励符合大众利益的投资活动。

设定的折旧率：由管理层所制定的政策来决定。

联邦与州政府的所得税率：公司提供的数字，由法令规定。

期望回报率：这个数据代表了需要使用的现金流的贴现率，以及它可能具有复杂性与政治性。理论上，这个数字是加权平均的资金成本，其中包括了资金的 3 种来源——负债、优先股及留存收益。通常这仅是公司的当期借款率。它也可能是当期运营的收益率。新产品经理希望这个数字低些，而保守的财务人员可能希望这个数字高些。实际上这个数字的值通常是一个武断的决策。不论这个期望回报率是高或低，下一步要做的是，将这个项目的风险与公司其他的活动的风险进行比较。如同本章所讨论，图表 11—6 显示出每项事业的风险和回报率之间的关系。

假定已知目前平均的资金成本和这条线的截距和斜率的情况下，经理人在 X 轴可以标示出特定的新产品的风险，然后将这条线向上平移，移到这条风险—回报曲线的一个点，然后读取必要回报率的数值。除了在一些特殊的情况，这个期望回报率水平必需超过目前的资金成本的额外费用。这项额外费用将填入关键数据表格中的第 14 个条款。

风险曲线：图表 11—7 描述了一个特定新产品项目可能利润结果的典型风险曲线。例如，像 B 模式的次数分配图，这项项目的获利有可能较低，不过可能也有非常高的获利。模仿竞争是预料之中的；但是，如果模仿没发生，利润将会更可观。在进行财务分析时，这个风险特征的信息是值得留意的，虽然很少有公司会进行这样的可能性调整的风险分析。

敏感度测试：在使用原始数据完成一项分析之后，对于一些特别敏感的因素，分析员要使用其他数字并重新计算利润。

战略要素：在评估新产品计划时，重要的是决策能够促进它们的战略。在特定战略之下，可能会准许开发低利润的产品。

基本销售额和成本预测：这部分提供原始的输入数据——如销售量、每单位的直接生产成本，以及营销总支出。

最低资本预期回报率：有时，公司会选择非回报率变量作为最低预期资本回报率的变量。

重要的权变因素：一家公司可能设定一项或多项的权变因素来进行每次的分析工作，并非随意的指定。

其他特别的假设或准则：这是个典型的混合栏目，需要考虑综合情况。

隐藏在关键数据表格后的沉没成本：沉没成本不应该纳入这项分析。沉没的资金就是一去不回。在此时，不论项目是继续进行或放弃，这些投入的资金都无法回收。

残值：NPV 公式有时要求提供在产品生命周期结束时销售这产品之废弃设备所获的金额。这些金额通常很小，建议忽略不计。

产品组合：如果这个新产品是整个项目组合的一部分并扮演着重要的角色，那么应该考虑到这个角色的价值。这个新项目可能是高风险的，但是为了要平衡公司内大量的低风险项目，仍然值得进行的。或者，情况刚好相反。

第12章 产品协议

12.1 引言

当一组新产品小组完成了产品概念的全面性筛选与相对应的财务分析，接下来，他们便进入了新产品生命周期中大多数人感到最重要的关键步骤——这个步骤比市场导入与制造能力的建立更重要。对全公司来说，这是一个即将发生重要事情的时点。

12.2 回顾

假定，有些管理层仍使用接力赛系统，也就是一个部门做好之后，再将产品概念交给下一个部门持续进行下去。但是领先的产品创新者不会这么做——他们使用一些同步系统（concurrent system）的形式，这是一种在项目进行的任何时点上，所有的参与者同时开始工作，同时尽可能进行更多的工作。当技术性的工作开始时，过程工程师不会坐着等待最终的原型来到他们面前。当过程工程师正在布置制造系统时，采购人员不会等到某些零部件确定要被使用时才开始他们的工作。并且当这些所有的技术/运营活动持续进行时，营销人员也不会坐在那里等待能够触发他们对广告与顾客技术服务的想法。

事实上，他们全都是同时开始工作，并且有许多人员持续留意概念的测试与筛选，看看早期的信息有多正确。如果某一概念看起来像是市场上的赢家，那么即使财务筛选在几个月内还不会进行，这些过程下游人员就已经开始进行他们最终将须进行的事。事实上，某些员工也许需要在一年前即开始进行工作，特别是当他们所要进行的事情本身有可能会拖延时。

例如，当过程工程师等待产品规格说明才开始他们的工作时，包装人员就要开始思考该产品的包装概念。许多产品需要的包装是耐久而且能产生价值的包装，或能在货架上使顾客产生深刻印象的推广包装。包装之后，接下来需要产品命名。所以除非品牌已经确定，否则采购不能订购新的包装；又除非产品内容已经知道且营销战略已确定，品牌才能确定。营销战略牵涉价格决策，它必须等到成本能够确定，而成本的确定又必须等到最后的生产系统与零部件成本能够确定，这正是本段开始的地方。

我们能做什么？我们可以一步步地进行所有的事情：进行我们可以做的，当下可以做的，在某些风险下，作出较少的、限制高成本的承诺。

有时，我们可以一家公司实际进行的方式来做——着手产品的生产（品牌、包装、广告、价格以及所有的事情）。所有这些工作都是具有风险的，并且如果缺乏一种让团队一起努力与允许他们进行理性思索的对象，这些工作将无法做好。

这样的对象目前还没有标准的格式、没有公认的名称、也没有已经建立好的实践。大部分的公司所进行的是全部任务的一小部分，并等待这些活动的凝聚。在本书中，我们将这个活动称之为协议准备（protocol preparation），而其结果就是一项产品协议（product protocol）。它的其他说法如产品需求、产品定义与交付物。所有这些名称指的都是相同的事物——产品开发系统所获得的成果的最终组合——产品将传达给顾客的利益或绩效，以及营销计划将给市场带来怎样的改变。

按照定义，"协议"是参与的协商各方之间所签署的一项协议。所签署的协议也许是正式的，但是这个阶段所引发的财务分析是需要依靠某些假设的——产品质量与成本、某些支持设备、某些专利与某些在市场上的成绩。如果他们无法实现，那么管理阶层所下的所有赌注都将会输掉。既然现今大部分的项目牵涉某种形式的多功能团队，那么整个团队就有责任拟好一项协议。虽然新产品需要取舍，但是他们是在一种非常正面的情况下制订协议。

即使多功能团队可以一起顺利地进行下去，但是技术限制的出现可能难以快速达成协议。例如：顾客可能想要一种"在10秒内清除所有油污"的产品。但是技术人员说，在厨房领域中没有这样的溶剂，所以他们是否应该开始基础研究呢？管理阶层的答案是否定的，但是现在要花多少时间是可被接受的？技术上的回答是，他们无法确定，但是在现今的技术状态下，15秒钟似乎足够了。营销人员就问技术人员是否知道如何去开发这种溶剂。不知道，但是它似乎是一项可达成的目标。在其他情况下，各个功能领域可能会对于这项新产品创新程度如何而产生冲突（例如：我们应将其建立在旧有的平台上吗？或者现在是投入新产品的时机吗）。这些类型的讨论可能会持续好几天，甚至是在团队共同运作良好的情况下，但若是这中间存在着人员之间的个性冲突，就会使讨论更难以进行。图表12—1以进行的幽默的观点来呈现在这个阶段中可能会产生的挑战。

产品协议准备是本章的主题。在本书前面各章中，你有机会从全面的观点来看新产品过程（品牌、包装、广告、价格及所有的事情）。新产品过程如何从战略直达市场成功、战略如何让过程聚焦、概念如何创造与收集、产生概念之后又如何测试与评估，以及评估过程又如何使用全面性筛选与财务分析中得出暂时性的结论。

图表12—1　**营销—研发间的一段对话**

营销：我们在短时间内急需一种太阳能的标准车库门开启装置。

研发：它的可靠性要达到什么样的程度？要能在室内操作吗？要使用新的电子技术吗？要与原本已经安装的集成电器系统分开吗？

营销：好吧，你们是技术人员，给些建议吧！

研发：原来你不知道你要什么。

营销：天啊！我们什么事都要告诉你吗？你们存在是为了什么？我们怎么会知道集成电器要装在哪里？

研发：如果我们用电子式的，你们会说太贵。如果用电动的，你们又会说我们活在30年代。不论我们把集成电器装在哪里，你们都会说我们是错的。如果我们自行决定，你们又会事后批评。

营销：好吧！把集成电器放在车库顶端。

研发：那可能无法这样做。

12.3 协议的目的

图表12—2显示产品协议在这个节点所发生的情形。图中间所显示的是靶心模样的圆形，它代表的是延伸的产品概念（augmented product concept）。它显示出，产品的核心是最终用户的利益，是产品创造的真正目的。

图表12—2 协议的整合与聚焦角色

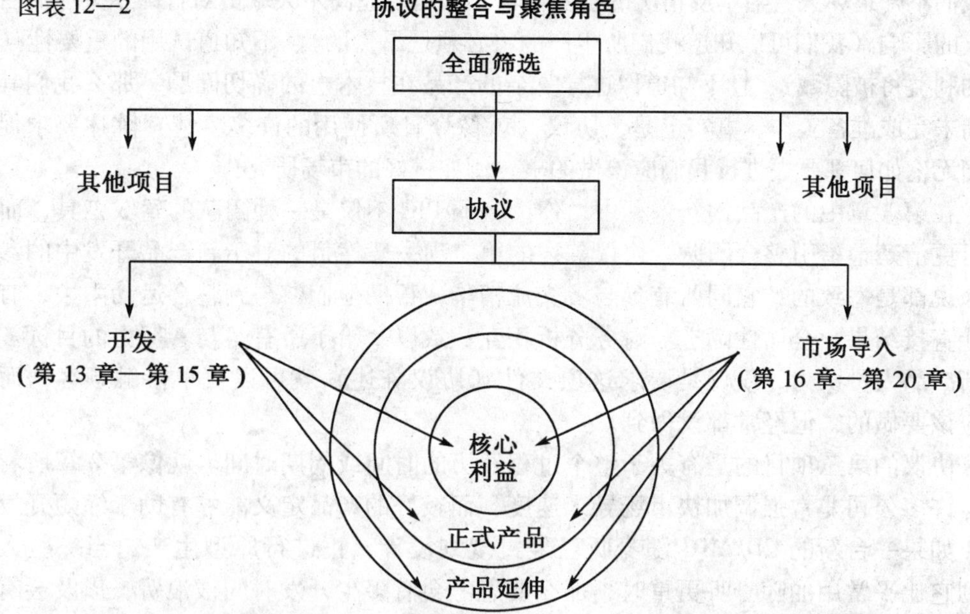

这可以因不同的细分市场与不同的时间而有所不同。然而，顾客实际所购买的对象应包括：一项或多项核心利益、一种有形产品呈现（实体形式或服务顺序）以及从销售前的技术服务到退款保证。在这里的要点是，顾客与最终用户购买整个延伸过的产品，并且他们的核心利益可能部分来自于延伸。新产品经理不能只聚焦于有形产品。靶上的3个同心圆都必须设计与执行，并且有两个职能部门在这三者上扮演重要的角色，如同图中指向的延伸圆圈的箭头处。

图表12—2也显示，技术部门（获得制造、质量、采购与其他方面的帮助）的运作就像一个单位，而营销（获得其销售伙伴、市场研究、推广、渠道管理与其他方面的帮助）在图表的右方也进行相同的事情。两个小组互相保持非常紧密的接触。

问题是：这两个团体需要做的工作是什么呢？答案会因为公司、产业与情况的不同而有所不同，但是无论如何，这应该被合并成一项协议陈述。事实上，协议是概念生命周期中的一个步骤，如同你在第2章的图表2—3所看到的。它比筛选阶段中被批准的简单陈述还多，但比第1个原型所呈现的还少。但它是我们现在所需要的，是所有部门在开始进行他们的工作时所需要的。

其他人将如何使用协议？实际上，它在产品交付物的名称所表达的信息中得到了说明。事实上，协议的第一项一般性目的就是明确说明，每一个部门将传送至顾客所购买的最终产品是什么，如一双新型的高尔夫球鞋，一项从技术上可达到的事可能是“这双鞋可使用于所有的天气与所有的草皮吗”；一项从营销上可达到的事可能是，至少

80%欧洲、美国、澳洲与南非的高尔夫职业选手曾经试用过；一项从信息科技可达到的事可能是“0800免付费电话服务的顾客的等候时间在5分钟之内，在今年能满足美国80%的来电顾客，并能在第二年底满足其他市场的来电顾客”。

虽然我们不可能在此刻了解所有可达到的事，但是我们应该了解关键部分。否则，我们就还未准备好启动并行（或同步）开发系统。就像刚才的高尔夫球鞋例子中，如果我们不知道坏天气与草皮情况的重要性、不知道职业高尔夫球员对打高尔夫球的富裕人士的影响（我们可以知道我们所生产的将必须是昂贵的）、不知道试用的重要性（关键的利益将被隐藏）、且不知道像这样复杂的产品在技术上的确切问题，那么我们其实还尚未完成准备工作。事实上是，协议（就像今日所使用的许多事情）陈述要求促使我们无论如何都要去进行我们应该做的事，例如：好的市场研究！

在第3章中的产品创新章程中，你读到的PIC不仅是一种团队的驾驭工具，而且它可更清楚地指引整合团队。协议陈述的第二项一般性目的对于新产品开发中的参与者来说都是一致的：它同所有参与者交流精华，帮助他们参与到整合运动中去，有助于让直接结果、全面性筛选与财务分析相互一致以及给予所有参与者努力的目标。一些新产品人员认为，仅仅是要求这项文件（协议陈述）就可以更早接触顾客，而这是应该要做的，但经常都没做到。

协议的第三项目的是有关于整个过程经历的时间或周期时间。就像第2章所看到的，许多公司非常强调加快市场导入速度，而较好的产品定义能够有助于缩短开发时间。如果一台新的CD/MP3随身听已经过规划设计，正进行原型生产，当一些人注意到它比平常用的随身听更重时，那么要思考会有多少开发时间被浪费，以及会有多少昂贵的步骤必须重做！在着手进行开发前，最好要详细指出所希望的与最多的重量。在产品定义阶段中，像这个看起来是个小小的决策，如果做错了，就可能导致过程后期非常昂贵的修改花费。

第四，如果做对了，协议要求以文字的方式呈现，而且这些要求通常是可以被衡量的。因此，它让开发过程可以被管理。它告诉我们要做什么、何时且为什么、如何做（如果被某些我们控制之外的力量所要求时）、由谁来做，并且或许最重要的事是否要做。也就是，我们知道在任何时候这些要求是否已被满足；假如仍有一项要求未达成的话，除非明确地要放弃这项要求，这将自动提醒我们尚未准备好去销售这个产品。我们在前面各章中所学习到的许多技术（感知空隙分析、偏好图、组合分析）都将给我们提供可以作为协议中许多“要求”的投入信息。

有这样一句经典的俚语，如果你不知道你要到哪里去，任何一条路都将能带你到目的地。如果没有产品协议与协议所要求的衡量活动，你将不知道哪里（或何时）会是你将要到达的地方。

12.4 产品协议的具体内容

稍后你将读到的产品协议内容只有大纲项目。而细节内容可能变化很大，而且有时直到我们的工作进行到这个新步骤时，才知道要怎么做。但是我们知道要求或承诺是有等级的，并不是我们要求的每一件事情都必须要做到。有些公司使用的术语是“必须”与“需要”——也就是，一些要求是我们必须要有的，而一些需求是在技术、成本及时间范围等可行和可实现的情况下，我们乐于拥有的。其他公司使用的术语如重要效用因素（CUFs），并以硬性效用因素与软性效用因素指出必须与需要的不同。但是每家公司在这些事物上都有它自己的语言。有些将必须置于协议中，并将“需要”或“期盼”置于附件中（或记载在正文的背面）。接下来各节将列出在协议中常看见的项目，图表 12—3 是一个简化的协议样本。

图表 12—3　**简化协议样本——一种家用的垃圾处理/回收系统**

1. 目标市场：

   最终顾客：在超过 100 000 人的城市中，前 30% 收入的群体，过着上流社会的生活方式。

   中间顾客：在为收入超过 300 000 美元家庭建造房屋的利益相关人士，特别是开发人员、建筑师、建筑商、银行家与执法者。

2. 产品定位：

   家庭中一种便利、干净的回收家中废物的方法。

3. 产品属性（可能的利益）：

   - 该系统必须是使用家庭环境中具备回收功能的自动清理装置（垃圾分类、压缩垃圾、将袋子置于外部以及在袋子用完时会告知用户并重新在空的容器中装入袋子），生产成本不超过 800 美元。
   - 系统必须是清洁、通风且无异味的。用户会想要一种容易清洁的用具。如果有异味，那么老鼠、宠物与愤怒的邻居可能会是问题。
   - 装置必须要简单。必须让经销商与其他安装人员便于安装。
   - 系统必须能够让学龄儿童安全的操作。
   - 整个运作单位不可超过 22 立方英尺体积冰箱的两倍大。

4. 竞争对手比较：

   无：这类产品首次问世。

5. 延伸问题：

   如果必要的话，财务计划必须一同纳入，还有保险完善的保证、熟练的安装服务与快速/合格的安装后的服务。让顾客知道产品知识以及如何回收将是困难但不可或缺的。

6. 时间：

   市场导入掌握正确时机会比尽可能快速市场导入更重要。但市场导入的好机会不超过两年。

7. 营销要求：

   - 营销发布会必须在国家建筑商展览与环境/生态展览会举行。
   - 中间目标市场将需要一个新的渠道结构，但是这条新渠道最终将回归到我们的正常渠道。
   - 对于这次导入我们将需要一个小规模的、经过挑选的销售队伍。
   - 为了实现发布宣传的价值，在前 4 个月我们需要安装 50 个产品。

8. 财务要求：

   - 开发与导入期间的损失不超过 20 000 000 美元。预期在市场上的第二年底达盈亏平衡。
   - 最终，在资金成本是 35% 的基础上，这项项目必须达到 5 年净现值为 0。

9. 生产要求：

   - 一旦我们发布产品，就必须不能中断供应。
   - 在没有例外的情况下，必须符合质量标准。

10. 立法要求：

法规有许多来源，并且各州各地有所不同。在此有许多不同的次要利益相关者，我们需要好好的了解他们。突发、明显的延迟交货（市场导入后）在这项开发案中是不允许的。

11. 公司战略要求：

公司战略正在驱动这项项目的发展，并且在公司总部管理阶层中要有人领导这个项目。我们寻求市场的多元化、增加创新的声誉以及在我们现今主要市场中维持较高的边际利润。

12. 陷阱（潜在危机）：

由于这个项目的创新性，存在着大量的潜在陷阱。最令人担忧的是（1）健康问题的认同，（2）实现800美元的成本限制，（3）早期安装产品快速获得市场的认可。

12.4.1 目标市场

大部分公司在管理大多数的新产品项目时使用我们介绍过的技术：PICs、概念测试、筛选模型、协议等。其他项目是冒险的——在一项尚未证实可运作的技术上打赌，在一项某些最终用户将跟我们合作的新应用上打赌，或只是在一位具有推出成功新产品记录的科学家上打赌。这些都不适合协议；我们只是没有知识去写出协议，而且其仅有的影响就是困扰开发人员，事实上开发人员将完全地忽略它。

然而，在大部分的案例中，我们非常了解目标市场——首先是发现需要解决的问题，其次是考虑我们的新产品概念是否能符合他们的需要，以及最后的筛选因素（例如：我们是否有一组销售人员可以接触他们，或我们是否要建立新的销售力量）。当我们识别出利益分区与了解他们的特定需求时，我们在前面各章所讨论的感知与偏好图技术在发展这部分协议时将会特别有帮助的。

在这里，特别需要将目标市场定义清楚。有些公司喜欢设定一个主要的目标市场，在成功导入市场后会移向一个或更多个次要的（较小的）目标市场，又如果在开发过程中因为技术失败、管制、竞争或其他任何事而放弃这个主要目标市场时，公司至少会有另外的目标市场可以撤退。

12.4.2 产品定位

这是较难处理的项目，且在一些公司中仍是难以使用的。产品定位（Product Positioning）的概念是来自于30年前的广告界。它所说的主要是“产品X比你所使用过的其他产品更好，这是因为……”它以新的方式宣传产品，并给予最终用户一个使用它的真正理由。在这一过程中，它让最终用户看到它所攻击的问题是什么，并告诉最终用户现在使用这项产品将会带给他们什么样更有利的好处。这个概念我们将在第16章更完整地阐述，现在只要能够描述目标市场与完成前述的句子通常就足够了。幸运的是这应该是容易做到的，因为组合分析空间图绘制与其他概念测试活动将为我们在产品定位的选择上提供关键信息。实际上，概念测试向我们确保利益相关者将对产品的试用与定位感兴趣。

技术人员经常不会被告知新产品的定位是什么。它几乎像是我们所说的，开发新产品并以顾客喜欢的方式来进行。那不是管理，而是放弃。甚至在现今拥有优秀员工的大型包装商品公司，其产品稍微偏离预定轨道经常被忽略；这些公司的研发人员必须对市场研究部门针对他们所创造的产品进行概念测试。定位上的误解可能是造成技术/营销间争执的主要原因。

12.4.3 产品属性

就像过去曾多次谈到的，产品属性定义了产品。他们有三种类型——特征、功能与利益。利益包含用途。产品协议可以列出这些项目，并且也确实列示出来了。“新的散装的泻药将在10秒内完全溶解于4盎司的水中”（Merrill-Dow）。这是功能产品如何运作，不是产品是什么（特征）或其多快分解的利益。值得注意的是，在要求速度时，技术人员可以选择任何他们所想要的化学制品（并加以制作——这就是现在市场上仅次于Metamucil的产品）。利益是协议最想使用的形式——比功能或特征好。取自联合（取舍）分析与其他概念测试技术的信息，在决定要结合什么样的特征、功能与规格于产品中，可能是非常有用的。

功能

功能属性有时候会产生混淆。营销人员倾向大量的使用功能属性，并且他们经常被称为绩效规格或绩效参数或设计参数。每个人都知道的是：“汽车必须在8秒内从时速0英里加速到时速60英里。”这个要求不是告诉我们什么样的特征将会产生那样的绩效，它所做的是回答汽车发动后顾客如何获得刺激（或安全）的利益问题。

有些人觉得性能参数（功能）可以设计参数来表达。例如，上面所提及的汽车发动例子，它的陈述可能是“使用新的德国11-Z4引擎”。这样的新引擎会是技术，但显然可能是一项需要的解决方案，而不是一项叙述；它有可能是由许多其他的快速行动方法来达成的。汽车产品平台的定义中存在许多的这样的陈述。

对于服务业，协议可能会特别使用“绩效”这一术语，因为服务的生产本身就是一种绩效，而不是商品。但是服务的协议也因为技术发展上的投资较少而较不必要。在许多案例中，这些生产者可能非常快速地制造原型，所以原型概念测试甚至是产品使用测试很可能获得顾客需求是否被满足的证实。

特征

特征也是一个问题。技术人员掌握技术，因此，首先提出特征。有些公司的科学家，像PPG，可能想出一种让船舱甲板不会残留生产过程所造成的细小毛玻璃的方法。这个想法花了几个月的时间去进行，但在造船公司在降低重量的需求下被淘汰。而一项完整的协议陈述就可能避免这样的时间浪费。在其他的案例中，事实上科学家真的想出一种解除儿童身上某种寄生虫的方案，但被告知这种寄生虫侵扰只会发生在太平洋的众多小岛上，而对制药公司来说这并不会构成一个足够大的市场。这就是为什么公司要求科学家要让其他人知道他们在做什么，同时要他们知道他们是为了什么市场而工作。

特征的最大问题是它们剥夺了公司内大部分的创意与发明人员在使用技能上的自由。一家大型计算机公司，在30年前就以拥有强大技术研究人员而闻名。他们发明了一些有用的技术。但是公司从来没有因为反映市场需求的改变而获得较多成功。有些内部人员说，这是一项制度造成的结果，亦即该公司总部有一位核心工程师，掌握每种情况，而且会明确指出他们的研究人员要研发什么特征与特性的产品。这样的规格说明书可达13页，而且科学家拿到这样的文件时，觉得他们像是一位刚工作的书记员。后来这位工程师离开了这家公司。

有家制药公司提出一份相当极端的协议版本，一位新产品经理将其完整的广告设计交给研发部门的技术伙伴，并备注“请准备一个将能支持这个广告的产品”。一开始的反应是消极的，直到技术人员了解他们能全权决定他们所想要的东西时，最后研发结果达到其要求。

有时候，在长期的市场接触中，公司了解到什么特征要跟什么功能（绩效）及利益相结合。他们有时将会提出工作请求，要求“一台有电子阀的新帮浦，当底部阻塞时能迅速反应，以免爆裂”。如果这个阀是标准的，这项协议陈述会指出特征、功能与利益。

详细规格

有时，顾客制订这样的决策，并且要求产品具备特定的特征。这样是危险的。如果顾客具备这样的资格，并且在这些特征上有理由比我们了解的更好时，那我们最好能接受。在第4章中，我们讨论了从领先用户那里取得现成的产品概念（有时甚至是一个现成的原型）。

另一个可能需要特征的案例是，一家公司以竞争对手产品作为标杆。战略是达到最佳中的最佳。为了在市场中取得最佳的特征，将所有的产品结合，并将它们并入你的新产品中。这样听起来不错，但是这也指出我们的产品设计是受竞争对手所引导，而不是最终用户。

仍有一些情况下特征会出现在协议中：（1）法律规定一种特定的特征（例如，处方药容器）；（2）最终用户拥有的主要设备是受到限制的（例如，CB收音机的波段空间限制）；（3）在顾客所在的产业中，已经有一个太过强势的供应商，无法改变这样的现状（例如，软件业者好几年间没有别的选择，必须将MS-DOS视为特征要求）；（4）高层管理者有其个人的偏好。

一般来说，在属性这个部分的结论是，如果绩效可以帮忙解释同时不会约束太多时，使用绩效描述协议应该是最好的方式。

12.4.4 竞争对手比较与延伸问题

除了曾提及的标杆法，仍有许多不同的竞争标准能够写进协议中——与一些重要的政策配合、我们所需符合的差异程度以及营销计划的许多方面（例如：销售队伍销售力量规模、价格、可获得的分销渠道等）。竞争对手比较的信息可能来自于感知图，而感知图上所显示的缺口可以提供我们在选择适当竞争定位时的指引。

就像上述产品本身可以由属性加以描述，产品延伸那一环也可以这样描述。有时候产品的本身可能是“模仿（me-too）”，但是当它可能提供给顾客一种新水平的服务、一项较佳的保证或较好的销售支持时，就仍是一个正当的竞争产品。回想在完全延伸产品的3个圆圈——第1个圆圈（核心利益）牵涉定位陈述、第二个圆圈（有形产品）牵涉属性要求，而第3个圆圈（产品延伸）将在这个部分加以描述。

12.4.5 营销要求

因为近期才将营销要求视为协议的一部分，所以在这部分应包括什么上并没有获得较普遍的共识。最早公开提及营销要求的公司之一是Apple Computer，当时这家公司获得产品开发与管理协会颁发的杰出创新奖，他们详加说明营销要求，但不是在会议上。实际上我们听到的是营销计划的每个部分及其目标。

下面列出了几条：

展销会的安排	试用安排
新形式的销售渠道	可获得性水平
中间商渠道，服务结果	重复使用，满意度
销售队伍、规模、培训	广告播放日
关注水平定位关注水平	关注品牌关注度

在明显有提及营销要求的研究报告中，作者发现了目标市场、渠道与价格。

12.4.6 产品协议的其他成分

协议还有许多其他成分，我们将在这里非常简短地说明。通过例子可以把这些最佳地呈现出来，例如在图表12—3中。

时间

虽然大部分新产品都必须尽快市场导入，但是并不是都做得到。有些产品牵涉重大的技术突破，而无法以时间来计算。对所有的这样产品的区别要很清楚。而且，如果有一个时限要去达成，便应该在此明确地列出。

财务

一般来说，协议包含价格水平、折扣、销售数量、销售金额、市场份额、利润、净现值与许多在前面各章所提及的其他财务资料。

生产

这与营销要求有许多相似之处，有些聚焦于要准备什么样的功能，以及将要完成什么工作——例如，厂房的建立、产量与质量的达成。

法令要求

管理阶层需要对各种法令有更进一步的了解。

公司战略要求

这一领域正在发展，但是如果公司使用产品创新章程的话，那么大部分的关键想法（例如：核心竞争力）已经包括在产品创新章程之中。对大部分的战略项目而言，从项目起始才发展已经是太晚了。然而，在这个时候产生了一个观点，而且其重要性足够列为一项要求，就是高层管理者支持的保证。只假设团队将有这样简单的支持的，而且新产品团队也不会想把管理当局带到现场来指挥一切。但是管理当局应该要能清楚了解项目人员对他们期盼的是什么。

关键的陷阱

这不是一个凭空幻想出来的管理术语。它的意思只是指，你在下雨的夜晚，将车子驶过林荫大道。在产品创新中是有陷阱的——当事情发生时（即使他们不应该发生）将导致新产品失败。管理当局不能有只要往前就会达到目的的想法。我们通常不会驶进看得到的陷阱中，所以将它们列出来会有帮助。

12.5 协议与质量功能配置（QFD）

12.5.1 QFD 与质量屋

质量功能配置（quality function deployment，QFD）是在多年前由日本汽车产业发展的一项项目控制工具，使用于具有高度复杂性项目的产业。它可以降低设计的时间与成本，并让来自于不同功能领域的项目团队成员之间的沟通更具效率。

事实上，QFD 被认为对美国汽车产业在日本的竞争下重整旗鼓具有重要的贡献。我们在此所呈现的，是许多公司应对产品协议的要求而促进跨职能团队互动所使用的一种方法。QFD 也已经成功地使用于新产品过程的早期阶段，它是概念产生中非常早期的模糊前端，因为它可以帮助新产品团队思考将来要满足顾客需求的新颖概念。

理论上，QFD 产品的设计应该确保顾客需求已被聚焦在新产品项目的所有方面：产品工程、零件配置、过程规划与生产。实践中，QFD 的第 1 个步骤已获得大多数的注意，而且对大多数的公司而言已是有用的，那就是所谓的质量屋（house of quality, HOQ）。HOQ 对公司的价值在于，它使用一种方式同时地摘要出产品的多个方向，以及彼此之间的关系。图表 12—4 显示用于开发新计算机打印机的 HOQ 范例。

图表 12—4　　QFD 与质量屋

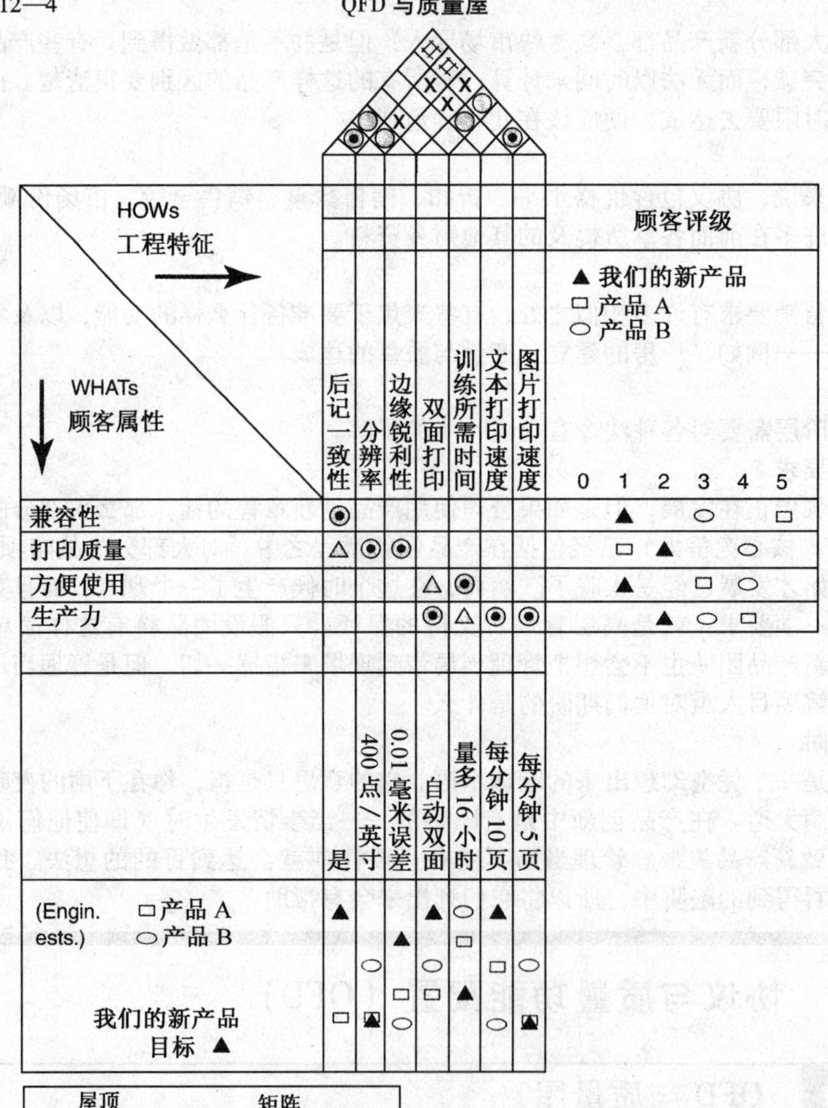

HOQ 需要营销与技术人员的投入，并且鼓励这些职能部门的沟通与合作。图的左手边所呈现的是顾客属性（CAs），它有需求、要求等不同的说法，这是 HOQ 的关键营销投入。在这个案例中可识别出兼容性、打印质量、生产力容易使用与生产力是打印机最重要的 CAs。CAs 是通过市场研究来识别的：焦点小组、访谈以及爱好等。这个部分的 HOQ 最终用户相对应于协议中最终用户将从产品中获得什么的部分。它通常会被填入利益，尽管是偶尔（如上所述），特征是具有强制性的，因此才把它们放在那里。在这个例子中，CAs 似乎是主要属性；在较复杂的应用中，它可能是第 2 层次甚至第 3 层次的属性。例如：容易使用可能包含“容易学习如何操作”、“容易连结”、“容易更换纸张”等。CAs 也经常在重要性上给予权重。

在 HOQ 另一端的右边，是所提出的新产品与主要竞争对手在每一项 CAs 上的评分，在这里 0 是指“差劲的”，5 是指“优秀的”。这个部分可以用类似顾客感知的蛇形图来诠释，如同我们先前在第 6 章看到的，并且可以识别出我们的新产品最需要改进的焦点与领域。

在 HOQ 上面的部分，显示的是工程特征（engineering characteristics）或 ECs：边缘清晰程度、解析程度等。ECs 经常是技术性的，但是也可能以绩效或设计参数来陈述。这是因为 HOQ 将顾客需求转化为技术规格。项目团队讨论 HOQ 中心的方格，识别出对一个或多个 CAs 有正面或负面影响的那些 ECs。在这个案例中，“所需的培训时数”同时与容易使用（强烈地）生产力和生产力（较不强烈地）具有正向的相关；“文字打印速度”生产力与生产力间强烈相关。显然地，这个步骤需要营销与技术人员的真正合作。然后，为每个 EC（通常通过工程师）设定客观的衡量指标，最后团队可以基于顾客需求与竞争对手产品设定 ECs 的目标值。例如，文字打印速度可以客观地以每分钟页数（PPM）来衡量；而在这个案例中，目标设定是 10ppm。

在先前的汽车快速发动的例子中，一项 CA 可能是“青少年在同辈小孩中所引以为傲的事物”。相对的 ECs 可能是一种新引擎（一项技术）、0 ~ 60 公里所需时间（一项绩效参数）或在轮子驱动接触点上给予更多权重的改变（设计参数）。由于这部分的实务变化颇多，在此我们无法给予说明，但可参见其他文献。

最后，屋子最上面的部分（尖的“屋顶”）显示技术人员必须考虑到的 ECs 间的取舍。在屋顶中的每一个菱形代表每两个 ECs 间的互动，而且技术人员必须识别出每一项重大的互动。例如，在“分辨率”与“绘图打印速度”的交叉位置上，标有强烈负向的符号，是指如果提高打印机的分辨率质量，就可能会让绘图打印的速度下降。有些交互作用是正向的：一项设计的改变可能会同时增加文字打印速度与绘图打印速度。

就如上面所述，HOQ 只是整个 QFD 程序中的第一部分。图表 12—5 说明接下来的步骤。HOQ 将 CAs 转换为 ECs，与零件配置质量屋连结，然后零件配置质量屋将 ECs 视为投入，并将它转换为零件特征。随后的质量屋明确说明关键过程作业与生产要求。

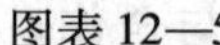

图表 12—5　　QFD 完整的阶段

组合分析以第 7 章组合分析结果为基础，举一个简单的例子说明，假设我们已决定采用特辣、较浓且绿色的萨尔萨的概念。特辣的 CA 可能转换成一项 EC，而这项 EC 是以 10 点辣度尺度表现（一种纯化的 Scoville 辣椒粉尺度），在这里最辣的辣椒粉 habaneros 被评为 10。我们瞄准的目标可能不超过这个尺度中的 7 或 8（只有最嗜辣的人才会希望萨尔萨更辣）。较浓度可以转换成一项黏性的衡量，而且我们瞄准的目标可能在这个 10 点较浓尺度的 4 ~6 之间（7 与高于 7 的较浓度可能会太浓，而 3 与低于 3 的较浓度可能又不够较浓）。ECs 接下来建议的是零件——或者在这个案例中是使用的成分：哪一种类型的辣椒、番茄与大蒜要放多少等等。过程要求可能详细说明要进行哪一种食物处理过程（切碎、煮等）。相对的，生产要求便是食物处理设备的设置，其给予的是所希望的浓度与外观。使用搅碎设备中的过滤装置可能会使萨尔萨的水分过多。

12. 5. 2　QFD 的结果

运用 QFD 有许多的效益。第一就是每件事情——从产品工程到设计生产过程——都是由顾客需求（或者较具体来说是通过明确的顾客属性）所驱动的。如果所要开发的产品是一种没有市场的最佳捕鼠器其可能性会被降到最低。再者，为了得到 QFD 的效益，不同职能部门必须要一起合作。在某些工业性产品的开发中这特别是一项问题。在消费性商品的公司例行地搜集市场资料应用于 HOQ 时，工业性产品的开发人员经常怀疑为什么他们需要进行顾客需求评估（或是与营销部门人员对谈）——毕竟，他们认为他们了解市场！对于这样的公司，QFD 有助于促进不同小组间的对话，并且还能鼓励那些具有技术背景的产品开发人员看到评估顾客需求的优势。结论是，在整个技术开发过程中，QFD 促进跨职能部门的对话与互动——这刚好就是产品协议中所要求的协议。

当 QFD 首次广泛地使用于美国时，虽然结果是复杂的，但一般大都产生令人称许的效果。超过 80% 使用 QFD 的团队认为产生长期的战略效益与改善跨职能团队的运作。一项关于最近在美国与日本使用 QFD 的调查表明，两个国家的公司都成功地使用 QFD，但是使用的方式有所差异。美国公司倾向专注 HOQ 矩阵并从他们的顾客中搜集新的初级资料（例如通过焦点小组）。日本公司使用较多的后面阶段的矩阵，并且较依赖现有产品资料（保险如抱怨信息与保证资料）。有趣的是，报告指出美国公司比日本公司在通过 QFD 进行跨功能整合与决策制定上有着更多的利益，这可能是因为美国公司投入更多的时间学习倾听顾客需求！

QFD 在某些应用中效果有限。假如管理当局对 QFD 的承诺较低时、假如 QFD 被视为费用而不是投资时、假如公司中的功能整合程度较低时以及假设团队成员对彼此并不熟悉且过去未曾共事过时，那么 QFD 的效果可能会不太成功。

使用 QFD 的公司有着更好的财务表现及较高的顾客满意倾向。然而，许多公司仅偶尔使用，而不是持续使用，特别是探索性产品（也就是说，除非顾客支持否则将要被放弃的产品）。除此之外，数据需求可能是必要的。“矩阵困境（matrix hell）”这个词已被使用于描述 QFD 的应用，并且那些经过强化培训的技术人员可能无法解决引起的冲突。在某些案例当中，顾客导向型公司可能不知道自己想要的是什么，所以详细说明顾客的“需要”可能会是困难的。然而，QFD 近来有复苏的现象，这可能是因为它被视为是将顾客需求转换成工程规格最彻底且客观的方法之一。支持者认为 QFD 是最好的发现顾客需要的方法之一；而反对者认为 QFD 过程冗长而且繁琐，使很多参与者怀疑自己在做什么。通常情况是，团队越优秀，QFD 的效果越好。图表 12—6 提供了团队选择的导引。

尽管如此，有些专家并不建议所有的项目者都使用 QFD；更确切地说，QFD 的使用需要评估其成本与效益。其他改善 QFD 效果的建议详列于下：

- 只专注在某些工程特征：不明显但是最重要的工程特征，也就是经过改善可能容易完成的工程特征。
- 将工程特征分到若干小组中，指定特定职能部门（例如，制造、产品设计甚至营销）。
- 对每一项工程特征进行成本—效益分析，以识别出哪一项工程特征相对于该特征改善的相关成本，能提供最佳的效益。

12.6 有关产品协议过程遇到的困难的一些警告

协议过程是非常复杂的。一方面是它与许多政策相关，所有的部门在权力与预算上存在竞争。科学人员、营销人员、会计与工厂经理，这些关键人员的差别就像白天与夜晚一样。而情况本身是流动且多变的，像是从未固定下来一样。管理层意识到不同项目的重要性，并且赋予沉重的压力。在产品领域中最大的赢家可以以此作为职业，免除了一般管理者的沮丧、获得大笔的奖金；当然，一项重大的失败可能会使所有事情都变得一团糟。

这就意味着，每个人都想要把自己的议程排入协议当中（或者不想排入协议）。但是大部分的人都想要其他人确定完成特定事项的要求（要清楚地附上金额与日期），但是对于自己却又没有这样的要求。

假定在协议需要提早进行的情况下，就是刚好在大规模工作开始进行前，许多人还尚未就位。因为他们有其他更迫切、更急的问题要处理，所以他们会耽搁协议过程或是因他们缺席而削弱协议的功能。

但是，在政策与压力下，我们也看到了协议的要求变得强硬。人们在发展协议时，都认为他们是很明智的，并且都认为协议所有内容的设定都是具体的。但是协议不应该从这个角度来看待，它是管理层的辅助工具，而不是替代管理层思考。所有的协议都必须改变，有些甚至要改变好几次。但求证的重担落在那些想要改变要求的人们身上。

然而，协议忽略了某些情况，所以一位聪明的新产品团队主管会准备一些像图表12—6 的“协议完成表”。这是有需要的，特别是产品需求（利益等），并且关于每项要求将由谁去做应该要有进一步的协议。其中有些可能是由团队所制定的，又有些可能是由负责此产品的人员所制定的。

图表 12—6　　　　**协议的成果**

需　要	公司要求	顾客要求
1. 缩短启动时间	OK	OK
2. 降低初始成本	OK	不需要
3. 在制造过程中更容易替代	OK	OK
4. 顾客计划的安全性	有疑问	以后确定
5. 对于完成的产品，联邦政府更容易批准	?	不需要
6. 降低调整配置的成本	卖方	以后确定
日期：		

长此以往，官僚作风就会悄悄地形成。一家计算机的领导公司最近提出一份产品需求的口头简报，其中必须包含至少 25 个缩写字；只有简报的“声音”没有规定。

最后，如果协议的准备是由多功能的新产品团队进行，那么大部分这些问题都会消失。技术不需要写一份协议，营销也不需要。更确定的是，高层管理者更不需要写一份。

12.7　本章小结

本章处理的是一项非常有效的概念——协议。作为一项特定新产品计划中关于各功能必要产出或要达成事项的一份跨职能协议，协议为这些制定标准。协议的目的是沟通各功能间的必要产出作为产品的利益与其他问题，整合成步调一致的团队，理清时间点的重要性，使管理达到特定目标的过程变得更加容易。

你看到了一个典型协议的精简版本。在此刻，我们已经准备好要进入开发活动。开发活动将沿三条路径进行：就是在前面章节所提及的三元过程——产品、营销计划与评估。每条活动路径都有自己的要求，而且在它们进行工作的同时，它们应该都是相当的精确。

12.8 应用实践

在你的面试过程中，公司总裁提出了更多的问题：

1. “让我们把协议的右半部分去掉，这样可以更快一些。我理解利益优先于特征的理论，但是，对我来说，它仅仅是理论。我认识一位计算机公司的高层人员，你的书中也讨论过这家公司——在那里，技术工作获得资助前，公司的新产品开发团队要清楚地说明每一种产品的细节。我听到这位作者做出的同样的批评，因此，我给这位作者打电话问了问具体情况。她说，事实是正确的，但是含义是错误的——员工确实清楚地说明了大部分的研究人员，那些梦想家是永远不会做出原型的。你知道，每一个产品都会是 Taj Mahal 工程，我想这位作者也有同样的观点。你都想到了些什么呢?”

2. “我真的认为，你没有理解并行的或者同步的新产品开发。你说，你在课堂上已经研究过了，它要求所有的职能部门都加入到开发过程中。不是这样的，并行的开发仅仅意味着（技术开发阶段）设计工程等。他们全都在做着非常相似的工作，彼此间一起工作，他们能够感觉工作是如何进行的，以及他们应该能在什么时候把握机会并做出提前的承诺。营销人员做不了这些事情，甚至生产人员（过程工程）在这个问题上也会遇到麻烦。”

3. “我两周前听到一个有趣的事情，可能你也会感兴趣。我们的一位研究人员参加了一次关于新产品管理的研讨会，在会上他听说了一个叫做‘协议’的术语。人们告诉他，协议是一个计划，而借助于这个计划，所有的新产品经理能够与研发人员进行准确沟通，以掌握技术团队需要他们提供的具体对象。研发人员甚至必须用‘虚线’作为标记，并发誓认为这个项目应该能够做好。我们的这位研发人员生气了，他说，没有人能够提前告诉研发人员将会遇到什么问题。研发人员只对高级管理层负责，而不是新产品经理，因此，研发人员不会做出任何保证。这位研发人员还说，他认为概念是想象所涉及的最沉闷的单一活动。你将如何回答那位科学家，或者说，你会回答吗?”

4. “我们的一位高级研发人员前不久参加了一次新产品管理会议并生气地返回。他马上与我在电话中讨论。现在，你知道了产品协议，我也知道了，但他不知道。在那个会议上，一位发言人说协议是这样的一个计划，有了它，新产品团队的经理能够与研发人员进行准确沟通，以掌握技术团队需要他们提供的具体对象。研发人员甚至必须用‘虚线’作为标记，发誓他们认为这个项目应该能够做好。这位高级研发人员说，高层管理者能够指出这样那样的方向，但是新产品经理却做不到。他过去在这样的团队工作过，他认为新产品经理只是推进者，而不是真正的经理。新产品经理没有任何权威。如果我让这位高级研发人员做出交付产品的特征保证，他就威胁退出。他的话语似乎很令人憋气。我真希望那天你也在这里。你对这位高级研发人员有什么要说的?”

第Ⅳ篇 开发

在先前概念创造与早期评估的过程中，就要决定开发什么样的概念。在概念测试及广泛地审查资本、所需的运作支出之后，可以迅速地（一个重要的顾客想要此产品，且准备协助开发）或缓慢地制定这项决策。而产品协议已经撰写完成，早期的财务计划将向开发投入所需资金。

现在问题是要执行这个协议。在这个过程中可能会有（例如一个新药品）广泛的技术搜寻。关键问题可能在于工业设计像686、786芯片这样的非常专业的技术特征方面。协议的执行可能只是简单地确认在概念测试时新的曲奇饼干的制作方法，或者，如同Frito-Lay的O′Gradys案例，可能需要花上两年的技术开发。

这是一个关键的创造性活动阶段，且通常有一个强而有力的艺术形式，甚至处理的是科学领域产品。在这个阶段的进度需要所有职能的经理人特别留意。技术性工作不再是独立于协议及原型之外的活动，如同每个人等待着研发部门的门缝打开，交给大家已完成的产品原型。

今天，开发活动也包含创造这个产品在市场销售中需要的每一个创造性活动，包含融资、销售、推广及技术服务。见图表Ⅳ—1。技术工作（包含设计、工程及制造）显示在此过程的左下方。测试、营销、法律及其他则显示在右方。两者的活动持续到市场导入。

观察这张图，其中有些方面可能会令你惊异。

第一，值得注意的是，我们通常认为技术创造的任务，只是在技术（左手边）过程15个方框里的一个方框中。实际上，那一个方框逐步地被分解成数以千计的其他方框。许多公司使用一种项目控制系统，即所谓的项目评估检查技术（PERT）或网络图，这些工具源自于20世纪50年代晚期第一艘核心潜艇Polaris开发计划。网络图使用方框（结点（nodes））及连接线来指出在项目中任务的流动，以及它们如何相互关联。在汽车产业，仅仅一个部件的网络图（例如仪表板）就非常复杂，以至于无法在一张纸上打印出来。

• 也要注意在此图上方的大方框。技术开发的准备工作有时需花上数个月——找到人员、取得某些材料的权利、创造一项特殊文化、培训团队以及创造现今非常重要的信息系统以支持这个复杂活动。

• 一般不仅只有一个原型。有时甚至上百个，这取决于这个团队的运气。假定一个新的Frisbee飞盘边缘形状可以让狗的牙齿容易咬住，对于飞盘产业的竞争对手来说，可能是一个真正的进展，但对于设计师而言，几乎不可能在一个下午就完成。据说Edison曾在第1个电灯泡上尝试过数百种灯丝的材料。

• 开发人员必须时常暂停来检查他们的工作——像评估、检查、筛选、测试、清除的形式。一般说来，这是件好事，因为在一开始就有瑕疵的设计是浪费时间的，然而在每个时点喊停，又会拖延进度，也会降低团队士气。

图表Ⅳ—1　　开　发

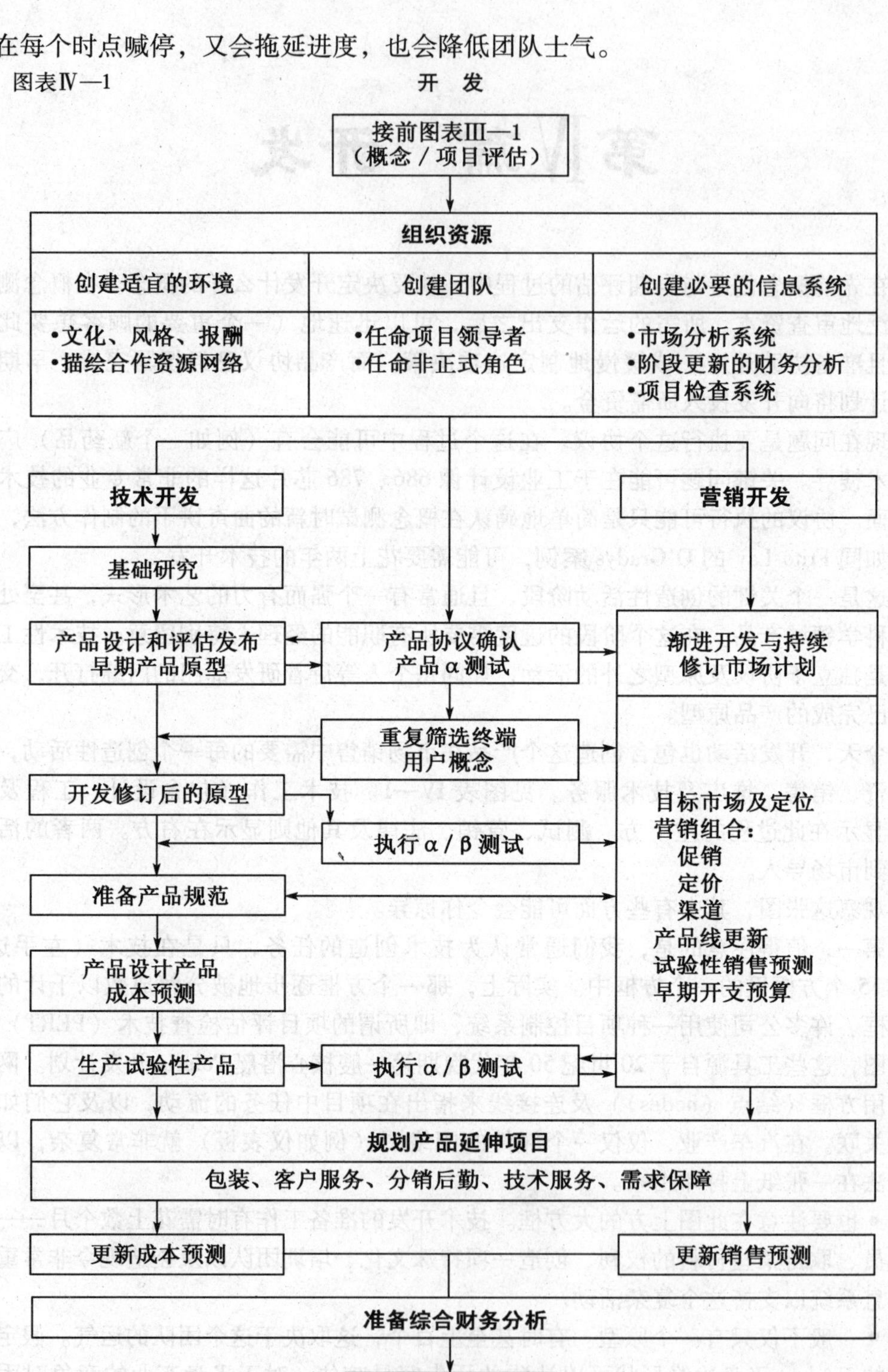

•技术面是持续进展的。即使一个原型早期看似不错，它也必须先发展成测试原型，接着进入工艺流程，接着变成一个试验产品，最后变成一个规模生产下的产品，

并成为一个市场导入销售的产品。原型演进的路径如同在第2章解释的概念的生命周期过程。实际上，一个产品的开发从来不可能一次做完所有的工作。而且意外发生的情形比人们所想象的还要少。原型是一件困难的工作，必须一步步进行。

• 也要注意到过程右手边的项目如何与左手边的项目关联。所以，制作一个原型可能启动产品包装的设计，批量化生产将刺激技术服务活动的启动，生产一个可在市场销售的产品意味着销售网络已经就绪。

不过，并非尝试去同时讨论两个过程，在第Ⅳ篇中我们讨论技术性工作中营销的角色，以及在第Ⅴ篇中讨论其他过程里的营销角色。实际上，我们已经在第3章进行营销过程——例如，在拟定PIC时，通常就已知道目标市场以及在概念测试时就已使用的新产品定位陈述。

因此在第13章讨论有关参与的人员、设计的本质及开发过程中的生产力。第14章涵盖今日跨职能团队的创造及管理，第15章说明此团队如何发现最后的原型是否确实准备好市场导入——我们即将在本书的第Ⅴ篇开始讨论的一个主题。

然而，在我们进入所有过程之前，先确定我们了解在技术面工作进行中，营销扮演什么角色。共有9个重要的问题。

1. 要让每个人完全清楚协议的内容。终点是什么？技术小组如何知道他们何时完成工作？

2. 要确定这个协议任务在技术上是可行的，且在时间及开发预算的经费上是可行的。也就是，所有技术人员都同意吗？

3. 要提供一个开放性窗口，使工业设计及系统设计人员了解市场上所有影响力量。营销不应是一个守门员，而是一个热情的向导者。从他们（设计人员）以及公司的利益观点来看，使所有的开发努力（技术上及营销上）依据市场知识进行，这样真的是最好的。

4. 要给予一个持续的过渡时期机会，以预先测试各种新产品的版本。这意味着整合早期的内部测试以及晚期的顾客使用测试。

5. 在所有合理的时点要让技术人员可以找到你。一些营销人员似乎忘记技术工作正在进行中。在实验室里一个常见的笑话是，要去吃午餐的科学家，对他的助理说："假如我的产品经理找我，留下他们的名字。"

6. 要通过团队会议、参观实验室、社会性接触等来了解最新的技术开发进度。这不是暗中监视。他是寻找一个机会来传递一些技术人员不知道的市场咨询。现今有效领导的团队可以软化这个问题，但营销人员必须学习如何成为一位好团队成员。

7. 要将技术人员涉入开发过程营销方面的决策制定——特别是在开发阶段启动后，原先给定的条件，例如目标市场发生任何变化时。同样的，团队之间可以互相帮助，但不仅营销人员会心烦意乱，技术人员也会如此。我们必须向他们表明为什么我们在某些事情上需要他们的投入，原因是他们可能不会觉得这些事情是像他们所处理的技术问题一样那么重要。

8. 要持续留意项目的进度，并且能有创意地找到协助方法。例如，在第14章你将看见跨职能团队的好处，其中一项好处是加速新产品的开发。在营销上节省1天的时间可能和节省技术开发一天一样有意义。

9. 要指出各种非营销部门的工作如何直接影响到营销计划的方式。这个行动常称为内部营销，涉及技术部门（例如，销售手册中的技术信息）、制造（例如，成本降低及备用的生产能力）、包装（例如，销售手册上的促销口号）、人力资源（例如，市场导入工作所需新进人员的筛选）。第Ⅳ篇这些内容的目的是协助你扮演那些角色，但必须要明了的是——开发过程技术面的复杂性超乎大多数局外人的想象。不要轻视这些角色。

第13章 设计

13.1 引言

本书第Ⅳ篇讨论开发阶段的所有问题，这些问题包含产品设计、产品框架、原型开发、产品使用测试，以及组织与团队管理的问题。在第13章中，我们仅讨论开发阶段对于不同的公司有何种意义，并且我们将把设计及使用设计作为战略资源而给予阐释。此外，我们也讨论产品设计者的角色，以及设计与新产品过程中其他功能之间的接口。

13.2 什么是设计？

身为消费者，我们都会因产品设计不佳而感到挫败，并且对它们怎样流通到市场而感到困惑。例如：

- 体积过于庞大或吸力不足的吸尘器。
- 玉米脆片的包装盒一打开就不再有保存效果。
- 奇形怪状的小铲子无法翻转煎饼。
- 说明书不清楚的自助式气泵。
- 一个CD——磁带两用的音响，其磁带的操控位于CD光碟装置，CD的操控位于磁带装置旁。

当然，我们也能够辨别并欣赏杰出的设计——一辆新汽车、创新的办公家具，甚至是一个很实用的万能螺丝起子，并奖励这些产品制造商。Apple iPod的设计及外观的确增加了它的吸引力，James Dyson的吸尘器也是。在“不要拘泥细节”的日子及年代里，可能是非常微小的事情决定了品牌偏好程度，并且制造商重视的也正是这些细节。

管理层也都知道设计的重要性，并且可以利用设计作为提高竞争力的一项工具。在最近一份的研究中，有一半的接受调查的公司CEO决定要对设计负主要的责任！一位作者将设计定义为“将技术及人类的需要变成可制造产品的综合体”。然而实际上，设计是一个拥有多种使用方式的词汇。对于汽车公司而言，设计是指设计部门。对于一家货柜公司而言，设计是指满足顾客的包装要求。对于制造部门而言，它最可能是指设定最终产品规格的工程师。在任何情况中，设计不应被视为事后的工作，即工业设计师被要求去美化一个准备好制造的产品。以下部分讨论许多产业里的公司如何成功地利用设计来达成关键的新产品目标。

13.3 设计在新产品过程中的角色

在新产品过程中设计的潜在角色有时会被低估。这可能是由于其他职能部门的经理人对设计师、设计管理以及设计功能缺乏了解。设计师经历了严格的培训来学习如何设计出机械功能良好、耐用、容易操作又安全、易取得制作材料、外观吸引人的产品。这些要求之间有冲突，因此，需要依赖熟练的设计师来同时满足所有的要求。

13.3.1 设计对新产品目标的贡献

为了证实设计的重要性，考虑有许多种杰出设计能够帮助公司达成广泛的新产品目标，如图表 13—1 所示。

图表 13—1 设计对新产品过程的贡献

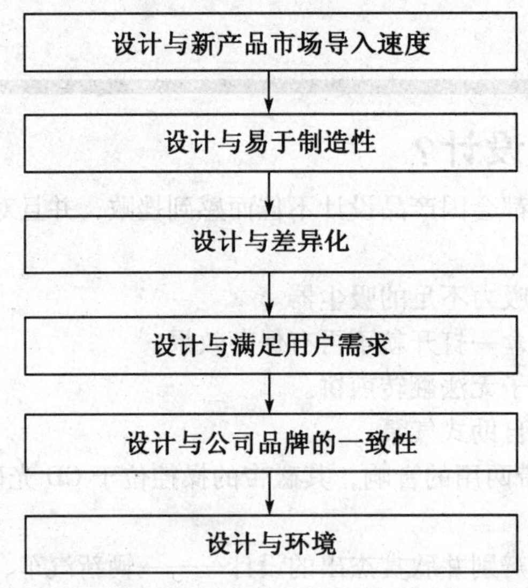

加速市场导入的设计

Ingersoll-Rand 在创纪录的时间内开发 Cyclone Grinder 研磨机（一种风力工具），这归功于一个有效率的跨职能团队及优秀的设计。这个团队（由营销、制造、工程人员组成）与 Group Four Design 公司紧密合作以识别顾客需求。对于传统的研磨机，用户常抱怨他们难以掌握机器，双手常常冻僵（使用时，装置变得很冰冷）。这个新研磨机具有人体工学的外形（在这个案例中，是指更容易掌握），更轻，由新合成材料做成，更耐用及掌握时更舒适（因使用时的较少热能，所以双手不会冻僵）。再者，一件式的外壳设计比起之前版本的设计在成本上更低，之前版本的设计需要组合 7 种不同的零部件。

制造容易的设计

一个经典的例子是在 20 世纪 80 年代中期，IBM 点阵打印机 Proprinter 的开发。在那时，日本拥有低层次打印机的全球市场。然而，IBM 感到这个竞争对手有弱点：日本的打印机设计不完善，尤其是有数百个零件，包括数十个铆钉及扣件。IBM 设定每秒打印 200 个质量优良的字符的绩效目标（并非目前的标准，但预期未来 4 年内的标准），且有一个“无扣件”的目标：每个零件必须能轻易地扣在一起。再者，开发时间必须从标准的4年缩小到两年半。以上所有的目标都被达成：原始的Proprinter只有61个零件且能在3分钟内组装。同样的，Swatch手表被设计成容易制造，具有大约传统瑞士手表的1/3可拆式零件，无法拆卸表背的塑料外壳，塑料表带与外壳一体成形，以及许多其他的设计特征。Swatch手表的零售价是传统瑞士手表价格的一小部分。

差异化的设计

办公室家具设计公司Haworth，雇用Ideation Group来负责开发及评估顾客对概念产品（没有明确市场的高风险产品）的接受度。Haworth相信“非标准”的产品开发是概念产品的必要条件。少数由Ideation开发的原型可能会投放市场，且投入市场的这些原型（如同Crossings家具系列）最后可能会看起来与原来的概念设计相当不同。来自Ideation Group的好构思可以成功进入现有生产线或其他家具产品，且更重要的是，当Haworth在设计上更具原创性时，便成功地实现了自己产品的差异性。

在1986年当Ford首次设计Taurus，他们广泛地听取顾客的心声。像容易阅读的仪表盘及简易的控制等吸引人的特征是基于顾客需求而设计的，且在制造过程，这些特征不须再进行调整。最近，Toyota努力缩短确定外形设计与开始生产之间的时间，这样，万一顾客需求改变时，外形将可再修改以维持对顾客的吸引力。

Infiniti QX4运动型休旅车的设计广泛地听取了用户的意见。事实上，营销主管Steve Kight那时说道：“QX4是特别设计给我们的顾客的。”在对纽约州韦斯特切斯特县Infiniti的用户进行访谈及调查中得到的信息表明，他们对SUV的偏好：操作起来要像一般轿车、上车容易、价格要低于4万美元。有5种不同设计展示给目标市场（35~64岁、家庭收入超过12.5万美元、愿意购买一辆豪华汽车）Infiniti及非Infiniti的车主。其中最佳的设计是以黏土及玻璃纤维塑造的模型，并加入经销商所提供的建议。最后，这辆SUV经过强力推广活动支持，在Smart Money等类杂志大量刊登广告。结果，销售远超过预期。

通用设计（universal design）有时是指产品的设计符合任何年龄或能力的人使用。通用设计的原则可以用来开发产品给顾客需求未被满足的新市场。当他们应用通用设计原则的时候，设计师考虑在真实世界中人们的能力。例如，有些人视力不佳，也有些人由于视觉疲劳、手术复原，甚至光线不充足而有暂时性的视觉问题。特大号按键的电话能解决永久或短暂性视觉的问题，且任何人都能使用。全字幕电视、自动车库门开启装置、杂货店自动门也是通用设计的例子。图表13—2说明通用设计的原则。

图表13—2　　**通用设计的原则**

原　则	举　例
公平使用：这个设计对于各种能力的人都有用。	公共场所里可调整音量大小的公用电话。 方便于残障购物者及手推车、婴儿车等购物者的杂货店自动门。
使用上的弹性：这个设计适应各种偏好及能力。	大按键电话。 左右手都可操作的剪刀或刀子。

续表

原　则	举　例
使用简单且凭直觉：这个设计对于任何人都能轻易了解及使用。	咳嗽药上的彩色代码标签。 为了避免文字障碍者无法理解，Ikea 家具说明书用图解和极少的文字。 较新的磁带播放机使用屏幕指令来操作，较容易使用且更直观。
可辨识咨询：这个设计能有效地传达所需的信息给这些用户。	连接 DVD 播放器、磁带播放机、电视的插头及插座有彩色代码。 Honeywell 恒温器显示数字设定，当转动调节控制器时可听见咔嚓停止声。
容忍错误：这个设计能将不当使用所造成的不利结果降到最低。	熨斗或煮咖啡机如果 5 分钟后没有使用会关掉。 用户需要压住把手上的控制杆才能保持运作割草机把手。
符合人体工学：这个设计可让任何人在疲累度最小之下有效率地使用。	行李袋的滚轮及把手。 便于操作者使用的有角度计算机键盘。
接近与使用方法的规模及空间：不管用户的身材或行动性，这个产品能容易拿到、操作及使用。	Whirlpoo 有长把手的并排冰箱冷冻库。 Copco 适于任何大小手掌掌握的牛排刀的把手设计。更宽阔的车门让有学步车或轮椅的人更容易上下车。

资料来源：James L. Mueller and Molly Follette Story，"Universal Design：Principles for Driving Growth into New Markets" in P. Belliveau，A. Grifn，and S. Sodermeyer（Eds），*The PDMA Toolbook for New Product Development*（New York：Wiley，2002），pp. 297 –326.

设计以建立或支持公司识别

许多公司通过产品来表现一种可视的价值，这是一个公司持续地向用户展示的可辨识的外观或感觉。产品设计能因此有助于建立或支持公司的大众认知，及最后公司的公司识别。Apple 计算机总是设计得容易使用；Rolex 手表则有经典、高贵的外观；Braun 电器则有传递简约及优质的线条及颜色。

保护环境的设计

拆卸式设计是在产品使用后，产品能拆解分开成金属、玻璃、塑料零件回收的技术。其他汽车制造商中，BMW 公司在其产品中利用了可拆卸技术，达到了循环利用的目的。使用过的塑料零件可分类、回收，制作成新的零件。其他零部件可回收或重新制造，而无法使用的零件则当成燃料来制造能量。

事实上，图表 13—3 显示各种设计的问题，它只运用设计的目的以及设计的项目两个准则。设计不只是艺术家描绘新微波炉图像的一个领域。设计混合外形、功能、质量、风格、艺术与工程。简而言之，一项好的设计是在审美观点上令人喜欢，容易正确地制造、可靠、容易使用、操作与服务上具经济性及符合回收标准。一项杰出的设计在于决定一个新产品如何满足顾客、零售商及其他利益相关者的需求的程度，所以是产品成功的一个重要决定因素。

考虑一个设计创新的产品：Gillette Oral-B 的 Cross Action 牙刷。研究者对刷牙的人进行录像拍摄，以确定刷牙的动作模式，然后创造一个机器手臂来模拟刷牙的动作。应用高速摄影机及计算机图像来测试不同的原型，并找到清洁牙齿最有效的硬刷毛结构。

在顾客对产品最终接受度上，设计的角色容易令人理解。细想一辆新车的设计。

假如这个新风格没有不同于现有的汽车，顾客可能觉得乏味或非常保守。另一方面，如果这个新设计看起来像来自外星球，多数顾客可能会觉得它太过前卫甚至丑陋。如果一家汽车公司投资了20亿美元在设计新车上，那么我们就不难理解为什么汽车制造商花费100万美元研究新车的风格与外形有适当的平衡。通常，新车开发团队会组建几个焦点小组，由他们来获取与研究用户的最初的反应，接着真实尺寸的模型（或在计算机荧幕上的汽车外形）可能展现给许多潜在购买者。尽管经过谨慎的研究，但也可能由于误导而出现错误，这是由于顾客经常没有真正了解他们想要的是什么样的设计风格。

图表 13—3　　**设计涉及的主要内容**

设计的目的	设计的对象
美学	商品
人体工学	服务
功能性	建筑
可制造性	平面艺术
提供服务	办公室
可拆卸	包装物

注：设计是一个大的概念，包含许多人类活动的领域，尤其是在新产品的开发中。新产品领域覆盖了上述两个涉及对象和所有的6个设计目的子类。有些人甚至认为在设计项目中的其他4类涉及对象也是组织确实可以生产的产品。

13.4　产品框架

产品框架（product architecture）被描述为将顾客的需求发展成为产品设计的过程。这是一个朝向产品设计的重要步骤，因为一个坚实的产品框架将有助于改善最终的产品的品质，降低在投入生产以后改变产品的成本，并且能加速产品市场导入。

为了了解产品框架的发展，考虑产品的构成（一个携带式CD录放机的构件有底架、马达、磁盘驱动装置、喇叭等），零部件能组成许多单元（底座、光碟处理系统、录音系统及放音系统）。一个产品也是由功能元素所组成（一个CD录放机而言，这些可能包含读取光碟、录音、放音、调整音量）。产品框架是指这些功能元素如何分配成为单元，以及这些单元之间如何相互关联。

13.4.1　产品框架的开发过程

产品框架的发展是一个分步骤进行的过程，只有这样才能确保产品的设计将会与顾客需求一致，以及到最后也会与产品创新章程一致。图表13—4描述了产品构架开发的简化过程。草率的产品框架导致产品就会像先前提过的CD—磁带录放机案例。虽然每个零部件完美地运作，但以产品用户的观点来看，这些零部件组合的方式是难以理解的，进行小幅的重新安排就可以让产品更容易使用。

1. 创造产品草图。草图显示出产品的零部件及功能元素，及它们如何相互连结。在这个步骤中，需要提供几个供开发与讨论的备选草图。对 CD 录放机而言，它的草图可能包括用来设计连接标准立体音响系统或发展本身单独有小型扩音器的一个构件或其他只能使用耳机的构件。此外，CD 录放机可能包含与光碟驱动装置连结的零部件、输音（录音）功能、放音（录放或扩音器）功能及电源供给。

2. 组合草图中的元素构成子系统。在步骤 2 中，将要完成对子系统（或模块）的定义。在图中，输音、光碟、放音及电源等模块会被识别出来。这些模块间的互动应该尽可能简化，如此才能轻易地加以改变，同时应尽可能地利用制造能力。假如预期到产品的某些零件会迅速改变，那这个零件必定要成为一个模块。例如，假如预期到新光碟驱动技术有多达 10 倍的录音容量及储存在 1/4 大小的光碟上，假如是这样的话，则现有的子系统就应该设计成易于更换的。

3. 创造几何布置。在该步骤中，利用模拟、计算机辅助设计或其他技术，从多种配置方案中确定最佳的解决方案。例如，光碟托盘应放置在 CD 播放机的前面还是侧边？扩音器（若有的话）应放置在哪？可能的空间布置图如图表 13—4。

4. 检查子系统间的互动。了解在子系统间的接口上会发生什么。在 CD 播放器中，录音时声流会成为数字信号输向光碟，放音时的数字信号也来自光碟。

图表 13—4　　产品框架开发过程图示

步骤 1：创建产品草图

录音系统的构件　碟片驱动系统的构件　输出系统的构件　动力系统的构件

组合草图中的元素构成子系统

子系统 1：录音　子系统 2：碟片驱动　子系统 3：输出　子系统 4：动力源

步骤 3 与步骤 4：设计几何布局与测试内部联系（如箭头所示）

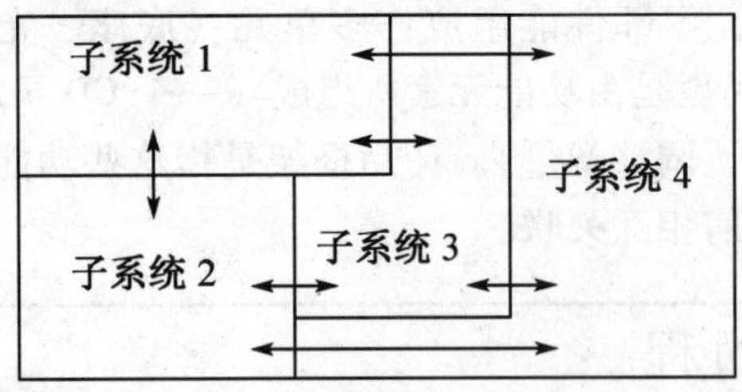

13.4.2 产品框架及产品平台

显然的，发展谨慎的产品框架对于最终要建立产品平台的公司是很重要的。如同第 3 章讨论的，汽车制造商（有少数例外）都是在设计平台，而不是个别产品。一个成功的平台（例如 Chrysler 的“座舱前移”设计）可以产生一辆成功的汽车（Chrysler

Concorde），且在未来也可能派生出其他车型（Eagle Vision 及 Dodge Intrepid）。

假如框架允许设计师能轻易地更换子系统或模块，当技术改进、市场口味改变及制造技能提升时，许多新产品能被设计出来。这就是 Sony 如何在仅仅 4 个基本平台上开发大约 200 多个型号的 Walkman 版本！

在 Chrysler 的例子中，Vision 及 Intrepid 的车型被视为衍生产品：这些产品是以与现有产品相同的平台为基础，但在技术或顾客需求的实现上逐步再做修正。依据加入多少个特征，衍生产品的成本可能与制造成本大约相同（例如 Swatch 手表的新款设计），或可能成本更高但提供给用户更多的价值。一些特征也可能被删除以产生低成本的衍生产品。此外，通过在许多不同产品间使用标准化的零部件可以节省更多的成本。无论情况是什么，关键是能够改变模块同时仍在相同平台上运作。

首先，工业设计师是创造性群体：他们的工作是针对一项问题设想出问题的解决方案。他们关切产品如何运作及产品外观如何。设计师的大学培训包含艺术设计、机械工程、原料与过程、美术或制图的工作。是这种技能及能力的独特组合决定了设计师在新产品过程中的特定角色。

想想现实生活的这个例子。一位工业设计者被一家修正液（当使用打字机时，涂改错误的白色液体）的领导制造商雇用。其中一个用户所面临的问题被确认出来：刷子会干掉、变形，导致修正液难以使用。明显的解决办法可能是：扩大瓶口或改良涂剂。但更好的产品设计工作会产生更创新的解决办法。为了完成这项任务，设计者使用类似第 5 章讨论的一般创造力技术，例如头脑风暴，与来自产品团队的营销及工程人员合作，设计者草拟许多草图来讨论。对于这个修正液而言，这些草图包括白色液体笔、各种笔端（包括不同的角度、弹簧承载方式等）、不同种类型笔盖——甚至像胶带一样的修正液出口。草图也能使用像 Photoshop 的软件用计算机合成，而非使用素描方式。产品团队依据外观及可制造性评估每个草图，并选择最佳的草图，接着由设计者做更具体的描绘。

图表 13—5　　**工业设计的评估因素**

用户接口的质量
用户是否理解产品及它的使用方式？使用上安全吗？例如在汽车仪表盘的设计里，它的按钮是否清楚，以及灯光、雨刷、喇叭的开关是否容易找到及操作？
情感的满足
产品的设计能吸引人、令人兴奋吗？预期拥有者会以拥有此产品为傲吗？ 当发动引擎时，汽车会发出令人满意的引擎声吗？
保养及维修
保养的程序清楚及容易吗？所有液体容易替换吗？容易辨识液体流往何处吗？
资源的合理使用
此产品包含非必要的特征吗？或缺乏关键特征吗？选择最佳的材料考虑到成本及质量吗？选择材料时考虑环境及生态因素吗？例如，汽车的烤漆类型。
产品差异
设计能使此产品具有差异性吗？令人记忆犹新吗？与公司识别匹配吗？当未来的豪华汽车拥有者在展列中心观看时，他们会说新车样式非常出色吗？

资料来源：Karl T. Ulrich and Steven D. Eppinger, *Product Design and Development*, 2nd ed. (Homewood, IL: Irwin/ McGraw-Hill, 2000), pp. 227 – 230.

没有一个构思可能会成为最终的设计概念，并使其产生原型开发。每个构思的最佳部分通过一个步骤被组合成一个单一设计，这步骤称为设计合并。在进行设计合并时，要把尽可能多的细节考虑完备，包括装饰用的图形及品牌名称与商标（假如知名的话），因为这是在投入庞大的财务及人力资源在这个产品之前最后一项评估指标。大致上，这个阶段的工作将选择以计算机合成进行描绘，其他新产品团队的成员提供信息以决定这个产品能否制造及上市销售。

运用这些程序，设计两种新修正液产品并市场导入发布有关信息。第一种修正液是将修正液放入钢笔的容器里，挤压笔时，可以在欲修正的地方挤出平滑流畅的修正液。第二种修正液是修正带，这需要两年额外的时间开发，它可以在欲修正处盖上干的白色带子（能让用户立即修正，不需等待修正液变干）。

工业设计师在决定一个设计的适合性时，需要考虑许多因素，包括用户接口的质量、情感上的满足、保养及维修、资源的合理使用及产品差异（见图表 13—5）。

13.5 产品原型开发

对于大部分人而言，原型（prototype）这个字使人浮现一个有完整功能、真实尺寸的产品准备好给潜在顾客检查的印象。工业设计师定义的名词更加广泛。一个完全原型（comprehensive prototype）实际上是这些完成原型里其中的一个原型。工业设计师也利用所谓的焦点原型（focused prototype），即那些只检测产品的有限属性或特征的产品原型。回想第 2 章的电动脚踏车及 Iomega Zip 磁碟的开发。在这些案例中，我们遇到许多聚焦性的原型。脚踏车制造商运用泡沫塑料或木材建立一辆无法操作的脚踏车，以确定顾客对产品外形的反应，及运用粗糙的可操作的原型来实验及确定这个产品如何才能运作。回想 Zip 磁碟的例子，在产生一个顾客喜欢的原型之前，曾有许多还无法运作的原型被制作出来，其中包括一些具有轻弹即开上盖的原型。

在实际工作中，到底应该开发哪一种或哪些原型呢？当然，这个答案取决于如下内容：首先要取决于原型的用途。焦点原型主要用来了解产品的工作方式以及满足顾客需求的程度。例如，BMW 的设计师创造 3 系列的新汽车并设计成黏土模型，并将这些模型送往法国南方以观察它们在阳光下远距离看起来如何，并确定是否有线条或外形的缺点。现在做出必要改变比之后在开发过程里做改变花费更少。

为了检验所有的零部件是否可以搭配在一起，有必要建造一台更为综合的物理原型。这需要新产品团队各个成员的合作来建立完全原型。最后，更进一步的原型可以作为里程碑—追踪某些阶段原型的绩效，以观察原型是否能朝着预期水平的方向发展。

一旦完全原型产生，它可以带领潜在用户在一个真实的情况中进行测试，并不断改善及精炼。这就是众所周知的产品使用测试，具体内容将在第 15 章讨论。

13.6 设计过程中的接口管理

新产品经理人必须记住产品设计不应只是设计者的责任！历史上，在组织功能专一及革新缓慢，直线式、阶段式产品开发的时代里，工业设计师主导着整个产品设计活动。现今，工业设计师必须与一些其他功能的人员分享这个传统的角色，例如，NCR 公司雇用包装工程师及认知工程师（受过心理训练）以协助设计出弥补人们思考及行动的产品。

最近有人这样描述发生的变化："……大型跨国公司已开始将产品设计者'解脱'出来，使他们能够共享营销与工程专业的知识。最终，作为一个由多学科构成的团队的公平成员来参与工作，在新产品开发过程中，在新'国王'及'皇后'带领下——'项目'、'产品'或'项目'经理人……"

讽刺的是，正是由于加入团队和表面上的放权，设计才真正得以站在施加最终影响的位置的边缘上。当然，实现这些是新产品经理的任务。

产品设计的任务需要若干参与者，某些参与者的角色比其他人更直接，如同在图表 13—6 中显示。图表中描述了一个团队的成员如何参与协作模型。模型多少有些线性化了，但实质上开发工作是重叠或平行进行的。

很容易发觉，这个模型的运作是如何带给人们，特别是对设计师提出问题的。工业设计师接受美学设计（造型）、结构的完整性和功能（产品是如何运作的）的培训，这些工作直接与设计工程师重叠，而设计工程师是将造型转换成为产品问题或规格的技术人员。技术人员并不是缺乏造型的见解，而设计师也不是缺乏机械如何可以运作的观念。对于各方都有经验与想法的一般产品（像鞋子或餐具）更是如此。

其他问题的复杂性是与图中支持性参与者相关的。供应商通常比顾客更了解材料。这就是为什么 Black&Decker 在设计完成以前就选择 Snake Lite 作为供应商。像 Philips 这种大公司拥有资金来建立大规模外形设计中心，外形设计中心的设计技能优于一般工厂设计师的设计技能。顾客总是能贡献一些出人意料的好主意。最后，这个造型功能是超乎这些直接参与者观点的一个综合观点。假如我们将公司其他人员列为支持性参与者，那我们在第 14 章讨论新产品团队组成时就要回到这份功能清单上。

这一切看上去似乎是毫无头绪的，一般来说，这些问题就像是为什么某些国家的产品在市场上常被日本、德国的新产品打得落花流水。例如在日本，产品设计不仅是指产品外观及用户的感受，而常泛指工程上的应用。根据一位观察者，设计在日本是指"确定顾客需求及将顾客需求转换成为概念、详细的设计、工艺设计、工厂设计、最终的产品及支持产品的服务的整体公司过程"。这是整合最终用户需求的一个整体观点，以及满足这些需求的一个整体结构。设计被视为一种实现顾客需求的垂直性方法，而个人的技能并非核心。

开发时间范围

核心团队的成员全程参与所有 4 个阶段，在第 1 个阶段的领导权通常给予工业设计者，中间两个阶段是工程设计，最后一个阶段是过程设计或制造设计。使用的词汇变化很大。在化学及制药产业，设计及工程功能由研究与开发取代。在一些厂商中，用产品工程一词取代工程设计；他们想要对比产品工程师及过程工程师。

图表 13—6　　产品设计过程的模型

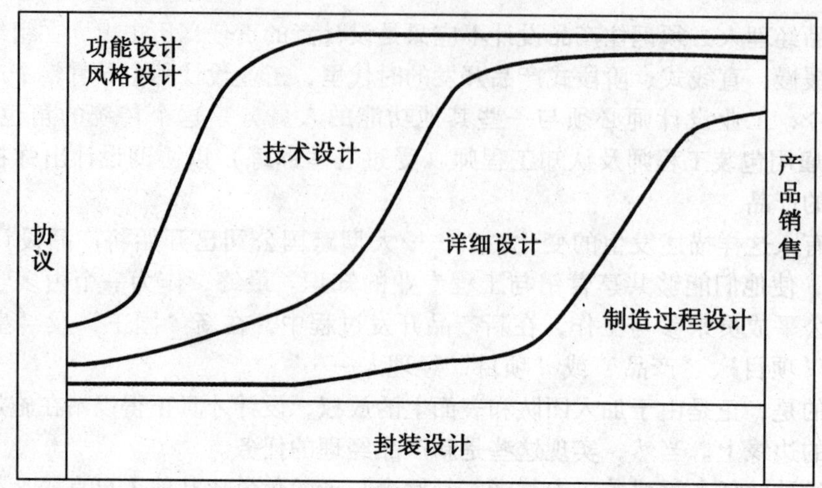

对于服务公司而言，也可应用相同步骤，但我们发展的是一个服务过程及技术能力而非一个“事物”。想想在一个金融机构中开发一种投资服务或一个有线电视系统、或一种办公室设计服务。

与（商品或服务）开发同步进行的是产品延伸部分的发展—售前及售后服务、保证、形象等。这部分活动大部分常由营销人员领导，称作外延设计，横跨在这张图的下方。

设计过程中的参与者

直接参与者	支持性参与者
研发	设计顾问
工业设计师与造型设计者	营销人员
工程设计师/产品设计师	经销商
制造工程师及系统设计师	供应商
制造作业人员	政府
	顾客
	公司律师
	技术服务

在美国及欧洲，参与者从一个项目到下一个项目结束“抢椅游戏”，如同角色变换。越来越多的工业设计师完全融入一个团队，如同 Chrysler 的 LH 生产线开发的案例。然而，一些设计的纯粹主义者及传统主义者可能反对这样的运动。设计及营销的操作有着完全不同的文化，且文化差异难以磨灭。

在某些案例中，设计师承担一个连接的角色，作为最终用户到高层管理者的纽带。与最终用户整合得越紧密，就越能给期望的设计带来更多更有用的信息。设计师也能作为产业信息的导管，例如，推荐新材料给产品开发团队使用。

设计工程师及设计师都被不断地指责，人们认为他们只想让产品更好一些，而拒绝将改进后的产品进行生产。曾有一个有关汽车产业的说法，工程部门从不发布任何东西，逼得新车主管必须到工程部门索取该产品的设计图。太多重新修整设计会导致工程特征或装置太多而延迟市场导入。四声道音响系统及 Xerox 8200 复印机就是无法在预期时间投入市场的产品，部分原因是由于这些产品的复杂性。20 世纪 80 年代的个人计算机则适应了这种设计风格——Apple 的最初成功是基于它的产品便于使用。

这样的主观感受有时会加剧，并导致职能部门之间的冲突。日本向全世界显示他们如何处理这种情况，他们在技术周期的早期就开始冻结产品规格，并强迫将后来想到的构思放到下一个模型开发的时间表之中。

13.7 改善设计过程中的接口

大部分与设计有关的问题是在开发过程中同时发生的。第 12 章所讨论的前期产品定义（产品协议及原型）的重要性是相当清楚的。目前在开发阶段所使用的一些技术可确保设计与其他功能精确整合，以及所设计的产品能在具有低成本、高效益的方式下制造。

这些技术当中重要的是共同地点（colocation）（将不同的人员或职能部门放置在相近的地点）。开发阶段可能处在一个沟通相当混乱的地方。当这些不同的小组不是处于正常的接触及合作时，可能有信息遗失（或隐藏）的趋势。这导致精力浪费及延迟整个运作执行。再者，在大公司中，其研发中心距离营销部门办公室及产品生产线有数百里远，这问题会更加严重。许多公司已尝试共同地点方式以缩短沟通过程及增加团队凝聚。例如，Motorola 在开发 Bandit 携带型传呼器时，将它的开发团队设置在共同地点，结果在 18 个月内完成此项目（少于正常开发时间的一半）。Ford 的 1996 Taurus/Sable 使用共同地点以加速市场导入的时间。许多其他公司像 Honda、AT&T、John Deere 也都成功地使用共同地点方式。

共同地点有助于整合各部门及时改善信息流，以及让团队成员更快的辨识、解决产品开发问题。然而，共同地点必须谨慎地计划及处理。为使团队成员在共同地点工作而将技术卓越中心解散，可能不是个好主意。共同地点太远（也就是说，员工必须开车并前往其他的建筑物，而不是走向大厅）反而增加团队成员的问题，而不是马上解决问题。这可能存在一种主场优势（假如会议在营销部门举行，营销团队成员会被认为有较大的影响力）。同时团队成员必须愿意拆除这个功能围墙及改变与其他功能成员共同工作的态度—否则，共同地点加速社会性互动，但并未真正达成跨职能整合。

在许多公司中，运用如同 Lotus Notes 提供的通讯技术资源，共同地点的效果能在团队成员没有真正的实体接近下达成。有时这称为数字化的共同地点（digital colocation）。最后，近年来运用全球团队的公司逐渐增加（即团队至少由两个不同国家的成员组成）。改善信息技术，例如电视会议、电话会议、电子邮件、公司资料库、定期信函等，让全球团队（global team）面临着越来越多的可行的选择。在新产品开发中全球团队持续地受到欢迎，我们将在下一章开始讨论对他们的管理。

有时候也使用其他一些技术。一些公司通过推举一位生产可行性工程师（produceability engineer）作为解决办法：了解设计及生产的一位独立、第三方的专业人员，且他能在设计部门中工作，验证设计决策是否能符合生产的需求。作为第三方，可以避免一些不同领域间的地盘战争。但这不是一个令人满意的解决办法——因为很少会因此而增加一位人员。如同12章所见的，质量功能配置（QFD）也有助于促进新产品团队不同领域成员间的合作，同时还能使成员把注意力放在顾客的要求及利益上。顾客的要求（协议中相对应部分）构成这个系统的一个固定部分且不能被忽略。

除此之外，与上游供应商合作也是一种选择。当然，会有安全的风险、专利的不确定性、突发事件中无法确定的合作等顾虑。但大多数公司告诉我们，它们通过使用逆向营销、技术搜寻、要求供应商量身定做其产品及在新产品团队纳入供应商人员等方式，进行与供应商的合作。例如，Chrysler 最近裁减它的供应商数目，与供应商建立更长期的关系，且坚持高质量的供应商以提升全球竞争力。提供给最终用户真正需求的产品是任何供应商的最佳利益，所以双方可以从整合活动中来获益。

13.7.1 计算机辅助设计及可制造性设计

还有一项技术的应用能让人们团结在一起工作，且同时显示所有参与者的重要性。那就是常用缩写来表示的科技：CAD（computer-aided design/ 计算机辅助设计）、CAM（computer-aided manufacturing/计算机辅助制造）、CAE（computer-aided engineering/计算机辅助工程设计）、DFM（design for manufacturability/ 可制造性设计）等。

这些科技提供许多好处——人们必须共同工作以了解及使用它们、它们强制将所有需求整合成一个分析性集合、它们迅速，甚至当人们时间充裕时，它们做的比一个人做的还多。它们也协助改善缺乏地位的团队参与者的形象。例如，制造过去必须跟在设计及营销背后。在许多公司中邀请工厂工人参加会议都很罕见；不知为何，工厂人员被想当然的期望理解设计并加以制造。今天，多数公司已经不再是这样了，而且这将发展到所有的公司。

产品设计者常使用可制造性设计技术（DFM）以使其成本降至最低的方法。平均而言，高达80%的产品成本在产品设计的时候就已决定。DFM 的构思是，设计阶段表面上看似琐碎的细节，将会对后续制造成本产生巨大的影响，所以早在产品设计时制造就需要被考虑。另一个有时会听到的词汇是 front-loading（提前确定成本或收益）：在新产品过程的早期阶段去识别及解决设计问题。

或许最重要的 DFM 过程是易组装性设计（DFA），DFA 关注组装及制造的简易性，并促使产品简化。如同之前 Proprinter 案例的例子，DFA 能减少零部件、降低材料成本及节省组装时间。这里有许多 DFA 应用软件，但第1个软件来自于美国罗德岛的软件公司 Boothroyd&Dewhurst。通过编排制造条件，及有关于特定组装操作的信息（例如，装配线上的汽车），FDA 软件能反映任何设计方案所需要的时间及成本结果的有关信息。FDA 软件也可指造成时间延缓或成本提高的主要设计要素，所以设计师可以集中精力有针对性地工作。遗憾的是，设计师没有称作可营销设计（design for marketing，DFM）的相对应软件。除非这个协议是非常清楚且被接受，或者除非进行设计期间营销或顾客人员在场，否则开发人员的行动可能有利于减少工厂的时间/成本，但顾及不到顾客的价值与有益性。

三维空间 CAD 模型制作已成功地使用在设计问题的前期识别上。例如，飞机或汽车的设计师在空间限制下进行设计。传统二维的工程图可能无法识别类似于设计好的冷气机导管将无法适合于新飞机的结构这样的问题。汽车仪表盘设计师可能无法知道他们设计的收音机/CD 播放机位置会太过接近引擎区域。像这样的匹配不佳等问题可以利用 CAS 来识别且立即修正。例如，Iomega 在 Zip 驱动器的设计中运用 CAM，原型完全由三维的计算机产生图像来建立。类似地，Boeing 在它的 777 设计中使用 CAM。Boeing 使用计算机产生的虚拟人员来模拟爬进新设计的飞机中，进行保养工作，发现对于一位真实的服务人员会难以触碰到其中一个航空灯。这样，波音公司没有必要去建立一个昂贵的原型来发现这个缺点，设计师很快便可修改设计。

Chrysler 在其开发 1998 Concorde 及 Intrepid 的车型时，也得到类似的实惠。汽车工程师谈及底板——将汽车的动力引擎系统组合到车身上方（想象在制作一个三明治时，所有的部分必须完美的配合在一起）。通过使用 CAD 制作模型，Chrysler 在进行实体底板组装以前，就识别到（及解决）许多匹配的问题。事实上，底板组装的过程在 15 分钟内就完成，因为所有潜在问题早已被解决了。

其他 CAD 的应用是有关于汽车防撞。事实上，BMW 使用撞击模拟装置虚拟地“撞毁”许多的汽车设计，结果汽车设计的防撞性能提高了 30%。实际上，只有两个实体原型被建立、撞毁并分析。数十个设计的原型实体制作与实际撞毁的成本因而不用发生，更不用说时间的浪费了。总而言之，数字化预先组装（例如，在 Chrysler 中的例子）及模拟分析是三维 CAD 对产品开发的最大利益，因为它们克服了在新产品过程中增加的成本及时间浪费。

当前，有关的进展还有：（1）立体平板成型及（2）机械计算机辅助工程（MACE）。立体平板成型是允许自由成型的一项技术，也就是来自于三维计算机模型的实体对象。这个过程有时称作快速制作原型（rapid prototyping）。只要一至三天内，能够根据 3D 计算机设计模型将液体容器转换成为硬塑料原型。这个过程是将强化电子光束射入这个容器，一次一小点地让液体结晶成固体，产生非常精确的模型。在过去，像这样一个精确细致的模型要耗费模型制作者数星期的时间来完成。MCAE 允许工程师在制作之前按照所有关键数据进行测试。它是一种改善设计的模拟工具。

13.8 设计的持续改善

如何进一步改善产品的设计呢？在新产品开发中一个类似的概念——顾客的声音——可能要被再度讨论。我们经常看到，初始的产品已设计好，然而产品用户接口却没有思考顾客想要什么。更严重的是，如果没有对初始产品做出重大改变就很难给予顾客真正想要的。因此要求以顾客的需求为出发点，一开始就设计出一个更好的初始产品。这个过程有时称作互动设计。例如，假如 ATM 的用户总是要求英文服务，且总是会要求收据，那么为什么不能追踪这位用户的使用行为，然后让机器不再询问这位消费者呢？这是非常简单的概念，但为了要给予顾客他想要的，这个初始产品需要有大幅的改变。

13.9 本章小结

本章讨论设计的过程、人的问题以及有关活动。我们已明确地讨论了在新产品设计过程里的元素，例如设计框架及原型开发，探索对许多公司非常重要的一些计算机辅助技术。然而，设计是多面的，所以设计在各个产业中是大不相同的。营销人员会发现在新产品开发过程具有适应性是很重要的，有助于塑造适合每种情况及公司政策。但在大部分公司中，设计结合制造及其他功能构成一个运作的、多功能的小组（通常是一个团队），在第14章，我们将讨论它的结构及管理。

13.10 应用实践

在你的面试过程中，公司总裁提出了更多的问题：

1. “我们的一个分公司制造了一种电动滑行车。它的起因是一位立志寻找极端轻便交通工具的设计师，他想到了滑行车，并给它装上了电动能源。人们说他疯了，孩子们祈求他们的父母不要骑那个东西（是个耻辱）。有个警察甚至这样说：‘他既不是机动脚踏两用车，也不是摩托车，它是个四不像。在我搞明白它到底是什么之前，是不会碰它的。’这是一个很典型的例子，设计者之所以能够毫无约束地干活，原因就在于市场研究人员没有对他们发现市场趋势的工作负起责任。你怎么看这件事？”

2. “我们大多数分公司相信用户整合的价值——即把用户融入到新产品开发的过程中。我个人对此也深信不疑。但是，有些人想要我们在技术设计的初级阶段就这么做，这就危险了。我们所做的大量事情都是保密的，我们不可能把所有的想法都拿去一一申请专利，时间就是一切。这也是为什么我们如此重视开发速度，现在我仍然提倡大家这么去做。那么，请你告诉我，我们如何做才能做到既保持用户整合的实施，又最大限度地减少泄密的风险？”

3. “有关设计问题，我一直备受困扰。我同意也很支持如今设计是关键的说法。但是，你不得不承认，工业设计师们经常会同工程师们陷入争论之中，后者总是强调产品应该尽可能地职能化。例如，我曾见过一只设计非常漂亮、但不具备人类环境保护价值的计算机鼠标。假如你是一位高层管理者，你觉得我们应该如何评估这类事情？我们如何去发现过分的个性设计并终止它，以便让工程师多发挥点作用？”

4. “你刚才说，你曾经读过有关营销人员在产品开发阶段的角色问题的书，如果你能够让我感受到的话，这对我应该非常重要。看一下我们其中的两个分公司。一个公司生产硬物粉碎机，主要用于商业（这儿恰好有一份近期粉碎机用途的清单），它们被用于粉碎有制造错误的奥斯卡雕塑、警服、假牙模具、大鸟布娃娃，有裂缝的玻璃器皿、未连接的邮票等。另一个分公司生产‘思皮’杯——你见过一种具有防溢水功能、带有流水口的塑料盖杯吗？它们的产品只是为一些特殊环境生产的：远足、医院、飞行、公共运输、足球比赛等。产品之间是有些部分功能上的差异，大部分在于设计风格上的不同。那么，在技术开发阶段，营销人员在这两个分公司的角色一样吗?"

13.11 案例：MINI

在 1990 年，美国车市以无比惊喜和愉悦的心情迎接 Mazda 最新发布的车款 Miata。Miata 的设计是为了让车型看起来像是且“感觉”更像是 60 年代英国的敞篷小客车（roadster），也因为对于成本的关注，使得该车款以 15 000 美元的零售价市场导入，让年轻人或是第一次购车的人都可以买得起。在那一年之后，许多汽车制造商仍然凭借着运气在制造怀旧设计的车款。当然，Volkswagen 凭借着 New Beetle 在市场上获得成功。在 New Beetle 推出之前，评论家斩钉截铁地认为 New Beetle 只能吸引 50 年代到 60 年代 Beetle 爱好者的目光。1950—1990 年，车市已经有了重大的转变，市场上有太多好的小型车（日本与美国），以至于让消费者难以抉择。但是 Volkswagen 在 Gol 的平台上设计 New Beetle，并且保持大部分让人所熟悉 Beetle 的外形，同时在性能、舒适感和价格上，都完全能够跟 90 年代的小型车款竞争。Chrysler 的 PT Cruiser 类似一台 30 年代风格的车，然而 Ford 也曾将其 50 年代的 Thunderbird 带回市场一段时间。而 Nissan 的 350Z 是以 70 年代最受欢迎的车款 Datsun 240Z 为基础修改而成的。

BMW 的董事长 Helmut Panke 以坚持 BMW 具有一个非常明确的使命而著称：持续在现有市场销售现有的车款，同时利用新的车款进攻新市场。BMW 在 90 年代中期成功地推出 Z3 敞篷车，同时保持其在高级轿车市场的地位。在收购英国汽车制造商 Rover Group Ltd. 之后，BMW 取得设计和使用 MINI（或 MINI Cooper）这个知名英国车品牌的权利。而这个收购行动完全符合 BMW 的使命，他们要让 MINI 复苏并拓展至全球市场。再从 New Beetle 在美国市场受欢迎的程度来看，似乎可以预见如果 MINI 以一个合理的价格切入的话，美国市场对 MINI 的接受度将会非常的高。

当然，任何车款的推出都是有风险的。90 年代中期 Mercedes 和 Swatch 合作开发现在在欧洲知名的 Smart Car 车款。这款超小型的迷你车已大规模地攻占许多欧洲国家，由于它极为适合在城市驾驶和停车。但 Mercedes-Benz 的形象是否会因联接到这种便宜车款而受到伤害？同样的，BMW 在营销 MINI 时，也必须要多强调 BMW 的品牌。很清楚的，用户更相信 BMW 的工程师。但是 BMW 不希望目前相信可以从尊贵的 BMW 商标获得利益而花费 50 000 美元购买 BMW 的车主强烈反应。最后他们决定在推广 MINI 时不强调是 BMW，而是让 MINI 的卓越工艺与设计证明自己。

MINI 在 2002 年导入市场，获得巨大的成功。零售价在 15 000 ~ 20 000 美元的范围，让许多人买得起，同时这台车具有低油耗的经济性，1 加仑可跑 37 英里。定制化潜在的购买者可以咨询知名的汽车杂志以得到如何定制自己的 MINI，再浏览 www.miniusa.com 这个网站并在线设计自己的 MINI。像是 the Independent North

American Community of MINI Owners and Enthusiasts 的车迷俱乐部也出现了。在美国，小型、富有驾驶乐趣的汽车市场上，BMW 已经给过 Volkswagen 一次赚钱机会（未来就不会给了）。

依你的意见，当 BMW 为美国汽车市场重新设计 MINI 时，考虑什么样的设计是最重要的。在为目标细分市场设计这款车时，什么样的利益最为重要？为了使一款车能够达到所想要的利益，BMW 内部在讨论设计及其他职能部门时，什么将是最重要的关键点？更广泛地说，当一台车，像是 Beetle 或 Thunderbird，要重新设计或改装以迎合现代汽车购买者需求的话，在设计上的缺陷和考虑是什么？为避免这样的缺陷，特别需要进行什么样的市场研究？

13.12 案例：Gillette MACH3

数十年来，Gillette 公司依循着一个获得成功的简单的战略：不断在刀片技术上汰旧换新。过去几年，Gillette 已经为我们带来了一系列优秀的产品：Blue Blade、Platinum Plus、Trac 11、Atra、Sensor 以及 SensorExcel。在 1998 年 4 月，Gillette 发布了下一代的刮胡刀：一个三刀头的系统，称为 MACH3。

三刀头系统的构思早在 20 世纪 70 年代就被 Gillette 的工程师加以研究，但因为刮胡刀无法贴近肌肤线条反而使肌肤疼痛，因此没有成功。在 70 和 80 年代，Gillette 发布推出了将刀片装置在微小弹簧上的二刀头刮胡刀：Atra 和 Sensor，同时也持续三刀头系统的设计工作。

在 20 世纪 90 年代早期，让三刀头系统陷入泥沼的设计问题已经克服。一个三刀头刮胡刀的原型（代号 Manx）已经开发出来，并且在内部测试时表现出比 Sensor 还要好的性能。Manx 设计的一项关键就是这三片刀片所设计的位置：每一片刀片都比前一片刀片更接近脸部。这个专利的设计减少了第三片刀片为肌肤所带来的疼痛。除此之外，支撑点也移到了刀片组的下方（熟悉 Sensor 的人知道其支撑点设在刀片组的中心点）。这个新的支撑点设计让刮胡刀使用起来感觉有点像在用油漆刷子，而提升刀片组的稳定性，并确保刀片组下方刀口总是能在第一时间接触到脸部（确保胡须被适当地提起）。此外，Manx 的设计还融合了另外一些特征。当 Sensor 的白色润滑物脱落，蓝色的指示物也逐渐褪色，就表示刀片该替换了。从半导体制造上取得的新金属材料技术，使得工程师可以制造出更薄也更硬的刀片。再者，消费者研究发现在 Sensor 用户上的一个有趣的问题，可以作为产品改善的建议：有 18% 的男人将刀片组装入刮胡刀时，方向颠倒了。因而开发一个新的结构，让用户不会装错。

不幸的，这个新的设计制造成本过高。在 Gillette 内部管理层有一些异议，因为有些经理认为公司应该进行局部改进的三刀头 SensorExcel 的开发，而非开发一个高成本和高风险的全新产品。工程背景的 CEOAlfred N. Zeien 则偏好全新的设计，并且相信要成为确定的获胜者的最佳机会就是拥有最先进技术的产品设计。北大西洋业务群的生产主管 Michael T. Cowhig 认为这个新的金属技术用于制造计算机芯片是很好，但还没准备好可以运用在制造刀片上，尤其是要制造出达到 Gillette 每年预期销售数量的刀片。他说："我知道我们可以制造出一个这样的刀片，但我不知道我们是否能制造出 36 亿个这样的刀片。" 他估计这个 MACH3 刀片将比当时最高价的 SensorExcel 刀片的制造成本还要高出 50%。

尽管如此，这项新设计（现在代号为 255）在 1995 年 4 月确定下来了。在接下来的 3 年时间花费在制造新刀架必需的设备的设计与生产上了——为了这个任务，大部分的机械设备必须作特殊的设计。同时，针对消费者所作的产品使用测试（product use tests）显示，MACH3 比 SensorExcel 的效果还要好，同时也比竞争品牌还要好。这个消费者测试也发现用户对于价格并不是很敏感——在这项测试中，MACH3 比 SensorExcel 的价格高出 45%。

Gillette 准备好要在 1998 年 4 月发布新的产品。所有人都宣称，MACH3 的开发花了 6 年时间，斥资 7.5 亿美元，大约是开发 Sensor 成本的 4 倍。而且第一年的营销预算就有 3 亿元（1 亿元在美国，其余 2 亿元则在其他市场），这些先前投资成本突破了 10 亿美元的关卡。1998 年 7 月开始首次展示，首先在美国、加拿大和以色列市场导入，接着 9 月则在西欧和部分东欧地区销售。这项首次展示计划是希望在 1999 年底之前，让 MACH3 在 100 个国家销售。相比之下，Sensor（公认为一项在全球成功营销的产品）要达到这样的销售水平需要花费 5 年的时间。为了配合新品的全面市场导入，制造部门目标定为 1998 年底前实现年产刀架 120 亿个。新产品的价格也定得特别高（每一片刀片比 SensorExcel 高 35%，大约 1 美元）；并以减少每包刀片数来降低因高价所带来的冲击。此时，哈佛大学的产业专家 Pankaj Ghemawat 指出，即使 MSensorExcel 的价位过高，但是 Zeien 和其他 Gillette 高层相信 MACH3 非常好，好到产品本身会自我宣传。

依据以上你所读的案例内容，设计在 Gillette 公司扮演了一个什么样的战略角色？相对于旧的 SensorExcel 技术进行渐进式的设计改良来看，这项开发全新 MACH3 设计的决策会有哪些风险？试着扮演 Zeien 和 Cowhig 这两个角色，对于这项积极的营销与首次展示计划，你有何想法？你会建议他们放慢脚步吗？如果是这样，会有哪些得与失？

第 14 章　开发团队的管理

14.1　引言

第 14 章我们将注意力放在跨职能团队（cross-functional team）上，一种非例行性新产品过程中的管理方式。团队管理也是一项艰难的任务。商业文献中介绍了很多团队结构和团队管理的内容。我们了解这么多，但似乎又不够。越来越多的人相信大多数的团队管理就像个人管理一样，是一回事。那些优秀的公司似乎有一点是共同的，即可以避免大多数重大问题的发生。

14.2　团队是什么？

试图用一种通用模式来描绘、建立并管理团队是不切实际的。当 Drucker 论及运动团队时，就非常关注这种困境：

• 棒球队：他们就像是装配线上的“团队”。他们的工作互相配合，而且球员缺一不可，但是他们通常单独工作。双杀打显然是一个例外。在棒球队中，工作通常是序列式的。

• 足球队：每个足球队员都有固定的位置，但球员们仍以团队的方式踢球。日本的汽车团队就是这种形式。工作都是平行式的而不是序列式的。但是一个球员无法获得其他人的帮助。

• 网球双打队：球员们一起工作并且互相支持。只有当本方团队得分或是赢得一盘后，结果才有意义。搭档是专属的。排球队和爵士舞组合也是类似的例子。

棒球和足球队长相当有权威，但是网球双打队不存在队长。某些培训人员觉得排球和现今的团队最类似。排球团队有较多的球员，他们要学会所有位置的技巧，而队长的特殊角色与新产品团队经理人的角色相似。

新产品团队不用于传统的、层次清晰的组织。在新产品团队中，有许多地方需要学习，懂得如何开展业务的人很少，由于存在一个整体团队绩效的问题，所以绩效的评估便相当困难。对于较高层的管理者而言这存在着的风险最大。因为团队成员都有不同的背景而且扮演着不同的角色，因此没有人直接对他们“评分”。

图表 14—1　**新产品组织的选择方案**

选择方案				
职能型	职能矩阵	平衡矩阵	项目矩阵	探险队
有/无				内部的
委员会				外部的
0%　20%	40%	60%	80%	100%
项目化程度				

14.3　团队的组织结构形式

新产品组织的结构形式有多种。图表 14—1 列出了一个组织结构选择方案（organizational structure options）的实用列表。图中提出了 5 个选择方案：越右边的选项代表公司人员对于新产品项目的承诺越高。

第 1 个选择方案——功能组织（functional orgnization）代表工作是由多个部门完成，不以某个项目为焦点。通常需要一个新产品委员会或是一个产品规划委员会。采用这样的组织形式，通常工作风险很小，因此，工作内容比较适合于现有的生产线——产品的改良、新规格等。有关执行部门的人员了解市场及公司；他们可以聚在一起快速有效率地做出决策。准确地说，从事同一个项目的人员是一个小组而不是一个团队。

当然，这种方式不会激发太多的创新。因此，我们有其他 4 个选择——这些选择都是某一类型的团队。其中 3 种（图表 14—1 的中间）是矩阵式的变形。假如图表 14—2 中，Optics 的开发人员聚在一起制定某些决策，他们的权力或许会均等或者它的影响力倾向于职能部门的主管，也可能倾向于项目经理人。如图表 14—1 所描述的，倾向于项目经理的程度称为项目化（projectization）。

图表 14—2　**公司组织的矩阵概念**

计划/项目领导者	营销	研发	制造	财务	其他
Boltron 项目 Gary Shilling	Ron Thomas	Fred Mansfield	Jim Swaston	Christi Statler	–
Gates 项目 Beth Politi	Ron Thomas	Dennis Hilger	Mary Morrison	Hartmut Richert	–
Optics 计划 Barb Mertz	Kirk Weirich	Dennis Hilger	Ken Fedor	Heather Dumont	
Tenson 项目 Andy Anderson	Gideon Feldkamp	Lucy Mazrui	Jim Swaston	Heather Dumont	–
Bell-tron 项目 K. C. Gupta	Loretta Berigan	Sabine Klein	Ken Fedor	Coyne Grady	–
其他	–	–	–	–	–

职能矩阵（functional matrix）方案是一种由多个部门（如制造、研发、营销、财

务等）人员组成的特殊团队，但是该项目着重于当前的业务。这比起常规的产品改良需要更着重于更多方面，但依然由各部门发号施令。团队成员以类似各职能部门专家的方式思考，而背后的部门主管则拥有主控权。

平衡式矩阵（balanced matrix）方案则适合在功能和项目的观点都重要的情况下——这时，无论是现有业务还是新产品都需要它们的推动。因为这个传统的矩阵无法提供新产品所需的推动力，所以该矩阵长期以来并未受到青睐。兼顾二者的思考只会造成犹豫不决以及延误。然而某些公司的经理人显然太倾向增加项目化，却发现这并不适合他们，因此，回过头来寻求更为平衡的矩阵方式。

项目式矩阵（project matrix）方案认识到偶尔需要强势的项目推动力。这里的项目化程度较高。团队人员主要是以项目人员优先，其次才是职能人员的角色。整个团队的成员将为团队指导者“传递信息”。部门主管抱怨他们的人员就像被卖给了项目一样，即使是在违反部门的最佳利益下还是试着推动项目。他们的确是这样。举例而言：当 IBM 公司为了学习如何参与个人电脑的市场竞争时，该公司成立了一个叫做 IBM PC 的公司。在这个公司的领导层早期做出的决策中，有一个就是在 1990 年 9 月时将其执行团队迁到东京，直到他们想到一个能打破职能障碍的计划时他们才能回到总部。该计划直到 12 月 18 日才完成！之后，该团队中的生产成员提议让外部制造商生产系统中大多数的重要零部件。这个新产品必须更快速的生产，而该团队不认为 IBM 的生产部门能够及时做到这点。他们获得了最终的胜利。

探险队（venture）的选择将项目化扩张至极限。团队成员由各部门挑选，并且将全部时间投注在项目上。有一种被称为“智库”的组织就是这种团队的组织形式之一，它专门来发现新构思或是与项目有关的解决方案。探险队可能保留于正常组织中，或是编制在目前部门或公司之外——一个独立探险队（spinout venture）。探险队的独立程度取决于现有部门、政策无法影响该团队的程度。IBM 公司将他们的 PC 团队从纽约的 Armonk 送到佛罗里达州的 Boca Raton。其他公司将探险队送到公司所在城市的其他地点或是公司集团建筑物的其他地点。Ford 公司在经典的 Taurus/Sable 项目中使用探险队团队，这在汽车产业内先前是很少见到的。报道中充斥着下列的词汇，如“从日本人那里学来的”、“首要步骤就是抛弃 Ford 传统的组织结构”、“接下来的过程通常需要 5 年”、“Taurus 团队利用一个项目管理的办法”、“以小组方式工作”以及“该团队须对最终的产品负责”。

探险队并非适合所有公司，部分是因为有些公司无法满足探险队的需求。最近的一个研究调查指出，探险队具有高的成功率，其比例占到了总体的 47%（与矩阵式组织大约 25% 相比），但就像许多研究调查所报道的低成功率，建立探险队可能有困难，因为这些团队有风险、难以建立且难以执行。本章稍后将讨论执行的问题（例如管理团队与个人奖酬），这在管理专职的团队时则是特别重要的考虑因素——不能将人员放在一起然后就称他们为一个团队吧！

14.3.1 项目化的其他观点

一个组织里一旦有两个或更多从不同部门（职能）来的人员在同一个项目中共

事，便会产生优先顺序的问题。他们应该优先考虑项目还是优先考虑本身所在职能的工作呢？立法委员几乎每天都面对这个问题（全体社会的福利或投票人福利之间的矛盾也是这样），而学生同乡联谊会、都市发展团体及其他组织也是一样。例如，当一个销售经理参加新产品委员会的会议时，很少会有优先顺序的质疑，因为第一优先顺序是工程师或是营销人员，其次才是委员会成员。销售经理是“职能化”，而非“项目化”。委员会成员是想让公司获利；他们并非不忠诚，但是他们对于任何特定新产品如何对公司利润做出贡献则有不同的观点。销售经理可能会认为新的产品包装尺寸会符合顾客需求并且能增加销售量；工程师可能认为产品成本的增加会超过销售额；会计人员反对再建一条生产线，认为这样分流购买当前产品的顾客会增加成本。研发人员觉得从事新包装尺寸的研发，会让一位关键研发人员从明年的一个更重要的项目中抽调出来。

我们不是毫无根据的关心这些问题，而是在新产品生命周期中的的确确遇到的现实，而且他们都是合乎组织规定的（忽略由此引起的公司政治问题）。项目化是我们处理这些问题的方法。如果一个项目很重要，但又面对刚刚所说的众多反对意见时，那么我们不妨增加项目化程度。可以采用职能矩阵、平衡矩阵或是项目矩阵。如果反对声浪很高（举例而言，想象一下当钢铁公司开始制造塑料产品时的问题），那么我们就采用探险队。另一方面，假如产品开发只需要对标准产品或平台进行小幅修改时，较低程度的项目化可能是比较好的选择。

14.3.2 选择一种组织形式

图表 14—3 概述了 5 种组织形式在不同问题上的差异。项目化的增加会产生明显的风险。专注在项目上而忽略了个人的职能部门可能会降低组织学习的速度。独立运作的团队最后会开发出非标准化的产品，而且总是存在“服侍两个主管”的潜在威胁。令人惊讶的是，Toyota 在成功的整合产品创新的同时，也能维持以职能为基础的组织。他们通过以下几种方法实现的：

- 强调不同职能部门员工之间进行书面沟通。重点在于简洁（一页或两页）的报告，节省打字劳动。
- 在每个职能部门内，主管更多地接近新雇员们，并对他们进行指导与监督，建立一种类似于师徒之间的关系。
- 在一个新汽车项目中，“总工程师”作为首席设计师。他们的任务是设计总体思路，并对其他设计师的工作进行管理。
- 强调工程师的内部培训。让工程师在全公司内大规模的轮调，以避免“职能烟囱”的产生。
- 使用较为简单、标准化的工作过程来持续追踪每位员工。
- 设立一套设计标准，以提高新产品过程中的可预测性。

通过对具体情况的研究，我们决定应该赋予团队多少权力。我们可利用图表 14—4 的方式，而这些因素甚至能够如同评分模型（第 10 章）一样进行权衡打分。特殊情况则需要加进一些特殊的因素。其他影响适当项目化程度的因素有：鼓励跨职能整合的需求、需要职能专业知识的程度、个人可能隶属于团队的期间长短，以及加速市场导入的重要性。图表 14—5 详述了所有重要的因素。

图表 14—3　　**不同组织形式的运作特征**

运作特性	组织形式				
	职能型	职能矩阵	平衡矩阵	项目矩阵	探险队
领导者的决策权力	非常少				几乎全部权力
与部门的独立性	不独立				完全独立
成员在项目上耗费的时间比例	非常低				全部时间
项目的重要性	低				重要
对公司而言项目的风险程度	低				高
项目的分裂性	低				高
大多数决策的不确定性程度	低				非常高
团队违反公司政策的能力	无				几乎全部

图表 14—4　　**选择组织形式的决策准则**

在决定某个特定项目应该选择 5 个基本组织中的哪一个更恰当时，根据具体情况针对下列的每个因素用 1 到 5 进行评分。某个因素越明显存在时（例如越困难），则该项目所获得的分数越高。

得分　　因素

__ 1. 对于本项目的新产品收益具有多大程度的决定性意义？（5 = 非常重要）

__ 2. 一般而言，公司内部开发新产品的难度有多大？（5 = 非常困难）

__ 3. 这个项目打败市场上竞争对手的难度有多大？（5 = 非常困难）

__ 4. 从事与本项目类似项目的个人风险有多高？（5 = 非常高的个人风险）

__ 5. 这个产品是否需要新的制造程序（如方法或原料）吗？（5 = 需要很多新程序）

__ 6. 这个产品是否需要新的营销程序（如利益相关者销售买回）吗？（5 = 需要许多新程序）

__ 7. 这个项目形成的产品预期所创造的利润贡献有多高？（5 = 非常高的预期贡献）

__ 8. 这个项目是否存在着不寻常的政治性？（5 = 许多不寻常的内部政治环境）

__ 9. 从公司其他地方取得所需技术的困难有多大？（5 = 非常困难）

__ 10. 项目的产品是否与公司其他生产线相关？（5 = 非常不相关）

__ 11. 你本身以及公司是否使用过更高项目化形式的组织？（5 = 有项目化形式的经验）

__ 12. 这个项目完成技术目标有多困难？（5 = 非常困难）

图表 14—5　　　　决定一种组织形式的一些考虑

决定一种组织形式的一些考虑
项目化程度高会鼓励跨职能整合。
如果最先进的职能专业技术（如专业科学中的流体动力学）是项目成功与否的关键，职能组织可能较好，是因为职能组织能够鼓励开发高水平专业技术。
如果个人在项目工作的时间很短，采取职能组织的话或许能让他们更有效率的利用自己的时间。举例而言，工业设计师参与任何一个特定项目的时间可能很短，因此不同的项目可以仅在有需要时把他们抽调过去即可。
如果加速市场导入是至关重要的话，较高的项目化水平比较适合，因为项目团队通常能够协调自己的活动且更快速地解决冲突，而通常不会官僚化。举例而言，PC 制造商通常使用项目团队，因为他们受到强大的时间压力。

14.4　团队组建

多数的经理人和几乎所有的研究者都认为新产品团队的设计必须适应具体环境。在这里，没有所谓对的方法或典范，就像没有对的方法进行概念测试或制定产品创新章程一样。也没有所谓对的人员，多数的团队成员及团队领导者都说在执行这种任务过程中他们获得个人的成长。销售经理和科学家同样也必须先改变自己的某些方面，使自己适应团队任务。

14.4.1　建造协同合作的文化

很少有人否认公司文化的重要性。甚至有下列的说法“每家公司都应拥有一种文化，即使是不好的文化”。对产品改良和类似的生产线延伸而言，新产品人员必须接受现存的组织文化。例如在 Heinz，Big Red 品牌团队（也包括开发番茄酱团队等）将主导其新产品的工作。但是随着任务变得更困难，公司将需要培养一种协同合作（collaboration）的文化，以帮助他们在新产品开发当中发挥创意、促进部门间的信息共享、鼓励智慧资本的成长，以及获得更高的效率。

协同合作是一种在职能部门之间（如营销、研发、制造等）密切且复杂的整合形式。每种职能部门对于新产品的成功都有同等的利害关系，没有自己隐藏的时间表，而且各自都注重团队的共同目标。理想中，协同合作能够产生价值的增值：团队的能力比个别参与者能力的加总还要大得多。虽然跨职能团队非常能够增加功能间的整合，却更需要确认适当的协同合作程度。尤其是参与者要以开放的心态接受变革、愿意合作，而且信任其他人。高层管理者对新产品的承诺，以及授予团队的自主权，对于增进的协同合作同样有帮助。

据说管理的风格创造文化，但是文化是逐渐形成的，而管理的改变可以迅速实现。文化可能被过度强调，它只是允许某种行动和实践。文化不会自行在新产品系统中生产任何产品。然而，团队运作时没有明确的文化（或是错误文化）会有危险。接着将通过团队的建立及管理的问题，讨论如何促进协同合作的文化。

14.4.2 团队的任务分派和承受责任

参与团队的每个人都清楚了解团队的目的、任务以及战略是很重要的。一家采用适度技术战略的医疗保健产品制造商只想承担适度的创新性模仿的风险，因此，研发部门只需回应营销部门的指示。新的项目源自于营销部门，重要的产品属性在研发开始之前便决定好，而营销经理运作每个项目。在相关产业的另一家公司希望执行积极的技术创新战略，但直到管理层发现主导的营销部门完全误导团队之前，已经有两位能胜任的研发经理离职了。当新产品团队缺乏战略时会发生一些可笑的事情，因为他们采取自己认为正确的战略，而技术人员或许会觉得团队的成功是用技术绩效来衡量。但是顾客却有不同的看法。

让团队中的每位成员负起责任也是非常重要的——这就是所谓负起项目的责任（ownership）。负起责任带来热忱、承诺以及精力和荣耀。负起责任不是以公司为家的精神——不是白衣骑士骑着马挥舞着剑在公司四周围绕，新产品就会如魔法般地出现。训练有素的专家小组创造了新产品，并非个别领导者。某些公司使用“产品勇士”这个词来描述那些负起责任的人，但是要团队的所有成员都要共同负起责任。

负起责任要从 3 个方面做起：培训、授权以及激励。培训可以确保每个人员获得团队任务所需的知识与技能。授权（empowerment）是指将一个人“松绑”，它要比使员工愉悦更彻底些（使员工愉悦通常还附加一些条件——预算、政策、程序等）。我们可以这样描述授权：“你了解这个项目的本质，你有类似产品创新章程的任务陈述，你清楚公司的一般标准，你聪明且受过培训，而且你知道如何去运用公司的人员（法律等），如果这些你都具备了，我们信任你的判断。”激励是指对人进行鼓舞，使其渴望成功，我们将会在稍后更详细的讨论。

职能人员有时候不想负责。想要的是权力，而不是责任。但是他们通常做不到，因为上述的条件并未被满足。一个 Citicorp 的经理说过，由于银行零售产品线部门不再承担有关工作，银行不得不把该产品线的创新任务交给一个新产品联合小组。他们拒绝承担责任（包括对失败负责）。

团队的授权必须小心管理。例如，一个团队可能被赋予制定重要决策的权力，但有些时候在该团队遇到困难时，管理层可能需要介入并协助他们解决困难，或是单纯修正团队已经制定的决策。另一方面，该团队自己也可能在上述情形下向上级寻求协助。在其他的案例中，团队可能会超过他们的职权。这些情况可能引发问题并且伤害公司未来使用团队的决策。这时，管理层不要急于干预，相反，要尽力支持团队的决策。假如团队的目标和边界在一开始就详细的制定出来，事情可能会好一点。否则团队不是自行创造（从公司的观点而言，可能合适或是不合适）就是无所适从。

一位新车主最近打电话到零售商询问几种附属零件。电话服务人员给了一套建议，接待部的经理给了不同的一套，车厂修改了上述两套，而最后零件经理对于应做的事又有全然不同的观点。只有一个顾客，却有四个零售商，没有人负起责任，他们只会说新产品委员会开发出不好的新产品。他们说得真对。

14.4.3 团队领导的选择

在确定了公司整体的战略以及目前应该拥有多少团队后，现在是选择领导者的时候了。有时这样的工作是自动产生的。例如，当公司运用产品经理的制度，同时这新产品是要附加到某位人员的生产线时，或是如同3M的案例，当某项目起源于某位人员的技术时。

领导者就是该团队的总经理（general manager）。他们必须能够发现改变的需求并且向其他人说服这个需求。他们也必须说服潜在的团队成员接受团队的想法，确保他们的承诺，鼓励信息分享，增进互动，并且通常能够与其他职能部门的人员愉快的共事。因为一般成员没有直接权力，因此，必须赢得别人的支持。团队领导者必须具有强烈的自信（基于知识和经验而不是自尊）、具有同情心（能以其他人的角度出发）、具有知道别人是如何看待他们的自我意识，以及必须是人际沟通的专家。但是讽刺的是，上述所有条件可能都还不够。有人说新产品项目实际上需要两个领导者：早期需要具有创意、激励人心的风格，而晚期是严格执行纪律的人。很少有人两者兼具。

有时候人们好奇究竟领导者应该先被选定，还是该由团队成员自己决定。后者是诱人的构思，而且偶尔会用到。然而高层管理人通常喜欢选定领导者，然后由他确认团队成员。这样不仅能增加优秀团队的融合和承诺，同时也能保证由能胜任的人来领导。高层管理者能够通过提供适当的资源以及授予领导者制定重要决策的权力，协助增加领导者成功的机会。此外团队领导者应承诺将他/她的职位视为专职！许多公司认识到找到有能力领导者的困难，并且高度重视他们所找到的人。例如，Toyota 和 Honda 就在汽车市场导入后将领导者留下，然后再指派他们开发另一个新汽车项目计划（而非朝向高层主管职业发展）。

14.4.4 选择团队成员

在选择新产品团队成员时，有一点要牢记，即每一位成员在团队中都代表了他们背后所在的职能部门的同事们。研发团队成员无法完成所有的技术工作，有的甚至一点技术工作也不做，只是激励、引导和鼓励其他研发人员做技术工作。这样就会在代表不同项目的团队研发人员之间产生竞争，这是因为每个团队的研发人员都试着为自己的项目争取时间。同样的情况也发生在其他职能的团队成员上。Chrysler 想要团队成员成为变革促进者。Bausch&Lomb（B&L）想要成员拥有实质的职能影响力并且拥有宽广的公司视野。B&L 对团队有这样强烈的信念：一个从该公司来的研讨会发言人能为他的团队吸引 5 个核心成员。

因此，我们愿意寻找在相关知识领域知识丰富，在他们部门有威望，并且愿意在团队中工作的一些人。如果强行要求他们接受这个工作，效果并不一定好。

大多数公司的员工在处理与其他部门人员的人际关系时，可分为三种形式。（1）整合者（Integrators）。他们喜欢与其他部门或其他公司的人交流。他们尊敬他人同时获得他人的敬重。（2）接受者（Receptors）。尊敬其他人并且欣然接受从他们身上获得的信息，但是并不渴望人际关系。他们是好的联系者但或许并非是好的团队成员。

(3) 边缘人（Isolates）。他们通常喜欢单独行事。他们在自己的领域中是高水平的专家，且真的不想要与其他职能部门的人有关联。他们很难在新产品团队运作中扮演适当的角色。

一个团队应该有多少成员？我们首先区分核心团队（core team）、特定团队（ad hoc team）和延伸团队（extended team）。核心团队包括了管理各职能部门的人员。因此一个营销人员可能扮演、代表并引领10到12个的销售和营销领域内的其他人员。核心团队成员是全程主动参与而且能获得特定团队成员支持的人。特定团队成员是从重要部门来的人（如包装、法律、流通），他们只在短时间内有重要性，因此不需要加入核心团队。

延伸团队成员可能从公司其他部门、总公司或其他公司而来。虽然延伸团队成员能由任何地方而来，但是公司渐渐发现在团队中纳入关键供应商的价值。产品上的信息共享以及制造商和供应商间的技术计划能够降低技术不确定的相关问题，并且协助双方参与者达成长期目标。公司的采购部门可以是核心或是特定团队的成员，并扮演供应商的联络人。为了说明与供应商互动的利益，Dell计算机与他们处理器、周边设备和软件的外部供应商紧密联系，定制这样能够快速且轻松地回应顾客所需的定制化产品。欧洲的一家小型卡车制造商DAF依赖他们喷射系统供应商Bosch的知识。事实上，这些公司将他们视为伙伴，尽管彼此存在着规模大小的差异。Bosch提供喷射系统给DAF，如此做法回馈给Bosch快速可靠的信息。伙伴关系使得Bosch能更准确地预测顾客的需求。

14.4.5 团队中的角色和参与者

从事新产品工作的人有时并非只是自身职能的代表；他们可能被赋予其他一些熟悉和必要的角色，某些是众所皆知且是必须的。图表14—6显示出新产品管理过程的所有的人员以及他们从事的工作。虽然这些角色并非一直存在（例如我们可能不需要发明家），但通常他们就是这样。有时由谁扮演什么角色并不明确，而实际上人员可能会争取自己想要的角色。

图表14—6　**新产品管理过程中的角色或参与者**

参与者	活动	参与者	活动
1. 项目经理	领导	4. 战略家	长期规划
	整合		经营
	翻译		整体项目
	监控		
	裁判		
	仲裁		
	协调		
2. 产品提倡者	支持	5. 发明家	有创意的科学家

续表

参与者	活动	参与者	活动
	发言人		基本的发明者
	推动		构思来源
	不让步		
3. 赞助者	经理顾问	6. 理论家	目标
	支持		现实
	赞同		原因
	确保倾听		财务
	智囊	7. 促进者	提高生产力
	提高产出		

人们最熟知的角色就是产品提倡者（product champion）（或称为过程提倡者或只是提倡者）。项目有时会因为团队外部支持的基础建设变动而搁浅。在这样的情况下，人们失去兴趣；产生政治的冲突；产量和成本的预测失去时效；达不到技术突破点。提倡者在组织中的角色与创业者建立一个新项目相似。他或她的角色是移开绊脚石（roadblocks）；越过公司的等级制度并说服公司的其他人（包括一些职能部门的人）支持创新。提倡者无法每战都胜利，但他们的任务是亲眼见证没有任何一个计划在反抗前就被结束掉。在组织内以及外部网络的接触中，提倡者扮演着为新产品团队带来信息的重要角色。

大多数的案例中，项目经理人扮演提倡者的角色。其他时候提倡者都是自动请缨，通常是与开启项目的发现有关的技术人员。现今许多公司认为核心团队为提倡者，因为其中所有人应该都有强烈的概念承诺。某些公司开始认为提倡者构思的优点超出其实用性，因为公司应该要处理组织内部的政治障碍，而不是像许多案例中由一个具有 David/Goliath 特征的人进行搏斗。然而较新的研究发现提倡者对于整体新产品过程的绩效会有正面的影响。

关于提倡者的角色仍然有许多需要了解的地方。一个最近的研究了解了一般人对于提倡者的看法，并且发现了许多误解以及实际上是正确的信念（详见图表 14—7）。例如，产品提倡者似乎可能同时存在于大型和小型公司，以及也可能同时存在于技术导向和市场导向的公司。假如提倡者与公司内部他们试着去说服的人有正面的人际关系，而且使用合作而非对抗方式来说服这些人，提倡者是最有效率的。研究也同样发现提倡者有助于渐进性和根本性的新产品。显然这是一个可以进行更深入研究的丰富领域。

图表 14—7 **关于产品提倡者的神话**

神话：提倡者与市场成功有关，提倡者有可能造成产品失败或者成功。提倡者行为与更好的市场成功没有必然的关系。
神话：提倡者对于构思很疯狂。营销提倡者被产品创新所鼓舞，制造提倡者被过程创新所鼓舞。动机可能是自身的兴趣，并非唯心的激动。
神话：提倡者与根本性变革有关。并非尽然：提倡者同样涉及新问世产品与渐进性产品。
神话：提倡者只会出现在公司的高（或底）层次中。在许多知名的案例中通常包含较底层次的个人（如 3M 的 Mr. Fry，发明 Post-It Notes），或是资深主管（如 Sony 的 CEO 就是 Walkman 的提倡者），实际上，提倡者可能出现在公司的所有阶层。
神话：提倡者大多从营销而来。实际上提倡者可以从营销、研发、一般经理人、运营及其他部门而来。
同一研究还证实了一些关于提倡者的一般信念： 提倡者获得资源并确保项目运作； 他们有热情、说服力以及愿冒风险； 产品提倡者既可在具有正式新产品过程的公司工作，也可以在没有正式过程的公司中工作； 提倡者必须对公司内部政治保持敏感； 提倡者可能支持与公司创新战略一致的项目。

图表 14—6 第二重要的是赞助者（sponsor）。这个人并不会驱动任何事，但他位于公司较高的阶层，是支持性质的，并且对提倡者给予鼓励和赞同。团队若能发掘到赞助者（或称之为教父或导师）是明智的。

为了使赞助者对于新产品项目感兴趣，必须要清楚的定义项目和其目标，明示项目将会如何影响赞助者和其组织，并陈述对收入、成本和利润的期望效果。并且也要考虑从公司哪个层次去寻找赞助者：假如项目有可能在组织内的职能部门被否决，则建议由资深管理阶层去寻找赞助关系。此外，别忘了保持赞助者的兴趣和热忱：将他们纳入团队会议中，并且向其提供进度报告。

另一个角色是促进者（facilitator）。在团队中（或是被指派到团队中），这个人的任务是增进团队的生产力和产出。今天，随着人们对公司等级制度越来越没有信心，促进者的重要性越来越明显。

图表 14—6 中详细列出了其他角色的活动。

14. 4. 6 网络的建立

到目前为止我们着重在团队领导者和团队成员上。但有时候并没有团队。如第 1 章，许多新产品只是改良或近似的生产线延伸，而这些产品通常只在现有组织内以职能组织模式进行开发，并没有专门的团队。此外，延伸团队会包含核心和特定团队以外的人员。在这些情况中，实际执行新产品工作的参与者构成一个网络。

网络（network）由结点（nodes）、连结（links）及运作关系（operating relationships）所组成。结点是指对这个项目在某些方面重要的人员。连结则是他们如何形成连结，以及他们与网络中其他人之间有什么重要连结。运作关系是这些人员如何联系以及在项目中如何激励人员合作。

谁是结点？这是最困难的部分。任何一个项目可能获得数以百计（甚至数以千计）人员的支持。实际决策时需要判断，以决定应该将多少成员纳入正式网络中并且加以管理。

画在纸上或计算机上的网络并不意味着可取代集约的、现场的管理风格。而且他们是易变的——在项目期限中会随时间改变，在不同的项目中会随着职能重要性而有所消长。例如，采购部门在网络中被长期忽略或边缘化。但是现今注重速度、质量、成本以及价值已经加强了采购的重要性。

网络建构者认为描绘结点和连结线比建构他们容易多了。但我们别无选择，而且网络是一种助力，即使是相当非正式或只是心灵图像。也许最大的危机是他们容易官僚化。在培训计划中问到一个经理人时，他拒绝描绘出一个项目的网络并且管理它。他说他并不想要看到在图上所有的东西，也不想处于复杂化而产生过度扩张权力的风险。而且他不想让他的老板看到网络图，以便很好地理解项目活动所产生的大量间接成本。

14.4.7 培训团队

一个指派好的团队还没办法运作。仍然需要高层经理人的支持（top management support）（稍后讨论），以及希望在公司内产生良好的形象。其他经理人有时候会怀疑或害怕团队，因此他们可能孤立或是排斥它。

但此时我们说的是培训。如果我们有大量有经验的新产品团队成员那是很好的。但我们并没有。一般而言，公司会以对团队成员进行2到3天的培训作为团队开始的出发点。预先培训重要到需耗费数个月的时间。但是培训课程并无法将团队成员带到所需的技能水平，除非他们一开始时就具备相当多的技能。

14.5 管理团队

要管理新产品领域内一个为了开发较重要项目而组成的团队是非常困难的。许多研究发现许多公司具有定义明确的新产品过程，但在执行的时候通常不是很成功。在新产品方面获得成功的公司，通常会有指导执行的通用准则，包括角色和责任的明确定义、承诺意识和负起责任的精神、合作观念、强有力的团队领导，以及团队的适应性。图表14—8提供了更详细的说明。目前一个形容高绩效团队的名词是获利行为（charged behavior）：除了承诺和合作之外，团队成员从共同工作当中找到乐趣。在其他的因素中，鼓励承担风险、重视质量、部门间的交流、顾客投入的接受度以及竞争的本质都与获利行为有正相关。

图表14—8　**新产品实施过程中的指导原则**

目标与目的的透明
要向团队全体成员指出所有新产品过程各阶段需要做什么、由谁做以及何时做。准备材料、进行培训，以及制定规范以协调新产品冲击的影响。确认团队成员有共享的愿景、共同关注点和方向以及所有团队成员间的良好沟通。

续表

负起责任
承诺（为了要让项目成功愿意做任何需要做的事的一种渴望）是重要的，但负起责任也是，且它超越了承诺。负起责任（ownership）指的是团队成员觉得他们能够创造差异而且真正想要这么做。他们的身份与项目结果紧紧相关。提供多种奖励和表扬，以此鼓励所有团队成员分担新产品过程的任务，并为此付出额外的努力。建立起团队成员间的互相信任。

高层管理者和团队层次的领导作用
高层管理者必须实际支持新产品并且有具体的行动。虽然决策的制定可以被指派到不同的管理阶层，责任最终还是在最高层。在团队层次中，领导作用以支持、促进和鼓励的形式呈现。

与公司过程的整合
是指所有上游的活动被新产品过程所影响。他们的投入和产出必须与新产品开发联系。集权的公司过程组织可能能够促进这样的运作。

柔性
当环境和目标改变时调整新产品过程。目标是要维持世界一流的产品开发组织，这需要公司允许每个项目或每个团队有足够的灵活性。例如，目前正进行项目的数目或每个阶段需要的时间。

下面阐述了在团队的管理和执行中的几个特殊问题。

14.5.1 职能接口管理

我们看到产品的创新包含许多不同职能部门和背景的人员：销售和营销、研发、设计、工程、制造、运营等。新产品的部分挑战是管理跨职能部门的接口(interfaces)，如关键功能必须经常并有效率地合作，以改善产品开发绩效。多数的新产品人员能够识别如同“那些营销人员如果没有在城里最贵的餐厅花两小时吃午餐的话，恐怕活不过一天”这种传统的抱怨。还有：“曾试着让科学家明确地说是或不是吗?”或是：“为什么生产人员从不承认他们搞砸了?”这些都相当以偏概全。事实上，跨职能问题通常比这些描述的状况好得多，而这些接口的人员通常发展的相当顺利。但是每个人对于某件事的时间框架的认知都不同，而且对于成功的衡量也不尽相同。而且职能部门间存在着摩擦，会威胁项目。包括高层管理者必须了解这些摩擦并且处理它们，以将可能的负面效果降到最低。

图表 14—9　　**良好接口管理政策的线索**

挑战：你能够指出图中的 12 面旗帜所表达的含义吗？有关内容已经在本章或前面两章中做了讨论。
1. 建桥
2. 整合者，接受者，孤立者
3. 从工厂到现场，再从现场到工厂
4. 没有被误导的忠诚
5. 扑灭苗头
6. 平等
7. 忍受错误
8. 清晰的目标与及时的奖励
9. 拥有一种文化氛围
10. “你怎么想?”
11. 市场反馈传递给 R&D
12. 成为一种定式

多数的接口管理都是明确的，而有经验的经理人通常就知道该做什么。许多研究都着重在职能部门间摩擦的管理。图表 14—9 列出了最重要的研究发现。其中的精华集中在以下的陈述当中：

- 高层经理人得到值得的接口，因为他们选择这么做时，能减少在任何时间点上的多数问题。
- 接口管理最主要是耗时，并非技巧。一个新产品经理人说道，他通过耗费至少 40% 的时间来观察重要人员与其他人在工作和非工作时间的相处来解决团队问题。
- 新产品团队应该排除持续成为问题的参与者；他们从这些人的行为中得知一些故意的报复行为。

在多数有实质跨职能关系的创新公司中，不只有结构化的工作指派。例如，3M 鼓励营销、技术及制造人员进行早期、非正式的沟通（3M 的员工称之为三只脚的凳子）。团队成员一方面回应对方想法，同时非正式的给对方提供资源及信息。员工工作环境的设计可以被用来刺激跨职能的整合。许多新的办公大楼在每个楼层设计有咖啡吧以鼓励跨职能的对谈（如 Hoffman-LaRoche 在 New Jersey 的研究和销售大楼，以及 Glaxo-Wellcome 在英国的大厅），还有工作站设计得能够轻易移动（因此促进团队的过程重组）。Sony 和其他日本公司将他们的经理人在销售、产品开发、制造及财务部门间轮调，因而造就多才多艺的经理人。

然而必须记住，即使团队有这些新途径，冲突仍旧会发生。事实上，小规模的冲突是好事。在职能部门中，健康的意见不一致能够引发更多的重要分析，而且最终会带来新产品开发的多样化。然而如何管理冲突是最重要的。相较于如退避（避免问题）、抚平（寻求表面的解决方法）或强迫的解决方法，整合性的冲突管理风格如正视（一种达到相互同意的合作问题解决方法）和妥协（达成可接受的折中方案）对于促进创新的正面环境有更好的帮助（见图表 14—10）。

图表 14—10　　五种冲突管理形态

冲突管理形态	定义	例子
正视	共同解决问题以达到双方认可的解决方案	质疑问题、实施顾客面谈、产生可能解决方案、寻找顾客最能支持的方案
妥协	达到双方能接受的折中解决方案	沟通产品当中要建立的特征，以促使项目继续运作
退避	避免争议或双方不愉快	地位不高的团队成员认为此问题上并不值得冲突并退出决策
抚平	降低差异并且寻找表面上的解决方案	基于团队和谐之故，接纳强烈坚持某些产品特征团队成员的建议
强迫	强制执行解决方案	项目经理介入并制定决策

14.5.2 克服市场导向的障碍

我们仍然可以看见在新产品开发中公司内的不同想法，这指的就是职能部门倾向于着重在自己的目标上。信息不仅无法在部门间有效流动，而且不同部门解读的方法也不同。这个问题应该可以用建立授权的跨职能团队（本章先前讨论的），以及实施质量屋来将顾客投入转换为产品特性来克服。一个仍然相关的问题则是惰性：假如市场信息与原订计划不符，那它就不会被使用。如本章先前所见，对管理层而言，建立所有职能部门员工间能相互信任的环境是很重要的；较高度的信任是指经理人对于可能会改变“事情做法”的建议会采取较为开放的态度。很明显地，我们可以看到近几年在这个问题上的重大改进，问题还是存在，并且需要做出更多的改善。

14.5.3 团队的动态管理

新产品团队一个迫切的问题就是保持小组的热忱。当工作在持续中、当创意需求不被满足、当努力失败以及当人员紧张时，经理人必须持续给予所谓的激励性谈话。精力耗尽是真实而不是罕见的问题，而新产品面临非预期的创新形态几乎都是难以置信的。某些团队领导者会建立一系列防范措施，来防止他们认为善意的建议影响到团队的——产品的变型、刚出现的科技或是新的广告创意。如果不把这些信息排斥在团队之外，会在很大程度上干扰团队。

团队管理的另一个问题看似平凡——进行有效会议的能力。新产品人员似乎一直在开会。有些产品创新者已经意识到这点，而正在开始研究有效召集自己团队会议的多种方法，以此来加速会议并改善决策。

团队成员在项目期限内的更换也会引发问题。团队失去重要的人员会导致失去重要的信息。同时也有工作保障的问题。在许多公司内，在自己的职能部门向上爬升（例如从年轻到资深的销售者或研究者），被视为是比当团队成员还要有保障的升迁途径。对于科学家而言，明确的职业途径似乎特别重要。一项研究指出，在多数的创新公司内，有着“双重阶梯”系统：科学家能被提升到管理阶层，或是选择留在实验室而没有财务津贴。在绩效较差的公司，通常都觉得“在这家公司你必须离开研究才能向上爬”。

14.5.4 团队报酬和激励

团队管理中一个棘手的问题就是报酬。团队领导者和团队成员通常领到直接薪水或是薪水加上红利。红利会根据公司绩效、个人绩效和项目完成度。进行平均分配很少会有根据产品绩效的报酬。这个理由很充分：员工应被平等对待（公平），团队成员没有公司的财务风险，而且假如报酬计划公正，则比较容易调换团队的经理人。然而所有人都认同，要找到愿意冒职业风险在新产品团队服务的优秀人才、激励他们付出高程度努力以及承受压力都是很正当的。使用股权奖赏，如股票分享和产品利润共享，在硅谷中似乎是少数（指的是在2000年互联网泡沫后还生存的公司）。

许多公司使用结合货币和非货币的奖赏来激励他们的团队。只使用金钱奖赏会引发问题。有些人或许觉得身为成功团队的一员的满足感就足够了，而并不一定需要金钱。其他人抱怨所有的团队成员都拿到报酬（即使是最懒惰的人）——假如给团队的所有人相同的奖赏金额，会恶化这个问题。例如，一个好几百万的构思只被奖赏1 000元红利的话，有些人会感到忿忿不平！

有人建议，公司应该让他们的奖赏结构与项目特性一致。假如项目时间比较长或是较不复杂的话，奖赏与项目利润结果相结合可能可以提升绩效；然而对风险较高的项目，根据产品开发过程表现（程序、行为、新产品过程阶段的完成等）来奖赏是比较好的。这个政策是基于输出的奖金体系，但可能被视为风险太高或太难以执行，甚至会被项目团队拒绝。

TRW 的 Cleveland 汽车团队执行了 ELITE（Earnings Leadership in Tomorrow's Environment）计划来激励和奖酬其团队。在这个计划中，每一个团队的项目和个人都设定特定的目标，而 10%～25% 的薪水与这些个人和团队目标紧紧相连。DuPont 使用“360 度”的评估过程，在其中每个团队成员要被同级、下级和上级评估。Motorola 则是许多按照团队行为，而非团队结果付酬的公司之一。Motorola 认为团队通常需要冒着进步的风险，只奖赏结果或许会使得他们规避风险。让团队成员获得非金钱的表扬似乎也是有意义的，应该时常修正非金钱奖励计划，使得受命的人意识到这些奖励总是具有激励效果的。

14.5.5 结束团队

对于应该何时结束新产品团队以及将产品交付日常组织的时间点，存在着许多不同的意见。有些公司在产品市场导入前早期结束团队；他们逐渐带入日常运作人员。第二种实务让团队准备产品的销售（例如写下计划或培训人员），但是到最后则是日常运作人员将产品市场导入。当这么做的时候，关键团队人员通常保持密切联络以协助解决问题。第三种，也是很少见的方式是，让团队实际销售产品并且成为新部门管理层的运作核心，或是在该产品成功销售之后将团队转变成为日常的组织。Toyota 和

Honda 将团队领导人保留成为新产品的日常运作经理人，以进行二或三次的设计升级任务（6 到 9 年），之后会重新指派他们到另一个新开发计划当中。

不论团队成员在什么时间被得到安置，公司都应该通过某种方式把他们与新产品的组织建立起联系。就像一个经理人所说，“这如同一个正在转动齿轮要啮合一个闲置的齿轮；早点将一些人员送入日常运作组织当中，让闲置的齿轮转动加速到它能够接受新运作的其他工作的速度。”

14.6 管理分散在全球的团队

越来越多的公司对于新产品开发采取全球化的观点，并且建立来自不同国家人员所组成的团队。图表 14—11 列出了一些与资深经理人访谈的结果。在一个最近的调查中，超过半数的受访公司提到他们至少在某些新产品项目中使用全球散布的团队（globally dispersed teams/GDTs）。这些团队给经理人带来特殊的挑战，远远超过管理当地团队！全球商业会议通常以英语举行，所有团队成员可能会说英语，但他们的英语程度可能差距很大。这些会议通常都是电子会议，而会议成员彼此间的实体距离很远。因为人对人直接的会谈很少举办，所以会发生许多沟通的问题。互联网的新产品系统能够克服许多 GDTs 会遭遇到的问题，但可能相当昂贵。Ford 的 Contour/Mondeo 是由使用互联网及视频会议的 GDT 所设计。Boeing 公司使用互联网基础的新产品系统来整合散布许多地区的火箭引擎设计师和伙伴公司，使产品设计时间、开发成本以及零部件数量的大幅缩短。另一个例子则是 Xerox，使用互联网来整合在纽约的产品设计师、在上海的工程师以及在香港的厂房。

然而现在各国团队存在着文化上的争议。拥有多元文化、异质的团队应该能够带来较高的创造力以及更好的解决方案，然而沟通问题可能更常发生，而跨文化可望带来的绩效则须视高层管理和团队的领导而定。

Digital Equipment Corporation 的 GDT 相当成功（他们命名其为“哥伦布团队”），该团队的成员由美国五个地区以及瑞士、法国和日本的人员组成。然而他们必须采用许多有效的衡量方法来克服与 GDT 相关的障碍。主要的问题是团队激励：传统的团队成员对于自己当地的网络较忠诚，而非哥伦布团队，而且他们团队目标很难达成共识。为了克服这个问题，Digital 的团队成员拥有自己应该执行的任务的某些决定权，这样，他们在执行团队项目的同时也可让自己被当地网络中其他人所认同。为了克服沟通障碍，Digital 发现团队成员在项目开始时喜欢进行视频会议。在项目后期当团队成员以他们本身步调进行更多的工作时，通过计算机网络会谈以及 e-mail 会较好，而且这样也可以逐渐变成保留对话纪录的重要工具。

Kodak 的娱乐影视事业部成立了两个全球团队以开发和销售使用于电影胶片处理的预先混合化学生产线的新产品。该开发团队包括了来自美国和欧洲的影片开发商、美国为主的全世界产品营销经理和规划者、制造工程师，以及大西洋两岸的包装工程师。市场导入团队由欧洲、美国和加拿大、亚洲、澳洲及拉丁美洲的产品营销经理和其他工程师及开发人员组成。当然，找到一个适合所有成员的时间来进行电话会议很困难。这些成员也面临上述的语言问题：所有成员都说英文，但是他们的理解程度差距很大。Kodak 发现偶尔举行面对面的会议有助于克服沟通问题。

许多像 Philips、AT&T、和 IBM 的公司都有主动支持团队多样化的计划。Philips 使用工作轮调，员工（流放者）平均被送到国外店面 5 到 7 年的时间，通常是在不同职能部门中工作。Schering 制药公司在他们柏林、李奇蒙和维吉尼亚的研究中心之间调动技术人员。其他公司使用“访问研究者”，让国外技术专家拜访研发总部以获得公司知识。日本化学公司 Kao 在确认各个国家头发保养间的差异后，使用相互访问研究者——从日本到德国及从德国到日本——来开发头发保养产品。预先开发在东京，而开发活动集中在德国的达姆施塔特。

某些公司目前仍坚持 GDTs，因为除了将员工和研究设备集中到一个地点之外，GDTS 提供了实际且有效降低成本的另一种选择。对特定市场的新产品开发，在国外市场的 GDT 成员也能提供当地专业知识。目前为止，GDT 运作通常还不如当地团队。部分原因是由于 GDTs 对许多公司而言还是新的概念。有了较多的全球团队管理经验后，GDT 的绩效有可能会增加。

图表 14—11　**资深管理者对全球创新的观察**

在概念产生上：

运用全世界的知识是很重要的。 新概念可能从顾客、员工、竞争对手、渠道商、供应商等产生。

在产品开发上：

美国公司倾向作出“全垒打”式的突破，而日本公司专注在连续性、渐进式的改良。在市场导入阶段这可能是对的，在该阶段中产品原型可能已经市场导入了；假如做得不好，将会被视为学习经验而非失败的市场导入经验。 当新技术开发成本可能会非常高时，开发成本可能被分摊。结果可能是技术授权或贸易。 标准化逐渐被用来更好地管理全球公司，不需要回应类似的顾客需求。 对某些产品种类如图像产品或儿童产品，标准化可能比较简单。

在商业化上：

许多公司认识到早期进入者的成本和风险，而且实际上在某些市场中偏爱晚期进入者。例如，在日本公司中，存在明确的等级制度，某些人是领导者，其他人则是跟随者。 当决定产品该在何处市场导入时，当地的强烈支持是一个重要因素。就耐用消费品来说，跨国间的顾客需求可能较为一致，因此全球市场导入可能可以快速弥补开发成本。尽管有一些特殊案例，大多数的非耐用消费品上市仍然是当地市场导入。美国市场的成功对于进入其他市场有“信号价值”，但是美国市场的失败可能很昂贵。相对来说，攻击欧洲市场可能是一次一个国家。 通常来说，对国外市场引进创新时有当地伙伴的协助更好。因为这可以降低成本，利用当地伙伴在制造和销售的能力，以及协助克服文化障碍。

14.7 本章小结

本章涵盖了与团队有关的主要问题：什么是团队、团队的各种组织形式、建立并管理团队——选定领导者、选定团队成员、培训成员等。

总的来说，目前有两种形态的新产品团队。其中之一是位于较高层次、管理多个职能的成员组成的（通常是重要职能部门的主管），他们的任务是管理多个项目团队。当团队增加时，他们需要建立某种形式的汇报中心。另一种新兴的团队是一群有经验的新产品人员，他们的任务是帮助项目团队开发有针对性的新产品过程以供团队执行。后者有可能只是一个人，被称为新产品程序经理。过程是非常重要的，这是因为公司需要一个有序的过程来保障组织学习（organization learning）持续进行。

14.8 案例：Marko Products

在过去的7年中，Marko Product是一家大型公司集团中非常赚钱的业务部门，也是该公司集团所收购的事业部中表现良好的。他们专精于医疗用品（医生买来在他们的办公室中使用，而不是给病人使用的医疗产品）。

Marko的总裁Bill Wong是一位积极的CEO，在市场的巨大冲击之下仍努力保持公司的平稳发展。他在三年前设置了产品经理的职位，并且这项制度运作良好。产品经理属于营销部门，虽然他们在公司的包装产品的决策中并不拥有那种无限的、非正式的权力，但是他们却在公司中受到尊重。

Marko有两个制造部门：一个坐落于另一州，生产消耗品（例如绷带、橡胶手套），另一个坐落于公司总部，生产设备（例如桌子、橱柜、检眼镜等）。所有研发人员集中在一个地点上班，但是研发部门的副总（VP）已经把他的人员分成6个部分，每一部分都专精于一项特别的技术，例如橡胶、薄片材料、电子学等。

全部的生产线由同一个业务团队来负责销售，但是在人口较稠密的地区，销售人员公司将销售人员划分为销售消耗品与销售设备的人员。

高层管理包括长期规划组、由世界各区域组成的国际营销部门、政府/公共关系部门、财务、人力资源及法务部门。包装和质量监管属于生产部门的一部分。

Marko Products的管理层追求在利润和市场份额方面的硬性目标。他们计划在其锁定的每个主要市场维持第一名或第二名的地位，不然的话，就撤掉推广和研发的支持。

他们最近举行一项为期两天的封闭式规划会议，会议为公司的每项业务都规划新的产品创新章程。这是一个有高生产率的会议，但并非没有争辩，因为大部分的经理认为Marko应该专注公司做得最好的业务：制造最高质量的检验室家具。他们认为家具帮公司赚取大部分的利润，而医疗用品是一个具有商品性质的业务，Marko进入这个业务的原因，只因为它是来自于Mainline Medical的细木工家具事业部（一家在6年前被Marko购并的公司）。Bill Wong很高兴他已经说服经理们变得更积极，并且将视野设定在更大更好的目标上。

以下是这些章程其中的两个：

非科学用途的医疗办公设备： Marko 将积极发展任何及所有可能被称作“家具”的产品类别，使用于医院的检验室和咨询室。这些产品项目将一定会（希望会）利用我们在“使金属弯曲”的技能以及我们对检验室运作过程的知识。这项活动的目标是在今后 4 年里增加 7 000 万美元的利润，以及确保能占据（真正或接近的）所进入的每个主要市场。

为了做好上述工作，我们主要依赖营销部门提供市场需求的相关信息，并由经常接触市场且经验丰富的技术人员提供支持。每项新产品至少在一个维度上是独一无二的，并且希望它对运作过程的分析会有帮助。我们想要在这个产业中保持领导者的声誉，并使所有的新产品达到最高的质量水平（如同 Wong 所说的“绝非廉价品”）。我们的主要贡献是，设计出的产品可以让作业部门遵循传统的高标准来制造。

一次性产品： 近年来医疗产业已经转变为以使用一次性物品来解决许多操作上的实际问题。Marko 想要利用这个趋势，我们的一次性手套和一次性围裙两条小的生产线将是这项活动的出发点。在这类产品上主导市场的关键在于是否能预测在什么样的新作业方法上，医疗人员将同意以后会改用一次性的用品。我们想要开发扩充一次性并且独特的产品。发现这些产品的概念并不容易，并且需要将办公室操作程序知识、态度的研究以及技术实力加以结合。

这次运营的利润目标并不清楚，但是我们确实想要这项计划在今后 5 年里使我们增加至少 10 条新生产线，并在市场上支配至少其中的 8 条生产线（加上手套和围裙），并且成为一家想要使用一次性用品的医疗人员想接触的公司。当项目开始进展时，最低的资产报酬率（ROA）将被制定出来。

有些一次性产品将是没有差异化的附加性产品，这将巩固我们在特定市场的地位。

Wong 现在想要知道这两个产品创新章程（PIC）分别适合于图表 14—1 中 5 种组织结构的哪一个。

此外，Wong 知道只制定新产品开发的组织结构还是不够的——在任何结构中的人员必须成为一个小组有效地运作。因此，请就你所选的适合于非科学性医疗办公设备的组织结构，然后针对下列主题，评论哪些问题特别跟设备业务群的管理有关：(1) 文化；(2) 团队责任感（team ownership）；(3) 领导人的选择；(4) 对于产品提倡者的需要；(5) 团队的报酬体系。

14.9 案例：Ford Mondeo

在 20 世纪 80 年代中期，福特和其他汽车制造商注意到，世界各地对汽车的需求正趋于一致。例如，习惯驾驶大型汽车的北美司机逐渐想要更小的汽车，而许多欧洲人正寻求具有更大马力、更宽敞舒适的汽车。这个趋势让 Ford 有机会利用其美国与欧洲研发中心的技能与专业，设计出一台适合全球市场的新车。福特开始将原本打算在欧洲开发的 Sierra 车款及在美国开发的 Tempo 车款，替换为同时适合在两个市场销售的单一车型。

福特开始用标杆研究确定现有车款的顾客满意水平，接着通过大规模问卷识别在性能上哪些是最迫切需要去改善的。后来，这个“全球车（global car）”项目在欧洲Ford的领导下进入开发阶段（这台汽车比较像欧洲而非美国Ford的车款）。福特还选择在Gand的组装厂协调该项目。

从刚开始，项目就在全球范围内展开。由几个全球的工作小组各自负责特定技术问题，由这些工作小组的领导者组成一个项目控制组，由欧洲Ford总裁担任产品委员会的主席。设立一个协调组来负责所有其他工作组的协调。供应商也是全球性的：有47个欧洲供应商和20个北美供应商。

在新产品过程的不同阶段由不同的工作组来运作。在产品设计阶段，一组在密歇根州Dearborn的工作组，进行6汽缸引擎和传动装置的设计，一组在德国Merkenich的工作组，进行4汽缸引擎和外形美学的设计，一组在英国Dunton的工作组负责内装的设计。同时，35名美国人在欧洲技术实验室工作。

同样的，在产品原型开发期间，许多工作组分别承担着特定的责任。在威尔斯Bridgend的工厂，开发较小的四缸引擎的原型；在墨西哥Chihuahua开发较大的4缸引擎的原型；在俄亥俄州Cleveland，专心于6缸引擎原型的车，以及在英国Dagenham，负责柴油引擎原型的设计。计算机辅助设计（CAD）与计算机辅助制造（CAM）得到了广泛的应用，尤其在原型与设计两个阶段分担了大量工作。电话会议和其他通讯系统对项目行动的协调发挥了重要的作用。

工程设计最终在Gand完成，当时有人认为，在这个步骤有必要将所有的设计与制作原型单位的工程师聚集在同一个地点。完成产品工程之后，有些Gand团队的成员被移转到美国的堪萨斯市，以进行投产前的工艺设计。

Mondeo（在美国称为Contour）将在1993年的日内瓦汽车展览会上发布，并且1年多以后在美国导入市场。这款车也通过一家Ford-Mazda的合资公司在日本销售。

Ford是如何管理散布于全球的各个团队呢？在开发Mondeo所使用的程序有什么优势与劣势呢？对于Ford的做法，你有什么不同的建议？Ford能够再更大幅度地使用本章所描述的GDTs模式吗？如果是的话，如何去操作呢？

图表14—9的解答：

1. 在主要职能接口建立人际关系桥梁和运作桥梁。
2. 将整合者和接受者纳入团队，让孤立者就随他自己吧。
3. 在部门之间进行工作轮调，特别是在营销和技术部门之间。
4. 留意那些自认为你想要他们为你的职能而战的下属。
5. 迅速解决争议，不让问题激化。
6. 平等对待其他人（也希望被公平对待），等级会激起愤怒。
7. 理解你背地里不喜欢的职能部门也会犯错。
8. 避免含糊的规则。让每个人提前知道游戏规则。
9. 钻研文化，框架构建适合自己的文化，并且坚持下去。
10. 询问不同部门人员的意见，尊重所有人的能力。
11. 确保技术人员有机会去好好了解顾客的需求和欲望。
12. 人与人是不同的，要正视这一点，并且要学习轻松地看待这些差异。

第15章　产品使用测试

15.1 引言

技术开发的第1个产出是一个原型，它的开发是由产品协议陈述所引导和确认的，同时它也可能送到市场上接受概念测试。原型概念测试的方法在本质上与原始概念测试相同，唯一不同的是现在有了一个能够体现创新思想的有形物体。通常，最终用户并不满意这样的原型，所以还需要进行更多的开发工作。这个过程会持续循环下去，直到公司拥有一个最终产品的良好近似品——一个利益相关者认同的原型。

在这个时候，多数的公司喜欢制作大量的原型，不管是在工作台上或是在一些小规模的试验生产线上。在第一时间，他们能给予最终用户一个产品概念，也就是一个扩大使用的形式——基于内部实验室或是工作台、测试，不用只是猜测其是否将会或可能满足需求。我们的工作是去设计一种方法来测试最终用户的新产品体验，我们称这个活动为产品使用测试（product use testing/PUT），或是实地测试（field testing），以及用户测试（user testing）。有时候称为市场接受度测试（market acceptance testing），虽然这个术语可能也代表第18章中的市场测试。产品使用测试是这一章的主题。

我们使用贯穿整个开发（第四）阶段的营销角色陈述作为这章的开始。虽然原型的实际设计可能不是来自营销人员之手，但营销在整个阶段提供重要的贡献，其贡献立即加快了第四阶段的完成，以到达第五阶段的市场导入。将这些记在脑中，我们接下来要仔细地探究产品使用测试的过程。

产品使用测试的重要性是显而易见的，正如那些推进整个新产品过程的几个重要概念——独特、优越的产品、A-T-A-R模型中的重复购买比例（repeat buying percentage）以及产品协议中的要求等。产品无法符合最终用户需求是由于这3个主要原因之一所造成的。

另外一个要提醒的是：本章同样适用于服务业和制造业。在www.baddesigns.com网站上经常有在公路上、高速路上和公园等地方的一些糟糕的信号，失败的主要原因就在于这些信号系统从来没有进行过清晰的预测试。

15.2 为什么要进行产品使用测试

一旦原型已准备好，营销开始进行扩量过程的重要部分：评估在真实客户间的实体原型。使用测试（use testing）是指在正常的操作环境下去测试原型。例如，消费者为汽车准备好备用轮胎后驾驶汽车，技术人员将笔记本电脑交付给批发商个人，而银行则在3个分行统一设置新的支票现金结算服务。为小孩子设计积木组合的制造人员，会将小朋友放在一个房间里，然后观察他们如何玩这个积木组合（他们喜欢吗？他们会按照指示还是运用他们的想象力？他们会不会很快就厌倦了？）同时小朋友的父母们，接受有关价格的调查（会付70美元购买一组100块积木的组合，还是会付50美元购买一组75块积木的组合）。先前我们看到的产品使用测试，是在第2章Tastykake Sensables案例中所看到的部分测试。此时，除了差劲的设计之外，还有更多的原因会使产品不完美。例如，Weyerhaeuser出现的一个制造上遇到困难的例子。他们新的UltraSofts一次性尿布，成效非常好，并以打折价格出售。但试验工厂对满负荷批量生产的预测出现了失误，结果导致生产线就像救火一样，并且出现了其他的障碍，供应商拒绝与公司签订关键构件（尿布衬里）长期的合约。

测试需要持续，直到开发团队能满意新产品确实解决了存在的问题，或是满足原本协议所陈述的要求。有时候这会需要一段时间，例如，20世纪70年代的一个典型例子：Gillette干燥剂构思的开发（如图表15—1）。

图表15—1　　**Gillette脱水除臭剂产品测试系统**

1. 1975年，实验室技术表明，可利用现有技术开发出一种干燥除臭剂。
2. 一个2 000人的概念研究（花费175 000美元）表明："是的，滚抹方式不错，但是滚抹会变湿，所以穿衣服时需要等待。"一个产品概念即将到来。
3. 指派给科学家的研究计划：发现一种水的替代品，能有效作为铝锆盐的介质。
4. 一个使用硅酮的原型已经开发完成，它不湿不黏。但是会溶解涂抹器的滚球（内部实验测试）。
5. 接下来的原型是对南波士顿地区的自愿者进行测试。原型是油性的（雇用外部的研究公司来测试该区域的大学生；Gillette通常也使用内部员工测试）。
6. 到1976年后期，有一个原型在一个华氏100度的"热房"中，对一群招募的女性进行数小时流汗测试（市场用户的测试在波士顿地区举行，这些测试者来自波士顿地区一个正规陪审团的成员）。不幸的是，虽然运作得很好，但是最后变成硬化的胶状物。
7. 在1977年早期，另一个原型通过了"热房"测试，然后送到公司在马里兰州的医疗评估实验室（针对兔子和老鼠的内部测试）。
8. 通过内部包装设计工程师，包装被开发和测试完成。早期包装便披露出来。
9. 然而，这种包装会让受测者觉得产品太过于干燥！（市场用户测试）
10. 然后他们回到传统的滚抹瓶，加入特殊的防漏的垫子，以及加大滚球以便扩大防汗剂的涂抹面积。另外一个市场用户测试确认人们用起来觉得更干爽。结论是，当早期资料显示出一个止汗剂效果很好，就足够到市场上销售。

注：这个程序使用不同目标与形式，重复进行许多不同类型的测试。产品测试不断地循环直到成功。

15.3 产品使用测试真的需要吗?

我们通常在产品使用测试时候听到以下这些陈述:

“我们在这个项目上已经工作好几个月(或好几年),而且花了大笔的钱。当需要时专家会被召唤过来。市场研究显示,最终用户也愿意接受这样的产品。为什么还要再浪费时间?高层管理者一直指望着这个项目能够给我们带来承诺的利润,而我们总是在不断地听说某个关键竞争对手也在开发一个类似的产品。看,我们正处于一个提高的过程中,停下一切工作搞测试,等于向管理层表明:我们对自己一直在做的事情并没有信心。另外,顾客也不可能做出客观公正的评价。因为顾客必须先学会怎么使用产品,然后将产品纳入他们的系统中,并听我们的广告(或销售代表)的建议,才会知道他们该做什么,最后得知效果如何。最糟糕的是,对手可能剽窃我们的创意,并在市场把我们一举击败。是的,根本不值得花那么多的钱与时间去搞大规模的使用创新。”

现在,这些陈述有时候是事实,而不是争论。例如,第一台传真机,可能不能通过最终用户测试,只因为它们没有其他网络来连接。可视电话也有相同之处。第一台彩色电视也有相同之处,因为没有节目是以彩色的方式播放。因特网如何进行使用测试?但愿,这不会和某个知名卡通画里描写的尴尬,画中,一个实验室科学家手持烧瓶,告诉另外一个科学家说:“成功的话,会带来不朽,但是需要永远去做测试。”

15.3.1 有关产品使用测试的争论正确吗?

有些争论是有说服力的,尤其是当这些争论来自目前提供资金的高层。但是,除了相当少见的传真机案例外,他们的说法都是错误的。我们拥有什么,是未知的,还有许多内容需要学习。是用户的问题让这个项目开始,用户依然不能告诉我们,产品是否已经解决了那个问题。

实际上,使用测试的风险和成本,跟成功产品所损失的收入金额相比较,通常较小(请见图表 15—2)。唯一真正有分量的争论是竞争对手的行动,是当我们的新产品被竞争对手快速地复制和销售时。大多数技术含量低的项目容易出现这种情况,食品就是如此。如果使用测试明显地会使我们成为第二个(或甚至第三个)进入市场,多数公司会选择立即市场导入——不使用测试。当然他们预期会常发生失败。即使生产厂家只做一些很小的改进、一些针对产品特点增加的细微的小创意,但由于顾客不可能在产品概念测试中准确预测自己的行为,从而变化无常,食品产品约有 80% 到 90% 的失败率,这些产品只能得到较少零售商的进货与铺货。看图表 15—3,其提出两个关于零售包装商品的小故事。在一个案例中,优异的产品使用测试,产生一个成功的市场导入战略;在另外一个案例中,产品使用测试可能并未妥善地执行,结果自然很糟。

但是,甚至在零售包装商品产业,针对使用测试的相反争论上,应该要有更多认真的考虑。包含如下：

图表 15—2　　产品使用测试变化的得与失

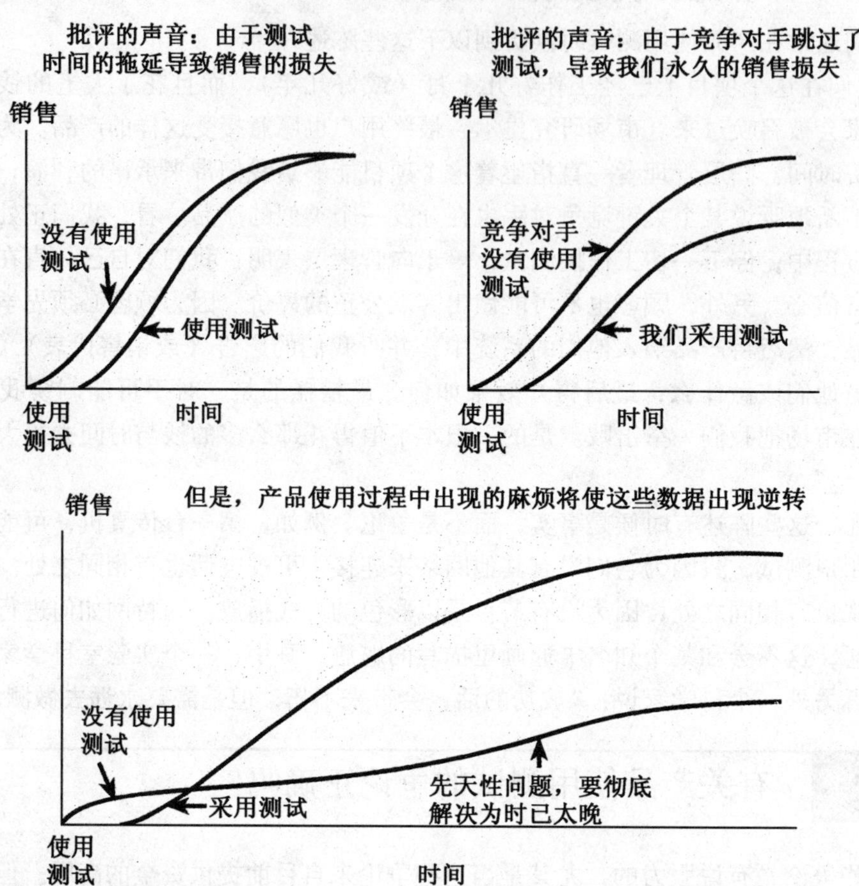

注意竞争对手的反应

公司开发新产品一个好的建议是，去建立以技术为基础的创新，就能隔绝竞争对手的复制（见第 3 章的战略讨论）。其次，今日的竞争对手发现复制其他公司的产品获益不大——其他公司也将复制他们，价格竞争将侵蚀获利。同时，模仿者通常也会复制创新者的错误。我们必须引起关注的是那些也在进行基础技术开发工作的竞争对手，他们的工作往往并不引人注目。

图表 15—3　　产品使用测试必须要做或是不可忽略的理由

焦点小组研究建议，一种肥皂状洗碗布由于不会擦伤炊具而具有广阔的市场，而钢丝球洗碗布做不到这一点。结果，3M 公司成立了一个的新产品团队开发一个新的洗碗布，也就是有名的厨房洗碗布 Scotch-Brite Never Scratch。这个产品广泛的在购物中心进行使用测试。基于测试的结果，公司害怕 Never Scratch 洗碗布会被消费者认为是不同于正常钢丝球洗碗布的产品，就像 SOS 和 Brillp，而可能造成困惑。为了克服这个问题，3M 公司在 1993 年市场导入钢丝球洗碗布 Never Rust，直接和 SOS 和 Brillo 竞争。Never Rust 洗碗布建立了广泛的品牌识别，并且有效地为在 1995 年市场导入的 Never Scratch 洗碗布建立起成功的桥梁。

一个新产品市场导入可能在许多情况下失败，其中之一就像可微波的圣代冰淇淋（以 Hot Scoop 名称进行商业化）。这个构思是把包装放入微波炉中，能加热并且融化最上层，同时能让冰淇淋保持冰冷。在完美的状况下，结果是相当美味。这个产品不太可能进行过分的产品使用测试，因为在正常情况下会有许多事情出错。

- 店员花费太长的时间将产品从递送卡车移到商店冷藏库。
- 消费者在回家途中塞车或是等了很多红灯，会让冰淇淋开始融化。
- 消费者的家用冰箱不够冷，不能够冷冻部分融化的冰淇淋。
- 消费者微波炉的热度比正常高一点。

如果其中遭遇到任何一个情况，这个产品就会成为一团糟。

顾客需求的复杂性

几乎在每个产业中，并没有一个单一、简单的最终用户需求。任何新产品对于最终用户都会有一条学习曲线，有取舍和“包袱”——伴随新产品的事情通常会让开发人员惊讶。例如，想想 GTE Airfone 的案例，允许从地面打电话给飞机上乘客的技术。然而，情况并没有想象的那么强烈——原因是因为许多飞行员不希望在他们稀有的安静时刻被打扰。附近的乘客并没有想这样多。最终用户确实是复杂的，在实验室中并没有很多方法可以模拟，在实验室中使用是不会有用户错误的、不会有竞争对手修改这个概念的、也不会遇到用户因这个改变干扰到工作或生活而受到公司或家庭成员的反对。另外，对新问世的产品而言，公司需要有许多产品使用测试，才能让产品正确——重要的是公司从错误中学习。回忆第 2 章，GE 公司在发展他们 CT 全身扫描器的回旋过程。

顾客需求的沟通

在没有获得最终的产品之前，最终用户还是经常说不清他们需要审计以及怎样才能使他们满意。例如，有两家公司（Mars 与 Hershey）营销带有人造脂肪（分别是来自 NutraSweet 和 P&G）的一些食品。两种案例都被意外的困难所动摇：在甜点或糖棒中，什么是消费者真正想要的？甜度是乐趣的指标吗？脂肪替代品一词是否会破坏消费者对美味的预期等。在厘清这些障碍之前，一家公司直接在全国进行市场导入，另一家则进行昂贵的测试市场。

优质产品的交付保证

回想延伸产品的观念——首先要有一个核心的利益，然后是一个有形的产品，最后是在服务、保险、形象、融资等的许多延伸。新产品过程倾向专注在核心利益和有形产品上，甚至可能包含实施中的问题。但是公司通常仅是假定他们能够传递延伸产品质量的外环——销售人员能够清楚地解释新产品、早期产品故障不会赶走其他可能的买家、财务部门会保证丰富的资金支持、广告有效地回应竞争对手的挑战以及仓储人员不会造成简单错误和损害半件产品。这些事情会发生，而且是经常发生。例如，在 Kodak 发现一个非预期的材料会影响到电池的寿命之后，Black&Decker 曾经从零售店货架上撤下数千个手电筒，并停止内含 Ultralife 电池的烟雾侦测器新生产线的交货。这个发现是在营销活动中得知的，而不是在使用测试之中。

略过产品使用测试是一项赌博，只有在特定的条件下才应该被考虑。提供证据的责任在于谁主张省略这个步骤。Intel 似乎有一个非常好的理由去缩减其具有高知名度 Pentium 芯片的测试，或许他们真的这样做——显露出的问题很少发生（一个需要进行小数点下九位数的运算才会出现的小毛病）。但是，如果 Polaroid 测试其新的儿童相机，他会发现小孩子喜欢压所有的按钮——包含打开相机和破坏底片的一个按钮。有谁会想到东西太容易打开反而会是一个问题？

15.4 从产品使用测试中获得的知识

正如在前面的例子中看到的一样，公司有大量的机会从产品使用测试中学习，并用获得的知识来使产品满足市场的需求。图表 15—4 列出使用测试提供的主要知识。

图表 15—4　　产品使用测试的新知识组合

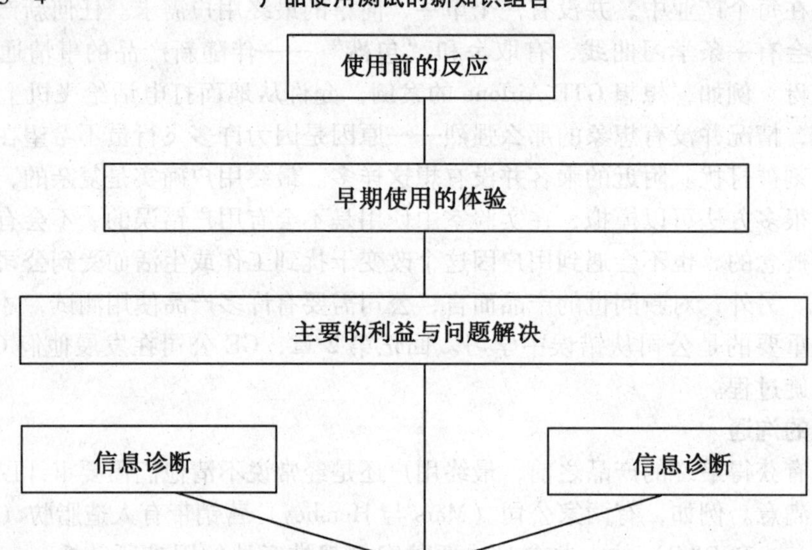

使用前的反应

几乎每一个产品，给予用户一个机会去反应对颜色、速度、耐用性和操作上适合度等等的立即感知。最初的反应是重要的，特别是在服务业中。例如，Saturn 的经理人觉得一个潜在新车买主最重要的一项反应是在第一次进入经销商店面的印象。在 Saturn 最初营销上，经理人为了博取良好的印象而精心设计经销店面，调查得知确实给人留下了美好的印象。

早期使用的体验

这是“它是否可运作？(does it work)”的知识。主要的细节包括容易使用、外观的变化、能否使用它、是否仍然有毛病，以及有无证据表明产品实现了最终的目标等。

Alpha 和 Beta 测试

协议的最后使用测试是在顾客现场进行的测试，以评估产品是否解决一开始导致开发此产品的任何问题。在一些产业中，这个后续点是一个特别的问题。例如，计算机硬件和软件公司在巨大竞争压力下，偏好进行 beta 测试（beta tests）。这是短期的使用测试，在选择的外部顾客现场进行，有时在内部员工的 alpha 测试（alpha tests）

之前进行。这些测试是用来告诉制造商一件事：这个产品可以正常的运作吗？事实上，有些人让他们的员工展开比赛，看看谁能够从新产品中找到更多毛病——现在找到总比以后再发现好。Beta 测试不能判断是否符合消费者需求以及是否解决问题——这种测试要比一般在计算机产品数周的测试需要更长的时间。

Beta 测试起初是使用在计算机产业，现在也经常应用在很多其他的产业，但是计算机公司仍然是 Beta 测试的领导者。Netscape 在 1996 年 1 月将 Navigator Release 2.0 市场导入，2 月在内部网站上就有 Release 3.0 的早期 beta 版。从数百个员工获得早期回馈后，在两个礼拜之后，第 2 个内部 beta 版本就准备好了。第 3 个 beta 版本在 3 月初，就供社会大众试用。这个程序通过更多的 beta 版本继续进行下去，直到在 8 月发行 Release 3.0。在这段期间，Microsoft 发展其具竞争性的 Explorer 产品。其内部 alpha 测试开始于 1996 年的 3 月（在 18 000 个员工中进行），只对 30% 的功能进行测试，这样足够获得早期的回馈，并开始进行设计改进。外部的 beta 测试跟着进行：在 1996 年的 4 月发行第 1 个 beta 版本，到 6 月 Microsoft 已经有 90% 功能的 beta 版本。在这段期间 Netscape 也监控 Explorer 产品的 beta 版本。

多数的 alpha 测试和 Microsoft Explorer 相类似——对员工进行非常早期产品版本的快速测试，这些产品通常还未准备好发布给顾客，甚至还未成为一个 beta 版本。但是有例外的情况。在从 Quaker 接收 Snapple 饮料的生产线之后，Triarc 删除了所有大规模的顾客测试。Triarc 高层主管将只选定新口味并自己尝试这些口味——也就是新产品会在通过 alpha 测试后就市场导入。管理层了解到，如果产品最后无法销售出去，发生的最坏情况就是他们必须要打折扣以销售多余的存货。虽然这似乎是一种冒险的方式将新的消费性产品市场导入，Triarc 却成功地以这种方式，将 Snapple Elements 生产线（3 个新饮料，名为 Rain、Sun 和 Fire）市场导入。（你认为像 Quaker 这样大的公司会乐意接受这样的风险吗？）

在像这样紧张的时间压力下进行 Beta 测试，经理人必须确认没有忽略危险的信号。NCR 开发其资料仓储管理计算机套装软件（Warehouse Manager Computer Package）可能会成为一个经典案例。为了快速让这个产品市场导入，公司犯了许多错误：

• 在没有时间让主要错误显现之前，就结束 beta 测试。这个程序实际上会破坏顾客的会计和成本系统。

• 忽略彻底测试他们套装软件的一部分，这部分授权自另外一家公司——Taylor Management。

• 在听到这样可怕的问题之后，仍持续销售和安装这个 180 000 美元的程序。甚至在 NCR 命令停止再销售后，仍有许多大规模的安装已经完成。

• 对技术问题实施“单一来源的解决方案”的承诺，事实上，他们依赖 Taylor 处理套装软件中属于他们那一部分的问题。

• 针对个别顾客采取这样的立场，就是认为产品运作良好，所以问题必定是由顾客所引起。

注意，不恰当的使用测试，会导致产生比产品修正更多的问题。NCR 的法庭辩论费用支出是进行适当产品测试成本的好几倍。

另外的考虑是关于 beta 测试的执行。在新产品过程中，如果太晚完成，设计基本上可能已经定型——或者，如果设计需要改变，可能会延迟市场导入。但是如果新计算机程序的 beta 版在主要毛病出现前就已经发行，这个平庸的结果可能被知名计算机杂志报导，破坏了产品的名声（这是为什么 Microsoft 选择只发布 2 个或 3 个 Explorer beta 版的理由，而不是像 Netscape 发布 6 个或 7 个版本的 Navigator 3.0）。再者，公司测试新产品可能需要从顾客的 beta 测试地点获得信息（例如，经济价值），这样可能拉紧供应商和顾客间的关系。图表 15—5 总结了一般 beta 测试的陷阱。

图表 15—5　　Beta 测试的常见陷阱

- 进行 Beta 测试的公司内部没有能力在要求的水平上去测试产品的绩效，以及缺乏资金去雇用外部公司进行测试。
- 开发人员往往向测试用户友好地表达他们对产品绩效的期望。除非有严格的评价标准，否则会使得测试毫无意义。在新产品过程中测试进行的太晚，使开发时间延长，生产也会因此而拖延。在整个开发过程中，逐步测试是避免这种陷阱的方法。
- 开发人员尝试为他们自己的产品进行 beta 测试。显然地，他们与产品太密切，以至于无法批判性地进行测试与发掘问题。
- 开发人员忽视早期负面的结果，希望产品本身会在新产品过程中有所改进。所有的 beta 测试结果，不管是正面或是负面都需要诚实的评估。

Gamma 测试

Beta 测试也许不能够迎合所有开发人员的需求。在 beta 测试中，用户可能无法拥有足够的时间来评断新产品是否符合他们的需求，或者是否具有成本效益。Apple Computer 的 Powerbook 笔记本电脑，有磁盘驱动器的缺点却直到市场导入后才发现，虽然他们进行了实地测试（field testing）。因此，第 3 个测试——gamma 测试（gamma testing）越来越普遍（gamma 是在 alpha 和 beta 之后第 3 个希腊字母）。它提出理想的产品使用测试，要求产品完成所有测试环节。为了通过这个测试，新产品必须解决任何顾客的问题，不论需要多长的时间。在新医药和医疗器材上，Gamma 测试是如此重要以至于美国政府要求一定要进行 gamma 测试；这样的测试可能要花上十年的时间。

虽然 gamma 测试是十分理想的测试（在这里是极力主张的），但公司渴望节省时间和金钱，或者是超越竞争对手，仍然还是会选择 beta 测试。有的公司，例如汽车制造商就不得不选择 beta 测试。Saturn 这款十分成功的汽车就采用了 beta 测试，它通过市场用户在准备好的轨道上驾驶、经销商在亚利桑那州的试驾场上驾驶以及汽车杂志主笔和测试驾驶者等进行 beta 测试。但是在这段期间并没有进行可以真正地判断这台新车是否迎合家庭需求的测试。

信息诊断

新产品经理人一直在寻求了解产品如何被使用，以及会产生什么样的错误。产品使用测试通常建议以提高绩效或是降低成本的方式。General Foods 针对 Mello Roast 的即溶咖啡和烘焙豆比例做最后的测试。它必须要在低成本的烘焙豆和风味效果上做出最佳的取舍。新产品开发人员也寻求支持他们的要求所需的特定信息。市场人员想要确认目标市场以及产品的定位。在使用测试过程中产品整合性也在测试，是因为只有用户的认知可以告诉我们是否所有的零件已结合成为一个有意义的整体，以及产品是否适合使用。最后，开发人员看看是否还有其他的一面红旗，也就是用户在了解新产品有一些问题或是减缓接受得到的测试结果等的一种信号。

Apple 和其他软件制造商可能使用案例研究作为一个非常广泛的产品使用测试的形式，其在软件开发的过程中同步进行，从最早的概念到产品完成。第一阶段是调查：开发人员访谈用户来了解他们的经验，和他们可能将如何使用产品。在开发阶段，用户被鼓励去尝试新软件的早期原型，探索其功能及特色。在产品使用过程中，当一个令人关注的意外发生，他们大声说出，并描述任何遇到的问题。这个阶段是接着在一个实际工作环境的最终用户的初步 beta 测试之后进行，产品使用问题在这个阶段确认，对所有问题的解答会在软件使用手册中提供。这些全部会在标准的 beta 测试之后进行。

15.5 产品使用测试的有关决策

任何产品使用测试，不管是一组测试中的一个条目或是单独一个测试，不管是工业品还是消费品，不管是在埃及还是阿拉巴马州，都需要小心谨慎的制作，而且还需要做一些重要的决策。首要的是，经理人应该决定什么是他们在产品使用测试中所必需要学习的（请见第 12 章）。虽然我们需要去学习的内容是由特定情况决定的，但目标仍应该要清楚，还要求覆盖在产品协议上详细列出的要求。在这个时点，有些经理人喜欢进行所谓的潜在问题分析。在这一节的其他部分将讨论在产品使用测试中面临的其他几个关键问题。

15.5.1 用户群体的选择

有些使用测试是由首次生产产品的工厂的实验室人员来完成的。当 Alexander Graham Bell 打电话给他的助理时，他成为第一个电话使用者。

专家是第二个测试群体（例如，在厨房测试的烹饪人员）。汽车公司有造型专家；红酒公司有品酒员。专家比一般用户会给予更多仔细的考虑，而且可能会给予更多准确的回应。然而，专家不感兴趣的，消费者可能感兴趣。员工第三个测试群体，虽然常遭到批评，仍广泛地受到采用。公司的忠诚度和压力以及员工的生活风格和习惯，可能扭曲意见和态度。这些可能出现的问题，在一定程度上可以通过隐藏产品特征、培训与激励雇员来克服。

利益相关者是下一个测试群体，包括顾客和非顾客、用户和非用户、经销商、最终用户顾问（例如建筑师）、竞争产品的用户、维修组织、技术支持专家，这些人对新产品的回应已得到关注。

SmarterKids. com 公司在网站上销售有关教育的玩具。他们选择预期有教育价值的新玩具和游戏，利用一群小学儿童进行产品使用测试。员工将玩具散放在桌上，让小孩坐得很散，并观察他们如何玩（或不玩）玩具。一个类似大富翁的新游戏在偏远的阿拉斯加推出时，就以“去吃午餐”代替了“去坐牢”。二年级学生似乎喜爱这个游戏，但是也有学生因为不能够让同学真的去坐牢而感到失望。

市场研究者进行使用测试要十分小心地决定适当的受测者人数。样本的大小可能是从 3 到 6 名的专家，30 名或更多的员工，以及从 20 到数千名的最终用户。在 Whittle Communications 和 Philips Electronics 间的一项联合运作，花了 7 千万美元通过电视进行一项医疗新闻服务的使用测试，其包含了 6 000 个医生。如同我们前面所看到的 Netscape 的 Navigator 和 Microsoft 的 Explorer 在数千个内部和外部的测试地点进行测试。

通常样本大小主要取决于要测试什么。任何的样本应该代表产品的目标市场母体，其结果应该要正确（有效度）和可再生（可靠）。一家美发产品公司销售一个新的男式生发水，在使用测试后，主要是因为在潮湿地区做测试而遭致失败。在干燥的地区，产品挥发太快，以至于无法对用户的头发起到任何保护作用。

15.5.2 我们应如何接触用户群体?

这里有许多选择。首先，我们必须决定接触的模式：邮寄接触和人员接触是最普遍的。在产品类别和问卷深度上，邮寄的方法比人员接触更受限制，但却较有弹性、较快速及较便宜。Burlington Industries 使用电话去征求人们作为邮寄受测样本，以评估新的布料。B2B 的公司通常坚持个人接触，因为他们比大多数的消费性产品更需要紧密的接触。

第二，在个人接触和小组接触之间，要做一个选择。多数公司偏好个人接触，特别是在开发过程中的关键点，但是利用小组接触可能会比较便宜（传统的焦点小组不适合进行使用测试）。

第三，个人接触的模式会产生地点的问题。这个测试应该在使用点（家庭、办公室或工厂）进行，还是应该在集中地点（测试厨房、购物中心、电影院或小车里）进行？使用地点测试会更逼真，以及允许更多的操作变化。但是这种方式不能提供有效的实验控制，而且可能容易被误用。相对地，集中地点提供非常齐全的设备（例如厨房、双面镜、用餐地点、假的商店）、好的实验控制、快速和较低的成本。集中地点方法略胜一筹，但是工业公司几乎都坚持在顾客使用点进行研究。有时候一些可能更有创意的——TV 联播网在拉斯维加斯测试新的试播节目，这个地点完全不具代表性，同时也颇奇怪，这个地方充斥着来自各地各式各样的人，这些人沉迷于赌博机与牌桌之间，怎么会有时间和兴致去观看试播节目。

15.5.3 身份透露问题

身份透露（identity disclosure）是一个关键的问题，它关注的是：应当将有关测试产品的品牌或制造商信息在多大程度上让用户知道。有些测试者偏好公开的揭露，而有些（大部分）偏好保密。有时品牌可能无法隐藏——例如许多汽车、鞋和许多公司产品。人们对于许多公司和品牌具有认知。知道新产品的品牌会产生月晕效果，可能会扭曲用户的反应。这让我们思考：到底要测试什么。开发人员可能需要与一个竞争对手比较（只有蒙眼测试（blind tests）能够确认）。或者，他们可能想要知道用户是否感到新产品更好（对品牌的真正的依赖）。

一个好的折中方案是两者都进行：首先，进行一个蒙眼测试，然后接着进行一个标有品牌的测试。这样就把所有情况都考虑到了。但服务产品很难进行蒙眼测试。

15.5.4 我们应该提供多少解释？

有些人进行使用测试，实际上并没有任何解释，只有“尝试看看”而已。但是这样的测试，具有遗失一些特定测试需求的风险。第二层次的解释称为商业化，只告诉他们实际购买产品时会获得的信息。第三层次为完全的解释，这可能要包含许多信息，以确保产品被正确地使用。Rolm 给 Nissan 的员工 90 天的培训，为其 CallPath 系统进行使用测试。有些人在进行一次简短的商业化水平测试后，接着再进行一次得到全部解释的测试。

15.5.5 产品使用的控制

大多数的新药只有在医生的控制下才能进行合法的测试。当需要精确的资料，以及考虑到病人安全时，这样的完全控制是必要的。许多工业性产品也需要完全控制来避免危险的误用。

但是多数的测试者希望用户可以体验、可以自由地犯一些错误以及希望用户可以表现出与后来产品实际销售时相同的行为。例如，一个新的调和咖啡可能在完美水质、完美测量和完美滤煮中测试，但是也应该在厨房中，以一般人们会做的方式来测试——不管做对或做错。通过提供这样的自由，公司能够了解产品可能会如何被误用。如果 Heublein 针对其 20 世纪 70 年代 Wine&Dine 膳食（在一个盒子中有意大利面、酱汁和一瓶咸味料理酒）进行充分的产品使用测试，他们会发现问题，因此就不会在在市场上受挫了。许多顾客只喝了这瓶咸味料理酒，就吐出来，并发誓以后再也不买这个产品了！

因此，两种控制模式——监督和不监督——被开发出来。如果传送带制造商想要测试一种传送带的新材料，当材料被安装好，公司技术和销售人员（甚至可能是他们供应商的人）将会待在用户的工厂（监督模式）。经过早期运转若显示没有问题，输送带的人员会回到他们公司，材料会留在用户工厂以不监督模式进行全面性测试阶段（虽然开发人员从来没有“十分远离”）。

服务几乎总是在一些监督下，因为他们不能够被“带回家”去使用。Olga 餐馆在一些地点（监督模式）测试新菜单，然后如果任何事都进行很顺利，就将菜单推出。

15.5.6 测试应该如何进行？

产品可能用许多方法组合来测试，但是有三种方式是标准的（见图表15—6）：

图表15—6 **应用于新牙刷的产品使用测试类型**

类型	产品	用法说明
单一	单独的新产品	试试看这种新牙刷，并告诉我喜不喜欢
成对比较	新产品和另一个牙刷——（1）市场领导者（2）被认为最佳的（3）新产品锁定区域的领导者（4）测试对象目前使用的	试试这些，并告诉我你喜不喜欢，哪一个你最喜欢等等
三者间比较	新产品和其他中的两个。一种变化是使用两个不同版本的新产品和其他中的一个	与成对比较相同

• 在单一产品测试（monadic test）中，受测者在一段时间只测试一个单一产品。

• 在连续单一测试（sequential monadic test）中，针对相同受测者进行连续的单一测试。这有时称作交错式成对比较。

• 在成对比较（paired comparison）测试中，测试产品的使用是利用竞争对手的产品来比较。

还有更复杂的实验设计，但是只在特殊的情况中使用。单一测试是最简单的，代表正常产品的使用，但是在结果上比较不敏感。一般的并行或同步形式的成对比较是最不切实际的测试，但却是最敏感的。序列单一测试可能是理想的组合，虽然需要较长的时间。在交错的安排下，用户可以试用一支牙刷一个星期，然后换到另一支试用第二个星期，然后再回来使用第一支牙刷。

实际上单一测试通常包含一个未提及的竞争对手——在新牙刷出现前，先前使用的产品。当投入的是已经建立的产品类别（例如复印机），那么新产品几乎必须要对比这个类别的领导者来做测试。但是，如果是一个还未存在的产品类别时，例如第一台传真机的案例，开发人员该怎么办？首部传真机应该要对比复印机、隔夜快递以及/或者信差服务来做测试。如果没有直接的前任产品，产品开发人员通常只进行一个单一测试，然后要求用户将新产品跟任何之前被遵循的程序来做比较。

15.5.7 测试持续的时间

一些产品使用测试只需要一次产品经验（这可能是一个味觉测试所需要的）；有些需要使用最多一周的短暂时间；有些需要使用长达六个月的时间。如果需要学习一些实质性的知识（一个范式的转变）或者需要克服起初的偏见，那么就需要选择更长一点的测试时间。如果产品在使用上面临一个全新的改变（例如，在家娱乐、办公室粗心大意或在工厂高度压力下的加班），那么需要更长一点的时间进行测试。再者，研究者通常使用许多模型。最初的、快速的测试将能预测被称为创新者的早期回应。这时候，即使对产品的理解是不公正的，测试的失败也经常会淘汰一个好产品。另外一方面，一开始讨人喜欢的印象，必须持续保持以通过新奇的阶段。许多产品仅仅昙花一现就夭折了。

对消费性产品的测试很少超过一个月的，也很难管理。但是如果一项新设备将优势定位在低成本，那么，需要足够长的使用测试时间，去了解显著的成本削减。附带说明，对高速公路两侧的彩色油漆嵌板的长期测试是实验室测试，而不是用户使用测试。因为没有用户使用是否粗心的测试、没有与漆膜的厚或薄的测试以及没有与在真实家庭中使用测试有关的许多变化的测试。苹果公司对其 PowerBooks 笔记本电脑进行了如溅上苏打水、在卡车里颠簸等模拟测试。但是再一次指出，这并不是真实的使用测试，因为顾客基本不可能“发明”这些破坏性的行为。

15.5.8 测试产品的来源

一般而言，用来测试的产品取自三个不同的来源——批量、试验生产及最终定型生产。如果公司只进行一种使用测试，那么最终定型生产无疑会是最好的。批量产品应该只有当生产过程过度昂贵时，才会被单独使用。

如同许多其他产品开发阶段，测试产品来源的决策是一种在成本和信息价值间的取舍。在这个时点省小钱，已经一再被证实会因小失大。

在测试结束时，通常忽略的是留在用户手上的产品。在多数的案例中，产品应该被收集和了解以发掘在测试期间有关用户问题和行为的线索。如果在使用测试后将很快申请专利，那么，回收与产品有关的所有信息是非常重要的；否则，开发人员会有失去专利申请过程中原创性要求的风险。

15.5.9 测试产品的形式

一种观点主张测试组织所开发的最佳单一产品。对立观点则主张，在测试情况中设置许多不同版本的产品——颜色、速度、大小等不同。后者的方式是更具教育意义的，但是也会花费较多成本。服务几乎总是在多个版本中做测试，因为服务通常较容易改变。

这个决策取决于许多因素，首先，第一版本产品测试失败的可能性有多高。没有人想要精心去测试一种版本的产品，然后让这种版本失败。

再者，在用户对测试的了解上，加入不同版本会产生什么效果。用户测试越多，他们就了解更多，然后他们便能够告诉我们更多。例如，无菌包装果汁的制造商知道果汁与包装两者对消费者而言都是新的，所以公司首先对新包装内的橙汁进行测试，接着测试新的苹果和蔓越莓汁（附带一提的是，公司运送橙汁到欧洲工厂进行包装，所以，要保证橙汁花在装箱的时间将与苹果汁和蔓越莓汁的时间一样长）。

15.5.10 如何记录受测者的反应？

实际上，如图表 15—7 所显示的，有 3 个选择可以利用。首先，使用 5 个或 7 个有等级变化的词语来记录喜欢/不喜欢的数据。第二，通常要求受测者比较新产品和其他产品，例如，领导者产品或是目前正在使用的产品，或两者都有。这是偏好分数，能够从许多方式获得。第三，为了进行诊断，测试者通常想要有关产品的任何和全部重要属性的描述性信息。例如包含味道、颜色、用完可丢弃和速度。此种方法，应用语意上的差异最为常见。利用这种方式，还可以从测试对象身上收集到其他的信息。

图表 15—7　**产品使用测试的记录格式（挑选自许多可行格式的样本）**

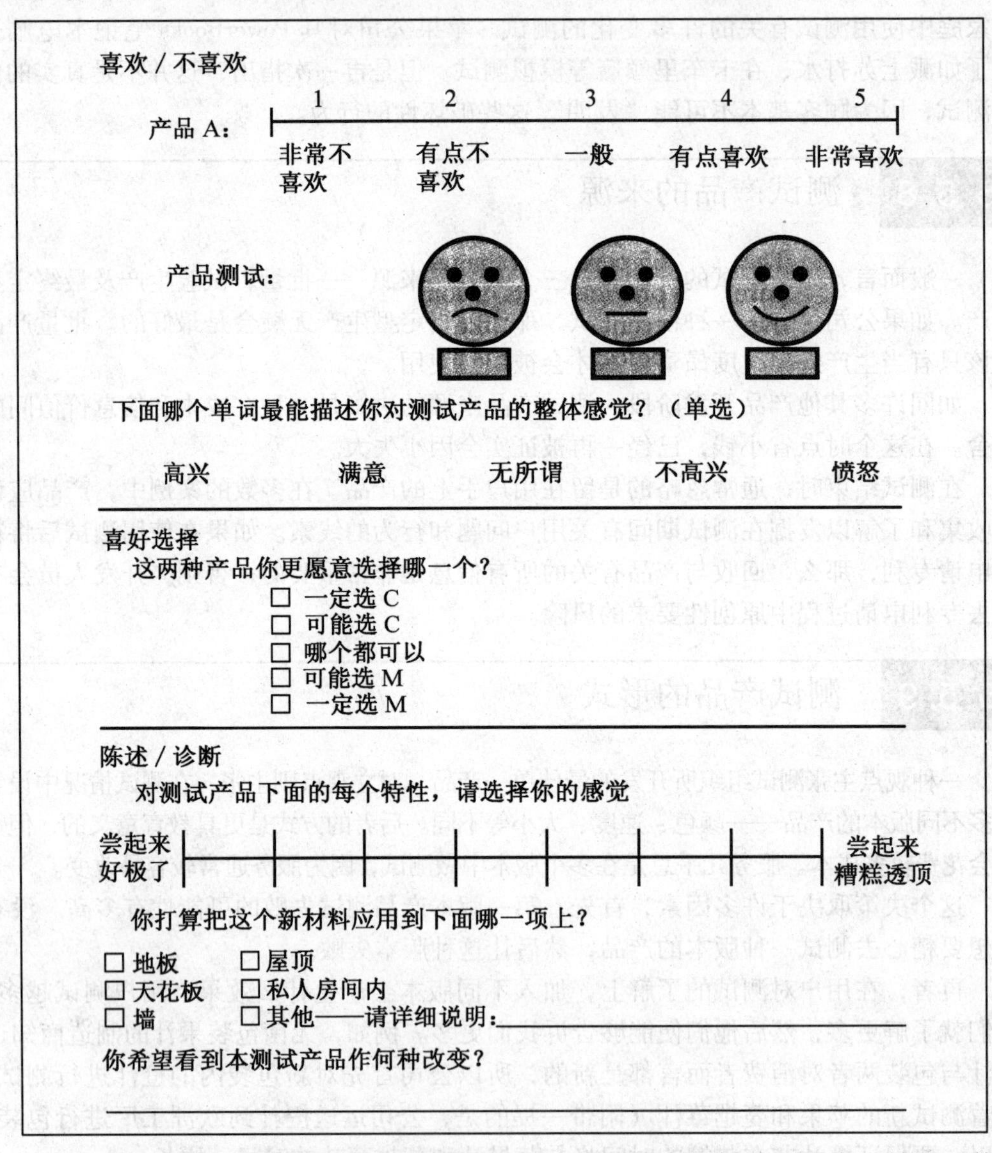

喜欢 / 不喜欢

产品 A:　1　2　3　4　5

非常不喜欢　有点不喜欢　一般　有点喜欢　非常喜欢

产品测试:

下面哪个单词最能描述你对测试产品的整体感觉？（单选）

高兴　满意　无所谓　不高兴　愤怒

喜好选择

这两种产品你更愿意选择哪一个？

- ☐ 一定选 C
- ☐ 可能选 C
- ☐ 哪个都可以
- ☐ 可能选 M
- ☐ 一定选 M

陈述 / 诊断

对测试产品下面的每个特性，请选择你的感觉

尝起来好极了 |—|—|—|—|—|—|—| 尝起来糟糕透顶

你打算把这个新材料应用到下面哪一项上？

☐ 地板　☐ 屋顶
☐ 天花板　☐ 私人房间内
☐ 墙　☐ 其他——请详细说明：________

你希望看到本测试产品作何种改变？

____

研究者推测理想的香肠是低油及低盐的，许多测试产品据此而开发。结果，使用测试证实刚好相反——在测试中，前两名的香肠在盐度上是第一与第二名，同时它们都是最油的。一些最不油腻的测试产品，其总分却是最低的。我们应当预料到这种意料之外的情况，并且为它做好计划。

营销研究开发出很多奇特的研究方法，这些方法有时候对于新产品测试有帮助。

例如，脑波衡量帮助了解用户的内心想法，特别是当他们对测试产品有强烈的情绪反应时。音调强度分析已经被使用来克服产品测试者“帮忙”的倾向，以及避免伤害测试者的感受。肤电反应也曾经得到过应用。

在这点，另一种的信息是非常重要的——购买的意图。回想接近概念测试的最后，我们询问受测者，如果产品在市场上可以买得到，他们认为他们想要尝试这个产品的可能性有多高（前两选项的问题）。现在我们也询问受测者，他们有多喜爱这个产品，及是否比他们目前使用的产品还要偏爱。因此，我们再一次询问购买意愿问题，这一次当作使用测试结果的衡量，仍然还不能对试验性实际购买率做出预测。

在许多商务用途的产品使用测试上，几乎看不到这些特色鲜明的调查方法。他们需要所有的相关信息，并以人员的调查和观察来取得这些信息。用户可能会发现开发人员从未想过的应用。事实上，这些公司几乎从不进行正规的问卷调查。

15.5.11 测试数据的解释

测试者长期了解到，他们想要的是相对数值，而非一个绝对的数字。也就是说，如果65%的用户喜欢这一个产品，那这个百分比相较于先前测试相似产品的百分比是如何？如果先前的赢家在所有喜欢问题的分数都超过70%，那时我们65%就不足称道了。

这个70%的数字是一个标准。我们从哪里得到标准，以及我们如何使用他们，这通常是个严肃的问题。主要来源毫无疑问——图书馆，这里有过去经验的累积，这些内容得到了全面研究，并进行了常规处理。专业市场调研公司提供的文件也是有所帮助的，但如果标准是在委员会议上凭空制订的，这实际上是没有价值的。

15.5.12 产品使用测试的实施主体

在这里，第一个抉择是在公司内部人员和公司外部人员间做选择。公司可能有或没有具备信息科技分析能力的必要人员。

第二，在过去，职能部门（如营销部门、技术部门）过去也曾经负责过此项工作。但是，今天的开发团队应该承担这样的责任——他们承担过产品原型概念测试。如果团队之中有来自供应商的成员，那么他们也应当参与此项活动。

15.6 其他一些特殊问题

还有几个贯穿于产品使用测试过程的特殊问题，这些问题应当引起经验丰富的新产品人员的注意。

不要只因为结果错误就改变资料

一家公司在使用测试中发现一个用户问题，但是总裁却说“用户很快就会适应它的”。不幸的是，使用测试并没有询问用户是否愿意去适应它。结果，他们不愿意，然后产品就失败了。在一些测试中，技术和营销人员应当特别留意那些据说只是一些消极用户自己惹的麻烦——这是典型的“误杀报信者”的真实案例。

对奇怪的状况要提高警觉

一家工业公司注意到，许多电子测量仪器在实地测试后，显示出受损害的信号。调查之后，他们发现用户主动做了一些修改来帮助实现产品的功能；在一些电话访问之后，他们已经有一个改良产品的设计以准备做更多测试。

没有好的使用测试，假设我们还必须前进，那要怎么办？

在早期营销阶段，尝试进行一些使用测试（例如，在第 18 章谈的首次展示的方法），并尝试准备一些其他方案以供备用，作为一旦负面结果发生时的替代方案。

如果受到时间或金钱的限制而无法进行全面性的产品使用测试，也有替代测试可以利用。例如，通过建议性的评估（受测者使用这个产品，描述活动和解释遭遇到的问题）或是回顾测试（用户了解先前已完成的传统产品使用测试的录像）。

15.7 本章小结

第 15 章讨论的问题是：新产品是否解决了顾客问题、如何与其他产品比较，以及在这个阶段我们还能从产品测试中学到其他哪些内容。尽管取得这类信息非常重要，但是，强大的压力往往会迫使公司跳过产品使用测试。我们讨论过跳过测试的争论，并显示只有当压力过大无法忍受时，才可以跳过测试。

我们还讨论了产品使用测试中 13 个细节问题，内容包括从“我们应当从这个测试中学到什么”到“由谁来指导测试”。每个小问题都包含了若干个可选方案，我们可以根据具体情况选择使用。

在产品使用测试的最后，产品可能不得不回到技术部门来解决存在的问题，或者可能干脆被放弃。如果没有这种情况，我们现在就继续前进，进入商业化和最终产品的准备。当然，这个制成品作为最终的概念定型，将要进行最大的使用测试——营销。营销是第 16、17 章的主题。

15.8 应用实践

在你的面试中，公司总裁提出了更多的问题：

1. “在你的教材中讲到的 NCR 公司的故事以及它的库存管理系统确实令人敬畏。从表面来看，NCR 公司从来没有对这样一个问题感兴趣——确认它的新产品是否真正满足顾客的需求。我猜它可能承受着严重的压力——或者是现金流，或者来自竞争对手，或者其他一些压力。纵观你列举的 13 项决策，它究竟输在什么地方——仅仅是持续时间的问题吗？”

2. “我觉得有些专业调查公司有点夸大其词——他们就希望我们多做些市场调查。”例如，其中一家大型调查公司公开了其关于“无标识的”产品使用测试与“有标识的”产品使用测试结论对比的资料，资料数据量非常大。下面是结果：

有标识的测试		无标识的测试	
选 A	55.5%	选 A	45.6%
选 B	44.5%	选 B	54.5%
选 A	68.0%	选 A	60.7%
选 C	32.0%	选 C	39.3%
		选 B	64.4%
		选 C	35.6%

我被告知：这种差异从统计学的角度讲非常重要。那家调查公司的结论是，对于怀疑品牌对测试产生影响的案例中，无标识的和有标识的产品使用测试都应当进行，除此之外别无选择。你同意他们的说法吗？

3. “高露洁公司的营销人员显然遇到了麻烦，公司生产的新型洗衣剂中采用的颜料在促销示范时把洗衣房染成了蓝色，公司不得不对产品进行了召回。他们生产的另一款产品（碗碟洗洁净）用了一种与装橘子汁的蜡纸盒相类似的包装，市场测试中遭到父母的抵制，他们担心孩子们会误以为那里面装了橘子汁。我觉得这些错误是不可原谅的，他们难道不应当在产品使用测试时及早发现问题吗？你怎样看？”

4. “毫无疑问，我们的制造事业部为医生和医院开发新的处方药。技术研发部负责全部的测试工作（不同的测试有不同的名称）。最后一个阶段是临床测试，新药将直接用于临床病人，以此向美国食品药品 FDA（管理局）表明该药的安全性。临床测试由我们临床研究小组的 M. D. s 主导，这个小组隶属于我们的研发部门，并且会和其他的技术人员协作。如今在我看来，这些测试不应当仅仅让 FDA 满意，还应当让包括医师、药剂师、护士在内的所有人满意。但是，M. D. s 在临床测试中对市场研究方面的考虑不感兴趣，这提醒我在临床测试小组中，至少要任命一名受过系统的营销研究训练的工作人员帮助我确保临床测试对后面的营销产生最大的营销。你认为呢？”

15.9 案例：新的非耐用消费品的产品使用测试

在竞争激烈的非耐用消费品市场中，新产品持续市场导入。但失败率却往往很高，大部分是因为制造商时常一次推出多个产品，看看哪个产品能“热卖”，并淘汰其余卖的差的产品。然而，通过谨慎地运用产品使用测试，可以在造成昂贵的市场导入错误之前，找出产品的潜在问题并且试着修正这些问题。

下面列举了最近市场导入的几种新产品，它们都是由一些大品牌的小包装商品制造商开发的。其中很少可以真的称为“全新问世”的产品，尽管这些产品对制造商们造成了一定的风险。

• Kellogg 的 Special K Plus：一种 Speical K 谷类脆片添加钙之后的延伸品牌。牛奶装在一个奶油色的卡通形状的盒子形状（顶端呈三角形）的包装内，以强化这个产品含有钙的联想。这个新包装所容纳的谷片数量与标准包装的盒子相同，并且使用塑料密封条让产品保持新鲜。产品市场导入计划花费 1 500 万美元。

• 可口可乐的 Surge：可口可乐回应 Mountain Dew 的一项新产品，Mountain Dew 是百事可乐受欢迎的饮料，目标定位于活力一代，非常流行。Surge 有柑橘口味，目标锁定极限运动的细分市场，与 Mountain Dew、Gatorade 及其他现有的软饮料和运动饮料竞争。Surge 在挪威市场大获成功，并且在产品商品化上花费大约 5 000 千万美元。

• Uncle Ben 的加钙米：又是一个添加钙的品牌，Uncle Ben 的 Rice with Calcium 得到了美国饮食协会（American Dietetic Association）的支持。并规划以“装了轮子的奶牛（spokes-cow）”为特色开展大规模电视和报刊的广告宣传。

• Avert Virucidal 面纸：这个产品由 Kimberly-Clark 开发和销售，基本上是 Kleenex 纸巾中加入维他命 C 的衍生物，当你打喷嚏或擤鼻涕的时候使用，就可以杀掉感冒病菌与流感病毒。

• Wheaties Dunk-A-Ball 谷类脆片：由 General Mills 的 Wheaties 所制造。这是给小孩吃的香甜玉米和小麦谷片，形状像篮球一样。广告提示孩子们：可以“玩了之后再吃掉，当然玩的时间有限”。

上述这些产品都是在高度竞争的市场导入，那么产品市场导入展示的时间就非常重要。然而，在此时，即将面临产品使用测试的问题。你认为，对于这些通过产品使用测试可能被挽救的产品来说，最大的担心是什么？最大的未知是什么？利用这一章中的产品使用测试的决策清单，针对这些产品如何在市场导入之前进行产品使用测试，提出你的建议。

第Ⅴ篇 市场导入

我们在第四篇已讨论过，在整个开发过程中营销与技术活动贯穿始终。在开发阶段，公司的商业或营销活动强度是相对较低的，特别是在开发阶段的早期，而且可能有很长的一段时间几乎是没有活动的，特别是当技术工作在某处停顿时。但是，就如同我们在第16章所见的，在开发过程中会到达一个点，在这个点之后活动的天平开始朝向营销倾斜。在开发阶段（如图表Ⅳ—1）里，我们描绘出平行的营销与技术活动。同样的，这些“双重过程”的活动也会通过市场导入阶段而延续下去，如同图表Ⅴ—1所示。

图表Ⅴ—1

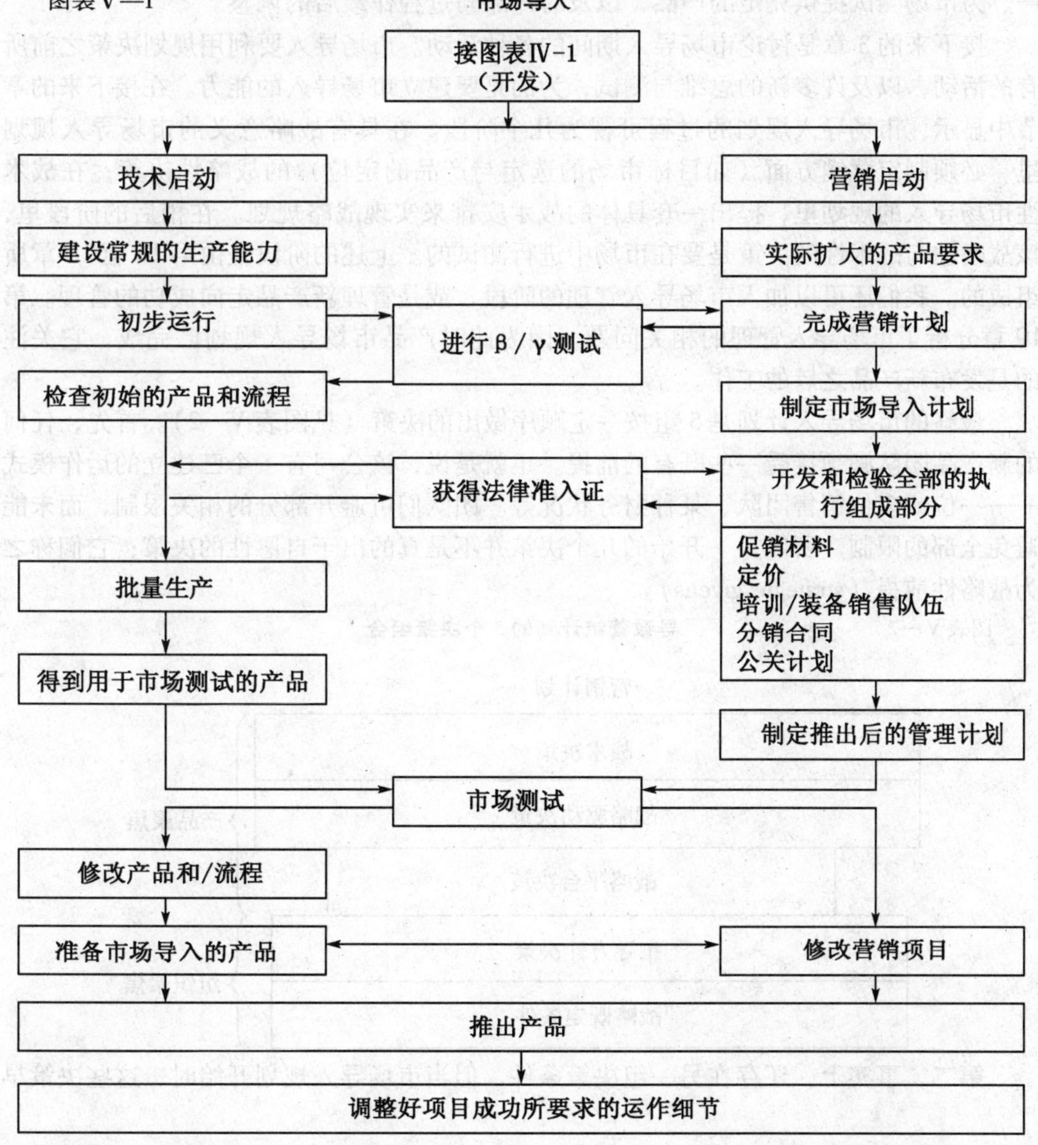

在这一过程的某一点，管理层确认应该对新产品进行营销了。这就开启了我们所谓的市场导入阶段，虽然有时候你将会遇见“商品化（commercialization）”这个名词。所有的职能（设计、生产、营销等）在市场导入决策的前后都有其工作。这种变化常常是由一个决策所引发的——承诺生产新产品和承担建造厂房所带来的高成本风险。

在开发阶段的末期与整个市场导入阶段，营销活动强度增加。但请记得，营销事实上是始于项目启动的时候。产品创新章程要求一个市场焦点——通常是一个特殊的用途或用户，那最后将变成我们的目标市场。在概念产生之后，概念测试使用的概念陈述很快地将变成我们的产品定位陈述。但营销活动将沉寂一段时间，直到技术活动能赶上并产生能够符合协议陈述上所要求的原型（见第 11 章）。当然，这简短的叙述并不能与大部分的服务产品相吻合——关于这些产品，包含相当少的技术开发工作，且整个过程的每个步骤明显地重叠在一起。而且，如图表 V—1 所示，有很多是发生在市场导入的技术方面的，包括进行首批的生产、逐渐扩大规模以达到大量的生产、为市场测试提供充足的产品，以及对产品与过程作最后的调整。

接下来的 3 章是讨论市场导入期间的各种活动。市场导入要利用规划决策之前所有的活动，以及许多新的思维与测试，为的是要建立市场导入的能力。在接下来的章节中显示，市场导入规划的过程可视为几个阶段。在具有战略意义的市场导入规划里，必须制定营销方面（如目标市场的选定与产品的定位）的战略性决策；在战术性市场导入的规划里，提出一套具体的战术安排来实现战略规划。在稍后的阶段里，该战略性与战术性的决策是要在市场中进行测试的。上述的阶段是由第 16 至 18 章所组成的。我们还可以加入市场导入管理的阶段，或是管理新产品走向成功的管理。第 19 章分析了市场导入管理的相关问题，因为此时产品市场导入规划已完成，它关注的是发布新产品之后的工作。

最终的市场导入计划是 5 组按一定顺序做出的决策（见图表 V—2）。首先，任何的新产品团队必须接受一些既有的前提。也就是说，该公司有一个已建立的运作模式——一位或多位销售团队、某种财务状况等。团队们可避开部分的相关限制，而未能避免全部的限制。所以，一开始的几个决策并不是真的出于自愿性的决策；它们称之为战略性前提（strategic givens）。

图表 V—2　　导致营销计划的 5 个决策组合

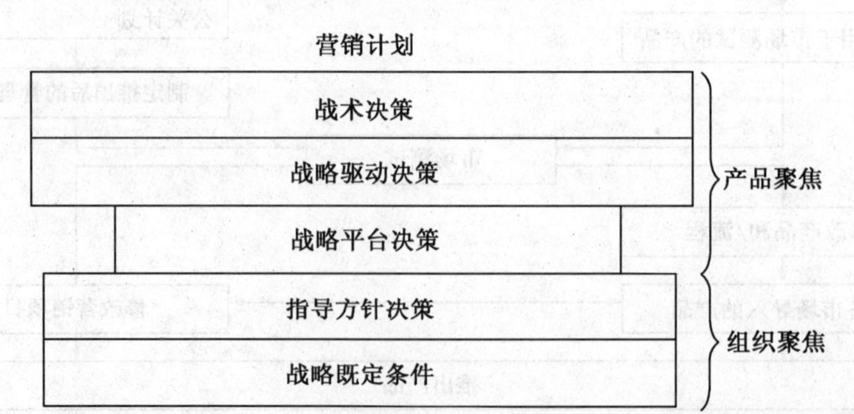

第二，事实上，还存在另一组决策条件，但当市场导入规划开始时，这些决策早

已存在且一般不会改变（如果没有战争的话）。特别是 PIC 可能要求选择一种领导方式（首先进入市场、追随者等等）并加以实现。另一方面，该公司可能对于工作进度有很严格的要求，在这种情况下，慢慢的测试市场是不可能的。由于它们常出现在 PIC 里，它们称之为指导方针决策（guideline decisions）。

第三，营销策划人员将制定一组可以选择的战略性决策（strategic decisions），这常常是困难但却是非常重要的。有些战略决策决定了行动的阶段，所以它们叫做平台战略（platform strategies），另外一些由一组驱动战略组成，它们推动了战术的形成和执行。

第四，需要作出的战术性决策（tactical decisions）是很多的，虽然在本书中我们只提到了部分重要的战略决策。

在 16 章，我们讨论战略性前提与战略性决策，而第 17 章将讨论战术的相关问题。当然，请务必留意，在新产品领域的名词是“有弹性的”，且一个人的战术可能是另一个人的战略，甚至是第 3 个人的前提。

在市场导入期间，公司人员需要真正购买机器设备（而不只是估计其成本）、安排销售拜访日程、将品牌注册、确立研发的规格以及花费资金。有越来越多的人涉入其中，加上协调会议、大量信息的累积、高涨的情绪与风险、安全问题、政治问题，以及保持高度关切的高层管理阶层。成本的开支超乎预期、市场测试的结果不明确、竞争对手开始得知这项开发并做出意想不到的事情以及有些包装机器造成几个月的延迟、过早把公司的能力信息传递给消费者。近乎恐惧的心情已经到来，且将在一段时间内不会停止。

第五篇最后一章是有关公共政策的问题。这些问题在整个过程都与我们息息相关，但它们在市场导入期间与市场导入之后就显露出来。

有一个警告是比较恰当的：第 16 与 17 章会讨论许多人不了解的活动。他们认为他们了解，而且其中有些人事实上还是营销部的人员。我们的问题并非人们还未发现——发现是容易的，而是我们的假象——人们认为是存在但事实上并不存在的情况。图表 V—3 列出 11 项假象。我们鼓励你将这些谨记在心，且有时提出来讨论。当你阅读接下来的两章时，看看你是否能发现是什么使它们成为假象。依据第 17 章案例后面的解答来检查你的答案。

图表 V—3　　**关于新产品营销策划常见的一些假象**

这里是我们经常从周围没有很多新产品营销经验的人那里所听到的一些陈述。这些全部是神话，在第 16 与 17 章中，我们会在不同的段落加以解释。看看你是否能找出你自己的理由，然后在第 17 章最后面检查自己的答案是否正确。

1. 营销人员制定构成营销计划的决策。
2. 当新产品准备好要出货时，技术方面的工作基本上已经完成了，由营销人员接手。
3. 要求营销人员运用战略—战术范式是相当重要的。清楚的思考帮助营销人员抑制他们过度充沛的精力和激情。
4. 营销人员的任务是说服最终用户采用我们的新产品。
5. 细分市场内的销售潜力越好，则该细分市场越能成为公司锁定的目标市场。
6. PIC 指引着开发阶段，而营销计划指引着市场导入阶段。
7. 先驱者会赢得对一个新市场的控制权。

续表

8. 新产品目标有两种一般形式：销售额（货币量或市场份额）和利润（货币量或投资报酬率）。
9. 人们一般都是相当聪明的购买者——他们将不会受无意义的包装设计影响。
10. 市场导入不是游戏——一旦我们市场导入，不是沉没就是存活，当然，最好是可以存活。
11. 就像是百老汇的表演，首场演出是我们所进行每件事情的最高潮。

第16章 市场导入战略规划

16.1 引言

此时，在新产品开发过程里，产品开发团队已准备好要建立实际的营销战略了。如果该新产品是针对某一生产线的产品的改良，则此工作应相当简单。在这个例子里，事实上几乎没有要进行决策，因为产品几乎没有多大的改变。若该产品是“全新”（对世界或对公司而言）的，则该公司所面临的应是相当大的挑战，这是因为需要依靠新的沟通或销售战略在不熟悉的市场经营不熟悉的产品。公司常常不把焦点放在关于产品商业化前端的战略规划上（如定义战略性目的或竞争定位），尤其是新问世的产品上。然而，当该产品市场导入时，差劲的战略性规划就会显现出来，且战略性的错误会加重这个问题。

无论产品有多新，该公司应会以两组决策来思考该产品的商业化。战略性市场导入的决策（strategic launch decisions）包括确立整体基调与方向的战略性平台决策，以及找出我们将把产品卖给谁与如何卖的战略性行动决策。战术性市场导入决策（tactical launch decisions）是关于营销组合的决策，如对目标顾客的沟通与推广、销售，以及定价，这些决策在战略性市场导入决策之后制订，并定义战略性决策要如何执行。例如，经常忽略的一项平台决策是侵略性程度。如果决定要有相当的侵略性（平台决策），该目标市场（行动决策）必须要相当广泛，且将在大众媒体播放的市场导入广告（战术性决策）要能强烈引起消费者注意。

除了以上所叙述的之外，战略性市场导入决策还包括该产品预期的创新性、市场导入时间、竞争位置或定位、新产品开发的驱动因素（市场、技术或两者），以及其他许多因素。其中有许多决策是在新产品过程的早期，在PIC或产品协议的要求里就制订了，而且在这个时点改变可能会相当困难或花费昂贵的成本，因而，会有战略性前提（strategic givens）一词了。这些既定条件一旦决定了，要改变它们通常是相当困难且昂贵的。然而，它们的确为营销计划奠定战略性脉络，而且会影响稍后的战术性决策的制定。战术性决策的修正较为容易。第16章包含了战略性市场导入决策；而战术性市场导入决策将于第17章讨论。

产品商业化在新产品开发过程中常常是最为昂贵且充满风险的部分，这是由于一旦做出决定，接下来就是生产与营销活动的财务支出。这也是常常未能妥善管理好的。像是在第13章所谈到的案例，MACH3产生约有10亿元的总生产与营销成本。除了财务风险，公司妥善管理其产品的市场导入过程，对于其产品成功与否是相当关键的。专注于产品市场导入相关研究的学者倾向去发现，大多影响新产品成功的因素是可以监管的，而不能仅仅采取观望却盼望产生最佳情况的态度，经理人能够通过改善产品市场导入来提升产品的成功率。

为了改进市场导入阶段的操作，大量营销资源的投入是相当重要的，主要是因为营销将指引计划的执行。市场导入计划本身可能又被称为商业计划，但普遍称之为营销计划或营销方案。在今日的公司中，营销计划被认为是有关市场导入的完整公司活动的计划；这就是为什么全职能团队相当重要的原因了。但这里并非要讨论计划本身。此部分请见附录D，其包含了营销计划的概述和其他相关问题的讨论。

16.2 战略既定条件

我们始于对战略性前提的评估，已先于第五篇的导论提过（请见图表V—2，以了解关于战略性前提与在市场导入的规划活动中其他决策之间的关联性）。这些决策对我们而言可以说是已经决定的“决策”；当一项项目开始执行时，这些既定决策就“随之而来”。我们常常会忽略其重要性。这些决策包含组织所有的运营，而且我们经常在未了解的情况下就已固化。这些决策亦包含新产品人员常常感叹的惊人的抵制变革。事实上，为了解决这个问题，高层管理者常建立风险小组或臭鼬小组（一种免于遭受任何公司特有限制的组织形式）。

关于这个问题最普遍的例子可以用下面例子来说明。Sybron Corporation 有一个牙医设备业务的部门，该部门亟需新的现金流量，且他们有一个新（且独特、优越的）的椅子准备要市场导入。但该公司有毛利必须达到50%的规定，当高层管理阶层看到该新椅子时，即使当毛利有47%，该部门的产品规划者仍确定要放弃这项产品。事情应该不是这样的。最后该部门瓦解了。

有时候，既定条件是一个人——一个高层管理者，其个人的偏好会变成公司的法令。在处方药领域中，一家公司的销售经理全面负责药品分销的间接渠道。表面上，该产品与该公司和产业相匹配，但有一个新产品团队开发出一项营养食品并在杂货店渠道上显示其市场潜力。该团队希望能够通过双重销售渠道来销售，但是最终却不得不放弃，表面上的理由是维持现有的3 000万美元销售额——这一销售额是受到专走批发商渠道的政策所保护，新产品计划实际上损失了几百万美元。在该政策取消后，仅仅经过两年的挫折期——这项新产品所创造的收益比公司其他产品收益的加总还多。

其他诸如此类的运作认识已在有关管理职权、道德现状、广告政策、集权（或分权）的制造设施、地理位置选择、价格政策、品牌权益的建立，以及几乎整体运作过程的每个阶段中显现出来。

如果这些限制是相当重要且公司能够预先确认，则可将它们置入PIC的指导原则中。但此处有些限制被称之为前提是相当巧妙的，或许尚未被公司所察觉，也可能是基于某些新产品人员还未理解的原因。许多限制或前提纯粹是简单的习惯、合宜且适当的惯例。

重点在于：这些限制或前提必须要被识别出并加以研究。如果该公司负责产品市场导入的团队欲挑战这些限制，是可以的，但他们应尽早进行且应有失败的准备。最终，随着公司或组织的变化，这些限制中的大多数将会产生。它们是既有的限制，且人们在今天提出的“扁平化”的管理哲学，就是被设计来超越这些限制的。

16.3 重新回顾战略性目标

在新产品过程的早期，当产品创新章程（PIC）制定出来后，一系列的战略性目标（包括与财务相关与非财务相关的目标）就能概述出来，且这些目标就能引导新产品团队将产品顺利市场导入。原始的组合可能仍相当完整。但是，人们已经在新产品过程中学习到很多新知识，竞争环境可能已经改变，且顾客或管理的需要可能已经改变。因此，在市场导入规划过程的早期阶段，我们应该回顾并更新这些目标。

不幸地，公司使用一组复杂的衡量指标当作自己的目标，而目前的研究尚未能够对此提出受大家欢迎的公认标准。关于个别产品最常使用的衡量指标组合如下表所示（从数以百计的项目中得出来的）：

顾客接受度的衡量	产品等级的绩效
顾客接受（使用）度	产品成本
顾客满意度	市场导入的时间
收益（销售额）	产品性能
市场份额	质量的指导原则
单位批量	
财务绩效	其他
投资回收期	新产品市场导入的非财务衡量
利润	例子：竞争力影响、形象的改变、士气的改变
收益率（内部报酬率、投资报酬率）	

不管衡量指标如何描述，在任何市场导入规划者的心目中，市场导入无疑是成功的产出结果或达成目标的一种象征。

16.4 战略性平台决策

每个市场导入规划团队都想拟定他们本身平台决策的清单，因为这些决策会因产业、商品或服务、工业或包装商品而异。然而，我们首先要考虑的是，这个产品对世界及对公司而言的新颖度（回想我们在第1章所讨论的“什么是新产品”）。

16.4.1 需求的类型

不同的产品新颖程度需要有不同种类的市场导入活动效果：

• 对新问世的产品而言：该公司必须开发出着重于刺激产品类别的主要需求（primary demand）的市场进入战略。该市场导入计划必须促使顾客对此新产品的使用，并通过市场来传播该新产品的相关信息。

• 对产品改良或现有产品的升级而言（如 Windows NT、Ford Focus 及 Intel 的 Pentium Pro 芯片）：该市场导入活动是预期要达到顾客转移（customer migration）（现有的顾客应被鼓励移转来使用新产品）的目标，对象甚至是竞争对手的顾客。我们可以说这个目标是要刺激顾客的替代性需求（replacement demand）。

• 对进入新市场或在现有市场增加生产线而言（如 Pepsi ONE）：重点在于促进顾客的选择性需求（selective demand）（通过竞争拉走市场份额）。该市场导入计划必须能够促进顾客试用性购买，这是采用产品的前提。在 Pepsi ONE 的案例中，这就意味着使忠诚的 Coca-Cola 消费者打破其习惯，至少尝试一次该新品牌的产品。

除了追求需求的类型之外，必须还要制定其他几项战略性平台决策。

16.4.2 持续性

在持续性方面，有三个选择。第一个选择是相当普遍的——公司所导入市场的新产品持续在该市场中经营，并无考虑要撤出的任何想法。第二个选择是如果我们达到目标就持续在该市场中经营。对于解除合作关系相当困难的联盟要相当谨慎；当公司运用该新产品进入另一个活动领域时，这会格外有用。像这样的市场开发项目会是试验性的——探查某个地区的市场状况，试着努力提升获胜的机会，但如果本身的竞争能力不足，则要选择退出市场。

第三个选择是暂时性的。这可能听起来相当奇怪——花几个月或几年的时间来开发新产品，其生命周期只限制在几个月或两三年之内。但有些新品牌就是计划其存在于市场中只是暂时性的。想一想有多少新玩具或游戏、冰冻的酸奶酪口味、低卡的食品，以及运动节目等似乎每年都会出现。顾客喜欢多样化并愿意尝试新事物，尤其如果新产品是流行的、年轻的，或是现代化的。例如，Baskin-Robbins 的冰淇淋有其基本的几种口味，但会不定期更新其新口味，给提供顾客多样性的选择。食品公司可能有短期被设计成搭配受欢迎电影的产品（Hershey's 配合电影《绿巨人浩克》的上映来经营其绿色巧克力糖浆）。暂时性的产品有时候将造成流行而成为永久性的产品。如果计划是暂时性的，许多战术性决策将会改变——使用制造外包的方式而非建立新厂房，以及向代理商或其他制造商借用销售队伍。

16.4.3 侵略性

侵略性大都是指在金钱的花费方面。侵略性地进入市场所追求的是在早期就受到相当的注目，所以，这类公司在早期就付出大部分的推广经费，且大部分的资源都用在早期的试用上。相反地，有些公司低调谨慎地进入市场。他们不确定某些重要的事情——可能是产品性能、可能是竞争对手的反应、可能是销售队伍应付新市场的能力。这并非是一种消极的姿态，只是这家公司想要避免侵略性所带来的风险而已。例如，有些公司低调谨慎地进入一个新市场为了是不要惊动到该市场上的领先者们。

侵略性是可以平衡的，这意味着该公司并不尝试成为好斗或偷偷摸摸的公司。在特定的产业下，所有新产品的导入平均而言是可以平衡的，但这并不表示均衡是正常的；对某些公司而言，侵略性才是正常的。

有时候，可以把这种营销成本的问题提升到一项投资的高度。大多数关于新产品的营销预算都要好几年才能还本，这并不包含在年度广告预算中。如果公司的开销战略过于保守，应试着把它视为公司的投资之一。

16.4.4 竞争优势

还有一项决策应该更早一些得到明确，它关注的是我们给市场带来的几个贡献：我们的产品能够通过其价格优势来降低最终用户的成本吗？或是我们的产品能够通过差异化优势来为用户提供新的利益吗？现今我们常听到有公司要致力于同时追求质量、成本以及速度（请见第 2 章）的优势。其经理人期望拥有能够通过差异化优势提供利益的新产品，而且能够以低于领导公司的价格来出售。因此，我们可以做出一种两全的选择：二者兼顾。

16.4.5 生产线的取代

大多数的新产品都与公司生产线（product line）中现有的产品有关；这些产品并不会进入对公司而言是全新的市场。因而，问题是：我们应如何管理由新产品对现有产品的取代？该公司有几个不同的战略性选择，如图表 16—1 所示。

技术卓越的公司会以较新、性能更好的产品版本（Gillette 花了几年的时间达成，近期的新产品为 MACH3 刮胡刀）取代自己现有的产品（以及生产过程）。或许任何一个产业都只有少数的创新者可能运用自我取代的方式建立其新产品的战略。其他身为模仿者的公司，通过追随领导公司并进行其产品的逐步改良来获致成功。换句话说，模仿者沿着原来的性能曲线而上升（如改良的打字机），但创新者创造出一条拥有较高性能的全新曲线（如计算机打印机与文字处理软件）。

图表 16—1　**生产线取代战略**

完全产品替代	当发布替代产品时，现有的产品就会下市。例如 Ford 营销 Mondeo 的时候，Sierra 就下市。
淡季转换	跟完全产品替代战略相同，但在淡季进行转换。当旅行业发展新的旅游目录时，就是使用这样的转换战略。
旺季转换	跟完全产品替代战略相同，但是在旺季进行转换。例如：Polaroid 通常使用这样的战略，在假日购买季节期间，推出新的替代产品。
逐步更换	这是另外一种版本的完全产品替代战略，它是有序进入市场的。Mercedes 逐步在各国推出 C 系列车。
降级	在新产品推出后维持先前推出的产品，但减少在资源上支持。例如：在 486 芯片推出的时候，386 芯片还在市场上，直到 Pentium 系列的芯片市场导入时才将 386 芯片淘汰。
分离式渠道	将新产品置于不同的渠道中，或转移目前的产品到另外一个渠道。例如，旧的电子产品通常在折扣商店中被淘汰。

关于何时要将下一代产品市场导入的决策是相当难以处理的，但可能必须视至少三项重要影响力而定：竞争环境、顾客期望，以及边际利润。Intel 就是公司在规划市场导入时会考虑上述三项因素一个很好的例子。当芯片制造的竞争环境在 1980 年代相当激烈时，Intel 认识到应是由他们自行生产芯片的时候了（而不是仰赖外部的芯片供应商）。到了 1990 年，该公司将焦点放在提升芯片性能和缩短其开发周期上，并试图维持其在竞争上的领导地位。Intel 亦仔细地研究家用计算机用户的期望，并专注在其 Pentium 芯片在运算能力上的改良。结果家用计算机市场在 20 世纪 90 年代中期对 Pentium 芯片的需求开始上升。最后，由于后来几年芯片的大幅折扣，Intel 已小心地制订后续推出的芯片价格。Intel 把价格压低，以使竞争对手退出市场，但又不会低到压缩到开发下一代芯片所需的利润。

16.4.6 竞争关系

产品创新章程有时会有这样的陈述："本项目开发的产品将不会针对 XYZ 公司，也不会对公司重要的业务造成威胁。" Colgate 对于 P&G 曾经有过类似的陈述，但在 20 世纪 80 年代放弃了。其他公司却相反，将他们的新产品直接针对特定的竞争对手。

实践中一般有 3 种选择：不针对特定的竞争对手、直接针对特定的竞争对手，以及避免针对特定的竞争对手。如果不小心尝试上述的两三项选择，会使战术经理陷入一系列冲突、失败的困境中。

16.4.7 进入市场的范围

这个问题是关于公司想要做的市场测试的愿望。有些公司在部分市场引入其新产品，看看会发生什么事，然后当他们将问题解决后，就试图将这些产品扩展至整个市场。这些方法间的差异将于第 18 章再作深入的讨论。

纵使在产品的首次展示（rollout）中，仍有试图快速首次展示（仅维持足以找出危机问题），或是谨慎地首次展示，以确保绩效。当然，显然地，大部分公司在一开始时就将其产品导入整个市场。

16.4.8 形象

这里的问题是：新产品需要全新的形象、对现有的形象作重大的改变、对现有的形象稍作修正或是无论如何不对形象做任何改变。例如，如果有必要为新品牌作定位，市场的完全取代战略会破坏先前的品牌。但并行战略需要有产品持续升级的正面形象。形象通常根深蒂固，所以，改变形象不应只作表面工夫。然而，形象也可能因为在广告中或是标签上犯了细微的错误而造成扭曲。重新树立一个新的形象所需的花费是相当可观的。

在上述战略既定条件、指导方针决策，以及战略性平台决策的分析中，有人可能会说："我们的任务肯定能完成了。"这些想法中的绝大部分都是令人不愉快的，因为我们谨慎地将心力专注于进行单一选项，而非选择这种或者那种。

相对地，一旦制定了这些较高层次的决策，剩下的决策就较为容易了。我们现在将注意力转往对实际的营销策划决策上：目标市场、产品定位陈述，以及为所选定的目标市场创造独特的价值。

16.5 目标市场决策

现今的竞争状况使得绝大多数的公司将其新产品导入特定的目标顾客群体。市场是如此的复杂，以至于单一产品不能完全满足所有消费者的需求与欲望。

16.5.1 市场细分的可行途径

新产品的营销人员要运用何种方式来锁定特定的细分市场？有太多的方式。而每个目标市场能够区分为下列几个类别的其中之一。

最终使用

对不同种类的田径运动都有其专用的运动鞋。塑料被应用在许多不同的用途上。购买 CD 的消费者在其心中有各自的时代概念。为了测试你本身的最终消费倾向，试着列出你所拥有的衣服的许多不同的样式。女士，先从上衣、连衣裙等开始。男士，先从 T 恤、高尔夫衬衫、正式场合穿的衬衫等开始。注意到衣服的款式常是由为了从事某种活动来决定的。成衣制造商依使用而设计，虽然并不只是依使用情况来设计而已。

地理与人口统计

在挪威，人们不会强硬地去推销敞篷车，而 Golden's 炸猪皮是为美国南方人所制造的。麦麸的谷类食品其锁定的细分市场是成年人市场，Grey Poupon 是针对拥有高收入的群体阶层，而 Right Guard 是（原本）针对男群体的。健身设备制造商如 Precor 已经在设计使用更加简单，并包含大型显示器的操纵平台，以迎合逐渐对健身热爱的消费群体。

行为与心理描绘

市场可根据心理变化进行划分：价值、活动，以及生活方式。Lotus Notes 是针对在小组中需要远距离沟通的人而开发的，而 Kevlar 防弹夹克是针对要对抗持枪歹徒的人所设计的。根据生活方式定位产品——税款保险柜、衣服、汽车等。SRI 咨询公司通过对这些变量以及人口统计学的趋势进行跟踪，进行有名的 VALS（价值、活动，以及生活方式）问卷调查。

利益细分

像是我们在第 9 章所讨论的概念评估，新产品开发的人员对利益分区有着浓厚的兴趣。通过对顾客与潜在顾客的调查，我们可以辨识出以利益为基础的细分，并发展能满足其中一个或多个细分需求的产品。回想在第 9 章联合空间图的绘制中，我们从泳装市场的感知图上辨识出 3 个利益分区（如图表 16—2）。当然，利益分区的信息如果结合顾客对品牌的感知，将对产品定位战略的发展相当有帮助，这个话题将在本章稍后讨论。

图表 16—2　**显示理想点的联合空间图（来自图表 9—4）**

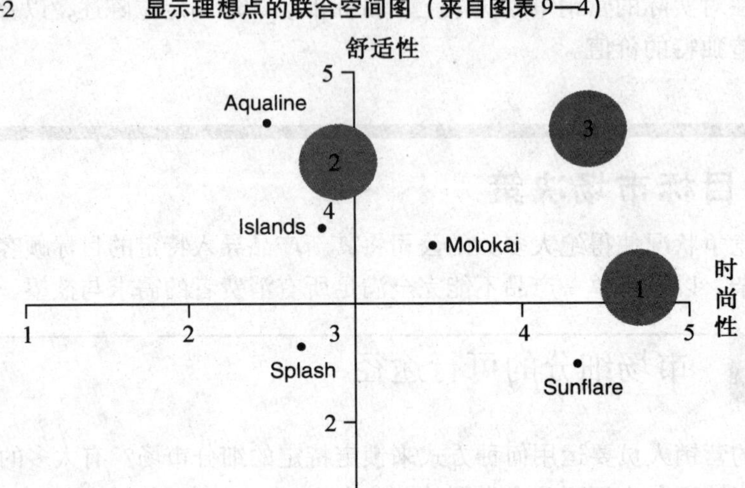

在 PIC 中，通常会厘清新产品项目将聚焦于什么样的市场群体，同时目标市场可能从原始的产品概念产生就清楚地表明了。例如，销售代表告知管理层，南边的办公室发生新的电脑屏幕问题，新的显示器因而产生了。

第二，该公司的运作方式可能会限制该选择。如果公司的销售人员拜访医院的会计部门，其表单纪录的新生产线锁定的目标将非常明确。

第三，焦点可能来自概念测试或产品使用测试。早期的目标市场可能会拒绝在先前综合分析或是当它们实际上要进行原型试验时的产品概念。所以，许多公司运用并行式开发（parallel development），在开发过程中保持二或三个目标市场的备选方案。

16.5.2 个体营销与大规模定制

在目标市场选择上现今的趋势是朝向小型化。零售检测机构与销售信息系统提供的数据显示出，拥有独特购买模式的目标市场（邻里间或工业用的对讲机）相当小。这些集群称之为个体市场（micromarkets）。在 Leo Burnett 广告公司的新产品研究员 David Olson，根据检测机构提供的数据将食品购买者分成 6 大群体：

- 忠诚者，总是购买同一种品牌且喜爱这个品牌，且并不使用优惠。
- 轮换使用者，心目中拥有二到三个产品组合，围绕在这个组合中，且并不使用优惠。
- 优惠选择者，转换者购买的动向取决于是否有优惠。
- 价格取向者，购买所有主要品牌，总是使用优惠。
- 商店品牌购买者，顾名思义，这个群体喜爱购买商店品牌的产品。
- 少量使用使用者，购买过少以至于没有所谓的购买模式。少量使用者在大多数产品类别中是最大的购买群体。

直销营销人员和互联网营销人员比大众媒体营销人员使用更小的细分，这是由其资料库所造成的。近年来，资料库营销已有快速的成长，让公司可以用新的方式来锁定其消费群体。Amazon 查看顾客网上购物（如畅销书），扫描订购同一本书籍的其他人所购买的产品的资料库，并建议他们其他可以购买的书籍。一个人在 Amazon 购买得越多，其资料库也就越丰富，且推荐也会变得越有用。同样的，Blockbuster 会根据顾客过去所租过的影片来推荐顾客新上架的影片。还有数不尽类似的例子，Fingerhut（商品目录公司）有一个超过 3 000 万户家庭的资料库，每户都有约 1 400 笔资料（人口统计资料、嗜好、兴趣、生日）。他们运用其资料库营销的技术来支持线上购物，并量身订做直接寄给顾客的邮件，所提供的是他们想买的商品的相关信息。糖果制造商 Mars 也是宠物食品业务的领导者，且拥有德国每户养猫家庭的资料库，是从兽医和对顾客的问卷调查而得知的。Mars 会定期寄样品或赠券以及猫的生日卡片给饲主，让他们感到相当愉快。

最小的细分市场、最能建立顾客价值的是大规模定制（mass customization）（为特定的个体顾客提供独特规格且量身定做的商品或服务）。信息科技的进步与工作流程的改变使得许多产品都可以进行大规模的定制；对经理人的挑战是如何决策才能做得最好。公司可以用许多方式对产品进行大量定制，如图表 16—3 所示。通过浏览其网站（www. landsend. com），顾客能够通过选择，直接满足他们的产品特征与零部件的组合，在线上创造产品，然后立即下单订购。在 Niketown 的网站（www. niketown. com）上，Nike 让跑鞋的购买者上网定做他们想要的跑鞋款式和颜色，甚至相关信息会出现在其他网站上（然而，据推测，“Buy Adidas”还没有类似的服务）。定制化的一种延伸称之为虚拟产品测试（virtual product testing）。顾客建立其所想要的产品，得到这项产品价格的评估，然后陈述其会购买的可能性。研究者可追溯顾客在产品特征与价格之间权衡的方式，因此，可以更深层次了解何种产品特征在顾客的购买决策中较为重要或不重要。

图表 16—3　　**大规模定制的类型**

- 合作性定制（Collaborative customizers），与其顾客一起工作，来达成能提供顾客最理想产品的目标。日本眼镜零售商 Paris Miki 将顾客脸部特征和镜框风格偏好输入设计系统中，并进一步由顾客和配镜师一起讨论，然后由设计系统推荐适合顾客的镜框和镜片。
- 适应型定制（Adaptive customizers），是让消费者根据他们对性能的偏好自己来进行定制化。Lutron Electronics 就出售了一种照明系统，让顾客在许多房间同时调整，以得到想要的气氛。
- 外观定制（Cosmetic customizers），在不同的细分市场中销售相同的产品，但是依据细分需求调整适合的产品形式（例如促销或包装）。例如，Wal-Mart 比 7-Eleven 喜欢较大尺寸的坚果。Planter 公司现在提供众多不同大小的包装，并根据零售商的期望，按照订单来调整其生产。
- 透明化定制（Transparent customizers），事先并未告知顾客他们正在为顾客定制产品。ChemStation 基于他们顾客的需求制订特定的工业肥皂配方，但是以相同的外观包装产品。在此类型中，顾客关心产品是否好用和能否准时到货，不再关心产品是否定制。

显然地，任何的战略都有潜藏的危险要避免。例如，提供太多的包装尺寸，对 Planter 公司而言，造成成本上的无效率。

一家大型的日本自行车制造商，同时追求大规模定制与大规模生产。较大的、采用大规模生产的工厂是运用机器人以及自动化的装配线来实现更高的效率。而较小的工厂是设置用来直接回应顾客的线上订单来生产自行车。线上系统让顾客能够从数以百万种的规格中，选择其期望的样式，且自行车的生产与运送会在两周内完成，且价格只高一点。双工厂系统的有效运作是，产品趋势与线上购物顾客的偏好变动能有效追踪，且这样的顾客信息会转交给大规模生产的工厂。这些线上购物的顾客本质上扮演着领先用户（lead users）的角色！在其他所描述的利益中，大规模定制工厂的技师轮调至其他工厂以培训其大规模生产的同事，且最后发现设计用来在大规模定制工厂上漆的机器人在大量生产工厂也有用武之地。

随着产品投放市场日子的临近，组织内部会出现这样一些强大的压力，即要求再增加一些购买者类型、多一些商店类型、多一些使用或应用，因为“该产品对他们来说也是好的，不是吗?”我们称之为市场扩大的谬论。该新产品无法对于许多不同的群体来说都是好的，除非它相当普通以致于它没有任何特性以引起人们的注意。同时将不同的群体作为目标会导致在产品推广上产生不和谐。一位四年级的孩子想要的花生酱三明治会像一位老年人正在吃的三明治吗？再者，如果推广及展销会的资料与日期都已经确定，改变该目标市场可能造成一场灾难：包装、定价，以及品牌都已经确定；且概念与产品使用测试只针对原来的目标群体进行。

最后，请记住不管我们做什么，都可能与最终用户的意见不合。在几年前，运动型休旅车（suvs）被战后婴儿潮群体采用作为平常的用车。他们厌倦驾驶小房车，且不管汽车公司告诉他们这些车的用途是什么（或是政府说那是载货卡车）。有些公司通过推出产品再观察购买者是谁，以确认最终用户其意向是什么，然后将他们的推广方案聚焦于此。这真是相当不可靠的运作方式——没有章程、没有概念测试、也没有使用上的测试。

16.5.3 创新推广与目标定位

新产品就是创新，我们将新产品使用的普及称为创新的推广。顾客对微波炉的采用与推广是相当缓慢的，但手机的接受与推广却是相当快速的。而对一种癌症的治疗处方而言，它可能是即时推广出去。

当我们运用 Bass 扩散模型来预测销售（第 11 章）时，我们的预测是依赖两项主要的数值：创新与模仿的比率。结合上述两者，这些数值决定了创新被采用的速度。让我们进一步来看看影响产品采用过程（product adoption process）速度的因素：创新产品的特性以及早期用户向其他人推荐使用的程度。

产品特性

至少有五个特征能够衡量某新产品有多快被试用。

1. 新产品的相对优势（Relative advantage）。这项创新对于其竞争产品或其他问题解决方式来说有多优越？

2. 兼容性（Compatibility）。新产品是否与现有产品使用、与最终用户的活动相互匹配？如果是几乎没有任何重大的改变，则称之为连续性创新；如果有重大的改变，称之为不连续创新。不相容造成学习的需求，这些是必须要解决的问题。

3. 复杂性（Complexity）。在了解创新的基本构思上是否会受挫或感到困惑？

4. 可分割性（Divisibility）（也称之为可试验性）。该产品的试用部分是否容易购买与使用？食物与饮料非常容易分割，但新房子与文字处理系统却要难得多。

5. 可沟通性（Communicability）（也称之为可察觉性）。该产品出现在容易被潜在用户看见的公共场所的可能性有多高？可沟通性的程度在新车上是相当高的，但在个人卫生的新产品上是相当低的。

创新可依照上述五项因素来评分，主要是使用个人的判断加上在开发的早期阶段来自市场测试的发现。市场导入计划即可拟定。

下一步是早期用户主动或被动地鼓励其他人采用某新产品，假如他们这样做，该新产品推广就会加快。所以，我们应着重于创新者（innovators）（前5%—10%采用某新产品的人）以及早期采用者（early adopters）（接下来的10%—15%使用该新产品的人）身上。创新扩散理论说明，如果我们只是将我们的新产品向创新者与早期采用者成功推销，我们就可以喘口气，通过他们对其他人的鼓励与推荐，使新产品扩散出去。其他的采用者类别包括早期大众（early majority）（接下来约30%的人）、晚期大众（late majority）（接下来约30%的人），以及落后者（laggerds）（剩下的20%的人）。

很明显，问题在于“谁将成为创新者与早期采用者”。我们能事先将他们辨识出来以便将我们早期的营销资源集中在他们身上吗？并不全然，但有几个特征（如图表16—4）常出现在许多研究当中，这种方法不仅可以应用于公司也可以用于个人。

图表16—4　　**创新者和早期采用者的特征**

1. 冒险性——愿意也渴望尝试新颖的、与众不同的产品；“伸出他的脖子”；“脱离社会群体标准”。
2. 社会整合性——在自己的圈子里经常、广泛地接触他人，无论是工作、居所还是社会生活中；非常符合一个产业的特征。
3. 大同主义——对事物的看法不局限于周围的邻居或社会；关心世界大事，喜欢旅行和读书。
4. 阶层流动性——在整个社会的阶层结构中，向上流动；成功的年轻经理人或专家。
5. 特权性——在群体中，一般经济实力更为丰厚。因为一旦创新失败，得不到承诺的价值，有经济特权的人损失较少。这种特性易于反映对金钱和拥有金钱的态度。

早期用户主要是来自于创新者群体，但这是难以预测的。在产业组织中，早期公司采用者大多是产业中最大的公司，这些公司所赚取的最为庞大的利润来自于创新，在研发上的支出相当可观，且在位的总裁较为年轻且具备较高的学历。若是商业对象的所有权集中在一个人身上，如果有许多用户都在关注着新产品，及如果该产品的创新是不可或缺的，则公司的采用有与消费者相似的倾向。一般而言，公司产品采用的过程变的较慢，针对产品的主要意见也越难发现。

市场导入计划的制订者在此阶段要保持一定的弹性——他们并不需要只选定一个细分市场作为目标。那意味着他们先从创新者开始，然后在市场导入不久后逐步让早期采用者来使用其产品，最后通过一些营销活动逐渐扩张至早期大众等群体来使用。

然而，该目标市场的决策实质上能够衡量（1）在各个目标市场的潜力有多少，

（2）我们的新产品能够符合目标市场需求的程度，以及（3）我们如何在这些市场上参与竞争——也就是我们能够竞争的能力如何？

16.6 产品定位

产品定位陈述（product positioning statement）是通过补充完成下列这个句子来实现的：目标市场的购买者应该购买我们而非其他公司的产品，这是因为：——。最初产品定位来自于广告术语，但现在却被视为公司整体战略的一部分，并非只是一个广告策略。产品、品牌、价格、推广以及销售必须要与产品定位陈述一致。

新产品经理在定位上有极大的优势——最终用户对该新产品的记忆纪录是完全空白的；在潜在购买者的心目中一项新产品并没有先前的定位。现在是其产品塑造独特定位的最佳时机。

定位的可行选择有两种。第一是定位于产品的属性（attribute）（特征、功能或利益）。属性是传统上对产品定位的方式之一，且相当普遍。所以，狗食可能以特征（feature）来定位，亦即“富含蛋白质的十磅牛的上腰肉”。功能（function）较难且较不常用，但有个洗发精的例子是说“为你的秀发涂上薄薄的一层蛋白质”。利益（benefits）用在定位上可以是直接（如“省钱”）或后继的（使用这个牙膏后，牙齿清洁、口气更清新，间接“改善你的性生活”）。Miller 在这几年的口头禅是一个具有一项直接利益及一项后继利益的简短陈述：“尝起来不错，但却没有饱足感。”

特征—功能—利益就如同三部曲，且它们有时是以某种方式呈现的。例如，Drano 的新产品标榜只有 3 个词：更厚实、更坚固、更快速。这些内容事实上就是：特征、功能、利益。但试着同时使用这三项可能会令人混淆，且目标购买者将不会花时间来辨识清楚。

第二种定位方式是使用替代性事物（surrogates）（或象征）来定位。例如，“使用我们的低卡食品，因为这是由一位卓越的保健专家开发的”。这意味着这个产品不一样之处是因为其设计者。这个产品较好的确定原因并未被给出，需要由听众或观众给出这些原因。如果替代性事物是好的，该听众将其有利的属性带入产品中。图表 16—5 是关于各种不同的替代性事物定位的可行方案、其定义以及来自不同产品或服务的例子，涵盖了公司资料产品与消费品。

图表 16—5　　**替代性定位——可行方式的定义和例子**

以下所列出的是目前使用的替代类型。毫无疑问，还有许多其他的类型尚未发现。所有的替代方式按照使用的流行程度列出，对每个类型都有定义，并列举了一个或更多的例子。每个案例都可以这样说：“我们的产品比其他的好或与众不同，这是因为……”

极品（Nonpareil）：……因为产品与众不同；它是最好的（Jaguar 和 Nissan 的 300ZX，“敞篷车中的敞篷车”）。

出身名门（Parentage）：……因为它从何而来、谁创造它、谁销售它、谁完成它等。出身名门定位的三种方式为品牌（Le Temps Chanel timepieces）、公司（Reese 花生酱“我们所熟知的花生酱，目前有罐装了！”；新 Peachpourri“没有一种花香可以像 Glade 一样”；新“仙境历险记”电视节目广告并没有特色，但是显然是 Disney 出品）以及名人（RL 椅子是由 Ralph Lauren 设计）。

续表

制造（Manufacture）：……因为产品如何制造这包括过程（Hunt 的番茄留下较长的藤蔓）、成分（Loom 内裤采用纯棉材质）、以及设计（Audi 的工程学）。
目标（Target）：……因为产品是特别为像你一样的个人或公司所制造。四种方式为：最终使用（Vector 的轮胎特别为湿路而设计）、人口统计（许多的航线特别为商务人士而设计）、心理描绘（Michelob 电灯“专为想全部拥有它的人”而设计）以及行为（Hagar 的 Gallery 产品是为常出差的男人生产的，“适合能胜任的人”）。
等级（Rank）：……因为它是卖得最好的产品（Hertz and Blue Cross/Blue Shield）；对于一个新产品不是非常有用，除非定位在总公司品牌之下。
背书（Endorsement）：……因为你所尊敬的人认为是好的。可能是专家（当只能用处方药的时候，许多医生指定使用 DuoFilm 的治疣液）或一个想要仿效的人（NEC 手机的按键是为 Mickey Spillane 所设计）。
体验（Experience）：……因为长期或频繁使用表明，它具备令人满意的属性。模式是其他的市场（Nuprin 在处方药市场广泛地使用）、时尚（Stuart Hall 的商务配件 Executive 生产线是“商务专业人士所倚赖的工具”）或时间（Bell 公司的黄页）。后面两者是新产品的有限使用。
竞争对手（Competitor）：……因为其就（几乎）像你所知道和喜欢的其他产品（U. S. Postal Servic 的快递邮件，除了便宜之外，其他服务内容如同领先的竞争对手一样）。
前一代产品（Predecessor）：……因为其与先前你所喜欢的产品（在某方面）相类似（Hershey 公司在钻石上镶了金边）。

我们在第 6 章与第 9 章概念的提出与评估里，所讨论的感知绘图技术也可运用在定位战略的发展上。重新再了解图表 16—2 的联合空间图。它不仅指出各利益分区的理想品牌定位，还指出消费者对现有品牌的感知。因此，我们可利用此感知图来找出值得进入的市场缺口。例如，我们可以为我们的品牌选定与理想品牌较相近，且市场上并未有其他现有品牌占据的定位。细分 2 可能相对容量较大，但是消费者如果对 Aqualine 与 Islands 品牌有高度的品牌忠诚度时，想在此细分市场获取可观的销售额可能相当困难，相对地，细分 3 可能是较好的选择。有个简单的例子，Taylor Wine 公司一度找到一小群葡萄酒的忠诚用户，并问他们偏好哪些品牌。相当意外地，这些用户所买的葡萄酒当中没有一种定位在口味上。Taylor 马上把自己的一种葡萄酒进行口味定位，立即收到成功的效果。

如果不存在任何用户所想要的特征—功能—利益定位缺口，开发人员可以试着为其产品所拥有的一些独特属性建立顾客偏好，或是他们可以转向替代性事物。这就是产品定位艺术的开端。试着研究图表 16—5 中的可行定位方式应可激发出一些好的构思。然后，可以在目标市场进行文案测试，看看他们是否能创造我们期望中用户应有的想法。例如，当 Skil 公司，一家成功的圆形手锯制造商，它开发了一组工作台上用的可以锯桌子之类的工具。他们宣称：“除了评估产品的特征外，应该还要考虑其血统”。而且，“在 60 年前，Skil 推出全球首支圆形手锯……现今，我们正持续 Skilsaw 的传统……不辜负其相同的名字……我们新家族的成员……长期保有的质量口碑”。这就是替代性定位。

16.7 为所选定的目标市场创造独特的价值

一旦市场已被锁定且已为其制订了产品定位陈述，我们就有机会再回到产品本身，去看看我们是否能为所选定的目标市场延伸产品的价值。毕竟，新产品所扮演的角色通常是要能够使公司获利，而利润主要来自于新产品的价值超过其价格的部分。

图表 16—6　　购买组成——什么是购买者真正买的

购买者得到一个或者更多的核心利益。但是，要得到它们，购买者必须在获得物理产品或服务序列的同时，获得与它的包装、服务以及制造/出售这个品牌的公司全部相关的无形的价值。这些其他“层次”的利益可能会增加或破坏总价值。但是，它们中的每一个都提供了实现差异化的机会。当然，如果新产品经理不能正确处理的话，也有可能对核心利益形成负面影响。

图表 16—6 显示，购买者实际上是如何接受一个产品所包含的内容的。这里，我们视其为一个包装，买下并带回家，但这个延伸的构思如同显示在图表 12—2 的靶心一样（同心圆）。该产品的核心利益在开发阶段可能会得到最大的注意力。但以购买者的观点而言，他或她收到并带回家的那包东西可能包括更多内容。在新产品过程的后期，我们通过品牌、包装、保险、售前服务等试图为核心产品加入附加利益——这样，我们增加了延伸产品带给顾客的价值。

现今，大多数的公司都试着在开发阶段晚期才冻结其产品规格，计划产品市场导入后的工作，增强产品中的价值。当第 1 个产品准备市场导入时，第一批生产线延伸的产品应该正在开发。在市场导入之后，当竞争对手想办法推出追赶的产品版本时，我们就将这些延伸产品市场导入。

在本章剩下的章节里，我们将把焦点放在对目标顾客提升独特价值的两种方式上——品牌（branding）与包装（packaging）。

16.8 品牌与品牌管理

16.8.1 商标与注册

每个新产品必须要能够辨识，准确确认产品概念的词汇称为商标（trademark）。根据美国的联邦法律，商标通常是一个词汇或是一个标志。该标志可能是一连串的字母与/或数字（如 Z3 敞篷车），或是一个设计（例如，GE 中的两个格式化字母、麦当劳的金色弧形标识，或是油漆公司的荷兰男孩标识）。法律并不介意某商标有多独特，只要求通过它能够辨识与区别产品。

大多数的商业人士及其顾客使用"品牌"这个词汇而非"商标"。当讨论到营销战略时，本书使用品牌一词；当讨论到法律方面时，本书使用商标一词。技术上来说，服务应有服务标志而非商标，而公司应有商号名称（trade names）而非商标。

另一个词汇的定义也非常重要：注册（registration）。历史上，在大多数的国家中，某商标第 1 个使用人拥有专用的权利。但在美国，你可以将你的商标到指定单位注册。如果你可以将它注册，你就能够永远地保有这一商标，即使之后有另外一家公司证明其先前已经开始使用此商标。关于注册的过程，请见图表 16—7。

图表 16—7　**美国专利和商标局的商标注册**

下面是美国专利和商标局宣布的允许注册的 3 个条件。还有一些其他条件，这些都是新产品经理所关心的。

（1）商标不能太像一种产品类型的描述。

法院曾经发现，当香芋品牌使用 Light 时，太过于描述性。法官觉得可用 Light 辨识市面上所有较低焦油浓度的香芋，而不是只是一家公司的品牌。相同的，Overnight Delivery Service（隔夜快递服务）的品牌不会被竞争对手 Federal Express 所接受。

（2）所提出的商标不应与市面上其他产品的商标相类似，造成人们的困惑。

这是最严格的要求，在今日市场上有着众多产品和服务，单单 1991 年就有 127 000 件美国商标的申请。这里有一个关于这个问题的例子。Quality Inns International，一家全国性的旅馆连锁店，决定发展一个新的经济型旅馆连锁体系。Quality Inns 想要将连锁店命名为 McSleep，利用苏格兰的名声以节省花费。麦当劳的反应很迅速——麦当劳的律师认为他们使用这个标志是不能容忍的。麦当劳觉得"Mc"（称为构词成分）会导致人员相信这个旅馆连锁店为麦当劳公司的一部分——用这个良好的名称和声誉来帮助 Quality Inns。更加混淆的是，麦当劳在那个时候正要建立一个加油站连锁餐厅称为 McStop，这个连锁店提供加油、快餐和寄宿等服务。

联邦法院判定麦当劳胜诉，同时 Quality Inns 更换其新连锁店名称为 Sleep Inns。法官戏称其判决为 McPinion。麦当劳也抵制一家来自纽约的商店使用 McBagel 作为店名。对 Mead Data Central 而言，这并不好笑，法院的判决允许 Toyota 能够在市场上销售 Lexus 汽车，而当时 Mead Data 的法律信息网络的标志是 Lexis。因而这家资料公司就举办一项抽奖活动，奖品即为 Infiniti（Lexus 的竞争对手）！

（3）商标不能伤风败俗或误导消费大众。

商标不能抵触人民或风俗习惯，且也不能是某位人士的名字。

在市场导入不久后，如果其他制造商开始侵犯我们的商标会发生什么事？我们会积极地制止他们。Aladdin 开始在其标签上标明"Aladdin 保温瓶"。你知道什么是保温瓶(thermos bottles）吗？如果你知道的话，则大多数的人都知道，那么这个词汇就不再只是某位制造商的真空保温瓶的品牌描述了。Aladdin 遭到拥有该保温瓶标志的公司控告，但最终这家公司以失败告终；最先使用"保温瓶"名称的公司并未采取保护措施。保温瓶变成一种通称，任何公司都能够使用它。随着时间的过去，阿司匹林、玻璃纸、胸罩、干冰、压碎的麦粒、弹簧垫、溜溜球、油地毡、玉米薄片、煤油、高辛烷、葡萄干、麦麸、尼龙、油印机等原本是品牌的产品，也产生同样的情形，在价值上损失了数十亿元。但在今日，同轴溜冰鞋的制造业者知道 Rollerblades（直排轮溜冰鞋）受到积极的保护，就像是 Mattel 的 Frisbee（飞盘）一样。某一个 Xerox 公司的广告提醒顾客"Xerox"这个字是一个商标，因而是一个适当的形容词。它的后面应该总是要有一个描述性名词（像是"Xerox 复印机"），且绝对不要当做动词使用（像是给我复印"Xerox"）。附带一提的是，请勿忘记在所有销售的国家为新品牌寻求保护。

公司也可以寻求商品装扮的保护。商品装扮（trade dress）指的是广泛的产品辨识因素：除了品牌名称之外，还包括包装、产品颜色（Brillo 是粉红色的肥皂垫，而 SOS 是蓝色的），或装潢（例如，在某种快餐连锁店内部的独特外观）。公司所拥有保护的范围并非相当清楚，但是如果公司有资料能够显示顾客能够辨识特定品牌的商品装扮，则法院将会对次级意义概念的运用给予保护。也就是说，颜色、装饰，或是包装都有品牌名称的次级意义。私有品牌常常运用商品装扮来把它们自己变成知名品牌的竞争对手——阿司匹林的药妆店品牌可能会使用类似 Bayer Aspirin 的包装。很典型地，法院否决了私有品牌有权利复制知名品牌的商品装扮。

16.8.2 好的品牌名称

取个好的品牌名称并不容易，因为大多数好的字母组合都已有人使用。但是，如果 Smucker's、Billy Fuddpucker's 以及 Orville Redenbacher 是成功的品牌名称的话，那么世界上所有品牌名称就都是成功的了。该领域的专家已给予我们几个经验法则供参考（请见图表 16—8）。

图表 16—8 **品牌名称选择上的问题和指导原则**

问题	指导原则
品牌的角色和目的是什么	如果该品牌在定位上有帮助，就要选择一个有意义的品牌名称（DieHard，Holiday Inn）。如果纯粹只是辨识，一个新词，例如 Kodak 或 Exxon 就可以啦
这个产品是否会成为后续的产品组合的先锋	如果是，小心选择避免成为未来的限制（Western Hotels 改变名称为 Western International，最后改为 Westin）
你是否预期该名称在市场能有长期的地位	如果不是，可以使用一个戏剧性和新颖的名称（例如，Screaming Yellow Zonkers）
对于任何细分市场而言，该名称是否会令人感到恼怒或受到侮辱	女人发现 Bic 公司的 Fannyhose 不可接受

除了上述一般的原则，品牌专家所给出的独特建议是永无止境的。品牌决策非常重要，它可能会令人失望或是相当成功。思考下面一些差劲的品牌名称选择：

• 对于为品牌命名的工程师而言，Isovis 机油或许意味着“均衡或持久的黏性”，但对于大多数的消费者而言，这只是一些字母的组合罢了。

• 品牌命名真正的失败莫过于 La Choy 的冷冻低脂中国菜生产线 Fresh and Lite——评论家认为这可能是一种女性保健产品，或可能是一种啤酒。

相反地，General Motors 相当成功地为小车业务部门创造 Saturn 这个品牌。他们从该项目的早期就开始致力于为新车建立一个品牌，而且最后成功了。

有些品牌名称选择考虑语音的语义，或是字母的原来发音。有些字母跟愉悦或不愉悦的感觉有关，还有些字母则跟大小或速度有关。根据这个观点，BlackBerry 的 PDA 就是一个相当不错的名字：“b” 能够让人想到信赖，而“e”有速度的味道……“StrawBerry” 就无法像这样能令人有所联想。Viagra（威而钢）也是一个好的品牌名称：“ vi-” 意味着活力，“ -agra” 意味着侵略，这也跟“Niagara” 有押韵，就如同有力的尼加拉瀑布，发生在最美好的蜜月时光，多么美妙的名字啊！

最后，务必要确保有足够的预算能够适时激起顾客的关注和对我们品牌的认知。如果你没有资金让一组无意义的字母组合赋予意义，请避免创造这一类型的品牌。

如果确定了一个整体性营销战略和品牌将扮演的角色，那么，与预期的用户进行讨论是非常有帮助的（去了解他们在这个使用领域如何看待这些事情的），而且也可以跟擅长字词结构的语音学专家一同讨论。再以头脑风暴或是运用计算机来产生许多可能的组合。我们已能利用计算机软件（如由 Namestormers 开发的 NamePro 软件，以及 IdeaFisher 公司的 IdeaFisher 软件）在品牌名称的选择与开发上获得帮助。

针对用户进行访谈以筛选品牌名称的清单，询问他们清单上所列品牌的意义是什么——包括在全球市场中的用户（请见图表 16—9 所列出的一些典型失败的案例）。P&G 为其产品取名为 Dreck 就采用了这个方法（Dreck 在犹太语及德国语有垃圾与身体排泄物的意义），所以就换成 Dreft 了。当筛选到少于十个候选品牌名称时，在法律上检查它们的可使用性，并进行协商以保留二到三个品牌名称。对于生产线延伸来说，逻辑上形成的品牌是很明显的，或者受产品某个特征所支配。不过，保持二到三个品牌名称存在并批准，以防意想不到的问题突然发生。

图表 16—9　**不好的品牌名称**

有时，外国公司所选择的品牌名称会严重地限制他们在英语国家市场的销售潜能。

Crapsy Fruit	法国谷类食品
Fduhy Sesane	中国国际航空公司的点心
Mukk	意大利酸奶酪
Pschitt	法国的柠檬水
Atum Bom	葡萄牙罐装金枪鱼
Happy End	德国卫生纸
Pocari Sweat	日本运动饮料
Zit	德国柠檬水

续表

Creap	日本咖啡奶油壶
I'm Dripper	日本即溶咖啡
Polio	捷克洗衣剂
Sit&Smile	泰国卫生纸
Barf	伊朗洗衣剂
Cream Pain	日本点心蛋糕
Porky Pork	日本猪肉点心

当然，事物的影响总是两方面的。有两个知名的例子为 Rolls Royce Silver Mist（在德语，"Mist" 代表"粪肥（manure）"）以及 Colgate Cue 牙膏（"Cue" 为法国色情杂志的名称）。Clairol 在德国推出 Mist Stick 烫发夹也遭遇过这种问题。教训是当将品牌导入国外市场时，我们必须要引以为戒。

最近，Mon Cuisine 冷冻食品在美国市场市场导入，其所选择的法语名称毫无疑问地附加上了高档的形象。唯一的问题是制造商犯了一个文法的错误（应该使用的是"Ma Cuisine"）。

16.8.3 品牌权益管理

当然，除了品牌名称的选择外，品牌管理还有许多必须要去做的事情。最佳品牌名称——Coca-Cola、Levi's、Campbell、AT&T 等——是能够为公司与顾客双方提供价值的重要资产，这种价值称之为品牌权益（brand equity）。而从品牌权益获益的公司都已针对保护其权益而进行投资，以维持其品牌名称价值。

图表 16—10　品牌权益如何提供价值

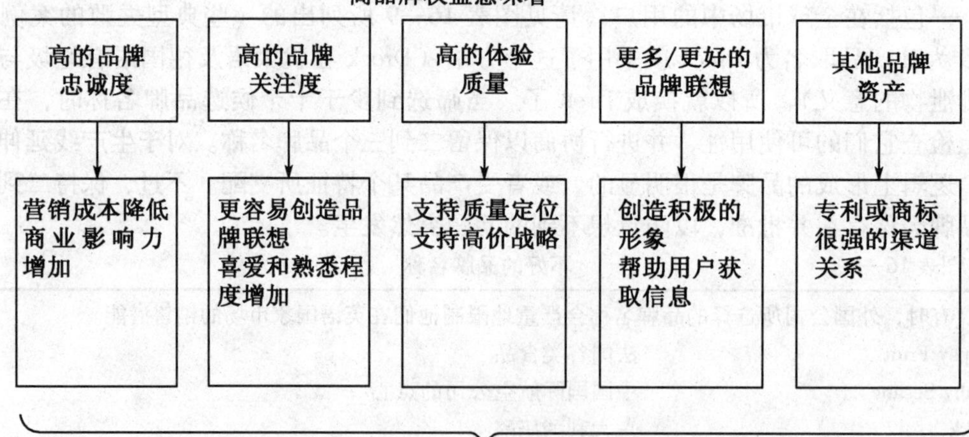

具有高品牌权益的品牌让顾客对其品牌具有忠诚度，让广告与其他形式的推广更有效率。高品牌权益也意味着高品牌关注度，这使得公司更容易去创造其他的联想

（例如，看到麦当劳，就会联想到儿童、干净的餐厅、麦当劳叔叔，及他的好朋友等）。品牌权益也可以使我们联想到更高的感知质量，所以能够支持品牌的质量定位。由于对这些品牌有高的熟悉度与正面的联想，一个拥有高权益的品牌就能够更轻易地产生品牌延伸（brand extensions）的龙头产品。简而言之，品牌权益能够提供持续性的竞争优势——且最近的实务经验显示，这些品牌权益能够在 B2B 产品以及消费品上维持优势。品牌命名领域的权威 Kevin Lane Keller 提出品牌报告卡（a brand report card）将世界上最强势的品牌共有的特性加以列表，可用来评估某一品牌的优势与劣势（请见图表 16—11）。

图表 16—11　　**品牌报告卡**

许多不同的要素共同作用形成一个强势品牌。品牌经理通常专注一个或两个要素。以下列出的是世界上最强势品牌共有的几个特征，能够被用来衡量品牌的强度和需要改进之处。

特征	例子
传递顾客所想要的利益	Starbucks 提供“咖啡屋的体验”，其提供的不只是咖啡豆，并监控咖啡豆的选择和烘焙来保持品质
维持相关性	Gillette 持续投资在主要产品（MACH3）的改良，并使用一个一致的口号“男人所能得到最好的剃须刀”
基于价值的价格	P&G 降低运作成本并将节省的开支用于维持“每日最低价”，因此边际获利成长
针对竞争对手，恰当定位	Saturn 在优良的顾客服务上竞争，Mercedes 则在产品优越性上竞争。Visa 强调在“你想要到的每一个地方”
连贯性	当察觉销售的滑落时，Michelob 在 1995 年到 1970 年间，尝试许多不同的定位和广告活动
品牌组合合理	Gap 旗下针对不同细分市场有 Gap、Banana Republic 和 Old Navy 商店；BMW 有 3、5、7 系列的轿车
营销活动是协调的	Coca-Cola 使用广告、推广、产品目录、赞助，以及互动式媒体
品牌的含义容易被理解	Bic 不以重量较轻的瓶子来作香水的容器并加以销售；Gillette 使用不同品牌名称例如牙刷品牌 Oral-B，来避免这个问题
长期连续的努力	Coors 削减 Coors LightRZima 的推广支持，在四年损失大约 50% 的销售额
监控品牌权益的来源	Disney 的研究显示他们的卡通人物已被“过度曝光（overexposed）”且有时被不当地使用。结果 Disney 删减授权和其他推广活动

品牌延伸必须要谨慎地管理，否则过度延伸，将使得品牌权益受损。有些公司已试着将知名的品牌名称延伸至不适当的产品类别上，导致相当不堪的结果。Frito-Lay 已成功将其品牌延伸至许多点心食品上，但 Frito-Lay 柠檬水却无法销售。Ben-Gay 阿司匹林（那尝起来像什么?）、Smucker 的番茄酱及 Loom Laundry Detergent 的水果也都是难以销售。另一方面，Nike 在 1998 年时认识到越来越难以对跑鞋做技术创新以让消费者感到独特。为了维持其品牌权益，该公司展开一个新的计划，在这项计划中像 Tiger Woods 的运动员全身上下都会穿着 Nike 的产品，包括手表和太阳眼镜，以充分

利用 Nike 的光环。

虽然没有一个正确的方式来延伸品牌，仍有些指导原则可供遵循，以避免错误产生。例如，强调品牌名称或权益可能会创造出品牌延伸一个安全的“距离”。当传说 Audi 500 轿车会有突然加速的问题时，Audi 400 的销售状况就受到波及，但 Audi Quattro 并未受影响。另一个必须考虑到的是，无论是否有品牌延伸，该品牌都应该有功能上或声誉上的形象。Gillette 或许能够向下延伸轻易地导入一种低廉的 Sensor 刮胡刀，然而 Mercedes 如果开发低档 Mercedes 的汽车，则可能会冒败坏声誉的风险。主导品牌（master brands），亦即是那些几乎是产品类别同义词的品牌（如 Hallmark 卡或 Planter 花生酱），应该非常小心地进行延伸，然后只对相似或有更好质量的品牌作延伸，以避免冒损及消费者信心的风险。当然，针对一个潜在的延伸做概念测试能够辨识出任何可能的负面影响。

16.8.4 品牌名称的稀释

公司可以简单地通过使用一个全新品牌名称（如同 General Motors 的 Saturn 生产线）来避免强势品牌名称的稀释。然而，新品牌名称将带来庞大的法律成本，当然还有为了要在顾客心目中建立独特地位的推广成本。

此外，公司能够运用现有的品牌名称，不是在相同的产品类别（如 Michelob 的清淡啤酒）中使用新品牌，就是在新产品类别（如 Virgin Airlines 跨入出版业、软饮料及许多其他业务）中使用。Hard Rock Cafe 已成功地在亚洲市场跨入休闲度假产业（Hard Rock Cafe Resorts）。通常，旗舰品牌（flagship brand）（在某一个产品类别中具有绝对优势的品牌）就用这种方式做品牌延伸的，其品牌权益仍然维持在高水平。

我们务必要小心，新产品不会稀释该延伸品牌的权益，特别是当该品牌是旗舰品牌。例如，Virgin 成功地加入在航空、软饮料及出版业务的竞争行列。Yamaha 经营摩托车、吉他，以及钢琴，而 Harley-Davidson 品牌的古龙水却失败了。Polo Ralph Lauren 跨入许多条成衣的生产线，但它通过在不同的生产线使用不同的品牌名称：Polo Sport、Lauren 以及 Chaps 等，来避免损失 Polo 名称的权益。可是 Tommy Hilfiger 在“流行”服饰生产线的经营上却不是那么成功。先前关于全球性考虑的警告在此也适用。例如，Bayer 这个名字在北美的店面药产品上相当知名，而在欧洲，在农产品与化学制品上具有相当的知名度。Bayer 的杀虫剂可能在德国相当受欢迎，而在美国则不然。与本行业较有关联的品牌延伸（Dole Pineapples 经营其他水果）要稍微容易些，然而，这并不保证一定会成功；在经营较极端的品牌延伸之前，公司必须做好万全的考虑与准备。

最近有些研究显示，旗舰品牌相对较能抵抗品牌权益的稀释，但是，仍有些风险存在。保险起见，旗舰品牌应只延伸至类似或有更好质量的产品，以维持顾客的信心与赞同。有时公司能够通过其声誉来将风险降到最低。Virgin 把其横跨不同产业的成功归因于其知名“自负（upstart）”的态度；Yamaha 意味着精确与质量（在摩托车与乐器业务都表现出良好的属性特征）；Disney 意味着家庭的价值。

16.8.5 品牌的可获利性

已经讨论过有关品牌权益的全部内容，那么，对于公司来说，什么品牌战略能够使其达到其所期望的高收益率呢？针对这个问题，有一种途径是研究该品牌的相对市场份额（RMS）及此产品类别由价值型还是超值品牌所主导（请见图表16—12）。

图表16—12 **可获利的品牌战略**

	低相对市场份额	高相对市场份额
价值型品牌类别	尽头（Dead End） 例如：Nine Lives 理想的战略是大幅削减成本和价格以超值品牌"胜过"市场领导者	低价途径（Low Road） 例如：Oscar Meyer 理想的战略是删减成本和降低售价建立品牌权益
超值品牌类别	搭便车者（Hitchhikers） 例如：Neutrogena Post 理想的战略是"不要破坏既有优势"创新寻找市场细分区隔	高价途径（High Road） 例如：Gillette、Clorox 理想的战略是基于提高产品价值的创新超值的价格

在超值产品类别中低市场份额的品牌（搭便车者）多数是能够获利的，这是因为它服务于一个受保护、忠诚的细分市场（如 Neutrogena 的美容按摩棒），或具有绝对优势的次细分市场，而且可以索取较高的价格。当公司专注于价值提升的创新时，高价途径（high road）品牌（在超值型产品类别中，具有高相对市场份额品牌）做得最好。高价途径的公司，如 Gillette（刮胡刀）、Kimberly-Clark（一次性纸尿裤）以及 Clorox（漂白剂）等已通过持续的产品创新来对抗低价途径（low road）的竞争对手。

低价途径的品牌（高相对市场份额，但在价值型的类别中）相对于高价途径品牌获利较低，所以必须通过缩减成本、发布建立品牌权益的资源来增加收益。Oscar Meyer（加工肉制品）和 Anheuser-Busch（啤酒）都能够真正降低成本，增加获利。在这两个案例中，随着更多高质量、高价格的竞争对手进入，该产品类别已变得更为尊贵。最后，尽头（dead-end）品牌（低相对市场份额，价值型品牌）的经理人必须认识到其品牌若没有大幅的改革行动是无利可图的。Heinz 大幅降价、关闭工厂，并与供应商组成联盟，以使 NineLives 的猫食生产线能够获利。另一种战略是以超级尊贵品牌，把产品"王牌"化（如 Starbucks 咖啡或 Haagen-Dazs 冰淇淋）。

16.8.6 全球品牌领导

有些公司在其所进入的每个市场中都仅有单一的品牌名称和标志。例如，Visa 卡，定位于在全世界都能够接受的定位，而 Gillette 在各个地区都将 MACH3 定位成"男人所能得到的最好的产品（the best a man can get）"。对于很多其他公司而言，在全球各地以标准化的呈现方式来市场导入不是一个好的选择，也可能从来没有想过如此。例如，Honda 在美国定位于高质量，但在日本的定位却是速度/年轻取向的。Canon 的 AE-1 是以“先进而简单”的口号在美国市场导入，而在日本相同的相机却定位为有经验的相机用户的高科技产品。

因而，我们的目标并非总是追求单一的全球品牌，而是在每个市场通过全球品牌领导（global brand leadership）创造一个强烈的产品形象。这就要求有一个整体的全球品牌战略，来协调各国的品牌战略运作，并且为品牌建立能够分配足够资源的承诺。

实现全球品牌领导有许多种运作的方法。为了在各国达成一致的品牌管理，公司开发品牌手册、举办研讨会或是给所有的品牌经理分发商务通讯或影片，帮助他们理解品牌的含义。这是通过简单的产品属性所完成的，而这些都有被竞争对手模仿的可能。无形资产（如质量的声誉）和象征（如 Ronald McDonald 小丑）都应该详加考虑。Mobil 已设立关于营销主题的知识银行，可通过公司内部互联网来取用，而 Frito-Lay 一年进行三次所谓的“营销大学”。这些活动能够鼓励公司主管或员工间沟通与分享成功的实务经验，对员工的授权也是相当重要的。P&G 的台湾品牌团队为 Pantene Pro-V 创造出相当新奇的定位：“头发健康闪亮。”围绕这个口号的广告活动在中国台湾相当的成功，并于其他 70 个国家的 P&G 公司使用。

16.9 包装决策

对于许多公司而言，包装可能并不是那么重要，不是因为其商品几乎不需要包装，就是因为在货架上包装的说服性并非是优先考虑的事务。在这些公司里，产品的包装大都由包装设计部门所负责。当然，大多数的服务都不需要包装。然而，对于许多其他公司而言，尤其是当新产品将通过自助式服务的渠道环境来从事销售时；产品类别已经建立完成，新产品必须强行进入时；以及当市场上既有的强力竞争对手的产品跟我们的产品置于同一货架上时，包装是相当重要的。在这些公司中，包装决策常常是由高层主管来制定的。事实上，食品和饮料产品包装的花费相较于这些产品在广告上的花费还要高。

16.9.1 包装所扮演的角色

包装通常分为初级包装（覆盖产品的材料以及盛装的容器，如药瓶）、次级包装（能够容纳药瓶的纸盒），以及第三级包装（能够容纳次级包装以装运的大批量包装）。所有的包装形式都扮演着几种角色：容纳（包住产品内容物以便运送）、保护（防止在恶劣的环境下变质或是防止因人为的疏忽而损毁）、安全（防止损坏情形发生）、展示（引起注意）以及相关信息与说明。对于新产品经理最为重要的是，有时将其产品作过度的包装，以致于产生一些法律问题；包装设计是标志与商标的一部分，包装的使用权是有价值的。

然而，包装也扮演着其他重要角色。例如，以某种方式协助用户——使用说明（药物或食物）以及使用功能（啤酒罐与除臭剂）。其他的包装通过设计能够允许重复使用、符合生态上能够被生物分解的需求、附有警告标识以及符合其他法律需求。它们还可能在垃圾处理时发挥作用。

16.9.2 包装决策

包装是新产品经理“事务”网络中的一部分。包装决策落于一个人身上，通常称作包装经理。包装决策除了牵涉营销与业务部门之外，也涉及工程、销售、安全、法律、成本会计、采购、研发，以及其他相关的部门，更不用说是公司外部的团体或组织了，诸如供应商、分销商、运输商、广告代理商及政府。包装决策可能需要几个月的时间，这是加速开发计划的主要目标。

每家公司都试图开发出某种独特的产品包装方式，但仍有通用的步骤可依循。首先，包装人员必须是新产品团队的成员，必须实地查看各式的包装，也必须通过一些相关的市场研究，找出最适当的包装方式。Pfeiffer 沙拉调味酱的独特包装方式是当一位包装人员实地参观超市时，注意到沙拉调味酱是以包装类型而不是以品牌来展示的，因而才开发了一种独特的包装方法。大多数竞争对手的包装瓶是附上可以直接涂抹在食物上的刷头造型。

包装开发过程就像是产品本身的开发过程一样。相关的测试包括虚拟的包装、店内的展示、包装颜色的测试、视觉上的测试、心理描绘的测试、销售上的测试、仓储时的识别性，甚至包括店内经营的测试。在包装决策中，经常使用的一项包装设计战略是家族包装（family packaging），也就是使用一种主要的设计，或某些其他包装的元素，将几项个别产品的包装加以整合。例如，新口味的 Haagen-Dazs 或是 Ben&Jerry's 冰淇淋产品的包装可以一眼就能辨识出来。Coca-Cola 和 Pepsi 分别是红色及蓝色的包装。这样，同一产品族的包装很清楚地被划分为一类，但不同产品之间通常都有某种个性化的包装样式，如品牌名称。

包装可以成为非常有力的竞争工具。在 1994—1997 年之间，美国的谷类食品的销售额下降了将近 15%，而领导品牌如 Kellogg's 也面临获利下降的情况。在这段期间，第四大谷物食品制造商（Quaker）以及一家较小的竞争公司（Malt-O-Meal）通过以袋装而非盒装的方式来包装产品，并将节约的成本（大约一个盒子一块钱）转让给零售用户，这两家公司的市场份额因而提升。

16.10 本章小结

在第 16 章中，通过对平台决策及驱动性决策的讨论，我们已经对市场导入规划过程有更进一步的了解。这两个问题对于所选战略都有很深刻的影响。本章也讨论了关于决策管理的三大领域——目标市场或细分，针对某市场细分所开发新产品的定位，以及为该市场细分创造独特的价值。现在，我们可以转向营销计划中战术制定的相关问题。但在许多操作性营销的领域中，这方面几乎没有更深入的相关研究。接下来，我们将讨论这些问题，这给予新产品经理更大的挑战。

16.11 应用实践

在你的面试过程中，公司总裁提出了更多的问题：

1. “我女儿前不久被位于美国北卡罗来纳州的一所学校聘任为助教。最近，她开玩笑说，课程的开发过程和新产品的开发过程非常相似。事实上，她说，课程要进行计划，而课程的营销也必须恰到好处，甚至也可以使用定位这个概念。我想知道，如果你新开了一门大学课程，比如计算机和通讯的新技术在零售店铺运营中的应用，你将如何利用新产品定位时使用的各项技术，为那门课程合理定位。”

2. “我喜欢你不断强调自己是一位新产品人员，而不是一位营销人员。有时候，我们的营销人员很难赢得其他经理的信任。我能够想象得出他们在取得财务和法律人员对新产品项目的支持时，所遇到的麻烦，这两者尤为严重。在我看来，有时候他们太过于专注他们的销售计划、广告和贸易展会。财务和法律根本无法体现出他们的职能在市场导入计划中的贡献。哦，我知道一般的工作流程如何制定，也明白在既定的时间内预算该如何编制，以及广告的法律认可该如何安排。但是我所要的是真正的帮助，扮演一个积极的角色，成为团队的一员等。你有何建议？”

3. “我们从事家具生意，并且我敢打赌说，如果你在大学寝室呆过的话，你一定用过我们的一些产品。但是，我告诉你一个事实，此行业并没有太多的例如——你知道，从采购部门的原材料到客户的订单，存在着太多的竞争者和产品标准。我注意到，刚才你提到核心利益，以及围绕核心利益创造产品价值，例如服务、形象、保证等。然而，我不确定我们是否可以使用这个方法。如果可以，我们的桌子和床首先必须在实体上满足特殊需求。然后，我们如何围绕核心利益创造新价值，以实现稍微高一点的价格呢？”

4. “如今，包装对许多产品而言都非常重要，并且我们在这上面耗费了大量的金钱。我最近读到一篇关于洗衣粉包装诀窍的文章——超量包装。把洗衣粉装进一种瓶子里，超过正常的容量。瓶子和洗衣粉能分开，然后顾客可以退回瓶子，并要求返回一些钱。与赠券相比，这并不算是一种欺骗。这样的构思是充满创造性的。你是否有创造性？你能想出那样的点子吗？我们认为：目前在无酒精啤酒的包装上存在着一个很大的机会，可以使我们的产品与众不同。此类产品的新产品人员一定会欣赏这些他们从来没有听说过的关于包装的想法。那绝对是些好主意，而不是一些愚蠢的想法。”

16.12 案例：铱星计划

铱星计划（Iridium）是一种通过卫星系统而能进行任何种类电信信号（声音、数据、传真与传呼）的移动通信网络。铱星计划吸引许多大型投资者，包括Motorola、Kyocera、Lockheed Martin，这些大型投资者拥有7%到20%的股权。铱星系统由66个卫星和许多地面站所组成，用户可以在世界上任何地方接收到信号。第1个铱星卫星在1997年5月发射，并且在1998年6月以前发射全部的卫星。在1998

年11月中旬以前，就可以提供电话和传呼的服务。建造铱星系统的总成本约为50亿美元。

尽管有大量的财务支持，铱星计划却没有如想象的那样红火起来。到1999年的年中为止，只有10 200位电信用户，远低于平衡点（铱星项目管理当局希望在1999年结束之前有300 000位用户），并且铱星计划发现自己处于不稳定的财务状况。公司用户在铱星计划的财务状况稳定之前，都不愿意使用铱星计划，而贷款方在铱星计划吸引到更多的用户之前，也不愿意再让铱星计划扩充信贷额度。在紧张的几个月之后，铱星计划最后在2000年初宣告破产，而铱星卫星的命运也还是一个未知数。

发生了什么事？实际上，有几件事情。最明显的是，购买一部手机的价格是3 000美元，并且使用费从1.10美元到7.00美元之间不等。这些比在1998年和1999年类似的移动电话和服务的费用（基本的移动电话手机在100美元以下就可以买到）高了许多。比起移动电话，铱星计划理论上具有某些优势（跟移动电话的数字模拟技术相比，它采用全数字化技术；具有多种本地服务的兼容性；可以使用太阳能；信号不会被高建筑物及地形等因素阻碍）。但是这些优势显然没能说服大量的顾客购买价格超过一般便宜移动电话20倍的手机。

铱星计划面临与这项复杂的新技术有关的一系列技术问题。其中之一，各方都知道，将这项系统市场导入至少要10年时间，虽然在系统的开发和部署过程中不可避免地会遇到延迟。在手机上也有质量控制的问题，导致一段相当冗长的除错（debugging）时期。另外，电话若没有转接器就不能在室内使用，事实证明这十分麻烦，导致了更多的延迟。在市场导入时一些端口服务的提供商尚未准备好提供全部的服务，造成在主要地区，例如日本和俄罗斯的延迟。更有甚者，很多用户对电话声音感到不满（某些人感觉声音过于尖细），并且不喜欢手机一天就要充电2次到3次。同时，尽管与预期相反，户外服务仍然不太可靠：事实证明，大楼或者高的树木终究会对信号输送造成阻碍。

尽管最初投资者，如Motorola与Lockheed Martin，早期热情高涨，但铱星计划很快就面临恼人的财务问题。贷款方已经设定1999年6月30日为最后期限，在此之前，铱星计划要开发出27 000位用户，为了达到这个目标，铱星计划针对一个新目标市场规划一项新的营销战略：不是针对高层的国际商务旅客与探险者，铱星计划瞄准联邦政府用户等类似的市场。尽管在联邦政府用户上达成有限的成功，很多投资者希望Motorola终止在铱星计划的亏损。Lockheed Martin与铱星计划运作联盟的其他成员也对铱星计划的命运有主要的影响。坦率地说，铱星的财务困境可以被描述成一个恶性循环：潜在的用户正等待看铱星计划的财务状况是否稳定，然而贷款方在投入更多的借款之前，也正等待看铱星计划是否能吸引更多的用户！到1999年6月底，只有仅仅超过10 000的用户（离目标还很远），铱星计划正拼命努力地避开破产的诉讼。

在1998到1999年间，铱星计划的管理层应该抓住面临的机会之窗做哪些战略决策？企图降价（降到每分钟约1.59美元），看起来降价幅度似乎太少，实施也太慢。更大幅度的降价或是其他激励措施能够造成不一样的结果吗？这些行动真的已经太迟了吗？还是在多年之前，当这些投资者决定要把资金投入到这项计划时，就已经犯下了错误？

16.13 案例：Dell Computers（C）

在第 6 章及第 9 章的结尾，分别讨论了 Dell Computers 案例（A）与（B）。假定现在 Dell 的竞争情报显示，Hewlett-Packard 在 6 个月内要改变其战略性定位。假设这些竞争对手间所有价格都保持相同。利用它优秀的判断力，Dell 的管理层相信 HP 很可能在性能属性上重新定位，变为 2 或者甚至 2.5。

这次竞争的攻势有多大？Dell 现在应该如何做（如果有的话）才能将 HP 造成的威胁降到最低？或者对 Dell 来说，最好等到 HP 的重定位发生之后，再做回应会比较好？

第 17 章　市场导入战略规划的执行

17.1　引言

在第 16 章中制定的是战略平台决策与战略行动决策。然后，通过讨论目标市场与产品定位陈述来分析营销的组成要素。我们讨论了在产品及品牌中通过选定目标市场与定位来建立价值的行为——分别为产品与推广的一部分。现在，我们可以进入战术领域——管理阶层如何在行动中实现上述决策，并传递给最终用户。战略执行通常需要相当多的创造力。

17.2　市场导入周期

首先，先让我们修正许多人对新产品市场导入的印象。许多人将新产品的市场导入视为向全世界宣布有关我们伟大新产品的好消息的一项活动。如果只是这样那就太简单了！

新产品的市场导入可以理解为一个市场导入周期（launch cycle）。市场导入周期是指在我们所熟知的产品生命周期（product life cycle，PLC）中，从导入期向成长期过渡的那段时间，见图表 17—1。它包含市场导入前期、发布、抢滩以及将市场导入周期连结回 PLC 的早期成长阶段。

17.2.1　市场导入前与预先发布

市场导入前（prelaunch）的阶段是我们建立竞争能力的关键时候。这是指对销售与其他推广人员的培训、服务能力体系的建立、如果一切就绪做好预先发布（preannouncement）以及在经销商层次做产品进货的安排。

发布新产品开发的新手几乎总是聚焦在发布（announcement）上，将其视同整个新产品过程中的顶点，但实则不然。事实上，在发布进行那天很少有这样戏剧性的机会。一家汽车公司曾经刻意将他们的发布（伴随适当的电视播出揭开面纱）延到秋天的某一天。但是这样戏剧性的事件在今日是无法行得通的。首先，它几乎不可能保密，特别是当公司的正式发布日接近时。

相反的，我们看到的是一连串有计划性的产品发布，这些计划通常是环环相扣，会让竞争对手猜测，同时，又要避免竞争对手的顾客刚好在买得到我们的产品之前储存竞争对手的产品。这一连串的发布工作的顺序如下：

（1）尚未公开任何信息；

（2）产品测试——在保密状态下进行 beta 测试；

(3) 发布预期消息——定位新闻稿，讲述被解决的问题；

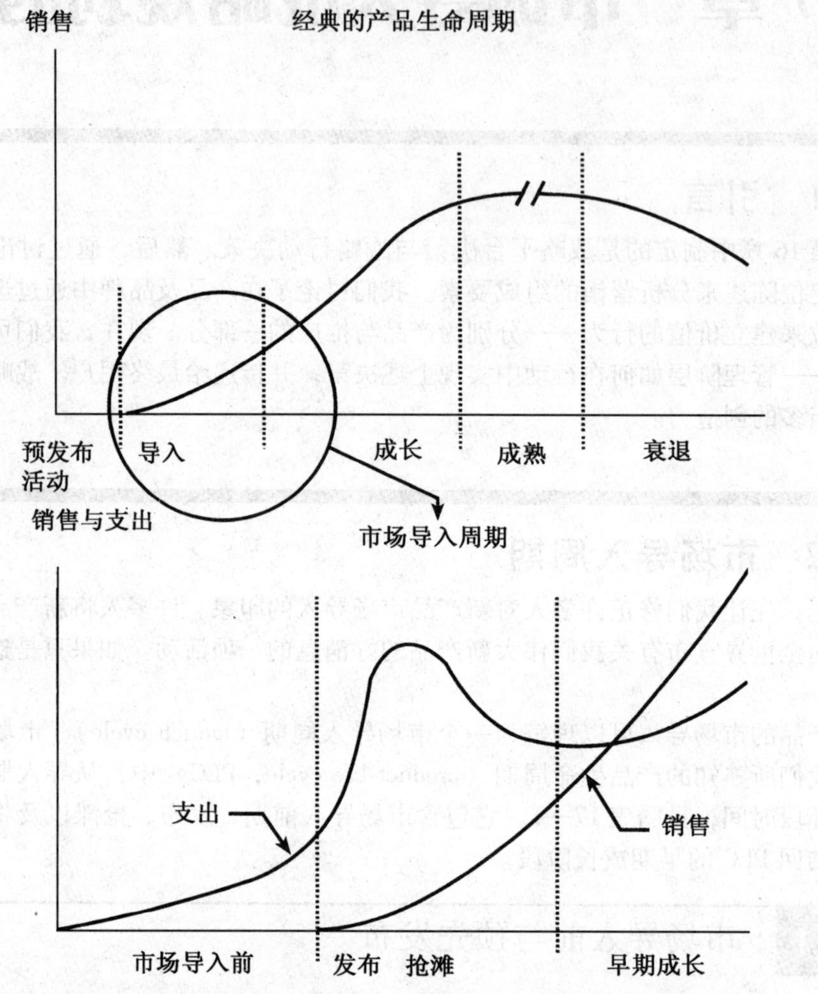

(4) 持续影响——针对出版编辑、工业研究者与一些顾客透露；

(5) 进一步扩散所解决的问题信息——全方位的新闻报道、提供检查评价的产品；

(6) 商业广告宣传——广告的开始。

第 3 与第 4 阶段，一般使用预先发布，传递一些微妙的信息，有时候精心安排挑选好的一些人有计划地进行消息泄漏，又有时候只是碰巧发生。

预先发布可以用于提高顾客对即将市场导入产品的兴趣、避免现有顾客移转到竞争对手那里以及鼓励未来的购买者等待新产品（而不是成为竞争对手的顾客）。当然，在许多市场中要保密是几乎不可能的。全世界都知道的微软公司就在 1995 年 8 月 24 日发布它的新产品 Windows 95。当时 Windows 95 已经经过 2 000 多家公司的 beta 测试，有些甚至超过 1 年。世界上的每一位计算机编辑都知道它的细节。然而，这种做法偶尔也会受到批评，特别是当新产品市场导入是不确定或可能延迟的时候。微软有时候会因为没有在预先发布时所承诺的日期运送软件而遭受到批评。

信息传递（signaling）可以使用许多营销工具进行。最突出的一个就是价格。其他的还有广告、商展、销售人员的评论、CEO 在纽约、伦敦或东京的证券分析员午餐会上的演讲、包装或生产装置供应商的秘密情报、分销商或零售商的进货请求、任命具有某一产业经验的销售代表等。其中有一些过于微妙，以致于很容易被人们忽略了。但是基本上，它们还是非常有效，有的方式效果卓著，甚至遭到了不正当广告法命令的禁止。

预先发布决策经常与是否有网络外部性（network externalities）相关联。如果产品的销售是取决于互补性产品时（X-Box 的游戏越多，微软就可销售越多的 X-Box），会存在间接网络外部性（indirect network externalities）。如果产品的销售取决于采用的人数（有 e-mail 与 fax 账号的人越多，这些产品就越有效用；相反地，视频电话就从未抓住消费者），会存在直接网络外部性（direct network externalities）。就具有间接网络外部性的高科技产品而言，也许会有两次的预先发布，第一次是对程序开发人员，然后才是对顾客。确实，微软在游戏开发人员研讨会上预先发布 X-Box，好让开发人员开始设计使用于 X－Box 的游戏。当 X-Box 在消费者市场市场导入时，就已经可以购买到大量的游戏软件。

预先发布带来消极的一面是竞争对手提前出台应对计划。当得知 Ford 将要向市场投放一款新的 Windstar 小货车时，Chrysler 马上开始侵略性降价促销活动。这场促销活动为 Chrysler 带来了许多用户，而这些用户本来是有意等待 Windstar 的购买者，也可能因此扭曲隔年 Chrysler 本身新的小货车上赚取的利益。把某一准备被替代的商品进行降价是有点危险的，因为这可能导致现在的购买者都决定等待新产品；而这对出清旧产品存货会造成困难。Compaq 总裁曾经在国际会议上谈到，真的再也不会有“发布”了：新产品刚被开发完成，就将它推向市场，通常会以一个有限的市场区域为基础（这在第 18 章将被称为市场首次展示）。

有时候公司可以使用预先发布的信息传递，以使金融市场兴奋起来，但也存在着失败的风险。在软件业中，这将导致所谓的 vaporware（宣布市场导入却未生产的软件）——曾经发出信号但是很久才会市场导入。由 Pacific Scientific 公司（制造 Solium 调光荧光灯灯泡的公司）所进行的一项预先发布就有偏差。在 1994 年，该公司与一家公关公司合作，发布一项即将市场导入的新产品，并且与一家著名的产业伙伴签订合约以处理营销事宜。每年的收入预测有 1 亿美元左右。与此同时，还有产品开发延迟与技术错误的问题开始浮现。股东开始控诉该公司。到了 1997 年的第一季度，Pacific Scientific 在处置 Solium 技术上产生 1 200 万美元的损失，并眼睁睁看着股价直落。

一项研究显示，市场份额较小的公司较可能预先发布；由于大型公司害怕政府的垄断指责，将避免预先发布；在竞争激烈的产业中预先发布较少；相反，转换成本较高的产业有较多的预先发布。近期的研究提出，软件公司故意使用 vaporware 来获得竞争优势，而这似乎对大型及小型公司都卓有成效。

17.2.2 发布、抢滩与早期成长

市场导入周期的第二个阶段——抢滩（beachhead）——这个名词来自于军队登

陆敌军的土地上，对于许多产品的市场导入而言，这个比喻非常形象。还可以有以下表述：启动水泵、开火、让球滚动起来、着陆。每一个情况，都是短暂静止之后是运动，如进入风中的风筝、从高处滑行下来的雪橇、或者从海岸线登陆进行扩张的军事突击队。在产品市场导入的背景下，抢滩是指克服销售停滞所必需投入的大量支出——图表 17—1 说明了这个问题，一条开支曲线上升到一个高点，从此点开始，销售额以递增速率增加。

发布（announcement）开启了抢滩阶段，这个时期的情况是很难进行有效管理的。沟通系统失去作用、意想不到的问题发生、供给变得紧张、常见的混乱也开始发生。几个月过去以后，随着最初的产品发布转向“原因解释”，转向尝试几本原理和成功体验，侧重点发生了微妙的变化。

在抢滩阶段的关键决策就是终结“决策”——市场的惯性克服了，产品开始开始进入市场，这个决策引发一连串的活动：如期进行改良及发动侧面出击；新预算将被批准与执行；暂时性营销安排将变成固定的（例如暂时的销售人员、广告代理商或直接邮寄的安排）。一位新产品经理说，当公司总裁不再每两天问他最新的消息时，他就知道这个决策就已经定案了。

在市场导入与整个产品生命周期中所做的决策，需要与更早期所制订的战略性决策保持一致。有趣的是，最近在新产品市场导入的案例中，发现了三种常见的市场导入战略与战术模式。

• 创新的新产品：对某些产品而言，战略目标是获得产品生命周期中早期市场的立足点。伴随着这种类型的常见市场导入战术是一组广泛的产品组合、一个新的品牌名称与销售渠道以及较高的价格。

• 进攻性的改良：在这里，战略目标是特别的——建立进入壁垒。管理者发现使用现有的销售渠道、高的顾客推广与广告支出以及广泛的产品组合，将带来更多的收益。

• 防御性的附加：对其他一些产品而言，战略目标是增加现有市场的渗透力；适当的战术包含较少的产品种类、渗透定价、销售人员促销和激励销售队伍。

17.3 市场导入战术

市场导入战术规划包含了选择销售渠道、设定价格与营销沟通组合、培训销售人员等。对许多公司而言，市场导入阶段是新产品过程中花费最高也是风险最高的部分，而且市场导入战术执行的熟练程度与新产品绩效改善相关。我们就从了解盛行的营销组合开始。

图表 17—2 中，列出了与营销组合各部分相适应的主要产品市场导入决策和行动。产品制造商（或服务提供者）可分配其有限的资金于图表 17—2 中的营销组合要素——从花费在改良产品或生产线延伸（使产品对购买者更有吸引力），到让零售商围绕新产品开展一次大型的店内推广活动。

图表 17—2　　市场导入战术的决策与行动，以及对需求的影响

市场导入战术	对什么情况是有效的
促销	
广告	关注将会刺激试用的情况
赠券	增强关注度
公关宣传	全新并引起争议的技术，且有可感知的高使用风险
样品试用	产品优势最好是通过使用才能更好地领会的场合
现场 Beta 测试	促进“样品发送”且作为其他潜在买者的参考
销售与分销	
展示/实地示范	阐明产品的相对优势或是否存在不确定性
技术支持	使用过程中发生不相容情况
销售结构	相对优势较强（直接渠道）的情况
铺货率密度	保证/维修服务必须容易提供的情况
销售奖励	有效需求需要进行刺激的情况
定价	
导入定价	高的相对优势与兼容性（撇油政策）；必须促进早期采用（渗透政策）
价格监管	在必须降低经济风险（例如通过退回部分付款或返款的保证）的情况
产品	
丰富的产品类别	产品种类之间具有高度相关性优势
时机	
产品的撤退	高利润但强烈的相对优势（快速撤退）；高度转换成本（缓慢撤退）
预先发布	建立新产品宣传；相对优势较高的情况下也是有帮助的

开发人员从一开始就遵循着一种组合决策——即研发预算决策。制药公司在技术研究上投入大量资金，White Consolidated（white goods）将资金主要投入制造过程的开发中，而 Avon 与 Mary Kay 则是进行人员推销。

17.3.1 沟通计划

为了改变最终用户对产品及公司的看法，我们在信息的交流以及态度方面所作出的种种努力，都可以用沟通这个概念广泛地涵盖。它是包含从技术产品资料到强势说服的所有努力。沟通要求（requirements）是在我们的计划中必须体现的若干细节。这些要求几乎从项目的开端便一直存在了——例如，我们聚焦于滑雪者，那是因为我们确定我们的新塑料技术可以更有效地满足滑雪需求。既包括滑板，也包括握柄。一个沟通要求可以提醒滑雪者有关滑雪板停住的问题，告诉他们我们已经有解决方案了，这个解决方案是什么，他们如何可以得到它等等。沟通的要求来自于 PIC，来自

概念测试，尤其来自于产品协议陈述（其中营销要求与技术要求并列）。它既可以很短也可以很长，无论长短，它们对往后的所有事物来说是一项非常有力的工具。它应该建立在对最终用户的态度与行为的深刻了解之上。

沟通任务是以沟通组合（communications mix）来呈现的。可能多达四种组合：第一种是我们自己与经销商沟通，第二种是通过经销商与最终用户沟通，第三种是我们自己与最终用户沟通以及第四种是通过我们对最终用户的团队进行全部的沟通努力。服务公司与直接制造商重视沟通的简化形式，因为它们通常没有经销商。这种方式也对直销制造商有所助益。要做的工作是，作出最好的选择——从每种集合中选择适用的某种组合，再充满想象地加以执行。新产品人员尤其有充分的自由——因为这方面几乎是一张白纸。虽然存在某些限制（来自于现行公司运作中的“既定”条件），但是仍然还有创新发挥的空间。例如，某些公司利用因特网中的新闻来增加用户群体间的沟通，同时也可以进行后续的顾客支持，但是，一般来说，如果可以持续跟顾客有效接触，像这样的非人员沟通应该伴随着人员沟通。

17.3.2 复制战略陈述

考虑到沟通工具所要传递的要求，让我们看看为沟通这些要求所设计的一项工具，例如创造广告。它在实践中有许多名称，但是复制战略陈述（copy strategy statement）是最普遍的一种。使用它可以将下面的项目传达到每个广告与每位推广创意人员：

- 已选定的细分市场。
- 产品定位陈述。
- 沟通组合，以及被这个陈述所涵盖的部分。
- 沟通的主要复制要点。

这些内容通常规定为产品属性，包括特征、功能与利益，以及产品的使用，但是最终用户的产生对我们的购买决策有重要意义，任何信息都可以成为交流的内容。例如：

- 这份保单的提供者是世界上最好的。
- Black Pearls 香水是为 Elizabeth Taylor 本人所设计的。
- 这只手机没有地理区域限制。
- Dockers 在 Penney 连锁公司有售。
- 未来神经外科医生可从这个手眼协调技能的计算机游戏获得效益。

要交流的信息没有任何限制。但是，所有内容必须列出清单。现今的沟通能力处于很大的压力之下——人类都是暴露在百万个信息与几千家公司之中。在销售传单或广告中列出许多要点是好的，但是它们只有一小部分应该要出现在要求列表中。只有一小部分必须在此刻完成。最后复制战略陈述应该由团队编写，而不是通过个人来制订它。

17.3.3 人员销售

销售人员是大部分新产品导入的顶梁柱。甚至是在产品包装上，人员销售（personal selling）都是不可或缺的。在这样的情况下，销售人员扮演着让产品在零售店可买得到，及在主要零售店争取货架位置的角色。新产品经理必须比以往更努力工作，才能符合这些新的专业销售业务需求。但是，作为专业人员，他们知道将要销售什么，才能满足顾客需求。因为我们是与其他营销经理竞争业务部门有限的推销时间，要得到销售支持必须进行内部“营销”。

有一个问题有时是难以决定的，那就是我们应该多早让销售人员参与？一家开发新的金属磨光机器的工业性公司将与下游顾客连结，到了开发完成准备进行营销之时，业务部门已经参与了很长一段时间。这时，广告人员尚未参与。对于日用消费品而言，广告人员（包含广告代理商人员）很早就参与，但是通常销售部门还无所作为。针对服务而言，新产品开发人员最好是销售部门的一员。

一些管理者想要将销售人员逐出产品开发（“不需要让他们知道”、“我们现在必须继续销售今日的产品”）。有些公司在让销售经理参与后发现要让销售经理介入常用的战术是让一小群区域或地区销售经理轮流成为顾问团队。

当新产品需要一批新的销售队伍时，就会遇到一个更加困难的问题——也就是目前还没有覆盖到的新市场。如果运气好的话，可以做出一些与现有资源尽可能有联系的调整。有时候，可以增加一些尚未接触的顾客或雇用一小群专家小组来瞄准新顾客的口袋。

对于销售人员来说，新产品是一种打扰。它是花费时间的，它会打破原有的安排，它包含了改变与风险。销售人员经常想要销售新产品，但是仍存在一些消极因素。销售人员在被要求销售新产品时通常不会因此而缩减其责任区域。所以，下列3种做法是非常重要的：（1）进一步研究销售人员可能会反对新产品的理由，（2）给予他们有效推销的所有培训与工具，并且（3）当他们开始寻求订单时，确认产品在他们负责的地区是可买到的。

关键是做好我们自己的工作，以便他们能进行他们的工作。这意味着，拥有一种顾客想了解且想要尝试的产品，然后培训销售人员以了解与沟通产品设计的内容。

在最近几年间，为了敦促大量采购的客户，公司不情愿地转向新形态的顾客。不再是原有的生产线为基础的业务人力，而是走向以顾客为基础的业务人力。每一个业务代表都销售很长的一条生产线，并且随时可以处理顾客的问题。这种新模式让顾客高兴（Wal-Mart 还将其强力地推广到其供应商系统，但现在成为 P&G 最大的单一顾客）。以顾客为基础的销售组织要求尽量不要强迫推销产品，那是以生产线为基础的销售人员才会做的。

17.4 联盟

最近几年，技术部门已经逐渐了解到，他们不需要拥有新产品项目中所要求的每一种技术能力。相反，他们可以与大学、政府单位、私人研究中心、甚至竞争对手形成战略联盟（strategic alliance）以取得他们所需的技术。营销人员这么做已经很多年了，而且仍会这么做。事实上，中间商渠道本身就是战略联盟。公司间签订经销权协议，其中双方公司都承诺承担一定的责任，其目的是共同完成一项任务。制造商并不一定要和零售商合作——Avon 在许多年前就放弃了它的零售商。

广告是联盟合作的另一个领域——与广告代理商签订长期的代理协议。服务性组织经常运用特许经销关系。类似的还有，与仓储公司的联盟也是，与竞争对手的联盟也是（为取得可以触及市场目标的销售队伍，在这个想接触的市场中使用现有（竞争对手）的销售渠道比自己建立销售渠道更有效），及与展览公司的联盟。

就像现今所说的，一个人可以和某些人在某些地方，为了必须完成的任何一项任务而形成一个联盟。

17.5 A-T-A-R 模型的要求

在第 8 章，我们已经讨论过 A-T-A-R 模型。它描述了如果一个最终用户对一种新产品的采用感到满意所必须历经的 4 个关键步骤——关注、试用、可买得到与重复使用。营销组织的任务是要在一个足够大的用户市场去完成这些步骤，以达成财务与其他目标。在决定将要着手进行哪些恰当的营销活动之际，这个模型定义了一个良好的框架。

17.5.1 关注

关注是向采用产品方向发展的第一步（虽然产品在忽视或紧急的情况下被顾客消费是很少的，这使关注发生在试用之后）。关注在不同产品上意味着不同的特征，这也是几乎所有的新产品营销人员所积极追求的。

关注度的衡量

让我们来看 3 种相当不一样的情况。第一种是新的糖果条。对糖果条的爱好者来说，仅仅提及新的糖果条就足以引起兴趣，而且可能尝试购买。第二种是一套新的文字处理软件包，有些小说作家正在考虑。因为试用不方便，加上软件包成本较高，微弱的提示是不够的，因此，必须要有相当多的信息。第三种是清理污水的城市水处理系统的新方法，其目标顾客是专精于推荐城市水处理系统的土木工程师。他们所做出的推荐利害攸关，所以，他们可能在做出推荐决策之前就已经进行好几年的信息搜集与评估。

这 3 个人都在同一天中“得知”了这 3 种新产品信息。他们可能甚至已经听过新产品的定位，并且已经了解它了。但是其中一个是几秒后就试用，而其他的是要再等好几个月甚至是好几年的时间才能行动。

如果我们希望试用在关注后立即发生，那么，关注“什么”则大不相同。这里并没有公认的定义，虽然消费品一般可以标准化。例如：“你有听过新的糖果条是由烤过的葡萄干与磨过的大麦做成的吗?”某些产品定位的要素必须展现出来。

获得关注的方法

在每一个产业的工作人员都对如何在他们的产业中让新产品获得关注非常地了解。一个理想的做法可能是这样一个组合：（1）一个市场导入广告或销售声明；（2）朋友的称赞；（3）看到产品的使用；（4）某种形式的提醒；（5）在新闻报道与专栏中获得一些专家的认可；（6）某种暗示；（7）提供购买产品的机会（这会刺激对先前所搜集的全部信息的综合考虑）。

提供所有这些信息刺激代价可能是昂贵的；一个产品所得到信息刺激越少，我们在它身上花费就越多。而且没有一家公司可以说有足够的资金把这件事情做得尽善尽美。

幸运的是，如果我们遵循本书介绍的程序，市场就可以帮助我们产品受关注与试用。那是因为我们确定问题是存在的，而且持续存在直到我们有一个好的解决方案。如果该活动（打保龄球、吃、操作机器、手术等不管什么）对顾客来说是重要的，那就会比较好。一个有兴趣却尚未被满足的顾客，我们提供给他一个好消息，需要比市场导入发布还要多做一些才能得到他的关注。如果情况是有新闻性的（运动、政策、财务市场、健康等），以及如果产品是那种顾客视为经常使用的（汽车、TV 柜、衣服等），这个过程的帮助会更大。

17.5.2 进货与可买得到的程度

服务通常直接销售，其他许多商品也是如此。但是大部分的商品出售都是通过经销商，例如分销商或零售商。他们有助于我们把产品送入销售渠道，但是，很少有新产品可为经销商提供大宗新生意的同时，没有任何大麻烦。例如 New England 的 Abbott's 在试图向超级市场推销它的新海鲜杂烩浓汤时几乎失败。所以，它说服某些熟食店提供顾客单份的热海鲜杂烩浓汤。该产品很快在美国超级市场中占到 20% 的市场份额。

大部分的经销商都是以相当标准化的方式销售大量产品来获得很少的利润。在他们能做与不能做的事情上有许多限制——特许协议、与销售代表的长期人际关系、渠道领导角色，以及他们自己的销售与服务系统。中间商都不希望在自己的系统中发生任何的改变。

因此，他们的想法必须在产品开发过程中有所体现。如果分销商的规模大且强而有力，那么它在进行产品开发时可考虑纳入新产品团队，参与产品开发的完善工作——尤其是在产品属性仍在决定、包装仍在设计等情况下。或者，让有经验的经销商（销售经理或者有时称之为贸易关系经理的人）来引述中间商的观点，这样的模式也是可行的。

我们从经销商的角色开始讨论。对于进货分销商来说，这一角色一般包括：（1）预先进货行动，例如培训与设备安装，（2）新产品进货，（3）推广准备，包含培训销售人员与服务人员，以及（4）实际进行推广，不管是只有在目录上列出产品、将产品加入推销计划，或是与个别购买者合作以确定其需求，以及将他们的兴趣转为新的待售的产品。

在这个过程中，我们必须知道经销商能（can）做哪些我们想要与需要的事，以及他们是否将（will）会做到。假使他们“能够做到”，那么“将做到”就是一项激励问题，为此，我们以图表 17—3 所列的项目为基础，安排了一项激励计划。在没有任何问题的情况下，我们证明新产品即将销售就是最佳的激励。但是如果渠道公司觉得自己被亏待，他们可能就会变得很焦躁。

Unilever 的 Elizabeth Arden 部门因为公司减少了百货公司销售人员的资金，所以，必须取消一款新的名为 Black Pearls 的 Elizabeth Tayler 系列香水。百货公司拒绝进货，促使 Arden 不得不通过大型经销商来做分销，但是整个交易最终还是被取消了，尽管 Black Pearl 广告已经开始播放了。该部门眼见上百万的损失无可奈何，该部门的总裁不得不辞职。教训是在跟重要的团队参与者打交道时不要粗心大意。

在许多非食物的产品类别中盛行存货清除（stocklifting）的实例。就像下面的例子，Midwest Quality Gloves 从 Lowe 的 Home Improvement Warehouse 购买 225 000 双由竞争对手 Wells Lamont 制造的花园手套，因此，清空 Home Improvement Warehouse 的货架而由自己的产品来填补。收购的竞争对手的产品并且以大宗商品的方式廉价出售给工业顾客，或者销售给专门处理存货清除（stocklifed）商品的公司，这些公司再将这些清除的存货转售给清仓大拍卖的商店或国外分销商。

在食物产品的商业渠道中，看起来似乎竞争者已经用尽所有的创意。现在大型零售店经常“销售”他们的稀少空间，对制造商索取相当高的上架费（slotting allowances）——每家商店的微小货架空间都是非常昂贵的。大型公司可以用这样的方式取得货架销售，但是许多小公司因而被排除在货架外。然而，一款真正满足用户需求的新产品遇到这种抵制要温和得多。

图表 17—3　　**激励分销商的可行方法**

A. 增加分销商的个体业务量

1. 拥有一个卓越的产品
2. 使用拉动技术——广告、商展与顾客展、公共关系、推销
3. 给分销商某种类型的垄断——排他性或选择性
4. 播放“哪里可买得到”的广告
5. 提供商品经营的协助——资金、培训、展示、购买点、消费合作广告、店内实地示范、商店“活动”与维修和服务点等

B. 增加分销商的单位利润

1. 提高基本边际利润比率
2. 提供特别折扣——例如推广或服务
3. 提供折让与特别给付
4. 提供回扣以保证分销商利益

C. 降低分销商的运作成本

1. 提供管理培训
2. 提供培训的资金

续表

3. 改善货品退回政策 4. 改善服务政策 5. 为分销商的客户送货 6. 商品预先定价 7. 小心包装商品或者是协助重新包装货品 **D. 改变分销商对产品的态度** 1. 通过鼓励的方式——管理的协调、销售声明、直接邮寄、广告 2. 通过阻止的方式——威胁撤回部分上述利益或采取法律行动 3. 恳谈会——商谈小组、焦点小组、委员会 4. 较好的产品说明会——更好的视觉、更好的说明

17.5.3 试用

获得关注往往是困难的，但还是有可能做到的。想让产品可买得到与某些经销商的推广也会有相同的情形。试用则完全不同，这正是大部分产品失败的原因；而且这是产品获胜而非赢取大笔交易的原因。

新产品试用是有限的使用，并且，在正常使用的情况下，让顾客验证产品或服务的诉求及了解产品或服务的优点与缺点。在一定程度上，试用可以是对超级市场中的新奶酪口味试吃，也可以是一家大型公司对一种新通讯系统为期3年的测试。一家公司可以花费一定的资金制作免费样品以试用，像过去 Pepsi 在 Pepsi One 市场导入时的做法。估计有550万罐汽水是由 Pizza Hut 的顾客在订购比萨时赠送出去，同时无数罐汽水是由门口接待人员赠送给来 Wal-Mart 购物的人。因为关系到用户的采用决定，这里有些内容更值得思考：如果测试品的口味是唯一的问题的话，那么奶酪的口味测试就是试用的全部。但是如果家庭的其他成员有意见、或者如果包装可能或无法保持奶酪的新鲜程度、或者如果产品因放置在桌上或三明治中而会变成灰色，那么口味测试就不是试用。

试用可以是个人的、替代的或虚拟的。对电梯、工厂选址服务、葬礼服务等产品来说，圆满的亲身试用几乎不可能，尽管拜访先前购买者可以刺激销售。所以，购买者在替代经验中搜集其他人的试用经验。虚拟试用可以通过各种电子化装置来实现，甚至是通过影片所形成的准虚拟经验实现。

试用的一个关键要求就是试用时必须要与某些“成本”连结。试用越重要、成本就越多，否则，不会有足够的激励让顾客进行必要的学习。刚才提及的奶酪口味测试，它的成本非常少（只有几秒的时间，如果吃起来口味极糟时在店内可能会让人困窘），所以顾客在口味之外的考虑很少，或许只有颜色、香味与质地。

对用户消费行为的过程——产品的接受程度、形成使用习惯、或产品的重复购买来说，这样做还不够。奶酪的受测者可能想要买一小包并且将它带回家试用。

试用的障碍

试用障碍造成顾客延迟甚至是永久性的延迟试用。在第16章，我们看到了许多影响试用率的新产品特征：相对优势、与现行产品使用的兼容性、复杂度、可分割性、与可沟通性。其中，前两个——相对优势与兼容性，可能对试用与采用影响最大。而且，它们可能直接地影响市场导入战略与战术，也就是说，如果在市场导入的时候能够让用户对产品的相对优势与/或兼容性取得高度的关注，希望的试用水平（以及最终的需求）将可能实现。

在图表 17—4 中，显示的是一个在不同程度的相对优势水平与兼容性下，选择市场导入战术的一个框架。在这张图的每一个方格中，所建议的市场导入战术设计可以使得某个机会产生杠杆效应（例如兼容性高）或抵销某项限制（例如，从其他相似的产品中区别出新产品）。

相对优势低且兼容性低 从图表 17—4 的左上方方格来看。新颖的产品（例如 Coor 的 Zima 清凉麦芽饮料）与某些服务产品（例如信用卡）将符合这个类型：低相对优势，且与购买者购买经验相对不兼容。因此，市场导入计划必须设计降低任何经济或其他与产品购买相关联的风险。密集式销售降低搜寻成本，同时渗透定价法使购买者的财务风险降至最低。既然新产品可能无法比市场上现有的产品提供大幅的优势，那么顾客移转的速度将会变慢，而且也不应该快速地剔除现有的产品（甚至可能会惹恼现有顾客）。推广也应通过提供退货保证、保证书或与现有产品搭售来帮助降低风险。

相对优势高且兼容性高 现在沿着图表 17—4 的对角线看到右下方的方格。在这里我们发现产品在购买者认为重要的属性上具有明显的优势（例如有更多特征且更小的手机，或是运算更快的计算机）。这些产品与左上方格的产品正好相反，而且所建议的市场导入战术必然与左上方所建议的市场导入战术相反。赠送样品或 beta 测试可以使潜在用户自己看到产品的优势。如果早期采用者可能运用较多的努力去获得某些期待的属性时，那么建议使用撇油定价法与选择性销售。因为产品内部的利益将使顾客迅速地移转，而且旧有产品的剔除速度也较快。

图表 17—4　**根据不同的相对优势与兼容性水平制订恰当的市场导入战术**

	A. 相对优势低	**B. 相对优势高**
1. 兼容性低	渗透定价法	预先发布
	慢慢剔除	宽广的产品组合
	以风险为基础的推广	以信息为基础的推广
	（出租、退货保证、设备折让）	（展示、实地示范、网站、公关宣传/教育）
	密集式销售	选择性销售
2. 兼容性高	进入前保密	撇油定价法
	狭窄的产品组合	快速剔除
	关注的推广（赠券等）	以使用为基础的推广（样品、beta 测试），证明所得到的
	密集式销售	利益 选择性销售

相对优势高且兼容性低 在图表 17—4 的右上方，我们在此发现的是全新问世的产品，由于它们是非常新颖的，可能在价值上或使用上会有一些不相容（想想微波炉或电力汽车）。市场导入战术必须集中在传送充分的产品信息给可能的顾客，同时强调相对优势与降低不兼容性的感知。预先发布必须告知其可能的顾客，他们的使用习惯可能发生的改变。除此之外，一个宽广的产品组合可能是有用的，特别是有助于公司满足潜在客户细分市场对产品的定制要求。

相对优势低且兼容性高 这与图表 17—4 中的右上方格的产品正好相反：产品相似但相对优势低。在这个方格中，创造品牌关注与运用过去的品牌权益将是获得试用最重要的因素。就像第 16 章所看到的，进行品牌延伸时必须要小心，一个绩效优势相对较低的新品牌（但有较低的价格）可能会侵蚀掉品牌权益。显而易见地，Coors 在向市场上推出较低价的 Keystone 品牌时，曾经思考到这个问题。密集式销售在这里是合理的；更多的分销商将更能处理运送与销售宽度较窄的产品种类。

如何克服这些障碍

幸运的是，在市场导入之前就开始开发营销计划，因为在当时大部分的障碍问题应该已经处理了。而且大部分的问题在概念测试与产品使用测试期间开发人员就已经注意到了，行业内经验对开发者也是一种提醒。而且大部分的障碍解决方案都不止一种。

注意：不管有多少市场导入战术，都是围绕价格制定的——例如渗透定价法或撇油定价法。其他的价格战术可能包含免费产品、赠券、签名红利、延期付款、偿付竞争对手存货的开支、价格、折扣、退款、免费服务、免费替换、合作广告、直接现金报酬。为什么有这些？因为在大部分的情况中，购买者延迟试用是因为预期有一些损失——例如时间、金钱或声望上的损失。这些价格战术的目的就是为购买者遭受的这些损失进行补偿。

价格的强调导致销售者采用复合式的折扣安排（取消折扣比提升标价更容易实现）。折扣也适合于大多数流行的新产品定价战略：

价格溢价——一种非常高的价格，倾向维持该价格，伴随着明显的产品差异化。

撇油定价——价格明显高于市场，但是适用于差异化产品，对竞争对手没有威胁，以及有一定的价格操作空间。

迎合市场——虽然没有单一市场价格，这个战略是指选择一个尽可能使公司脱离价格游戏的价格。对于具有明显优势的产品是一种浪费，除非营销人员不被市场接受。

渗透定价——价格明显较低，目的是谋一条市场的生路。或许可能会达成目标，此时获得市场份额。危险是再折扣的空间小，在市场份额达成后，难以再提升市场份额。并且，如果立即达到市场份额目标，说明我们的价格定得过低了，在一定程度上白白浪费机会。

撇油定价似乎获得两种利益——将某些产品价值发挥到极致，以及给予营销人员面对特别机会的自由，而不是自己制订超出市场外的价格。当然，如果产品差异化有很大的价值，而早期产品也真的过时了，那么溢价定价是可行的。

17.5.4 重复购买

如果我们的目标市场购买者认真地试用我们的新产品，而且如果我们弄清楚在先前产品使用测试中顾客喜欢的是什么，那么重复购买就是必然的了。竞争对手会有抵抗与反击的行动。用户对产品的满足方面也存在着持续的问题，尤其是当我们的产品利益在市场上并不重要时。也会有粗心的新产品经理没有好好地维持充足的供货让重复购买的顾客买不到产品。还有，我们总是需要不断地确定用户对于他们和公司建立的所有关系是否都满意，而不仅仅只局限于产品本身。

通常在营销计划中我们会安排一些措施，鼓励用户重复购买（例如长期折扣、产品的新用途、辅助产品及后续的服务）。

而我们将在第19章看到，如何衡量重复购买是一个产品市场导入后期控制程序的关键组成部分，在这个控制程序中，我们必须做好准备，处理某些可能发生的问题。如果有任何明显的产品失败迹象（如果跳过产品使用测试就可能发生），需要立即进行调查，并且由团队的技术成员商讨提出纠正措施。

17.6 本章小结

第17章是针对营销策划主题所设置的两章中的第2章。它解决的是营销规划任务中的战术部分。所以，我们讨论了市场导入周期、沟通程序、成功的必要条件：关注、试用、可买得到与重复购买（A-T-A-R）。由于市场环境中人们的生活和商务的惯性约束，以及其他参与者（如竞争对手）的行动，每项都是难以达成的。既然营销市场导入包含了几百或甚至是几千个的行动，这也是我们看起来最关键和最困难的部分。

一旦完整的营销市场导入计划已经拟好，许多公司喜欢设计某种方式举行预演——只是看计划是否有任何毛病。毕竟会有数百万美元的资金可能将在下一个月支出。所以，在第18章中，我们将看到的是市场测试，这是三种测试的第三步——另两个是概念测试（第9章）和产品使用测试（第15章）。

17.7 应用实践

在你的面试过程中，公司总裁提出了更多的问题：

1. “在营销市场导入中，你提到了联盟，吓了我一跳。大约在一个星期前，一些科学家认为我们必须加入一个联盟中。难道科学家从来都不是单独工作的吗？不管怎样，可能我们在技术方面需要联盟，但在营销上就没有充分的理由。我觉得我似乎从来没有听说过真正的联盟——与你提到的广告代理机构？与中间商？不，那些不过是一些服务合约而已。而且，几乎每一个合约都不必当真——如果他们认为重要，他们会毫不犹豫地撕毁。那么，为什么你的文章把它们称为联盟？”

2. “我是书刊销售商联盟委员会的成员之一。我们有一个规模中等大小的业务链——并非是 Barnes & Noble，也不是 Borders，但我们干得不错。我们的委员会开发的每一项新服务，因为我们的服务非常好能帮助他们避免被某些教授欺骗。有的教师写完一本书后，在全国范围内的几个书店（以较大的折扣）大量购买自己的书，仅仅就是为了在《纽约时报》畅销书目榜中取得一席之地。这些书籍最终还会以打折的形式流回市场，这么做会对我们的读者形成冲击。我们组织了一批业内专家，他们会把他们发现的甚至听说的可疑的行为及时汇报给我们。我们对信息进行综合评估、确认，然后将详细情况传真给每一个销售商。问题是我们已经选好一家广告代理机构准备给各家书店发信，邀请他们加盟。每家书店每个月的费用仅仅 50 美元。你能按照你所论述的，为我们制定一份复制战略陈述，以交给代理机构吗?”

3. “计算机软件行业的一些人看到了一个新的市场机会。他们发现，全世界所有计算机用户在了解新软件时都会遇到不同程度的困难——不是软件可否存在，而是软件到底好不好。我们的服务就是提供对新软件的所有评价报告（好或者坏）来源于新闻媒体对所有新软件的报道。用户可以在线获得这一信息，报告根据软件的种类和品牌进行分类，以 6 种语言撰写。业内人士认为个人商务接触主流之外的软件用户会喜欢这个产品。但是，他们担心一个问题：整个软件行业充满了发布和新闻，他们要如何才能摆脱那些噪音干扰，让潜在用户对服务形成关注，并进一步进行服务试用呢?（他们开发了一个试用服务包，限时 5 天，20 次查询，只要少量的费用。）”

4. “样品是我们喜欢的另一项工具——你知道，一定程度上和我刚才提到的试用包相似。有些人对第一次见到的新产品存在偏好，样品激励这样的人进行试用是非常有效的。但是，由于受到产品性质的限制，我们有几个事业部不能使用样品。你能告诉我，在营销下列新产品时可以用什么来替代样品吗?”

a. 重型工业升降机

b. 灵柩

c. 铣床

d. 钻石戒指

e. 备用轮胎

第18章　市场测试

18.1　引言

首先我们回顾一下之前第Ⅴ篇导论讨论的图表Ⅴ.1。图表Ⅴ.1显示了新产品开发的基本过程及我们所处的每个阶段。到目前为止，我们已经拥有一个实体产品或是对于一项新服务的完整的详细计划书。早期的概念测试显示出有需求，而产品使用测试指出这项新产品符合这个需求，也没有严重的缺点。接着我们也有了一个营销计划。

现在要做什么呢？在竞争对手了解我们的企图之前，迅速将产品市场导入。或者，在花费大笔金额市场导入新产品之前，找出方法来检查我们的工作成果，以了解产品是否会成功？对我们来说，后者才是我们明智的选择，我们将它称为市场测试（market testing）。本章概述市场测试及一些经常使用的方法：虚拟销售、控制销售及全面销售。

我们也将讨论市场测试的趋势：公司必须加速市场导入的时间，所以倾向更迅速、较低成本的市场测试方法，以尽可能快速提供所需的信息。例如，试销（test marketing）（在两个或更多代表性城市里销售此产品）是一个相对较不重要的市场测试技术。试销在某些情况下仍被采用，但它已经比不上其他许多更新颖、更迅速、更便宜的方式。（别将试销及市场测试两个名词混淆！）当然，以扫描器为基础的方式是取得迅速、可靠市场信息的主流趋势。许多公司以产品市场首次展示（最初地有限配送销售，逐渐地扩展到整个市场）来取代那些传统市场测试的方法。

回想我们曾经强调的市场导入速度，及新产品团队在加速市场导入的角色，从第1章开始，本书各章都有提到。相对于试销，现在有许多新的市场测试方式，由于具有成本低、速度快、准确性高的优势，变得越来越普遍。

18.2　市场测试决策

一组完整的市场测试技术选择稍后将会讨论。首先，我们必须决定的是：市场测试做还是不做？

18.2.1　何时作决策？

可以在许多不同的时点作出是否要测试以及如何测试的决策（见图表18—1）。如果我们的等待时间越长，我们将更加了解产品及其营销方案，测试会更有效可靠。但如果等待进行测试的时间越长，成本会越高、进入市场的时间越晚，竞争对手可造成的伤害也越大。此解决方案是为了尽快进行市场测试，以便告诉我们需要了解什么。部分消费性产品的市场测试甚至开始于产品确定以前，就与概念陈述共同进行！其他市场测试，如电器制造商或汽车制造商，则必须等到每件事都安排就绪后才能进行测试。

18.2.2 决策的难易特征

任何时候我们在做新产品时，都不可能确切地了解每一个细节。有一些罕见的例外，我们认为我们了解任何有关此新产品及其营销的事情，其实不然——它只是一个见解、一个猜测、一个判断、一个期望、一项上级的命令。新产品营销的完整情节将在市场竞赛中进行，等待市场中的参与者对一些事情作出反应。许多时候反应是无法确定的，尤其当不能完全确定我们所提供的是什么，以及当我们无法预期竞争对手将会如何引导购买者的时候。

图表 18—1 **何时进行市场测试的决策矩阵**

应该在产品开发周期里的早期还是晚期进行市场测试？

- 成本的节约
- 时间的节约
- 学习的范围
- 准确性

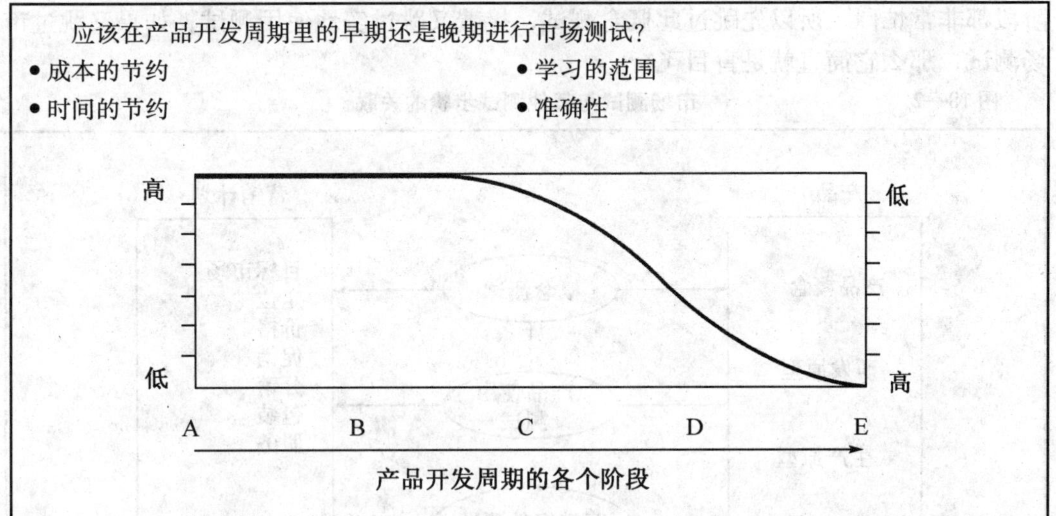

决策：节省成本及时间有多重要？假如很重要，市场测试必须在早期进行，因为我们等待测试的时间越长，可以节省的时间及金钱的空间越小。但是，如果我们更看重市场导入的成功时，市场测试应越晚进行，因为我们对于最终产品了解得越多，我们能从市场测试中学到的越多。

一位权威的经理人关于这个问题说道，“我知道我们已经花费大笔支出，且进度落后，但我无法确认我们已经作出正确的决策。我需要花上几个月（或更长）来确认。”这样的说法在传统的高层主管心中会激发出怎样的一种信心呢？

记住，要求做市场测试并不是承认开发团队在某方面失败。在其他领域也是如此。百老汇的新戏可能在底特律、波士顿及美国中西部举行，以做出较次要或重要的产品修正。在任何一个情况下，决定不要进行市场测试的一方有责任为其决策提供证据。

许多产品的确没有经历市场测试而成功。但有更多的反例显示，这些公司本来是可以通过市场测试来避免失败的。毛发刮除乳膏制造商 Carter-Wallace 开发出一个专供男性（游泳选手、脚踏车骑士及会对此产品感兴趣的运动员）的手、脚、背部除毛的乳膏。他们选择此名称“Nair for Men”。在连测试名称也没有的情况下，你会建议进入市场吗？为了这些目标顾客，“Nair”是指“在毛发刮除乳膏中最大的品牌”，或“我的姐妹会使用的东西吗”？

回想在第 16 章末的 Iridium 案例。潜在用户说到他们非常喜欢卫星电话，但这个答案没有经过价格方面的测试，所以并不可靠。思考在第 15 章末案例的一些新产品的失败经验：Avert 消毒面巾纸、Uncle Ben 的加钙米等，或是任何你想到的喜爱的新产品的失败经验。我们可能永远都不会了解这些产品的市场测试究竟是如何做的，但市场测试是一个安全的赌注，可以说明这些制造商希望在市场测试里证明他们已做得很好。

图表 18—2 显示市场测试与其他测试的关联——涵盖新产品失败的 3 个主要原因的三项重要测试——看看是否“没有需求”的概念测试、看看是否“产品不符合需求”的产品使用测试、看看是否“市场销售不好”的市场测试。许多公司在这 3 个阶段都非常忙碌，所以先跳过此概念测试，接着又跳过实地使用测试，如果又跳过市场测试，那么它简直就是盲目飞行。

图 18—2　　市场测试与其他测试步骤的关联

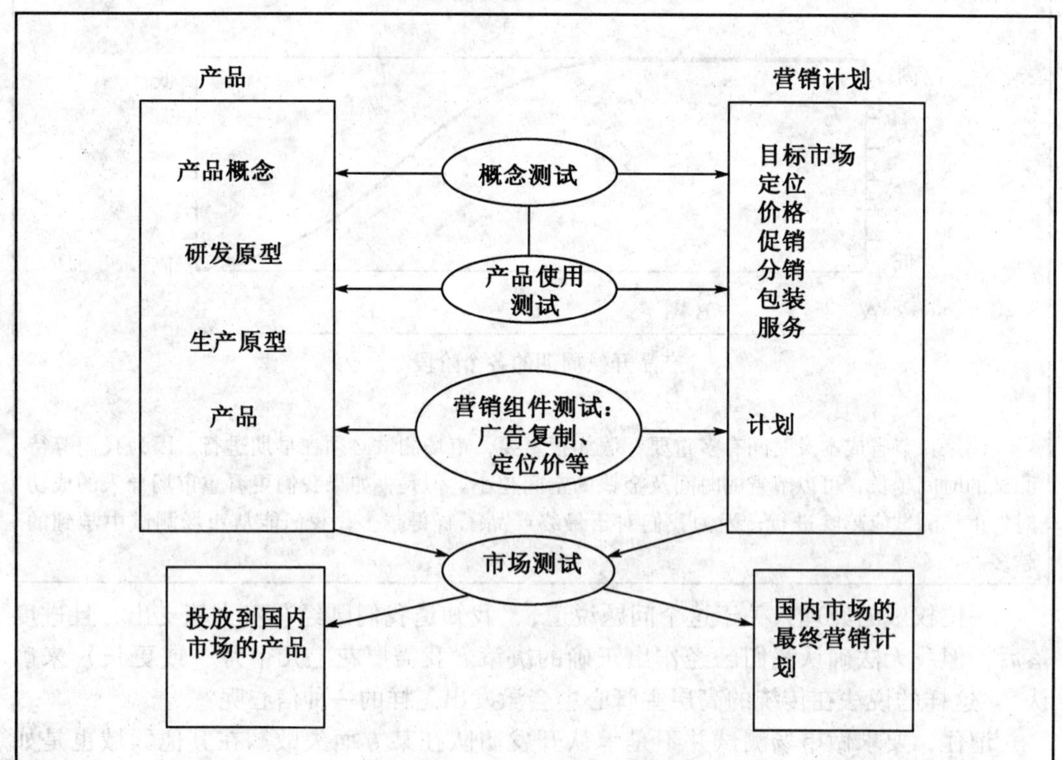

不管何种市场测试被使用，决策者决定进行市场测试是为了取得两个重要结论。首先，计划人员需要有关销售收入及市场份额的范围数据——而不是引导进行早期规划决策的整体市场的数字或可能的占有率范围。第二，规划者需要诊断信息以协助他们修正及精练任何有关市场导入可能需要的信息——产品、包装、沟通效果、命名。

18.2.3 市场测试决策的影响因素

每个新产品项目都有一个独特的现实问题，但在市场测试决策中会考虑最常见的、最重要的因素。

市场导入时任何特殊的意外转折

最初的章程上对日程有非常严格的要求吗？可能有许多特殊的考虑吗？例如，需要投产一个新的批量以及时补充存货的清仓处理，或需要协助新 CEO 以迅速打开工作局面。当利润来自于更早期的阶段，此章程是否会限制项目资金，导致新产品必须在市场全面展示，而且还要求后续阶段不断增加利润吗？这一市场导入活动是公司的一个大型活动的一部分吗？例如，这个公司可能为了获得在世界范围内进军另外一个全新市场的经验，可能允许当前的市场导入向其他市场做适当的延伸。

需要什么信息？

我们首先观察是否处于这样的情况：已投入大量资金并且将个人生涯作为赌注，但没有人知道在产品市场导入时，真正会发生什么事。当情况允许时，应当对市场测试的每个细节进行详尽的讨论。这样做部分是为了避免因被市场拒绝所造成的庞大损失，也是为了防止由于需求过大导致手足无措的情况出现。Nabisco 直接将 Ritz Bitz 市场导入进入全国市场，很快地发现需求超乎它们工厂的产能。之后的市场导入，公司则非常注意应用本章稍后讨论的市场首次展示的市场测试过程。

一位有经验的 P&G 市场调查员说，假如以下的状况存在，则他会考虑跳过市场测试：

1. 资本投资较小且预测结果比较谨慎保守。
2. 使用测试结果良好且消费者兴趣极高。
3. 公司完全了解这个产业，且已在这个产业相当成功。
4. 广告已准备好且测试成功；促销计划不依赖于完善的执行。

有趣的是，P&G 市场测试新产品的方法是在网站上列出新产品及其零售价格。P&G 依照多少顾客在网站上点阅新产品及订购新产品来判断他们对新产品的兴趣！P&G 的整套家用牙齿美白用具 Crest Whitestrips，售价高达 44 美元，且最初只在 whitestrips. com 上经营。除了电视及杂志广告之外，运用邮寄电子邮件给潜在顾客以鼓励参观网站。此线上活动的反应非常热烈：大约 12% 的互联网参观者购买此整套用具，在第一年的 8 个月内销售 144 000 套用具。由于这些成果，P&G 很容易地克服零售商对此用具高价格的顾虑且说服零售商进货。

另一种信息需求更多是操作性的，它与学习有关，学习如何做好市场导入所需要的某项工作。市场导入涉及所有功能和细节，每种功能都有它们自己特定的需求。这些制造及生产部门需要根据明确的数量估计做计划，在这个时点也必须识别从较小规模扩增到完全规模生产的任何困难。服务部门（无论内部或外包）需要了解服务需求可能是什么，使服务部门能充分地准备。公司需要了解外部供应商或经销商的任何有关特定需求或要求。除此之外，产品能否如同预期那样被顾客接受，或者在购买行为中，顾客的采用是否需要一个重要、预料之外的改变？以及可能会有产品自我相食（product cannibalization）的效果吗？新产品的销售量来自于市场上其他现有产品销售量的程度。

以上的状况需要有信息做判断，但现今的管理者更习惯通过让顾客参与（customer involvement）开发，来预测可能出现的问题。从产品开发一开始就让顾客涉入的公司（如同我们在第 4 章所看到的，甚至把顾客当作它们新产品团队的成员），提早找到许多问题的答案。一些公司通过让顾客支付在产品使用测试里使用的原料成本，来实现高水平的用户参与。此外，许多熟悉全面质量管理（total quality management）计划的公司强制在较早期学习顾客对新产品的需求。

成本

市场测试的成本包含 3 种类型：（1）测试的直接成本——支付给市场调查公司的费用；（2）市场导入活动本身的成本——用于生产、销售等；（3）放弃在全国范围内市场导入将带来的机会成本。有时市场导入的成本相当庞大，以致于公司甚至无法进行市场测试。例如，汽车产业最大的成本存在于产品的开发过程中，一旦产品研制成功，生产商就不会有兴趣将其投放在有限的区域内进行市场测试。然而，许多日本公司先在美国西海岸推出新车，进行市场测试。

市场的本质

假如竞争对手采取伤害我们的报复行动，测试就必须很迅速。新产品有一些自我保护性的壁垒，比如用户看重第一印象，但是，没有一家公司有能力去保持它们的市场。

其他市场的特性是顾客可能的确需要此新产品。例如，新的药厂很少在得到食品及药物管理局的销售批准之后进行市场测试。只要想象假如一个已批准的 AIDS 的治疗法在 Phoenix 及 Des Moines 进行 6 个月的市场测试，这可能会引起公愤。

有时市场可能不适于市场测试，尤其是在全球市场导入的情况下。在美国及欧洲以外的许多市场，监督技术及其他测试的能力都还非常弱。

18.3 市场测试的方法

营销人员似乎无止境地发展一系列的新产品市场测试方法。有的公司利用非常庞大而提供各式各样营销服务的公司，其他公司则利用小型的海外营销服务公司，还有公司使用的营销服务公司拥有一连串无线电台设备。但这些方法倾向整合成以下 3 种类别。图表 18—3 显示在什么时候这些方法最有效益。

图表 18—3 **市场测试的方法及应用范围**

	产品类型				
	工业类		消费类		
	物品	服务	包装品	耐用品	服务
虚拟销售					
推测性销售					
模拟测试市场					
控制销售					
非正式的销售					
直接营销					
微型市场营销					
全面销售					
试销					
延伸					
使用延伸					
影响延伸					
地理延伸					
渠道延伸					

18.3.1 虚拟销售

此方法要求潜在购买者作出某些决定（例如，若产品真的可买得到，他们是否会购买或从虚拟商店的架上选择产品）。这种方法行为清晰、易于确认，多数的营销战略都能派上用场；但是，这里的关键因素是这些购买者没有任何付出——没有花费、没有风险。它如同其名称，是一个虚拟销售（pseudo sale)，且在早期进行。

18.3.2 控制销售

在控制销售情形下，买方必须购买。这个销售可能是正式或非正式的，但这个销售是在控制的状况下进行。这种方法仍旧在研究中，这是因为产品的销售仍然不正规，一些关键的变量（通常是销售问题）还没有启用，但已经完成设计。然而控制销售（controlled sale）比虚拟销售更有效且更能透露真正的情形。

18.3.3 全面销售

在全面销售（full sale）里，公司已决定全面市场导入销售此产品（并非如同上述方法）。但最初全面销售要在有限的市场基础上进行，目的是观察是否任何事都能正确地进行。除非有某些例外，此产品将在全国市场一起市场导入。

18.4 虚拟销售方法

产品创新者使用两种方法使潜在用户作出在不必出钱的条件下表达或承诺购买的意愿。推测性销售（speculative sale）方法询问潜在购买者是否会购买新产品，而模拟测试市场（simulated test market，STM）方法创造一个虚拟的购买情况，并观察潜在购买者做了什么。

18.4.1 推测性销售

这是公司在 B2B 市场及耐用消费品上首要使用的技术。它听起来非常类似概念测试及产品使用测试中使用的方法，但有以下几点不同：

在概念测试中，我们会给新产品一个定位诉求，及可能相关的新产品外形或制造特征。接着我们会问："如果我们制造此产品，你有可能购买类似这样的产品吗?"

在产品使用测试中，我们给予顾客许多产品，让顾客在正常的方式下使用此产品，并接着询问相同的问题："如果我们制造此产品，你有可能购买类似这样的产品吗?"

在所谓"推测性"的虚拟销售方法里，我们更接近我们的顾客，并极力推销新产品，并回答问题、协议价格、引导到最终的问题："如果我们让此产品可买到且如同我所描绘的一样，你会购买它吗?"

这种测试一般由固定的销售人员来进行，销售人员要借助于制作好的新产品营销材料进行这样的测试。他们进行虚拟销售的拜访——呈现此新产品仿佛它随处都能买得到。此时的差异是此产品、价格、交付清单、销售表达方式等等都是真实的。它的目标顾客也是真实的，且定位是清楚的。购买者除了作出决策之外，没有其他的事要作。他们可能只是要求一些样本来做试用，但那没关系。试用是产业界首次购买通行的方法，试用率也是我们此次活动要统计的数据之一。

虽然这种方法一般适用于公司性产品，它也能适用于某些消费性产品。Rubbermaid 是一个例子，Rubbermaid 基本上通过一个拉动战略来销售它的产品：给顾客的广告中只存在一些意向性的内容而产品却仅在商店柜台上才能看得到。这种环境可以轻易地被复制，所以 Rubbermaid 在看似很像焦点小组概念测试的环境里（除了应用完整的、有使用说明、有价格的产品之外）使用此推测性方法。让消费者面对一个类似商店里的情况，这样就能容易推测是否会购买。

此推测方法适用的情况包括：

1. 当工业公司与下游关键购买者间具有非常紧密的关系时。

2. 当新产品开发的重点是技术问题，且由公司内部的专家来解决，几乎不需要市场反馈。

3. 当风险非常小，所以成本较高的方法并不合理时。

4. 当产品是新的（如新的原料或完全新的产品类别）以及需要关键诊断时。例如，潜在购买者面临着什么样的选择，或他们首先会想到什么样的应用？

在推测性销售的市场测试里没有广告，且使用市场测试的方式有很多种。例如，有些人拒绝呈现产品给购买者的这个想法，然后允许产品实际上不可买得到。在此情况下，他们简单地告诉购买者："我们正准备好市场导入销售新产品，而我想要了解你是否会对它有兴趣。"

18.4.2 模拟测试市场

包装产品公司进行大量的产品开发，然而他们不会执行上述的推测性销售方法。他们非常想要比稍后讨论的控制销售及全面销售方法更便宜、更机密、更迅速的方法。他们在第9章讨论的A-T-A-R模型里发现了这种方法。这种方法来自概念测试的延伸且在开发过程的较早期开始。因为在早期，它有时被称为预先市场测试（premarket testing）——在准备市场导入销售之前做的测试——但现今模拟试销是较普遍的叫法，大部分是在进行其他市场测试方法之前使用。使用模拟测试市场的名称是因为使用数学公式来模拟市场，且那时我们仍称呼所有的市场测试为"测试市场（test markets）"。

核心构思是要对试用购买及重复购买进行评估。关注来自广告代理商的组成测试（component testing），及公司管理者提供可将A-T-A-R转成销售预测所需的市场单位、可买得到的程度、价格、成本等其他因素。一个典型模拟测试市场程序的例子如图表18—4，然而要知道各种市场研究供应商有不同的实行方法。

图表18—4　**在购物中心进行拦截的模拟测试市场例子**

1. 当受测者走过一个购物中心时，邀请他们参与一项营销研究（至少有一个重要的供应商通过电话选择，并邀请受测者）。受测者在访谈前通过观察确认受访资格（年龄、性别、收入、家庭状况等等的评估），并在购物中心走廊上的短暂访谈中，询问一些问题（例如产品类别的使用情形）。此时，有一点很重要，即淘汰那些安全性成问题的人（例如竞争对手的员工）。受选的受试者被邀请至附近的研究场所，这样的研究场所通常是购物中心未使用的店面场地。

2. 受试者在这个研究设施里，可能通过问卷来询问他们对于一种或多种产品类别的态度与使用情况。接着让这些受试者收看电子媒体或平面广告。电视广告有可能或可能不在电视里呈现（例如，一个本身正在接受测试的电视广告节目）。平面广告可能出现在杂志或分开的单页上。呈现数个广告使受试者无法确定在测试什么。其中一支广告是被市场测试的新产品。它提供了产品的全部信息，包括性能与价格（注意：实际的进行方式变化非常大，这取决于顾客及执行此测试的公司）。

续表

3. 这些受试者接着被带领到其他房间，通常是摆设有产品货架的极小型便利商店。测试经理人给予这些受试者现金或代币，其金额通常不足进行一项购买，但可以减轻购买时的资金负担。受试者甚至可以拿走这些“钱”（甚至是真钱）而什么也不买。希望这些受试者逛逛并购买第1个房间里广告的新产品——这就产生了关键变量：试用（一家领先的公司没有使用这样的模型商店，只是简单地询问受试者标准的购买倾向问题，如同我们在第16章使用的产品使用测试，然后将试用产品赠送那些表现出购买兴趣的受测者）。
4. 大部分的参与者这时就可自由离去。只有大约10%的人被带领到另一个房间里，每8~10人组成一个焦点小组。另外10%的人会被要求自主填写第二张调查问卷，内容包括经过前面程序之后的态度、计划性产品使用方式等诸如此类问题。购买此产品的这些人之后会被联络，非购买者被询问为什么他们没有购买此产品。我们会在他们离开时赠送他们试用品。
5. 一段时间之后（时间随着所涉及的产品类别有所不同），电话联络这些受试者。电话中可能提示购物中心的经验或将这段经验加以隐藏。寻求像产品使用方式、反应、未来意图等信息。这个时候，就可以做出许多分析诊断，例如，在家中谁使用此产品、它如何使用、产品与什么共同使用。 电话结束时，受测者可能被提供购买更多这种产品的机会。这是销售波的第一步。通过邮寄或其他传递系统，产品被送达到这些受测者的家中，且之后反复通过电话，搜集新信息，提供其他销售机会。注意，我们已经用到销售波，它给出了A-T-A-R模型的另一个关键变量——重复购买。

这些前期测试通常涉及300到600人，费时8至14周，且成本从50 000到300 000美元，这取决于销售波的数量。在模拟测试市场中（STMs），供应商中最重要的是BASES——ACNielsen公司的一个部门。BASES结合消费者反应资料（类似在图表18—4所描述的）与公司的营销计划，评估新产品的销售潜力，使制造商能酌情分配市场营销资源，以充分挖掘市场的销售潜力。其他主要的供应商是Information Resources Incorporated或是IRI。在其所提供的服务当中，IRI提供可扫描广大的新产品资料库的一个新产品标杆服务，以决定被测试的新产品的试用与重复购买的水平，这些数字可显示受试的新产品将会成功或失败。

STM服务形式多种多样，且水平也在不断提高。例如，近年来BASES开始在人们进入超市时进行拦截，对他们提出请求、询问他们问题、给予他们优惠券，接着跟随他们进入商店，以查看顾客实际购买多少商店中销售的产品。

产出

消费者会对产品提出看法，他们购买或索取一些产品，对产品他们会有自己的反应。但是，我们的关键目的是为了评估产品的销售状况，以及不同服务提供的试用率、重购率、市场份额及销售量等估计数字。之后他们将试用及重购率（trial-and-repeat rate）与客户假定的关注度、在零售商可买得到的程度、竞争活动等等结合起来做分析。

STM方法的重要问题是其数学模拟。假如客户不喜欢通过这样的研究做销售预测，那么，变通的方式也是很容易测试的。

例如，模型可能被“问及”必须取得多少的试用量，以达成想要的市场份额。接着，取得试用的成本（例如，在目前的市场导入期将预定的折价券数量予以加倍，或通过暂时性地降价）可以被评估出来。

以上的程序有两个变异形态，它们的差异来自于数据分析方法的不同。目前主流服务提供商（BASES Group）采取一个相当简单的方法——依靠思考捷径（来自于先前、相似情况测试经验所获得的经验法则）。他们从测试结果来取得试用及重购的数据，并且利用他们过去几千组相似产品市场导入的大量资料，进行修正，以产生调整过的试用与重购的衡量数字。他们接着将这些已修正的数据通过它们的 A-T-A-R 模型来预测销售及市场份额。

其他的领导供应商使用数学模型，而非经验法则，来导出它们的预测值。这个方法需要由客户提供更多信息，但在进行模拟时较有用。其中较著名的模型是 ASSESSOR，它以能做两种预测的能力而著名（一个使用 A-T-A-R 模型，另一个使用偏好模型），且比较这两个模型以产生市场份额的预测。消费性商品的生产者如 SC Johnson，经常使用模拟市场程序的 ASSESSOR 来测试新产品。

ASSESSOR 的 A-T-A-R 模型根据关注、试用与重复购买的估计数字，预测新产品的市场份额。运用很像图表 18—4 所概述的程序来搜集顾客的资料。依据广告（影响关注）、销售（影响可买到的程度）、促销（影响收取的样品数量）等营销组合变化，估计长期或稳定的试用与重购率，乘上稳定的试用与重购率得到长期市场份额的测试。ASSESSOR 让产品经理能进行“各种可能（what-if）”的分析，即衡量营销组合变化中的变动对市场份额及利润的影响。

STM 的新发展

在本书第 9 章，我们已讨论信息加速（IA），一种虚拟的概念测试技术。虚拟测试技术已结合传统的模拟测试市场程序。其中一项进步称为虚幻购物者（visionary shopper，VS）。在此，受试者被带领进入一个虚拟的零售商店环境，并被鼓励到处逛逛，“从架上拿起产品”（通过触碰屏幕上的图像）并读取标签，作出购买行为。最近的研究表明，VS 可以作为 STM 的一部分纳入购物模型中，这一先进技术的开发在英国刚刚起步。

对 STM 的批评

STM 技术有它的缺陷。第一，所有主要的包装产品公司使用一个或多种方法，但我们不知道各种方法的使用频率及可信度有多高。数学复杂性是一个问题，且一些经理人可能因此对技术感到质疑。第二，系统中的每件事都是虚拟的。一开始购物中心的拦截并不是真实的状况，接着广告刺激设计得不真实，商店明显是捏造的，太多的注意力聚焦在测试消费者的行为上。第三，在公式被运算前，需要许多来自于客户的假定情况（例如，将对此产品进货的商店百分比或广告预算、广告做得有多好及竞争的反应）。这些数字大部分是假设及/或可能有偏见。再者，此方法可能不能应用在全新问世的新产品或主要通过人员销售或购买点推广销售的产品。

供应此项服务的公司淡淡地问道“还有什么其他方法能够在如此早的时间就能提供预测数字吗”？除此之外，公司的销售预测通常是准确的，虽然有人认为通过 STM 测试的产品有多达一半在后续市场测试当中是不成功的。所以，关于 STM 的使用及争论仍持续进行。

18.5 控制销售方法

虚拟销售方法是一种实验室实验，可以在早期市场测试中提供非常有用的信息。营销人员也需要寻找有效解决真实竞争环境下实际购买的市场测试方法，但是，这些市场测试方法也“控制”了现实情况中的一个或多种情况。发布新产品通常要求分销或销售，营销人员也希望有一个市场测试方法，可以假定已达成销售或自动取得销售店面，不必花费时间及金钱来达成铺货率。这样的希望产生控制销售的市场测试方法。

18.5.1 非正式销售

许多工业品销售是依据明确可辨识的产品特征。产品开发人员想要潜在购买者看见产品并听取它背后的故事，以作出一个试用的购买行为（或接受免费试用），以及实际使用此产品。除非产品使用测试糟糕，否则，用户就会重复购买。人员推销是基本的推广工具，且没有必要对广告进行评估。

因此，明显的方法是培训少数销售人员，给予他们有关产品及销售的资料，并且让他们开始打电话。这个非正式的推销方法甚至能在商展中进行，不是在固定摊位，就是在附近的特殊场所。以3M部门市场导入销售新光学纤维接头的紧急计划为例，对于市场测试新产品而言，团队经理发现在市场导入日期前要进行3个月的贸易展览，在那里几乎新产品的每位潜在购买者将会出席。这项成功测试的补充说明是，在展览会开启的前一晚，团队务必发现某些纤维会脱落的原因。新产品营销人员必须加快工作进度。

非正式销售方法中的销售是真实的，并且现金交易随即发生。通常，在取得足够的订单之后，下单日期与装运产品预定日期之间，会有足够的剩余时间能够进行细致的安排。

非正式销售不同于之前讨论的推测性销售方法。在推测性销售方法中，我们询问人们是否会购买产品；而在非正式销售中，我们要求他们购买产品。而且，就像Rubbermaid所提到的，当消费性产品公司使用推测性销售时，我们发现工业性公司使用非正式销售。所有产品基本上通过销售人员直接向产品的最终用户进行销售（大部分的控制销售方法避免零售商/分销商堆积存货的问题）。大多数类型的服务企业也是如此。

18.5.2 直销

另一个简单的控制销售方法是直销（direct marketing）。虽然直销这个名词有各种使用方式，在此（主要）是指消费性产品的销售通过生产者以邮寄、电话、电视、传真或计算机网络的方式直接销售给消费者。直销能轻易地测试某些类型的新服务、新产品或生产线，简单地通过在某些产品目录上列出新产品，然后计算有多少订单。直销有下列几个优点：保密、迅速回馈、低成本、资料库支持，及容易测试不同新产品版本（通过使用多种产品目录）。

18.5.3 微型市场

鉴于非正式销售及直销方法基本上避免分销商及零售商/卖方，第三种方法将涉及有限数量的零售商店。新产品经理人首先挑选一个或一些商店，在这些店新产品的销售将令人期待。如果没有代表性的样本，我们很有可能与较大型商店取得合作。我们不使用整个城市（如同试销），而是使用一家商店当作一个小型城市或微型市场（minimarket），因而得名。

例如，Black&Decker 能联系 Wal-Mart 或 Home Depot 安排陈列及销售它的新版本 Snake Lite。微型市场无法利用当地电视或报纸广告，因为此产品只能在一个或两个商店买得到，但这些商店能在它们的广告上陈列产品，可能有架上陈列及产品展示，且售货员也能提供一般服务。有些方法（例如提供折扣或邮寄赠品）能取得购买者的名字以利于市场调查人员进行后续接触。

微型市场情况较逼真，实际的购买情境被建立，价格或其他变量的改变有较大的弹性，比起试销而言较为保密，且较便宜。当然，微型市场仍稍微不自然，因为取得销售的能力未被测试——微型市场测试仍是控制销售。商店人员可能过度注意此产品，也就是花太多的注意力在产品上，并给予新产品在全面市场导入销售时所无法取得的支持帮助。当然，期间的销售额也不能预测全国销售的数据。

许多市场调查公司提供这项服务给制造商，使用他们先前已建立关系的商店，利用他们的营销网络，短时间内就保证将产品送达许多商店。至少其中一家公司在超市里有特殊的新产品架子，供新产品展示。注意这种方法并不是非常科学，它只能用来取得实际销售的最初偏好及/或用来解决开发人员面临的特殊问题（例如品牌混淆、价格、包装说明、产品误用或不同的定位）。它告诉我们试用情形，并给予重购的一些感性认识。

另一种微型市场是控制销售扫描器市场（controlled-distribution scanner markets，CDSMs），这种方法依据扫描机技术，并在消费品领域中受到许多注意。Information Resources 公司（IRI）及 ACNielsen 提供 CDSM 服务给包装商品制造商。IRI 的 BehaviorScan CDSM 在约有十万人的八座城市中使用，例如印第安纳州的 Marion 及加州的 Visalia。在每个城市里，它联系杂货商品的所有零售商店，且要求这些零售商店装设扫描器系统，假如它们之前没有的话，则由 IRI 免费提供。作为回报，零售商同意与 IRI 分享扫描器资料，并且进行其他的一些活动。之后，IRI 在每个城市里的一千个家庭设立两组固定样本（panels）。参与者同意：（1）在有线电视机上设置电子技术，（2）报告他们阅读哪些媒体，（3）他们采购日常生活用品必须在装有行为扫描系统的店内进行，（4）使用特殊卡片（很像信用卡）来辨识他们的家庭。让这些家庭得到各种各样的激励（例如参加摸彩），从而保证他们自始至终的合作。这个系统的关键部分是：（1）中断有线电视的特权，（2）家庭使用的其他媒体（例如杂志）的完整记录，（3）每个家庭的采购，（4）通过扫描系统，对测试中的销售情况的95%做出记录。这样，调查公司几乎能确保每家商店的即时存货和分销（这种方法也是控制销售的方法)。IRI 几乎掌握能够对每个家庭产生影响的每一项刺激，同时它也知道每个家庭购买习惯所发生的任何改变。

例如，假如 Kraft 想要在市场测试一种新的切达乳酪，称作 Cajun。Kraft 与 IRI 制订契约以在八个城市中其中一个城市或更多城市采用行为扫描的方式进行一次市场测试。接着 Kraft 将 Cajun 投放在一个城市并开始进行当地推广。其他的城市可能被暂时地作为控制区域使用。Kraft 得到在任何它选定的家庭中（例如，青少年家庭）播出 Kraft 广告（通过中断有线电视）的权利。Kraft 了解这些家庭是否在广告期间收看电视，他们是否会购买 Cajun 的任何产品，他们是否会再次购买产品等等。在每个城市里的两组固定样本让 Kraft 在它的电视广告中使用两种不同的定位，每组固定样本各有一个定位。产品的不同变化及控制将想象力做延伸。Kraft 可以了解到有多少看到最初广告的高收入家庭，在两天内购买了产品，以及在他们上次的采购中他们购买了什么，他们花费多少，这次采购他们还有购买其他什么产品等。

ACNielsen 提供一个类似的 CDSM，也就是 Consumer Panel Service。Nielsen 的固定样本包含全国超过 12 万的家庭。它在许多地方与 BehaviorScan 不同。并非利用 IRI 家庭所使用的特殊卡片，Nielsen 家庭有一个像扫描器的棒子，利用这个棒子在家纪录他们的购买行为；这些信息每天被传送给 Nielsen。这意味着 Nielsen 的固定样本可从所有零售商来追踪购买，不仅只有参与的商店，但缺点是固定样本的成员必须在家主动扫描每一项购买。Nielsen 也有通过无线电波发送测试电视广告的装备，并非只能通过有线电视传送到家庭。

18.5.4 扫描器市场测试

关于微型市场测试有许多种版本，所有设计都是去满足特殊的情况及需求。其中一个微型市场测试是扫描器市场测试（scanner market testing）也是来自于 IRI 的 BehaviorScan 系统。

一旦建立 BehaviorScan，客户开始向公司索要更多的扫描器资料（相较于缓慢且细节不清楚的传统市场查核资料，它较迅速及详细）。一方面，客户想要维持 BehaviorScan 的实验室性质，另一方面，他们也想要更广泛区域的资料，最好是整个国家。所以 IRI 开发知名的 InfoScan 技术，该技术可以审核在所有销售杂货商品的渠道发生的销售情况。

审核工作在商店里运用扫描器系统来进行，且针对主要大都会市场的资料进行报告——最初只有一些，而现今已超过 100 个市场了。事实上，由于涵盖面相当完整，现在 InfoScan 的整个市场服务已被视为全国性系统而被购买，或也能购买单一的市场。

IRI 与这些商店联系密切，按照协议的新产品价格，公司可以保证这些商店新产品的备货。如果没有这样的保证，铺货（sell-in）工作将留给能够进行这项工作的公司来做。因此 InfoScan 资料能被使用在一个微型市场的测试里——例如在 Indianapolis 及 Denver 的市场存货情况及销售情况。多数的微型市场测试方法（见上述）是在一小组商店进行，因此不允许在该区域的主流媒体上做广告——所有当地的媒体可在

InfoScan 市场中利用。或者，InfoScan 资料能被使用在一个测试市场里，在此测试市场中，商店通过自然铺货，正常地拜访像 Nashville 及 Albuquerque 的零售商及批发商，以导入新产品。如果他们愿意，他们能购买另外两个城市的商店销售资料，比方说在他们没有销售新产品的 Rochester 及 Kansas 城市，然后与没有新产品销售的城市作比较。与传统市场测试不同的是，这两个城市不是特意挑选出来进行比较的。或者还有第三种情况，即当一个公司主要在西部城市开始销售新产品，然后逐渐试图向附近山区各州的邻近市场扩展，最终产品行销全国的时候，InfoScan 的数据可以应用于这样的场合。此时，我们将看见这是市场首次展示的市场测试。

因此，InfoScan 是一个市场测试设计及资料搜集的方法。它本身并非是一个市场测试的方法，而是支持大多数市场测试的方法。为了帮助市场测试，IRI 已在他们所有市场里发展家庭的固定样本，所以客户能追踪个别家庭的购买行为，呈现他们自己的 BehaviorScan 实验系统的一些特点。某些消费性公司的经理人称呼 InfoScan 为一个实际的测试市场，为了与模拟测试市场模式作区别，其他人将 InfoScan 称为在市场中的测试（in-market test）以与 BehaviorScan 电子测试服务的小城市实验作区别。虽然制造商能从提供者取得许多信息（购买行为、家庭人口统计资料、媒体行为以及对推广与价格的回应），InfoScan 及竞争对手被认为是单一来源系统（single-source system）。单一来源系统的优点，是能在许多不同市场里有弹性地进行许多不同的事情，加上协调服务，丰富的详细说明，及（最棒的是）只要数日，而不是数个月。

此外，ACNielsen 是一个提供类似服务的直接竞争对手，其 SCANTRACK 每周从 50 个主要市场中超过 4 800 家食品/药品商店取得资料。资料也从药局、批发商、便利商店取得，而对于普遍在销售上未使用扫描器的产品类别，例如香芋或糖果，会利用商店查核资料来增补扫描器资料。Nielsen 也提供 Nielsen Food Index（NFI）报告，然后经理人能通过线上从 Nielsen 取得 SCANTRACK 及 NFI 的报告。零售商也使用它们的扫描器资料来测试各种价格点及货架摆设。

为了满足持续增加的消费性包装产品营销人员的需求，Nielsen 及 IRI 两者都能提供专家系统服务，来分析这些大量扫描器资料以提供给经理人有用的报告。IRI 提供 Sales Partner，可分析零售商的扫描器资料以识别关键销售机会，并产生可让制造商业务代表在拜访零售商时使用的报告。其他 IRI 的产品，如 CoverStory，能为产品经理提供概略的市场研究报告（包括图形及表格），以指出有关其产品的重要趋势与事件。Nielsen 也提供 Sales Advisor，它产生销售资料摘要及呈现有效的营销信息，也可以让制造商的销售人员在销售拜访上使用。

18.6 全面销售方法

在全面销售的市场测试中所有变化都要测试，包含竞争及贸易。全面销售测试全国性导入的真实情况。首先将介绍试销（test marketing），也叫做测试市场。接着再讨论被广为使用的方法，市场首次展示（rollout）。

18.6.1 试销

试销是一种市场测试的类型，其在一些被挑选来代表整个市场的市场上（通常是在城市里或周围的一个或多个大都市市场）进行营销活动彩排。当我们听见一个新产品在 Evansville、Boise 或 Dubuque 中进行测试，这可能是这种测试市场的形式。

首先公司挑选两个城市来销售新产品，并且找到另外两个非常类似于前两个目标的城市，但产品未曾在此销售。这四个市场都被仔细监看，新产品的存货数量被观察，销售额也被观察——不是通过 InfoScan 系统，而是通过一些其他搜集商店采购与商店存货资料的方法，根据这些资料，商店的销售额可被计算出来。商店上一期已有的存货数量，加上这一期商店进货的产品数量，减去观察者的下一期查到的存货数量，就等于这一期已销售出的数量。

大部分试销的目的现今已经改变。虽然早期的目的是预测利润，并协助决定是否再进入全国市场，现在公司经常使用试销来调整营销计划及学习如何最佳执行。试销也因太过于昂贵以至于无法作为最终的测试。

这种差异在为百老汇演出歌剧所做的市场测试中，表现得最为典型。有些歌剧必须在底特律或波士顿演出以证明它们的价值，但是也有一些较小、制作费较少的戏剧预定在百老汇以外的戏院上演。《大时代》为了能在底特律演出，花了大笔的钱铺路，在这里他们调整了运作方式，确认销售量及成本预测等等。一个重要演出在底特律失败是很罕见的。

描述公司如何调整营销计划的例子是 Searle 公司的 NutraSweet 人工糖精的开发。当 NutraSweet 首次被开发时，Searle 原先以为目标市场可能不喜欢糖精味道的余味。在原先的测试市场中，Searle 发现实际的目标市场却是完全不同的且更大、更有利可图。对食糖不满意的消费者如此之多，许多食糖用户实际更喜欢糖精的味道。同样地，当 P&G 正准备将用来去除味道（一种新产品类别）的 Febreze 衣物清新剂市场导入之前，在 Phoenix、Tucson、Salt Lake City 及 Boise 进行大规模的两年测试市场。最初，Febreze 的目标市场非常有限（企图从衣服上去除烟味的吸烟者），此测试市场显示潜在的市场更加广泛：有小孩子或宠物的家庭也成为了该产品的主要顾客。

当公司在寻求国际性扩张或希望使市场导入的风险降至最小时，国家有时也被用来当作测试市场。P&G 或 Colgate-Palmolive 可能在巴西市场销售一个新肥皂或洗发精，以测试此产品在拉丁美洲市场的接受度，或是在爱尔兰测试欧洲市场的接受度。Pepsi-Cola 与 Miller 也都在加拿大市场导入新饮料作为最后在美国市场导入之前的市场测试。

支持与反对

与其他测试方法相比，试销企图提供典型的市场状况，所以允许最佳的销售预测及营销战略的最佳评估。它能降低全部或重大失败的风险。

测试市场提供最丰富的信息供应（例如销售、产品使用、价格、经销商反应与支持、公关宣传及竞争对手的反应）及许多较不重要但有时具有价值的副产品。例如，小型公司能使用成功的测试市场成果来协助说服全国的分销商引进其新产品。

测试市场也允许验证生产。当罐头的盖子中看起来似乎无害的组成成分导致此产品在厨房架上爆炸，Nabisco 与 Legendary Pastries 因为选择了测试市场，而避免了大量的损失。在市场测试中，其他公司还发现了湿气或温度对产品的影响、销售人员的滥用、产品的不当使用、公司或销售人员对产品的误用。

当然，此方法相当昂贵：每个城市的直接成本很容易就超过 50 万美元；许多间接成本（如准备产品、特殊培训等）必须也考虑进去。在本章末的 Pepsi-Kona 案例中，当公司考虑生产、装瓶、销售、电视广告及其他广告的制作与推广成本、媒体购买等时，单单在费城的测试市场就会超出总成本。

如果能够获得精确数据，对接下来的全国性推广有指导意义，那么，这些费用还是可以接受的。但测试市场的结果未必真正具有预测力。我们无法控制所有环境因素；公司人员总是把一个测试程序做过了头；经销商可能会过度参与或参与不足；因为担心不恰当的分销会扼杀整体市场，总有人禁不住美化交易数据的诱惑。

此外，还有时间的问题。一项好的测试可能需要花上 1 年或更久，给予竞争对手完整地了解测试公司的战略、准备反应的时间、甚至是将一个类似的产品直接跳到全国性营销的机会（见图表 18—5 的例子）。P&G 曾经广泛地测试最新产品的市场，现在，P&G 在许多产品上直接从成功的 STM 跳到全国性的市场导入，但是在某些情况下是存在较高的风险或不确定性（例如先前提到的 Febreze），一个长达 3 年的完整规模的测试市场可能仍然要运用。

图表 18—5　　**测试市场的风险：向你的竞争对手摊牌**

- 当 Toast-Ems 进行测试市场时，Kellogg 追踪 General Foods 的 Toast-Ems 销售。Kellogg 注意 TtOoast-Ems 逐渐受到欢迎，因此在 General Foods 的测试市场结束以前，Kellogg 迅速地将 Pop-Tarts 在全国市场导入。
- 在 General Foods 发明冷冻干燥咖啡之后，General Foods 正试销它的 Maxim 品牌，此时 Nestle 以 Taster's Choice 超越 General Foods，Taster's Choice 变成领导品牌。
- 当 P&G 正忙于试销其软巧克力片饼干时，Nabisco 与 Keebler 公司在全国范围内迅速推出了类似的饼干。
- 同样的事发生在 P&G 的 Brigade 厕所清洁剂。P&G 花了 3 年进行试销，在此同时，Vanish 与 Ty-D-Bol 两家早已在这个市场建立好的市场地位。
- 当 Campbell 正试销 Prego 意大利面酱时，Ragu 增加广告及推广（为了扭曲 Prego 测试的结果），也开发及推出新的 Ragu Homestyle 酱料。
- 新婴儿冷冻食品的测试市场结果非常看好，直到 General Foods 了解大部分的测试产品是由竞争对手 Gerber、Libby、Heinz 所购买的。

还有，竞争对手能利用大量的赠券及其他手段来干扰测试市场，以减少这些测试产品的销售，造成误导。竞争对手的销售人员甚至可能购买大批的新产品以增加销售，造成报告的错误。

测试的参数

有很多文献与测试市场有关，并且大多数著名的市场研究咨询公司都有能力设计出适用于各种环境的测试方法。因此在此不需深度讨论细节。最常见的问题是“我们应在哪测试”及“测试应进行多久”。

选择测试市场

每位有经验的试销人员都有理想的预测城市或地区。广告代理商拥有这些清单。选择两个或3个城市来测试并不容易，但通常人口统计资料及竞争程度应具代表性，测试地点的销售渠道不应太过难以取得，且在产品消费上没有地区的独特性。一个有趣的考虑是媒体涵盖性：为了避免浪费曝光，所选的市场通常要有只涵盖该市场的印刷品及电子媒体，而非是一个大范围的区域。

测试的持续时间

一个测试市场应持续进行多久，并没有一个标准答案，一位营销副总裁清楚地说道："一个新护理机器设备测试的时间需要24至36个月，但一个新糖果饼干只要6至9个月。"图表18—6是一些有关购买周期的资料。在持续时间的决策中，这些广泛的差异只是一个因素。

图表18—6　**某些产品类别的购买周期**

	平均购买频率（周）	四周内平均渗透力（%）		平均购买频率（周）	四周内平均渗透力（%）
空气清新剂	6	12.3	水果饮料	4	27.8
烘烤原料					
褐瑟塘	17	13.6			
蛋糕速烹	10	29.6	好喝的功能性饮料	8	13.2
口服维生素	26	0.8	耐用清洁剂	5	50.4
清洁用品			去污剂	25	4.7
万能清洁剂	35	3.4	液体漂白剂	6	18.3
玻璃清洁剂	27	7.1	植物奶油	3	71.7
地毯清洁剂	52	2.4	牛奶添加剂	9	11.8
浴室清洁剂	25	4.2	漱口水	13	9.7
咖啡	3	53.1	**宠物食品**		
冷冻食品			猫（全部）	2	14.1
冷冻小菜	6	19.5	狗（干的）	4	23.2
冷冻比萨	8	21.1	狗（全部）	2	41.8
家具擦亮剂	27	7.0	葡萄干	18	8.3
头发护理用品			沙拉酱	6	32.9
染色剂	12	4.7	沙拉配品	8	1.2
洗发液	8	23.4	点心	3	17.7
果汁/饮料			牛肉酱	23	5.4
纯果汁	3	33.6	牙膏	9	33.1

18.6.2 市场首次展示

试销并非全然无效，但营销人员现在偏好选择另一种市场测试方法，称为市场首次展示（rollout）。市场首次展示同样具有测试市场的营销活动彩排功效，且避免许多问题。市场首次展示有时称为阶梯营销（tiered marketing）或有限营销（limited marketing）。的确，许多公司说它们没有进行市场测试，但常使用市场首次展示。

假设一家保险公司针对较常运动的顾客，开发一项给予较低的费率及更佳保障的新保单。管理层决定通过在加州首次推出销售此保单，以进行此项新服务的市场测试，原因是他们推测加州是该保单的主要市场。它的独立代理商执行这项工作，而此保单销售相当良好，因此该公司提供这种保单给其余的西岸代理商销售。在将产品市场导入到其他欧洲国家以前，一个3M部门先在阿根廷销售这项产品。Colgate在市场首次展示到欧洲、亚洲及其他全球市场以前，遵循一种“主导国家”战略，并在菲律宾、澳洲、墨西哥、中国香港市场导入销售Palmolive Optims洗发精。

为了赶搭“新世代”的潮流，该公司开发一种清新的麦芽啤酒Zima。Zima的试销于1992年晚期在3个市场中进行：纳什维尔、莎克拉门托、锡拉库扎。6个月后，大约在36个市场里进行；一年内Zima扩张至全国。一项大规模的广告活动强调Zima是不同的饮料——既不是啤酒也不是香槟。在早期市场首次展示的结果确认了两个潜在陷阱：重复购买的销售并没有达到预期水平（推测可能是口味问题）及在女性顾客的销售较低（她们喝得比男性少，因此占不到主要用户的一半）。然而这些陷阱被忽视，广告支出相当高，在1994年高达3 800万美元。产业观察家说这其中一个主要问题是Zima的广告信息使消费者困惑：你喝Zima是用喝啤酒的方式还是加上冰块？分销商建议顾客将它与果汁混合，但Coors反对加入水果味道以避免Zima被消费者认为只是另一种香槟。简而言之，初期的警示迹象，却显然被忽视。

首先，市场测试开始的地区并不是代表性地区，而是公司认为此地区有适合的人员，也许这是适合的市场。一些公司希望开始的区域比较困难，因此，运作起来不容易。例如，Miles Laboratories正在市场导入销售糖尿病的自行测试血糖仪，且了解到两个业务部门必须要合作；Diagnostic销售人员懂得此技术，而Consumer Healthcare销售人员则了解产品的零售药局。他们选择纽约市，并说“因为纽约市场很复杂，如果我们在这能成功，那么市场首次展示到其他地区就有成功的把握”。

其次，无疑地，进行市场首次展示时公司该做的是市场导入销售此新产品。图表18—7是关于何时进行市场首次展示及在转换成完整的全国市场导入以前，市场首次展示要逐步销售到多大市场的决定。

Kodak最近企图在全国推出如同Advantix一样知名的Advanced Photo System（APS），Kodak想也许应进行市场首次展示（见第17章末的“The Advanced Photo System（APS）”案例）。计划是在1996年初期市场导入，以1亿美元的广告活动、产品目录及其他推广方式来支持。他们的问题是需求超过预期。贸易商媒体给予APS系统相当平淡的评论，也许是因为Kodak的产品开发人员没有给予他们该系统优势的完整信息。因此，他们对销售计划与生产计划做了适当调整。庞大的广告导致未预期的高需求，Kodak 必须仓促地将生产量提高到更高的水平。像 Wal-Mart 与 Phar-Mor 仅在它们的一些连锁店里有 APS 照相机及胶卷，若有的话，也迟至 8 月（那时夏日照相季节的高峰已经过了）。此时，广告支持及店内推广也已明显降低下来。产业观察家认为，如果 Kodak 坚持在全国市场导入，他们应至少等待到 6 月，而不是后来实际发生的秋天。市场首次展示可能有助于 Kodak 在小的市场校正其销售水平，并在产品进入全国市场时，调整生产规模和广告支持。

图表 18—7　　在市场首次展示的各阶段的信息取得模式

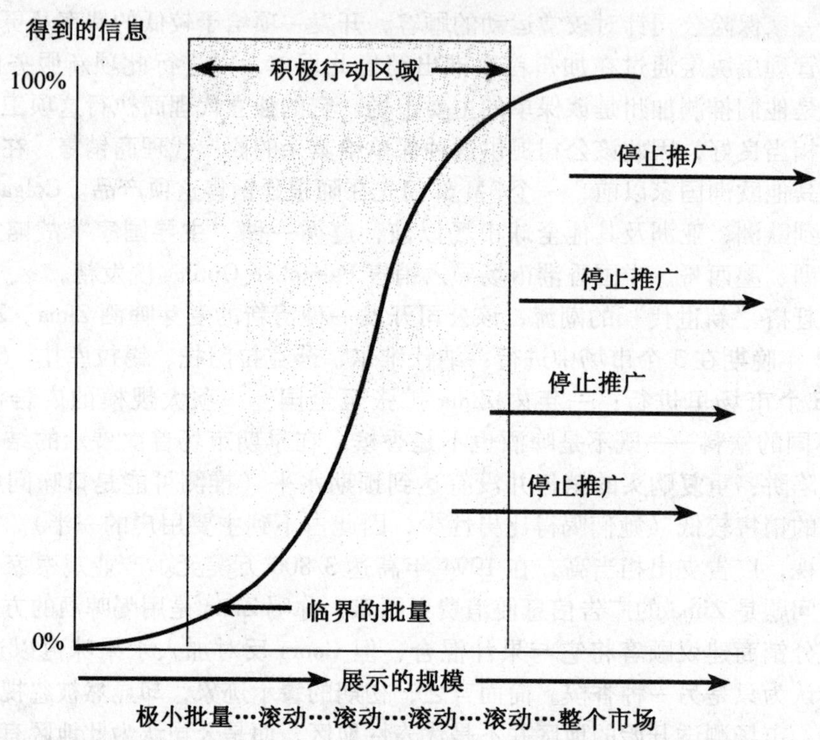

我们举另一个例子。假设一家工业粘合剂公司开发一个新型多功能应用的粘合剂，包括紧固砖块与钢筋、将绝缘电线固定在房子四周的螺钉上、把木瓦黏在房子的顶部。该公司在三种应用上进行实地测试。通过非正式销售给建筑公司，对其中一种用途（木瓦）进行了市场测试，收到不错的回应。这家公司应该一次提供产品的三种应用吗？反对的论点包括：（1）粘合剂并未在最初的两种应用上进行市场测试，（2）这样的行动会耗尽资源，（3）多种用途可能会使顾客混淆，顾客都是建筑领域的，能够了解到 3 种销售声音，（4）当进入砖块及绝缘线产业时，新产品经理希望能引用一些成功的经验，因为这些产业是高度竞争的。答案是通过产业细分来进行市场首次展示。先在木板产业市场销售此新粘合剂，以取得经验、产生一些现金收入及建立信赖。接着，逐渐地开始销售此产品给绝缘线公司及作出任何必要性的改变。之后，市场首次展示到砖块产业。

其他种市场首次展示与粘合剂公司一样，如果只有一个主要应用，以及产品效果非常神奇及需要培训许多经销商的业务员。粘合剂公司可能选择通过其中一家最佳（及最友善）的经销商，一家愿意合作新产品的公司，来销售粘合剂。当进行好时，那么产品可以逐步向其他分销商首次展示，这时就不需要施加太多的影响，只要利用先前的成功来说服它们。

最后的例子是杂志出版业，新杂志首先常通过报刊贩卖摊的渠道来经营，接着，如果杂志销售量很好，它们再针对现有杂志订阅者以直接邮件方式进行推广。玩具公司也将利用这种渠道来市场首次展示。一个新的洋娃娃或小汽车生产线可能只在 Wal-Mart 或 Toys "R" Us 上市销售，因为这两家零售商在美国玩具销售市场占有大幅的比率。假如在这里新玩具的销售良好，同时这两家零售商对于新玩具的进货储存或重新补货上没有遭遇困难，新的玩具产品会移往较小型连锁店及独立的玩具销售业者进行市场导入。

市场首次展示的其他形式

这些例子说明了市场首次展示的主要形式——地理区域（geography）、应用（application）、影响（influence）及贸易渠道（trade channel）。下面是一些其他市场首次展示的情况：

- Sega 想要在秋季及年假的销售热潮之前，赢取 Nintendo 及 Sony 在货架上的位置。所以 Sega 在 4 月时针对某些选定的 Toys "R" Us、Babbage、Software City 及 Electronic Boutique 的商店，将一些新产品推销进入这些商店。
- P&G 对 Kimberly-Clark 的 Pull-Up 尿布进入欧洲行动的竞争反应是引进 Pampers Trainers 到爱尔兰与荷兰。P&G 也将新的 Trainers 市场首次展示到 Canada，但 P&G 拒绝说明何时（或是否）将市场首次展示到欧洲，或何时会从加拿大市场首次展示到美国。
- Prodigy 的首次进入圣地亚哥，及 Discover 卡片进入亚特兰大，这两个例子都是当新的服务的本质仍处于开发阶段时，就使用市场首次展示进行市场测试。
- Tom's of Maine 牙膏每一次都使用市场首次展示来进入市场，不需花费广告及上架费的成本。他们利用当地的广播进行推广。
- 最后，我们总是记得一个大肆宣传的市场导入活动——Windows 95，在 1995 年的 8 月。但 Microsoft 已进行超过 2 年的 beta 点测试（betasite tests），每个月加入新应用方式及用户，合计超过 2 000 位。这是一个市场首次展示，且在 1995 年 8 月并不是一个单一的，而是整个市场的新产品导入活动。

试销与市场首次展示的对比

市场首次展示有许多优点。最大的优点是市场首次展示让管理层在市场测试过程中学到大多数的知识。如果测试结果惨败，它能避免损失所有的预算。若没有失败，那么在早期市场首次展示的结果开始产生成效时，我们就正朝向全国性的市场导入的目标迈进当中。在与竞争对手的战役中这很重要，因为当我们仍在测试市场或正准备好进入全国市场时，试销会让竞争对手有时间来市场导入他们的产品。

市场首次展示是放之四海皆准的真理吗？隐藏的困难是什么？在许多状况中，没有任何隐藏的困难，且技术正合理地迅速提高。其他公司可能发现市场首次展示与全面市场导入一样有很大的风险。有以下原因：

1. 公司最大的投资可能在于新生产设备上，而市场首次展示一开始就需要完整的厂房。

2. 公司可能处于竞争对手极易进入的产业中（例如，因为不需要专利或新设备），所以缓慢的市场导入也会给予竞争对手许多机会来超越，如同试销面临的情况一样。

3. 现有的分销商是非常强势的，并且他们之中没有一位是足以信任的朋友。

4. 公司需要免费的公关宣传，但这只有在正式地进行全国市场导入时才能获得；市场首次展示似乎没有新闻价值。

18.7 有关市场测试方法的综合讨论

图表 18—3 里 3 个类别 10 种方法中的每个方法能被单独使用，许多公司根据该方法的成本和所能学习到的内容，选择一个最好的使用。一些公司则综合采用两个或更多方法。这些公司通常以虚拟销售方法开始——推测性销售，如果它们是在工业公司或在人员推销是主要营销推广方式的产业。虚拟销售比较便宜及迅速。学习时间虽然有限，但它是一个熟悉问题的很好途径。一般来说，它不会在整个营销过程中持续太长时间。

公司接着转向其中一种控制销售方法，尤其是工业公司的非正式销售或消费型公司的微型市场的非正式销售。如果第二次测试将是最后的测试，公司倾向直接移至全面销售方法。所以，工业公司会在应用推测性销售之后接着利用市场首次展示。包装商品公司在开始一项 STM 之后，接着通过地理区域市场首次展示，或在 STM 之后，进行微型市场测试，再接着正式市场导入。由于信息技术的进步，使得公司将可利用更迅速及更好的信息，包括家庭单位与公司层次的资料，更能掌握未来。

18.8 本章小结

本章讨论市场测试：产品与其营销计划的评估。市场测试的技术有各种不同的形式，从最简单的（且完全不可靠的）形式，如针对潜在购买者进行这项新产品的简报，然后询问他们是否将会购买，到市场首次展示的形式都有。

在这里无法规定任何特定新产品应该适用什么市场测试方法。有些新产品创新的风险非常低，以至于不需要进行任何市场测试。最棘手的问题可能是，技术基础的公司开发他们认为顾客需要也愿意购买的产品；但顾客并不知道他们想要这些新产品，直到他们已有机会来观察及思考这些新产品。有许多例子，范围从浴缸到微波炉都有。结果，技术创新有时会怀疑任何种类的中间测试。

在进行任何市场测试（包括市场首次展示）及在全国市场导入之时，许多公司已采用许多太空舱船发射升空的思维：使用一个市场导入控制系统以应对未预期到但可能造成伤害的事件。这是第 19 章的主题。

18.9 案例：百事公司的 Pepsi-Kona 与 Pepsi One

Pepsi-Cola 著名的“可乐战争”广告，侵略性的做法造成 Pepsi 和劲敌 Coca Cola 的对立，这似乎是饮料、点心和快餐公司的竞争型态象征。像软饮料这样的一个竞争产业，能满足快速变动顾客需求的新产品是销售增长和成功的关键。PepsiCo 在新产品导入上已经有了非凡的成功，例如 Diet Pepsi 在 1964 年首度市场导入，以及在 20 多个市场上成功地重新定位 Mountain Dew。虽然如此，但并非所有的新产品导入都是成功的。CrystalPepsi 在 20 世纪 90 年代早期的一阵对于“清澈产品（clear products)”狂热地市场导入。该产品的外观和口味都不符合当初消费者的期待，产品的重复购买率非常低并很快地被放弃。

在 90 年代中期，含有高度咖啡因的软饮料产品（像是 Coca Cola’s Surge 和 Jolt Cola）在年轻人市场中迅速发展，就像 Starbucks 和其他咖啡连锁店一样。竞争对手像是 Arizona Iced Tea 在他们的一些产品里面添加了人参和其他增加精力的成分。Pepsi 已经和 Starbucks 有了合作关系，双方成立合资公司进行星冰乐的生产与销售。基于这些环境上的趋势，Pepsi 认定这个时点是咖啡口味可乐市场导入适当的时机，也就是 Pepsi-Kona。

Pepsi-Kona 的技术发展顺利，这要感谢 PepsiCo 在软饮料发展领域的核心竞争力，以及它通过与 Starbucks 的合作关系中所获取有关咖啡业务的知识。Pepsi 已经准备好使用一种咖啡—— 褐色的标签，标签上明显地以书写体显示出 Pepsi 的商标和 Kona 的名字，并且决定使用 20 盎司瓶子和 12 盎司的罐子作为产品包装。

在 1996 年 5 月，Pepsi-Kona 在费城进行市场测试。大规模的推广活动已经准备完成。在市场导入前的几个礼拜，费城电视台开始播放以“振奋你的感官”和“用 Konas 抓住生活”为主题的 15 秒广告。一旦 Pepsi-Kona 市场导入，它会在现实中各处地点销售，从超级市场到 7-11，甚至到街头的小贩（在他们的卡车上显著地展示 Pepsi-Kona 的海报)。会开始放送一个长篇电视广告，歌手 Tom Jones 在一个拥挤的自助餐馆里站在一张桌子上，并且在啜饮 Pepsi-Kona 时大声唱“它的口味不仅独特(It’s Not Unusual)”。消费者非常注意“Kona Hummer”，这是一台发送 Pepsi-Kona 样品的大型车辆。

费城的市场测试表现不佳。当现煮咖啡市场持续发热时，即饮咖啡市场（也就是含有咖啡的软饮料）却只维持平稳，事实上在 90 年代中期衰退。一些产业观察家评论说很少见到 Kona Hummer 和 Kona 的电视节目广告。此外，有许多消费者陈述说他们就是不喜欢 Pepsi-Cola 和咖啡混合的口味。Pepsi-Kona 从费城撤回，并且再也不曾进行全国性的销售。

将时间回溯到 1998 年 10 月，当时 Pepsi-Cola 宣布它正要市场导入它的新产品——Pepsi One。Pepsi One 含有 Sunett，一种 FDA 批准的甜味剂，所以每份饮料中只含有一卡路里的热量。有趣的是，Pepsi One 没有特意作为低糖饮料来推广，Diet Pepsi 也没有从市场中撤回。目标市场是 20 到 39 岁的男性。Pepsi One 的广告活动里避免提到“节食（diet)”（一种不受目标市场欢迎的字眼)，并且强调“全部只有一个（Only One Has It All)。”演员 Cuba Gooding Jr. （在电影“甜心先生” （Jerry

Maguire）中成名，这是一部在年轻男性市场中蔚为流行的电影，内容是关于运动员和运动经纪人）被选定为产品代言人。搭配运动及其他推广活动（像是在 Wal-Mart 商店分发 Pepsi One）。在将 Pepsi One 导入的一个重要的问题是，没有时间进行试销（test marketing）：事实上，Sunett 在 1998 年 6 月通过 FDA，而且 Pepsi 在同一日宣布他们有意开发 Pepsi One。

我们能够从 Pepsi-Kona 的失败中学到哪些经验，最终帮助 PepsiCo 将 Pepsi One 成功市场导入呢？更具体地，考虑下述的问题。Pepsi-Kona 的产品创新章程可能是什么？你认为在概念测试的初期会有什么事情发生？在小心翼翼地开发产品之后，为什么 Pepsi-Kona 在市场测试表现的这么差？现在，Pepsi One 在没有实际市场测试的情况下市场导入，有了先前 Pepsi-Kona 的失败经验之后，Pepsi One 的管理者会担心吗？他们如何降低 Pepsi One 市场导入的风险？

18.10 案例：Square D Remote 公司的电灯遥控调光器

在 20 世纪 80 年代晚期，Square D 公司的消费性产品事业部门有着完整的家用新产品设计的技术开发：使用在台灯上的一种遥控调光器。它使用一种当时相当新颖的技术，当然现在来说已经过时。这个产品很快连同其他消费性部门的产品（特别是门铃、不受气候影响的线路装置、电路开关以及烟雾侦测器）销售到零售市场。

这个产品构思最初来自于该事业部门的全国销售经理 Ron Rogers，并且以他先前在引擎速度控制的经验和他所阅读的一个调光器技术报告为基础而发展。这个技术已花了 14 个月开发，并且成本不到 2 万美元。这个产品使用不会干扰到收音机、电视以及其他家用电器的无线电频率。它的信号能够穿透 30 英尺内的房屋墙壁。遥控装置不但有一组控制开关，而且能改变灯的瓦特数来调节明亮程度。在这个装置刚市场导入的时候，只能在立式台灯上运作，但最终他们认为他们能够将遥控技术运用在壁灯上，甚至是天花板照明设备上。

Ron 选择了由 7 500 万个家庭组成的美国市场（当时是最大的潜在市场）作为目标市场，平均每个家庭里有 8 个台灯。这个潜在市场指出会有 7 500 万到 6 亿的潜在销售量。并且新的调光器没有直接竞争对手，即使墙壁开关调光器已经被利用了许多年。不知道这个装置是否有专利权保护，但是这个可能性并不大。

这个产品主要是设计给天黑之后返家的用户。在进入车库之后，在 Square-D 的调光器上面一按，将会打开房子或公寓里的灯，如此人们再也不必进入一个全黑的区域。这项产品将同时吸引身体有生理缺陷的人，他们将会从床上以及从房间之间的移动上使用这项产品。第三种用途是，父母能够通过使用调光器打开或关闭孩子房间内的灯而不打扰孩子的睡眠。此外还有许多可能的用途，像是假使有奇怪的声音响起时，能够将地下室或是门廊的灯打开。

此装置有 A 至 D 四个可用的频道。因此用户可以买一个 A 频道的装置来打开厨房或者是入口玄关的灯，以及买一个 B 频道的装置在屋内使用以打开某些房间里的灯。

这个灯光调节器的零售包装是一个展示用的热封挂袋，其中包括两个部分。第1个部分是要以螺丝锁紧在灯具里的一个小型太空舱形状的控制器；而灯泡被锁紧在这个部分，这样控制部分会介于灯泡和灯座之间。第二个产品的部分是一个非常像小型电视遥控装置的遥控器。这项产品的零售定价是33.5美元，因为要进行大部分的产品推广活动，所以经销商的利润较高。

虽然这个消费性产品事业部门是一个非常年轻的部门，不过在工业设备产业中，Square D是一家大规模的且成功兴旺的公司。尽管灯光调节器产品曾经在一些工程师和公司经理们的家中做过测试，但并未在一般家庭里做过使用测试。到目前为止，做过的重要市场研究就是针对支持这项产品概念的制造商销售代表进行调查。这个事业部门通过一个全国性的销售队伍，针对像是五金商店、量贩店及百货公司零售商店进行推销。大多数的营销战略是采取拉动（push-oriented）战略和极少量的消费者广告。他们认为零售商将会愿意储存这个产品，通过布置店面展示，以鼓励潜在购买者选购这个产品，并将这个产品使用于店面展示的小型灯具上。假如他们给予零售商在采购这个产品有每单位2美元的推广折让（promotional discount）的话，他们也希望零售商能够在他们的每周广告上让一些版面空间给这个产品。一致认为，这项技术不会令人兴奋，而且市场上也存在许多更先进的电子调节产品。但是这些先进的产品无法做到这项产品所能做到的，而且这些产品也无法以相同的低价提供这些功能。

你面临的问题是，你如何建议Rogers先生这项产品应该做市场测试，或者是你建议不需要做市场测试？请以支持性的逻辑说明你的建议。

第19章 市场导入管理

19.1 引言

一旦新产品做好了投放市场的准备，冗长的产品开发过程就接近尾声。参与该计划的人员将怀着高兴、满足还有焦虑的心情等着产品的回报了。

但是该团队仍要担负起将产品成功市场导入的责任。如同开发过程中需要管理者的控制一样（按照计划检查实际的进度及无法如期完成进度时的调整），新产品的营销同样需要控制。市场导入管理会持续到新产品达成既定目标之后，这段过程对工业性产品和商业服务而言，可能会持续6个月到一年不等，而对消费品来说，可能只是短短几周。

19.2 市场导入管理

以NASA太空舱和小朋友玩的弹弓来解释本章的主题。小朋友用弹弓对着树上的乌鸦射出小石子，如果石子飞过乌鸦而直接朝着邻居家厨房的窗户飞去时，小朋友就会惊慌逃跑。但是，德州休士顿的NASA控制中心就高明多了，因为NASA科学家发射的是有导引系统的太空舱，而不是无导引系统的石头。NASA会预测飞行过程中可能发生的导航问题，而进行飞行航线的校正，让太空舱维持在预定的航道。小朋友射的弹弓不具备飞行校正的能力，所以打不中时就只能落荒而逃。

这个比喻并不是牵强附会。它的确能为新产品经理人提出选择——NASA或是打破别人家玻璃然后躲起来的小朋友。优良的追踪系统更能够促进新产品成功市场导入。只会寻求庇护的人并不是一个真正的经理人。

可惜的是，只有少数公司系统地进行新产品市场导入管理。一般而言，人们认为从新产品市场导入当天起，产品的命运就已经注定了。在市场导入前，我们能在进度落后的项目上投注更多资金，但是市场导入之后就无法有相应的投资方式。

这个观点逐渐被摒弃。假如能适当地预测问题，或至少能非正式地思考权变计划，那么就有时间和机会及早修正营销问题——至少来得及达成原始目标。

显然，现今大多数的管理层对于监管市场导入的观念至少能够接受；少数公司使用这种系统，某些公司尝试系统某部分，其他公司则是在观望。

19.2.1 市场导入管理系统

市场导入管理系统包含以下步骤。

1. 发掘潜在问题。在新产品的市场导入里，要扮演好NASA角色，首要步骤是识别所有的缺点或潜在问题。这些问题可能发生在公司的活动中（例如差劲的广告或不良的生产）或外部环境（如竞争对手的报复）中。如同一位经理人所说，“只要会造成实质伤害的事件，不论会不会发生都要纳入考虑。”

2. 选择需要控制的问题。分析每一个可能问题以确认其预期的影响。预期的影响是指事件可能造成的伤害程度与该事件发生的可能性两者的相乘。我们根据预期影响来将问题排序，并选出需要被“控制”以及不需要被控制的问题。

3. 制定控制问题的权变计划。权变计划是指假设问题真的发生时将需要做的事情。各个权变计划的完备度有所不同，但最佳的权变计划为立即的行动做好准备。举例来说，“我们用传真告知所有销售代表佣金将会由7%提高到10%”就是一个权变计划，它能够立即付诸执行。“我们将采用全新的销售报酬计划”则不是一个权变计划。

4. 设计追踪系统。就像NASA一样，追踪系统（tracking system）必须能够快速回传有用的资料。我们必须先有一些经验才能评估这些资料（例如，我们的技术服务下滑是大型电子设备中常见的吗？还是有其他问题?），应该制定所谓的启动点（trigger points）（例如，在第1个月结束之前，15%的顾客要求试用）。这些点（假如未达成）启动权变计划。没有这些启动点，我们只能猜测。要记住执行权变计划的经费来源必须从其他地方获得（其他人的预算），而且每项计划都会面临执行的人的反对的风险。

一旦某个问题无法追踪，不论其预期的影响有多大，我们便无法控制。例如，某个竞争对手决定削价35%就是一项行动；我们无法像追踪零售商存货比率一样的追踪它，但我们能够准备好当它发生时的权变计划。这并不是一个理想化的状态，因为管理上的控制是在问题发生前预测让我们能及时执行矫正行动来减缓负面效果（参见图表19—1）。

图表19—1　应用一般追踪观念（有矫正行动）的图例

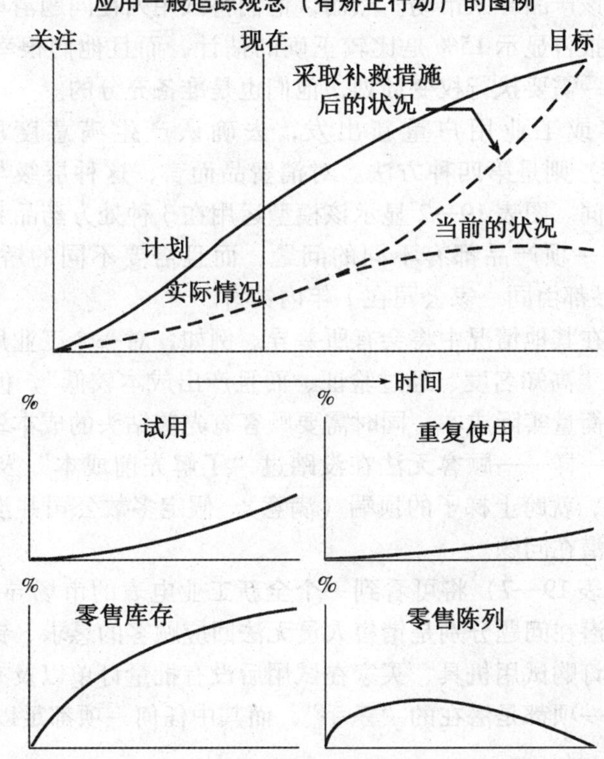

接下来，我们将深入讨论规划和执行市场导入管理系统4个步骤的每一步骤。

19.2.2 步骤1：发现潜在问题

以下叙述4种能够发现潜在问题清单的方法。

第一种是在营销策划阶段使用情景分析。例如，政府法律专员可能对于产品中所使用的某项成分提出质疑，或是对于目前市面上某些产品相当满意的买家，在试用我们的某项新产品时会提出问题。营销计划中的问题部分能够从情景分析归纳出大多数的潜在问题。

第二种方法是在得知竞争对手的新产品后，模仿竞争对手行动的角色扮演。采用魔鬼代言人的会议（devil's advocate sessions）可以让我们有效地推想到许多竞争对手可能采取的举动——对手的行动选择通常比我们能想到的还多。

第三种方法则是重新了解在新产品档案中累积的所有资料。首先由原始概念测试报告开始，接着是筛选表格、早期实验室的测试、其他的使用测试（尤其是潜在顾客的长期使用测试）以及所有内部讨论的纪录。这些来源包含大量潜在的问题，其中包括我们先前忽略的一些项目。

例如，某项食品除了在项目领导者进行的模拟市场测试外，目前所有研究的结果都很好，但研究调查公司的销售预测结果相当低。研究调查公司访问的顾客资料显示出预估试用率为5%，然而代理商和开发人员本身的预测为15%。两者的差距相当明显，而且新产品的成功取决于正确的估计。开发人员相信自己是对的，因此他们终止市场模拟测试并将该产品导入市场。然而，他们将试用列在问题清单的首位。在导入市场不久后，调查报告显示15%是比较正确的估计，而且他们很幸运地不需用到权变计划。但如果万一需要执行权变计划，他们也是准备充分的。

从满意的顾客或工业用户重新出发，去确认产生满意度所需的效果层级（hierarchy of effects）则是第四种方法。对消费品而言，这种层级与先前在A-T-A-R模型中所使用的相同。图表19—2显示该模型运用在3种处方药品和特殊营养品营销的情况。注意到每一项产品都有不同的问题，而且需要不同的矫正行动（权变计划）。所有3个产品都由同一家公司在1年内销售。

但是效果层级在其他情况中将会有所差异。例如，对一个工业用钻头来说，顾客满意的重点可能是“高知名度、经过验证、而且产出成本较低”。但是要达到该满意点需要顾客有能力衡量实际成本。同时需要顾客有先前钻头的成本资料才行。这就像一把梯子上的阶梯一样——顾客无法在没踏过“了解先前成本”及“了解新钻头的实际成本”的阶梯，就跨上梯子的顶端（满意）。假定多数公司并没有如此复杂的成本系统，两者都有潜在问题。

本章稍后（图表19—7）将可看到一个全新工业电表的市场导入管理计划案例。案例中5个关键的潜在问题分别是销售人员无法回应顾客的恳求、销售人员不了解产品、潜在顾客没有订购试用机具、买家在试用后没有批量订单以及有某个竞争对手销售类似的产品。每一项都是潜在的“杀手”，而其中任何一项都足以形成打击。

图表 19—2　**三种药品/营养产品的 A-T-A-R 市场导入控制形态（真实的）**

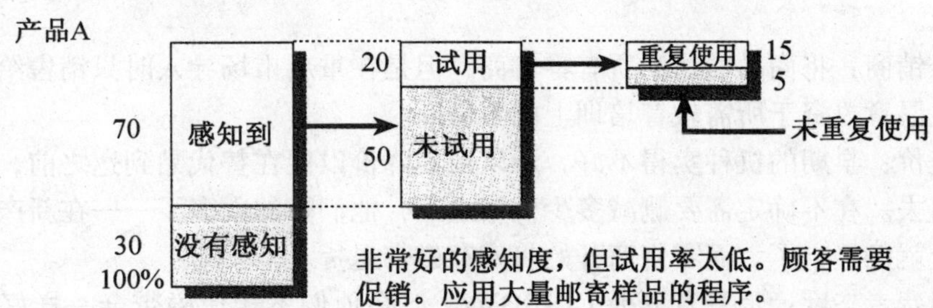

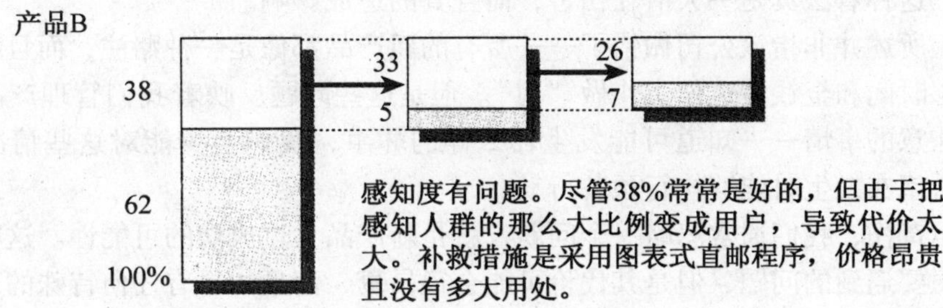

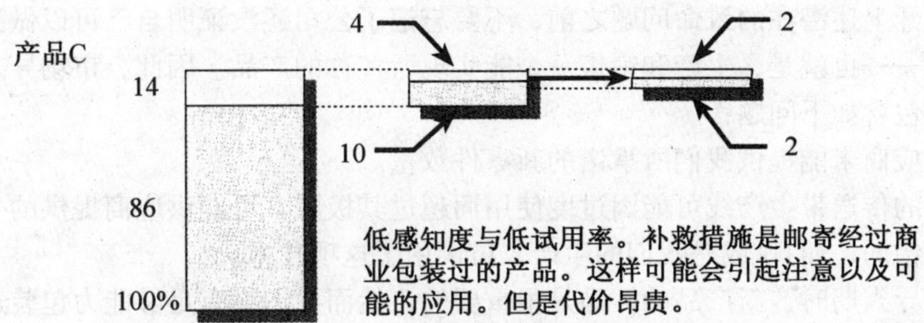

评论：以上这些数据在市场上只要 10 个星期就可以知道了。在每种情况下，公司都不得不决定是否有问题，如果有，问题是什么？怎么应对？

为了对比，我们来看看一项新服务。Peapod 是一家可通过家中电脑进行线上食品杂货采购的服务公司。Peapod 在 1990 年引进芝加哥时，担心一个普遍的认知——消费者不愿意对于便利的线上购物多付钱。在这个案例中，这个传统认知是错误的，因为事实上消费者愿意多付 29.95 美元的会员费、每月 4.95 美元的服务费，再加上每笔订单 6.95 美元以及 5% 的额外收费！但是该公司已经准备好了放弃此服务。

另一个例子则是关于耐用消费品——一种山地自行车与结实瘦小的赛车的结合物。但是该产品的制造者 Huffy 公司没有预测到潜在的问题，以至于造成 500 万美元的代价。Huffy 选择通过他们的一般渠道（大众经销商以及类似 Toys "R" Us 的连锁专卖店）销售该款新脚踏车。不幸的是，这个特殊的混合型脚踏车在销售时需要人员的销售说明，而这种具有专业知识的销售人员只有在脚踏车专卖店才有。市场导入管理系统应该能很快地发现这点，以便做出一些必要的改变。

另外一个产品则是本书先前两次提及的另一案例——Philips Electronics 销售的精巧数字化图像盒（DCC）。该项产品在一开始市场导入时遇到的下列问题，都应该能加以预测并管理：

• 广告：遗漏了产品认识的问题——例如广告中使用了缩写 DCC，而没有定义这是什么。

• 经销商：将商品送达给所有零售商，但是在重新市场导入时只销售给支持该概念，并且愿意投资于所需教育培训上的零售商。

• 定价：早期的机种卖得不好，所以他们降价以便在替代品到达之前，将这些产品销售出去。在不确定需要删减多少价格之下，他们降的太多了——在新产品送达之前，架上就已经空了，而零售商开始将库存磁带退货。

• 消费者态度：消费者喜爱 CD-ROMs，但是他们不相信磁带会一样好。不论是真是假，这种看法真是一大潜在伤害，而且真的造成影响。

以上所述并非指该公司做错了——所有的新产品都像是一种赌注，而且我们从来没有足够时间和金钱将这份工作做“对”。但是这些问题反映着我们管理产品市场导入时所在意的事情——知道可能发生什么样的坏事，我们至少能对这些情况有所警戒，并希望在发生时能够执行预备行动。

说也奇怪，我们通常忽略一个问题，就是新产品太过成功的可能性。这听起来像是一种想要遇到的问题，但是其代价可能会很昂贵，而且如果有任何特殊的理由认为这种问题会发生，就应该要被预测出来。

在离开上述潜在的致命问题之前，不要忘记了公司还没证明自己可以做到宣称要做到的事——也就是，生产和销售一个能实现所宣称的产品。因此，市场导入管理计划还应该包含如下问题：

• 供应商未能提供我们所承诺的新零件数量。

• 新的传送带生产线可能因过度使用而超过其极限。可能供应商提供的生产线运转限制是错的，而且/或是我们的生产人员误用了这项技术。

• 在导入期时，新产品的样品是很重要的，然而我们没有足够能力包装这些小单位样品。

这些也是潜在问题。上述任何一个问题都可能造成新产品失败，所以我们必须以自己的方式管理这些问题。顺带一提，这也强化了现今新产品管理的重要问题：在新产品送达交货码头时，开发过程仍未结束。当交到最终用户手上的产品质量是够好且绩效令人满意时，开发过程才算结束。全体团队都必须参与市场导入管理的运作。

最后要注意的，则是有一项事情还没提到——实际的销售量。我们无法“控制”销售量，也没有销售量低的追踪和权变计划。这似乎是我们应该做的，但是大部分的市场导入管理计划是由新手草拟，包括销售人员。但请不要这样想。假如我们无法预测销售量，那我们又如何能决定要执行何种权变计划？除非你知道造成销售惨淡的原因，否则你无法知道该采取什么解决方案。

我们的确使用上述的做法来列出销售不佳的主要原因，并且追踪那些原因。假如我们能正确地预测、追踪并加以矫正，那么销售量就会回升。否则当销售停滞时，我们必须停下脚步、开始研究发生了什么事、规划改善行动并开始准备，然后才能执行，到那时则为时已晚。权变计划是一种防护措施，它就像保险一样是种赌注。大多数的权变计划都是备用的，而我们也希望真的是这样。

19.2.3 步骤2：选择需要控制的事件

没有人能够控制许多个从步骤1分析所产生的潜在问题。因此规划者的评断必须能将问题清单缩减到公司能够掌控的数量（参见图表19—3）。有些人说绝不要超过6个问题，但是电视上播放的新剃须产品的权变计划，绝对会比新的钢丝锯条市场导入的权变计划还要多。

图19—3 建立市场导入控制计划的决策模型

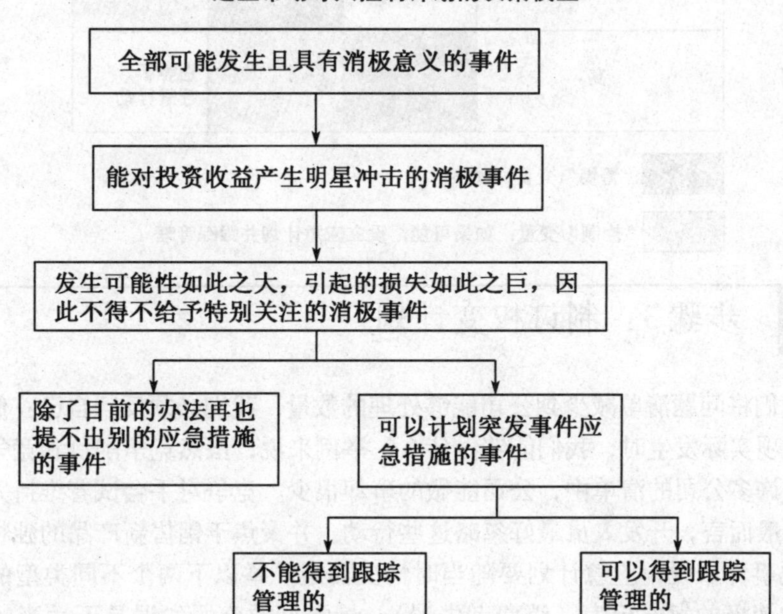

用来减少问题清单的判断方式通常是依据潜在的伤害和发生的可能性来决定的。图表19—4是一个预期影响矩阵（expected effects matrix），它指出如何综合上述两项因素把可能的事件划分成4大类型9种不同类别的事件。我们能安全地忽略伤害及可能性都很小的类别。图中往下的其他类别则不能忽略。应该立即注意在图中右下角的问题，目前它们不应被遗忘。中间的问题则需依照图中的建议来处理。如何处理它们应视情况而定，依据时间压力、应付紧急情况的预算、公司市场导入管理的成熟度以及经理人的个人偏好而定。

举例来说，大多数的新产品经理人都曾因先前产品的市场导入经验而受过伤害，因此会对某些事件有偏见。他们也许因为在先前产品的市场导入经验遗漏某些事而被严厉地批评，以至于再也无法忘记这些事。有一个新产品经理人建议将问题分作两类——小陷阱和大陷阱。小陷阱有害，大陷阱则是灾难。小陷阱很少造成伤害，因为我们可以预测；大陷阱则难以预测。

图表 19—4　　　　　　　　**选择控制事件的预期效果矩阵**

发生可能性 \ 潜在破坏力	明显的	有害的	压倒一切的
低			
中等			
高			别等了，赶紧行动

“警惕”变量：观察

“控制”变量：如果可能，设立应急计划并跟踪管理

19.2.4　步骤 3：制订权变计划

一旦我们将问题清单减少到公司能够处理的数量，我们必须反问自己：假如这些事件中任何一项实际发生时，我们能够做什么？举例来说，虽然竞争削价和竞争对手的产品模仿会在许多公司的清单中，公司能做的事却很少。竞争对手会试着维持大部分的市场份额，一般而言，开发人员最好忽略这些行动，并聚焦于销售新产品的独特性。

对其他事件来说，应急计划要随当时情况而定。举以下两个不同类型的例子：公司的失误和消极的卖方行为（消费者失误）。最常见的公司失误是不适当的销售，尤其是在零售或批发的层面。问题的修正通常只需视公司愿意支付多少代价而定。

零售商能卖的只有一件东西——商店内的货架空间。货架空间给予出价最高者，因此假如某项新产品缺少货架陈列，补救的方式就是提高出价——特殊促销方式、更多广告投入、更好的边际利润等等（详见第 17 章）。在完整的营销计划中这些方法是不被接受的，因此权变计划者通常要有许多其他的选择。

消费者失误也是以类似的方式处理。为了获得关注度，营销人员的计划需要借助于特殊的行动（电话销售、广告等等）。如果产品关注度很低，我们通常采取更多类似行动——增加电话销售或其他可行方式。假如人们真的不愿意尝试该新产品，我们有鼓励试用的方法（如图表 19—2 中的邮寄样品和量贩包装或是给予赠券）。

相较于在抢滩失败时在惊恐情况下进行补救行动，许多产品开发人员对于在准备市场导入时可以轻易地进行权变思考，感到相当惊讶。

19.2.5　步骤 4：设计追踪系统

现在我们发现了一系列的问题，对其中多数也准备好随时能执行的权变计划。接下来的步骤则是建立一个能够告知我们何时该执行何项权变计划的系统。答案就在追踪的观念里。

追踪

在营销中的追踪观念已经存在很久一段时间，但或许是直到俄罗斯发射 Sputnik 人造卫星时才得到更多的注意。这次的发射，让世界的主要语言都吸收了火箭技术的词汇。虽然之前我们拥有弹道导弹好一阵子了，但我们还不曾有进入过外层空间的例子，尤其是通过屏幕展示发射追踪的实例。

追踪投射到太空的火箭的观念应用到新产品的市场导入是最适合不过的。包括发射升空、火箭突破大气层进入预定轨道、飞行航线校正等等。发射控制者须负责依照预定的轨道进行火箭的追踪，并且制定校正计划以确保它能持续行进在正确的方向上。

将追踪概念应用到新产品身上是再自然不过的。本章先前的图表 19—1 指出如何将这个基本观念应用于新产品。

其中包含三项基本要素：首先是制订计划中轨道的能力。预期的路径是什么？假定竞争局势、产品特征和既定的营销行动已知之下，什么是适当的？虽然推测这些事很简单，但制定有用的轨道路径需要依据许多公司在新产品市场导入时缺乏的研究基础。

大型广告代理商 Leo Burnett Company 的新产品研究部门，研究了该公司参与的所有新市场导入产品，并将实际的关注度和试用率追踪结果画成图表，利用这些散布的图表。该研究部门的主管归纳出能够运用到未来新产品情况的路径（如图表 19—5）。缺乏市场导入经验的公司有时能够从广告代理商、营销研究公司、大众出版媒体或产业调查等外部来源获得所需的资料。这种预先完成的选择对现今的全球营销是相当重要的；值得庆幸地，目前有越来越多的市场研究资料以及国际性的市调服务机构。

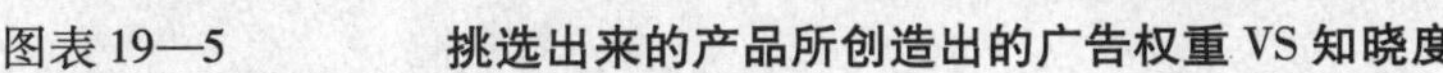
图表 19—5　　**挑选出来的产品所创造出的广告权重 VS 知晓度**

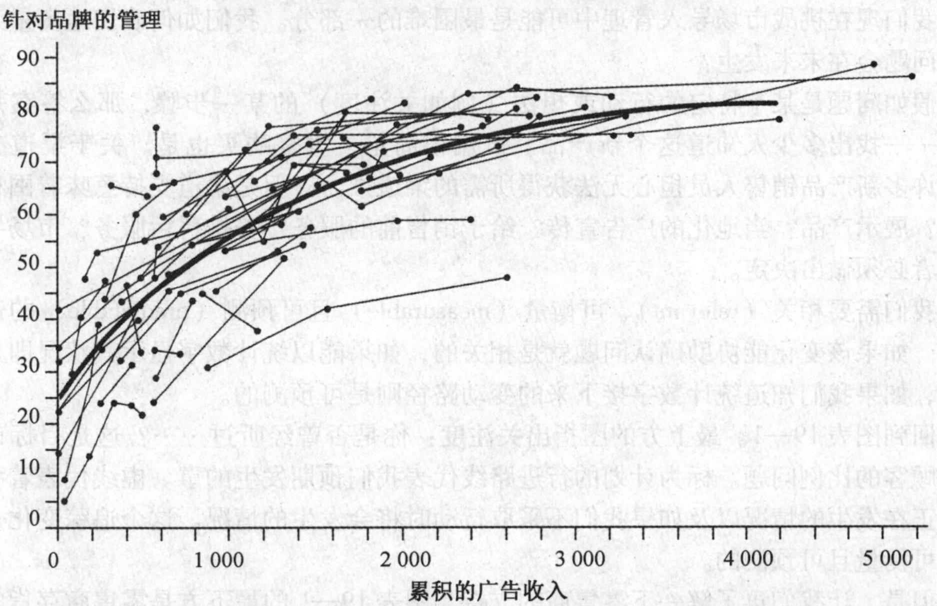

其次则是必须有能对照进程与计划的实际资料输入。此处指的是适合衡量追踪变化的快速且持续的营销研究。如图表 19—6 的例子所示，就是 Leo Burnett Company 在追踪新产品时使用的简短问题类型清单。

图表 19—6　　某个新产品追踪调查的问题

此类产品的应用问题	
过去 6 个月内，你曾购买几次（产品类别）?	
你曾听过（此类产品）哪些品牌?	
你曾听过这个品牌吗?（询问 4 到 6 个品牌）	
你曾购买这个品牌吗?（问 4 到 6 个品牌）	
过去 6 个月内，你曾购买（这个品牌）几次?	
广告关注度的问题	
你记得看过（品牌）的广告吗?（询问所有受测者所知道的品牌）	
描述一下你所看到的（品牌）广告	
你在哪里看过这个（品牌）的广告	
购买的问题	
你是否曾买过（这个品牌）吗?	
如果答“是”者：	**如果答“否”者：**
你曾购买（品牌）多少次?	你曾经在商店内寻找过这个（品牌）吗?
你再购买（品牌）的可能性有多高?	为什么你不试用（品牌）一下呢?
你喜欢/不喜欢（品牌）的哪一点?	未来尝试使用（品牌）的可能性有多高?
你觉得这个（品牌）的价格如何?	

最后是我们必须对照计划预测可能的结果。除非结果能够预测，否则我们不能任意启动矫正行动，必须等到能掌握该结果才行。其中的关键就是速度——快速得知即将发生的问题，及早采取预防或解决该问题的方法。

选择确切的追踪变化

我们现在挑战市场导入管理中可能是最困难的一部分。我们如何确切地衡量某个关键问题会在未来发生?

假如问题是某个特定的行动或想法（例如关注度）的某一步骤，那么答案是明确的——找出多少人知道这个新产品。试用很简单，重复购买也是。关于渠道支持呢? 许多新产品销售人员担心无法获得所需的渠道推力。但是渠道支持意味着囤积产品吗? 展示产品? 当地化的广告宣传? 给予销售前的服务? 安排售后服务? 市场导入规划者必须做出决定。

我们需要相关（relevant）、可衡量（measurable）且可预测（predictable）的追踪变化。如果该变化能协助确认问题就是相关的，如果能以统计数字显示其状况即是可衡量，如果我们知道统计数字接下来的变动路径则是可预测的。

回到图表 19—1。最上方的图指出关注度：你是否曾经听过……? 这是目标市场所有顾客的比例问题。标为计划的行进路线代表我们预期发生的事。虚线代表着我们看见正在发生的情况以及如果我们不采取行动时将会发生的情况。这个追踪变化是相关、可衡量且可预测的。

但是，让我们再了解一下零售商的支持。图表 19—1 的最下方是零售商存货的追踪，代表目标零售商直至目前囤积该产品的百分比。这也是相关、可衡量且可预测的（依据我们先前的经验），但是货架空间怎么办? 存货的高度、墙面的数量、陈列的部门都是货架空间的问题。他们相关的程度不同、没有实际拜访店面并了解货架就很难衡量，而且我们都缺乏预测它们所需的经验。图表19—1同时显示零售陈列，但是这种追踪主要是猜测性的。

除此之外，我们需注意到有些情况之下甚至连相当明确的变化也有可能很难定义。以关注度（或许是最常追踪的变化）为例。在第17章我们谈到达成关注度的营销计划，以及关注如何能使顾客辨识品牌名称、拥有产品定位的知识或是回想品牌。关注度是一种导致试用的状态，而也随着产品类别而有不同的影响。

因为没有办法澄清这个论点，所以多数公司只好自行挑选一个有依据的良好定义并且每次使用它。

由于在寻找好的追踪变化时面临着问题，许多开发人员回避市场导入管理。假如他们不能轻易地在早期侦测到问题，那么控制管理的整体构思就没有意义了。

选择启动点

假定我们已经找出预警问题将会发生的有用变化，最后一个步骤就是在进行权变计划前事先判断情况将会有多糟糕。例如，我们处在缺乏预算且担心顾客从未听过我们新产品的情况下——低关注度。假如我们的目标是在3个月后达到40%的顾客关注度，而追踪结果显示实际上只有35%的关注度，那是否该进行预备中的直接邮件计划?

由于政治因素或是时间上的限制，在抢滩的情况下这并不是一个简单的决策。启动直接邮件计划等于承认原始广告已经失败。这种明示并不受欢迎，而且广告正依照规划进行当中、关注度将会很快上升的意见将会出现。

为了避免这些双输的局面，必须事先协议何种程度是启动点，而且应由没有利害关系的人员握有启动决策的权利。到此为止，追踪规划算是完备了。如果努力执行，新产品的市场导入将能“被控制以达到成功”。

无法追踪的问题

当我们担心某个问题，但因为我们无法找到相对应的变化进行追踪或我们无法确定该变化应该遵循的进行路径或假设发现问题即将发生但我们束手无策时，该怎么办呢？答案是，这种状况很少发生。

一般而言，管理层会监控销售，在数字低于预期时就会指派人找出原因。找出原因的方法可能是访谈销售人员、顾客、分销商等等。这是一个很艰难的调查，因为情况变动如此快速而且大多数参与者都有既得利益——即便他们知道真正的问题，也可能不会透露。

找到原因时，就能设计矫正方案。假如不是在一个快速变化的市场中，可能还会有时间将新产品重新调整，成为良好的销售形态。假如已经太迟了，该新产品将被抛弃或从中榨取剩余价值。对于小公司、生产线延伸或是预期不会产生大量利益的产品，假设市场导入的成本很低，损失就相当小。

19.3 市场导入管理计划的案例

图表19—7是一个市场导入管理计划的案例。这是一个包含了现实中可能遇到的问题的案例，有选定特定的变化并追踪他们，有启动点，还有能即刻产生效果的备用权变计划。需特别注意的是，这并非一家大公司，该公司没有营销研究部门，对于如

何市场导入新产品也没有复杂规划。然而该计划包含重要的基础内容，让经理人能有效掌控市场导入管理，并且在任何可能问题发生时能提供有效的行动。

拥有庞大预算的大型公司会有较复杂的计划，但是本质上都是一样的——问题、追踪变化、启动点以及能够马上启动的矫正计划。非常小的公司可能只有处理小部分问题的能力；经理人可能使用所谓的眼睛控制（eyeball control）来巡视整个市场并看看是否会发生问题，接着在脑海中决定当这些问题发生时该做什么。

但不论是在脑海中或是在图表 19—7 的形式或是在复杂的正式计划中，本质都是一样的。

图表 19—7　**市场导入管理计划的范例**

背景：这是某家正在销售某项特殊电子测量仪器的中小型公司市场导入控制计划。该仪器必须是销售给一般用途（如工厂）的市场，然而该公司先前的产品主要是销售到科学研究的市场。该公司有大约 60 个销售人员，而资源并不充沛。在该市场中并没有提供联合服务（例如审计公司）。

本表只列出部分的营销计划，然而该控制计划则是包含了完整的问题集合、衡量这些问题的计划，以及在各项问题实际发生时公司预计做到的事项。

潜在问题	追踪	权变计划
1. 销售人员无法依照既定的速度接触到终端市场客户	每星期追踪电访纪录。每位销售代表每周至少需要打 10 通电访	假如在三周的期间这个活动低于这个水平，将会举行一天的地区业务会议作为矫正计划
2. 销售人员可能不了解新产品的产品特征与产品用法之间的关联	由销售经理每天打电话给销售人员作为追踪。2 个月内要覆盖全部的销售代表	将对个别销售代表提出说明，但是假如最初的 10 通电访表明问题具有普遍性，将召开特别的电话会议，让所有的销售人员了解该问题
3. 潜在顾客不打算试用购买该产品	针对已收到销售简报的潜在顾客，进行一系列的一周 10 通后续电话拜访的追踪。在被追踪的潜在顾客中，必须要有 25% 认同产品的主要特征，在这些认同主要特征的潜在顾客中，必须要有 30% 下试用订单	矫正计划必须由销售代表针对所有的潜在顾客进行特殊的后续电话访问，并提供这些潜在顾客 50% 的首次购买折扣
4. 购买者已经进行试用购买，但并没有下大量的再购订单	对于下首次订单的潜在顾客，追踪另一系列的电话访问。以在 6 个月内 50% 的试用购买者会再购买至少 10 个单位作为销售预测	现在没有矫正计划。假如顾客不再购买，代表产品的使用上可能有些问题。既然产品明显不好，所以我们必须知道不当使用的原因。通过对主要顾客的实地拜访以确认问题，并接着采取适当的行动
5. 主要竞争对手可能有相同新特征（我们没有专利权的部分）的产品准备研发与市场导入	该情况本来就无法追踪。从自己的供应商或媒体中探查可能会帮助我们更快速地得知。	矫正计划是在 60 天内停止所有的推广计划。采取孤注一掷的计划。所有的现场推销只销售该新产品，增加 50% 的首次订购折扣以及 2 个特殊的邮寄。上述其他追踪将被更严密地监管

19.4 反对市场导入管理的理由

每一位经理人都听过权变计划且大量地使用它。那么若是把这些权变计划应用在新产品身上呢？他们通常无此经历。某些人认为营销研究和不使用的权变营销计划太耗费时间而且成本也太高。只要你不死掉的话，寿险也是一种浪费吧！

然而有时他们所关心的“我们无法预测突如其来的麻烦会是什么”则是一个较强烈的问题。新产品有其风险，而且我们是尝试着改变购买者的行为。竞争对手永远不会没反应的。提倡者欣然承认这些事实，但是他们回应说危机管理是可怕的一件事，而我们应该在第一次就更加努力做好自己的工作。很少有充足的时间让你在危机中发展完善的计划。

较难以处理的反对理由则是权变计划会破坏规范，使得人们在市场导入规划过程中停下脚步来讨论什么地方做错了。这与管理风格有关，而且完全是个人偏好——这与他们不想让新产品经理有“例外条款”的思考或是在一旦销售不佳的情形下执行删减预算的计划是同一件事。由于预算删减难以公平，因此，这会让一个已合作了某段时间的团队感到不高兴。

19.5 不需市场导入管理的暂时性产品

某些产品的生命周期特别短。然而，有些时候经理人知道某些产品从一开始市场导入就是暂时性的。这种产品包括了流行性产品、暂时填补生产线空白的产品、锁定市场参与者特殊需求的产品以及应景的产品。应景产品的一家制造商 Baskin-Robbins 就制定出长期供应的口味和其他能随时填补或退出生产线的一组口味。

暂时性产品比较不需要市场导入管理，主要是因为没有什么事能做——所有事情都是固定的。广告和人员销售预算是为了满足分销商和零售商的需求（不能产生存货不足的情况，因为这代表将会暂时失去销售量）以及实现即时销售。促销只对关注度和试用有效果。因为没有产品计划可以遵循，所以生产要尽可能缩短时间，且要与再订货相匹配。不用建立长期的服务设施，价格要维持稳定（顶多就是降低）。宣告市场导入后的主要工作是在当销售量持平或降低时去了解所需的市场情报。到能辨识出所有市场导入的问题时，解决问题的时间点已经过去了。

19.6 产品失败

尽管每个人尽到最大努力，产品有时候还是会失败或是可能失败。当产品看似在走下坡，公司首先想到的是如何最佳化地投注额外的金钱，并且重新检查战略。假如时间允许的话，长期地改变可以包括修改产品，或是将预备好的附加产品特征加到产品上。若是市场状况特别艰难，而解决方案只能依靠长期的产品修改的话，可能必须暂时性地拉动产品，或是最好停止所有的推广并且冻结市场直到开发出解决方案。假若开发领域内的问题无法快速成功地有所进展，通常必须要放弃该产品，也就是说放弃该市场机会。多数公司拥有许多新产品的选择，因此，他们喜欢将失败的产品抛在脑后，同时忘掉他们。这样的政治行为是不好的，人们在这艘即将下沉的船上（指进行中的新产品）会匆忙逃离，而批评者则提醒所有人如何预测这个困局等等。当然，如果新厂房已经兴建，如果正在执行重要的推广计划，或是财务承诺已经投注下去了，那么就必须持续地努力——至少直到有时间去完成一项重新市场导入。

放弃产品的决策显然是一个会伴随着潜在连锁效应的复杂决策。有一个研究团队对于放弃产品的决策提出阶段性的过程（如图表 19—8）。在这个过程中，公司首先必须决定产品的绩效是否列入放弃的考虑。接着通过产品及价格调整或是锁定新市场的方式，来探索该产品能够重新生存的方法。在制定放弃决策之前，公司必须系统化地评估放弃该产品在管理费用、花费以及产能利用率上的全面影响，并且确认该项产品的放弃是否会造成公司生产线上的一个大空白。最后，假如必须或是无法避免放弃该产品，放弃的速度必须进行抉择（例如，立即放弃该产品、持续几季甚至几年的从该产品榨取收益或是转卖等等）。

图表 19—8　　**一种阶段性的产品放弃过程**

对要被动放弃的产品进行再认识
将产品取得的成绩与标准进行对比，尤其对引发放弃思考的指标要进行考虑考察。标准通常有：市场份额、成长率、边际利润

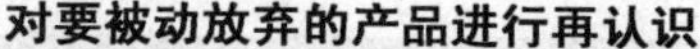

↓

分析与复活思考阶段
产品的命运是否有转机？质量改进？进入新市场？提高价格

↓

评估与决策陈述阶段
考虑放弃决策对日常支出、对公司的完整产品线、对利用能力的影响

↓

实施阶段
决定产品是立即放弃、榨取、还是卖掉等

图表 19—9　　**实行中的巩固战略**

大约在 100 年以前，可拆、可丢弃式的纸衣领仍然是服务生制服的一部分。该项产品不再流行之后，就只剩下一家公司继续生产。当这家公司被其他公司收购时，他们寄信通知顾客，说明纸衣领的价格将会调涨一倍。公司的新老板知道这种衣领的市场虽小，但却有足够的需求。

一家橱柜制造商购买了大型拖车的制造厂房，想要将其改成生产橱柜的地点。他们很快发现到自己接管了美国最后一个大型拖车工厂，之后一段时间便继续销售有利可图的大型拖车。

续表

各式各样的汽油动力割草机攻占了郊区的草坪市场后，手拉动的割草机就变得较不普遍。American Lawnmower 公司在手拉动割草机的市场份额大约是 95% 左右。近几年许多家庭因为手拉动割草机的简约、对环境友善以及怀旧情怀，而纷纷转向手动割草机，使得销售量回升。光是在 1998 年，American Lawnmower 就销售了 250 000 台手拉动割草机。 在电晶体完全取代电视、收音机和其他设备的真空管后，RCA 和 GE 便放弃生产真空管。但是在 Illinois 的一家小公司了解应用到真空管在其他设备上仍有其他应用，便积极并购了其他的小型竞争对手，并且在市场上得到了丰厚的回报。 这里提到的优势是对进入该市场的竞争者几乎没有来自对手的威胁。（此时 GE 真的要在真空管上再投资吗？Ford 真的要在大型拖车上再投资吗？）

某些实证显示，全新问世的产品较难以终止。在这样的情形下，经理人对于成功机会总是保持着乐观的心态，对项目乐此不疲，渴望通过市场导入使项目步入正轨。Apple Newton 的个人数字化助理以及 RCA 的 SelectaVision 录像磁碟系统就是两个案例，在这些案例中，新产品过程的评估步骤识别出潜在问题的强烈信息，但都被忽略了。在其他案例中，评估并没有彻底地执行，同时也没有明确地制定进行或是不进行的决策。某些先前被放弃的产品甚至可能会以其他名称重新回流。在我们加速将产品市场导入的过程中，我们必须不能丧失能够明快地中止不良产品的洞察力！

倘若某项产品或生产线决定不再持续，仍然会有获得收益的机会。我们可以将它全部卖给其他公司。一个选择是，公司能够出售产品或品牌名称的权利、产品的配方或蓝图、产品的制造过程、产品的销售渠道、产品的技术或核心元件，甚至整个业务单位。另一个可能方案是，公司可以巩固其地位——变成在逐渐缩小中的池塘的“大鱼”（参见图表 19—9 的例子）。事实上，执行这项战略有一项优势：新竞争对手进入市场的威胁较小。假如可行的话，应该开发任何一个可能的机会。

如果一定要放弃该产品的话，经理人的工作就还没结束，必须通知许多人员（包括顾客、政府、分销商和渠道成员）。如果人们或公司已经习惯依赖该产品，可能必须要执行逐步降低库存的计划、储备零部件或是某段维修服务期限。同时，需要对由此产生的成本、必需的缓冲时间和放弃后的支持服务做出合理的估计。

19.7 本章小结

本章讨论了产品导入管理。我们有了产品，也有了产品的营销计划，而且我们也准备好控制市场导入活动使其成功。

市场导入管理的必要条件有：计划方案、市场销售进展的测量、分析事件以确认是否应采取预先安排的权变计划、持续性的研究以确保一旦发现任何问题，就能立刻采取行动来避免或至少减轻问题。

市场导入管理以及追踪尤其困难，因为大多数的活动在市场之外发生、变化会改变、衡量不易以及昂贵（不像运用眼睛控制方法在工厂内做走动管理），然而这个方法论是可行的，而当情况许可的话，新产品经理人绝对能够从中获益。

现在我们能够将注意力转向在新产品工作中从未讨论的主题。新产品的制造、销售、使用、甚至放弃过程中是否会涉及公众政策的问题？其中是否会牵涉道德问题？当然开发人员的想法不会是重点。大众所想的是什么？政府机构所想的是什么？这个问题就是第 20 章的主题。

19.8 应用实践

在你的面试过程中，公司总裁提出了更多的问题：

1. “非常感谢你告诉了我你正在研究的市场导入管理的思想。但是，我对一件事有点糊涂。其中你提到了：（1）关键事件；（2）事件控制；（3）跟踪变量。你说你不得不把这三者都列出来。那会不会有这样的可能，就是一个事件被同时列成了这 3 个问题？例如，让我们看一下新产品的决定性特性。没有获得这样的特征是一个关键事件，选择它作为控制对象又成了控制事件，跟踪它时就把它作为一个跟踪变量。这样对吗？请你帮帮我。”

2. “在过去几年中，的确有几次我见过新产品落入麻烦之中——巨大的期望与糟糕的销售。最令人难过的是，有这么多的人就是不肯承认这种必然——产品已全完了，动作迅速的人早已先行一步了。也有相反的情况，当不利的局面过去后，产品给公司带来了不错的现金流。事实上，我正打算就此结局在我们的下一次中层经理会议上做一次讲演，你能帮我这个忙。可不可以请你列出一个可能的原因清单，说明为什么有人对失败总是不愿意接受呢？这样会使我在做讲演之前确信没有任何疑义。”

3. “不要误会——我相信突发事件权变计划，也相信你提到的市场导入管理。如果你能预测一个问题，并且有一个预防问题出现的计划性措施，我会把它买下来，至少是现在。但是，有很多公司跟我的看法不一致。我记得有一次，一家大的电器公司与它的经销商陷入争吵，焦点就是他们对所推出的一种新设备是否能够流行有争议。可能就是 RCA 公司和他们几年前开发的压缩光盘。经销商认为无论如何都不会，公司则坚持应该他们在开发商做的一样，要耐心等待一段时间。如果它有一个突发事件权变计划并付诸实施的话，就不会有那场争论，对吗？它应当有一套支持性的计划预备着。告诉我，如果一个新产品团队忽略了制定突发事件权变计划，并且遇上了麻烦，那么它该如何做才能处理好问题呢？（最好在像我这样的人下令取消所有的行动之前）”

4. “如果我没有记错的话，整个市场导入管理的思想在一定程度上依赖于拥有一个轨迹或者一个计划，如果每件事都顺利进行的话，每个变量都会沿着预定轨迹或计划发展。相信你提供给我的计划曲线上的那些数字。但是相对来讲，这些数字修改稿似乎全是纯粹的臆测，至少是在真实的新产品例子中。比如，有一次我读到了有关 Arco Solar 有限公司（Atlantic Richfield 公司的一个分公司）的文章。它拥有一种太阳能金属盘，这种金属盘可以安装在汽车的仪表盘上给汽车的电池充电。由太阳能转化的电能来补偿电池自然损耗、电表损耗等其他损耗。现在，从全世界范围来看，什么是获得感知与试用的正常的途径？市场导入管理在这里派不上用场吗？我们许多分公司正在开发与这种东西极为类似的产品。”

19.9 案例：LEVITRA

对于许多男人而言，勃起功能障碍（Erectile dysfunction（ED））令人感到羞辱。很多原因会造成勃起功能障碍，例如心血管疾病、服用治疗利尿、高血压或心脏病的药物、抽烟或执行前列腺的手术。在1998年以前，患有勃起功能障碍的男性患者尚未有治疗的方法。阴茎注射与栓剂各有缺点，也无法提供一致的治疗效果。部分男士为了克服勃起功能障碍，转而寻求其他的解决方法，例如心理医生、动用外科手术，或者使用真空装置。这个市场已经足够成熟来发展一个安全的口服药物，这个药物可以增加血液流量因而提供期望的效果。到目前为止，许多患有勃起功能障碍疾病的男人甚至对医师都难以启齿。近来研究指出，有九成的患者没有向医生求助，其中只有一半的人在接受治疗。这个数据指出，光是在美国，威而刚（Viagra）的市场规模就可能已经超过2500万人次，而且估计到2025年，这个数字可能增长为两倍。在1998年，Pfizer在众多的推广与支持下将威而刚市场导入，这是第1个治疗勃起功能障碍有效且安全的口服药品。威而刚治疗ED的效果令人印象深刻。根据当时Johns Hopkins的研究指出，威而刚的有效比率达到65%。在那一年要逃避威而刚的市场导入似乎是不可能的。杰出的政治家Bob Dole被挑选为威而刚电视广告的代言人，广告的主题是：对于男人而言，勃起功能障碍向医生求助是可以接受的。为了增加推广效果，威而刚所赞助的赛车很快地就出现在全国运动汽车竞赛协会（NASCAR）的跑道上。我们可以清楚地看见，市场有多渴望这项产品：到了2002年，威而刚的销售收入已经达到17亿美元。

其他的制药公司几乎是忽略这个正在崛起的市场。然而威而刚不是完美无缺的。约有30%的用户指出，他们服用威而刚之后并没有产生正向的效果，甚至服用最高量的药剂也是如此（100毫克）。此外，服用威而刚需要一个小时的时间效果才会显现出来，药效可持续约四个小时。副作用包括头痛、鼻塞。有趣的是，会改变部分用户对蓝色的视觉。所以，也许研究可以找到一个类似威而刚的物质，但是却没有威而刚的副作用。但是这只提供了一半的解决之道：即使找出了这样的物质，它如何跟如此受欢迎的知名品牌威而刚来争夺市场呢?

2003年8月，GlaxoSmithKline与Bayer市场导入了乐威壮（Levitra），这项新产品是威而刚的竞争对手，事实上是与威而刚同等级的药物。GlaxoSmithKline与Bayer进行试验，证明了乐威壮的治疗效果更好。研究更指出，乐威壮对那些对威而刚无反应的人有效。乐威壮也提供了某些优势：服药后16分钟即可产生效果，而且可持续五个小时——这改良了威而钢的缺点，药效也超越威而钢。此外，服用乐威壮也不会影响用户对蓝色的视觉。

尽管乐威壮表现出色并具有用药上的优势，但是GlaxoSmithKline与Bayer在此产品市场导入战略上并没有做多少改变。过去的足球明星与教练MikeDitka被邀请担任代言人。就像Dole一样，他被目标观众认为是一个很强壮、有男人味的榜样，因此，可以鼓励更多的男人寻找方法来治疗勃起功能障碍。GlaxoSmithKline与Bayer已经是国家电影图书馆（NFL）的赞助商。乐威壮产品广告的主题句似乎相当地合适：“继续留在游戏中——当你留在一个什么都美好的地方时。”GlaxoSmithKline 与 Bayer 依赖他们现有全球营销与销售网络来缩小这两种药品的差距，并且也去争取全球的销售以及对乐威壮的接受度。此外，成本对保健品提供者十分重要，乐威壮以更低的价格市场导入：30 片装的乐威壮视其药效强度，要价在 291 到 299 美元之间；比相同剂量的威而刚价格少了 7 到 25 美元。

市场导入后几个月内，乐威壮就夺走威而刚约 1/2 的市场，Pfizer 为了寻求保护，正在评估乐威壮药品的组成成分是否侵占了威而刚的专利权。

显然地，GlaxoSmithKline 与 Bayer 看到了威而刚的成功（以及看到了市场潜能），因此将勃起功能障碍列为研究的优先顺序。乐威壮的优异疗效是相当明显的，至少对某些服用威而刚的患者而言，并且它的价格让它成为今日保健用药的选择。我们无法否认代言人的选择或广告信息内容，或是 GlaxoSmithKline 与 Bayer 将新产品有效地市场导入到全球市场的能力，可能都是造成乐威壮成功的原因之一——关于先行者的优势（first mover advantage），这个案例告诉你什么？乐威壮的优势能够持续吗？如果你是 GlaxoSmithKline 管理乐威壮品牌的经理人，你最关心什么？以及你能做什么？

第 20 章 公共政策问题

20.1 引言

通过前面 19 个章节，我们已经处理过许多关于新产品开发与推广的问题。然而，为了简化起见，我们直到现在才针对一些主要的公共政策问题进行讨论。这些公共政策关心的是公司（人员、产品等）和公众间的关系。世界各国有许多方法来限制或管理新产品的功能，而且通常有很好的理由。因此，管理者需要去了解法律规定，并且需要了解法律的边缘地带，其中有可能衍生许多问题或模糊不清。

第 20 章提出“公众关心的生命周期”，讨论公司对于产品创新和公共政策的态度，并处理最重要的事情——产品责任。然后再讨论其他公众关心的事项，例如环境和一些管理相关的问题。

20.2 全貌：公众关心的生命周期

所有的来自公众的压力状况，都会经历一个生命周期，如下所示的阶段（参见图表 20—1）。

图表 20—1 公众关心的生命周期

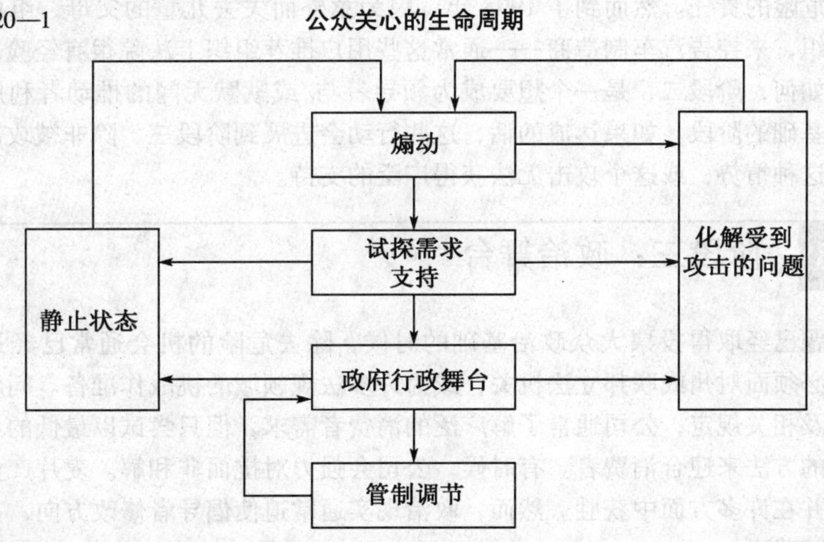

20.2.1 阶段一：引发大众关心

在很多人受到伤害或者引起不愉快，以致于引起大众反应之前，个人开始就会表达出自己的意见。写信给公司总裁、在报纸文章中抱怨、写信给民意代表和通过有知识的专家来尝试表达关心的事物，这些通常是第 1 个阶段的特征。多数人忽视这个阶段，但是他们很容易识别和回顾这个阶段。因此，事实上，引发大众关心的阶段可能会持续很长的时间——可达数十年之久。

新产品经理的问题是，他们并不知道什么事会发生——大众被激怒或是一点事也没有。

20. 2. 2 阶段二：尝试性的支持

大众对一项问题的关心增加的时候，倡导者可能会决定以此为借口为公司制造麻烦。这些倡导者通常是个人，且通常是默默无闻的人，例如 Ralph Nader，他提倡汽车的安全性。现今，这些活动大多由组织倡导，这些组织的领导者为了有所贡献和得到声望，企图解决这基本的不安。例如，木头防腐剂（有些可能非常有毒）的制造者需要看“国家反杀虫剂误用联盟（National Coalition Against the Misuse of Pesticides）”的脸色行事，其要求不要使用木头的电线杆（木头电线杆是木头防腐剂产品的最大运用之一）。这些组织最主要的问题通常为“未被社会大众所知道的不安，其范围有多广泛”？或者是，“标题能够多引人注意?”这可能听起来很粗糙，但请记住，无论何时都有许多可能引起问题的因素，组织如果浪费稀少的资源在逐渐消失的问题上，可能会失去影响力。

在阶段二，一系列松散的复杂的联合可能会逐渐浮现。在 1996 年的 7 月，USA Today 报导汽车安全气囊对于坐在前座年龄低于 13 岁儿童的危险性。在那时，汽车制造业者、管制者、保险业者和用户推荐组织（推动汽车安全气囊）均分担未提醒父母这项危险的责任。然而到了 1998 年，因为意外而失去儿童的父母，组成一个用户推荐组织，来控告汽车制造商——通常这些用户推荐组织上法院很有经验。

无论如何，阶段二，是一个想要成为领导者与/或默默无闻的推动者利用游说来寻求政治基础的阶段。如果达成的话，这些行动会进展到阶段三，除非被攻击的产业可以化解这种情势，或这个攻击无法获得广泛的支持。

20. 2. 3 阶段三：政治舞台

当问题已经取得投票大众政治基础的时候，除去危险的机会通常已经过去。现在，公司必须面对州或联邦立法机关，或为许多法规领域的挑战作准备。问题在于新的法律以及相关规定，公司通常了解广泛的消费者需求，但只尝试以最低的成本和最不受限制的方法来迎合消费者。有时候，公司会强力对抗而非和解。麦片产业就是这样做的，并在许多方面中获胜。然而，政治现实通常迫使倡导者修改方向，甚至需要立法或法院裁决。

20. 2. 4 阶段四：法规的调整

新的法令通常不明确，如果法令不明确则可能让对手以利于他们的方式解读法令的涵义。例如，消费者产品安全协会（Consumer Product Safety Commission）依照消费者产品安全法的规定，下令没收任何“有立即危险的消费品”，什么是这样的产品，难以定义。在法规制订上，不精确可能会是必要的，甚至是聪明的方式。这个阶段会持续许多年，有时会因为国家政治思考的移转，引发许多问题加入立法或从法令中移除。

20.3 公司对产品问题的态度

公司在处理公共政策问题上，有较广泛的基础而不只是在新产品方面。所以，他们在公司和社会接口的事务上，已形成一套信念。这些信念中大部分支持产品创新和社会赞同。就算有些问题我们还未完全理解。例如，当消费者不能够读懂产品标签，而造成产品误用，我们该如何支付这样的成本？当消费者希望口味更好，但是政府却要求营养成分的时候，食品公司的责任是什么？一般来说，多数今日报纸头条的问题，已经被讨论很多年了，然而我们关心的是“边际性”——也就是处理这些领域的临时性不确定和变化。

例如，在千禧年到来之际，人们不清楚在 Napster 和类似网站分享音乐档案是否合法、道德或正当。之后的法院强制令，对不当下载者处以很严重的惩罚，企图为唱片公司创造公平，以费用为基础的合法下载，是朝向问题的解答。

新产品会引起预期之外的群众忧虑，可能是管理层疏忽的结果，而且是出乎意料的。许多我们预料到的问题，在多数的案例中，能够加以避免以及预防。

20.4 目前的问题领域

当新产品经理在处理社会和法律压力时，会面对许多特定的问题领域——产品责任是最复杂的，也是目前最令人受挫的，部分是因为诉讼的严重性及错误所引发的成本。

这些问题是世界性的，虽然我们主要以美国的例子来讨论。欧盟的成员国仍然和产品责任的问题奋战，因为他们在 1985 年制定了严格的责任。虽然比预期进度慢，但是这项法令显然已在执行。在环境法令上，德国是世界上的领导者。中国最近也已经制订了产品责任法规，世界上还有许多国家尚未面对这个问题。

20.5 产品责任

这个情况很简单：你买了一个产品却受到伤害。无论这个伤害是在你拿产品回家、你打开它、存放它、使用它、尝试维修它，或当你丢弃它时。如果你认为所受的伤害是因为产品的制造商或经销商做了（或没做）某些事而造成的，那么你可以提出产品责任（product liability）要求。如果有罪的话，被控告的一方需赔偿这个伤害所造成的成本和痛苦，以及惩罚性的损害赔偿。

在过去，产品责任适用于物品而非服务，在服务方面还有很多未被注意的部分需要立法。服务也是一种产品（事实上两者都是，在这本书我们使用这样的名称）；如果依照诚信买卖的原则，商品却造成伤害，则一些补偿应该是可行的。例如，工程顾问公司说建筑很坚固，如果事实上不是这样而造成伤害损失时。这些咨询服务上的疏忽，将会招致产品责任诉讼。

产品责任有多重要？多数的诉讼是在法庭外和解，因此，我们并没有完整赔偿金额的资料。许多诉讼的赔偿金额高达数百万美元（尽管这些诉讼并不像石棉、隆乳手术及汽车买卖纠纷那样常见），所以事情会变得复杂。如同图表 20—2 所显示，诉讼对一家公司而言，成本很庞大。近年来，化学公司、汽车制造公司和其他大公司，已经试图在联邦法律的产品责任方面，将产品瑕疵的诉讼赔偿责任减至最低。在 1998 年，原本该法案的支持者觉得为了增加让克林顿政府通过法案的机会，所以减轻了部分的产品责任。这些被删除的部分包括伤害赔偿罚金的额度和“连带相关责任”，结果是有多个被告赢得了针对一些大公司的判决。因此，许多大公司开始游说以反对他们过去所推动的立法（讽刺地，在这过程中却变成跟诉讼律师和消费者团体站在同一方），而小公司却仍然支持这个法案。

图表 20—2　　**1999 年 Coca-Cola 大恐慌**

在 1999 年夏天，比利时与法国北部的消费者饮用 Coca-Cola 后感到不适。危机管理专家回顾说，Coca-Cola 花了太长的时间（7 日）来回应消费者及发布对发生此事感到抱歉的信息。其中一位专家说：“Coke 的行动过于缓慢，本来就会造成民众的反感。”Coca-Cola 高层说当时媒体过于夸张事实。Coke 的 CEO M. Douglas Ivester 承认可乐的污染可能是来自一批劣质的二氧化碳。但在 Coke 有机会取消怀疑可能受到污染的原料前，所有的 Coca-Cola（一些地方是所有的 Coke 产品）在北欧就被禁售了。Coca-Cola 战略性市场研究的前主管 Anthony Adams 说：“他们对于公司本身以及品牌太过自信了。他们或许认为根本没有……产品责任的问题。”当时大众的认知是 Coke 并不关心消费者的健康问题。Coca-Cola1999 年这次在欧洲的危机使该公司损失近 1.3 亿美元。

20.5.1 伤害来源的类型

下面列出我们可能会遭遇到麻烦的事情，其中大多数在新产品方面，会更加棘手。

1. 许多产品有内在风险。例如，输血会有感染肝炎的风险、炸药有误爆的风险。因为风险不能够避免，在法庭上我们得到更多的同情。

2. 设计上的瑕疵导致产品不安全有三种层面。第一，设计的构思可能导致危险的状况，如蒸汽喷雾器，其中心压力过高的话，可能会爆炸。第二，缺乏必要的安全装置。例如，吹风机缺乏过热切断转换器。第三，使用不适当的材料，一开始能发挥功能，但是材料最后可能退化并造成危险。

3. 制造上的瑕疵一直都是新产品的问题。即使产品有良好的设计，不适当的质量管制技术也可能导致产品有缺陷。例如，焊接不良的梯子。

4. 制造商可能生产出可接受的产品，但是缺乏适当的使用说明书或禁止特定用途的警告标示。例如割草机，假如使用方式不正确，则是一个危险的装置。说明书上需要告诉用户如何使用产品，以及禁止在什么地方使用。但是法院比较关心是这些误用的警告有多强烈，甚至是不可以预见的误用。因为诉讼的高度风险，公司通常会标示看起来可笑的警语来确保他们的警告标签很完备（例如，割草机可能会标示“不要将除草机用来修剪围篱”，参见图表20—3)，怎么样的警告标示才算足够并没有定论，以下是最近几年法院的认定。警告需要置放在产品上够显著的地方，也就是预期用户最可能看到的地方，要能达到告知危险的程度，要能指示用户如何避免潜在的危险；产品销售者不可采取与产品警告标示有所冲突的营销活动，同时，不要有陈述产品是安全的标语。应该要告诉用户如果忽略警告可能会产生什么后果。制造商也必须确定用户能得知警告，而不只是将警语贴上去而已。

图表20—3 **哪些是真正的产品警告标签?**

1. 在一次性刮胡刀上：“请勿在地震时使用此产品。”
2. 在假山庭院艺术上：“食用石头可能会导致牙齿断裂。”
3. 在救生圈上：“请勿将此产品当成漂浮装置使用。”
4. 在吹风机上：“请勿在睡眠时使用。”
5. 在钢琴上：“吞食是有害，甚至会致命的。”
6. 在遮阳挡风的卡纸板上：“警告：请勿在驾驶时使用。”
7. 颈部防护套：“颈部防护套不能保护到防护套覆盖以外的部分。”
8. 在吐根植物糖浆上：“小心：可能会引起呕吐。”
9. 在熨斗上：“衣物在破损的状态下请勿熨烫。”
10. 在塑料雪橇上：“请勿食用或烧毁。”
11. 在工作手套上：“为了产生最佳结果，请勿离开犯罪现场。”
12. 在喷射雪橇上：“当脱离此用具时，搭乘者可能因为强力水柱射入身体凹处，而受伤。”
13. 在木制家具刨切用具上：“请勿将此产品作为牙医钻头使用。”
14. 在搅拌器上：“请勿将此产品作为鱼缸使用。”
15. 在折叠式婴儿车上：“在折叠收纳前请确认您的孩子已经离开婴儿车。”
16. 在CD播放器上：“请勿当作投掷物使用。”
17. 在替代圆木上：“小心有发生火灾的危险。”
18. 在激光打印机上：“不要食用碳粉。”

5. 最后，危险还可能出现在产品使用后，制造商的责任要持续到这个阶段。例如，喷雾罐的制造商必须警告不能将废弃的喷雾罐丢入火中。

注意：我们必须谨慎地处理产品责任的问题，因为媒体有扭曲问题的倾向。例如，最近广泛地报导，一个体重过重有心脏病的医师，在购买Sears的除草机后，开动除草机时心脏病发作，而得到180万美元的补偿金。事实上，法院记录显示除草机有瑕疵，需要不正常而大量的拉力。顺带一提的是，那个医师并没有心脏病。

偶尔读报的阅读者很少有足够的信息来进行良好的判断，但他们还是据此形成了意见。

20.5.2 产品责任的四个法律基础

图表 20—4 为产品制造商的四个主要责任。所有的案例都需要一个法律基础才能提出赔偿，而制造商至少必须制造、销售或租赁产品给某人。

一个制造商或中间商可以从以下 4 条途径中发现产品责任的过错。

图表 20—4　**产品责任的形式与来源**

	疏忽责任	保证	严格责任	不实陈述
来源	19 世纪的习惯法；曾经需要有共同利益关系，但在 1960 年却终止了	统一的商业法令；并在 MagnusonMoss 法案中强化	20 世纪 60 年代法院的裁决	习惯法
情况	设计或制造上的瑕疵，且没有充分的警示	瑕疵品：可商业化的隐含保证或对特定目的的默示保证；不真实的要求	瑕疵品：并不需要疏忽的行为或当事人关系，不允许放弃权利 合理的预期	不真实的表述或有导致伤害的误传。用户依赖它。不需要有瑕疵品
抗辩	没有疏忽；产品无瑕	正常使用没有默示保证；正常的吹嘘广告	购买者已知道，因此已承担风险。无法预期的误用。产品无瑕疵	是诚实的。正常的吹嘘广告，购买者应已知道更多

疏忽责任

在 1980 年，在习惯法（common law）之下，受伤的索赔者需要证明制造商在作业上有疏忽，让产品成为瑕疵品，因此导致伤害，以及制造商直接销售给受伤者（当事人关系（privity））。可能是货车的制造者粗心，而没有将轮胎安全地装在车轴上。然后，轮胎脱离，使驾驶员受到伤害，这样很容易就构成疏忽。货车的制造商没有尽到正常的责任（一般至少应有的责任）。只要小地方疏忽而没有警告，销售员、广告、标签说明、零售商与批发商就有可能出错。

在 1916 年，法院判定瑕疵产品是“内在的危险（inherently dangerous）”，而不能直接经营。到了 1966 年，各州都接受这个推论，以非当事人权益关系作为抗辩是无效的。

保证

过去要证明有疏忽并不容易。因此在 20 世纪前 50 年，开发出了产品保证。保证（warranty）是一种承诺，如果承诺经过证实存在而且没有实现，不管是否为疏忽，销售者都要承担违反保证的责任。产品制造商尽管细心，仍然可能因为造成伤害而有过失责任。

保证可以是明示的（express）或默示的（implied）。明示保证是由制造商对于产品所做任何的事实陈述，不管是由销售人员、零售商或其他人所提出的。明示保证的主要问题是法院容忍公司吹嘘的程度。当制造商提供产品给予特定用途使用时，就形成默示保证。针对特定目的适合性默示保证是销售契约的一部分，代表产品具有平均的质量，所定制的产品适用于这种用途。购买者被认为有正当理由去信赖销售者经营正确的产品——只有卖方才是知晓用户在特别场合如何用好该产品的专家。

但是在法院中一直存在买卖二者之间说法的不同以及经销商所知是否跟制造商一样多的争辩。对于法律而言，我们的社会太过于复杂，以致于法律造成的混淆比其所能厘清的还要多，所以我们接下来了解严格责任观念的发展。

严格责任

在严格责任的概念下，产品的销售者有责任不将瑕疵的产品放到市场上。如果产品有瑕疵，制造商会被任何一方受害者控告，纵使受伤的一方只是个旁观者。任何地方都不可疏忽：不需要存在直接销售关系；销售者无法做任何陈述来减轻责任。然而制造商可能使用3个主要抗辩。首先是风险的承担。如果产品的用户知道瑕疵，而不顾危险并持续地使用，则控告不会持续。第二，制造商可抗辩无法预期的误用，意思是指伤害的发生是因为用户以一种销售者无法合理预测的方式来误用产品。新产品的管理者可能缺乏预测的经验，然而法院却预期他们具有完全的市场智慧。第三，抗辩可能是产品本身，虽然造成受伤，但非产品瑕疵。例如，有人的眼睛撞到汽车侧边小气窗的尖端。虽然他靠着窗户并意外地撞上窗户，陪审团认为这个伤害并不表示窗户是瑕疵。可以推测，原告应该要更小心才是。

不实陈述

实际上，产品本身不一定存在瑕疵（上述其他三种状况是存在瑕疵），而是依据销售者的不实陈述（misrepresentation）（不管是有意与否）使用产品而产生伤害。这些案例是稀少的，但一个例子是，一个头盔制造商，在产品纸箱的图片上显示一位摩托车骑士戴着该公司所生产的头盔。一位警察购买这个头盔，以便在骑车值勤的时候作为安全帽使用，但是这个头盔并非制造作为安全帽使用。所以法院裁决这是不实陈述。

20.5.3 其他法规

许多产业独特的问题导致特有的法规。例如，食品与药物管理局创立于1906年。在酒精饮料、汽车、科学仪器、金属等数十种产品都有所限制。注意力通常移至《消费者产品安全法》与《消费者产品安全协议》。虽然委员会的直接影响不如预期，但间接的影响则是明显的。委员会有权力来设定产品标准、下令召回产品（参见下一段）、发布疑似问题产品的公开警告、停止新产品的营销、查禁现有或计划中的产品，以及征收巨额的民事与刑事罚金。制造商已做了许多的改变，以避免违反此项法律。

20.5.4 规划产品召回

似乎每家公司都可能面临产品召回。为确保能妥善处理召回作业，以下说明召回之前、召回期间和召回之后的步骤。

召回之前

指定一个人作为召回计划的协调者。他或她可能是针对媒体和管制组织的发言人。确定这个人善于处理媒体，而不会在媒体激烈的探询之下有所让步。并且，确认存在着有效的渠道来跟消费者和中间商沟通。许多公司使用召回的保证卡来追踪他们的顾客，但是顾客通常很少回复，同时在之后拥有者不会被追踪。在保证卡上附带一个激励，或者一个更简单的注册产品的办法（例如在产品上印制电话号码），也许是一个不错的选择。

召回期间

评估安全风险，并采取矫正行动。当发现一个血糖水平测量器有瑕疵后，LifeScan（Johnson&Johnson 的子公司之一）当时在市场上召回约 600 000 个测量器。确保最终顾客和中间商被告知这个风险。Mattel 召回所有商店货架上有瑕疵的 Cabbage Patch Snacktime Kids（会让有些小朋友头发或手指被夹到）时，没有遭遇到麻烦，但是要从消费者手中召回这些产品时却遭遇到相当大的挑战。同样地，寄给消费者的产品召回通知，可能会被视为垃圾邮件而被丢弃。目前的汽车公司都努力能使顾客对汽车召回的经验感到满意。

召回之后

努力恢复公司声誉并监控召回的效果。在 1990 年，Perrier 矿泉水含苯的惊慌之后，新的瓶子都印上了“新的生产方式（nouvelle production）”来使消费者放心。生产冰淇淋的 Schwan 公司，因为部分冰淇淋在运送卡车的水槽上，被沙门杆菌所感染，公司要求运送商的卡车车队只运送 Schwan 的冰淇淋，而不载运其他的产品，并在运送到工厂时，测试所有的冰淇淋是否有沙门杆菌。最后在 80 年代早期，在经典案例的松脂质污染事件中，Johnson&Johnson 将产品放在稳固的瓶子内，并以凝胶覆盖和凝胶标签的形式重新市场导入；销售量很快超过污染事件之前的销售量。

20.5.5 标准化和透明化的企图

制造商在处理 50 州不同法律规定时，遭遇到特别的麻烦，以及反对用户因改变机器上的安全装置而受伤所提出的控告，或者当机器在更好技术被发现前就已建造好，然而却被要求符合今日的标准等诉讼案件。他们最大的抱怨是创新方面的阻碍。假如有大量的风险在这些麻烦上时，高科技公司会不愿意开发新产品。药厂称之为“新药的延迟（drug lag）”。新的医疗设备大部分会停止出现。在这点上累积许多证据。

在政府中，许多人赞成这些疑虑，并企图制订并通过联邦立法来解决这些问题。但是抱持反对立场的消费者和诉讼律师团体每年攻击这些方案。在特定产品领域中有一些进展，例如民用飞机，其中上述某些问题已被选择性加以处理。

20.6 环境的需求

公共政策在新产品上的讨论是个庞大的主题，本书我们只能了解这些问题，指出为什么它们是重要的，并引用一些资料提供给想要进一步探究的读者作为参考。在本节，我们探索环境的利害关系和需求。

对于环境的损失敏感的人，正努力地想要改变和解决环境问题。公司有时在这方面是领先的，但是这条路的崎岖不平常常让新产品开发的任务饱受挫折。

新产品被认为会伤害环境，是指（1）假如它的原材料是稀有的，或是很难取得的；（2）假如它的设计或制造造成污染或能源的过度使用；（3）假如它的使用会造成污染，如汽车和杀虫剂；（4）假如产品的废弃问题不能够通过资源回收来处理。

20.6.1 管理的困境

上面所关心的事是合理的。要处理公司成本与效益之间以及价格和对环境有利之间的权衡得失的问题，显然是个困境。同时有许多是我们不了解的——甚至是关于我们新产品对环境的影响。社会成本和社会利益并不容易衡量。甚至重视环境保护的公司已在这里发现困境——例如，当绿色和平组织过度夸大地陈述北海石油钻孔平台所造成的破坏损失。有趣的是，我们正发现我们并不知道垃圾掩埋会发生什么事——新的人类学研究显示，垃圾场中的废弃物质的反应与我们的想象有所不同。

有许多改进的方式，其中包含在所有必要的地区采取的行动。Honeywell 请求购买其家用烟雾警报器的顾客，当要丢弃时，将产品拿回工厂去。有些公司已经开始在德国和北欧国家进行市场测试，以期通过世界上最困难的绿色测试。Toyota 的研究者在发展新的、能吸收汽车污染物并且可以减轻全球变暖的独特树种。汽车污染减少，循环利用的纸可以用来做包装等等。当然，也会有偶尔的挫折——P&G 的 Ariel 强效洗洁剂因为相当环保而在欧洲市场得到赞扬，但是被发现在产品开发的过程中使用动物测试，因而大受抨击。最近，Honda 和 Ford 两家公司都同意支付美国司法部和环境保护局数百万美元的民事罚款，因为其所销售的汽车虽然通过排气检验，但事实上所排放的污染物含量过高，而违反“空气清洁法案”。

虽然在今日，成本获利分析并不好，但是对环境保护的强烈需求却使项目进行下去。我们甚至正学会用越来越多的方法来进行绿色营销。在 20 世纪 90 年代早期，许多公司注意到进行“环保”的宣称和迎合“绿色”的关怀，已经成为最热门的营销战略——结果是在包装和广告上夸大宣称对环境有利，最后，却增加顾客的怀疑。幸好现在产品不需要绿色植物和瀑布图像的绿色标签，或在产品上标注环保的字眼。现在我们通过新产品过程，专注产品对环境的影响：了解顾客的需求、设计产品来有创意地解决环境的问题，及通过测试来了解我们所创造新产品的影响。参见图表20—5，指出整体新产品系统如何对公共政策问题有所助益，就如同对其他问题的帮助一样。

图表 20—5　　公共政策的问题与新产品过程

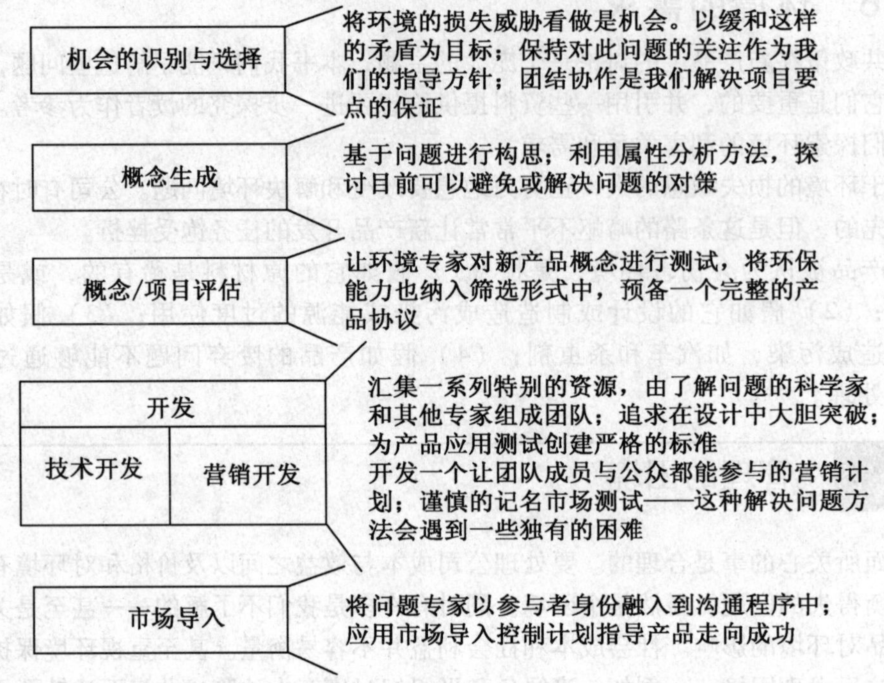

20.7　产品盗版

在某些产业（图像/音乐产品、计算机软件、药物、名牌衣物和香水），产品盗版（product piracy）是一个重大的问题，特别是在国外市场中。产品盗版实际上是一个总称，包含许多类型的非法活动，这些活动威胁到这些产业商的品牌权益与智慧财产权。

1. 仿冒：指受保护的商标、版权或专利权的物品，在未被授权的情形下被生产。仿冒产品的范围从低价和低质量到高质量；通常可以从仿冒品缺少制造商的原厂保证来加以分辨。

2. 品牌盗版：定义为对于受版权和著作权保护的物品和品牌，受到未授权的使用。同样地，产品质量范围可以从非常低（20 元的 Rolex）到非常高。Cartier 和其他手表和香水公司，已经着手进行数千项法律行动，企图扑灭品牌盗版。

3. 近似品牌的使用：在此，盗版制造商使用稍微不同的品牌名称，例如 Channel 香水、Panasanic 摄录像机或 Tonny Hilfiger 衣服（都是真实的案例）。教训，购买者要小心，并小心地确认包装。

4. 智慧财产权的拷贝：近几年有些广为人知的案例涉及未授权的拷贝智慧财产权，特别是内含计算机软件和娱乐的 CD 和 DVD。其他产业例如药物和汽车或是飞机部分也受影响。

在许多外国的市场上，特别是发展中的经济体，对于智慧财产权的保护和产品盗版的管理非常松散。事实上，在许多低度发展的国家中（LDCs），智慧财产权被视为一个公共财产，同时这些智慧财产因为易于使用所以能推动经济发展，以缩小低度发展国家与已发展经济体的差距。

图表20—6显示许多发达经济体的公司可以防护产品盗版的方法，或至少降低盗版的程度。除了寻找法律上的帮助或政府的保护外，跟市场沟通并教育消费者购买盗版产品有哪些风险也可能是一个有效的行动。

图表20—6　　**产品盗版的防护**

1. 沟通：向大众宣布你的产品已被非法仿冒，而且只有真品能提供顶尖的价值，所以应该购买真品。产品好到被仿冒，表示它的质量优良！特别是当产品涉及安全上或健康上的风险时。巴西消费者相当关心仿冒避孕剂和抗癌药物。
2. 法律上的资源：北美自由贸易协议（NAFTA）中要求贸易伙伴落实智慧财产权的执行。关税暨贸易协议（GATT）允许一国政府限制来自仿冒问题严重的国家的产品进口。公司可以通过向美国海关服务单位注册，开始取得法律保护的活动。
3. 政府：美国贸易代表列出仿冒问题最严重的国家。一个国家可以取消在盗版问题上有不良记录国家的最惠国待遇，但是这是一项严重的处罚，很少真正施行。另一项问题是并没有足够的“警察”来执行所有国际上的协议。
4. 直接接触：让仿冒品下架。有时候由于诉讼与强制执行的成本过高、造成声誉受损的风险以及高级政府官员可能涉入其中（包庇仿冒行为），所以仿冒行为可能被忽视！另一种可能是受到损害的公司试图收购该仿冒产品的公司。
5. 标示：在真品上标示识别证明或“DNA安全标志”（将产品制造商信息加以编码）。识别证明可以被复制，但会增加仿冒者的成本。一般而言，DNA安全标志对仿冒者来说，是相当耗费成本的。
6. 积极主动的营销：减价、大幅增加广告、鼓励顾客购买真品。取得渠道商在打击仿冒产品的支持。持续地改变其产品本身或其包装。
7. 盗版如同推广：盗版Word软件的充斥可能会造成Word的广泛采用，成为世界文字处理的标准。Microsoft可以通过确实的注册序号辨识正版软件的用户，为正版软件加入一些特色，或是提供这些顾客独特的产品支持服务。

20.8　有价值的产品

在1991年，Folgers、Maxwell House和Nescafe等制造商都遭遇到消费者团体要求消费者停止购买萨尔瓦多咖啡豆的强大压力。P&G决定在Maryland Club标签下，提供没有包含萨尔瓦多咖啡豆的新混合咖啡，但是在Folgers产品中仍含有这种咖啡豆。其他的制造商已被要求为身障人士设计运动设备、为需要节食者开发出更好的食物、为年老的人修改产品设计（在洗衣机操作面板上有较大的字体）以及为少数群体创造出符合其特殊需求的产品。美国的孤儿药品法案（Orphan Drug Act）对于潜在用户过少而无法有足够商业利益的药品提供了国家的协助。一个因这项法律而产生的新药的例子为Rituxan，一项治疗慢性淋巴球白血病的药物。

20.9 道德

卫星接收器制造商过去曾被批评将色情图片带入人们的卧室之中。今日则是互联网，到你现在阅读本书之时，可能又变成是其他的通讯模式。在此，在道德层面，我们关心的是社会是否应拒绝像这样的新产品？我们有新的酒精饮料、新的赌博机器和新的性爱用品。雷达侦测器也越来越进步；Anheuser-Busch 于市场测试的新产品被大众抱怨酒精含量低，这种“小孩的饮料”会让年轻人从小喜欢喝酒精饮料，只好被迫召回。R. J. Reynolds 所销售的 Dakota 香芋，目标市场设为 18 岁到 24 岁，高中学历以下的女性；双光碟机 VCR 可以（或是鼓励）让人们非法复制租来的录像带；以及线上下载音乐档案，这已经成为近几年来最受争议的话题（看本章后面的案例）。

产品创新者了解现在发生什么事，并尽可能小心地定位他们的产品。当他们犯错的时候，社会便会阻止。他们很少感到惊讶，也没有人希望走到这一点。但是要去事先预测任何一个争论的最后结果是非常困难的，但有时候产品开发人员必须要尝试这样做。

20.10 垄断

垄断的控告偶尔也会发生在新产品身上。有些经济学家相信市场优势会构成垄断，以及优越的新产品能够导致（或保护先前已建立的）市场优势地位。

除了少数的例外，自由市场力量总是占上风的。Bell 和 Howell 曾经控诉 Kodak 秘密地开发某些底片产品，并在 Bell 和 Howell 有机会重新设计其照相机和投影机以使用这种底片产品之前，就将这种底片导入市场。如同其他的公司一样，Bell 和 Howell 会遭受损失。但是最近在美国，事情有了改变，现在他们不能够预测他们要进行什么。

在 1994 年，司法部门挑战一项已批准多年的专利权授权协议。Bayer 必须从一家欧洲公司取得授权，才可以在美国独家销售某种杀虫剂。在另外一方面，在最近的案例中，Steel 公司（办公室家具制造商）因侵犯了 prewired office panels 的专利，而被命令要支付超过 2. 11 亿美元给竞争对手 Haworth 公司。一个 Haworth 的发言人说，虽然在这个产业多年前抄袭是相当频繁的，但是现在有很多专利提起诉讼，公司必须要更小心才是。

20.11 个人道德

有些职责很难归入上述的类别中。那些对它们有反应的人大多会称之为个人道德，而不是经济或公司管理的问题。聪明的人们多是私下解决问题，而不是寻求法院决策。关于它们，这里有一个组合——这并不完整，但是足够让你了解如何处理它们。如同所有的个人道德情况一样，他们不只是在市场中——也存在于实验室、工厂及办公室中。就像卡通人物 Pogo 说的，我们遇到了敌人，那就是我们自己。

为了对这个问题有个全面的理解，我们试着去寻找一个人做出一个独特组合的答案来与你的答案作比较——当然，两个人各自都是私下进行的。你是否愿意持续支持如下的 15 种行为？如果它们发生在你的新产品组织中，你会如何处理它们？也就是说，在管理方面上你会做些什么？要注意的是，个人道德情形不包括明显的违法活动——例如，掌握钢铁公司秘密的科学家把这些秘密卖给了竞争对手，这些案例都不是道德中的问题。

1. 产品的构思形成或是概念产生通常会引导我们探索顾客的内心，去寻找那些当他们听到就想要或是会想要的东西。你的公司使用侵入式的技术，例如未告知的观察以及心理投射技术。最近有一个顾客表示，使用诡计让人们告诉你他们需要什么，这是不道德的。

2. 你的市场调查总监为了概念测试而使用焦点小组，并且当你的顾客在对于新概念作反应时，让公司的人员秘密地坐在镜子后面观察。他们常常嘲笑顾客的产品使用方式。

3. 你导入一个在一年后将会被更好的产品所替换的暂时性产品。你被告知不能让渠道商或是你的销售团队知道这只是暂时性的商品。

4. 你为一个管理培训公司工作，而且即将为银行推出一个新的研讨会服务。你的公司在你为银行人员进行投资顾问培训期间，将举行收费的研讨会。但是在那个研讨会上并没有产品的使用测试，而且你也不知道银行的人是否真的学习到如何去当顾问。

5. 你在一间清洁剂公司上班，最近知道在数年之间有上千只老鼠被强迫喂食新产品，包括正在开发中的新产品。一直到超过半数的老鼠死亡，强迫喂食才会停止（又称为 LD50 测试）。

6. 你现在正在销售一项使用于学校展示地图的专利产品。这个产品相当好，几乎从幼儿园到高中等各级学校都会购买几个这样的产品。你在偶然间看到这项产品的成本数字并算出毛利率高达八成。你的另一个同事建议价格可以再折半，而公司的收益率仍然可以维持在相当良好的六成。

7. 你在一家数据服务公司上班，最近你们公司开始从医生那里收集病患的病历，并给制药厂提供这项新的信息服务。这些记录有时候包括病患的姓名，通常都会有年龄、性别等信息。而这项信息服务包括了病患所得的疾病与所受的治疗方式。

8. 食品暨药物管理局（FDA）指控新的 Freshland 意大利面调味酱是加工过的，而且以非生鲜冷藏的方式贩卖，因此在其品牌名称上，不能称为“新鲜（fresh）”。你的公司加以反击，认为比主要竞争对手还要新鲜。此外，根据 FDA 的认定，还有许多产品在技术上尚未能够达到保鲜，但在打广告时却说是新鲜。

9. 你们公司所制作的教育游戏卡片组合，并非十分具有教育性，却被较不明智的父母视为要买给小孩的商品。市场上却有许多更好的卡片组合。

10. 你的战略是激起水花（stir up the waters）——营销一条由相似产品所组成的长生产线，来混淆你的顾客，并让他们无法做出明智的购买决策。

11. 你有一条派对产品的生产线，这些产品显然符合年轻人的偏好，但是却是以性爱为导向。通过大量的商店来销售，而非成人商店，虽然很多零售商不会储存这个商品，但是多数商店却会。这些产品的销售是相当出色的。

12. 你是某家药厂的销售代表。食品暨药物管理局（FDA）规定禁止"超范围促销"，也就是针对一项药物推销其未经 FDA 批准的用途。你们公司每年资助数千个医药教育计划，在这些计划中医生和其他健康专家介绍某些药物的用途，但是其中有些用途并未经过 FDA 批准（但是这些药物用途在医药期刊被认为是有效果的）。他们宣称这样做是没有任何问题的，但是你知道这是很明显违反超范围促销的规定。对你而言，导火线是当你参加一场销售会议时，你被指示要招募医药演讲者谈论一项新血液凝块药物的批准用途与未经批准用途。

13. 你为一家酿酒公司工作，这家公司刚市场导入一种时髦的产品——内含大麻种子的啤酒。大麻绝对是非法的（大麻种子只有经过绝育处理及药物管理局的批准之后才能进口到美国，而且不能够栽种）。然而，广告活动夸跃鲜明的禁药形象：迷幻药的图像和颜色，以及口头禅如"警犬侦测不到"，甚至在标签上印有大麻叶。

20.12 其他一些基本的问题

有些相当棘手的问题就是通过上述这些混乱来威胁我们工作的。在公共政策领域，我们永远不会没有问题。其中一个是，这些行动的合理目标是什么？要没有任何风险的存在是完全不合理的。在许多公司中，零瑕疵的质量控制是一个目标。但是，随着多数的消费性产品日趋复杂，政府法令几乎是在防止消费者犯错——有时只是因为他们完全不会做任何决策。此外，纵使我们将风险降低到 99.99% 的水平，但根据人口统计资料，仅仅在美国就可能会让 27 500 人暴露在风险当中。在全世界，这个数目可能会更多。

另外一个问题是权衡的问题。在一个特定的情况下，看上去有一个明确的引导准则，我们通常发现一个相同价值的对立准则。我们需要接受哪一个观点？

第三个问题是，哪里的成本应该要降低呢？在许多影响新产品的争议上，关于谁应该付出代价的争论并不是非常多。假设（1）没有生产系统可以完美地制造产品及（2）没有消费者群体可以完全理智地使用产品，总是存在着伤害与滥用。谁应该为这些负责呢？政府已经承受减税的压力。保险公司了解到膨胀的利率造成的负面反应。所以，不追究过失的方式（the no fault approach ）越来越普遍——或者，如同制造商所说，承担全部过失的方式（the total-fault approach）。制造商承担所有的责任，并且预期到会以某种方式转嫁这些成本。

20.13 关于上述这些问题，新产品经理要做什么？

在这一章的开头，陈述了今日的管理者目前通常面临到公共政策的问题。他们已经了解到如何运作新产品过程来减少问题。本章前面的部分显示出许多要采取的行动。这里则介绍更常见的方式。

20.13.1 战略与政策

在今日，多数的高层管理者也关注到公共政策问题。他们希望有安全和有效的产品，因为他们想要更好的销售量。例如，公司为小朋友制造 V 形的栅门，而 CEO 拒绝了这个方案，认为团队可以做的更好——他们可以做出更好、更便宜的东西。而且产品创新章程在指导方针上设定标准，并指出在规定下可能的新产品机会。

20.13.2 控制系统

今天的管理要求有严格的标准、在所有方面的严厉的审核制度和针对新产品员工的培训。灾难计划也是有帮助的。当 Campbell 的例行检查程序显示出罐子有腊肠杆菌时，公司立即停止从工厂运送，并检查在 16 州的 102 000 间食品商店，检查 6 500 万个罐子。一项新的产品制造过程因而被公司放弃，20 多个腐坏的罐子被丢弃，公司很快又恢复了领先地位。Pfizer 发现一个心瓣膜（heart valve）可能有缺点，而必须联络55 000个已被植入的病人。他们有植入病患的资料可以做这些工作。

20.13.3 产品测试

公司学习顾客如何使用产品。同时，如果这样的使用可能会造成问题，那么，行动将会展开，而不是在伤害造成之后才去做。这样他们可能就会更加重视测试，以防止误用与滥用。他们充分利用常识性知识：任何人都认为全越野车（all-terrain vehicles）可能会有问题，那么这些车就真有问题。

20.13.4 营销与市场测试

这些测试提供足够的警告。Manville 公司早在 1929 年便预防石棉致死的法律诉讼。这家公司的总医师在 1953 年，极力主张要有警告标签，但是直到 1964 年，他们还没有这样做，显然没有指出这个风险的严重性。为了生存，最后只好宣告破产。现今公司在管理营销与销售过程的心力与管理设计及生产活动的心力相同。如果一个产品在人们手中是不安全的，那么就必须要通过专业的渠道，而且要有清楚的标示来解释为什么会不安全。

结合产品与推广的市场测试，能够发现沟通中的偏差。渠道商也许不懂得促销、折扣、使用说明或服务。人们不应该去买一个这样的产品。

20.13.5 客户教育以及外部影响

管理层现在重视自身的业务教育，首先是公司的员工（通过法律人士、用户事务官员，以及科学顾问小组等的教导），其次是顾客（通过标签、保证、使用说明，以及更多指示性广告)。再者，大多数的产业主动欢迎每项有关新产品的法令及费用合理的公众事务计划。公司与公众部门间有更多的合作，甚至将消费者团队纳入他们的任务团队当中。

20.14 本章小结

本章我们讨论了新产品过程中一系列令人头疼的问题。这些问题的压力是真实存在的，而且在任何时间这些困难都是势不可挡的。有些问题依然没有答案，以及在一般问题领域的新变化会持续展开。

然而，新产品管理者发现，如果他们能作好准备工作的话，可以管理这些情况。避免不必要的麻烦，他们需要了解这些公众关心的过程，与他们的法务部门密切合作，在关键时刻获得管理层的协助，以及使用比以往的美国产业更积极的市场导入管理，来进行后续的营销。上述所有想做的刚好是相反的，我们不只看过一次，因为时间可成为新产品管理的致命弱点。

虽然我们已涵盖新产品领域所关心的产品政策的主要领域，但是你应该知道有更多的问题潜藏于新产品管理者的实验室、工厂及办公室之中。每个产业都有这些记录。如同最后那个例子，思考在药品产业中，当科学家进行一项已知具有危险的实验性药品的实地测试时所遭遇的问题。他们必须跟谁一起工作，需要什么样的批准，在测试进行时及保留医师与医院人员的记录上，他们应该使用什么样的控制，以及在发掘副作用上应该要多努力，走多远？一直到第三代产品问世吗？如果测试的药物，是来自于濒临绝种的青蛙，那有什么问题吗？如果药品（假设这是成功的）要一个月花费超过 4 000 美元，并要持续 10 个月的治疗，但终生剂量为一个月 1 000 美元，这样有问题？

这里的论点是这样：数以千计的人每天处理这些令人厌烦的问题——他们了解问题，并且在需要去了解的与需要忽略的之间取得平衡。他们管理风险和所有的事。

20.15 应用实践

在你的面试过程中，公司总裁提出了更多的问题。

1. “关于产品责任，最糟糕的事莫过于他们所谓的严格责任。现在，我知道很难证明今天的大公司一般不会出现疏忽的情况，但同样没有理由走向另一个极端——在无任何证据证明它做错什么时，就说一个公司有过失。我们向市场投放了近千种产品，设计几千个人，异常的情况总要发生。雇员们不是机器人，他们也会犯常人容易犯的错误。也许今天你已经犯了一两个错误，如果你在制造行业，你就有可能被起诉，判定罪责，然后像一般犯罪案件一样得到一次规定的严厉惩罚。这显然有失公平。”

2. “目前，我们正在运作推广一种新型的吹风机。这种产品不是一般意义上的吹风机——里面没有发热线圈。相反，我们调配了两种化学药剂。当有电流通过时，药剂就会变热。这些药剂（固体，而非液体）盛在一个网状的容器里，当有电流通过时，头发在这个容器被拉着，同时受热干燥。如果你认为你理解了有关产品责任的道德与法律问题，那你能不能告诉我，你怎么看我们正在做的事情？下一步我们就要推出这款新产品了，产品的规格说明已经固定下来，产品当前正在试着通过制造论证。”

3. “我知道另外有两个公司非常不幸。Morton-Norwich Products 公司推广一种名为安可儿的产品，它是一种女性内置式避孕药。与此同时，美国家庭用品公司（American Home Products）也在同期推出一款名为 Semicid 的类似产品。两者都在广告中称，他们的产品要比其他内置式装置安全，也不像“药丸”，他们没有任何激素方面的副作用。他们声称各种的产品安全可靠，通过了严格的医学测试，是一种控制生育的积极措施。但是，FTC（Federal Trade Commission，联邦贸易委员会）规定，公司不准拿其他方法做比较得出比较优势，除非他们同时说明这种产品效果不如其他类似产品。FTC 认为，上述公司的新产品除了这种内置药物的形式还算新鲜以外，对用户而言几乎没有多少其他的优点。现在，两个公司不得不印一本新册子来介绍各种形式避孕工具的优点与缺点。这一切也许很好，但困扰我的是：这两家公司按照规定有责任向用户介绍竞争对手产品的好的方面，而不仅仅是坏的方面。你认为 FTC 为什么要这么规定。这种情况我们也会遇到吗？并且，什么时候我们有责任帮助一名潜在顾客选择一个竞争对手的产品？”

4. “当你第一次告诉我那些你所谓的公共政策问题，我当时一直在考虑我们健康产业队伍。最近，主要通过购买，以及邀请一流医院的加盟，它快速地发展了一系列健康保持组织。它们均属于服务业，且不以盈利为目的（对我们而言，他们还有其他一些优点）。因此，可以很高兴地认为，这种属于社会大家庭一部分的组织不会出现公共政策的问题。这样想对吗？”

20.16 案例：General Motors 的混合动力车

持续上升的燃料成本和对于环境的关心已经使得汽车制造业者进行替代性燃料汽车的实验。其中油电混合动力引擎是最有前景的替代性燃料的技术之一。混合科技将汽油动力引擎和电池动力的汽车结合。每当汽车煞车时，电池会进行充电，或是通过汽油引擎，来带动发电机供给电力。汽油引擎能偶尔完全关闭，例如在等待红绿灯时，汽车只留下电力引擎在运转。因此，驾驶时只需要非常少量的汽油：油电混合动力技术的汽车加满一箱汽油能够行驶超过 500 英里。

在美国与全球市场上首先尝试销售的油电混合车都由日本车厂所生产。在 1999 年，第一辆油电混合车 Honda Insight 在美国市场销售。该年售出了 17 辆 Honda Insight。不久之后，Toyota Prius 市场导入，并且在 2002 年销售约 4 万辆。产业预测建议在 2012 年，油电混合车在美国市场能够增加到百万辆的业绩，尽管那时其他的替代能源科技（像是氢电池能源）可能商业化了。这并不令人吃惊，美国汽车制造商很快地宣布了他们自己的油电混合车的市场导入计划。General Motors 宣布了油电混合式动力 Chevrolet 和 GMC 小卡车的计划，Ford 和 DaimlerChrysler 也揭示了油电混合运动型休旅车（SUVs）及卡车的计划。在此同时，Toyota 计划要在 Toyota Highlander 和 Lexus RX330 上增加油电混合动力引擎，以作为顾客的选项之一。

车款 Insight 最初则受到消费者的一些负面认知和误解所苦。因为 Insight 是双座汽车，潜在购买者必须在省油与座位空间之间取舍。有些汽车购买者误以为必须要插上电池才能替车子充电而担心，或者是在停红绿灯时不喜欢电动马达无声音的怠转。许多购买者也认为价格高于传统的汽车引擎太多，J. D. Power and Associates 研究建议消费者不要支付超过 1 000 美元去购车。相反地，Toyota Prius 从一个意想不到的来源获得市场导入初期的有利宣传：几个好莱坞影星（特别是李奥纳多（Leonardo Di Caprio）和卡麦隆狄亚兹（Cameron Diaz））都是 Prius 的驾驶者，并且对于他们的新车有非常高的评价。

在 2002 年晚期，Honda 在这个市场引进 Civic Hybrid 作为最新进入这个市场的油电混合动力车。Civic 具有许多优点：它是以消费者所熟悉及受欢迎的 Civic 车体风格为基础，能够搭载 5 个人，同时 Civic 油电混合动力的燃料效率达到每桶汽油行驶 650 英里。Civic Hybrid 还有许多令人值得拥有的特色，像是空调系统、定速控制、ABS 煞车系统和高质量的立体音响都是标准配备。与汽车为动力的 Civic 相比，Civic Hybrid 定价稍高，马力减少 20%。Civic Hybrid 市场导入时，J. D. Power 的 Thad Melesh 高度赞扬 Civic Hybrid 的市场潜力："油电混合车的销售增长来自于想要具有混合式动力的正常车辆，而并非一种古怪的环保车的消费者"。

市场环境看似为油电混合车而平稳地改善。由于汽车制造商的努力推广，以及这些汽车在防止污染优点的正面新闻报道，媒体的注意力已经持续增加。一些名人驾驶着价值 20 000 美元的油电混合车（这些人能轻易购买价格贵 10 倍的汽车）以增加其声望，或许能克服一些最初负面的认知。此外，美国政府在油电混合车上一度提供 2 000美元的联邦政府税减免优惠，以刺激购买。再加上中东产油国家的动荡，许多美国人希望把对外国石油的依赖降到最小，这就清楚地让人了解为什么油电混合车的市场会经历一段稳定增长的时期。事实上，Honda 在 Civic Hybrid 的市场首次展示，花费仅有 50 万美元；由于仅仅花费少量的推广支出就有强劲的销售增长，Honda 的高层找不到什么理由去耗费大量金钱进行推广。

GM 正要将 Chevy Silverado 和 GMC Sierra 的油电混合车市场导入，请运用任何一个在第 3 章所讨论的模型，为 GM 评估电动汽车市场的吸引力。评估时必须根据明确的论证（举例来说，油电混合车的市场正在增长），说明在市场中的机会是什么？威胁是什么？然后评估 GM 在这个市场里的公司定位。假如你同意油电混合技术的市场具有吸引力，那么在追求这个市场的过程中，和 GM 相关的优势和弱势是什么？作答时，记住公众政策问题，围绕着替代性燃料汽车的发展和市场导入。GM 应该现在就跳上油电混合动力科技的浪潮吗？或者是等待和持续发展下一个时代的替代性燃料汽车？GM 能够从氢电池或是其他替代性燃料科技中成为领导者而获利吗？而且在脚踏两条船的过程中（先将油电混合车 Silverado 和 Sierra 市场导入以应对竞争，同时继续寻求替代技术）有任何的风险吗？

图表 20—3 的解答

在这张图的警告标签中，下列是真正的警告标签：2（假山庭院）、4（吹风机）、6（遮阳挡风卡纸板）、7（颈部防护套）、10（塑料雪橇）、12（喷射雪橇）、13（刨切用具）、15（折叠式婴儿车）。事实上，上述其中几个曾经被“密歇根州诉讼滥用观察组织”评为最差劲的标签。

译者后记

先开枪后瞄准的广种薄收时代已经过去，现在的市场环境需要企业打移动靶。产品开发如何才能真正做到市场导向，如何解决研发与市场脱节的问题，如何才能避免闭门造车式的产品开发，如何在市场需求不断快速变化、技术迅速更新的趋势之下，具备快速、高质量、低成本地推出产品能力是困扰我国企业的普遍问题，也是制约我国企业第二次创业的主要障碍。很多企业都会推出自己的新产品，怎样对新产品上市进行策划才能使推出的新产品在竞争中处于优势地位呢？新产品即意味着成功与巨大的风险并存，对许多企业而言，可谓成也新产品，败也新产品。许多中国企业凭借一种新产品迅速获得成功，然而却又因新产品开发的后续乏力而迅速衰落。中国一些老字号企业的衰落究其根本原因即是产品创新不够。只有不断开发新产品，满足快速变化着的市场需求才是企业基业长青的根本保证。

20 世纪 50 年代美国就有大学开设了有关新产品的课程，90 年代新产品管理学科诞生，现在已有 300 多所大学专门开设了有关新产品的课程。国内开设新产品课程的院校近年来开始逐步增多，伴随着学生的创业激情，对新产品开发与管理有知识需求的学生扩散到了许多的专业。相对于市场营销领域其他课程而言，新产品开发与管理的教材建设还十分薄弱，

引进版教材也屈指可数。本书自 1983 年由美国麦格劳－希尔出版公司出版以来，已经连续修订了 9 次，得到国际管理学界师生、企业界管理者和咨询界专业人士的高度评价，是国际公认的产品研发与营销整合的经典教材，也是新产品管理领域中论述营销角色与新产品开发的权威名著，具有很高的学术地位。两位作者一直致力于新产品开发管理的研究工作，先后出版了多部专著和学术论文，在学术界和企业界享有很高的声望。本书以新产品开发的业务过程为主线，将营销学的理论、方法和工具应用于新产品的构思提出、概念筛选、产品开发、市场导入等各阶段的活动，为企业新产品开发需要整合哪些业务活动，哪些方法和工具可以支持这样的整合等实践中经常遇到的问题，提出了系统的整合思路和有效方法。相信本书所讨论的流程、构思与战略，能够帮助中国企业在未来的全球化市场中拓展自己的产品领域。

本书可以作为企业高中级管理人员和产品经理的培训用书，也是全国各地商学院营销专业师生的必读教材，同时，本书对一切从事产品开发和管理的新产品经理和从业人员，都是非常实用的手册和必备工具书。

参与本书翻译的有昆明理工大学信息工程与自动化学院王彬副教授、大连海事大学外国语学院徐瑾副教授、大连交通大学的翟琳阳老师，同时特别感谢李洛舟、陈翱、李溦、任昌、汤萌、林榕、吴博、王铎然、王俊瞳、胡昌霖、王依宁、雷泽宇、王钧、车俊、杨璐、赵振、李冰、闫宇、黄冠、陈诗同学对本书进行了初译，还要感

谢闫宇泓、刘嘉、韩梓、吴昊、李俊、杨璐、关孟、张愉、王智、贾玉豪、张真、李鹏、吴文、郭珠、胡舒、韩池、高恺、王亮、蒋钟汉、刘津、丁海、邢锦、吴菲对本书成稿进行了校对。

由于译者水平有限，译稿中难免会有诸多错误和不妥之处，恳请读者批评指正。

译者

2011. 10

教师反馈表

麦格劳—希尔教育（McGraw-Hill Education）是美国著名教育图书出版与教育服务机构，以出版经典、高质量的理工科、经济管理、计算机、生命科学以及人文社科类高校教材享誉全球，更以网络化、数字化的丰富的教学辅助资源深受高校教师的欢迎。

为了更好地服务中国教育界，提升教学质量，2003 年**麦格劳—希尔教师服务中心**在北京成立。在您确认将本书作为指定教材后，请您填好以下表格并经系主任签字盖章后寄回，**麦格劳—希尔教师服务中心**将免费向您提供相应教学课件，或网络化课程管理资源。如果您需要订购或参阅本书的英文原版，我们也会竭诚为您服务。

<table>
<tr><td>书名：</td><td colspan="4"></td></tr>
<tr><td>所需要的教学资料：</td><td colspan="4"></td></tr>
<tr><td>您的姓名：</td><td colspan="4"></td></tr>
<tr><td>系：</td><td colspan="4"></td></tr>
<tr><td>院/校：</td><td colspan="4"></td></tr>
<tr><td>您所讲授的课程名称：</td><td colspan="4"></td></tr>
<tr><td>每学期学生人数：</td><td colspan="2">________人 ____年级</td><td>学时：</td><td></td></tr>
<tr><td>您目前采用的教材：</td><td colspan="4">作者：________________ 出版社：________
书名：</td></tr>
<tr><td>您准备何时用此书授课：</td><td colspan="4"></td></tr>
<tr><td>您的联系地址：</td><td colspan="4"></td></tr>
<tr><td>邮政编码：</td><td></td><td>联系电话</td><td colspan="2"></td></tr>
<tr><td>E-mail：（必填）</td><td colspan="4"></td></tr>
<tr><td colspan="2">您对本书的建议：</td><td colspan="3">系主任签字
盖章</td></tr>
</table>

东北财经大学出版社

大连市沙河口区尖山街 217 号
邮编：116025
电话：0411-84710715
传真：0411-84710731
电子信箱：ts@ dufe. edu. cn
网址：Http：//www. dufep. cn

麦格劳—希尔教育出版公司教师服务中心
北京清华科技园科技大厦 A 座 906 室
邮编：100084
电话：010-62790299
传真：010-62790292
教师服务热线：800-810-1936
教师服务信箱：instructorchina@ mcgraw-hill. com
网址：http：//www. mcgraw-hill. com. cn

东北财经大学出版社

Supplements Request Form (教辅材料申请表)

<table>
<tr><td colspan="4"><u>Lecturer's Details（教师信息）</u></td></tr>
<tr><td>Name:
(姓名)</td><td></td><td>Title:
(职务)</td><td></td></tr>
<tr><td>Department:
(系科)</td><td></td><td>School/University:
(学院/大学)</td><td></td></tr>
<tr><td>E-mail:
(邮箱)</td><td></td><td rowspan="3">Lecturer's Address / Post Code:
(教师通讯地址/邮编)</td><td rowspan="3"></td></tr>
<tr><td>Tel:
(电话)</td><td></td></tr>
<tr><td>Mobile:
(手机)</td><td></td></tr>
</table>

<table>
<tr><td colspan="4"><u>Adoption Details（教材信息）</u> 影印版 □ 双语版□ 翻译版□</td></tr>
<tr><td>Title: (中文书名)
(英文书名)
Edition: (版次)
Author: (作者)</td><td colspan="3"></td></tr>
<tr><td>Local Puber:
(外国出版社)</td><td colspan="3"></td></tr>
<tr><td>Enrolment:
(学生人数)</td><td></td><td>Semester:
(学期起止日期时间)</td><td></td></tr>
<tr><td colspan="4">通过哪种方式获得我社的图书信息

参加会议 □ 邮寄书目 □ 书店□ 网站□ 他人推荐□</td></tr>
</table>

Please fax or post the complete form to（请将此表格传真或 email 至）：

东北财经大学出版社有限责任公司
电话: (86) 0411-84710878/84712996
传真 : (86) 0411-84710878
邮箱：guohebu@126.com
通讯地址: 辽宁省大连市沙河口区尖山街 217 号东北财经大学出版社
邮编：116025